그림을 품은 한자

ⓒ 이미정 2015

초판 1쇄	2015년 11월 18일		
초판 4쇄	2021년 7월 12일		
지은이	이미정		
출판책임	박성규	펴낸이	이정원
편집주간	선우미정	펴낸곳	도서출판 들녘
편집	이동하·이수연·김혜민	등록일자	1987년 12월 12일
디자인	김정호	등록번호	10-156
본문그림	오가현·임원우	주소	경기도 파주시 회동길 198
마케팅	전병우	전화	031-955-7374 (대표)
경영지원	김은주·나수정		031-955-7376 (편집)
제작관리	구법모	팩스	031-955-7393
물류관리	엄철용	이메일	dulnyouk@dulnyouk.co.kr
		홈페이지	www.dulnyouk.co.kr

ISBN	978-89-7527-000-0 (03720)	CIP	2015029637

이 도서의 국립중앙도서관 출판예정도서목록(CIP)은 서지정보유통지원시스템 홈페이지(http://seoji.nl.go.kr)와
국가자료공동목록시스템(http://www.nl.go.kr/kolisnet)에서 이용하실 수 있습니다.

외우지 않고
익히는

그림을
품은
한자

漢字

이미정
지음

들녘

한자(漢字)는 정말 익히기 어려운 글자일까요?

조선시대까진 그랬을 거예요. 그런데 요샌 얘기가 달라졌어요. 약 100
년 전에(1899년) 한자의 초창기 형태인 '갑골문자'가 발견된 덕분이에
요. 아직 연구가 진행 중이지만, 갑골문은 회화성이 짙어서 한자의
자원(字源) 연구에 큰 도움을 줬어요. 더 이상 글자들을 무조건 달달
욀 필요가 없어졌지요. 영어 단어 외울 때 어원을 참고하듯, 한자도
자원을 참고할 수 있게 됐으니까요. 게다가 '그림을 품은 문자'답게,
한자 위로 그림까지 오버랩 되니, 반은 먹고 들어가는 셈이지요.

그래도 글자 수가 너무 많다고요?

대답은 '그렇기도 하고, 아니기도 하다'예요. 한자를 영어의 알파벳이
나 한글의 자모음과 단순 비교하면 물론 수가 훨씬 많아요. 헌데 한
자(漢字)는 글자이면서 동시에 단어(單語)이기도 합니다.

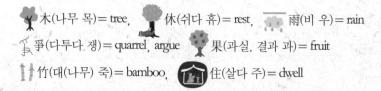

木(나무 목) = tree,   休(쉬다 휴) = rest,   雨(비 우) = rain
爭(다투다 쟁) = quarrel, argue   果(과실, 결과 과) = fruit
竹(대나무) 죽) = bamboo,   住(살다 주) = dwell

따라서 한자 3000개를 외우면, 영어 단어 3000개를 외우는 거랑 같은
셈이죠(영어 단어도 3000개 이상은 외워야 하지 않나요?).

한자에 대해 또 오해하는 게 '한자는 표의문자(表意文字)'라는 생각이에요. 물론 한자는 뜻을 표현하는 데서 시작된 표의문자예요. 하지만 동시에 표음(表音)문자의 성격도 띤 경우가 많습니다. 실제로 한자의 85~90% 이상은 '뜻+발음'으로 이뤄진 형성자예요. 한 글자 안에 의미와 발음이 모두 담겨 있는 거죠. 단순히 표의문자로만 보기 어려운 이유랍니다. 예를 들어볼게요.

想(생각하다 상) → 心(마음)으로 생각한다는 의미 + 발음 표시인 相(상)
箱(상자 상) → ⺮(竹 대나무) 상자라는 의미 + 발음 표시인 相(상)
霜(서리 상) → 雨(비와 같은) 기상현상 + 발음 표시인 相(상)

바로 이런 차이랍니다. 표음문자인 한글에서는 '**상**상력'과 '선물 **상**자', '**상**강(이십사절기의 하나인)'에 모두 '상'이라는 같은 글자를 쓰죠. 그런데 한자로는 '相(상)'이라는 발음 글자에다가, 상상은 마음으로 하는 거라고 心(마음)을 붙이고, 상자는 옛날에 대나무를 엮어 만들었다고 竹(대나무)를 붙이고, 서리는 기상현상의 하나이므로 기상현상을 대표하는 雨(비)를 붙이고 했던 거예요. (정보를 더 보태려는) 플러스 옵션처럼요! 물론 똑같은 '상'자를 쓰는 우리도 앞뒤 문맥을 통해 차이를 구별할 수 있어요. 다만 인명이나 지명 등을 포함한 고유명사일 경우엔 좀 힘들지만요.

이상과 같은 말씀을 드린 까닭은, 한자는 어려울 거란 선입견을 버리시는 데 도움이 됐으면 해서예요. 영어 단어를 암기하는 것보다 '결코 더 어렵지는 않을 테니' 힘내시라는 응원이기도 하고요!!
더군다나 한자는 알아두면 쓸모가 꽤 많지요.

첫째, 흔히 말하듯 우리말 어휘력을 늘리는 데 도움이 돼요. 우리말에는 한자어가 많고, 심지어(甚至於)는 '무려(無慮)', '급기야(及其也)', '하필(何必)'처럼 순(純)우리말 같은 한자어들까지 많다는 특성이 있으니까요.

둘째, 중국어와 일본어를 배울 때 유용해요. 중국어에선 간화자를, 일본에선 약자를 쓰지만, 둘 다 정자(正字)를 알면 쉽게 익힐 수 있어요. 마치 기본공식을 알면 응용공식도 쉽게 이해되는 것처럼요. 게다가 간화자, 약자 외에도 여전히 다수의 정자(正字)를 함께 쓰고 있고요.

셋째, 학교 공부에 도움이 돼요. 개념어나 학문 용어에는 한자어가 특히 많으니까요.

넷째, 고전과 문화재 등을 포함해 우리 전통 문화를 이해하는 데 필요해요. 가령 정조 임금의 꿈이었던 수원 華城(화성) 이름을 '꽃성'이라고 바꿀 수 없고, 龍飛御天歌(용비어천가) 책 제목을 '육룡이 나르샤'로 바꿔 부를 수도 없죠. '큰 복을 누리라'는 의미가 든 景福宮(경복궁)을 '경복궁'이라고 소리로만 쓰는 것도 마찬가지로 의미가 없고요.

다섯째, 중국, 일본, 대만, 홍콩, 싱가포르, 말레이시아 등 한자가 쓰이는 나라를 여행할 때도 쓸모 있어요.

요즘은 한자를 공부하기에 정말 편리한 환경이 됐어요. 모르는 한자는 컴퓨터나 휴대전화의 '한자사전'에서 찾으면 되고(부수나 음을 모를 땐 '필기입력기'에 써서 찾을 수도 있죠), 문서를 작성하고 댓글을 달 땐 '한자자동변환' 키를 이용하면 돼요. 그래서 대부분의 사람들은 '한자를 보고 읽을 줄만 아는 정도'면 실생활에서 써먹기엔 충분하다고 생각해요.

또한 인터넷 덕분에 즐겁게 복습할 수 있는 방법도 많아요. 한류의 영향으로 재미난 드라마나 가요, 예능 프로그램의 중국어 번역 동영상이 가득하니까요(간화자를 눈에 익히는 데도 유용한 방법이지요). 물론 한자로 된 각 분야의 사이트들도 많아요.

한자(漢字)는 도구지식으로서의 가치가 크다고 생각됩니다. 도구지식인 만큼 배우는 방법이 쉬울수록 좋겠지요. 이미지를 많이 싣고자 한 까닭입니다. 한자 공부를 시작하시는 분들께 이 책이 도움이 되었으면 해요. 늘 가까이 두고 자주 보는 친구 같은 책이 된다면 기쁘겠습니다. 마지막으로, 적지 않은 분량과 여러 번의 수정 작업도 마다 않고 이렇게 예쁜 책으로 만들어주신 들녘출판사에 감사하다는 말씀을 드려요.

2015년 겨울을 앞두고
이미정

차례

01 인간

▶사람

| 갑골문 | 금문 | 전서 | 예서 | 해서 |

人(사람 인)은 옆으로 서 있는 사람을 본떴어요.

갑골문을 보면 사람이 팔을 앞으로 내밀고 무릎을 살짝 구부린 모습이에요.

곧게 서서 일을 하거나 어딘가로 걸어가는 것처럼 보여서 직립하여 자유로운 두 손으로 노동을 하는 인간, 목표를 지향해 나아가는 人間(인간)의 특징을 표현했다는 설명이 있어요. 위치에 따라 亻, 儿 , 人 으로 변신해요.

예 休(쉬다 휴), 兄(형 형), 介(끼이다 개)

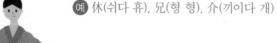

사람이 앞을 향해 서면 大(크다 대)예요.

정확히는 어른이 정면을 보고 선 모습이지요. 아이에 비해 상대적으로 더 큰 어른을 그려 '크다'는 뜻을 붙였어요. * '많음', '존경'의 뜻으로도 써요.

예 大家族(대가족), 大家(대가)

大에 ﹑(점)을 하나 찍은 太(크다 태)는 大(대)와 구별하면서 크다는 뜻을 더욱 강조했어요. 이처럼 기존 글자에 새 의미를 부여하는 점이 나 선을 지사부호라고 하는데, 나중에 또 나오니까 차차 친해지기로 하고 넘어갈게요.

사람이 서 있는 모습이 다양한 뜻을 가지게 되었지요.
그런데 '서다'라는 뜻은 어떻게 하지? 그래서 만든 게 立(서다 립)이에
요. 한 사람이 땅을 딛고 직립(直立)한 모습이지요.

두 사람이 함께 서 있는 竝(함께하다, 나란하다 병)은 속자인 並(병)으로도 써요.

*속자(俗字)란 좀 더 쓰기 편하게 고쳐서 사용해온 글자예요.

같은 방향을 향해 앞뒤로 서면, 앞서거니 뒤서거니 比(나란하다, 견주다 비)예요. 비교(比較) 대상끼리 어깨를 나란히 할 때 비견(比肩)이란 표현을 쓰지요.

*주로 나란히 놓고 견주어가며 비평(批評)해서 比(비)가 발음.

앞에 扌(손 수)를 붙이면 扌(✋손)으로 가리키며 批(비평하다 비)예요.

앉은 모습을 본뜬 글자로는 다음 두 개의 부수만 볼게요.

卩/ 㔾(무릎 꿇을 절)은 사람이 꿇어앉은 모습이에요.

* '주검(시신)' 이란 뜻은 굴장의 풍습으로부터 나왔어요. 굴장은 죽은 사람이 다시 환생하기를 바라며 무릎을 구부려 태아의 자세로 묻던 매장 방식이에요.

尸(주검 시)는 어디에 걸터앉았거나 또는 엉덩이  를 뒤로 빼고 몸을 구부린 모습이에요.

글자 안에 卩/ 㔾(절)이나 尸(시)가 들어 있는 경우 '사람'을 나타냈구나! 하고 보면 돼요.

▶ 사람의 얼굴과 머리

귀   치아   얼굴   눈썹   눈   코   입

눈

한자에서 사람의 눈은 세 가지 모양으로 써요.

정면을 보는 눈(目),

위나 아래를 보는 눈(臣),

뒤돌아보는 눈(艮)으로요.

먼저 目(눈 목)은 앞을 보는 눈이에요.
가로로 길게 찢어진 사람의 눈이, 세로로 긴 모양이 된 것은 90° 돌
려서 세워 썼기 때문이에요.
왜? 대나무를 쪼개 만든 좁다란 죽간에 쓰느라고요.

臣(신)은 천장 보고 드러누웠다,
방바닥 보고 엎드렸다, 하며 뒹굴거나
고개를 숙였을 때의 눈이에요.
그런데 고개를 숙인다는 건 굴복과 복종의 표시기도 해서
臣(신하 신) 자(字)로 삼아버렸어요.
물론 臥(눕다, 엎드리다 와)로도 만들었지요.

* 臥의 人(인)은 눕거
나 엎드린 사람을 세워
서 쓴 것.

예 臥病(와병), 臥佛(와불)

마지막으로, 뒤돌아보는 눈을 나타낸 艮(간)이 있어요.
한 사람이 고개 돌려 뒤를 바라보는 모습인데, 선뜻 못 가고 머뭇거
려서 艮(그치다, 머무르다 간)이 됐어요. 단독으로는 안 쓰이고 다른 글
자와 결합해 주로 발음을 담당해요. 아래의 眼(눈 안)처럼요.

眼(눈 안)에는 目(정면을 보는 눈)과 艮
(뒤돌아보는 눈)이 나란히 들어 있어요.
마치 피카소의 그림을 글자로 보는 것
같지요?
옆에 '인형을 든 마야'는 피카소가 딸
을 그린 그림이에요. 가만 보면 소녀의
한쪽 눈은 앞을, 다른 한쪽 눈은 옆을
보고 있어요. 그래서 무릎 위의 인형

과는 대조적으로 생동감마저 느껴져요. 화가 아빠는 딸의 앞모습과 옆모습 모두 사랑스러워서 둘 다 담고 싶었다고 해요. 물론 眼(눈 안)은 그렇게 만들어지진 않았어요. 의미 부분인 目(눈 목)과 艮(간 → 안) 발음을 합쳤을 뿐이에요.

眼目(안목), 着眼(착안), 眼鏡(안경) 등에 쓰고요.

사람들은 눈(目, 臣)을 넣어 본다는 뜻의 글자들도 만들었어요.

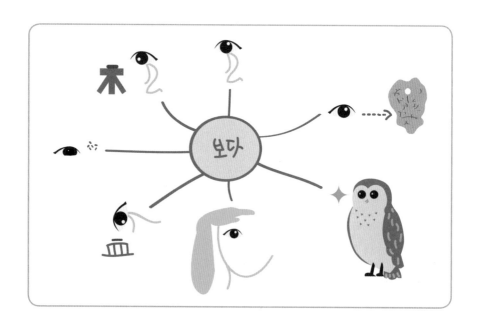

 見 見 儿(사람)의 目(눈)을 강조한 見(见보다 견/뵙다 현)

예 見聞(견문), 意見(의견), 會見(회견)

雚(새)가 눈을 부릅뜨고 사방을 살피듯이 주의를 기울여 見(보는) 觀(观보다 관)

예 觀察(관찰), 관심(觀心)

* '발음인 雚(황새 관)은 머리에 ++(깃)이 나고 吅(두 눈)을 부릅뜬 隹(새)의 모습이에요. 일반적으로 새들은 시력이 매우 뛰어나요. 그러니 두더지나 물고기가 아닌 새를 넣어 '본다'는 뜻을 나타낸 건 나름 과학적인 셈이죠.

제사 지낼 示(제단)이 잘 준비됐는지 見(보는) 視(視보다 시)

예 視察(시찰), 視力(시력), 視線(시선)

皿(그릇)에 담긴 – (물 또는 염료)를 臣̌(내려다보는) 모습에서 나온 監(監 살펴보다 감)

예 監察(감찰)

여기에 見(보다 견)을 한 번 더 써서 강조한 覽(览살펴보다 람)

예 觀覽(관람), 閱覽(열람)

手(손)을 目(눈) 위에 얹고 바라보는 看(보다, 지켜보다 간)

예 멀리서도 한눈에 가게를 看破(간파)하도록 거는 看板(간판)이나, 작은 조
   짐도 看過(간과)하지 말고 看護(간호)해야 하는 看病(간병) 등

少 → (가늘게) 뜬 目 → (눈)으로 자세히 살펴보는 省(살피다 성)   ····>. [세포]

예 省察(성찰)하고 反省(반성)할 때는 작은 것도 省略(생략)   * '省(줄이다 생)일 때
   하지 말고 살피라고 이 省(성) 자를 씀   는 발음이 '생'으로 바
                                            뀌는 데 주의!

目(눈)으로 兆(점괘)를 바라보던 데서 나온 眺(바라보다 조) ····>

예 점괘를 통해 미래를 내다보았듯이 멀리 앞을 眺望(조망)할 때 씀   * '발음인 兆(점괘 조)
                                            는 뼈로 점을 칠 때
                                            거북이 등껍질에 금이
                                            간 모양.

다시 눈으로 돌아올게요.
중국어로는 눈을 眼睛〔yǎnjīng 옌징〕이라고 하는데요.
睛(눈동자 정)은 발음으로 靑(청)이 들어서인지 서양인의 푸른 눈동자
를 연상시켜요.
고대에 동양인이 벽안(碧眼파란 눈)의 외국인을 처음 보았다면 깜짝
놀랐을 거예요. 그 파란 눈동자가 너무나 강렬해서 '눈동자'라는 글

자에 靑(푸르다 청)을 넣은 건 아닐까요?

目(눈 목)이 의미, 靑(청 → 정)이 발음이에요.

天 來

천! 래! …

티엔! 라이! …로
읽는다 해~

중국어에선 靑(청 qīng) → 晴(징 jīng)으로 발음을 나타냈다고 해야겠
지요. 이처럼 우리가 한자를 읽는 것과 중국어 발음 사이엔 차이가
있어요. 이유는 '나랏말싸미 듕귁에 달아(우리나라 말이 중국과 달라
서)…'라고 훈민정음 언해본에서 세종대왕님이 말씀하셨고요.

눈동자 위의 眉(눈썹 미)는 한자로도 目(눈) 위에 ╔(눈썹)을 그려놓은
모양이에요.

그런데 '흰 눈썹'이란 뜻의 白眉(백미)는 왜 여럿 중 가장 뛰어난 사람
이나 물건을 가리킬까요? 옛날 중국 촉한(蜀漢) 때 재주 많은 다섯 형
제가 있었어요. 그중에서도 에이스인 마량(馬良)은 태어날 때부터 흰

눈썹이 있었지요. 그래서 사람들이 '백미(白眉)가 가장 뛰어나다'고 말하던 데서 유래했어요.

이제 미간(眉間) 아래로 내려갈게요.

코

중국인들은 자신(自身)을 지칭할 때 코를 가리키는 버릇이 있다고 해요. 自(스스로 자)는 사람의 코 모양이에요. 당연히 본래는 코를 뜻했어요. 그런데 어느 날… '자기 자신'을 나타낼 글자가 필요한데, 새로 만들기도 귀찮던 참에 기발한 생각이 떠올랐어요. 이미 있는 글자 중소리가 비슷한 걸 살~짝 가져다 쓰면 어떨까? 하고요. 이처럼 새 글자를 만드는 대신, 발음이 비슷한 기존의 글자를 빌려다 쓰는 걸 가차(假거짓 가 借빌리다 차)라고 해요. 가짜로 빌려 쓴다는 뜻이에요.

自(코를 그린 글자)가 가차되어 '스스로', '자기 자신'이란 뜻으로 굳어지게 된 결과는… '대체 내가 지금껏 뭘 한 거지?'였어요. 코를 코라 쓸 수 없으니 코를 가리킬 새로운 글자가 또 필요해졌거든요. 이래서 만든 게 **鼻**(코 비)예요.

自(코)를 그리고 畀 → 畀(비)로 발음을 나타냈어요.
이것이 自(한때는 코였던 글자)가 '코'에서 → '自(스스로 자)'로 가차된 자초지종이랍니다.

*畀(주다 비)가 붙어서 自(코)로 들이마신 공기를 몸에 공급해 畀(준다)는 뜻이 되므로 畀(비)는 의미 부분도 돼요.
* 自初至終 (자초지종) : 처음부터 끝까지(自(자)에는 '~부터' 라는 뜻도 있어요).

그런데 가차된 후에도 自(자)가 여전히 '코'의 의미로 들어 있는 글자들이 있어요. 바로 숨 쉬고 냄새 맡는 息(식), 臭(취), 嗅(후)예요.
息(숨 쉬다 식)을 보면 옛날에는 코와 심장으로 숨을 쉰다고 여긴 듯해요. 숨이 멎으면 심장박동도 멈추는 걸 목격했을 테니까요.

自 →
心 →

息(식)은 천천히 숨 쉬는 걸 의미해요. 여유 있게 숨을 내쉬면서 휴식(休息)을 취한다고, '쉬다'라는 뜻도 있어요. 또 숨을 쉬는 건 살아 있는 생명체의 반응이자 생명 활동이므로 '살다'에서 → '번식(繁殖)하다'로 → 다시, 번식해서 생긴 '子息(자식)'으로까지 의미가 확장됐어요.

예 棲息(서식; 동물이 깃들어 삶), 窒息(질식), 消息(소식), 令息(영식: 남의 아들에 대한 존칭)

*앞에 舌(혀 설)을 더하면 '휴게소(休憩所)'에 쓰는 憩(쉬다 게)예요. 숨차게 달려온 개가 舌(혀)을 내밀고 헐떡거리며 息(숨 쉬는) 모습에서 나왔어요.

臭(냄새(맡다) 취)는 自(코)와 犬(개 견)을 합쳐 개가 코로 냄새를 맡는다는 의미였어요. 개의 후각(嗅覺)은 인간보다 최소한 1만 배 이상 발달했다고 해요. 어쩐지 어릴 적 키우던 해피가 제가 숨긴 껌을 잘도 찾아내더라고요!

앞에 口(콧구멍 또는 냄새 풍기는 대상)을 더하면 嗅(냄새 맡다 후)예요.

입

口(입 구)는 사람의 입을 본떴어요. ⊔ ⊓

그럼 구강(口腔 입~목구멍에 이르는 입안의 빈 곳) 안의 이, 혀, 목구멍을 들여다볼게요.
입술부터 출발~!

脣(脣입술 순)은 발음 부분인 辰(신)과 脣(肉고기, 몸 육)으로 이뤄졌어요.

조개껍질
↓
← 지면(땅바닥)
↑
발

辰(신/진)은 조개가 땅 위로 기어가는 모양이에요. 그러므로 脣(순)은 우리 月(몸)에서 辰(조

개)처럼 벌렸다 다물었다 하는 '입술'을 의미해요. 조개껍데기와 그 사
이의 부드러운 발을 '입술과 혀'에 비유한 셈이에요. 쓸 일은 별로 없
어요. 미인의 얼굴을 일컫는 丹脣皓齒(단순호치; 붉은 입술과 흰 이), 입
술이 없으면 이가 시리다는 脣亡齒寒(순망치한; 서로 이해관계가 밀접해
한쪽이 망하면 다른 쪽도 영향을 받는다는 뜻)에 쓰는 정도예요.

그보다는 脣(순)에 들어 있는 月(육달 월)이 중요한데요,
月(육달 월)은 肉(고기, 살덩이 육)이 月(달 월) 모양으로 변형되었다는
의미예요. 그래서 신체와 관련된 글자에서 몸, 살, 신체의 일부임을
나타내요.

齒(齿 이 치)는 ᗡᗡ ᗡᗡ
止→ 𝅘(발, 그치다 지)로 지→ 치 발음을 나타내고
齒→ (ㅂ입안의 ㅆ윗니, 아랫니)를 그려놓은 모양이에요.

*특히 어린아이들은
齒牙(치아)로 연령(年
齡)을 알 수 있기 때문
에 齒(치)에는 '나이'
라는 뜻도 있어요.
예 齒(치)에다 발음인 슈(령)을 합친 齡(나이 령)

'치아(齒牙)'의 牙(어금니, 송곳니 아)는 맹수의 날카로운 위아래 이빨이
꽉 맞물려진 모양에서 나왔어요.

舌(혀 설)은 입에서 혀를 쏙 내민 모양이에요. 옛 자형은 혀의 끝 부
분이 갈라져 있어, 특히 뱀의 혀를 그렸다는 설명이에요. 혀 주위의
작은 점들은 독을 나타냈고요.

咽(목구멍 인)은 口(입 구)가 의미, 因(원인, 인하다 인)이 발음이에요.

* 因(인)에 대한 자세한
설명은 '가족' 편을 참고
해주세요.

입은 호흡하고 호명하는 기능도 하므로 口(입)에
서 숨결과 소리가 乎(호)~ 빠져나오면 呼(숨내쉬
다, 부르다 호)입니다.

소리

* 발음 부분인 乎(어조
사호)는 소리가 위로 올
라가는 걸 나타냄.

口(입)으로 기체나 액체 등을 及(붙잡아) **흐으읍~** 들이마시면 吸(숨 들이쉬다, 빨다 **흡**)이에요.

*발음 부분인 及(미치다 급)은 사람을 따라잡아 又(손)으로 붙잡은 모습.

及 及 及 及 及

나는 피를 吸入(흡입)해 영양분을 吸收(흡수)해서 吸血鬼(흡혈귀)지!

귀

耳 耳 耳 耳 耳 **耳**(귀 **이**)는 귀 모양이에요.

고대에는 청각이 매우 중요했어요. 오직 '감각'에 의존해 생존하던 시절, 바람결에 실려 오는 맹수와 적의 발자국 소리를 재빨리 감지하는 능력은 생존과도 직결됐으니까요. 난청이 있으면 무리의 우두머리를 맡기 곤란했겠죠? 해서 신이 내린 청력(聽力)을 가진 자가 무리에서 중요한 지위를 차지하거나 우두머리의 역할까지도 맡았어요.

聽 聽 聽 聽 聽

聽(听 듣다 **청**)은 본래 耳(귀) 옆에 口(입)이 있는 모양으로 '다른 사람의 말을 귀 기울여 듣는다'는 의미였어요.

耳聽(귀 이)와 聽悳(덕 덕), 발음으로 聽呈(정)의 생략형을 합친 형태가 되었지요.

悳(덕)은 눈 위에 곧은 선을 그린 모양의 直(곧다 직)과 心(마음 심)으로 이뤄졌어요.

그러므로 聽(듣다 청)은 耳(귀)를 기울여 왜곡 없이 直(곧은) 心(마음)으로 듣는다는 의미예요. 다른 사람의 권고나 의견을 경청(傾聽)하고 마음에 받아들이는 청취(聽取) 자세를 담고 있어요.

聞(闻듣다, 들리다 문)은 (귀를 강조한 사람)의 모습으로 쓰다가 → 耳(귀)로 듣는다는 의미와 발음인 門(문)을 합쳤어요.

예 所聞(소문), 新聞(신문), 見聞(견문)

한편, 제정일치 사회가 되면서 신과 인간의 중간에서 양쪽의 말을 잘 듣고 잘 전하는 사람이 우두머리가 됐어요. 그래서 잘 듣는 능력을 가진 사람에서 나온 글자로 聖(성)과 聰(총)이 있어요.

聖(조성인 성)은 본래 口(입) 옆에 耳(귀)가 큰 사람이 있는 모양이었어요. '말을 귀담아 잘 듣다'는 뜻이었어요.

후에 발음으로 呈(말씀드리다 정)을 더해, 잘 耳(듣고) 잘 呈(고하는) 사람을 나타냈어요.

이들이 고대의 (종교)지도자였기에 '뛰어난 사람', '성스럽다'라는 뜻이 됐고요.

*실제로 고대에는 聖人(성인)이 무당(즉, 샤먼 shaman)을 가리켰어요. 신과 인간 사이에서 커뮤니케이션의 중재자 역할을 하는 존재였지요.

발음인 <u>呈</u>(말씀드리다 정)은 人(인)의 변형인 壬(임) 위에 口(입 구)를 쓴 것이지요.

 亻(사람)이 土(흙으로 쌓은 토단) 위에 서서 口(고하는) 모습이에요.

* 耳(귀)로 듣는다는 의
미에 悤(바쁘다 총)이
발음.

많은 걸 듣느라 耳(귀)가 悤(바쁘면) 聰(총귀밝다, 총명하다 **총**)이에요.

잘 들어서 아는 게 많으면 총명(聰明)해 보였으므로 '총명하다'라는
뜻도 있어요.

耳目口鼻(이목구비)를 다 살펴봤으니까, 이제 안면(顔面)을 익히기로
해요.

얼굴

顔(顔얼굴 **안**)은 彦(언 → 안)발음과 頁(머리 혈)로 이뤄졌어요.

頁(页머리 **혈**)은 사람의 머리카락과 눈을 강조한 모양으로 '머리', '얼
굴'을 뜻해요.

발음 부분인 彦(선비 언)에는 (가슴에 문신을 한 사람)에서 나온 文
(무늬 문)과 '모양, 빛깔'을 나타내는 彡(터럭 삼)이 들어 있어요. 그래
서 顔(안)은 특히 顔色(안색), 無顔(무안; 부끄러워 볼 낯이 없음)처럼 얼
굴빛이나 감정과 관련된 '얼굴'도 가리켜요.

(중간의 厂(언덕 한)은 발음 담당)

반면(反面), 面(얼굴 **면**)은 눈코입이 달린 '얼굴 그 자체'를 가리켜요.

사람의 인상을 결정하는 데 가장 중요한 게 눈이라서 囗(얼굴)에는 目
(눈)만 그렸고요.

만나면 서로 얼굴을 마주하므로 面(면)에는 '만나다'라는 뜻도 있어요.

⑩ 面會(면회), 對面(대면), 面談(면담)

또 얼굴은 옷으로 가리지 않고 밖으로 드러내는 대표적인 신체 부위
다 보니 겉으로 드러나는 사물의 '表面(표면)'도 뜻하게 됐어요.

머리

머리를 나타내는 글자에는 頁(혈), 頭(두), 首(수)가 있어요.

頁(머리 혈)은 앞에 나왔고요,

頭(头머리 두)는 발음인 豆(콩 두)와 頁(页머리 혈)을 합쳤어요.

豆(콩 두)는 ¯(뚜껑)이 있고 묘(높은 굽이 있는 제사용 그릇)을 본떴어요(← 양쪽에 귀처럼 달린 손잡이며, 머리를 위로 틀어 올린 듯한 뚜껑이며, 전체적인 모양이 사람 머리를 닮았죠?). '콩'이라는 뜻은 가차된 것이에요.

首(머리 수)도 頁(혈)처럼 머리카락과 눈을 강조한 모양이에요.

* 윗부분을 사슴뿔 같은 걸로 보아 동물의 머리를 그렸다는 주장도 있긴 하지만요.

머리는 몸의 제일 꼭대기에 위치하므로 首(수)에는 '우두머리'라는 뜻도 있어요.

예 首長(수장; 집단, 단체를 통솔하는 사람), 元首(원수; 한 나라를 다스리는 최고 권력자)

元(으뜸, 근본 원)은 儿(사람)의 一(머리)를 강조한 兀(올) 위에 一(지사부호)를 붙였어요. 사람은 머리가 제일 중요하다고 '으뜸'이란 뜻이 됐고요.

특히 머리 꼭대기를 정수리라고 해요.

발음인 丁(정)과 頁(머리 혈)을 합친 게 頂(顶정수리 정)이에요.

丁(정)에 대해서는 사람의 정수리를 그렸다, (머리가 큰) 못을 위에서 내려다본 모양이다 등의 설이 있는데, 가차되어 천간(天干)의 네 번째 글자(甲乙丙丁戊己庚辛壬癸)가 됐어요.

정수리는 어떤 사물이나 상태의 제일 '꼭대기'를 비유하기도 해요. 그래서 頂上(정상)에 도달했을 때 '頂點(정점)을 찍었다', '絶頂(절정)에 이르렀다'는 표현을 쓰지요.

* 참고로 '장정(壯丁)'에서는 단단한 못처럼 강하고 건장한 성인남자를 가리켜요.

머릿속에 든 '뇌'는 月(肉몸 육)과 巛(머리카락)이 난 囟(머리)를 합한…
腦(腦뇌 뇌)로 써요.

▶손

手(손 수)는 사람의 손을 본떴고 손가락을 오므린 扌모양으로도 써요.
예 抱(안다 포)

손

左 돕다 좌   左 왼쪽 좌   右 오른쪽 우   佑 돕다 우

처음에는 왼손, 오른손을 구별 없이 ナ로 썼어요. 그런데 손의 중요한 역할이 일을 하는 것이었고, 특히 도구를 써서 일을 하면 도움이 됐으므로, 금문에서는 손에 도구를 쥔 모습으로 左(손을 써서 일하다, 돕다 좌)를 만들었어요. 하지만 '왼쪽'을 가리킬 글자가 필요해지

자, 발음이 비슷한 左(좌)를 빌려다 쓰기로 해서 左(도구 쥔 손)이 左(왼(쪽) 좌)로 가차되었지요. 돕는다는 본래 뜻은요? 앞에 亻(사람 인)을 붙여 새로 佐(돕다 좌)를 만들었어요. 어쨌든 亻(사람)이 돕는 거니까요. 여기까지 바꾸고 나자 '오른손, 오른쪽은 어쩌지?' 싶었어요.

원래는 오른손을 본뜬 又(우)를 '오른손', '오른쪽', '돕다'라는 의미로 쓰고 있었어요. 그런데 又(우)가 '또(한)'이란 뜻으로 가차돼버려 문제가 생겼어요.

* 왼손보다 오른손을 자주 써서 又(또, 다시 우)가 되었다고 해요.

궁리 끝에 𠂇(손)에 발음 부분인 口(입 구)를 합쳐 右(오른손, 오른쪽 우)로 만들었어요. 그래선지 어렸을 때 口(입)에 밥숟가락을 떠 넣는 𠂇(손)이 오른손이라는 밥상머리 교육을 한 번씩은 받아보셨을 거예요.
佐(좌)와 마찬가지로 앞에 亻(인)을 더하면 佑(돕다 우)예요.
애국가 중간에도 나오죠? 하느님이 保佑(보우)하사 우리나라 만세~!

한자에서 손은 여러 모양으로 변형돼요.
뭔가를 잡고 있을 때의 손 彐()
예 書(글쓰다 서), 君(임금 군)
손가락을 구부린 모양의 丑(축) 又-丑-丑
예 羊(양고기)를 꼭 쥔 羞(바치다 수)
양손을 나타내는 臼와 廾(두 손으로 받들다 공)
예 두 손으로 爻매듭 묶는 법을 學(배우다 학)
옥구슬을 만지작거리며 弄(가지고 놀다 롱)
그리고 臼 → 위쪽의 두 손과 廾 → 아래쪽의 두 손으로 舁(마주들다 여)
예 車(가마)를 舁(마주 드는) 輿(수레 여) 輿-輿-輿

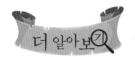

참고로 寸(마디 촌)은 손목 아래 맥이 뛰는 곳을 ﹅(점)으로 표시한 모양이에요. 이곳부터 손목까지의 길이가 약 3.3센티미터(1인치)로, 길이의 단위로도 쓰였어요. 비교적 짧은 길이를 나타내는 단위라서, 촌각을 다툰다고 할 때의 寸刻(촌각)은 매우 짧은 시간을, 寸評(촌평)은 아주 짧은 비평을 말해요. ♂

그럼 손의 각 부분으로 넘어갈게요.

指(손가락, 가리키다 지)는 扌(손 수)와 발음인 旨(지)가 합쳐졌어요.

旨(지)는 匕(숟가락)으로 음식을 떠서 口(입)에 넣는다는 의미였는데 口(입 구)가 曰로 변했고, 본래 취지(趣旨)와는 달리 旨(뜻, 생각 지)로 가차되었어요.

'가리키다'라는 뜻일 때는 손가락으로 指示(지시)하거나 指摘(지적)하며 말하는 모습을 떠올리세요.

爪(손톱 조)는 손가락 끝의 손톱을 강조했어요.

글자의 위쪽에서는 爫로 써요.

예 採(캐다 채), 受(받다 수)

掌(손바닥 장)은 手(손)이 의미, 尚(상 → 장)이 발음이에요.

手(손)을 尚(높이) 쳐들면 '손바닥'이 보이므로 尚(尙높(이)다 상)으로 발음을 나타냈어요.

* 尚(尙상)에 대해서는 '옷' 편을 참고해주세요.

拳(주먹 권)은 발음인 龹(권)과 龹手(손 수)로 이뤄졌어요. 주먹을 쥐려면 손을 구부려야 하므로 龹(말다 권)으로 발음을 나타냈어요.

 (권)은 두 손으로 밥알이나 흙덩어리 같은 것을 말아 뭉치는 모습이에요. 여기서 '말 다', '구부리다'란 뜻이 나왔어요.

 더 알아보기

 오른손을 그린 又(또 우)는 가차된 후에도 '손'을 의미하는 경우가 많은데요,

대표적으로 攴(복)과 殳(수)만 볼게요.

攴(치다 복)은  나뭇가지를 손에 든 모습이에요. 변형된 攵(복)을 더 많이 쓰며, 주로 '치다(때리다)'와 '일하다'라는 뜻을 가져요. 고대에는 나뭇가지가 무기이자 도구였으니까요.

又(손)이 의미 부분이고, 攴(복)이 발음인데 卜(복)은 손으로 가볍게 두드리거나 치는 소리를 나타내는 의성어이기도 해요.♂

殳(창 수)는 又(손)에 几(창)을 쥔 모습이에요.

攴(복)과 마찬가지로 几(창 또는 (창처럼 끝이 뾰족한)도구)를 又(손)에 쥐고 '치다', '일하다'라는 의미예요.

예 殺(죽이다 살)에서는 朮(짐승)을 殳(공격하는) 모습이고, 段(조각 단)에서는 광물을 캐려고 厂(암석)을 殳(두드리며 일하는) 모습

受(받다 수)는 ㉥又(두 손)사이에 ㄱ(쟁반 같은 물건)이 있는 모양이에요.

원래는 '주다'와 '받다' 둘 다를 의미했는데, 후에 구별할 필요가 생기

자 준다는 뜻으로는 扌(손 수)를 더해 새로 授(주다 수)를 만들었어요.

예 受賞(수상), 授與(수여)

▶발

足(발 족)은 사람의 무릎과 발을 본떴어요.

'발', '이동'과 관련된 뜻이며, 글자의 왼쪽(변)에선 ⻊(족)으로 써요.

예 距(떨어져 있다 거)

滿足(만족), 洽足(흡족)처럼 '(만)족하다'라는 뜻이 있는 것도 알아두시

고요.

시간이 촉박(促迫)해서 亻(사람)이 足(발걸음)을 재촉하면 促(재촉하다,

급하다 촉)이에요.

예 督促(독촉), 促進(촉진)

그 밖에 발을 본뜬 것으로 止(지), 之(지), 疋(소), 夊(치), 舛(천), 癶(발)

이 있어요.

* 亻(사람)이 의미, 足(족
→촉)이 발음.

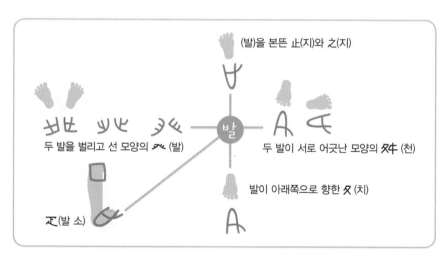

(발)을 본뜬 止(지)와 之(지)

두 발을 벌리고 선 모양의 癶(발)

두 발이 서로 어긋난 모양의 舛(천)

발이 아래쪽으로 향한 夊(치)

疋(발 소)

止(발, 그치다 **지**)는 발을 본떴는데
발로 가거나 멈추므로 '이동', '停止(정지)'와 관련된 뜻을 가져요. 그치고 멈추게 하려면 禁止(금지)하고 沮止(저지)해야 하므로 '막다'라는 뜻도 있고요.

之(가다 **지**)도 발을 그린 것이에요.
'가다'가 본뜻이었지만 이제 그 의미로는 行(가다 행), 往(가다 왕), 去(가다 거)를 쓰고, 之(지)는 어조사와 대명사로 자리 잡았어요.

① 어조사 之(지) : ~의

예 漁父之利(어부지리; 어부의 이익. 새가 조개를 잡아먹으려고 부리를 집어넣자 조개가 껍데기를 꼭 다물고 부리를 안 놔주었는데, 서로 다투는 틈을 타 어부가 둘 다 잡았다는 고사에서 나옴)

* '양쪽이 이해관계로 싸우는 사이 제 삼자가 쉽게 가로챈 이익'을 가리켜요.

② 대명사 之(지) : 그것

예 結者解之(결자해지; 맺은 사람이 그것을 풀어야 함)

* 원인 제공자가 자신이 저지른 일을 해결해야 한다는 의미예요.

疋(발 **소**)도 足(족)처럼 ㇖(무릎)과 止(발)을 본떴고

夂(뒤져오다 **치**)는 발이 아래를 향한 모양이며

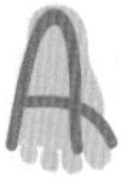

* 夂(치)에 ㇏(질질 끈다)는 뜻을 보탠 夊(천천히 걷다 쇠)도, 夂(치)와 같은 글자로 보면 돼요.

舛(어그러지다 **천**)은 夂(치)와 㐄(과)로 두 발이 서로 어긋난 모양을 표현했어요.

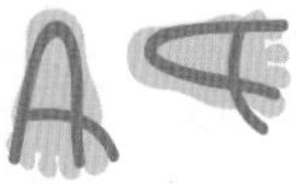

예 舞(춤추다 무)에서 춤출 때의 엇갈린 발동작을 나타냄.

癶(등지다 **발**)은 두 발을 벌리고 선 모습이에요.

步(걷다, 걸음 보)는 한 걸음 한 걸음 걸어가는 모습이에요.

예 步行(보행), 步道(보도), 步幅(보폭)

奔(달리다 분)은 팔을 휘저으며 달리는 사람 밑에 발을 세 개
나 그려 매우 빨리 달리는 모습을 만화처럼 표현했어요.

*卉은 止止止(세 개의
발을 간략하게 쓴 것

走(빨리 걷다, 달리다 주)도 양팔을 흔들며
奔走(분주)하게 가는 사람의 발을 커다랗게 그렸어요.

예 東奔西走(동분서주: 사방으로 뛰어다니며 애씀) ♂

走(달리려면) 己(몸)을 일으켜 세워야 하므로,
起(일어나다 기)는 己(몸, 자기 기)로 발음을 나타냈어요.

超(뛰어넘다 초)는 뛰어넘으려고 走(달려가
는 모습)에, 김(부르다 소)로 소 → 초 발음
을 취했어요. 편법이긴 하지만, 走(달려가
서) → 김(뛰어넘는다)고 기억하면 돼요.

* 김(소)에 대해서는 '법'
편에 다시 나오니까 그때
자세히 보기로 하고요.

彳(척)과 辵(착)

사거리의 한쪽만 그리면 彳(조금 걷다 척)이에요.

'가다', '이동하다'라는 뜻을 가져요.

길에 보행자의 止(발)도 그려 넣으면
辵(가다 착)이에요.

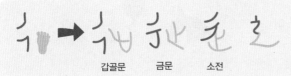

갑골문　　금문　　소전

彳의 변형이 廴(길게 걷다 인), 辵의 변형이 辶(쉬엄쉬엄 가다 착)♂

▶신체 각 부분

骨(骨뼈 골)은 冎(뼈의 조각)에 月(살)이 붙어 있는 모양이에요.

앞에 氵(물 수)를 더하면 滑(미끄럽다 활)로 氵(골수) 때문에 骨(뼈)가 매
끄럽고 원활(圓滑)하게 돌아가서 '미끄럽다'가 되었다는 설명도 있고,
뼈에서 氵(기름)이 나와 骨(뼈)가 미끌미끌하기 때문에 '미끄럽다'가 되
었다는 설명도 있어요.

骸(뼈 해)는 의미 부분인 骨(뼈 골)에, 亥(돼지 해)가 발음이에요.

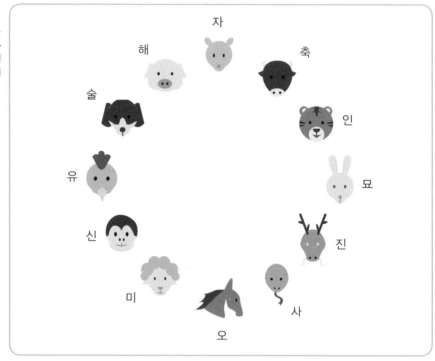

万 豕 夈 夸 亥
* 돼지를 그린 亥(돼지 해)는 12(십이지)의 열두 번째 글자로 쓰여요.

자
해   축
술   인
유   묘
신   진
미   사
오

肉(살, 고기, 몸 육)은 丿(매달아)놓은 冂(고깃덩어리)에 仌(고깃 결)을 그려 넣은 모양이고, 血(피 혈)은 ㅣ皿(그릇)에 희생 짐승의 (피)를 받은 모양이에요.

項(項목 항)은 工(공 → 항) 발음과 頁(머리 혈)로 이뤄졌어요.
肩(어깨 견)의 尸는 丿(한쪽 목선)과 尸(어깨 부분)을 나타내요.
月은 신체와 관련 있음을 의미하고요.
腋(겨드랑이 액)은 원래 大 夰 夾 亦 양팔을 벌린 사람의 겨드랑이 아래에 丶(점)을 찍은 모양으로 썼어요. 가차되어 亦(또(한) 역)으로 굳어지자, 月(육달 월)과 발음인 夜(야)를 합쳐 새로 腋(겨드랑이 액)

을 만들었어요. 이번에도 역시(亦是) 月(몸)이 의미 부분이고, 夜(야 →
액)이 발음이에요.

중국어로는 夜(밤 야)와 腋(겨드랑이 액)의 발음이 둘 다 〔yè〕로 같아요.
밤은 보통 달을 끼고 있기 때문에, 夜(밤 야)는 사람이 겨드랑이에 달을
끼고 있는 모습으로 밤을 나타냈어요. 달 반대쪽의 점은 달빛에 생긴
사람의 그림자예요.

등은 본래 北(𠓥 𠘨 𠘧 北 北 두 사람이 등을 맞댄 모습)으로 썼
어요. 그런데 북반구에 위치한 중국에서는 집을 지을 때 해가 잘 들
도록 남쪽을 향해 짓다 보니, 항상 등을 지게 되는 방향이 '북쪽'이었
어요. 그리고 북쪽은 만리장성 밖의 北方(북방)이민족이 식량을 약탈
하러 왔다가 敗北(패배)하여 등을 보이며 달아나는 방향이기도 했어
요. 그래서 北(서로 등진 모습)이 '북쪽', '패하다', '달아나다'라는 뜻이
됐어요.

주의할 점은 北(북쪽 북/달아나다 배)로 발음이 둘인 점이에요.
사람 몸의 '등'으로는 月(육달 월)을 붙인 背(등 배)를 새로 만들었어요.

예 背後(배후)

* 背信(배신), 背反(배
반), 違背(위배)…에
서 '배'로 발음해요.

胸(가슴 흉)의 발음인 匈(오랑캐 흉)은 勹(사람)의 凵(胸部흉부)에 乂(표
시)를 한 모양이에요. * 月(육달월)은 몸과 관
련됨을 나타내요.

腹(배 복)은 月(몸)이 의미 부분이고, 复(복)이 발음이에요.
발음인 复(복)에 대해서는 '발풀무'를 본떴다는 의견이 많아요. 풀무
는 도가니에 금속을 녹일 때 불길을 세게 키우려고 바람을 불어넣는
기구였어요. 상자처럼 생긴 풀무 안쪽의 빈 공간에서 칸막이가 왕복
운동을 하며 공기를 내뿜었지요. 때문에 复(복)에는 '往復(왕복)', '反復

(반복)', 갔다가 원상태로 돌아오는 '回復(회복)'의 의미가 있어요.

腹式(복식)호흡하면서 腹部(복부)를 내려다보니까, 숨을 내쉴 때마다 배가 부풀었다가 원상태로 되돌아갔지요. 그래서 复(복)으로 발음을 나타냈어요.

腰(허리 요)의 발음인 要(중요하다 요)는 사람이 양손을 허리에 얹은 모습이에요. 허리는 몸의 한가운데에서 몸을 받치므로 매우 重要(중요)하다고 해서, 아예 '중요하다'는 뜻으로 굳어졌어요. 그래서 月(몸의 일부)임을 더한 글자가 腰(허리 요)예요.

그 밖에도 肱(팔뚝 굉)은 ナ(팔)에 ㅿ(불룩한 근육)이 붙은 모양이고, 脚(다리 각)은 卩(꿇어앉아) 뒷걸음질로 去(물러간다)는 뜻의 却(물러나다, 물리치다 각)이 발음이에요.

却(각)은 동사 뒤에 붙어 了(마치다 료)처럼 完了(완료)의 뜻도 나타내요.
（예）賣却(매각), 忘却(망각)

참고로 退(물러나다 퇴)도 辶(가면서) 뒤를 힐끔힐끔 艮(돌아보던) 데서 나왔어요.
（예）退場(퇴장), 退却(퇴각) ♂

毛(털 모)는 사람이나 짐승의 살갗에 난 털은 물론, 식물의 줄기와 잎에 난 털도 가리켜요.

우리 몸에서는 毛髮(모발)과 鬚髯(수염) 등이 털로 되어 있어요.

'毛髮(모발)'의 髮(发터럭 발)은 髟(머리털 드리워지다 표)와 발음인 犮(뽑다 발)을 합쳤어요.

长髮(장발) 노인의 모습이 長(길다, 어른 장)이 되자 彡(머리카락)을 강조한 게 髟(표)예요.

須(须모름지기 수)는 彡(수염)이 頁(얼굴)에 난 모양인데 가차되어 '반드시', '필요하다'란 뜻이 됐어요. 얼굴에는 모름지기 수염이 必須(필수)? 꽃미남이 대세인 요샌 옛말이에요. 게다가 무려 36획!의 '鬚髯(수염)'을 보면 "그냥 면도(面刀)해주세요!" 하고 싶어요.

鬚(须수염 수)는 코 밑에 난 수염(mustache)을, 髯(수염 염)은 턱수염과 구레나룻(beard)을 가리켜요. 삼국지에 나오는 관우(關羽)가 미염공(美髯公)으로 불렸던 것도 길고 멋진 턱수염 때문이었지요.

▶몸속 기관

心(심장 심)은 사람의 심장 모양이에요. 위치에 따라 忄 또는 ⺗ 모양으로 변해요.

예 怪(기이하다 괴), 惡(미워하다 오)

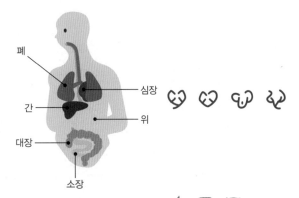

胃(위, 밥통 위)는 田(위장 안에 음식물이 든 모양)과 月(몸을 의미하는 육달월)로 이뤄졌어요.

肝(간 간)은 干(방패 간)으로 발음을 취했는데, 실제로 肝(간)은 해독 작용을 해서 독을 막아주는 방패 역할을 하지요.

肺(허파 폐)는 초목이 무성하게 자란 모양의 市(무성하다 불)로 불 →

폐 발음을 나타냈어요. 肺(폐)로 산소를 들이마시니까 산소를 제공하는 市(나무)를 쓴 것도 잘 어울리죠?

(옆의(←) 환경보호 캠페인에서도 폐를 숲으로 표현했어요.)

腸(肠창자 장)은 ⽇(해)가 ―(땅) 위로 떠올라 勿(햇빛을 방사하는) 모양의 昜(볕 양)으로 양 → 장 발음을 나타냈어요.

五臟(오장)과 六腑(육부)는 몸속의 장기(臟器)를 통틀어 일컬어요.

臟(脏내장 장)은 月(몸)에서 藏(저장)을 하는 기관으로 '내장'을 표현했어요.

발음 부분인 藏(저장하다, 감추다 장)은 ⺿(✦✦풀)로 덮어 가린다는 의미에 臧(착하다 장)이 발음이에요.

* 옛날에는 땅을 파서 만든 구덩이나, 나무판자를 빙 두른 창고에 식량을 숨기고 그 위에 풀을 덮어 가렸기 때문이에요.

> 臧(착하다, 감추다 장)은 다시 발음인 爿(나뭇조각 장)과 臣(눈)을 戈(창처럼 뾰족한 도구)로 찌르는 모양으로 나뉘어요. 고대에 전쟁 포로와 노예들이 반항하지 못하도록 한쪽 눈을 실명시키던 데서 나왔어요. 한쪽 눈을 찔린 노예는 잘 반항하지 못한다고 '착하다'는 뜻을 붙였고요.
>
> 한편, 상대가 보지 못하는 것은 (반대로) 내가 그것을 감추었기 때문이라는 논리로 '감추다', '숨기다'라는 뜻도 생겼어요.
>
> 예 貝(재물)을 몰래 藏(감춰놓고) 떳떳하지 못하게 거래하는 臟(장물 장)에서 이 '감추다'라는 뜻으로 쓰여요. ♂

내장 장	감추다 장	착하다 장	조각 장	신하 신	창 과

腑(장부 부)도 月(몸)에서 府(창고) 역할을 한다고 府(곳집 부)로 발음을
나타냈어요.

府(곳집, 관청 부)는 广(관청)에 있는 亻(사람)에게 寸(무엇을 건네는) 모습
이에요.

脈(脉맥, 혈관, 줄기 맥)은 月(몸)에서 𠂢(물갈래처럼 뻗어나간) 혈맥(血脈)
을 뜻해요.

* 𠂢는 派(물갈래 파)의 생략형.

筋(힘줄 근)은 𥫗(대나무)처럼 가늘고 길며 月(몸)이 力(힘)을 내게
하는 '힘줄'이란 의미예요.

* 𥫗(대나무)는 가늘고 긴 모양에 섬유질로 되어 힘줄의 이미지와도 통해요.

예 筋肉(근육), 筋力(근력)

胞(세포 포)는 우리 月(몸)에서 '包(포)'로 발음하는 '細胞(세포)'를 뜻해요.
발음인 包(싸다 포)는 뱃속의 巳(태아)를 勹(감싸고 있는) 막을 가리키다
가 점차 '(감)싸다'라는 뜻이 됐어요.

앞에 扌(손 수)를 더하면, 扌(손)으로 包(감싸서) 抱(안다 포)예요.

* 包(포)가 발음.

예 抱擁(포옹)

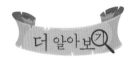

신체 분비물

淚(눈물 루)는 눈물을 의미하는 氵(水물 수)에, 戾(려 → 루)가 발음이에요.

 同字(동자)인 泪(눈물 루)도 눈에서 눈물이 나오는 모양이에요.

> 예 催淚性(최루성: 눈물을 흘리게 하는 성질)

泣(울다 읍)은 氵(울면서) 立(서 있는) 모습이에요. 제갈량이 군율을 어긴 마속의 목을 베며 울었다는 고사 '泣斬馬謖(읍참마속)'에 쓰여요.

汗(땀(흘리다) 한)은 체온이 올라가는 것을 氵(땀)이 干(막아주기) 때문에 🛡干(방패 간)으로 발음을 나타냈어요.

 尿(오줌 뇨)는 尸(엉덩이) 아래로 水(오줌)이 放尿(방뇨)되는 모습이에요.

便(똥 변/편하다 편)은 亻(사람)의 몸속에서 음식물의 상태가 바뀌어 다시 나온다고 更(다시 갱/고치다 경)으로 발음을 나타냈어요.

> 更(갱/경)은 손을 써서 (제사상처럼 생긴) 물건을 다시 고치는 모습이에요.
> 발음인 丙(병)과 攴(손에 도구를 들고 일한다)는 의미로 이루어졌어요. 고치면 亻(사람)에게 더 便利(편리)해지므로 便(똥 변) 말고 便(편하다 편)으로도 쓰여요.

사람의 大便(대변)을 人糞(인분)이라고도 해요. 糞(똥 분)도 먹은 米
(쌀)이 몸속에서 異(다른) 상태로 바뀌었다는 의미예요.

𤰮 𤰮 異 異 異 異(다르다 이)는 田(가면)을 쓴 사람이
共(양손을 벌리고 서 있는) 모습이에요. 보통 사람과 다른 특이
(特異)한 모습이라서 '다르다'는 뜻이 됐어요. ♂

▶몸과 사람

身(몸 신)은 身(배가 불룩한) 임산부의 모습이에요. (배 안의 ヽ(점)이 아   ⟨ 身 身 身 身
기) 임신한 몸을 가리키다 사람의 '몸'을 뜻하게 되었어요.

體(体몸 체)는 骨(뼈와 살)이 豊(풍성하게) 갖추어진 '몸'을 의미해요.

骨(뼈 골)은 冎(뼈)에 月(살)이 붙어 있는 모양이고,

豊(丰풍성하다 풍)은 豆(제사 그릇)에 曲(수확한 농작물)을 가득 담은 데   豐 豐
서 '풍성하다', '넉넉하다', '두루 갖추다'라는 뜻이 나왔어요.

軀(躯몸 구)는 身(몸)이 차지하는 區(구역, 다시 말해 부피), 즉 몸집을   *體(체)는 身體(신체),
의미하는 體軀(체구)와 관련 있어요. 발음인 區(区구역 구)는 匚(상자   形體(형체), 物體(물
또는 어떤 구역) 안에 品(물건들)을 정리해놓은 모양이에요. '나누다',   체)처럼 구체적(具體
'區分(구분)하다', '區域(나누어진 구역)'을 뜻해요.   的)인 생김새나 형태를
가진 것에 써요.

己(기)

己(몸, 자기 기)에 대해서는 사람이 몸을 구부리고 앉은 모습이라는 설도 있고, 끈에 매듭을 묶은 모양이라는 설도 있어요.

* 己(몸)과 心(마음)을 삼가고 忌(꺼리다 기)에서는 '몸'으로, 言(말한 것을 己(결승)으로 記(기록하다 기)에서는 '끈'으로 쓰여요.

사람을 뜻하는 글자로는 人(인), 者(자), 員(원)이 있어요.

 者(者∼하는 사람 자)는 곡식, 식물 등을 그러모아 日(그릇)에 삶는 모양이에요.

*작은 점들은 김이 피어오르는 모양.

'모으다(모이다)'가 본뜻이었는데 가차되어 '(∼하는)사람', '것', '놈'을 뜻해요. 예 識者(식자; 식견이 있는 사람), 逃亡者(도망자), 前者(전자)와 後者(후자) ♂

* 본래 뜻으로는 □(○ 둥근 테두리)를 둘러 圓(圎둥글다, 원 원)을 새로 만들었어요.

員(员사람, 수효 원)은 □ → (솥의 둥근 테두리)와 貝 → 鼎(세발솥 정)을 단순하게 바꾼 모양으로 이루어졌어요. 본래 '원', '둥글다'라는 뜻이었는데 → '구성원'으로 가차되었어요. 왜냐하면 鼎(정)은 의식에 쓸 제물을 삶는 솥이었는데, 의식에는 공동체의 전 구성원이 참여하였기 때문이에요. 회사원', '공무원', '人員(인원; 사람의 수)'처럼 어떤 일에 종사하는 사람이나 구성원(構成員)을 가리켜요.

02 채집과 수렵

▶채집

인간의 가장 오래된 취미는 아마도 채집(採集)일 거예요. 식량채집이요. 부지런히 주워 먹고 따 먹고 캐 먹었어요. 이렇게 보물찾기를 하며 살았더니 생활양식의 하나로 분류되어 採集(채집)생활로 불리게 되었어요.

爫(손)으로 木(나무)의 잎과 열매를 따는 모습이 采(따다, 캐다 채)예요. 딸 때는 彡(빛깔과 무늬)를 잘 살펴야 했어요. 화려한 빛깔과 무늬로 광채(光彩)가 날수록 독(毒)이 든 불량식품이 많았거든요. 잎과 열매는 비슷비슷하게 생긴 유사품이 많아 헷갈리기도 쉬웠고요. 먹어도 되는 것과 아닌 것, 잘 익은 것과 덜 익은 것… 등을 彡(빛깔과 무늬)로 변별했어요. 그래서, 彩(빛깔, 무늬 채)는 채집 대상의 빛깔을 가리키다가 일반적인 사물의 色彩(색채)로 의미가 넓어졌어요.

*采 위에 艹(풀 초)를 붙이면 맛있는 비빔밥 재료인 菜(나물 채)가 돼요.

𡌆(풀) 중에는 취하지 毋(말아야) 할 독초(毒草)도 있었어요. 毒(독 독)은 𡌆(𡌆풀)과 금지를 뜻하는 毋(말다 무)로 이뤄져 있어요.

*毋(말다, 없다 무)는 母(어머니 모)와 한 글자였는데, 母(모)의 두 점을 하나의 획으로 그어 '~(하지) 말다', '없다' 라는 뜻의 毋(무)로 만들었다고 해요.

다시 採集(채집)으로 돌아가서요, '따고 캔다'는 뜻으로 앞에 扌(손 수)를 더한 採(따다, 캐다 채)를 주로 채택(採擇)해 써요.

* 정작 본래자였던 采(채)는 가차되어 '風采(풍채; 사람의 용모)'를 뜻하고요.

'採擇(채택)'에서 보듯 採(채)에는 '가리다'라는 뜻도 있어요. 최소한 먹어도 되는 것과 탈이 나는 건 가려서 따 먹었거든요. 따라서 採集(채집)도 아무거나 주워 모으는 게 아니라 가려서 收集(수집)하는 걸 말해요.

集(모으다, 모이다 집)은 雥(새들)이 木(나무) 위에 집합(集合)한 모양의 雧으로 썼는데, 雥(잡)을 隹(추)로 줄였어요.

한편, 인류 초기에는 식량을 많이 채집해도 신선한 상태로 보관할 수가 없었지요. 아직 냉장고가 없었으니까요. 때문에 奢(사치하다 사)는 필요 이상으로 大(크게) 者(이것저것 많이 그러모으는) 것으로 사치(奢侈)한다는 의미를 표현했어요.

*者(자)는 곡식이나 식물 줄기를 모아 그릇에 삶는 모양이었는데 후에 者(사람 자)로 가차됨.

侈(사치하다 치)도 亻(사람)이 고깃덩어리를 多(많이) 가지고 있는 모양이에요.

더 알아보기

彡(삼)

彡(터럭 삼)은 무늬, 색깔, 소리, 빛과 그림자, 수염과 털 등을 의미해요.
彪(범 표)에서는 虎(호랑이) 가죽에 있는 彡(무늬)를,
彤(붉다 동)에서는 땅을 파서 얻은 주사의 붉은 彡(빛깔)을,
影(그림자 영)에서는 日(해)가 京(높은 건물) 위에 떠 있을 때 땅바닥에

드리워진 彡(그림자)를,
須(須모름지기 수)에서는 彡(수염)이 頁(얼굴)에 난 모양을 나타내요.

彭(북치는 소리 방, 성씨 팽)에서는 壴(북) 칠 때 울리는 彡(북소리)예요. 소리가 크게 울려 퍼지는 데서 '많다', '부풀다'라는 澎湃(팽배)의 뜻도 나왔어요. ♂

*참고로 月(몸)이 彭(부풀어) 부피가 커졌다는 뜻의 膨(부풀다 팽)은 인구나 세력 등이 팽창(膨脹)하는 데도 써요.

그건 그렇고, 채집 대상에 식물만 있는 건 아니었어요. 동체 시력을 자극하는 식재료들도 널려 있었으니까요. 곤충을 잡아 모으는 건 채집, 동물을 잡아 모으는 건 사냥이죠? 그럼 뱀을 잡아 모으면 뱀 채집일까요, 뱀 사냥일까요? 把握(파악)이 안 되네요.

把(잡다 파)는 扌(손)으로 잡는다는 의미에, 巴(뱀 파)가 발음이에요. 손 안에 꽉 잡아 쥐는 것으로부터 어떤 대상을 확실하게 이해하여 안다는 把握(파악)의 뜻이 나왔어요. 그런데 이분, 뱀만 잡는 뱀장수 아저씬 줄 알았더니 扌(맨 손)으로 喿(나무 위의 새들)도 막 잡아요.

操(잡다, 다루다 조)가 扌(손)으로 喿(나무 위의 새들)을 잡는 모양이에요. 때문에 操(잡다 조)에는 시끄럽게 우는 새들을 손아귀에 움켜잡듯 자잘하고 시끄러운 일들을 다룬다는 뜻도 있어요.

*발음 부분인 喿(떠들썩하다 소)는 木(나무) 위에서 品(새들이 시끄럽게 지저귀는) 모양.

예 操縱(조종), 操作(조작)

또 잘못이나 실수가 없도록 말과 행동에 마음을 쓰는 '操心(조심)'에도 써요.

채집 생활의 문제는 주소가 자꾸 바뀌는 거였어요. 도토리산 동굴 속에 살다가, 금세 열매언덕 굴바위 아래로 이사하곤 했지요. 근처의 식량거리를 모조리 먹어치우고 나면 또 다시 먹을 걸 찾아 이동하는, 이른바 '먹튀' 생활을 했기 때문이에요. 그러다가 조개와 물고기를 잡아먹기 시작했어요. 겨울이면 굶주리던 생활에 비해 좀 더 안정적인 식량 확보가 가능해졌답니다.

▶어렵

 魚(물고기 어)는 물고기의 ⌒(머리), 田(비늘로 덮인 몸통), 灬(꼬리)를 본떴어요. 생선은 머리가 맛있고 짐승고기는 꼬리가 맛있다고 나온 말이 魚頭肉尾(어두육미)예요. 그렇다고 어머니께 생선 머리만 드리는 분은, 어머니께서 자장면이 싫다고 하시면 진짜로 믿을 분들이에요.

물속에 고기가 떼로 모여 있으면 鮮明(선명)하게 눈에 띌 뿐 아니라 먹을 것이 풍족하니 보기에 아름답고 좋았어요.
鮮(깨끗하다 선)은 본래 鱻(선)으로 썼어요. 물고기가 모여 있는 모양으로 '생선', '신선하다', '곱다'라는 뜻을 가졌어요. 나중에 羴(양 냄새 전. 보시다시피 양들이 모여 있는 모습인데요, 뜻은 양의 누린내라고 해요)을 더했다가 → 鱻(선)과 羴(전)의 생략형인 鮮(선)으로 쓰게 됐어요. 빨리 상하는 생선과 양고기는 新鮮(신선)할 때 먹어야 해서, '싱싱하다', '깨끗하다'는 의미가 되었고요.
 漁夫(어부), 漁業(어업) 등에 쓰는 漁(漁고기잡다 어)는 氵(물)속에서 헤엄치고 있는 魚(고기)를 잡는다는 의미예요. 초기자형 중에는 고기를 잡는 ⺕⺕(두 손)이나 낚싯대가 그려진 것도 있어 뜻이 더욱 분명했어요.

고기잡이에서 가장 중요한 도구는 그물이었어요. 맨손과 작살 사이로는 잘도 빠져나가던 고기들이 그물에는 죄다 걸려들었지요.

그물을 본뜬 게

① 网(그물 망)이에요. 글자 안에서 ⺲, ⺳, 罒으로 변형돼요.

예 置(두다 치), 罕(그물, 드물다 한), 罔(그물 망)

② 糸(실 사)가 든 網(网그물 망)도 있어요. 𥃭 𥃭 𥃭 網

網(糸실)로 짠 網(网그물)에 網(亡망)이 발음이에요.

③ 罔(그물, 없다 망)은 罒(그물)과 亡(발음인 망)으로 이뤄졌어요.
罒(그물)에서 亡(달아날) 수 있는 게 '없다'? 혹은 罒(그물)에서 亡(도망가
고) '없다'? 어느 쪽일까요? 그나저나 그물에 물고기가 없으면, 누가
몰래 매운탕을 끓여 먹고 거짓말로 기망(欺罔)한다고 생각했나 봐요.
罔(망)에는 '속이다'라는 뜻도 있어요.

특히 그물의 가장자리를 꿰는 굵은 줄을 '벼리'라고 해요. 이 벼리 줄
(糸)을 잡아당겨 그물의 몸체(己) 전부를 오므렸다 폈다 하므로 紀(纪
벼리 기)는 糸(실 사)에, 己(몸 기)로 발음을 나타냈어요. 綱(纲벼리 강)
은 糸(실)로 짰다는 의미에, 岡(산등성이 강)이 발음이고요.

* 罒(그물)처럼 연결된 山
(산등성이)를 연상할 것

벼리는 '(근본이 되는) 큰 줄기'를 의미해요. 그래서 글의 뼈대가 되는
대강(大綱)의 줄거리, 요강(要綱), 강령(綱領) 등에 이 綱(纲벼리 강) 자
(字)를 써요.
또 벼리로 그물 전체를 통제하므로 紀(기)와 綱(강)을 같이 쓴 紀綱(기
강)은 전체를 규제하는 규율이나 법칙을 뜻해요.

기강이
느슨해졌군.

* 綱領(강령)이라는 말
이 좀 어렵지요? '일의
근본이 되는 큰 줄기' 라
는 뜻이에요. 단체나 정
당 등에서 기본 입장과
취지, 행동규범으로 정
한 게 綱領(강령)이지요.

함께 알아두면 좋은 게 率(거느리다 솔/비율 률)이에요.
𢆶 㸠 率 率 玄 → (실)로 짠 그물에 十 → (손잡이)가 있는 모양
率 이에요. 그물로 전체를 잡아들이는 데서 통솔(統率)한다는 의

xx(그물)의 변형

미가 나왔고, 잡힌 사냥감에는 이것저것 여러 종류가 섞여 있어서 比率(비율)이라는 뜻도 있어요.

* 直(곧다 직)에서 직 →
치 발음.

""(그물)을 直(똑바로) 설치(設置)해두는 건 置(두다 치)예요(place).

한편, 그물을 던지지 않고 낚시를 하는 방법이 있었어요. 釣(钓낚시, 낚다 조)는 바늘의 재료인 金(쇠 금)에, 勺(구기 작)으로 작 → 조 발음을 나타냈어요. 勺(구기)는 국자와 닮은꼴인 도구인데, 물과 술을 퍼올릴 때 사용해요. 위로 퍼 올리는 것이 물고기를 낚아 올리는 동작과도 통하고, 모양도 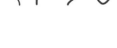 낚시 바늘을 연상시켜요.

再(다시, 두(번) 재)는 잡은 물고기를 겹쳐놓은 모양이에요.

나무를 쌓아놓은 모양, 冓(짜다 구)의 생략형, 魚(물고기 어)의 생략형… 등 설이 많지만 갑골문을 보면 물고기로 보이는 것의 위와 아래쪽(머리와 꼬리 부분)에 —(가로선)을 그은 모양이라, 물고기 두 마리를 1+1(원 플러스 원)으로 포개서 엮었다고 보는 게 일반적이에요.

이렇게 엮은 물고기를 손저울로 달아보는 게 稱(칭)이고요.

稱(称부르다, 칭찬하다 칭)은 禾(벼 화)와 爫 → (손)에 再 → (물고기)를 든 모습으로 이뤄졌어요.

저울이 없던 옛날에는 손으로 들어 올려 무게를 짐작했는데, 가장 흔히 무게를 달아보던 품목이 곡식과 물고기였어요. 그러므로 稱(칭)의 본뜻은 '무게를 달다', '저울질하다'였어요.

큰소리로 무게를 부르던 데서 '일컫다', '부르다'라는 뜻이 생겼고, (대상을) 높이 들어 올리며 말하던 데서 '稱讚(칭찬)하다'라는 뜻도 나왔어요.

▶수렵

狩(사냥(하다) 수)는 犭(사냥개)와 발음인 守(수)로,
獵(猎사냥(하다) 렵)은 犭(사냥개)와 巤(사냥된 짐승)으로 이뤄졌어요.

발음인 巤(렵)을 보면 개가 물어뜯은 듯 머리 위쪽이 너덜너
덜해요.

좀 엽기적(獵奇的)인가요?

개가 사냥감을 찾아오듯 獵(렵)에는 '찾다'라는 뜻도 있어요. 그래서
기이한 것을 즐겨 찾으면 獵奇的(엽기적)이라고 하죠.

狩(수)와 獵(렵), 두 글자에 모두 犭(사냥개)가 든 걸 보면 사냥에서 개
의 역할이 매우 중요했음을 알 수 있어요.

* 犭는 犬(개 견)이 글자
의 왼쪽(변)에 들어갈 때
의 모양이에요.

금수(禽獸)는 날짐승과 길짐승(기어 다니는 짐승)을 통칭해요. 그렇다
고 모든 새와 네발 동물을 그려놓을 순 없었어요. 해서 발상을 전환
했어요. '금수(禽獸)를 잡을 수 있는 사냥 도구를 그리자!'라고요.

𤲹 𩇓 𢄐 𩁣 禽 禽(날짐승 금)은 긴 손잡이가 달린 그물을 본떴다
가, 후에 발음인 今 (금)과 (짐승 발자국 유)를 합친 모양으로
로 바뀌었어요.

'짐승을 잡다'에서 '잡힌 짐승'으로 의미가 변했고, 처음에는 짐승 전
부를 가리켰으나 구별하여 특히 '새'를 뜻하게 됐어요.

𤴓 𤴓 𤴓 獸 獸(兽짐승 수)는 𤰈(나뭇가지에 돌을 매단 사냥 도
구)와 짐승을 잡기 위해 파놓은 口(구덩이), 그리고 犬(사냥개)로 이뤄
졌어요.

날짐승과 길짐승을 잡는 방법은 좀 달랐어요. 우선, 날짐승인 새는 주로 그물과 화살을 이용해서 잡았어요.

새 잡는 그물이 든 羅(라), 卓(탁), 離(리), 畢(필)을 볼게요.

羅(罗새그물, 벌리다 라)는 糸(실)로 짠 隹(새)잡기용 罒(그물)을 의미해요. 새를 잡으려면 그물을 좌~악 벌려야 해서 '벌려놓는다'는 뜻도 나왔어요.

예) 羅列(나열)

卓(높다 탁)은 (새)가 卜(그물)보다 높이 있는 모양이에요. '높다'에서 → 卓越(탁월)하게 '뛰어나다'는 뜻도 나왔어요.

*참고로 桌(탁자 탁)과 통용되어 높은 卓子(탁자)에도 쓰여요.

離(离떠나다 리)는 禽(새그물)을 피해 隹(새)가 달아나버린 모양이에요. 머물던 자리에서 자꾸 다른 자리로 옮겨 날아가서 '떠나다'가 됐어요. 의미가 확장되어 '헤어지다'라는 離別(이별)의 뜻과, 距離(거리)를 두고 '떨어지다'라는 分離(분리)의 뜻도 나왔어요.

畢(毕마치다 필)은 田 → (그물주머니)가 있고 芈 → (손잡이가 달린)그물을 나타낸 것이었는데, '마치다'로 가차됐어요.

예) 畢竟(필경: 결국에는), 未畢(미필: 아직 마치지 못함)

화살은 '전쟁' 편에 나오므로 여기선 '주살'만 볼게요.

弋(주살 익)은 본래 끈을 묶어두는 말뚝을 나타냈어요. 후에 화살대에 줄을 묶어 쏘는 주살을 뜻하게 되었지요.

*줄(화)살의 줄임말이 '주살'.

줄을 당겨 화살을 반복적으로 사용하므로 초보자들이 활쏘기의 기본자세를 연습할 때 주로 이용했어요. 또 새나 작은 동물을 사냥할 때도 썼어요. 화살을 찾기가 쉽고, 화살에 맞은 동물이 줄 때문에 멀리 달아나지 못해 금세 捕獲(포획)됐기 때문이에요.

獲(获얻다 획)은 犭(사냥개)가 물어온 隹(새)를 又(손)에 넣는 데서 획득(獲得)한다는 뜻이 됐어요.

* 萑(추)는 부엉이처럼 머리에 艹(깃)이 난 새를 그린 것으로 舊(옛 구)와 蘿(황새 관)에도 나옴.

隻(只하나 척)은 隹(새 한 마리)를 又(손)에 잡고 있는 모습이고,

雙(双둘 쌍)은 새 두 마리를 잡고 있는 모습이에요. 한 마리는 튀겨 먹고, 한 마리는 삶아 먹으려고요. 그런데 가끔은 다 잡은 새를 놓칠 때도 있었어요.

奪(夺빼앗다, 잃다 탈)이 품 안에 넣어둔 隹(새)를 寸(손)으로 꺼내려는 순간 새가 달아나버렸다는 의미에요. 강탈(强奪)당한 기분이 들었는지 '빼앗다'라는 뜻을 달았어요.

* 大는 衣(옷 의)의 변형.

奮(奋떨치다, 성내다 분)도 大(衣옷) 속에 넣어두었던 隹(새)가 탈출해 田(사냥터나 밭) 위로 힘차게 날아가는 모양이에요. 여기서 분발(奮發)하여 떨쳐 일어난다는 뜻이 나왔어요. 하지만 놓친 사람은 孤軍奮鬪(고군분투) 끝에 잡은 걸 놓쳐서 화가 났으므로 '성내다', '몹시 흥분하다'라는 격분(激奮)의 뜻도 있어요.

그 후 糸(실)로 隹(새)를 묶어 유지(維持)해놓은 모양이 維(维매다, 지탱하다, 끈 유)예요.

* 糸(실)이 의미, 隹(추 → 유)가 발음.

糸(실)은 '실', '끈', '줄' 등 纖維(섬유)를 뜻해요. 끈으로 묶으면 휴대(携帶)도 편리하죠.

* 참고로 본래자는 扌(손 수)와 발음인 雟(제비 휴)로 이뤄진 攜(휴)였어요. 손에 가지고 있는 '携帶(휴대), 손으로 잡아끄는 '提携(제휴) 등에 써요.

扌(손)에 隹(새) 묶은 乃(𠄎 乃끈)을 가지고 있으면 携(가지다, 이끌다 휴)예요.

扌(손)으로 隹(새)의 羽(깃털)을 뽑는 게 擢(뽑다 탁)이에요. 간혹 깃털이 아름다운 새를 잡으면 깃털을 뽑아서 장식용으로 썼거든요. 아무거나 뽑지 않고 몸을 치장하거나 장식용으로 쓸 멋진 깃털을 뽑았기 때

* 扌(손)으로 뽑는다는 의미에, 翟(적 → 탁)이 발음.

문에 여럿 가운데서 고르는 걸 拔擢(발탁)한다고 했어요. 특히 꿩의 깃털을 선호했는지 翟(꿩 적)으로 발음을 나타냈고요.

더 알아보기

 동물의 牙(이빨)로 만든 장신구와 隹(새 깃털)로 優雅(우아)하게 치장하면 雅(우아하다 아)예요.

* 실은 발음인 牙(아)와 隹(새 추)로 이루어져 까마귀의 친척인 雅(띠까마귀)를 가리켰는데 '우아하다', '바르다' 라는 뜻으로 가차됐어요. 端雅(단아)하거나 雅量(아량)이 넓다는 표현에 써요.

焦(그을리다 초)는 잡은 隹(새)를 灬(불)에 익히는 모양이에요. 새는 몸집이 작아서 금방 타버리기 때문에 한시도 눈을 뗄 수가 없었어요. 새에다 눈의 焦點(초점)을 고정시키고 勞心焦思(노심초사)하며 焦燥(초조)하게 지켜보았지요. 해서 焦(초)에는 '애타다'라는 뜻도 있어요. ♂

 길짐승을 사냥할 때는 몽둥이, 창, 화살, 함정을 총동원했어요. 敢(용감하다 감)은 苷(맹수)를 攵(때려잡는) 데서 '勇敢(용감)하다', '감히'라는 뜻이 되었어요.

殺(죽이다 살/빠르다 쇄)도 杀(짐승)을 殳(창이나 몽둥이)로 살상(殺傷)하는 모습이에요. 반격하지 못하도록 빨리 죽여야 해서 '빠르다'는 뜻도 있어요. 그런데 이렇게 殺氣(살기) 넘치는 글자를 매력적인 사람에게도 써요. 바로 惱(괴로워하다 뇌)와 함께 쓰는 惱殺(뇌쇄)적이라는 표현이에요. 특히 여자의 아름다움이 남자를 매혹시켜 애타게 할 때 써요. 단, 이때는 殺(심하다 쇄)로 발음도 달라지는 것에 주의하세요!

예 殺到(쇄도)

나중에는 짐승이나 적을 잡으려고 땅에다 陷穽(함정)도 팠어요.

阝(언덕)에 판 臼(구덩이)에 勹(사람)이 빠지는 모습이 陷(빠지다 함)이에요. 떨어졌을 때 크게 다치도록 구덩이 안에 뾰족한 말뚝을 박은 것도 보이시죠? 穽(阱함정 정)은 穴(구멍)을 井(우물)처럼 깊게 팠다고 井(우물 정)으로 발음을 나타냈어요.

그나저나 동네 삼촌이 함정에 빠지면 救援(구원)해줘야겠죠?

爰(이에 원)은 가차되어 어조사 '이에'라는 뜻으로 쓰이지만 본래는 爫 ナ 又(여러 개의 손)으로 一(줄이나 막대기)를 잡아당기는 모습이었어요. 어쨌든 가차되었으므로, 앞에 扌(손 수)를 더해 손으로 잡아당겨 돕는다는 걸 강조한 게 援(끌다, 돕다 원)이에요.

⟨예⟩ 援助(원조; 도와줌), 應援(응원), 支援(지원; 지지하여 도움)

爰(원)이 발음으로 들어간 글자로는 日(햇빛)을 爰(끌어당긴) 듯 暖(따뜻하다 난)과 느슨해서 糸(실)을 더 爰(당겨야 할 만큼) 緩(느슨하다, 느리다 완)이 있어요.

느슨하다는 弛緩(이완)의 의미에서 → '느리다, 급하지 않다'라는 緩行(완행), 緩慢(완만)의 뜻도 파생됐어요.

사냥을 할 때는 동료들과 협동작전을 세워 몰이사냥도 했어요. 몰이사냥은 여러 명이 짐승을 한 곳으로 몰아서 잡는 방법이에요.

逐(쫓다 축)은 달아나는 豕(돼지)를 辶(뒤쫓는) 모습이에요. 그런데 잡으려고 쫓아갈 때도 있지만, 멀리 내쫓느라고 쫓아갈 때도 있어서 逐(축)에는 '뒤쫓다'와 '쫓아내다(逐出(축출)하다)'라는 두 가지 뜻이 있어요. 어찌나 角逐(각축)을 벌이며 뒤쫓았던지 '다투다', '경쟁하다'라는 뜻도 있고요.

辶(달아나던) 豕(돼지)가 마침내 지쳐서 八(숨을 헐떡거리는) 모습이 遂

(드디어 수)입니다. 이쯤 되면 돼지 몰이를 계획대로 遂行(수행)해 성공적으로 完遂(완수)한 셈이에요. 눈치 채셨나요? 예, 遂(수)에는 '이루다'라는 뜻도 있어요.

더 이상 달아날 수 없는 막다른 벼랑이나 언덕 끝에 몰리면, 앞에 가던 동물들은 떠밀려서 벼랑 아래로 떨어졌어요. 그러면 하늘에서 음식이 내리기를 바라며 밑에서 기다리던 사냥꾼들은, 추락한 동물을 부락으로 나르기만 하면 됐어요.

隊(队무리 대)가 阝(언덕)에서 㒸(동물)이 떨어지는 모습이에요.

* 㒸(돼지 시) 위쪽의 八은 위험한 상황에서 동물이 내는 울음소리를 나타냄. 처음엔 사람이 언덕에서 떨어지는 모습이었는데 나중에 동물로 바뀌었다.

隊(대)가 '언덕에서 추락하는 짐승들'에서 → '무리', '떼'로 굳어지자, 떨어진다는 본래 뜻으로는 土(흙 토)를 써서 墜(坠떨어지다 추)를 새로 만들었어요.

阝(언덕)에서 土(땅)으로 추락(墜落)하는 㒸(돼지)가 보이시나요?　　* 遂(수 → 추)가 발음.

한편 사냥꾼들은 발자국(釆)을 보고 어떤 동물이, 몇 마리가, 어느 방향으로 지나갔는지를 분별했어요. "서두르면 동쪽으로 이동한 산양떼를 따라잡을 수 있네", "방금 전 남쪽으로 간 사슴 두 마리를 쫓는 게 어떤가? 요즘 사슴 가죽이 비싼데", "호랑이 가죽을 놓칠 순 없지. 서쪽으로 가세!" 해서 짐승의 발자국을 본뜬 게 釆(분별하다 변)이 됐어요. 단독으론 안 쓰고 다른 글자와 결합해요. 예를 들면, 番(차례 번)은 田(사냥 구획 또는 밭)에 釆(짐승의 발자국)이 '차례'로 찍혀 있는 모양이에요.

위에 宀(집 면)을 쓰면 審(审살피다 심)이에요.

宀(집)과 田(밭)에 난 釆(짐승의 발자국)을 자세히 '살피다' 또는 宀(집) 안을 番(차례로) 돌아보며 꼼꼼히 '살피다'라는 뜻이었어요. 꼼꼼히 살펴야 하는 審査(심사), 審判(심판), 審問(심문) 등에 써요.

그런데 어느 날이었어요. 통통하게 살이 오른 멧돼지 한 마리를 잡아 왔는데, 아침에 눈 떠보니 돼지가 두 마리로 늘어나 있는 게 아니겠어요? 밤새 새끼를 낳았던 거예요. 아무리 봐도 어린 새끼는 먹을 게 없어 보여 좀 키워서 잡아먹기로 했어요. 이렇게 해서 시작된 게 목축(牧畜)이에요. 힘들고 위험하게 사냥하는 것보다 새끼를 불리는 게 훨씬 손쉽다는 걸 깨닫자 짐승들을 산 채로 포획(捕獲)하기 시작했어요.

▶목축

牧(치다 목)은 손에 막대기를 들고 소를 치는 모습이에요.

畜(가축 축)은 ½ → (실타래)와 ⊞ → (농작물)을 쌓아둔다는 의미, 또는 ½(실)로 ⊞(농작물)을 묶어서 쌓아둔다는 의미였는데, 가차되어 '가축'을 뜻해요. 본래 뜻으로는 ⁺⁺(풀 초)를 얹어 새로 蓄(쌓다 축)을 만들었어요.

목축은 가축을 기르는 일인데, 특히 자유롭게 풀어 기르는 게 放牧(방목)이에요. 放(놓다 방)은 放 (½ 손에 막대기를 들고) 쫓아낸다는 의미에, 放(방)이 발음이었어요. 죄인을 중앙으로부터 멀리 追放(추방)하던 형벌에서 '내쫓다', '내놓다'라는 뜻이 됐고 → '놓다', '풀어주다', '(간섭하지 않고) 내버려두다', 내버려두니까 또 '멋대로 하다'로 의미가 넓어졌어요.

정리하면 追放(추방) → 放免(방면)/放置(방치) → 放縱(방종)으로 의미가 확장된 셈이에요.

방목을 하다 보면 잠깐 放心(방심)한 사이 줄행랑치는 가축들도 있었

* 牧(목)에는 '다스리다'라는 뜻도 있어요. 목사가 교회를 맡아 신자들의 신앙생활을 지도하는 활동을 牧會(목회)라고 하지요.

* ⁺⁺(풀)을 베어 쌓아둔다는 의미에, 畜(축)이 발음.

어요. 그래서 辶(가서) ⼟ → (⼈사람)이 ⺫ → (양)을 따라잡은 모습이
達(达이르다 달)이에요.

예 到達(도달), 達成(달성), 通達(통달)

逮(잡다 체)도 辶(가서) 손으로 짐승의 꼬리를 붙잡은 모
습이에요. 이렇게 잡혀 온 가축은 지도편달(指導鞭撻)의 본보기로 매
를 맞고 단단히 주인의 감시를 받았어요.

撻(挞매질하다 달)은 扌(손)으로 때린다는 의미에, 達(달)이 발음.

家畜(가축) 이름을 나타내는 글자들은 각 동물의 생김새를 본떴어요.
牛(소)와 羊(양)의 뿔, 馬(말)의 갈기, 豕(돼지)의 뭉툭한 코와 통통한
몸, 犬(개)의 말아 올린 꼬리 등 각각의 특징을 강조했지요.
牛(소 우)는 ⼭ ⼭-牛 뿔이 달린 소의 머리를 본떴어요.
소는 몸집에 비해 성질이 온순해서 일찌감치 가축으로 길들여졌어
요. 牽(牵끌다 견)이 바로 玄(줄)로 冖(코뚜레)를 씌워 牛(소)를 끌고 가
는 모습이에요. 요즘엔 차를 이렇게 견인(牽引)해 가죠. 그런데 소를
끈다는 뜻의 牽牛(견우)는 견우직녀 설화에 나오는 남자 주인공의 이
름이기도 해요. 이 남자 직업이 하늘나라의 목동이었기 때문이에요.
밤하늘을 보면 견우성(牽牛星)이 은하수를 가운데 두고 직녀성(織女
星)과 마주보고 있어요. 이 별자리들을 보며 사람들이 상상해낸 사
랑 이야기가 견우직녀 설화였어요. 둘이 노느라고 업무에 소홀하자
옥황상제가 둘을 떼어놓는데, 이때 직녀가 했던 말이 영화 '엽기적인
그녀'에서도 나왔었죠. "견우야! 미안해~!"
상심한 견우는 소에게 먹일 풀을 베며 직녀와의 추억을 反芻(반추)하
곤 했어요.

芻(刍꼴 추)가 屮(풀)을 베어 勹(손)에 쥔 모습이에요.

*소, 양 같은 초식 동
물이 한 번 삼킨 먹이를
다시 게워 씹듯, 어떤 일
을 되풀이해 음미하거
나 생각하는 것이 反芻
(반추)예요.

解(풀다, 풀이하다 해)는 刀(칼)로 牛(소)의 角(뿔)을 발라내는 모습이에
요. 여기서 나누어 풀어헤친다는 의미가 나왔어요.

(예) 分解(분해), 解約(해약), 和解(화해), 解弛(해이), 理解(이해)

* 角(뿔 각)은 동물의 머리에서 가장 頭角(두각)을 나타내는 뿔의 모양이에요.

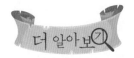

遲(지)

느릿느릿 辶(가는) 犀(무소)에서 나온 게 遲(굼더디다 지)예요.

'더디다', 더디니까 시간이 遲滯(지체)되어 '늦다'라는 뜻을 가져요.

(예) 遲刻(지각)

犀(무소 서)는 尸(엉덩이) 아래로 =ı= (꼬리)를 흔들거리는 牛(무소)
를 나타내요. 참고로 '遲滯(지체)'의 滯(막히다 체)는 氵(물)이
帶(띠)처럼 빙 둘러싸고 있어 앞으로 나아가는 게 막혔다는 의미예
요. (예) 停滯(정체), 延滯(연체) ♂

羊(양 양)은 양의 휘어진
Υ(뿔)을 강조한 모양이에요.

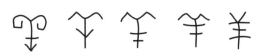

馬(말 마)는 말의 갈기(≋), 등과 긴 꼬리(ᄀ), 네
다리(灬)를 표현했어요.

馬(말)이 들어간 글자

駁(駁얼룩말, 논박하다 박)은 馬(말)에 爻(무늬)가 있는 모양이에요. 말이다, 말이 아니다 서로 反駁(반박)해서 '論駁(논박)하다'가 되었어요.

騎(騎말타다 기)는 馬(말)에 大(사람)이 올라탄 모습이에요.

騎를 ㄱ(안장)과 ㅁ(등자)로 보세요.

등자(鐙子)는 말을 탈 때 두 발을 걸어 디디게끔 안장에 연결한 발걸이에요. 별 거 아닌 것 같지만 騎馬(기마)에서는 획기적인 발명이었다고 해요. 왜? 등자가 없었을 땐 말 위에서 편하게 발을 둘 데가 없었거든요. 두 다리로 말 몸체를 꼭 붙들고 있어야 했기 때문에, 도통 쉴 틈이 없어 완전히 녹초가 되곤 했어요. 하지만 등자가 발명된 후로는 그런 고충이 사라졌지요. 또 말에 오를 때도, 말 등을 짚고 곡예하듯 펄쩍 뛰어오르거나 하인의 도움을 받을 필요 없이, 등자를 디디며 편히 올라설 수 있었어요. 처음에는 끈으로 고리를 만들어 안장에 연결했는데, 낙마할 때 고리에 걸린 발을 빼지 못해서 질질 끌려가는 奇想天外(기상천외)한 사태가 벌어지곤 했어요. 너무 창피해서 발을 끼고 빼기 쉽게 금속으로 된 등자로 바꿨지요. 木(나무 목)을 더하면, 木(나무)로 만들어 그 위에 奇(올라앉는) 椅(의자 의)예요.

*騎(騎말타다 기)는 馬(말 마)가 의미 부분이고, 奇(기)가 발음이에요.

발음인 奇(기이하다 기)는 大(크다 대)에, 可(옳다 가)로 가 → 기 발음을 나타냈어요. 보통 것보다 大(큰) 것을 보고 '저리 클 수도 있나?' 하여 奇異(기이)하다는 뜻이 되었어요.

奇(기) 위에 宀(집 면)을 쓰면 寄(부치다, 의지하다 기)예요.

'부치다'는 '(편지, 물건 등을) 상대에게 보내다', '(넘기어) 맡기다' 라는 뜻이에요. 즉, 寄(기)는 宀(집이나 건물)에 '(뭔가를) 보내다', 宀(집이나 건물)에 몸을 '의지 하다'란 뜻이에요.

> * '맡기다'에서 '의지하다'란 의미가 파생됐어요. 奇(기)가 발음.

예 寄贈(기증), 寄附(기부), 寄託(기탁), 寄宿舍(기숙사), 寄生蟲(기생충)

騰(騰오르다 등)은 馬(말)에 오른다는 의미에, 朕(짐 → 등)이 발음이에요. 주로 물건 값이나 물가가 오를 때 써요.

> * 朕(나 짐)은 왕의 자칭 이었으므로, 朕(왕)이 馬(말)에 騰(오른다)고 보면 돼요.

예 騰落(등락), 暴騰(폭등)

騷(騷떠들썩하다 소)는 馬(말)이 蚤(벼룩) 때문에 騷亂(소란)을 피우던 데서 '시끄럽다', '떠들썩하다'가 됐어요.

> * 蚤(벼룩 조)에서 조 → 소 발음. 蚤(벼룩 조)는 又(손)으로 虫(벌레)를 잡는 모습이에요. 손으로 가장 많이 잡았던 벌레가 벼룩이었는지 '벼룩'을 뜻해요.

馬(말)을 區(어떤 구역)으로 몰아가면 驅(驱몰다 구)예요. 이때 가장 앞에서 말을 몰던 先驅者(선구자)는 '앞서 어떤 일을 실행한 사람'을 비유하게 됐어요. 驅迫(구박)은 마구 몰아서 못 견디게 괴롭힘을 뜻해요. ♂

돼지를 가리키는 글자는 豕(시), 猪(저), 豚(돈), 亥(해)로 여러 개예요.
豕(돼지 시)는 돼지의 긴 입과 머리, 통통한 몸과 다리, 말린 꼬리를 본떴어요.

蒙 옛날에는 돼지우리에 지붕을 씌우고 그 위에 다시 풀을 덮어 두기도 했어요. 컴컴한 데서 많이 자고 살을 더 찌우라고요.

그런데 언제는 먹고 뒹굴며 토실토실 살을 찌우라더니 冖(우리) 안에서 뒹구는 豕(돼지)로 蒙(어리석다 몽)을 만들어버렸어요.

예 無知蒙昧(무지몽매)

무지몽매한 사람을 가르쳐서 깨우치게 만드는 건 啓蒙(계몽)이에요.

啓(启열다, 가르치다 계)는 尸(문)을 又(손)으로 연다는 의미였는데, 후에 又(우)를 攵(복)으로 바꾸고 口(입 구)를 더해 攵(매로 때리고) 口(말로 가르쳐) 깨우치게 한다는 뜻이 됐어요.

猪(돼지 저)는 의미 부분인 犭(=豕 돼지)에, 者(자 → 저)가 발음이에요. 猪(저)는 특히 豬突的(저돌적)인 멧돼지나 산돼지 같은 야생돼지를 가리켜서, '서유기'의 저돌적인 캐릭터 豬八戒(저팔계)의 이름에도 들어 있지요.

'돈가스'에 든 豚(돼지 돈)은 앞에 月(肉고기 육)을 붙여서 고기를 먹기 위해 기른 식용 豕(돼지)를 의미해요.

丂 ㄐ 矞 亥 亥 亥(돼지 해)도 돼지를 본떴는데, 지지의 하나(子丑寅卯…亥)로 가차됐어요.

亥(해)가 발음으로 들어간 글자

骨(뼈 골)과 발음인 亥(해)를 합친 骸(뼈 해)

子(어린아이)와 발음인 亥(해)를 합친 孩(어린아이 해)

사물을 지시하는 言(말)과 발음인 亥(해)를 합친 該(그(that, the) 해)

* 該博(해박)하다고 할 때는 '(두루)갖추다'라 는 뜻임.

(예) 該當(해당)

亥(해 → 핵) 발음과 刀(칼날 인)이 변한 力(력)을 합친 劾(캐묻다 핵)

(예) 彈劾(탄핵)

木(나무 목)과 亥(해 → 핵)이 발음을 합친 核(씨 핵) ♂

犬(개 견)은 꼬리를 말아 올린 개의 모양이에요.   * 변형이 犭(개사슴록변).
참고로 중국어에서는 狗(개 구)를 주로 써요. 어쩐지 옆집 흰둥이 이름도 '백구'더라고요. 그건 그렇고, 길들여지기 전의 야생 개는 광포한 방면으로는 독보(獨步)적이었는지 글자로도 猛(사납다 맹), 犯(범하다 범)에 이어 狂(미치다 광)으로 미친 존재감을 드러냈어요. 猛(사납다 맹)은 猛犬(맹견)을 의미하는 犭(개)에, 孟(맏 맹)이 발음이에요.

犯(범하다 범)은 犭(개)가 㔾(꿇어앉은 사람)을 덮치려는 모습이며 狂(미치다 광)은 犭(개)가 날뛴다는 의미에 工(공)이 발음이었는데, 후에 의미 부분인 犭(개)와 王(왕 → 광) 발음의 결합으로 바뀌었어요.

* 孟(맹)에 대한 설명은 '가족' 편을 참고해주세요.

개는 둘만 모여도 서로 으르렁거리고 싸운다고 해요. 그래서 獨(独홀로 독)은 무리 생활을 하지 않는 犭(개)에, 蜀(나라이름 촉)으로 촉 → 독 발음을 나타냈어요.
하지만 혼자 밥 먹고 혼자 놀다 보니까 너무 孤獨(고독)해서 인간에게 다가와 가장 먼저 길들여진 동물이 되었죠.

이봐 개.
무슨 꿍꿍이야?

亻(사람)의 뒤로 다가와서 犬(개)가 엎드린 모양이 伏(엎드리다 복)이에요.
그런데 워낙 악명이 높았던지라 녀석의 의도가 의심스러웠나 봐요. 뒤로 다가와 납작 엎드린 게 屈伏(굴복)의 표시인지, 공격할 기회를 노리고 몸을 낮춰 埋伏(매복)한 건지 판단을 보류해서

伏(복)에는 '굴복하다'와 '매복하다', '숨다', '감추다'라는 뜻이 함께 들어 있어요.

인간과 개의 동거는 서로 좋게, 좋게 협력하자는 전략적 거래였어요. 뛰어난 후각(嗅覺)과 청각(聽覺)을 소유한 개는 인간의 사냥을 적극 도왔고, 대가로 인간은 따뜻한 거처와 음식을 제공했지요. 개는 집도 잘 지켰어요. 낯선 사람이 접근하면 달려 나와 사납게 짖어대면서요. 穴(동굴) 안에서 犬(개)가 갑자기 툭 튀어나오는 게 突(갑자기, 부딪치다 돌)이에요. 어두운 동굴에서 돌연(突然) 환한 밖으로 달려 나온 개가, 눈이 부셔 여기저기에 꽝 꽝 충돌(衝突)해서 '부딪치다'라는 뜻도 생겼다고 해요.

犮(뽑다, 달리다 발)에 대해서는 犬(개)의 丿(털)을 뽑는 것, 犬(개)가 丿(줄)을 끊어버리고 달리는 모습… 등의 설명이 있어요. 앞에 扌(손 수)를 더하면 拔(빼다, 뛰어나다 발)이에요. 손으로 뽑는 행위로부터 여럿 중에서 가려 뽑는다는 選拔(선발), 拔擢(발탁)의 의미도 나왔어요. 또 가려 뽑을 만큼 '빼어나다'는 뜻도 있어요.

예 拔群(발군)의 실력

厭(厌싫증나다 염)은 厂(굴바위) 밑에서 犬(개)가 日(입)에 月(고기)를 물고 있는 모습인데, 고기를 실컷 먹어 물렸다고 '싫증나다'가 되었어요. 개도 가끔은 자유와 맞바꾼 따뜻하고 배부른 생활에 厭症(염증)을 느끼기도 했거든요. 게다가 얼마 전 사냥한 토끼가 자신의 최후를 예감한 듯 "내가 죽고 나면 너도 삶아 먹힐 거다. 이런 걸 바로 토! 사! 구! 팽! 이라고 하지" 하고 막말을 늘어놓은 후로는 입맛도 싹 사라졌어요.

* 兎死狗烹(토사구팽)은 토끼를 잡으면 사냥개도 필요 없어져 삶아 먹는다는 뜻으로, 필요가 없어지면 냉정하게 버림을 비유해요.

然(그러하다 연)을 보면 개를 잡아먹긴 한 것 같아요. 개의 고기를 불에 익히는 모양인데, 맛이 좋고 소화 흡수도 잘 됐으므로 고기는 當然(당연)히 불에 익혀야 한다고 *불에 익힌다는 본래 뜻으로는 火(불 화)를 붙여 燃(불타다, 태우다 연)을 만들었어요. '(마땅히) 그러하다', '당연하다'가 됐어요.

죽은 사람만 말이 없는 게 아니라 죽은 개도 沈默(침묵)해서, 默(잠잠하다 묵)은 불에 익혀 黑(검게) 탄 犬(개)로 '잠잠하다'는 뜻을 나타냈어요. 黑(캄캄한) 밤에는 犬(개)도 짖지 않아서 '잠잠하다'가 되었다는 설명도 있고요.

우리 애견협회에서는 이게 마음에 드는군.

鷄(鸡닭 계)는 奚(노예)처럼 붙잡아놓고 기르는 鳥(새)로 '닭'을 표현했어요. 발음 부분인 奚(종 해)는 (포로)를 밧줄로 묶어 끌고 가는 모습이에요.

鷄(계)가 들어간 사자성어 鷄卵有骨(계란유골)은 달걀에도 뼈가 있다는 뜻으로, 좋은 기회를 만나도 일이 꼬여 잘 안 됨을 뜻해요.

시간이 흐르자 가축들의 입지에도 변화가 생겼어요. 목초지를 밭으로 개간하느라 양은 농사를 지을 수 없는 초원에서만 방목하게 됐어요. 소는 전쟁과 부역 때문에 부족해진 노동력을 대신해 밭을 갈고 수레를 끄는 데 이용됐어요. 말은 발 빠르게 수송과 교통 분야의 수요를 담당했어요. 돼지는 식용으로 확실하게 자리매김했고, 닭도 고기와 알을 제공하는 식자재로 자리 잡았어요.

제일 애매해진 건 개였어요. 농경사회에서는 예전처럼 수렵에 의존하지 않아 사냥개가 별로 필요 없어졌거든요. 식용이 되기엔 다른 동물에 비해 성장 속도가 느리고 다 커도 덩치가 크질 않았어요. 수레를 끌기에는 힘이 달렸고, 물론 알도 못 낳았어요. 위기의식을 느낀 개는 스스로 운명을 개척하기로 했어요. 힘들게 일하지 않아도 잡아먹히지 않고 오히려 주인의 총애를 한 몸에 받는 길, 바로 애완동물이 되는 묘안을 찾아냈지요. 주인도 감정을 교류하며 정이 든 개는 차마 잡아먹지 못할 거라는 치밀한 계산을 한 것이지요. 그러나 한 가지 사실을 간과해, 얼마 못 가 죽음을 맞고 말았어요.

이게 뭔 개고생…

바로 '순장'이라는 복병을 간과했던 거예요! 그 결과 주인이 죽자 함께 순장되었죠. 주인의 사후세계에서도 영원히 사랑 받으라고요. 컹!

03 농경

▶ 농경(農耕)

채집과 사냥에 의존하던 인간은 목축과 농경을 시작하면서 스스로
필요한 물자를 생산하는 밥벌이에 돌입했어요. 논밭을 갈아 농사를
지으려면 도구가 필요했어요. 農耕(농경) 초기에는 커다란 조개껍데
기의 가장자리를 날카롭게 갈아 풀을 자르는 도구로 썼어요. 쟁기,
써레, 호미, 낫 같은 농기구들의 고고고조 할아버지쯤 됐어요. 그래
서, 農(农농사 농)은 林(숲 림)과 조개를 본뜬 辰(신/진)으로 이뤄졌었
어요. 각각은 ✳✳(밭으로 개간할 숲)과 ⺆(원시농기구)를 의미했는데,
후에 林(숲)이 田(밭)으로 변해 '조개껍데기로 밭의 곡식을 수확한다'
는 뜻이 됐어요.

扌(손)에 辰(조개껍데기)를 쥐면 振(떨치다 진)이에요. 도구를 가지고 일
하면 능률이 올라 사기가 振作(진작)됐거든요.

조개껍질로 곡식 줄기를 벨 때는, 손이 왕복동
선으로 반복해서 움직였겠지요?
그래서 振動(진동), 振子(진자), 振幅(진폭) 같
은 단어에도 써요.

耕(밭갈다 경)은 耒(쟁기)로 밭을 井(가로세로 갈아놓은) 모양이에요. 밭을 열심히 갈아줘야 덩이진 흙이 보슬보슬 바스러져 씨앗이 쉽게 뿌리를 내릴 수 있어요. 井(우물 정)으로 정 → 경 발음을 나타냈는데, 우물이나 밭이나 땅을 깊이 판다는 공통점이 있지요.

문명발생 초기에는 양쯔강 유역이 지금보다 덥고 습했어요. 곳곳이 늪과 삼림이었는데 농지로 개간할 기술력이 없었지요. 반면, 황하 유역은 부드러운 황토 퇴적층 지대여서 쉽게 땅을 팔 수가 있었어요. 그래서 고대 중국의 역사를 보면 '중원(中原)'이라는 '황하(黃河)를 낀 기름진 평야 지대'를 놓고서 전쟁이 끊이질 않았어요.

* 이 전쟁에서 이기면 천하의 주인으로 등극했는데, 사실 천하라는 것이 당시에는 그리 넓은 지역이 아니라 황하 중부 지역에 한정됐어요.

황하는 크게 보면 几(궤) 字(자) 모양을 하고 있어요. 황하는 급격히 방향을 틀어가며 세차게 흐르는데, 황토 고원을 거쳐 흐를 때가 많아요. 이때 유기질이 풍부한 어마어마한 양의 황토를 쓸고 내려와서는 (강물의 흐름이 느려지는) 중하류에 쏟아 놓아요. 황토층은 미세한 입자로 이루어져 잘 부서졌으므로 조악한 농기구로도 땅을 쉽게 갈 수 있었고, 영양분이 많아 농작물이 잘 자랐어요.

黃河(황하)라는 이름은 황토(黃土)가 섞인 누런 강물 빛깔 때문에 붙여졌는데요, 여기서 나온 글자가 濃(농)이에요.

濃(浓짙다 농)은 氵(황하)가 農(농경지) 옆에 흐르는 모양이에요. 유기물이 풍부한 누런 강물로부터 색깔, 밀도, 맛 등의 농도(濃度)가 '진하다'는 뜻이 나왔어요.

*氵(물 수)가 의미, 農(농)이 발음.

▸농지 개척

農地(농지)는 글자 그대로 農(농사)짓는 데 쓰는 地(땅)이에요. 地(땅지)는 土(흙 토)와 발음 부분인 也(어조사 야)로 이루어졌어요. 也(야)를 也(뱀)으로 보면 뱀이 기어 다니는 땅이 되고, 也(여성의 생식기인 자궁)으로 보면 어머니의 자궁처럼 생명을 길러내는 땅이 돼요.

농사지을 땅은 숲과 들을 개간해서 마련했어요. 林(숲 림)은 木(나무 목) 두 개를 써서 나무가 많은 '숲'을 표현했어요. 𣓤정도는 돼야 숲이라고 할 수 있을 것 같지만, 한자는 두세 글자만 겹쳐 써도 매우 많음을 나타내요.

예 蟲(벌레 충), 众(= 衆무리 중), 森(나무빽빽하다 삼), 多(많다 다)

野(들 야)는 숲이 우거진 땅(郊外교외)을 의미하다가 里(마을 리)에, 予(주다 여)로 여 → 야 발음을 나타냈어요. 발음인 予(여)를 豫(미리 예)의 생략형으로 보면, 里(마을)로 일구기 豫(전)의 '들'이 돼요.

* 豫(미리 예)는 '옷' 이나 '시간' 편을 참고해 주세요.

아직 개척되지 않았으므로 野(야)에는 '미개하다'는 뜻도 있어요. 간혹 미개(未開)해서 문화의 수준이 낮다며 野蠻的(야만적)이란 말을 쓰는데요, 문화는 우열을 비교할 수가 없는 分野(분야)이므로 올바른 표현이 아니지요. 分野(분야)에서는 野(야)가 '범위'를 뜻해요.

* 의미 부분인 里(마을 리)는 띠(밭)을 일굴 수 있는 土(땅)에 정착해 '마을'을 이루던 데서 나왔어요.

숲과 들에는 나무와 덤불이 많아, 불을 놓아 다 태워버린 후 사냥을 하거나 농사를 지었어요. 풀과 나무를 태우면 그 재가 거름이 되어 땅도 더 기름지게 변했지요. 이렇게 일궜던 밭이 화전(火田)이에요. 관련 글자가 焚(불사르다 분)으로, 林(숲)에 火(불)을 놓은 모양이에요. 진시황이 유교 책들을 불사른 焚書坑儒(분서갱유)에도 나오지요.

다 타고 나면 초토화(焦土化)된 땅에서 큰 돌과 남은 식물 뿌리, 잡 풀을 제거하고 흙을 평평하게 고르는 작업을 했어요. 拓(넓히다, 확장 시키다 척)이 扌(손)으로 石(돌)을 골라내며 농사지을 땅을 開拓(개척) 하는 모습이에요.

均(고르다 균)은 土(흙)을 勹(손)으로 二(평평하게) 고르는 모습이고요. 흙 의 높낮이를 均一(균일)하게 만드는 데서 '고르다', '평평하게 하다', '고르게 할당하다'라는 뜻이 나왔어요.
이렇게 力(땅을 파고) 埶(식물을 심어)… 밭을 일구고 세력을 뻗어나가던 데서 나온 게 勢(勢기세 세)예요.

그러니 농경사회에서 흙(또는 땅)이 얼마나 貴重(귀중)했는지는 貴(귀) 자(字)만 봐도 알 수 있답니다.
貴(貴귀하다 귀)는 臼(양손)으로 소(흙덩이)를 감싼 모습에, 貝(돈, 재물 패)를 붙여 뜻을 더욱 강조했어요.

농사를 지으려면 정교한 농기구가 필요했으므로 인류는 돌을 깨뜨려 쓰던 구석기시대에서 → 정교하게 갈아 쓰는 신석기시대로 넘어가게 되었어요. 곡식을 보관하기 위해 토기도 제작했는데, 먹고 남은 곡식 을 비축하면서 사유재산과 계급의 개념도 생겨났지요. 이 과정에서

평등한 원시씨족사회는 해체되고 신분제 계급사회로 들어서게 돼요. 사람들의 생활도 달라졌어요. 농사는 씨뿌리기에서 수확까지의 기간이 오래 걸렸으므로 이제 집을 짓고 한 곳에 정착해 살기 시작했어요. 늘어난 식량 생산은 수명을 연장시켰고, 더 오래 살면서 축적된 더 많은 경험들은 기술의 발전을 가져왔어요. 이 모든 것을 가능하게 한 농경은 그래서 신석기 혁명으로도 불려요.

▸밭

田(밭 전)은 구획을 나눈 '사냥터'를 가리키다가 → 농지 정리가 잘 된 '밭'을 뜻하게 됐어요. 그 과정은 다음과 같아요.

원시공동체사회에서는 ▓(커다란 밭)에서 다 함께 일했어요. 공동생산 공동분배를 모토로 삼았으므로 ▓(우리 모두의 커다란 밭)을 쪼개어 나눌 필요가 없었지요. 그런데 농업이 발달해 잉여생산물이 생기면서 상황이 변했어요. 평등한 원시공동체는 깨지고 개인의 재산과 계급이 있는 사회로 들어서게 된 거예요. 도토리산 동굴에 다 같이 모여 살다 각자(各自) 움집을 장만해 분가한 것처럼, 이제는 밭도 개인 소유가 생겨났어요.

등기

초기에는 밭의 경계가 구불구불해서 자기 밭에 가거나 작업을 하기에 불편했어요. 그래서 各(각각)의 밭을 더 명확하고 간략히 정리하기로 했지요. 여기서 나온 게 略(간략하다 략)!

田(반듯하게 정리한 밭 모양)에, 各(각각 각)으로 각 → 략 발음을 나타냈어요. 삐져나간 부분은 생략(省略)하고 경계선을 쭉쭉 그었더니 밭들이 대략(大略) ▦, ▦, ▓ 모양으로 간략(簡略)

해졌지요. 田(밭) 사이에 介(낀) 경계선에서 界(경계 계)도 나왔어요(境界線(경계선)은 사물이 어떤 기준에 의해 분간되는 限界(한계)선을 나타내요).

밭을 정리하면 수로(水路)를 통해 각자의 밭에 물을 대기도 편했어요. 물을 대려면 관개시설이 있어야 했겠죠?

丣⊕ 畾 畱 留 留(머물다 류)가 畕(전답) 옆에 만든 丣(저수지와 수로)를 나타낸 글자예요. 물을 가둬 흘러나가지 못하게 억류(抑留)해놓았으므로 '머무르다', '정지하다'라는 뜻이 됐어요.

예 保留(보류), 滯留(체류)

밭에는 먹을거리, 입을 거리를 위한 식물(菜麻채마)을 길렀어요. 이런 밭을 채마밭이라고 해요. 원래는 甫(모종 모양)으로 채마밭을 나타냈는데 甫(크다, 많다 보)로 가차되자, □(밭 테두리)를 둘러 새로 만든 게 圃(채마밭 포)예요. 특히 氵(물가)에 있는 甫(채마밭)를 가리키다가, 조수가 드나드는 (강이나 내의) 물가를 뜻하게 된 게 浦(개, 물가 포)예요.

예 浦口(포구; 배가 드나드는 개의 어귀)

공(公)과 사(私)

公(여러, 공평하다 공)은 처음엔 㕣으로 썼어요.
八(나누어) 口(먹는다) 또는 口(물건)을 八(똑같이 나눈다)는 의미였어요.

그런데 먹고, 입고, 쓰고도 남는 게 생기자 口이 厶(팔을 안쪽으로 구부려 자기 것으로 가져가는 모습)으로 바뀌어 八(나누어) 厶(갖는다)는 뜻이

됐어요. 공동체에서 '나누는 일'은 公開(공개)적이고 公平(공평)하게 처리하였으므로 公(공)에는 '숨김없이 드러내다'라는 뜻도 있어요. 또 공개적이고 공평하게 일을 처리하는 公共(공공)기관 '관청'으로까지 의미가 확대됐고요.

점점 많은 잉여 생산물이 생기자, 계급이 나뉘고 私有(사유)재산 사회가 되었어요.

私(사사(롭다) 사)는 禾(벼)를 자기 것으로 厶(가져가는) 모습이에요. 八(나눈다)는 의미가 빠져, 이 생산물이 개인의 것임을 나타내요.

私的(사적)인 것에 대해서는 남들이 잘 모르므로 公(공)과 상대적으로 私(사)에는 '몰래', '은밀히'라는 뜻도 있어요. ♂

▶농사 관련 도구

최초의 농기구는 사방에 널려 있는 돌이었어요.
石(돌 석)은 본래 으로 썼어요. 厂(모서리가 날카로운 돌)로 ㅂ(구덩이)를 판 모양이었어요. 후에 厂(厂언덕) 아래 ■(돌덩이)가 놓여 있는 것처럼 변했는데, 그 결과 (돌을 깨뜨려 쓰던) 구석기와 (정교하게 갈아 쓰던) 신석기에 걸쳐서 돌이 가졌던 도구로서의 의미는 사라지고 그냥 자연에 존재하는 돌덩이가 됐지요.

돌과 함께 많이 쓰인 것은 조개껍데기였어요. 辰(신)은 앞에서도 나왔죠? 扌(손)에 辰(조개껍데기)를 쥐면 振(떨치다 진)이었고요. 寸(손)의 위치만 바뀌었을 뿐인데 辱(욕(되게 하다) 욕)은 振(떨치다 진)과는 완전히 다른 뜻이 됐어요. 辱(욕)은 노예 (또는 전쟁 포로)가 辰(조개껍데기)를 寸(손)에 들고 농노로 일하는 모습이에요. 힘들고 恥辱(치욕)스럽다고 '욕보다', '욕되다'가 되었어요.

경험이 쌓이며 농기구도 점차 다양한 종류가 발명됐는데요, 가장 대표적인 건 밭을 가는 쟁기였어요. 耒(뢰), 力(력), 方(방)이 모두 쟁기에서 나왔을 정도예요. 우선, 耒(쟁기 뢰)는 쟁기의 전체적인 모양을 본떴어요.

* 아랫부분의 木(나무 목)은 재료를 나타내요.

보습을 강조한 모양은 力(힘 력)이에요. 보습은 삽 모양으로 생긴 쇳조각인데, 쟁기의 술 끝에 끼워 써요. 물론 이건 금속제 농기구가 나온 후의 얘기고요, 그 전에는 날카롭게 간 돌을 나무자루에 고정시킨 도구에 가까웠어요.

발로 눌러
힘을 보태기 위한 가로목

땅을 파기 쉽게
가래처럼 나눈 삽

그런데 力(쟁기)로 밭을 갈려면 힘이 많이 들어 아예 '힘', '힘쓰다'라는 뜻이 되었지요. 그리고 힘센 남자들이 주로 밭을 갈았으므로, 田(밭)에서 力(쟁기질하는) 사람으로 '男子(남자)'를 표현한 게 男(사내 남)이에요. 또 함께 밭을 가는 協同(협동) 작업에서 나온 글자 協(협), 助(조), 募(모)도 있어요. 協(协협력하다 협)은 여럿이 함께 경작하는 모습을 여러 개의 쟁기로 표현했어요. 후에 '많음'을 나타내는 十(열 십)으로 協力(협력)한다는 의미를, 劦(힘 합하다 협)으로 발음을 나타낸 형태가 되었어요.

助(돕다 조)는 且(차 → 조) 발음과 力(힘 력)이 합쳐졌어요.

* 且(또 차)에는 쌓는다는
뜻이 있으므로, 且(차)는
힘을 '보태' 助力(조력)
한다는 의미부분도 돼요.

해질녘(莫)이면 작업을 마치고 농기구(力)를 수거해 한 데 모았어요. 그래서… 募(모으다 모)는  茻(풀숲) 사이로 日(해)가 지는 모양의 莫(저물다 모)와 쟁기를 본뜬 力(력)으로 이루어져 있어요.

募 募
* (힘 력)이 의미, (모)가
발음.

예 募集(모집), 公募(공모)

더 알아보기

以(이)

以(~(로)써 이)도 ㄥ(농기구)를 가지고 일하는 人(사람)으로부터 '~를 가지고', '~(로)써'라는 뜻이 나왔어요(영어의 by, with에 해당). 예로 오랑캐로써 오랑캐를 무찌른다는 以夷制夷(이이제이)가 있어요. 한 세력을 이용해 다른 세력을 견제하는 것으로, 유사 以來(이래) 이어져온 중국의 전통적인 외교 정책이었어요. ♂

* 以(이)에는 ~부터라는
뜻도 있어요.

다시 쟁기로 돌아와서요,
두 사람이 짝을 이루어 (밭을) 갈도록 양쪽으로 손잡이가 달린 쟁기를 본뜬 게 方(방)이에요.
方(네모, 방향, 방법 방)은 쟁기에 가로 댄 손잡이를 뚜렷이 그린 게 특징이에요. 이 손잡이의 역할이 방향을 잡아주는 것이라서 '方向(방향)'이라는 뜻이 생겼고요. 의미가 넓어져 동서남북의 '四方(사방)', 사방으로 이루어진 '方形(방형; 사각형)'도 뜻해요. 한편, 손잡이로 방향을 바꾸고 힘을 조절하며 쟁기를 다루기 때문에, 어떤 일을 해 나가거나 목적을 이루기 위해 취하는 '方法(방법)'도 의미해요.

특히, 두 사람이 함께 밭을 갈 때는 보조를 맞추기 위해 亻(상대방)과 똑같은 힘과 속도로 方(쟁기)를 조절하며 攵(일해야) 했으므로, 模倣(모방)한다는 뜻의 倣(仿본뜨다 방)이 됐어요.

方(방)에는 좌우로 넓어진다는 의미도 있어요. 쟁기를 좌우로 끌고 다니면 밭을 간 면적이 점점 넓어지니까요.

* '지방'의 脂(기름 지)는 月(肉고기)에서 旨(맛있는) 부분은 기름기가 있는 脂肪(지방)이라고 旨(맛있다 지)가 발음이에요.

肪(지방, 살찌다 방)은 살이 쪘을 때, 月(몸)집을 方(옆으로 늘리는) 脂肪(지방)을 뜻해요.

芳(향기 방)은 艹(초목)의 향기가 方(사방으로) 퍼진다는 의미예요.

紡(길쌈하다 방)은 糸(🧵실)로 옷감을 方(▦ 넓게 또는 네모나게) 짠다는 뜻이에요.

放(내놓다 방)은 중앙에서 方(사방으로 멀리) 攵(🪓내쫓는) 형벌로부터 나왔어요.

妨(방해하다 방)은 女(여자)가 方(옆에) 있으면 妨害(방해)된다는 의미였어요.

防(둑, 막다 방)은 阝(언덕)처럼 쌓아서 막는다는 의미에, 方(방향 방)이 발음이에요.

*阝(언덕처럼) 方(옆으로 길게) 쌓은 '堤防(제방)도 뜻함.

그 밖에 方(방)이 들어간 글자를 보면… 彷(배회하다 방)은 彳(가다 척)과 발음인 方(방)으로 이루어졌어요. 정처 없이 方(사방)으로 돌아다

니며 彷徨(방황)한다고 方(방)을 발음으로 썼어요. 房(방 방)은 戶(외짝
문)이 달리고 方(사방)을 벽으로 쌓은 '방'을 뜻해요.

한편, 나중에는 쟁기에다 '볏'도 장착했어요. 볏은 보습 위
에 비스듬하게 덧대는 쇳조각이에요. 갈아엎은 흙을 한
쪽 옆으로 밀어 보내는 역할을 해요(→ 자연히 밭과 고랑이
나뉘게 됨).

그래서 ㅘ(볏)을 方(보습) 위에 ㄱ(씌운) 모양이 旁(옆 방)이에요. '옆',
'곁'을 뜻해요.

イ(사람 인)을 더한 傍(옆 방)은 傍觀者(방관자), 傍聽客(방청객)처럼 주
로 옆에 있는 제3자에 써요.

言 (말(하다) 언)을 붙이면 謗(헐뜯다 방)이에요. 誹謗(비방)하는 말은
면전이 아닌 옆이나 뒤에서 하므로 旁(옆방)을 발음으로 취했어요. ♂

그건 그렇고, 쟁기질을 하다 보면 돌부리와 사투를 벌이느라 쟁기 날
이 점점 磨耗(마모)되었어요. 때문에 耗(소모하다 모)는 耒(쟁기)가 닳
는다는 의미에, 毛(털 모)가 발음이에요. '줄다', '없애다', '消耗(소모)
하다'라는 뜻을 가져요. 이렇게 마찰로 무뎌진 농기구는 갈아서 쓰도
록 奬勵(장려)했어요. 勵(励권장하다 려)는 厲(갈다 려)와 쟁기를 본뜬
力(력)을 합쳤어요.

* 발음인 厲(려)는 숫돌
에 간다는 의미예요. 厂
(벼랑을 본뜬 민엄 호)
는 숫돌 재료인 바위를,
萬(일만 만)은 그만큼
여러 번 갈아야 함을 의
미해요.

수확한 곡식 줄기에서 낟알을 떨어내고 겉껍질을 벗기려면 탈곡기를
이용해야 했어요.

물론 처음에는 마찰을 이용했지요. 差(다르다 차)는 곡식알이 주렁주렁 열린 巫(곡식 줄기)를 𠂇(손)에 들고서 口(무언가에) 비비는 모습이었는데, 𠂇(손)과 口가 합쳐져 左로 변했어요. 껍질이 벗겨지면 전체 양이 줄어들어 처음과 差異(차이)가 나므로 뜻은 '다르다', '어긋나다'가 됐고요.

껍질을 벗긴 곡식의 겨와 쭉정이, 티끌은 '키'로 골라냈어요. 키는 곡식을 까부르는 도구예요. 키를 위아래로 흔들면 껍질과 티끌, 其他(기타) 가벼운 불순물이 바람에 날려 키 밖으로 날아가요.

廾(두 손)에 甘(키)를 잡은 甘(🛆)모양이 其(그, 그것 기)로 가차되자 재료인 𥫗(竹대 죽)을 붙인 게 箕(키 기)예요.

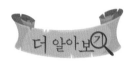

더 알아보기

키는 걸러내는 도구이므로 基(터 기)는 土(땅) 중에서도 甘(고르고 골라서) 정한 '터'를 뜻해요.

期(기약하다 기)는 고르고 골라 月(달 즉, 날짜)를 약속하는 것이에요.
棋(장기, 바둑 기)는 木(나무)로 만드는 장기판, 바둑판에 其(가로세로 엮은 키)처럼 가로 세로 금이 그어져 있으므로 其(기)로 발음을 나타냈어요. ♂

臼(절구 구)는 절구처럼 생겼어요. 곡식이 잘 빻아지도록 안쪽에 홈도 판 모양이에요.
杵(절굿공이 저)는 절굿공이를 본뜬 午(⬦ ⚲ ⚲ 午 오)로 썼어요.
午(오)가 가차되어 '한낮'을 뜻하자 (한낮에는 해가 중천에 떠서 절굿공이

74

로 콩콩 내리찧듯 햇빛이 수직으로 떨어지지요) 재료인 木(나무 목)을 붙인 게 杵(공이 저)예요. 절구질 할 때 扌(손)에 든 千(공이)를 臼(절구)에 꽂았다 뺐다 해서 만들어진 건 挿(꽂다, 끼워넣다 삽)이고요.

예 挿入(삽입)

수확한 곡식과 농기구는 倉庫(창고)에 보관했어요.
倉(仓창고 창)은 ㅅ → (지붕)과 ⺆ → (문짝) ㅁ → (저장 공간)으로 이루어진 창고를 본떴고, 庫(库창고 고)는 广(창고)에 車(수레) 같은 농기구를 보관한 모양이에요.

한 되는 약 1.8리터
= 콜라 1병

叒 弓 䢺 升 升 '되'와 '말'은 곡식 가루, 기름, 술 등의 부피를 재는 도구였어요.

升(되 승)의 초기자형을 보면 자루 옆에 작은 점들이 있어요. 곡식 알갱이나 물방울이 떨어져 내리는 모양이에요. 되는 아래에서 위로 퍼올리는 도구라서, 升(승)에는 '오르다'라는 上昇(상승)의 의미도 있어요. 그래서 높이 떠오르는 日(해)로 뜻을 강조하면 昇(오르다 승)이에요.

예 昇進(/陞進 승진), 昇級(/陞級 승급), 昇格(승격)
단, 올라도 너무 높이 올라 昇天(승천)해버리면 천국에서 '어서 와!' 하지요.

한 말은 약 18리터
= 콜라 10병

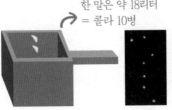

斗(말 두)는 (용기)에 (곡식 알갱이)가 든 모양이에요.

*북쪽 밤하늘의 큰곰자리에서 가장 또렷하게 빛나는 일곱 개의 별은, 연결하면 국자 모양이 돼서 이름이 北斗七星(북두칠성)이지요.

余(남은) 곡식을 쏟아내려고 斗(두)를 기울이면 斜(비스듬하다 사)예요.

예 傾斜(경사), 斜線(사선)

*余(나머지 여)는 餘(남다 여)의 속자.

量(헤아리다 량)은 자루의 里(윗부분을 열어) 曰(되나 말)로 내용물을 재는 모양이에요. '헤아리다', '재다', 잰 '분량(分量)'을 뜻해요. 주로 재던 糧食(양식)이 쌀이었기에, 앞에 米(쌀 미)를 더하면 糧(粮양식 양)이에요.

料(헤아리다 료)도 米(쌀)을 斗(두)로 재는 데서 재고 헤아린다는 뜻이 됐어요. 이렇게 잰 곡식으로 품삯, 급여 등을 지불했기 때문에 料(료)에는 '값'이라는 뜻도 있어요.

예 料金(요금), 入場料(입장료)

그런데 같은 양의 곡물이라도 품질에 따라 등급을 나눠야 했겠지요? 품질이 최상인 쌀 한 말과 상태가 떨어지는 쌀 한 말의 가치가 똑같을 순 없으니까요. 그래서… 科(과목, 과정 과)는 禾(곡식)을 斗(두)로 재, 품질에 따라 조목조목 등급 매기던 데서 '조목', '등급'이란 뜻이 됐어요. 특히 학교에서 敎科(교과)를 공부할 내용에 따라 분류한 게 科目(과목)인데요, 그중 科(과)자가 들어가는 과목이 바로 科學(과학)이에요. 실험이 많아, 정확한 양을 재는 科(과)를 써요.

▶농사 과정

봄의 씨 뿌리기, 여름의 김 매기, 가을의 추수와 관련된 播種(파종), 耕耘(경운), 秋收(추수)를 살펴볼게요.

播種(파종)은 씨앗을 뿌리는 일이에요. 播(뿌리다 파)는 扌(손)으로 番(차례차례) 뿌린다는 의미예요. 番(차례 번)은 田(밭)에 釆(짐승발자

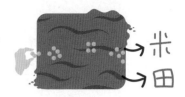

국)이 차례로 찍혀 있는 모양인데, 밭에 씨앗을 몇 알 씩 뿌려놓은 모양 같기도 하지요?

種(种씨(앗) 종)은 곡식을 대표하는 禾(벼 화)에, 重(중 → 종)이 발음이 에요. 쭉정이는 껍질만 있고 알맹이가 비어 가볍지만, 種子(종자)로 쓰는 벼는 속이 꽉 차서 무거우므로 발음으로도 <u>重(무겁다 중)</u>을 썼어요.

重(중)은 ⚇ ⚇ イ(사람)이 東(무거운 자루)를 든 모습.

耕耘(경운)은 논밭을 갈고 김을 매는 (잡초를 뽑아주는) 일이에요. 耕(밭갈다 경)은 앞에 나왔고요, 耘(김매다 운)은 耒(쟁기)로 밭을 간다는 의미에, 云(이르다 운)이 발음이에요. ☁구름이 피어오르는 모양인 云(운)을 써서, 耒(쟁기)로 밭을 갈 때 흙덩어리가 云(구름처럼 뭉게뭉게) 일어남을 표현했어요.

扌(손)으로 田(밭)에 난 丨(잡초)를 뽑으면 抽(뽑다 추)예요. 본래는 손으로 (가죽주머니 같은) 용기를 짜 내용물을 抽出(추출)하는 데서 나왔다고 해요.

由(유)

由(말미암다 유)는 갑골문과 금문에 글자가 나타나지 않은 緣由(연유)로 정확한 由來(유래)를 알 수 없어요. (가죽주머니 같은) 용기로부터 무엇인가를 짜내는 모양에서 '말미암다', '~로부터', '까닭'이라는 뜻이 나왔다는 설 등이 있지요. ♂

* 앞에 氵(물 수)를 더하면 油(기름 유)예요. 깨, 콩, 동물의 지방 등에서 氵(기름)을 由(뽑아냈다는) 의미예요.

벼를 키우려면 논에 물을 대야 하지요. 이를 우리나라에서는 ⽥(밭)에 水(물)을 댄 모양인 畓(논 답)으로 쓰지만, 중국인들은 水田(수전)이라고 써요. 그럼 아시아를 먹여 살린 벼농사의 특징으로 '모내기' 관련 글자들을 볼게요.

'모'는 키워서 옮겨 심으려고 기르는 어린 벼를 가리켜요. 볍씨를 뿌려 모를 기르는 곳이 못자리고, 못자리에서 모를 뽑아 논으로 옮겨 심는 일이 모내기지요. 조금 어려운 말로는 移(옮기다 이)와 秧(모 앙)을 써서 移秧(이앙)이라고 해요.

 苗(모종 묘)는 ⽥(밭)에 ⺿(어린 싹)이 난 모양이에요. 좀 더 크게 자란 모종이 甫(크다 보)고요.

더 알아보기

그 밖에 어린 벼에서 나온 穉(치)와 稚(치)

*隹(새 추)로 추→치 발음.

稚(어리다 치)는 穉(치)와 동자(同字)예요.

↓

느릿느릿 움직이는 犀(무소 서)를 써서 늦자라는 벼를 나타냈음.

'(늦자라는) 어린 벼'에서 '어리다'는 뜻이 나왔어요.

예 幼稚(유치), 稚拙(치졸)

못자리에 어린 禾(벼)가 多(많아지면) 넓은 논으로 이사(移徙)시켰는데, 여기서 나온 게 移(옮기다, 모내다 이)예요. 이때 扌(손)으로 甫(모종)을 잡은 모습이 捕(사로잡다 포)고요.

*扌(손)을 甫(크게) 벌려서 잡는다고 甫(크다 보)로 보→포 발음을 나타냈어요.

예 捕虜(포로), 捕縛(포박), 逮捕(체포)

尃(펴다, 분산시키다 부)는 甫(모종)을 寸(손)에 든 모양 같지요? 왜? 모판에 촘촘히 길러온 모종을 밭에다 넓게 펴 심으려고요. 실은 專(오로지 전)처럼 🐛(실패를 손에 쥔 모양)이며, '펴다'라는 뜻은 후에 생겼다는 주장도 있어요. 앞에 氵(물 수)를 더한 溥(넓다, 펴다 부)도 있는데요, 氵(물)이 尃(퍼지면) 면적이 넓어지기 때문이에요. 아무튼 단독으론 쓰이지 않고, 다른 글자와 결합해 주로 발음을 나타내요.

尃(부) 또는 溥(부)를 발음으로 쓴 글자

傅(스승 부)는 亻(사람)이 가르침을 尃(널리 편다)한다는 의미예요. 고대엔 주로 尃(🌾농사 또는 🐛길쌈) 기술을 가르쳤거든요. 博(넓다 박)은 十(열 십)이 많음을 의미하므로 十(여러 번) 尃(펴니까) '넓다'예요.

예 博識(박식), 博愛(박애), 博覽會(박람회)

縛(묶다 박)은 糸(실)로 묶는다는 의미에 尃(부 → 박)이 발음이에요.

예 束縛(속박)

簿(문서 부)는 둘둘 말린 ⺮(죽간)을 溥(넓게 편 📖) '장부(帳簿)'를 뜻해요.

薄(얇다, 적다 박)은 艹(풀)이 얇다는 의미에서 '얇다', '엷다'가 됐어요. 확대된 의미가 '적다', '야박(野薄)하다'예요.

예 薄氷(박빙), 肉薄(육박), 薄俸(박봉) ♂

 秋收(추수)는 秋(가을)에 익은 곡식을 收(거두어들이는) 것이에요.

秋(가을 추)는 본래 수확철인 가을에 떼로 몰려와 농작물을 다 먹어치우는 메뚜기들을 火(불태우는) 모습이었어요. 나중에 곡식을 대표하는 禾(벼 화)가 추가되고, 메뚜기는 타고 없어져 현재의 자형이 되었어요.

그런데 가을의 복병은 메뚜기 떼만이 아니었어요. 여름 동안 풀을 실컷 먹여 말을 살찌운 북방 이민족들도 약탈을 하러 몰려왔으니까요. 메뚜기보다 더 무서운 인간 메뚜기 떼를 생각하면 愁心(수심)이 깊어졌지요. 그래서 秋(가을)에 대한 心(심리)를 나타낸 게 愁(근심 수)예요.

* 발음 부분인 丩(구)는 두 가닥의 줄을 서로 얽어 놓은 모양으로 糾(꼬다 규)의 본래자이며 '바로잡다', '동여매다' 라는 뜻을 가져요.

'추수'의 收(거두다, 모으다 수)는 밧줄 같은 끈을 그린 丩(丩구)와 攵(복)으로 이뤄졌어요. 본래 뜻은 '잡다', '체포하다'였어요. 확장된 의미가 '거두어들이다'예요.

糾(규)에는 '모으다', '얽히다', '살피다'라는 뜻도 있어요.
두 가닥의 줄을 모아 하나로 얽을 때 잘 살피면서 꼬아서요.

예 하나로 모으는 糾合(규합), 이해나 주장이 얽혀 시끄러운 紛糾(분규), 잘잘못을 살펴서 나무라는 糾彈(규탄), 糾明(규명)

* 犬(사냥개)가 물어온 雈(새)를 又(손)에 넣는 獲(얻다 획)으로 획→확발음

收穫(수확)의 穫(获거두다 확)은 禾(벼)를 베어 獲(손에 넣는다)는 의미죠. 이런 결실의 계절 가을에, 밭에 곡식이 가득한 모양이 周(주)예요. 周(두루(미치다) 주)의 초기자형은 밭 안에 점을 찍어 농작물이 빽빽하게 자랐음을 나타낸 것이었어요. '두루(미치다)', '周密(주밀)하다'는 뜻이었고요. 후에 口 (呈영역 표시)를 더해 '둘레', '두르다'는 뜻도 생겼어요. 예 圓周率(원주율), 世界一周(세계일주)

앞에 禾(벼 화)를 더하면 稠(빽빽하다 조)예요. 禾(곡식)이 周(두루두루) 稠密(조밀)하게 자라서요. 그럼 반대로 드문드문 자랐으면요? 稀(드물다, 성기다 희)지요. 禾(벼)가 希(성기게) 났다는 의미에서, 稀薄(희박)하다는 뜻이 됐어요.

> 발음인 希(바라다 희)는 爻(성기게 짠) 巾(옷감)을 의미하다가 '바라다'로 가차되었어요('성기다'에서→ '드물다'→ 드물어 稀少性(희소성)이 있는 것은 누구나 가지길 '바란다'로 의미가 발전).

농작물이 빽빽하든 듬성듬성하든, 용의주도(用意周到)한 농부라면 秋收(추수)를 서두를 거예요. 곧 서리가 내릴 테니까요. 대기 중의 수증기가 밤새 차가워진 농작물의 잎에 닿아 얼어붙는 현상이 서리예요. 凋(시들다 조)가 바로 冫(얼음)이 얼어 周(밭)의 농작물이 凋落(조락)했다는 의미지요. 그러기 전에 禾(벼)를 刂(칼)로 베는 모습이 利(날카롭다, 이롭다 리/이)예요. 곡식을 베려면 칼이 銳利(예리)해야 하고, 수확을 하면 식량이 생겼으므로 '날카롭다', '이롭다'는 뜻이 되었어요. 또 농사를 지어 곡식알이라는 利潤(이윤)이 생겼기에 '利益(이익)'이란 뜻도 있어요.

특히 禾 → (벼)의 밑동을 乃 → (낫처럼 생긴 칼)로 베는 게 秀(빼어나다 수)예요. 낫은 ㄱ자 모양으로 휜 안쪽에 (칼)날이 있어서 곡식 줄기나 풀을 벨 때 칼보다 더 빼어난 작업 도구였어요. 여기서 '빼어나다'는 뜻이 나왔어요.

秀(수)가 들어간 글자를 알아볼게요.
誘(꾀다 유)는 言(말)을 秀(빼어나게)해서 사람을 誘惑(유혹)한다는 의미예요. 透(통하다 투)는 앞으로 辶(나아가면서) 秀(낫으로 벼를 베면) 빽빽한 농작물들 사이로 (벼를 베어낸 자리를 따라) 통로가 뻥 뚫려서 '통하다', '트이다'예요.

(예) 透視(투시), 透明(투명), 透過(투과)

낟알을 떨어낸 곡식 줄기는 소에게 먹이거나, 말려서 새끼줄을 꼬거나, 돗자리와 가마니 등을 짜는 데 썼어요. 새끼줄 감는 도구를 본뜬 게 互(서로 호)예요. 가운데를 손으로 쥐고 위아래 부분에 교대로 새끼줄을 감기 때문에 '서로'라는 뜻을 가져요.

(예) 相互(상호), 互換(호환)

수확을 마치면 신께 제사를 드리고 축제를 열었어요. 和(화(목)하다 화)는 본래 龢로 썼어요. 龠(피리)를 불며 禾(추수)의 기쁨을 나누고 공동체의 和合(화합)을 다지던 축제에서 나왔지요. 필요한 비용은? 세금을 걷어 충당했어요. 租(세금 조)는 제사에 쓰려고 걷은 禾(곡식)에, 且(차 → 조)가 발음이에요. 세금은 매번 걷어가고 또 걷어가서 且(또 차)로 발음을 나타냈어요. 稅(稅세금 세)는 세금으로 내던 禾(벼)가 의미 부분이고, 兌(태 → 세)가 발음이에요.

이처럼 租稅(조세)는 의식에 쓰려고 걷은 곡식을, 식이 끝난 후 나라와 관청에서 공공자금으로 운용해 쓰던 데서 유래했어요. 만일 재해나 흉년으로 기근이 심하면 백성의 구휼을 위해서도 썼어요. 그래서 廉(청렴하다, 저렴하다 렴)은 广(관청)에서 兼(벼를 나눠주는) 모습이에요. 백성을 구제하는 관리로부터 '淸廉(청렴)하다'는 뜻이 나왔고, 이렇게 '창고 대방출'로 빌려주는 곡식은 값을 싸게 매겼으므로 '低廉(저렴)하다'가 되었어요.

82

반대로 亩(창고)가 넘치도록 夌(夌보리 즉, 곡식)을 쌓아둔 모양은 嗇(嗇
인색하다 색)이에요. 거둬들이기만 하고 내놓지 않아서 吝嗇(인색)하
다는 뜻이 됐어요. 비슷한 글자로 腐(썩다 부)도 있어요. 발음인 府(관
청 부)와 肉(고기 육)으로 이뤄졌는데, 관청에서 고기를 저장해놓고 썩
힌다는 뜻이에요. 이래서 타락한 관리들을 '腐敗(부패) 관리'라고 했
나요?

▶농작물_ 채소와 곡식

蔬(채소 소)는 의미 부분인 艹(艹艹풀 초)와 발음인 疏(소)의 합자예요.

瓜(외 과)는 참외, 오이 같은 열매가 덩굴에 달려 있는 모양이
에요.

韭(부추 구)는 가느다란 부추를 나타내는데, '纖(섬)'자(字)
때문에 소개할게요. 纖(纤가늘다 섬)은 가느다란 糸(실 사)가 의미
부분이고, 韱(산부추, 가늘다 섬)이 발음이에요.

韱(섬)은 韱(사람들)이 韱(창처럼 날카로운 도구)를 가지고 韱(부추)를
자른다고 기억하면 돼요.

穀(谷곡식 곡)은 곡식을 대표하는 禾(벼 화)에, 殼(각 → 곡)이 발
음이에요. 발음인 殼(껍질 각)은 禾(곡식알)을 冖(싸고 있는 껍질)
이 屮(떨어져 나가도록) 도리깨 같은 것으로 치는 (🔨 🔨 🔨)
모습이에요.

예 地殼(지각), 甲殼類(갑각류)

* 疏(소통하다 소)는 疋(疋
발 소)와 流(흐르다 류)의
생략형으로 이루어져, 막
힘없이 잘 흘러간다는 의
미를 가져요. 때문에 섬유
질이 풍부해 배변이 잘되
게 하는 蔬(채소 소)의 발
음으로 들어갔어요.

* 금문에서는 울퉁불퉁
한 면에 대고 곡식을 박박
문지르고 있어요. 갓밭은
바람을 이용해 가벼운 껍
질을 날렸음을 의미해요.
(눈에 보이지 않는 바람을
갓밭이 펄럭이는 모습으
로 표현했어요.)

禾(벼 화)는 🌾 🌾 🌾 禾 벼 이삭이 익어서 축 늘어진 모양이에요.
낟알은 껍질을 까서 먹었으므로, 禾(벼)를 臼(절구)에 넣고 ⺕(손)으로
비벼서 껍질을 까는 모습인 稻(벼 도)도 있어요.

예 稻作(도작; 벼농사)

禾(벼)가 들어간 香(향기 향)은 원래 黍(🌾기장 서)와 甘(달다 감)으로
썼어요. 기장이 맛도 달달하고 삶을 때 좋은 香氣(향기)가 나거든요.
나중에 黍(기장)이 → 禾(벼)로 甘(감)이 → 曰(왈)로 바뀌었어요.

* 보리가 외부인 중앙아시
아로부터 전해져 온 곡식
이었기 때문이에요. 상나
라 때는 보리를 귀중하게
여겨 '하늘에서 온' 곡식
으로 생각하기도 했고요.

보리는 🌾(보리) 모양으로 썼는데, 후에 가차되어 來(来오다 래)가 되
었어요.
그래서 보리의 夊(뿌리)를 강조해 새로 만든 게 麥(麦보리 맥)이에요.
보리는 깊은 땅속까지 뿌리를 뻗어 수분을 흡수하니까요(봄이 되어
꽁꽁 얼었던 땅이 녹으면, 보리의 뿌리가 들뜨지 않도록 보리밭을 잘 밟아줘
야 했기 때문에 夊(발)을 그렸다는 설명도 있어요).
보리 이삭이 가지런하게 자란 모양에서 나온 齊(齐가지런하다 제)도
함께 알아두면 좋아요.

예 一齊(일제) 점검

(초기자형의 🌾 는 보리 이삭 세 개를 나타내요.) 🌾 🌾 🌾 齊

*발음인 叔(아재비 숙)은
又(손)으로 작은 곡식알을
줍는 모습.

'콩'으로 쓰이는 글자는 豆(두)와 菽(숙)이에요. 豆(콩 두)는 🏺 제사 그
릇을 본떴는데, 가차되어 발음이 같았던 '콩'도 가리켜요. 菽(콩 숙)은
⺿(풀 초)가 의미, 叔(숙)이 발음이에요.
菽麥(숙맥)은 '콩과 보리'라는 뜻인데, 콩인지 보리인지 구
분하지 못할 만큼 어수룩한 사람을 비유해요. 하지만
모르는 게 약이라고 '숙맥이 상팔자'라는 말도 있지요.

84

叔(슉)이 들어간 督(독), 寂(젹), 淑(슉)

督(감독하다 독)은 ⺙(떨어진 낟알을 줍는)모습까지 잘 目(살피는) 데서 監督(감독)한다는 뜻이 나왔어요.

寂(고요하다 적)은 ⼧(집) 안이 寂寞(적막)하다는 의미에, 叔(숙 → 적)이 발음이에요.

앞에 氵(물 수)를 더하면 淑(맑다 숙)이에요. 氵(물)이 맑다는 의미에, 叔(숙)이 발음이지요.

예 靜淑(정숙)한 淑女(숙녀) ♂

▶벼 도정(搗精)과 가공

搗精(도정)은 곡식을 찧어서 속꺼풀을 벗기고 깨끗이 하거나, 빻아서 가루로 만드는 것이에요.

맨 처음 대강 찧은 쌀에서 나온 게 粗(거칠다 조)이고, 이 粗惡(조악)한 상태를 다시 찧어서 깨끗하게 한 게 精(찧은 쌀 정)이에요. 갓 찧어 푸르스름한 빛이 도는 깨끗한 쌀이라고 靑(푸르다 청)으로 청 → 정 발음을 나타냈어요. 이 쌀을 먹고 솟아나오는 힘은 精力(정력)이고요. 한편, 사물의 중심이 되는 정수(精髓)가 인간에게는 '영혼'이란 걸까요? 精神(정신), 精靈(정령), 妖精(요정)에서는 '영혼'이란 뜻으로 쓰여요.

米(쌀 미)는 가운데 줄기의 위아래로 곡식 알갱이가 있는 모양이에요. (곡식알)만 그리면 물방울과 헷갈려서 가운데에 (선)을 그어놓았어요. 대표적인 곡식이 벼라서 벼의 粒子(입자 알갱이)인 '쌀'을 뜻하게 됐고요.

*粒(알갱이 립/입)은 米(쌀 미)와 발음인 立(립)으로 이뤄졌어요.

밥알은 끈끈하게 착 달라붙는 粘性(점성)이 있으므로 粘(끈끈하다 점)은 米(쌀 미)에, 占(차지하다 점)이 발음이에요.

수분을 말려 건조(乾燥)시키면 곡식을 오래 보관할 수 있었어요. 그래서 해가 뜨겁게 내리쬐는 날이면 갈퀴처럼 생긴 농기구를 들고 곡식을 펴서 널어놓았어요. 이 모습이 暴(사납다 포/폭)이에요.

日(해)가 맹렬한 기세로 내리쬔다고 해서 '사납다', '심하다'가 됐어요. 暴(폭)에는 '暴露(폭로)하다'라는 뜻도 있어요. 밝은 햇빛 아래에 곡식을 드러내 놓았던 데서 나왔어요.

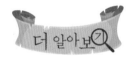

暴(포/폭)

暴惡(포악)하게 橫暴(횡포)를 부린다고 할 때는 '포'로, 暴炎(폭염), 暴利(폭리), 暴行(폭행), 暴騰(폭등)에서는 '폭'으로 읽어요. 사납다는 건 맹렬한 기세를 의미하기도 해서, 氵(물)이 暴(맹렬한) 기세로 떨어지면 瀑(폭포 폭)이고 火(불)이 暴(맹렬한) 기세로 터지면 爆(터지다 폭)이에요. ♂

바짝 말린 곡식은 빻아서 가루로도 만들었어요. 粉(가루 분)은 米(쌀)을 分(나누고 나눈) '가루'라는 의미예요.

分(　　) 나누다 분)이 발음이에요.

옛날에는 쌀 粉末(분말)로 얼굴에 바르는 粉(분)도 만들었어요. 그래서 粉(분)에는 '분을 바르다'라는 뜻도 있어요. 나름 천연化粧品(화장품)으로 丹粧(단장)했지요. 粧(妝단장하다 장)은 粉(가루 분)의 생략형인

米(쌀 미)에, 庄(농막 장)이 발음이에요.

(예) 裝身具(장신구), 裝飾物(장식물), 裝備(장비), 盛裝(성장; 훌륭하게 차려 입음)

좀 헷갈리죠? 그럼 여자가 남자처럼, 남자가 여자처럼 꾸미는 '남장' 과 '여장'에는 어떤 글자를 쓸까요? 예, 답은 男裝(남장), 女裝(여장)이 랍니다. 학교에서 假裝(가장)행렬을 할 때 女裝(여장)한 남학생들을 보 며 '저, 저 녀석들… 나보다 예쁘잖아!' 하고 울컥했던 게 또 떠오르 네요.

마지막으로 쌀로 만든 糖(엿 당)은 米(쌀)이 의미, 唐(당)이 발 음이에요.

발음인 唐(당나라 당)은 庚(일곱째천간 경)과 口(입 구)로 이뤄졌어 요. 본뜻은 (손에 악기를 들고 흔들며) '큰소리치다'였다고 해요. 여기서 '크다'는 의미가 나왔고요. 그러므로 糖(엿 당)은 당분(糖分)을 함유하 고 있는 米(쌀)로 만들며, 쭉쭉 唐 (크게 늘어나는) '엿'을 뜻해요.

04 옷

▶옷

옛날에는 남녀 모두 치마 위에 긴 저고리를 입고 허리에 띠를 묶었어요. 위에 입는 옷을 衣(의), 치마를 裳(상)이라고 해서 옷 전체를 衣裳(의상)이라고 불러요.

衣(옷 의)는 웃옷의 옷깃과 섶을 본떴어요. 글자의 왼쪽(변)에 들어갈 땐 衤로 갈아입지요.

*발음인 尚(尙 아직, 높(이)다 상)은 向(집 벽에 뚫어 놓은 창)으로 ﾉ(연기)가 피어오르는 모양이에요. 불씨가 꺼지지 않게 늘 불을 피워서 '항상', '높(이)다'가 됐어요.

(예) 裕(넉넉하다 유)

발음인 尚(상)과 衣(옷 의)를 합치면 裳(치마 상)이에요. 치마는 아래에서 위로 尚(올려) 입어서 尚(높(이)다 상)으로 발음을 나타냈어요.

더 알아보기

*수건을 걸어 놓은 모양의 巾(수건 건)은 '옷(감)', '천'을 의미해요.

常(항상, 보통 상)도 尚 → (높이) 올려 입는 巾 → (옷)인 '치마'를 가리키다가 '항상(恒常)'이란 뜻으로 가차되었어요. 치마가 평상시(平常時)에 늘 입던 옷이었거든요. ♂

의상을 다른 말로 衣服(의복)이라고도 하죠? 服(옷 복)은 본래 月(舟 배) 앞에 사람을 꿇어앉혀 일을 시키는 모습이었어요. 배가 구멍 난 부분에 판을 덧대 수리하거나, 배의 양 옆에 물이 새지 않도록 판을 덧대던 데서 '옷'이란 의미가 나왔다고 해요. 凡(범)이 → 舟(주)로 바뀌었다가 → 다시 몸을 의미하는 月(월)로 변했어요. 이로부터 몸(月)을 고치기 위해 약을 먹는다는 '服用(복용)'의 뜻도 나왔고요.

服飾(복식)은 '옷과 장신구로 꾸민 차림새'를 말해요. 飾(飾꾸미다 식)은 🍚-🍚-🍚-🍚(밥)을 먹고 난 𠆢(人의 변형 사람)이 巾(수건)으로 닦는다는 뜻이었는데 점차 '꾸미다', '치장하다'가 되었어요. 잘 씻지 않고 살았던 걸까요? 닦기만 했는데 꾸민다는 뜻이 되었네요. 실제로 신석기 이후, 식량 걱정을 덜게 된 사람들은 옷과 장신구로 몸을 아름답게 裝飾(장식)하는 데 눈뜨기 시작했어요.

하지만 옷의 가장 중요한 목적은 역시 추위와 더위, 찰과상 등으로부터 몸을 보호하는 것이었지요. 依(의지하다 의)는 亻(사람)이 衣(옷)에 依支(의지)해 몸을 보호한다는 의미였어요. 초기자형을 보면 아주 작은 사람이 거대한 옷 속에 들어 있어요. 옷으로 몸을 감쌌다는 표현이에요.

▶옷감의 재료

최초의 옷감은 동물 가죽이었어요. 몹시 추운 어느 날. 사냥한 곰 한 마리를 등에 업고 돌아오는데, 북슬북슬한 곰 때문에 등이 엄청 따뜻한 거예요. 그래서 추위를 이기기 위해 동물의 가죽을 벗겼지요.

가죽

皮(피)는 원형 그대로의 가죽, 革(혁)은 털을 뽑은 가죽, 韋(위)는 무두
질해서 부드럽게 가공한 가죽을 나타내요.

皮(가죽, 거죽 피)는 손으로 가죽을 벗겨내는 모습이에요. 아직 손질
을 하지 않아 원상태로 거친 가죽이에요. 동물 가죽뿐 아니라 식물
의 껍질인 表皮(표피), 사람의 얼굴 거죽인 面皮(면피), 심지어 만두의
얇은 껍질인 饅頭皮(만두피)에도 써요.

여담이지만 皮(피)를 소재로 한 왕안석과 소동파의 파자(破字) 일화
가 있어요. 파자(破字)란 '글자를 깨뜨린다'는 뜻 그대로, 한자의 획을
나누어서 풀이하는 것이에요. 왕안석(王安石)은 평소 파자를 즐겨하
기로 유명했지요. 어느 날 소동파(蘇東坡)를 만났는데, 그의 이름에
들어 있는 坡(파)에 대해서도 이렇게 설명했어요. "波(물결 파)가 氵(물)
의 皮(거죽)인 것처럼, 坡(비탈 파)는 土(흙)의 皮(거죽)을 가리킨다네."
이 말을 들은 소동파가 되물었어요. "그럼 滑(미끄럽다 활)은 氵(물)의
骨(뼈)란 말인가?" 이 말은 즉 '탁월한 상상력이다, 이 멍청아!' 하고
비꼬는 것이었겠죠.

한편, 가죽을 벗길 때 (가죽이) 일어나는 모양으로부터 皮(피)에 '기울
다'라는 의미가 생겨났어요. 그래서⋯ 坡(비탈 파)는 土(땅)이 皮(기운)
'비탈'이란 의미이고, 頗(頗치우치다 파)는 頁(머리)를 한쪽
으로 皮(기울이듯) 한쪽에 치우쳐 편파(偏頗)적이라는 뜻이에요.

被(옷, 이불, 당하다 피)는 衤(衣옷 의)가 의미, 皮(피)가 발음이에요. 被
服(피복 옷) 외에 '이불'이라는 뜻도 있는 걸 보니, 전천후로 옷을 덮고
뒤집어쓰기도 한 모양이에요. 그런데 옷에만 '입는다'거나 '뒤집어쓴
다'는 표현을 쓰는 것은 아니지요. '은혜를 입다', '손해를 입다', '부상

을 입다', '바가지를 쓰다'라는 표현도 있어요. 그래서 被(피)에는 '당하다'라는 피동(被動)의 뜻도 있어요(제가 대충 지어낸다고 고소하면 안돼요. 그럼 전 被訴(피소)를 당한 被告(피고)가 되거든요!).

 革(🐮가죽 혁)은 가죽을 통째로 벗긴 모양이에요. 털만 뽑았을 뿐인데 '고치다', '바꾸다'란 뜻으로 改革(개혁), 革命(혁명)과 같은 거창한 말에 쓰이게 돼 다소 민망해졌어요.

*털을 제거하면 원래 어떤 동물이었는지도 알 수 없을 만큼 이전의 모습이 남아 있지 않기 때문이라고 해요.

그럼 革(혁)이 들어간 皮革(피혁)제품들을 구경해볼까요?

革(가죽)으로 化(된) 靴(신 화)

(예) 運動靴(운동화), 室內靴(실내화), 長靴(장화)

革(가죽)으로 만들어 말 위에서 安(편히) 깔고 앉는 鞍(안장 안)

(예) 鞍裝(안장)

革(가죽)으로 만들어 亻(사람)을 更(고치는) 데 쓰는 鞭(채찍 편) 등이 있어요.

또 도구를 鞏固(공고)히 묶을 때도 질긴 가죽 끈을 썼으므로 鞏(工凡 묶다 공)은 鞏(가죽 끈)으로 묶는다는 의미에, 鞏(공)이 발음이에요.

 韋(韋다룸가죽 위)는 본래 ⬛🌀 口(성) 주위를 빙빙 돌며 지키는 모습이었는데, 가차되어 무두질(짐승의 날가죽에서 털과 기름을 뽑고 부드럽게 만드는 일)한 가죽을 가리켜요. 다른 글자와 결합해 주로 발음을 담당하고요.

𥝌 𥝌 𥝌 求 　求(구하다, 찾다 구)도 털이 있는 가죽 옷을 그렸는데 '구하다'로 가차
됐어요. 변변한 난방시설이 없던 고대에는 가죽 옷만큼 따뜻한 게 없
어 너도 나도 가죽을 구하려고 했기 때문이에요. 求(구)는 내가 (그것
을) 필요로 해서 찾고 구하고 청한다는 의미의 '구하다(seek for)'예요.

*발음인 求(구)와 攴(손
을 써서) 돕는다는 의미
로 이루어짐.

반면 救(구(원)하다 구)는 남이 도움을 필요로 해서 돕는다는 의미의
'구하다(save)'지요. ♂

모

𥝌 𥝌 毛 　毛(털 모)는 동물의 털 모양인데, 털에서 '가늘다'는 뜻도 나왔어요.

예 毛細血管(모세혈관)

가죽으로 옷을 만들 땐 ㅛ(털) 있는 쪽이 衣(옷)의 위쪽(바깥쪽)으로
가도록 했기 때문에 表(겉 표)라는 글자가 나왔어요. 글자에서도 衣
(옷) 위에 ㅛ(털)을 表現(표현)했지요.

𥝌 𥝌 裏 　반대자(字)인 裏(里속(안) 리)는 衣(옷 의)를 衣 둘로 분리하고 안에다
발음인 里(리)를 넣었어요. 表(표)와 裏(리)를 합친 表裏(표리)는 '겉과
속', '안과 밖'을 뜻해요. 겉과 속이 다를 때 表裏不同(표리부동)이라고
하지요.

마

𥝌 𥝌 麻 麻 　삼베의 재료가 되는 麻(삼 마)는 广(집 엄)과 삼 줄기를 본뜬 朩朩(패)
로 이뤄졌어요. 삼은 사람이 길러 가공하였으므로, 广(집 또는 굴바
위) 안에 朩朩(삼)이 있는 모양이 됐어요. 삼 줄기를 베어 솥에 찌면 껍

질을 벗기기가 쉬워졌는데, 짙은 색 겉껍질을 벗겨낸 다음 흰 줄기를 가늘게 쪼개면 실이 됐어요. 그래서 朮朮(패)는 삼 줄기에서 껍질을 벗겨낸 모양이에요.

껍질을 벗기려고 麻 → (마)를 手 → (손)으로 문지르는 건 摩(문지르다, 닿다 마)예요. 摩擦(마찰)은 두 물체가 맞닿아 움직일 때 일어나므로 '닿다'라는 뜻도 있어요. 하늘에 닿을 듯이 높은 건물을 摩天樓(마천루)라고 하지요.

삼 껍질을 벗기다 보면 손이 저릿저릿했어요. 痲(저리다 마)는 삼에 痲藥(마약) 성분이 있어 신경을 痲痺(마비)시키듯, 온몸이 저릿하고 감각이 없어지는 증상(疒)을 뜻해요.

散(흩어지다 산)도 卄(삼 껍질)이 풀어지도록 攵(손에 막대기를 들고 쳐서) 흩트리는 모습이에요. 月(달 월)이 붙은 건 주로 저녁에 이 일을 했기 때문이에요.

이렇게 만든 삼실로 성기게 짠 옷감에서 나온 게 希(희)와 爽(상)! 希(바라다 희)는 爻(실을 교차해) 얼기설기 짠 巾(옷감)을 나타냈는데, 가차되어 '바라다'라는 뜻으로 쓰여요.

爽(상쾌하다 상)은 大(사람)이 爻爻(성기게 짠) 옷을 입은 모습이에요. 마로 짠 옷감은 작은 구멍이 송송 뚫려 시원했기에 爽快(상쾌)하다는 뜻이 됐어요.

> * '성기다'에서 → '드물다', '희박(稀薄)하다'는 뜻이 나오고 → 희소성(稀少性)을 가진 것은 누구나 가지길 희망(希望)하므로 '바라다'가 됐어요.

비단

뽕잎을 잔뜩 먹은 누에는 몸속에서 糸실을 만들어 🔵絹 → 입으로 뽑아내 → 몸(月)에 칭칭 감죠. → 絹(绢)비단, 명주 견

누에

누에고치

누에고치에서 뽑아낸 이 絹絲(견사; 명주실)로 짠 옷감이 絹織物(견직물), 바로 세계를 매혹시킨 비단이에요. 누에고치에는 세리신이란 아교 성분이 있기 때문에, 실들이 딱딱하게 달라붙어 있어요. 하지만 물속에 들어가면 이 접착 물질이 녹아 실오라기들이 가늘게 풀어지지요. 중국인들은 물웅덩이에 빠진 고치에서 실이 풀려나오는 걸 발견하고는 본격적으로 누에를 치기 시작했어요. 누에가 어마어마한 대식가란 사실을 꿈에도 모른 채로요.

養蠶(양잠)을 시작한 후로는 마치 누에의 노예가 된 것처럼 뽕잎을 따기 바빴어요. 그래서 桑(뽕나무 상)은 木(뽕나무)와 뽕잎을 따는 又又又(손, 손, 손)으로 이뤄졌어요. 물론 주변의 들판도 새로 심은 뽕나무들이 蠶食(잠식)해 들어갔지요.

蠶(蚕누에 잠)은 朁(참→잠) 발음과 누에를 의미하는 虫(벌레 충)을 합쳤어요. 虫(충)을 두 번 써서 虫虫(누에들)이 우글우글 많음을 나타냈지요.

면

綿(綿솜 면)은 糸(실 사)와 白 → (흰) 巾 → (천)을 의미하는 帛(비단 백)으로 이루어졌어요. 면에 웬 帛(비단)이냐고요? 帛(백)은 본래 명주실로 짠 흰 비단을 가리켰어요. 나중에 목화솜에서 흰 실을 뽑아 옷감을 짜게 되자 綿(솜 면), 棉(목화 면), 純綿(순면) 등에 쓰게 됐죠.

그럼 비단은요? '金(금)처럼 빛이 나는 帛(흰 천)'이란 뜻의 錦(비단 금)자(字)가 있어요. 여기서 떠오르는 사자성어가 있죠? 예, 바로 錦上添花(금상첨화)예요. 비단 위에 꽃을 더한다는 말로, 좋은 것 위에 좋은 것이 또 더해짐을 뜻해요. 왕안석(중국 송나라 때의 정치가)이 잔치에 초대받아 갔는데, 맛있는 음식이 차려진 상에 분위기를 돋우는 음악까지 곁들여지니 마치 비단에 꽃을 더한 것 같다고 한 데서 유래했어요. 한편, 綿(면)에는 길게 이은 糸(실)처럼 綿綿(면면)히 '이어지다'라는 뜻도 있어요.

▶실

🧵🧵🧵🧵🧵糸(絲실 사)는 여러 가닥의 실을 서로 꼰 모양이에요. 부수로 들어갈 때는 糸(纟실 사)로 써요.

幺(작다 요)는 작은 실타래를 본떴어요(🧵머리를 아래쪽으로 하고 웅크린 태아를 그렸다는 설도 있고요).

*幺는 纟의 속자.

玄(검다 현)은 🧵 매달아놓은 실타래를 나타내요. 실을 오래 매달아 두면 색깔이 검게 변해서 '검다'가 되었다고 해요. 그냥 검정색(black)이 아니라 밤하늘처럼 아득히 깊고 심오한 검은빛을 의미해요.

예 天地玄黃(천지현황)

玆(이(것) 자)는 🧵🧵 🧵 🧵 두 타래의 실 모양인데, '이것(this)'이란 뜻으로 가차되었어요. 그런데 두 개로 불어난 실타래로부터 '불어난다'는 의미도 나와서, 滋(불다 자)는 🧵 🧵 🧵 氵(물)속에 담그면 실이 물을 빨아들여 玆(불어난다)는 뜻이고(무언가를 불어나게 하는 '滋養分(자양분)'이란 뜻도 있음),

磁(자석 자)는 石(자석)에 쇠붙이가 붙어 부피가 茲(늘어난다)는 의미예요. 慈(사랑하다 자)는 점점 茲(불어나는) 心(마음)으로 慈愛(자애) 즉, 주로 윗사람이 아랫사람에게 주는 도타운 사랑을 나타냈어요.

생사(生絲)는 아직 어떤 가공도 하지 않은 실이에요. 가늘고(細세) 흰(素소) 본바탕(純순) 그대로의 실이지요. 細(세가늘다 세)는 소전에선 糸囟로 썼어요. 糸(실)과 囟(정수리) 위의 丿(머리카락)을 그린 것이었어요. 실과 머리카락은 아주 가늘어서 仔細(자세)히 봐야 했으므로 細(세)에는 '자세하다'라는 뜻도 있어요.

특히 환한 데서 봐야 현저(顯著)히 드러난다고, 日(해) 아래에서 絲(絲 실)을 頁(보는) 모습으로 顯(顯나타나다 현)도 만들었어요.

예 顯微鏡(현미경)

素(희다 소)는 (생사 여러 가닥)을 꼬아 한 가닥의 굵은 糸(실)로 만드는 모양이에요. 생사에서 '바탕', '희다', '素朴(소박)하다'는 뜻이 나왔어요.

純(純생사, 순수하다 순)도 새싹이 一땅을 뚫고 나온 모양의 屯(진치다 둔)으로 둔 → 순 발음을 취해, 막 생산한 純粹(순수)한 糸(실)을 표현했어요. 생사는 꼬고 이어서 굵고 긴~ 실로 만들고, 부드럽게 삶고 염색도 했어요.

索(찾다 색)은 素(소)와 마찬가지로 (여러 가닥)의 糸(실)을 꼬아 굵은 실로 만드는 모양이에요. 다음 차례에 올 실 가닥을 찾는 데서 '찾다'가 됐어요.

예 索出(색출)

이렇게 해서 실이 굵어지면 統(统큰 줄기, 거느리다 통)이에요. 낱낱의 가닥들을 거느렸다고 '거느리다'라는 뜻도 있어요.

(예) 系統(계통), 統率(통솔)

充(가득하다 충)으로 충 → 통 발음을 취했는데, 充(충)은 𠫓(태어나려고 머리를 아래로 향한 태아)와 儿(산모)를 나타내므로, '크게 자랐다'는 의미를 가져요. 統(큰줄기 통)에선 꼬아서 실이 '굵어진' 걸 의미해요.

길~게 이은 실은 잘 감아 두고서 필요할 때 풀어 썼어요. 실 꾸러미에서 糸(실)이 계속 賣(풀려 나오는) 게 續(续이어지다 속)이에요.

賣(卖팔다 매)는 ⺳(그물)로 거둔 貝(조개)가 다시 ±(∪ ∪ 世 나가는 모양). 즉, 모아들인 재물을 팔려고 다시 내놓는 것. 이로부터 '내보낸다'는 의미가 나옴.

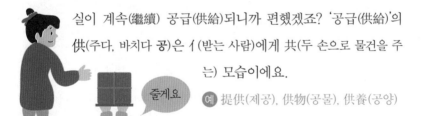

실이 계속(繼續) 공급(供給)되니까 편했겠죠? '공급(供給)'의 供(주다, 바치다 공)은 亻(받는 사람)에게 共(두 손으로 물건을 주는) 모습이에요.

줄게요

(예) 提供(제공), 供物(공물), 供養(공양)

給(给주다 급)은 옛날에는 糸(실이나 옷감)도 돈과 같은 지급수단이었 *合(합 → 급)이 발음. 기 때문에 '주다' 공급(供給)하다'가 됐어요.

(예) 給料(급료), 配給(배급), 給食(급식)

그런데 실이 복잡하게 엉킬 때도 있어서, 亂(乱어지럽다 난/란)은 ⺈又(두 손)으로 H(실 감는 도구)에 엉킨 ৪, ₹(실)을 풀려는 모습이에요.

ㅁㄴ은 ㄹ(손과 팔)을 그린 거예요. 紛(紛어지럽다 분)도 뒤얽힌 실(糸)을 나누는(分) 게 어지럽고 혼란스럽다는 의미에서 나왔어요. 分(분)이 발음이에요.

예 紛亂(분란), 紛爭(분쟁), 紛糾(분규)

풀다~ 풀다~ 점점 더 심란(心亂)해지면… 조용히 나가서 칼을 가지고 돌아왔어요. 그냥 실을 절단(切斷)하고서 마음의 평화를 찾으려고요. 切(끊다 절)은 본래 十으로 썼어요. 가운데를 잘랐다는 의미였지요. 그런데 숫자 十(십)과 헷갈려서 세로획을 七모양으로 구부렸더니, 이번에는 숫자 七(칠)로 가차돼버렸어요. 다시 刀(칼 도)를 더한 게 切(끊다 절/모두 체)예요.

> 一切 (일절) : 전혀, 절대로
> 예 사건에 대해 일절(一切) 입을 열지 않았다.
> 一切 (일체) : 모든 것
> 예 비용 일체(一切)를 책임지겠다.

* '결단(決斷)하다'라는 뜻이 있는 것도 알아두세요.

斷(斷끊다 단)은 ㄴ(칼)로 ㅁㅁ(실)을 끊는 모양이에요. 斤(ㅏ도끼) 역시 끊는 도구이므로 의미를 강조해요.

絕(絶끊다 절)도 絶(무릎 꿇고 앉은 사람)이 絶(칼)로 絶(실)을 끊는 모습이에요. 원래는 ㅁㅁ 실타래에 세 개의 선을 그어 실이 끊어졌음을 나타냈어요. 후에 ㅁ(칼)을 더하고 → 다시 ㅁ(사람)을 더했는데 → 絶 刀(칼 도)가 ″로 잘못 변하고 → 絶 칼과 사람이 합쳐져 色(색)처럼 됐어요.

* '끊다', '끊어지다', 그 이전과 이후로 나눌 만큼 절대적으로 '뛰어나다'라는 뜻을 가져요.

예 絶交(절교), 絶世美人(절세미인), 絶對(절대), 絶妙(절묘)

그럼 다시 실을 이어볼까요?

繼(继잇다 계)에 왜 刀(칼 도)가 있는지는 앞에서 나왔죠? 예, 중간에 실이 엉키면 엉킨 실을 끊어내고 다시 이어야 하기 때문이에요. 뒤를 이어나간다는 의미로 '계속(繼續)', '계승(繼承)', '인계(引繼)' 등에 써요.

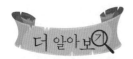
더 알아보기

絡(络잇다 락)도 糸(실) 各(각각)을 서로 잇는 데서 '잇다', '접속하다'가 됐어요. 各(각 → 락)이 발음이에요.

예 連絡(연락)

絡(락)에는 '맥, 혈관'이란 뜻도 있어요. 혈관도 糸(실)처럼 가늘고 길며 各(각각) 서로 이어져 있어서요.

예 經絡(경락) 마사지, 脈絡(맥락) ♂

染(물들이다 염)은 木(나무)에서 추출한 氵(염료)에 九(여러 번) 담가 染色(염색)한다는 의미예요. '물들다'에서 '傳染(전염)되다'라는 뜻도 나왔어요.

九(아홉 구)는 ㄣ ㄑ ㄑ ㄤ 九 (팔꿈치를 구부린 모습)인데 숫자 9로 가차되었고, 많음을 의미해요.

濕 濕(湿젖다, 습기 습)은 불리고 삶고 염색하느라 絲(젖은 실타래)를 日(햇볕)에 말리는 모양이에요. 앞의 氵(물 수)는 젖었다는 뜻을 더욱 강조해요. 불을 피우면 실이 열에 오그라들어 수축(收縮)됐으므로 아래 있던 火(불 화)는 사라졌어요. 실 아래의 점들은 灬(▲▲▲▲물방울)이 똑똑 떨어지는 것처럼 보여요.

* '收縮(수축)'의 縮(줄이다 축)은 糸(실, 옷감)이 줄어든다는 의미에, 宿(잠자다, 묵다 숙)으로 숙 → 축 발음을 나타냈어요. 하룻밤 자고 나면 정해진 기간이 그만큼 더 짧아져선지 사람이 돗자리 옆에 누워 자는 모습의 宿(자다 숙)으로 발음을 나타냈어요.

宿 宿 宿 宿

염색한 실은 신분의 等級(등급)에 따라 사용되었어요. 옛날에는 신분에 따라 옷 색깔이 달랐기 때문이에요. 예를 들어 황금색 옷은 임금만이 입을 수 있었고, 신하들도 職級(직급)에 따라 관복 색깔이 달랐어요. 관련 글자가 級(級등급 급)이에요.

발음인 及(미치다 급)은 人(앞에 가던 사람)을 따라잡아 又(붙잡는) 모습이에요. 급기야(及其也) 따라잡았다고 '미치다 (reach)', '이르다', '도달하다'를 뜻해요.

예 言及(언급), 波及(파급), 普及(보급)

心(마음 심)을 붙이면 急(급하다, 빠르다, 중요하다 급)이에요. 쫓고 쫓기는 急迫(급박)한 마음에서 나왔어요. 또 급히 서둘러야 할 만큼 매우 '중요하다'는 뜻도 있어요. 急行(급행), 緊急(긴급)에서는 '빠르다'는 뜻이고, 急所(급소)에서는 '중요하다'는 뜻이에요. 특히 扌(손)으로 足(발목)을 잡은 부분을 捕捉(포착)해 클로즈업하면 捉(잡다 착)이에요.

한편, 방추나 물레를 이용해 실을 잣기도 했어요. 專(专오로지 전)이 叀(방추나 물레)를 寸(손)으로 돌리는 모습이에요. 돌릴 때 오로지 한 방향으로만 돌리며 專念(전념)해야 해서 '오로지'란 뜻이 됐어요. 團(团모이다 단)은 專(방추나 물레)에 囗(실이 둥글게 감기는데서 '모이다'가 됐어요.

물레

예 團體(단체), 團結(단결), 集團(집단)

傳(传전하다 전)은 亻(전수받는 사람)에게 專(실 잣는) 기술을 전해주는 것이에요. 傳授(전수)하고 傳受(전수)받으며 기술이 傳播(전파)되었지요. 한편 惠(은혜 혜)는 叀(물레)에 대해 느끼는 心(마음)이에요. 실을 뽑아 옷감을 짜고 옷을 지을 수 있게 해주니 恩惠(은혜)롭게 여겼거든요.

爾(쓰너 이)는 (실을 감아 두었을 때 통풍이 잘 되도록) 대 나무 같은 것으로 성기게 짠 통에 실을 감아놓은 모양 이에요. 가차되어 '너'라는 뜻으로 쓰이게 됐어요. 앞에 亻(인)을 붙인 儞(你너 이)도 있어요.

예 我愛你〔wǒàinǐ〕나는 너를 사랑해. ♂

▶베틀로 옷감 짜기

베틀

機(기계 기)는 본래 幾(기)로 썼어요. 亻(사 람)이 戈(베틀) 앞에 앉아 옷감을 짜는 모습 이었지요. *𢆶는 베틀에 건 실.

그런데 (베틀에 거는 실의) 올을 세던 데서 '몇', '얼마'라는 뜻이 붙고, 잉아의 작은 움 직임까지도 감지해야 하는 매우 섬세한 작 업에서 '기미', '조짐'이라는 뜻이 나와 幾

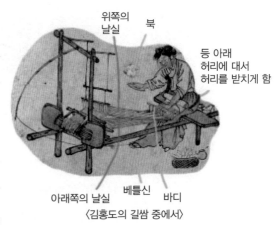

위쪽의 날실 　북

등 아래 허리에 대서 허리를 받치게 함

아래쪽의 날실　베틀신　바디
〈김홍도의 길쌈 중에서〉

(几몇, 기미 기)가 되었어요. 그러자 재료인 木(나무 목)을 추가한 게 機
(机틀, 기계 기)예요. 당시에는 베틀이 최첨단 機械(기계)였으니까요.

械(기계 계)는 재료를 나타내는 木(나무 목)에, 戒(경계하다 계)가 발음
이에요.

*죄인의 손이나 발에 채우던 형틀을 가리키 다가, 후에 '기계'를 뜻하게 됐어요.

날실과 씨실

날실은 베틀에 세로로 건 실이에요. 한자로 糸(실)을 工(베틀)에 巛(세로로 건) 모양이 經(经날실 경)이에요. 날실처럼 곧게 뻗은 '길'도 가리키고, 베틀에 실을 가지런히 고르는 과정에서 '다스리다'라는 의미도 나왔어요. 또 세로로 팽팽하고 질서정연하게 걸린 날실이 옷감을 바로 잡아주는 중심축 역할을 하듯, 세상을 바로 잡아주는 책들에도 쓰여요. 기독교의 聖經(성경), 불교의 大藏經(대장경), 유교의 四書五經(사서오경)처럼 성인의 가르침이나 종교의 교리를 적어 사람을 다스리는 책을 經典(경전)이라고 하지요.

색즉시공 공즉시색

네 이웃을
네 몸과 같이 사랑하라

성경 반야심경 논어 도덕경 코란

땅 위에서 거만하게 다니지 말라
진실로 너희는 땅을 가를 수 없으며
산의 높이에도 이르지 못하기 때문이다

남이 알아주지 않아도
성내지 아니하면
또한 군자가 아니겠는가

巠(경)이 든 글자를 보면 徑(지름길, 직경 경)은 彳(길)이 巠(날실)처럼 곧게 뻗은 '지름길'을 뜻해요.

예 半徑(반경: 반지름, 행동이 미치는 범위)

輕(轻가볍다 경)은 무거운 짐도 車(수레)를 이용하면 가볍다는 의미에, 巠(경)이 발음이에요. 너무 輕快(경쾌)하다 못해 輕薄(경박)할 때나, 상처가 가벼운 輕傷(경상)에도 써요.

씨실은 (날실 사이를) 옆으로 왔다 갔다 하는 실이에요. 그래서 緯(纬

씨실 위)도 糸(실)이 날실의 韋(둘레를 돈다)는 의미예요.

經(경)과 緯(위)를 합친 經緯(경위)는 직물(織物)의 '날과 씨'를 뜻해요. 실은 예전에 친구들과 노는 데 학원비를 몽땅 썼다가 經緯書(경위서)를 제출해봐서 아는데요, 그간의 '일이 진행되어온 과정'도 가리켜요.

한편, 經(경)과 緯(위)는 지구상의 위치를 나타내는 經度(경도)와 緯度(위도)에도 쓰여요.

종횡무진

縱(纵세로 종)은 베틀에 세로로 거는 糸(날실)로 '세로'라는 뜻을 나타냈어요. 발음인 從(좇다 종)은 앞사람을 따라가는 모습이에요. 여기선 실이 앞뒤로 줄줄이 걸렸음(즉, '날실'임)을 나타내요.

橫(가로 횡)은 본래 문이 열리는 걸 막기 위해 옆으로 끼우는 木(나무 빗장)을 가리켰어요. 이로부터 '가로(지르다)'라는 뜻이 나왔고요. 한 사람이 누런 패옥을 두른 모습인 黃(누렇다 황)으로 황 → 횡 발음을 나타냈어요.

둘을 합친 縱橫(종횡)은 縱橫無盡(종횡무진), 즉 이리저리 마구 오가는 것, 자유자재로 거침없이 행동하는 것을 뜻해요.

북

북은 날실 사이로 지나다니는 (실패 같은) 도구예요. 모양은 속을 파서 만든 통나무배를 닮았어요(한가운데 씨실 뭉치를 넣음). 베틀에 건

날실은 위쪽의 날실과 아래쪽의 날실로 나뉘는데, 서로 교차할 때 그 사이로 북이 지나다니면서 씨실을 풀어주면, 날실과 씨실이 교차되어 옷감이 짜여요.

 予(주다 여)는 ₰북(안에 넣어둔 실뭉치)에서 亅(씨실)이 풀려나오는 모양이에요. 손으로 북을 밀어 날실 사이로 (오른쪽, 왼쪽 번갈아) 보내주기 때문에 '주다', '밀다'라는 뜻이 됐어요. ♂

予(여)가 들어간 글자들

抒(풀다 서)는 扌(손)에 予(북)을 쥔 모습이에요. 북 안의 실 꾸러미에서 실이 풀려 나오듯 자기의 감정을 풀어서 표현하는 抒情詩(서정시)에 써요.

序(차례 서)는 본래 广(집)의 東西(동서)로 늘어선 건물을 의미했다고 해요. 각 건물들이 차례로 秩序(질서) 있게 늘어선 데서 '차례', '순서'라는 뜻이 되었고요.

* 予(여 → 서)가 발음.

序曲(서곡), 序論(서론)에서는 처음 풀려 나오는 실마리(즉, 첫머리)를 뜻해요.

豫(预미리 예)는 북을 본뜬 予(여)와 象(코끼리 상)으로 이뤄졌어요. 予(북)을 왔다 갔다 하며 옷감을 짤 때는 미리 무늬를 豫想(예상)해야 하고, 象(코끼리)도 죽을 때를 豫感(예감)해 미리 자기들의 공동 무덤으로 찾아가기 때문에 '미리'라는 뜻이 됐어요.

* 予(여 → 예)가 발음.

幻(허깨비, 변하다 환)은 予(주다 여)를 거꾸로 써서(幻 ← 予처럼요) '변하다', '바뀌다'를 뜻해요. 거울에 거꾸로 비치는 幻影(환영)처럼 진짜가 아닌 '허깨비'도 의미하고요. 북이 왔다 갔다 하며 무늬를 짜는 게

마치 幻術(환술: 마술)을 보는 것 같아서 '허깨비'라는 뜻이 나왔다는 설명도 있어요. ♂

옷감 짜기

실을 뽑고 옷감을 짜는 데 관련된 모든 일을 '길쌈'이라고 해요. 紡(纺 길쌈하다, 실 뽑다 **방**)은 糸(실)로 옷감을 方(넓게 또는 네모나게) 짠다는 뜻이에요. 織(织(베를)짜다 **직**)은 糸(실)로 戠(무늬를 넣으며) 옷감을 짠다는 의미예요.

*무늬를 새겨 넣는다는 뜻의 戠(찰진흙 시)로 시 → 직 발음을 나타냈어요. (戰(시)는 '전쟁' 편 깃발'부분을 참고해 주세요.)

績(绩길쌈하다, 공(적) **적**)은 糸(실 사)와 責(책 → 적) 발음을 합쳤어요. 발음 부분인 責(꾸짖다, 책임 책)에는 꾸짖고 독촉한다는 의미가 있으므로 길쌈이 부녀자들에게 강요된 고된 노동이었다는 느낌이 들어요. 열심히 일해서 실과 옷감을 마련한 공을 인정했는지 績(적)에는 '功績(공적)'이란 뜻도 있어요.

緊(紧긴급하다 **긴**)은 糸(실)을 臣(내려다보면서) 又(손을 써서) 일하는 모습이에요. 본래는 실을 팽팽하게, 급히 감는다는 의미였는데 눈과 손을 緊迫(긴박)하게 움직여야 해서 '緊急(긴급)하다'는 뜻이 됐어요.

길쌈은 결혼한 여자들이 주로 했기 때문에 敏(민첩하다 **민**)에는 每(머리에 ─비녀를 꽂은 母어머니 모)가 들어 있어요. 재빠르고 섬세하게 攵(손을 써서 일하는) 모습으로부터 '敏捷(민첩)하다', '敏感(민감)하다'는 뜻이 나왔어요. 심지어 '아내를 판단하려면 남편의 옷을 봐야 한다'는 말이 있었을 정도로 길쌈을 잘해야 英敏(영민)한 여자로 여겼다고 하네요. 그래선지 견우와 황제의 이상형도 똑같이 베 짜는 여자였죠.

敏 → (민첩하게) 작업해서 糸 → (실)이 불어나면 **繁**
(번성하다 번)이에요.

예 繁盛(번성)

옷감

옷감은 실이 한 올 한 올 累積(누적)되어 촘촘한 組織(조직)을 이룬 것
이에요.

*且(또 차)로 차 → 조
발음을 나타냈는데, 발
음인 且(또 차)는 물건
을 겹쳐 놓은 모양이므
로 의미 부분도 돼요.

累(포개다, 묶다 누/루)는 田 → (▦의 생략형. 물건들)을 糸 → (실)로 묶
어서 포개놓은 모양이에요. 組(组베를 짜다 조)는 糸(실)을 且(한 줄 또
한 줄 쌓아) 옷감을 짠다는 의미고요.

이렇게 짠 巾(옷감)을 ナ(손)에 쥔 모습이 布(베, 펴다 포)예요. 손으로
천을 넓게 펼치듯 '펴다'는 뜻도 있어서 宣布(선포), 布教(포교; 종교를
널리 알림), 布陣(포진; 진을 침)에도 써요. 수건이 걸려 있는 모양의 巾
(수건 건)도 '옷감', '천'을 의미하고요.

匹(짝 필)은 옷감 한 장을 여러 번 접은 모양이에요. 옷감
(ᵃ▬ᵇ)을 잴 때는 양끝을 잡고 a와 b가 맞닿도록 접으므로, 옷감 한
필에는 위아래 두 장의 옷감이 생겨요. 여기서 '짝', '상대하다'라는
뜻이 나왔어요. 특히 부부(夫婦)로서의 짝을 配匹(배필)이라고 하지
요. 옷감 외에 한 匹(필) 두 匹(필)… 말(馬)을 세는 단
위로도 써요.

幅(폭, 너비 폭)은 巾(천)이 의미 부분이고, 술 항아리를 본뜬 畐(가득
하다 복)으로 복 → 폭 발음을 나타냈어요.

▶옷의 제작

물건이나 작품을 만드는 '製作(제작)'이란 말도 옷을 만드는 데서 나왔어요. 製(制만들다 제)는 制 → (마름질)해서 衣 → (옷)을 만든다는 뜻이에요. 옷에 한정하지 않고 물건을 만드는 製造(제조), 약을 짓는 製藥(제약), 책을 만드는 製本(제본) 등에 두루 써요. 발음인 制(마르다, 억제하다, 규정 제)는  나뭇가지를 刂(칼)로 쳐내 다듬는 데서 '억제하다'가 되었고, 다시 (사람들을) 억제하는 '制度(제도)'로 의미가 넓어졌어요.

*'마르다'는 (옷감, 목재 등의) 재료를 치수에 맞게 자른다는 뜻으로, 물건을 만들기 위해 나무를 자르던 데서 나왔어요.

作(짓다 작)은 亻(사람 인)과 乍(잠깐, 짓다 사)로 이루어졌어요. 乍(사)는 칼로 옷섶을 따라 자르는 모양이라고 해요. 물건을 자를 때는 잠깐 사이에 잘려 나가므로 '잠깐'이란 뜻이 되었고요. 제작자(製作者)인 亻(사람)을 더한 게 作(짓다 작)이에요. '만들다', '作業(작업)하다', '(만든) 作品(작품)'을 뜻해요.

마름질

初(처음 초)는 衣(옷)을 만들 때 刀(칼)로 재단하는 것이 첫 단계라서 '처음'을 뜻해요.

예 始初(시초)

裁(옷마르다 재)는 裁 (才재주있게) 裁 (옷)을 裁 (마른다)는 뜻이에요. 裁 (옷 의)와 발음인 裁 (재)로 이루어졌어요. 𢧵(재)의 𢧵 는 才(재주 재)와 같고, 戈(┃창 과)는 옷감을 자르는 날카로운 도구를 의미해요.

*才(재주 재)는 갑골문에서 ↓로 썼어요. ㅣ(초목의 싹)이 ▽(땅)을 뚫고 나오는 모양이에요. 사람의 能(재능)도 싹이 터 크게 자라난다는 공통점이 있지요.

바느질

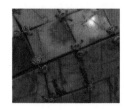

針(針바늘 침)은 재료를 나타내는 金(쇠 금)과 十(바늘에 실을 꿴 모양)으로 보면 돼요.

糸(실)로 叕(꿰맨) 모양이  綴(철하다 철)이고요.

예 綴字法(철자법), 補綴(보철), 點綴(점철)

糸(실)로 꿰맬 때 두 장의 옷감이 서로 만나기 때문에, 縫(縫꿰매다 봉)은 逢(만나다 봉)으로 발음을 나타냈어요. 逢(봉)은 만나러 가는 辶(가다 착)과 풀을 밟으며 만나러 내려오는 夆(만나다 봉)을 합친 거예요.

바느질을 다 마치고 糸(실)에 매듭을 묶은 건 終(終끝, 마치다 종)이에요. 본래는 🔔 모양으로 썼어요. 나중에 계절의 끝인 冬(겨울 동)으로 가차되자, 糸(실 사)를 붙여 보충한 게 終(끝나다 종)이에요.

수놓기

 紋(紋무늬 문)은 糸(실)로 文(무늬나 글자)를 수놓는다는 의미예요. 특히 무병장수에 대한 기원, 혹은 주술적인 바람을 담아서 繡(수)를 놓기도 했어요.

繡(綉수(놓다) 수)는 糸(실)로 肅(밑그림)을 刺繡(자수)놓는다는 뜻이에요. 발음 부분인 肅(肅엄숙하다 숙)은 聿(손에 붓을 잡고서) 밑그림(도안)을 그리는 모습이에요.

 雜(襍섞(이)다, 번거롭다 잡)은 木(나무) 위에 갖가지 색깔의 깃털을 가진 隹(새들)이 모인 것처럼 衣(옷)에 여러 색이 섞여 있다는 의미예요. 화려한 수를 놓거나 여러 색깔의 천을 사용해서 옷을 지으려면, 손

108

이 많이 가고 작업이 複雜(복잡)했으므로 煩雜(번잡)하다는 뜻도 생겼어요. 雜은 襍(잡)의 속자(俗字)예요.

* 衤(옷)이 의미 부분이고, 集(모이다 집)에서 집 → 잡 발음을 취했어요.

수선

옷이 해지고 찢어지면 기워 입었어요.

弊(해지다, 폐단 **폐**)는 敝 → (해지다 폐)와 廾 → (받들다 공)으로 이뤄졌어요. 敝(낡은 것)을 廾(받드니) '폐단'이 되었을까요?

발음인 敝(폐)는 막대기로 쳐서 낡은 옷감의 먼지를 털어내는 모습이에요. 비단은 물빨래하면 옷감이 변형돼 후줄근해졌으므로 웬만하면 탁탁 털어 입었어요.

* 弊端(폐단)은 옳지 못한 경향이나 해로운 현상을 일컬음.

敝(폐)가 들어간 글자로는 蔽(가리다 **폐**)가 있어요. 艹(풀)로 덮어 隱蔽(은폐)한다는 의미에, 敝(폐)가 발음이에요.

裂(찢다, 찢어지다 **렬**)은 발음인 列(렬)과 衣(옷 의)가 합쳐졌어요. 발음인 列(벌이다, 줄 **렬**)은 歹(뼈)를 刂(칼)로 발라내 죽 늘어놓는 것이에요. 그러므로 裂(찢(어지)다 렬)은 칼로 찢은 듯 옷이 여기저기 찢어진 걸 의미해요.

예 決裂(결렬), 龜裂(균열)

 해지고 찢어진 부분에는 옷감을 덧대어 기웠어요. 이때 찢어지거나 해진 부분보다 더 큰 옷감을 대고 기웠으므로 補(보깁다 **보**)는 甫(크다 보)로 발음을 나타냈어요. 또 '고치다', '더하다', '보태다'라는 뜻도 있어요. 옷감을 덧대는 데서 모자라는 것을 補充(보충)하고 補强(보강)한다는 뜻이 나왔기 때문이에요.

▶옷의 종류

衣(옷 의), 裳(치마 상)은 앞에서 나왔으니까 바지로 넘어갈게요. 음, 남자의 홑바지를 袴衣(고의)라고 하는데 요샌 잘 안 쓰니까 袴(바지 고)도 패스하고요. 帶(帶띠 대)는 帶(옷) 위로 帶(덮어서) 매는 帶(띠)

를 그렸어요. 帶는 띠를 맬 때 옷에 생기는 주름을 나타내요. 품이 넉넉하여 묶었을 때 衤(옷)에 谷(골짜기)처럼 깊이 팬 주름이 잡히면 裕(넉넉하다 유)예요. 옷감이 많이 들기 때문에 裕福(유복)해야만 주름 잡고 살 수 있었지요.
谷(골(짜기) 곡)은 골짜기로 夼(흘러내려오는 물줄기)와 口(물이 고인 웅덩이)의 모양이에요.

부자들의 옷은 품만 넉넉한 게 아니라 길이도 치렁치렁했어요. 옷자락을 밟아 넘어질 만큼 긴 옷을 나타낸 글자가 袁(옷이 길다 원)이에요(거의 발음으로만 쓰임).

袁(원)이 발음으로 들어간 글자
遠(远멀다 원)은 辶(갈) 길이 袁(긴 옷처럼) 요원(遼遠/遙遠)하다는 의미예요. 袁(원)은 여유 있는 모양이므로 園(园뜰, 동산 원)은 사람 몸을 넉넉히 감싼 옷(袁)처럼 집을 둘러싼(囗) 정원(庭園)을 뜻해요.

複(복)
複(复겹치다 복)은 衤(옷) 위에 复(다시 또) 옷을 입어서 '겹치다'가 되

*뒷(복)이 발음.

었어요. 옛날에는 (원)본과 겹쳐 놓고 똑같이 본을 떴으므로 複寫(복사), 複製(복제), 重複(중복) 같은 단어에도 써요. ♂

外套(외투)의 套(씌우다, 덮개 투)에는 덮어씌우려면 大(크고) 長(길어야) 한다는 의미가 담겨 있어요.

帽(모자 모)는 본래 冒(🏺 冒 冐 冒 모)로 썼어요. 目(눈) 위에 冃(쓰개)를 쓴 모습인데, 머리를 보호해야 할 정도로 위험을 무릅쓴다는 冒(무릅쓰다 모)로 굳어지자, 巾(수건 건)을 더한 게 帽(모자 모)예요.

왜 이리 까지~
아침이라 머리가 부었나?

冠(갓 관)은 寸(손)으로 元(머리) 위에 관을 ⌐(덮어쓰는) 모습이에요. 옛날에는 사람의 머리카락에 기(氣)가 모여 있다고 생각했어요. 두발을 자르지 않는 건 물론이고 묶은 머리 위에 다시 덮개를 씌워 머리카락을 소중히 다뤘어요. 이 덮개가 바로 冠(관)이에요. 남자가 20살이 되면 처음으로 머리에 관을 쓰는 의식인 冠禮(관례)를 치렀어요. 그래서 弱冠(약관)은 나이 20세를 뜻해요.

襪(양말 말)은 몸의 끝 부분인 발에 신기 때문에 末(끝 말)로 발음을 나타냈어요.

履(신, 밟다 리)의 초기자형은 尸(몸을 구부린 사람)과 舟(배)처럼 생긴 글자, 彳(사거리의 한쪽), 夊(발)로 이루어졌어요. 尸(사람)이 夊(발)에 舟(배)처럼 생긴 신을 신고 彳(간다)는 의미였어요(옛날 신발은 모양이 배와 비슷했지요). 밟고 걸어가는 것으로부터 '겪다', '행하다'로 의미가 확장됐어요. 예 履歷(이력), 履行(이행: 실제로 행함)

나만의 개성을 강조하려면 팔찌도 해야겠어

패옥을 두른 黃(황)과 睘(경)

고대에는 옥으로 만든 장신구를 끈에 꿰어 옷 위에 늘어뜨렸어요. 긴 것은 무릎 아래까지 내려갔어요. 움직일 때마다 옥 부딪치는 소리가 울릴 정도였지요. 거추장스럽고 거동에도 불편했지만, 노동에 부적합한 차림새는 오히려 노동할 필요가 없는 높은 신분임을 드러내놓고 廣告(광고)하기 때문에 더욱 선호되었어요.

大 옴 茭 黃

*실은 广(집)이 넓다는 의미에, 黃(황 → 광)이 발음.

黃(황)은 한 사람이 허리에 田(옥 장신구)를 두른 모습이에요. 당시에는 비싼 마차를 타고 큰 집에 살 것처럼 보이는 럭셔리한 패션이었어요. 정말이에요. 그분이 사는 广(집)이 廣(广넓다 광) 자(字)거든요.

예 廣闊(광활), 廣場(광장)

*廣(광 → 확)이 발음.

앞에 손을 더한 擴(扩넓히다 확)은 扌(손)으로 廣(넓혀) 擴張(확장)한다는 의미예요.

大 옴 茭 黃

*속자는 黄(황).

黃(패옥을 두른 모습)은 나중에 黃(누르다 황)으로 가차되었어요.

睘(경)은 한 사람이 罒(눈)으로 衣(衣옷) 위에 두른 口(둥근 패옥)을 내려다보는 모습이에요. 여기에 둥근 모양의 玉(옥)임을 강조하면 環(环고리 환)이에요. 고리 모양의 옥 장신구는 우리 몸의 일부에 빙 둘러 착용하는 것이므로 '둘레', '주위'라는 뜻이 생겼어요. 끝없는 고리처럼 잇달아 돌고 도는 '循環(순환)', 우리 주위를 빙 둘러싸고 있는 '環境(환경)' 등에 써요. 앞에 동작을 나타내는 辶(가다 착)을 더하면 還(还돌아오다, 돌려주다 환)이에요. ♂

112

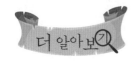

衰(쇠하다 **쇠**)는 도롱이를 그린 것이에요. 도롱이는 요즘의 비옷에 해
당해요. 짚이나 띠로 엮어 어깨나 허리에 둘렀는데, 허름한 옷차림으
로부터 '쇠하다'라는 뜻으로 가차되었어요. 옷깃의 솔기가 풀어진 상
복을 본떴다는 설도 있어요. 상복은 멋을 내지 않으려고 옷깃과 소매
의 솔기를 마무리하지 않았다고 해요. 그리고 상을 치를 때는 제대로
먹을 수가 없어서 체력도 衰弱(쇠약)해졌으므로 '쇠하다', '약하다'가
되었다는 설명이에요. ♂

▶실과 옷감의 쓰임

絃(악기 줄 **현**)은 糸(실)이 의미, 玄(❸검다 현)이 발음이에요. 絃樂器(현
악기)의 줄로 주로 검은색 실을 썼기 때문이란 설명도 있어요.

弦(활줄 **현**)은 弓(활 궁)이 의미, 玄(현)이 발음이에요. 매달아놓은 실
타래를 본뜬 玄(❸현)으로 활에 '매인' 실을 표현했어요.

幣(帀 비단, 돈 **폐**)는 巾(옷감)이 의미, 敝(폐)가 발음이에요. 비단 같은
옷감도 지불 수단으로 쓰였으므로 '貨幣(화폐)'를 뜻하게 됐어요.

網(网그물 **망**)은 糸(🎐실)로 짠 网(▨그물)과 발음인 亡(망)을 합쳤어요.

紙(纸종이 **지**)는 糸(섬유질)을 氏(핵심)으로 만든 '종이'를 뜻해요.

帳(帐장막, 휘장 **장**)은 巾(천)을 長(길게) 드리워서 長(길다 장)이 발음이
에요.

納(纳들이다, 바치다 **납**)은 糸(실과 옷감)으로 세금을 内(거두어들이던)
데서 나왔어요.

*氏(씨 → 지)가 발음.

▸결혼과 관련된 실의 의미

실은 잇고 묶는 기능을 하므로 인연을 맺는 글자에도 쓰였어요. 紹介
(소개) 받아 約婚(약혼)하고 結婚(결혼)하는 순서대로 紹(소), 約(약), 結
(결)을 볼게요.

저… 이상형은…

맑고 투명한
성품을 지니신
분이면 좋겠습니다

그럼 저 같은
관원(공무원)이
어떠신지요?

←끔

紹(끈소개하다 소)는 술과 음식을 차려놓고서 서로 인연을 糸(맺도록)
紹介(소개)시킨다는 의미예요.
발음인 끔(부르다 소)는 🥣 음식을 준비하고서 부른다는 뜻이에요.

約(約맺다, 약속하다 약)은 약속(約束)을 糸(맺을) 때 勺(ス フ ㄱ ㅎ술
을 떠놓던) 데서 나왔어요.

*勺(작 → 약)이 발음.

🥣 吉
*吉(길하다 길)은 주술
이 봉인된 기물이나 축
문을 둔 ☐(장소)에 방
어용의 土(도끼)를 놓아
둔 모양이에요. 주술의
능력이 보존되어 '길
하다'는 뜻이 됐어요.

結(結맺다 결)은 (인연을) 糸(맺을) 때 吉(길한) 날을 골랐던 데서 나왔
어요.

05 음식

▶음식

飮(마시다 음)은 한 사람이 입맛 다시듯 혀를 쏙 내밀고 술동이를 내려다보는 모습이었어요. 후에 食(음식 그릇) 앞에서 欠(입을 크게 벌린) 모습으로 바뀌었답니다. 발음 부분인 欠(하품 흠)은 𣎐𣎐𣎐𣎐欠(사람이 입을 크게 벌린) 모습이에요. 주로 '호흡', '욕심'과 관련된 뜻을 가져요.

口(어떤 대상)에 대고 후~ 입김을 欠(부는) 吹(불다 취)와 맛난 ⺶(양고기)를 보고 氵(침)흘리며 㳄(입 벌리고 있는) 羨(부러워하다 선), 皿(남의 그릇)에 군침 흘리는 盜(훔치다 도) 등이 있습니다.

𠊊𠊊𠊊𠊊食(밥, 먹다 식)은 뚜껑이 있는 음식 그릇을 본떴어요. '음식', '먹(는)다'는 뜻을 가지며 부수일 때는 飠(식)으로 써요. 음식 그릇은 良, 皀, 𣪘 으로 변형돼요.

예 養(기르다 양), 鄕(시골 향), 飽(배부르다 포)

食(식)이 들어간 글자

*집을 본뜬 余(나, 나머지 여)가 발음.

餘(馀남다 여)는 갑자기 손님이 찾아올지도 모르니 여분(餘分)의 會(食음식)을 余(집)에 남겨둔다는 의미였어요.

余 余 余 余(나, 나머지 여)에 대해서는 집을 본떴다, 화살촉을 그린 상형자다, 두 손으로 삽 같은 농기구를 쥔 모습이다… 등 여러 설이 있어요. 갑골문에서부터 1인칭인 '나'로 가차되었으며, '나머지'라는 뜻은 余(여)가 餘(남다, 여유 있다 여)의 속자(俗字)이기 때문에 붙었어요.

반면 나(또는 우리)의 음식은 2인분 같은 4인분으로 부족하다 싶을 정도로 아껴 먹어서 餓(饿주리다 아)는 我(나, 우리 아)를 발음으로 취했어요. 飢(饥굶주리다 기)는 几(안석 궤)로 궤 → 기 발음을 나타냈고,

*包(싸다 포)가 발음.

飽(饱가득차다 포)는 食(음식)을 배불리 먹은 飽滿感(포만감)을 包(임신한) 것처럼 배가 불룩하다고 표현했어요. 🐟 巳 㐌 包

*堯(요임금 요)는 兀(사람의 머리) 위에서 𡗜☆☆☆별들이 반짝거리는 모양.

饒(饶넉넉하다 요)는 會(食음식)이 풍요(豊饒)롭다는 의미에, 堯(요)가 발음이에요.

*司(사)가 발음.

飼(饲먹이다, 기르다 사)는 食(음식)을 司(먹여) 기른다는 뜻이에요. 飼料(사료)를 먹여 가축을 飼育(사육)할 때 써요. ♂

▶취사

炊(불 때다 취)는 火(불)을 활활 키우려고 欠(바람을 불어 넣는) 모습이

에요. 음식을 만들려면 불을 피워야 해서 炊事(취사)는 곧 '끼니를 만드는 일'을 뜻하게 되었어요. 처음에는 움집 밖에서 식사하다가 차츰 집 안에 ⬛ 작은 구덩이를 파고 돌을 빙 둘러 불을 피우기 시작했어요. 이 불로 취사, 난방, 조명이 한 번에 해결됐지요. 나중엔 돌을 걷어내고 연통을 연결해 아궁이를 만들었어요.

灬(불)을 땔 里(아궁이)에서 千(연기가 피어오르는) 모양이 熏(연기 훈)이에요.

煙(/烟연기, 담배 연)은 火(불)을 피울 때 집 안에 煙氣(연기)가 퍼지는 것을 연통이 막아준다고 垔(막다 인)으로 인 → 연 발음을 나타냈어요.
간혹 불을 꺼뜨리면 서로서로 불씨를 나누어 보내주었어요.
送(送보내다 송)은 辶(가다 착)과 关(두 손에 불씨를 든 모습)이에요.
🔥 🔥 🔥 送 돈을 보내는 送金(송금), 사람이나 물건을 실어 보내는 輸送(수송), 보내온 걸 도로 돌려보내는 返送(반송), 라디오나 텔레비전을 통해 음성과 영상을 전파로 내보내는 放送(방송) 등에 써요.

불을 피워 요리하는 아궁이가 있던 곳을 지금은 廚房(주방)이라고 하죠? 廚(/厨부엌, 요리하다 주)는 广(집)에서 壴(뚜껑달린 그릇)을 寸(손)에 들고 일하는 곳으로 보면 된답니다.

▸식재료

중국인에 대한 고정관념 중의 하나가 '중국인들은 무엇이든지 먹을 수 있다'는 생각이에요. 심지어 네 발 달린 것 중에선 책상만 못 먹고, 하늘을 날아다니는 것 중에선 비행기만 못 먹는다는 말도 있어요. 그만큼 음식 재료(材料)가 다양했기 때문이에요. 북부의 초원에서 동부의 바다, 남부의 아열대 지역까지 접한 넓은 국토 덕분에 전국 각지는 물론 외국의 다양한 식재료까지도 일찌감치 접할 수 있었지요. 식재료가 되는 글자들은 채집, 어렵, 농경 편과 중복되므로 약간만 보충할게요.

肉(고기 육)은 丿(매달아)둔 㒵(고깃덩어리)를 본떴어요. *㒵은 고깃결 표현.
고기를 쌓아놓은 모양이 多(많다 다)예요.

㝡 㝡 㝡 有 有(있다 유)는 又(손)에 月(肉고기)를 가지고 있는 모습이고요. 有無(유무), 所有(소유), 保有(보유)의 뜻으로 써요.

肉類(육류)만 편식하면 변비 걸리니까 섬유질이 많은 菜蔬(채소)와 果實(과실)도 섭취했어요. 菜蔬(채소)를 섭취하면 배변에 도움이 되므로, 蔬(푸성귀 소)는 艹(풀 초)에, 疏(트이다, (소)통하다 소)로 발음을 나타냈어요.

> 발음인 疏(소통하다 소)는 이동을 나타내는 疋(疋발 소)와 流(흐르다 류)의 생략형으로 이뤄졌어요. 이로부터 막힘없이 흘러간다는 의미가 나와 '잘 통한다', 다시 → '疏通(소통)한다'는 뜻이 되었어요. 하지만 흘러가는 데서 멀어진다는 뜻도 나와, 사람 간의 관계가 疏遠(소원)하거나, 무리에서 멀리 따돌려 疏外(소외)하는 데에도 써요.

果(열매 과)는 木(나무)에 田(열매)가 주렁주렁 열린 모양이에요. 과연(果然) 그래 보이죠? 열매는 결실을 맺은 것이므로 果(과)에는 '結果(결과)'라는 뜻도 있어요. 또 '果敢(과감)하다'에서는 '과단성(일을 딱 잘라서 결정하는 성질) 있다'라는 뜻이에요.

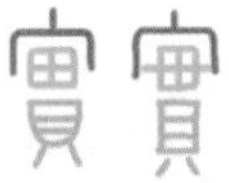

'果實(과실)'의 實(实열매 실)은 宀(집) 안에 貫(꿰어놓은 돈 꾸러미)가 가득한 모양이에요. 재물이 알차게 있는 데서 → 알차게 여문 '열매' → 다시 '참(되다)'로 의미가 확장됐어요.

예 眞實(진실)

蘇(苏되살아나다 소)는 艹(채소), 魚(고기), 禾(곡물)을 고루 섭취(攝取)해 원기가 蘇生(소생)한다고 생각하면 돼요.

* 艹(약초)를 먹고 회복한다는 의미에, 穌(잠이 깨다 소)가 발음이란 설명도 있어요.

蘇(소) 자(字)에 관한 이야기 하나 들려드릴게요. 어느 날 소동파(蘇東坡)가 생선을 먹으려는데 평소 알고 지내던 스님이 방문했어요. '이 중은 꼭 식사 때에 맞춰 온다니까' 하고 투덜거리며 소동파는 생선 접시를 높은 책장 위에 얼른 감췄어요. 스님은 이 모습을 밖에서 다 지켜보았지만 짐짓 모른척하며 들어섰지요. "오늘은 귀공의 성(姓)을 어찌 쓰는지 궁금해서 들렀습니다." 스님이 말했어요. "위에 艹(풀 초)를 쓰고, 아래 왼쪽에는 魚(물고기 어)를, 아래 오른쪽에는 禾(벼 화)를 씁니다." 소동파가 대답했어요. 스님이 다시 물었어요. "魚(어)와 禾(화)의 자리를 바꿔 써도 되겠습니까?" 소동파는 "좋으실 대로 하시지요"라 대답했어요. 그러자 스님은 "그럼 魚(어)를 맨 위로 올리는 것도 괜찮을까요?"라고 물었습니다. 하지만 소동파는 "그건 안 되겠군요" 하고 대답합니다. 스님이 다시 말했습니다. "그럼 귀공께서도 어서 생선 접시를 내려놓으셔서 魚(어)가 위로 올라가면 안 된다는 걸 보여주셔야겠군요." 그제야 스님의 의도를 알아차린 소동파는 껄껄 웃으며 식사를 대접했다고 해요. 물론 생선구이도 함께요.

'攝取(섭취)'의 攝(摄끌어잡다, 다스리다 섭)은 扌(손)으로 聶(여러 개의 귀)를 잡아당기는 모양이에요. 이로부터 '끌어당기다', '여러 가지를 모아 처리하다'라는 뜻이 되었어요. 생물체가 영양분을 빨아들이는 攝取(섭취), 상대를 내 편으로 끌어들이는 包攝(포섭), 자연계를 지배하고 있는 이치와 법칙을 일컫는 攝理(섭리) 등에 써요. ♂

食品(식품) 添加物(첨가물)

식품 첨가물이란 식료품을 제조, 가공할 때 기호(嗜好)가치나 영양(營養)가치를 높이기 위해 첨가하는 물질을 말해요(조미료(調味料), 착향료(着香料), 착색료(着色料) 등).

添(더하다, 덧붙이다, 맛을내다 첨)은 氵(물 水)가 의미, 忝(욕되다 첨)이 발음이에요. 본래 氵(물)에 적셔 축축하게 젖는다는 의미였는데, 물에 젖으면 부피나 무게가 증가하기 때문에 주로 '증가하다', '더하다'라는 뜻으로 쓰여요.

예 添附(첨부: 더하여 붙임), 添削(첨삭), 別添(별첨: 따로 덧붙임)

添(첨)이 나온 김에, 氵(물)을 咸(다) 빼면 (도로) 줄어든다는 減(减줄다, 덜다 감)까지 알아두면 금상첨화(錦上添花)겠죠? ♂

▶그릇

초기의 그릇은 흙을 빚어 두텁게 만든 모양이었어요. 여기서 나온 게  厚(두텁다 후)예요. 厂(굴바위) 아래 畐(항아리처럼 생긴 커다란 용기)가 놓여 있는 모양이에요. 많은 양을 담을 수 있게 두껍고 튼튼하게 만들어서 '두텁다'는 뜻이 됐어요.

예 厚德(후덕), 重厚(중후), 溫厚(온후)

그럼 하나씩 부엌살림에서 나온 글자들을 살펴볼게요.

 鬲 鬲 鬲 鬲(세발솥 력)은 ￣ (뚜껑)이 있고 𠂤(굽은 다리가 셋)인 솥을 본떴어요. 솥 다리 사이의 공간에 불을 지펴 음식을 익혔는데, 다리 속이 텅텅 비어 열을 빨리 전달할 수 있었지요.

떡 쪄먹는 甑(시루 증)은 본래 시루를 본뜬 曾(증)으로 썼어요. 맨 아래가 曰(물을 담는 그릇), 중간이 ⊞(구멍 송송 뚫린 판), 맨 위가 八(피어오르는 김)이에요. 판의 구멍을 통해 올라온 뜨거운 김으로 음식을 쪘답니다.

시루는 다른 솥과 달리 중간 부분의 판이 그릇을 여러 층으로 나눈다는 특징이 있어요. 여기서 '겹치다', '층층이 쌓이다'란 뜻이 나왔어요. 또 시루에 쌀이나 쌀가루를 찌면 밥과 떡이 되면서 부피가 늘어나므로 '많아지다'라는 의미도 있어요.

시루가 曾(거듭 증)이 되자, 瓦(기와, 질그릇 와)를 붙인 게 甑(시루 증)이예요.

曾(증)이 '더하다', '많다'는 의미로 쓰인 憎(증), 增(증), 贈(증)

憎(憎증오하다 증)은 忄(미워하는 마음)이 曾(쌓이고 쌓여) 증오(憎惡)가 된다는 의미예요.

增(增더하다, 불다 증)은 土(흙)을 曾(거듭) 보태서 높이 쌓으므로 '증가(增加)하다'로 의미가 增幅(증폭)되었어요.

贈(贈주다 증)은 재물을 주어 상대방의 貝(재물)이 曾(늘어나도록) 증여(贈與)한다는 의미예요. ♂

曾(증)과 닮아서 혼동하기 쉬운 '닮은 꼴 글자'가 會(회)예요. 會(会만나다, 모이다 회)는 曰(그릇)에 🔲(회)를 담고 스(뚜껑)을 덮은 모양이에요. 뚜껑과 그릇이 합쳐지는 데서 '만나다', '모이다'가 됐다고도 하고, 회 그릇으로 사람들이 모여들어 '모이다'가 됐다고도 해요. 또 機會(기회)에서는 '때', 會計(회계)에서는 '셈'을 뜻해요. 앞에 月(🦴잘게 저민 날고기)를 더하면 膾(회 회)예요. 맛이 좋아 즐겨 먹던 데서 나온 게 '人口(인구)에 膾炙(회자)된다'는 표현이지요. 사람들 입에 자주 오르내림을 뜻해요.

甕(瓮항아리 옹)은 瓦(질그릇 와)와 발음인 雍(옹)이 합쳐졌어요. 항아리에는 대개 손잡이로 쓸 귀를 달았는데, 이 耳(귀)의 구멍에 絲(끈)을 넣어 (항아리들을) 서로 연결해놓기도 했어요. 關聯(관련) 글자가 聯(联잇닿다 연/련)이에요. 줄줄이 연결해놓은 항아리들을 聯想(연상)해보세요.

絲(끈) 아래의 𢆡은 끈 매듭이 늘어진 모양이에요.

缶 缶 缶 缶 缶(장군항아리 부)는 공이로 그릇에 담긴 흙을 찧는 모양에서 나왔어요. 황토를 찧으면 점성이 커져 그릇을 만들기 좋았기 때문이에요. 缶(부)는 배가 불룩하고 입구가 좁은 장군항아리도 가리켜요. 주로 술, 장 등 액체를 담았으므로 扌(손)으로 缶(항아리)를 흔들면 (안에 든) 내용물이 출렁출렁 搖動(요동)을 쳤지요. 그래서 搖(搖흔들(리)다 요)가 됐어요.

*扌(손)으로 흔든다는 의미에, 缶(요)가 발음.

항아리 양옆을 두드려 악기처럼 장단도 맞췄어요.
이 장단에 言(가사)를 붙인 게 謠(謠노래 요)인데, 옛날엔 최고 인기가요(歌謠)가 勞動謠(노동요)였다니 농사짓는 일이 여간 힘든 게 아니었나 봐요. 遙(遙멀다 요)는 辶(갈) 때 음식을 저장한 缶(항아리)를 챙겨 갈 만큼 '멀리' 간다는 뜻이에요.

缶 缶 缶 缶 (항아리)에 🍖(고기)를 담은 모양의 缶(요)가 발음이에요.

陶 陶 陶 陶 시루, 항아리 등 질그릇은 진흙을 빚어 가마에 구워서 만들었어요. 그래서 陶(질그릇 도)의 초기자형도 勹(陶工도공)이 午(절굿공이)로 凵(그릇)에 든 흙을 찧는 모습이었어요. 阝(언덕 부)를 더한 건 언덕에 굴을 파서 가마를 구웠기 때문이에요.

굽이 있는 그릇을 그린 건 皿(그릇 명)이에요. 금문에는 🔔(거푸집)도 있었던 걸 보면 특히 주물로 제작한 그릇을 가리켰던 것 같아요.

益 益 益 益 益(더하다, 이익 익)은 皿(그릇) 위로 水(물)이 넘쳐흐르는 모양이에요. 그릇에 물이 가득한데도, 넘치도록 보태서 '더하다'가 됐어요. 넘치고 남아도는 데서 '利益(이익)'이란 뜻도 나왔고요.

*넘친다는 본래 뜻으로는 氵(물 수)를 더한 溢(넘치다 일)이 있어요. 海溢(해일)이란 단어에 써요.

盒(합)은 둥글 넙적하고 뚜껑이 있는 그릇이에요.

예 饌盒(찬합)

본래는 ㅅ(뚜껑)을 ㅁ(그릇) 위에 덮어놓은 合모양으로 썼어요. 그런데 뚜껑과 그릇이 만나 서로 꼭 들어맞는다고 合(합하다 합)이 됐지요. 해서 본래 뜻에 符合(부합)하도록 皿(그릇 명)을 붙여 새로 만든 게 盒(합 합)이에요.

合(합)이 들어간 글자

洽(젖다, 흡족하다 흡)은 氵(물)에 젖는다는 의미에, 合(합 → 흡)이 발음이에요. 젖으면 부피나 무게가 늘어나므로 '넉넉하다'는 의미가 생겼고, 이로부터 '洽足(흡족)하다'는 뜻도 파생됐어요.

恰(흡사하다 흡)은 忄(心마음)에 생각했던 것과 合(꼭 들어맞게) 거의 恰似(흡사)하다는 뜻이에요.

拾(줍다 습)은 扌(손)으로 줍는다는 의미에, 合(합 → 습)이 발음이에요. 扌(손)으로 合(합쳐서 즉, 그러모아서) 줍는다 또는 扌(손)으로 合(그릇)을 줍는다고 보기도 해요. ♂

비슷한 글자로 得(얻다, 이익 득)이 있어요. 彳(길)에서 旦(貝재물)을 냉큼 寸(줍는) 모습이에요.

拾得(습득)은 주워서 얻는다는 뜻이에요. 참고로 지식, 기술, 정보의 習得(습득)에는 習(익히다 습)을 써요.

盤(般쟁반 반)은 般(돌다, 옮기다 반)을 발음으로 취해,

124

사람들 사이를 돌며 음식을 般(나르는) 皿(그릇)으로 '쟁반'을 표현했어요. 그리고 음식을 받쳐주는 쟁반에서 '밑받침'이란 뜻도 나왔어요.

예 基盤(기반), 盤石(반석)

발음인 般(반)은 원래 凡(㠯 㡿 几 凡범)과 攴(복)으로 썼어요. 凡(다리가 달린 커다란 쟁반)과 攴(손을 써서 일한다)는 뜻이 합쳐져 '쟁반에 그릇을 담아 나르다'가 본래 의미였어요. 후에 凡(범)이 비슷한 모양의 舟(배 주)로 바뀌어 노를 젓는 모양이 됐지요. 배도 실어 나르는 수송 수단이므로 옮긴다는 뜻과 통하긴 했어요.

* 凡(범)은 쟁반 또는 (배의) 돛을 본뜬 걸로 추정되지만 정설은 없어요. 가차되어 '무릇', '대강', '平凡(평범)하다' 라는 뜻으로 쓰여요.

화로는 불씨를 보관하고 난방하는 데 썼어요. 그래서 火(불)을 담는 盧(그릇)이 爐(炉화로 로)예요. 발음인 盧(그릇 로)는 虍(호 → 로) 발음과 畾(구멍 송송 뚫린 화로)로 이뤄졌어요.

예 火爐(화로), 煖爐(난로), 鎔鑛爐(용광로)

壺(壶병 호)는 土(뚜껑)이 있고 亞(배가 불룩한) 모양이에요.

더 알아보기

뚜껑을 襾(덮었다) 復(다시) 열었다 하며 뒤집는 데서 나온 게 覆(뒤집다, 되풀이하다 복/덮다 부)예요. 예 飜覆(번복: 이리저리 뒤집어 고침), 顚覆(전복: 뒤집어 엎어짐), 覆面(복면) ♂

杯(잔 배)는 木(나무)로 만든 不(다리 셋 달린 잔)의 모양이에요.

예 乾杯(건배), 祝杯(축배), 苦杯(고배)

爵(술잔, 작위 작)은 (두 손)으로 貝(술잔)을 ''(目눈) 높이까지 들어 올린 모습이에요. 왕으로부터 술을 받아 마실 때의 예법이었어요. 그래서 왕이 따라주는 술을 마실 수 있었던 '신분'을 나타내는 '爵位(작위)', '벼슬'이란 뜻이 됐어요.

*匕(숟가락 비)의 초기 자형을 보면 짧은 칼처럼 끝이 뾰족하고 날카롭게 생겼어요. 그래서 '匕首(비수)' 라는 뜻도 있지요.

숟가락은 물을 떠 마시려고 손바닥을 오목하게 구부린 모양에서, 젓가락은 두 손가락으로 음식을 집어 먹던 모양에서 나왔다는 설이 있어요. 匙(숟가락 시)는 발음인 是(옳다 시)와 숟가락을 본뜬 匕(숟가락 비)로 이뤄졌어요.

젓가락은 대표적인 동양 문화 중 하나인데요. 箸(젓가락 저)는 ''(竹대나무)로 만들어 음식을 이것저것 者(그러모으는) 것으로 '젓가락'을 표현했어요.

물, 술, 기름 같은 액체는 국자와 비슷하게 손잡이가 달린 '구기'로 떴어요. 勺(구기 작)은 ス ア ク ケ ク(구기)와 丶(●구기로 뜬 액체)를 나타내요. 앞에 酉(술항아리)가 있으면 酌(술 따르다, 짐작하다 작)이에요. 잔에 적당히 술을 떠주던 데서 나온 것이 '斟酌(짐작)'으로, '사정이나 형편을 어림잡아 헤아린다'는 뜻이에요.

斟(술따르다, 짐작하다 짐)은 甘(달다 감)과 匕(숟가락 비)를 써서 국자로 단술을 뜬다는 뜻이었어요. 후에 匕(숟가락)이 匹(짝 필)로 바뀌고, 斗(구기 두)가 보태졌어요.

必(필)

필 필 필 필 必(반드시 필)에 대해서도 설이 분분한데요,

초기자형을 보면 구기로 액체를 뜨는 듯이 보여요. '반드시'란 뜻은

 가차된 것이에요. 정확한 양을 재려면 반드시 구기가

必要(필요)해서요. 쓰는 순서가 특이하죠? ♂

마지막으로 부엌칼 차례예요.

刀(칼 도)는 刀 刀 刀 刀 刀 자루(손잡이)에 칼날이 달린 모양이에
요. 勿(아니다, (~하지) 말다, 없다 물)은 勿 勿 勿 勿 刀(칼)로 쓸모없
는 부분을 다듬고 잘라내는 데서 '필요 없다', '아니다'라는 뜻이 되
었어요. 勿論(물론) 다른 주장도 있어요. 쟁기로 흙을 가는 모양이며,
작은 점들은 부스러진 흙을 나타낸다는 설명이에요.

宀 宀 容 容 지금까지 각종 취사 容器(용기)를 알아보았어요. 容(담
다, 얼굴 용)은 동굴 안에 뭔가를 가져다 놓은 모양에서 '저장하다',
'넣다', '담다'가 됐어요. 容(용)에는 '얼굴'이라는 뜻도 있어요. 얼굴에
도 이목구비(耳目口鼻), 안색(顏色), 표정(表情), 인격(人格) 등 여러 가
지를 담을 수 있기 때문이에요.

예 容貌(용모)

器(그릇 기)는 犬(犬 犬 犬 犬 犬 개고기)를 吅(네 개의 그릇)에 나누어
담은 데서 → 제각각 덜어먹는 '그릇'을 가리키게 됐어요.

예 武器(무기), 器物(기물), 器具(기구), 소화器官(기관)

*옛날에는 그릇이 귀한
물건이었으므로 犬(개)
가 吅(그릇)을 지키는 모
습이라는 설도 있고요.

▶ 조리방법

조리법(調理法)에 관련된 글자에는 대부분  火(불 화)가 들어가요.

炙(고기 굽다, 구운 고기 자/적)은 火(불)에 夕(肉고기)를 굽는 모양이에요.
예 散炙(산적)

*爪(극)은 '(손으로)쥐다, 잡다'라는 뜻.

熟(익(히)다, 익숙하다 숙)은 종묘를 본뜬 享(누리다, 제사지내다 향)과 丮(잡다 극)으로 이뤄졌어요.
'제사 음식을 만들다', '음식을 데우다'가 본뜻이었는데 '孰(누구 숙)'으로 가차되자 灬(화력)을 불어넣어 새로 만든 게 熟(익다 숙)이에요.
예 달걀 半熟(반숙), 닭 白熟(백숙), 도라지 熟菜(숙채)
또 成熟(성숙), 熟考(숙고), 熟達(숙달), 熟眠(숙면), 能熟(능숙) 등 무르익었거나 익숙하다는 의미로도 써요.

*昜(양)은 日(해)가 一(땅) 위로 솟아올라 勿(방사되는) 모양.

烹(삶다 팽)도 享(사당)에 제물로 바칠 고기를 灬(불)에 삶던 데서 나왔어요. 湯(湯끓이다, 국 탕)은 氵(물)을 넣어 끓인다는 의미에, 昜(볕 양)으로 양 → 탕 발음을 나타냈어요.
수증기(水蒸氣)를 이용하는 蒸(찌다 증)은
蒸 灬(불)을 피워 → 김을 丞(올려 보내) →
艹(풀. 즉, 재료)를 찐다는 의미예요.
烝(김 오르다, 찌다 증)이 발음이에요.

燻(연기 끼다 훈)은 火(불)을 피워 熏(굴뚝에 연기가 나는) 모양이에요.
소금에 절인 고기를 연기에 그슬려 수분을 건조시키는 燻製(훈제)에

128

써요. 훈제의 비결은 그슬리되 태우지 않는 것이에요. 그러면 연기의 성분이 흡수되어 고기가 독특한 풍미를 갖게 되고 방부성이 생겨 오래 저장할 수도 있어요.

煎(달이다, 지지다 전)은 灬(불)로 지진다는 의미에, 前(전)이 발음이에요. 예 煎餅(전병)

煮(삶다, 끓이다 자)는 본래 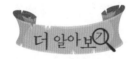 者(자)로 썼어요. 곡식이나 식물 줄기를 그러모아 그릇에 삶는 모양이었어요. 몇 개의 작은 점들은 식물에서 나온 즙 또는 익힐 때 피어오르는 수증기예요. 후에 者(사람 자)로 가차되자, 본래 뜻으로는 灬(火불 화)를 보탠 煮(삶다, 끓이다 자)를 만들었어요.

*참고로 暑(덥다 서)는 日(해)가 쨍쨍한데 者(삶고 끓이기)까지 하니 찜통 같이 덥다는 뜻이에요.

더 알아보기

者(자)가 '모이다, 모으다'라는 본래 의미로 들어간 글자

都(도읍 도)는 많은 사람들이 者(모여) 사는 阝(邑고을)을 뜻해요.
예 都城(도성)

堵(담 도)는 土(흙)을 者(모아) 쌓았다는 의미예요.

賭(도박 도)는 오늘만 살 것처럼 貝(돈)을 者(모두) 거니까 '도박(賭博)'이에요.

著(저술하다 저)는 艹(죽간)을 者(모아) 글을 著述(저술)했다는 뜻이죠.

箸(젓가락 저)는 竹(대나무)로 만들어 者(이것저것 그러모아) 집는 '젓가락'이에요.

諸(모두, 여러 제)는 言(말)로 여럿을 者(몽땅 뭉뚱그려) 일컬을 때 써요.

*옛날에는 竹(대 죽)과 艹(풀 초)가 호환되었음.

예 諸君(제군), 諸子百家(제자백가), 諸般(제반)

署(관청 서)는 법망을 상징하는 罒(网그물)과 이것저것 그러모으는 者 (자)로 이루어졌어요. 罒(网법)을 집행하고 세금, 공물, 부역에 동원할 인원 등을 者(모으는) '관청'을 뜻해요. ♂

중국의 조리법

중국의 조리법은 지역별로 차이가 많이 나요. 크게는 베이징, 상하이, 광둥, 쓰촨의 네 지역으로 나뉘어요. 북쪽에 위치한 베이징(北京)에서는 튀김과 볶음처럼 기름진 요리가 발달했어요. 먼지가 많아서 높은 온도의 기름으로 재료를 가열해야 위생적이기 때문이에요. 또 날씨가 추운 내륙지방이라 고단백 육류 음식을 즐겨 먹는데, 대표적인 요리(料理)로 새끼 때부터 살찌워 키운 오리에 양념을 발라서 구운 '북경 오리구이(베이징 카오야)'가 있어요. 또 여러 왕조의 수도였던

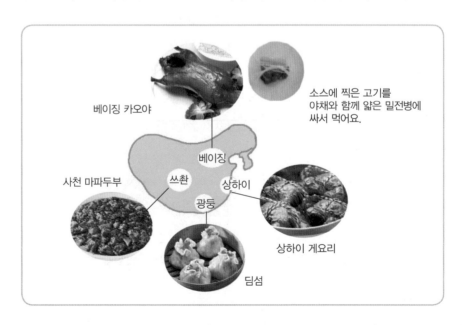

베이징 카오야

소스에 찍은 고기를 야채와 함께 얇은 밀전병에 싸서 먹어요.

사천 마파두부

쓰촨

베이징

상하이

광둥

상하이 게요리

딤섬

만큼 궁중 요리도 발달했어요.

양쯔강 하류에 위치한 상하이(上海)에서는 간장과 설탕을 써서 진하고 달콤한 맛을 낸 해산물 요리가 발달했어요. 바닷가가 가까워 싱싱한 해산물이 풍부했던 덕분이에요. 양념 없이 그대로 쪄 먹거나 파, 생강 등과 함께 볶은 '상하이 게 요리'가 유명해요.

남쪽의 남부 연안에 위치한 광둥(廣東)에서는 원재료의 맛이 그대로 남아 있도록 담백하게 맛을 낸 요리가 발달했어요. '딤섬'과 '죽'이 알려져 있어요.

서쪽의 쓰촨(四川) 지역은 여름에는 덥고 겨울에는 추운 내륙 지역이에요. 참을성이 있어야 살 수 있는 곳이죠. 이곳의 음식은 더위와 추위를 이겨내기 위해 향신료와 고추기름, 마늘, 후추, 생강 등을 많이 써서 강하고 매운 맛이 특징이랍니다. '마파두부', '누룽지탕'이 유명해요.

사천뿐 아니라 호남사람들도 매운 것을 즐긴다고 해요. 그래서 서로 자신들이 더 매운 음식을 먹는다고 우겼대요. 四川人吃辣的 湖南人不吃不辣的(사천사람들은 매운 음식을 먹고, 호남사람들은 맵지 않은 음식은 안 먹는다)고 하면서요. ♂

▶맛

맛은 음식을 입안에 물고 아직 삼키지 않았을 때 느낄 수 있는 것이라 味(맛(보다) 미)는 口(입 구)에, 未(아직~아니다(않다) 미)로 발음을 나타냈어요. 예 味覺(미각)

입에 뭔가를 물고 있는 글자로는 含(머금다, 품다 함)도 있어요. 含은 今(금 → 함) 발음과 口(입)에 머금는다는 의미로 이뤄졌어요.

今(지금) 口(입)에 물고 있다 하여 今(이제 금)으로 발음을 나타냈어요.
예 含量(함량), 包含(포함), 含蓄(함축)

旨(맛있다, 뜻 지)도 본래 匕(숟가락)으로 음식을 떠서 口(입)에 넣어 맛
본다는 의미였어요. 나중에 口가 曰로 변했고, '뜻'이라는 의미로 가
차되었지요.
旨(지)가 趣旨(취지), 要旨(요지; 말, 글 등의 중요한 뜻) 등에 쓰이자, 발음
으로 尙(상)을 더한 게 嘗(맛보다 상)이에요.
尙상(발음)과 旨(숟가락으로 음식을 떠서 맛보는) 모습이 합쳐졌어요.
맛을 보기 위해 숟가락을 '높이' 들어 입에 넣어야 했으므로 尙(높(이)
다 상)으로 발음을 나타냈어요.
臥薪嘗膽(와신상담)이라는 말이 있지요? 중국 춘추시대의 오나라 왕
부차와 월나라 왕 구천의 고사에서 나왔어요. 부차가 아버지의 원수
를 갚을 때까지 땔나무로 쓸 장작더미 위에서 잠자며 구천에게 복수
할 것을 다짐했다는 이야기와 (훗날, 부차에게 패한) 구천이 쓰디 쓴 곰
의 쓸개를 매일 핥으며 부차에게 되갚을 것을 다짐했다는 이야기를
합친 것이에요. 줄여서 嘗膽(상담)이라고도 해요. 사실 이 정도로 스
트레스를 받았으면 의원에게 상담(相談)을 좀 받아야 해요. 아무튼
뜻을 이루기 위해 온갖 어려움을 참고 견딘다는 게 와신상담의 要旨
(요지)예요.

그럼, 달고 쓰고 짜고 시고 매운 五味(오미)로 넘어갈게요.
廿 甘(달다 감)은 廿(입)안에 ―(무언가)를 물고 있는 모습이
에요. 이렇게 물고 있는 건 맛있기 때문이라서 '맛있다', '달다'가 되었
어요. 예 甘呑苦吐(감탄고토; 달면 삼키고 쓰면 뱉는다는 말로, 자기 비위
에 맞으면 좋아하고 틀리면 싫어함을 비유)

某 某 某 옛날에는 달콤한 게 주로 木(나무)에 열리는 ㅂ(단) 열매였고, 달달한 열매는 아무나 다 따먹어서 某(아무나 모)가 됐어요. 그런데 단 것만 심~하게 좋아하다 보니 ㅂ(단 것)을 匕(숟가락)으로 입에 떠 넣는 모습이 甚(심하다 심)이 됐어요.

*실은 원래 매화나무를 가리켰는데 '아무', '어느'로 가차되었다고 함.

* 甘(달다 감)과 匹(짝 필)로 이루어졌다는 설도 있어요. 짝을 이룬 남녀의 애정 행각이 너무 심해 極甚(극심)하다는 뜻이 되었다는 설명이에요.

苦(쓰다 고)는 ㅂ(풀)이 古(오래) 되어 '쓰다'예요. *古(옛날), 오래다 고) 가 발음. 쓴맛으로부터 '괴롭다'는 뜻도 나왔어요. 苦生(고생) 끝에 낙이 온다는 苦盡甘來(고진감래)에서 이 '괴롭다'는 뜻으로 쓰여요.

鹹(짜다 함)은 鹵(소금 주머니)와 발음인 咸(모두, 다 함)으로 이뤄졌어요. 짠맛은 혀 咸(전체로) 느낄 수 있어서 咸(다 함)으로 발음을 나타냈어요. 의미 부분인 鹵(卤소금 로)는 자루에 ※(소금)이 든 모양이에요. 소금은 나라의 재정을 마련하기 위한 수단으로 나라에서 독점해 팔던 품목이었어요. 때문에 관리들이 소금의 생산과 질, 유통 등을 관리 감독했어요. 그래서 鹽(盐소금, 소금에 절이다 염)은 𠂉(人의 변형 사람)이 鹵(소금)이 담긴 皿(그릇)을 臣(내려다보면서) 소금의 질을 검사하는 모습이에요.

酸(시다, 식초 산)에는 식초를 담아두던 酉(병)이 들어 있어요. 얼굴을 찡그리게 만드는 신맛으로부터 '괴롭다'는 뜻도 나와, 맵고 신 '辛酸(신산)'은 세상살이의 괴로움을 의미해요. 그런데 많은 분들이 좋아하는 炭酸飮料(탄산음료)에도 이 酸(산)자를 써요. 혹시 탄산에 혀 넣고 오래 버티기 시합 해보셨나요? 복불복으로 氷醋酸(빙초산)까지 섞으면 진짜 辛酸(신산)한 게임이 돼요.

* 醋(식초 초)는 酉(술)이 昔(오래)되어 식초(食醋)가 된다는 의미예요.

辛 辛 辛 辛 辛(맵다 신)은 끝이 뾰족한 문신용 먹칼을 본떴어요.

*꿈(고), 酸(산)과 마찬가지로 辛(신)에도 '괴롭다', '고생하다' 라는 뜻이 있어요.

먹칼이 피부를 콕콕 찌르듯 매운 맛이 혀를 콕콕 찌르며 아리고 고통스럽게 하기 때문이에요.

辣(맵다 랄)은 辛(맵다 신)에, 剌(랄)의 생략형이 발음이에요.

▶밥, 면, 술 그리고 차

*발음인 反(돌이키다 반/뒤집다 번)은 厂(절벽)을 又(붙잡고) 오르는 모습이에요. 절벽 아래로 떨어졌다가 다시 반대쪽인 위로 올라가려고 해서 '돌이키다', '되돌리다' 가 되었어요.

飯(饭밥 반)은 음식 그릇을 본뜬 食(밥, 먹다 식)에, 反(반)이 발음이에요. 반찬과 달리 밥그릇에는 식사 내내 반복(反復)적으로 손이 가므로, 食(밥그릇)으로 자꾸만 손을 되돌린다고 反(되돌리다 반)이 발음이에요.

饌(반찬 찬)은 제사에 쓰도록 선별(選別)해 보낼 만큼 맛있던 음식에서 나왔어요. 選別(선별)의 選(选가려뽑다 선)은 신에게 바칠 巺(인간 제물)을 뽑아서 共(함께 받들고) 辶(가는) 모습이에요. 사람 말고 食(食음식)을 뽑아 보내던 데서 나온 게 饌(馔반찬 찬)이에요. 지금은 밥에 곁들여 먹는 음식을 통틀어 飯饌(반찬)이라고 부르지요.

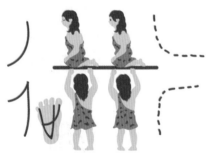

더 알아보기

卽(즉)과 旣(기)

卽(即곧 즉)은 皀(음식 그릇) 앞에 卩(꿇어앉은) 모습이에요. 막 음식을 먹으려고 해서 '곧', '卽時(즉시)'란 뜻이 됐어요. 그릇

앞으로 다가가는 데서 '나아가다'라는 뜻도 나왔고요.

예 卽位(즉위)

𦥯 𦥯 𦥯 𦥯 旣(旣이미 기)는 皀(음식 그릇)에서 旡(고개를 돌린) 모습이에요. 이미 음식을 다 먹었기 때문이라서 '이미', '벌써', '마치다'가 됐어요. 旣往(기왕) 나온 김에 慨(개탄하다 개)도 볼게요. ↑(마음 심)을 앞에 써서 皀(음식 그릇)에서 旡(고개를 돌릴) 만큼 분하고 슬픈 ↑(심정)을 나타냈어요. 끼니를 거를 만큼 慨嘆(/慨歎개탄)한다는 뜻이에요.

밥은 먹고 다니냐

𡧖 𡧖 寧 寧(宁편안(하다) 녕/영)은 宀(집) 안에 皿(음식 그릇)이 놓인 모양과 발음인 丁(정)으로 썼어요. 인간 생존의 기본 요소인 먹을 것과 거처가 안정되었으므로 마음이 편안하다고 心(마음 심)을 추가한 게 寧(녕)이에요. 예 安寧(안녕) ♂

* 丁寧(정녕)에서는 '틀림없이 꼭', '정말로' 라는 뜻이에요.

麵(面국수, 밀가루 면)은 小麥(소맥 밀)을 의미하는 麥(보리 맥)과, 발음인 面(면)으로 이루어졌어요.
국수에 대한 최초의 기록은 한나라 때 등장한다고 해요. 지금도 각종 麵類(면류)를 즐겨 먹으니까 중국인의 국수 사랑은 면발만큼이나 길게 2000년 이상 이어져온 셈이지요.

* 麺(면)으로도 씀.

� 酉 酒 酒 酒술은 본래 술동이를 본뜬 酉로 썼어요. 간지의 하나(子丑寅卯辰巳午未申酉戌亥)로 가차되자 술을 의미하는 氵(물수)를 더한 게 酒(술 주)예요. 특히 손님을 초대할 때는 술이 빠지지 않았으므로 김(부르다 소)는 국자로 ⚊(온주기; 술을 따뜻하게 데우는 그릇)의 술을 떠서 그릇에 담는 모습이었어요. 이렇게 술과 음식을 준

비해놓고 손님을 불러서 '부르다'라는 뜻이 되었고요.

음식을 준비해놓고 扌(✋손짓해) 부르는 招(부르다 초), 술과 음식을 차려놓고서 서로 인연을 糸(🧵맺게) 紹(소개하다 소)에도 발음으로 들어가요.

* 김(소)는 '법' 편에서 다시 나와요.

醉(취하다 취)로 넘어갈게요. 卒(군사 졸)에는 '마치다', '죽다'라는 뜻이 있으므로 醉(취하다 취)는 酉(술)이 卒(없어질) 때까지 (또는 酉(술자리)를 卒(마칠) 때까지) 마셔 취한다는 뜻이에요. 醉中(취중)에는 행동거지가 흐트러지고 얼굴에 醉氣(취기)가 드러나며 醜態(추태)를 부리기도 해서 醜(丑추하다 추)도 만들어졌어요. 酉(술병) 옆에 鬼(👻만취도깨비)로 변해 있는 모습이에요. 요즘 표현으론 醜(떡실신 추)쯤 되겠지요?

중국인들은 기름기 있는 음식을 많이 먹기 때문에 차도 많이 마셔요. 물에 석회질 성분이 含有(함유)되어 있어서 끓여 마셔야 탈이 안 나기도 했고요. 차를 일상 음료로 즐기던 데서 나온 말이 日常茶飯事(일상다반사), 줄여서 茶飯事(다반사)예요. '매일 밥을 먹고 차를 마시는 것처럼 흔한 일'을 뜻해요. 茶(차)는 '다'로도 발음해요.

* 소전에서는 茶(차)를 荼(다)로 썼음.

예 茶道(다도)

사람이 ''(찻잎)을 뜯어 余(집)에서 가공하므로 茶(차 차)는 ''(풀 초)와 집을 본뜬 余(여)로 이루어졌어요. 차는 신에게 제사를 지낼 때도 올렸어요. 여기서 나온 말이 茶禮(차례)예요. 지금은 명절에 지내는 제사를 일컬어요. 차와 함께 과자를 곁들여 내는 걸 '茶菓(다과)'라고 하지요? 菓(과자 과)를 보면 옛날에는 ''(풀)과 果(열매)를 재료로 菓子(과자)를 만들었음을 알 수 있어요.

중국어로 음차(音借) 또는 의역(意譯)한 음료 이름을 알아볼까요?

커피 : 咖啡(커피 가, 커피 배, kafei)

코카콜라 : 可口可樂(kekoukele 커코우커러) 입에 맞아 마실수록 즐겁다는 뜻

펩시콜라 : 百事可樂(baishikele 빠이스커러) 백가지 일이 모두 즐겁다는 뜻

맥주 : 啤酒(맥주 맥, 술 주)

와인 : 葡萄酒(포도 포, 포도 도, 술 주)

주스 : 果汁(과실 과, 즙 즙)

▸ 모임과 잔치

饗(饟잔치(하다) 향)은 본래 鄉(향)으로 썼어요. 乡, 阝(두 사람 또는 두 사람으로 대표된 많은 사람들)이 皀(음식 그릇)을 가운데 놓고 마주앉아 식사하는 모습이었어요. 제사와 축제 같은 공동체의 의식이 끝나면 이렇게 모여서 음식을 나누어 먹었으므로 본래는 '잔치'를 의미했는데, '시골'이라는 뜻으로 가차되었어요. 각지에서 모여든 사람들로 가득한 도시와 달리 시골에는 함께 의식을 치르고 음식을 나누어 먹는 공동체 의식이 남아 있었으니까요.

鄕(乡향)이 '시골'로 굳어지자, 음식 그릇(食)을 더해 만든 회식 버전이
饗(잔치(하다) 향)이에요.

잔치에는 풍악도 빠지지 않았으므로, 響(响울리다 향)은 鄕(함께 음식
을 먹는 모습)과 音(🔔 🔔 나팔 부는 모습의 소리 음)으로 이루어졌어요.
한편, 饗宴(향연)은 손님을 융숭하게 대접하는 잔치이므로 일하는 사
람들은 음식이 부족하지 않도록 바삐 움직였어요. 그래
서 宴(잔치 연)은 宴會(연회)가 열린 ⌐(집이나
건물)에서 女(여자)들이 머리에 日(음식
그릇)을 이고 나르는 모습이에요.
잔치가 끝나면 설거지가 무진장
(無盡藏) 쌓였어요.

盡(尽다하다 진)은 丰(손에 수세미를 들고) 빈 皿(그릇)을 닦는 모습이에
요(灬은 뚝뚝 떨어지는 물방울). 설거지를 하는 건 식사나 행사를 다 마
친 것이므로 '다하다', '다되다'라는 뜻이 되었어요. 가령, 인간으로서
자신이 할 수 있는 최선을 다하고 그 후의 일은 천명에 맡긴다는 '盡
人事待天命(진인사대천명)' 등에 써요.
消盡(소진)은 다 써서 없어지는 것이에요. 기운을 다 쓰면 脫盡(탈진),
재물을 다 쓰면 蕩盡(탕진), 모조리 완판 되면 賣盡(매진)이지요.
無盡藏(무진장)은 '다함이 없는 창고'라는 뜻으로, 뭔가가 양적이나
질적으로 아주 많을 때 써요. 본래는 불교에서 끝없이 넓은 덕, 끝없
는 수행을 비유하던 말이었어요. 그래서 중생을 돕는 것은 무진장을
실천하는 거란 말씀도 있지요. 그런데 수많은 한자를 외우다 보면,
이거야말로 무진장을 실천하는 것(?) 같은 기분이 들어요.
徹(관통하다 철)과 撤(거두다 철)은 식사를 마치고 솥을 거둬들이는 모

138

습이에요. 微 徹 𠁣 徹(徹관통하다 철)은 본래 鬲攵로 썼어
요. '밥을 다 먹고 솥을 치운다'는 뜻이었어요. 育(육)은 鬲(솥)이 변한
것으로 亠(솥뚜껑)과 月(솥의 몸체)를 나타내요. 攵(복)은 손을 써서 일
한다는 뜻이고, 彳(척)은 그릇을 걷어서 '彳(간다)'는 의미를 나타내요.
음식을 만들어서 먹고 치우기까지 즉, (어떤 과정의) 처음부터 끝까지
를 徹底(철저)히 다 거쳐 갔으므로 '꿰뚫다'라는 뜻이 되었어요.

예 徹頭徹尾(철두철미: 처음부터 끝까지 철저함)

撤(걷다, 치우다 **철**)도 扌(손)으로 育攵(그릇을 걷어) 撤去(철거)한다는 의
미예요.

> *育攵 (徹(철)의 생략
> 형)이 발음.

06 집

▶주거

住(살다 주)는 亻(사람)이 主(등잔불)을 켜 놓은 모습으로 居住(거주)하고 있음을 표현했어요. 발음인 主(주인 주)는 坓主 `(불꽃)이 王(등잔)의 한가운데에서 환하게 빛나는 모양이에요. 중심에서 빛나며 주위를 밝힌다고 '主君(주군 임금)', '主人(주인)', '主體(주체)'를 뜻해요.

估 囧 厒 居 居(살다, 있다 거)는 한 곳에 尸(앉아서) 古(오랫동안) 생활하니 '(머물러) 살다', '있다'예요. 일정한 곳에 머물러 사는 일 또는 그런 장소를 住居(주거)라고 해요. 그럼 고대의 부동산으로 넘어갈게요.

▶주거 형태의 변천

인류 초기에는 비바람과 맹수의 위협을 피해 동굴에서 살았어요. 동굴 입구를 본뜬 穴(굴, 구멍 혈)을 써서 穴居(혈거)라고도 해요. 하지만 동굴의 수는 한정되어 있었어요. 동굴을 차지하지 못한 무리는 굴  바위 아래 혹은 햇빛을 지붕삼아 들판에서 지냈어요. 노을과 별빛을

감상하긴 좋았지만 그러는 동안 여기저기서 눈을 번뜩이며 튀어나오
는 맹수에게 그대로 노출되었지요. 늑대인지 들개인지랑 달밤에 로데
오를 벌이다 개밥이 될 뻔도 하고요.

산기슭 또는 벼랑에서 바위가 옆으로 삐죽 튀어 나온 모양이 厂
(언덕, 벼랑 한)이에요. 이런 곳을 지붕 삼아 머물던 데서 나온 게 广
(집 엄)이고요. 황토지대에서 황토벽을 파고 들어가 만든 집(요동)을
그렸다는 설도 있어요.

추위와 어둠을 쫓으려 구덩이를 조금 파고 불을 피우
면 모두 불가에 모여들었어요. 厏 厏 庻 庶 庶 庶
(여러, 무리 서)에서는 ㅂ(구덩이)가 艹(음식 그릇)처럼 변했지만 의미에
는 변함이 없어요.

가구가 없어서 쉴 때는 맨 땅에 앉았어요. 坐 坐 坐
人人(사람들)이 土(흙더미)에 앉아 있는 모습이 坐(앉다 좌)예요. 坐禪(좌
선), 坐定(좌정; 자리를 정해 앉음), 坐不安席(좌불안석)처럼 '앉는 동작
자체(sit)'를 의미해요. 이렇게 흙바닥에서 지내던 어느 날, 누군가가
몰래 뭐 먹다 흘린 걸 가리려고 나뭇잎을 쓸어다 덮었어요. 그런데
풀이 흙바닥에서 올라오던 차가움과 습기를 막아주는 거예요. 이래
서 깔고 앉기 시작한 풀로 나중엔 자리도 짰어요.

厏 庶 庶 席(자리 석)은 庶(서)의 생략형에서 서 → 석 발음을 취
했고, 巾(수건 건)으로 직물처럼 가로세로 짠 물건임을 나타냈어요.

이 무렵은 아직 채집과 수렵에 의존할 때라 대부분 식량을 찾아 임시
거처를 전전했어요. 관련 글자가 廢(廢버리다, 못쓰게 되다 폐)예요. 화
살을 쏘는 모습의 发 发 发 发 发 發(发쏘다 발)에는 멀리 날아

가는 화살처럼 '떠나다'라는 뜻도 있으므로, 廢(폐)는 사람이 發(버리고 떠난) 广(집)이 돼요. 이로부터 廢棄(폐기)되어 荒廢(황폐)해졌다는 뜻이 나왔어요.

농사를 짓기 시작하면서 상황이 달라졌어요. 농사는 씨를 뿌려서 수확할 때까지 몇 달씩 걸리므로 이제 집을 짓고 한 곳에 정착하기로 한 거예요. 내 집 장만은 반 지하 원룸으로 시작했어요. 땅바닥을 50센티미터 이상 파고 들어가서 기둥을 세우고 지붕을 얹으면 고깔 모양의 움집이 완성됐지요. 집 坪數(평수) 늘리고 싶기는 고대인들도 마찬가지여서 점차 바닥을 네모나게 파고 기둥도 네 줄 이상 세워 전용 면적을 넓혔어요.

* 坪(평(땅의 면적)평)은 土(흙 토)가 의미, 平(평)이 발음이에요. 땅 면적을 잴 때는 바닥을 평평하게 해서 재므로 平(평평하다 평)으로 발음을 나타냈어요.

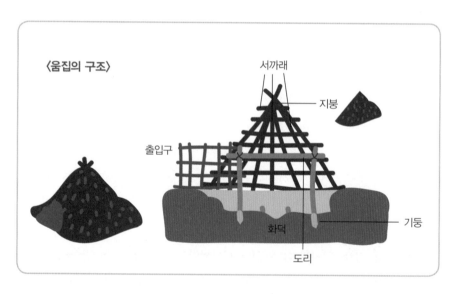

〈움집의 구조〉
서까래
지붕
출입구
기둥
화덕
도리

관련 글자들과 함께 좀 더 알아보기로 해요.
먼저, 집터를 둥글거나 네모나게 판 다음 크고 작은 돌을 골라냈어요. 그다음 흙바닥을 평평하게 다지고, 바닥에서 올라오는 습기를 막기 위해 흙바닥을 불로 지져 단단히 굳

혔지요. 바닥 공사를 마치고 나면 바닥에 (오늘날 장판과 카펫을 깔듯이) 짚, 풀 또는 동물의 가죽을 깔았어요.

基(터 기)의 발음인 其(그 기)는 🧺 키를 본뜬 것으로 '걸러낸다'는 의미를 가져요. 따라서 基(터 기)에는 其(거르고 걸러~ 즉, 고르고 골라) 정한 土(땅)이라는 의미가 담겨 있어요. 또 터를 닦는 게 맨 처음 단계라서 '基礎(기초)'라는 뜻도 있어요.

터를 닦고 나면 기둥을 세우고, 도리와 서까래를 얹어 틀을 짰어요. 柱(기둥 주)는 집 짓는 데 쓰는 木(나무) 중에서도 主(중심, 주)가 되어 집을 떠받치는 '기둥'을 의미해요.

그림처럼 기둥 위에는 도리(기둥과 기둥을 연결하는 나무)를 걸치고 칡이나 마 줄기, 가죽 끈 등으로 단단히 묶었어요. 이 도리 위에 다시 서까래를 올리고 묶으면 기본

構造(구조)가 완성됐지요. '構造(구조)'의 構(构얽다, 짜다 구)는 木(나무)를 교차해 冓(짰다)는 의미예요.

발음 부분인 冓(짜다 구)는 ✕ 얼기설기 교차되게 엮은 모양을 그린 것으로 '교차하다', '엮다'라는 뜻을 가져요. 그래서 冓(짜다 구)가 들어간 溝(沟도랑 구)는 논밭에 물을 대려고 氵(물길)을 冓(얼기설기 교차해) 낸 '도랑'을 가리키고(때문에 下水溝 (하수구)에도 써요), 購(购사다 구)는 貝(재물)이 冓(교차되며 서로 엮이는) 상행위로부터 購買(구매)한다는 뜻이 나왔으며, 講(讲설명하다 강)은 言(말)을 잘 冓(짜서) 알아듣게 講義(강의)한다는 뜻이에요.

다시 집짓기로 돌아와서요, 서까래 위에는 지붕에서 흙과 지푸라기가 떨어져 내리는 걸 막기 위해 잔가지를 촘촘히 엮은 산자를 덮었어

요. 그 위에 진흙과 짧게 자른 풀, 짚을 섞어서 지붕으로 얹으면 드디어 움집이 완성됐어요!

움집은 문도 없이 뻥 뚫린 출입구만 있었어요. 문을 열 필요도 없이, 그저 밖으로 몸을 내밀면 되었죠. 좁고 낮은 출입구로 드나드느라 몸을 숙였던 데서 屈(굽(히)다 굴)이 나왔어요. 尸(몸을 수그리고) 出(움집 입구(구덩이)에서 나가는) 모습이에요. 나온 김에 출입구(出入口)로 드나드는 글자들을 알아볼까요?

出(출), 去(거), 各(각), 入(입)

出(나(가)다 출)은 屮(발)이 凵(입구)로부터 나가는 모습이에요(屮는 止(발 지)의 변형).

'밖으로 나가다'가 본뜻이었는데, 의미가 확장되어 '出生(출생)', '出品(출품)'처럼 세상에 나오는 일도 뜻해요. '(태어)나다', '낳다', '내보내다', '떠나다', '뛰어나다' 등 뜻이 많아요.

예 出發(출발), 出衆(출중)

움집의 입구
(구덩이)

*除去(제거), 撤去(철거), 去勢(거세)에서는 '없애다'라는 뜻이고요.

𠂤 𠂤 𠂤 去(떠나가다 거)는 土(사람)이 厶(입구)를 나서 어디론가 (떠나)가는 모습이에요.

𠅃 𠅃 𠅃 各 各(각각 각)은 발이 입구로 들어오는 모습이에요. 근데 왜 뜻이 '각각'이냐고요? 各各(각각) 자기 움집으로 들어가서요. 예전엔 다 함께 모여 살았지만, 이제는 各自(각자) 4~5인 가족용의 개인 주택을 지어 분가했으므로 各(각자의 움집으로 들어가는 발)을 본떠 '각각'이란 뜻을 붙였어요.

144

그럼 반대로 '(안으로) 들어오다'는요? ∧ ∧ 人 入 入(들(어가)다, 들이다 입)이에요. 입구(入口) 모양을 그려서 안으로 들어간다는 進入 (진입)의 뜻을 나타냈어요.

예 入學(입학), 加入(가입), 入養(입양)

⋂ ⋔ ⋀ ⋔ 특히 入(사람)이 冂(입구) 안으로 들어가는 모습이 內 (안 내)예요. ♂

바닥을 움푹 파고 들어가면, 여름에는 시원하고 겨울에는 따뜻했어요. 낮에 햇빛을 머금은 땅이 밤에 지열을 내뿜었거든요. 하지만 땅으로부터 습기가 올라와 곰팡이 테러를 당하기 일쑤고 채광도 좋지 않았어요. 궁리 끝에 주춧돌을 놓으면 땅을 깊이 파지 않아도 기둥을 고정시킬 수 있다는 걸 알게 되었지요. 일제히 집을 지상으로 올렸어요!

주춧돌

집 짓는 기술이 점차 늘어, 나중에는 나뭇가지를 걷어내고 흙으로 단단한 벽을 쌓아올릴 수 있게 됐어요.

宀(집 면)은 지붕이 아니라 ∧(지붕)과 冂(벽)으로 이루어진 '집'을 의미하는데, 다른 글자와 쓰기 편하도록 벽을 짧게 변형했어요. 또한 취사할 때 연기가 잘 빠져나가라고 벽에 구멍을 뚫었는데요, 向(향하다 향)이 바로 ⋂ ⋔ 向 向(벽)에 口(창)을 뚫어놓은 모양이에요. 취사 시설은 집의 북쪽에 두었으므로, 창들도 일제히 북쪽 方向(방향)을 향해서 '향하다'라는 뜻이 되었어요. 여기다 ⋅∖(연기)를 그리면… 尙 尙 尙 尙(아직, 높다, 숭상하다 상)이에요. 연기는 위로 올라가므로 '높다', '높이다'가 되었고 확장된 의미가 崇尙(숭상)하다예요.

불씨는 늘 꺼지지 않게 보관했어요. 불씨에서 오랫동안 연기가 나는 것을 보고 '아직도 연기가 나네~' 해서 '아직(still)'이란 뜻도 있답니다. 음, 이렇게 말하긴 좀 時機尚早(시기상조)겠네요. 지금까지의 연구로는 밝혀진 바가 없거든요.

尚(상)과 尙(상), 쓰는 방법이 두 가지예요(같은 글자니까 따로 고민하지 마세요).

尙(尚상)이 발음으로 들어간 글자

賞(賞상주다 **상**)은 공을 尙(높이) 치하하기 위해 貝(재물)을 준다는 의미예요. 때문에 보통 賞狀(상장) 외에 격려 차원의 賞金(상금)이나 賞品(상품) 같은 副賞(부상)이 따르곤 하지요. 償(償갚다, 보상(하다) **상**)은 亻(사람)에게 賞(상)을 주어 노고를 보상해준다는 의미였어요. 지금은 報償(보상), 賠償(배상), 辨償(변상)처럼 주로 '남에게 입힌 손해를 갚거나 물어준다'는 뜻으로 쓴답니다. 그 밖에 尙(尚상)을 발음으로 취한 글자로는

상→ 상 : 裳(치마 **상**), 常(항상 **상**), 嘗(맛보다 **상**)

　　당 : 堂(집 **당**), 當(마땅하다 **당**), 黨(무리 **당**)

　　장 : 掌(손바닥 **장**) 등이 있어요. 다른 편에서 또 나오니까 '응, 이렇게 많구나' 하고 훑어만 봐도 돼요.

이 한 글자만 빼고요!

當(당마땅하다 **당**)은 뜻이 좀 여러 개예요.

1. 마땅하다 　예　當然(당연: 마땅히 그러함)

2. 맡다 　예　擔當(담당: 어떤 일을 맡음)

3. 저당(잡히다) 예 抵當(저당: 일정한 재물을 채무의 담보로 삼음)

4. 이, 그 예 當代(당대: (일이 있는 바로) 그 시대, 또는 지금 이 시대)

當(당)을 ノ乀(나누다), 向(집), 田(밭)을 합친 것으로 보면 쉬워요. 이 조합에서 公田(공전)이 연상되기 때문이에요.

중국은 고대 왕국이었던 하나라, 상나라, 주나라 때 정전 법(井田法)을 시행했어요. 農지를 9등분해서 바깥 쪽 여덟 개의 밭은 여덟 농가에게 사전(私田)으로 나누어 주고, 가운데의 공전(公田)은 여덟 농가가 함께 농사지어 거기서 나온 수확물로 나라에 세금을 내게 한 제도였어요.

토지를 나눈 모양이 井(우물 정) 자를 닮아 井田(정전; 우물 모양으로 나눈 밭)으로 불렸어요. 井(우물 정)은 우물 벽이 무너져 내리지 않도록 바닥으로부터 쌓아올린 지지대를 본떴어요.

그러므로 當(당)을 向(여러 집)이 ノ乀(나누어) 농사짓도록 맡은 田(밭)으로 보면 마땅히 공전을 맡아서 수확한 곡식을 나라에 바쳐야 하나 백성들은 공전에 자신들의 노동력을 저당 잡힌 셈이 되므로 '마땅하다', '맡다', '저당(잡히다)'라는 뜻이 나오게 돼요. ♂

▶집 짓기

지금부터는 흙으로 벽을 쌓아 만든 집과 관련된 글자들이에요.
基(터 기)는 앞에 나왔으니까, 터를 평평하게 다진 다음에 놓는 주춧 돌로 넘어갈게요.

주춧돌

주춧돌(礎)은 기둥을 받치는 돌(石)이에요. 때문에 礎石(초석)을 놓는 다고 하면 어떤 일의 기초를 마련한다는 뜻이 돼요. 礎(础주춧돌 초) 는 石(돌 석)과 발음인 楚(초)로 이뤄졌어요. 발음인 楚(가시나무, 초나라 초)는 林(숲)으로 나무를 하러 疋(=足 간다)는 뜻이었는데, 가차되어 전국칠웅의 하나였던 '초나라' 이름으로 쓰였어요. 주춧돌 위에 놓는 柱(기둥 주)는 앞에 나왔으니까 넘어가고요,

壁(벽 벽)은 土(흙)으로 쌓았다는 의미에, 辟(벽)이 발음이에요. 발음인 辟(임금 벽)은 辛(형벌용 칼)로 尸(꿇어앉은 사람)의 ■(살점)을 떼어내는 모양이에요. 이런 끔찍한 형벌은 임금만이 결정할 수 있어서 '임금'을 뜻하게 되었어요. 또 살점을 잘라내는 데서 辟(벽)에 '분리하다' '가르다'라는 의미도 생겼어요. 그래서 壁(벽 벽)은 土(흙)으로 쌓아올려 안과 밖을 辟(나누는) '벽'을 뜻해요.

중국인들은 벽을 쌓을 때 전통적으로 판축(版築)기법을 썼어요. 널빤지(版) 사이에 진흙을 채우고 공이로 다져서 벽을 쌓는(築) 게 '版築(판축)'이에요. 쉽게 설명을 드리자면, 널빤지로 사과 상자 같은 틀을 만들고 → 틀 안에 점성이 큰 황토를 넣은 다음 → 공이로 다져서 벽돌처럼 단단하게 만드는 거예요. 이 방법을 좌우와 위로 반복해 벽을 점점 높게 쌓았어요. 전에 TV로 중국 역사 만화를 봤는데 정말 공사장에서 장정들이 허리까지 오는 커다란 공이를 하나씩 들고 있었어요(그땐 동네에서 떡 만들어 먹으려는 줄 알았죠).

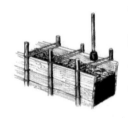

*중국의 옛 악기 중 거문고 비슷하게 생긴 '축' 이라는 악기가 있었대요. 현의 재료로 대나무 조각이나 나뭇가지를 썼기 때문에 竹(대 죽)이 붙은 듯해요. 중국의 현악기는 두드려서 소리를 내다가 줄을 뜯어 소리를 내는 방식으로 바뀌었다고 해요.

版築(판축)의 版(널빤지 판)은 둘로 쪼개어 반쪽짜리 木(나무)를 본뜬 片(조각 편)에, 反(반 → 판)이 발음이에요. 築(쌓다 축)은 木(나무 목)에, 筑(악기이름 축)이 발음이고요.

*筑(筑)

채광과 환기를 위해 낸 窓(창문 창)은 본래 囱(창)으로 썼어요. 벽에 뚫어놓은 穴(구멍)과 悤(밝다 총)의 생략형을 합쳐 '빛이 들어오는 밝은 구멍'을 의미했어요.

①⊙ ⑨〕 ⑰〕 ⑰⑨ 日月 囧(囧(창문)밝다 경)도 벽에 뚫어놓은 창에 나뭇가지 등으로 창살을 박아놓은 모양이었어요. 이 囧(창문)으로 月(달빛)이 들어와서 明(밝다 명)이 되었고, 良(𦥑회랑)에 비치는 月(달빛)은 朗(밝다 랑)이 되었어요.

* 明(밝다 명)은 日(해)와 月(달)이 합쳐져 '밝다'는 뜻이 된 걸로 보기도 해요.

樑(梁들보 량)은 재료인 木(나무)와 발음인 梁(량)으로 이뤄졌어요. 㶇 㴱 㴱 㴱 梁(다리 량/양)은 氵(물)을 건너갈 수 있게 가로질러 놓은 木(나무)에, 㓞(창 → 양)이 발음이에요.

* 㓞(창)은 刃(칼날)로 다듬을 때 떨어져나가는 丶(나무의 조각)을 나타내요.

부자들은 풀과 짚 대신 지붕으로 기와를 얹기도 했는데요, 기와를 본뜬 게 瓦(기와 와)예요. 𤭛 𤭛 𤭛 𤭛

* 기와는 수키와와 암키와가 맞물려 있어서 하나가 빠지면 와르르 무너져요. 여기서 나온 말이 '瓦解(와해; 조직, 계획 등이 산산이 무너져 내림)'예요.

戶(외짝문 호)는 ⼾ ⼾ ⼾ ⼾ ⼾한쪽짜리 문을 본떴어요. 문이 집을 상징하여 戶籍(호적), 戶口(호구)처럼 '집'이라는 뜻으로도 써요.
출입문 옆에는 드나들며 편리하게 집어 들도록 자주 쓰는 연장을 놓아두었어요. 그래서 戶(문) 옆에 斤(도끼)가 있는 모양이 所(것, 곳 소)예요. '자주 쓰는 바로 (그)것', '연장을 놓아둔 바로 (그)곳'에서 '것', '곳'이 됐어요.
예 所謂(소위), 場所(장소), 處所(처소)
집이 오래되면 나무가 썩고, 흙벽에 금이 가고, 지붕에도 물이 샜어요. 漏(새다 누/루)는 氵(물 수)와 尸(집)에 雨(빗물)이 새는 모양의 屚(루)로 이뤄졌어요.
예 비밀 漏泄(누설), 漏電(누전), 가스나 정보의 漏出(누출), 漏落(누락)
벽에 금이 가면 그 위에 흙을 덧칠해 손봤어요. 塗(칠하다 도)는 氵(물)과 土(흙)을 섞어 余(집)에 칠한다는 의미예요. 부식을 막거나 모양을 내기 위해 도료를 칠하는 일을 塗裝(도장)이라고 해요.

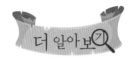

집을 뜻하는 글자들

舍(집 사)는 □(터)에 干(기둥)을 세우고 ^(지붕)을 얹은 단순한 형태의 '집'모양이에요. 그럼에도 寄宿舍(기숙사), 舍宅(사택), 驛舍(역사; 역으로 쓰는 건물), 校舍(교사; 학교의 건물) 등에 두루 쓰여요.

*앞에 扌(손)을 더하면 捨(술버리다사)로, 扌(손)으로 버린다는 의미에, 舍(사)가 발음이에요.

예 取捨(취사; 취하고 버림)

家(집 가)는 宀(집) 안에 豕(돼지)가 있는 모양이에요. 옛날엔 宀(집) 한쪽에 칸막이를 치고 豕(돼지)를 키웠기 때문이래요. 집 바닥에 구덩이를 파고 돼지를 길렀다는 설도 있어요. 그 위에 나무 바닥을 얹고 집을 지어 생활했고요.

宅(집 택)의 발음 부분인 乇(탁)은 屯(새싹)이 一(땅)을 뚫고 나오는 모양이에요. 움집의 입구에서 사람이 나오는 모습과 새싹이 머리를 쏙 내밀고 나오는 모습이 비슷해서, 乇(뿌리를 내리고) 사는 宀(집)이라는 의미로 乇(탁)을 발음으로 썼어요.

院(집 원)은 阝(阜언덕 부)가 의미, 完(완 → 원)이 발음이에요. 阝(언덕)처럼 높이 담을 두른 저택을 의미했어요.

예 四合院(사합원), 寺院(사원), 病院(병원), 學院(학원), 法院(법원)

발음 부분인 完(완전하다 완)은 宀(집 면)과 元(으뜸 원)으로 이루어졌어요. 完(우두머리의 집)엔 모든 게 잘 갖춰져 있어 '完全(완전)하다'는 뜻이 됐어요.

屋(집 옥)은 尸(사람)이 至(도착해서 들어가는) '집'이라는 뜻으로, 화살이 어딘가에 도달해 파고 들어간 모양의 至(이르다 지)를 썼어요.

邸(집 저)는 氐(근본 저)와 邑(고을 읍)으로 이루어져, 규모가 아주 크고 마을의 근간을 이루는 집을 가리켰어요. 유력자의 으리으리한 邸宅(저택)이나 고위관리의 官邸(관저)처럼요. 지금도 규모가 크고 호화로운 집에 쓰인답니다. ♂

▶건물의 각 부분

건물의 각 부분은 사합원을 통해 알아보기로 해요. 사합원(四合院)은 북경을 포함한 중국 화북(華北)지역의 전통주택이에요. 중앙의 마당(中庭중정)을 둘러싸고, 동서남북 四(네 방향)의 건물들이 合(합쳐진) 형태의 院(집)이에요.

그럼 상상의 나래를 펼쳐 베이징 어느 골목에서 일반인에게 개방된 고택을 발견한 것처럼 안으로 들어가볼까요? 지금부터 둘러볼 집은 (옆의 그림처럼) 일반 서민들의 사합원보다 규모가 큰 집이에요.

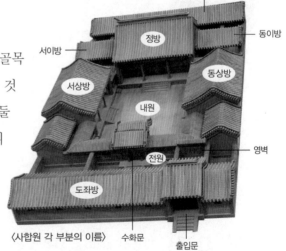

〈사합원 각 부분의 이름〉

호기심 반 기대 반으로 대문(大門 gate)에 들어섰어요. 그러면 제일 먼저…! 앞을 떡 가로막는 벽이 나와요. '이게 뭐야?' 당황하지 마세요. 이 벽은 '영벽(影壁 screen wall)'이라고 한답니다. 집으로 귀신이 들어오다가 이 벽에 비친 자기 그림자를 보고는 깜짝 놀라서 돌아간대요.

실은 밖에서 집 안을 들여다보지 못하도록 차단하여 사생활을 보호하는 게 목적이에요. 주인의 취향에 따라 벽면을 멋지게 장식하기도 했어요.

영벽을 지나 전원(前院; 대문 쪽의 뜰)으로 들어서면, 또다시 문(垂花門 수화문)이 나와요. 이렇게 복잡하게 문을 배치한 이유가 뭘까요? 민간 속설에 귀신은 직진만 할 수 있다고 해서, 귀신이 드나들 수 없도록 복잡하게 문을 배치했다는 설이 있어요. '설마 내가 귀신은 아니겠지?' 하며 문을 활짝 열고 들어가면, 중정(中庭)이 나타나요.

中庭(중정)은 건물 사이에 놓인 마당과 같은 장소(場所)예요. 중정을 가로질러서 동서남북의 각 건물로 이동하는 게 주목적이에요. 꽃과 나무를 심거나 어항을 두기도 하는데, 단, 나무를 심을 때는 반드시 두 그루 이상 심어요. 사합원이 전체적으로 口자(字) 모양이라서 한 그루만 심으면 困(곤란하다 곤)이 되기 때문이에요. 어항에 물고기를 키우는 건 魚(고기 어)의 중국어 발음이 餘(넉넉하다 여)와 같아(둘 다 〔yú〕) 물고기가 재복을 상징하기 때문이에요.

그럼 글자를 볼까요?
庭(뜰 정)은 广(집)의 각 부분 중에서도 廴(걸어 나아가) 壬(똑바로 서는) '뜰, 마당'을 의미해요. 본래 궁궐의 안뜰을 가리키다가 일반 집의 '庭園(정원)', 한 가족이 생활하는 '家庭(가정)'을 뜻하게 됐어요.
발음인 廷(조정 정)은 廴(나아가) 똑바로 壬(선다)는 뜻이에요. 신하들이 출근해서 임금 앞에 모여 서던 곳이자 여러 의식을 치르던 '궁궐의 안뜰'을 가리키다가 → '(임금이 신하들과 나랏일을 의논하고 결정하는) 조정'을 일컫게 되었어요.

마당을 가리키는 또 다른 글자 場(场마당, 장소 장)은 土(땅) 위로 昜(햇
빛이 비치는) 모양이에요.

* 昜(볕 양)에서 양 →
장 발음을 취했어요.

'흙을 쌓아 제단을 만들고 신을 모시던 양지바른 장소'로부터 그와
같은 '넓은 場所(장소)'를 뜻하게 되었어요.

반면, 꽃과 나무로 잘 가꾼 뜰에 쓰는 건 園(园뜰 원)이에요. 빙 둘러 에
워싼 모양의 ▨(□큰입구 몸)과 발음인 袁(袁(원))으로 이뤄졌어요. ♂

* 袁(옷이 길다 원)은
여유 있는 모양을 의미.
園(园뜰원)은 사람 몸을
여유 있게 감싼 옷처럼
건물을 여유 있게 둘러
싼 庭園(정원)을 뜻함.

이제부턴 각각의 건물들을 둘러보기로 해요. 사합원에서 가장 중심
이 되는 건물은 (해가 잘 들도록) 남쪽을 향해 지은 '正房(정방)'이에요.
주인 부부가 거처하며 손님을 맞거나 제사 등 공적인 일을 치루는 공
간이었어요. 요즘으로 치면 거실(居室)이었던 셈이에요.

따뜻한 남부 지역에서는 앞이 트이도록 정방을 지어 堂(당)이라고 불
렀는데요, 堂(대청, 집 당)은 尙(높이) 돋운 土(흙) 위에 지었다는 의미예
요. 정면을 향해 威風堂堂(위풍당당)하게 우뚝 솟아 있다고 堂(당)에는
'堂堂(당당)하다'라는 뜻도 있어요.

정방 좌우에 위치한 방들은 正房(정방)에 붙어 있는 귀(耳) 같다고
해서 이방(耳房)이라고 했어요. 주인 부부의 침실로 보면 돼요. 서이
방은 남자가 침실 겸 서재로 사용하고, 동이방은 여자가 사용했어요.
房(방 방)은 戶(문)이 달린 方(네모난) 방을, 室(방, 집 실)은 宀(집) 안쪽
깊숙한 곳에 至(이르러야) 나오는 방을 의미해요.

*화살이 어딘가에 도달
해(至) 안으로 파고들어
가듯이, 집(宀)의 깊숙한
안쪽에 위치한 사적인
공간이 室(실)이었어요.

예 密室(밀실), 內室(내실)

동쪽과 서쪽의 두 곁채는 廂(행랑 상)을 써서 廂房(상방)이라고 해요.
서쪽 건물인 서상방은 마당을 향해 창문을 냈기 때문에 아들에게 주

어 떠오르는 해의 정기를 받도록 하였고, 동쪽 건물인 동상방은 딸에게 주었어요(혹은 주방, 식당으로 만들기도 했어요).

각 건물들은 回廊(회랑)으로 연결돼요. 廊(복도, 행랑 랑)은 의미 부분인 广(집 엄)에, 郎(사내 랑)이 발음이에요. 行廊(행랑)은 대문간부터 작은 방들이 벽에 쭉 늘어서 있는 건물로, 하인이나 손님 등 주로 郎(남자)가 기거했기 때문에 郎(사내 랑)을 발음으로 썼어요.

* 참고로 앞의 사합원 그림에서는 수화문 옆에 회랑이 있고, 하인들의 방은 도좌방에 있어요.

발음인 郎(사내 랑)에는 良(좋다 량)이 들어 있어요. 良 양쪽으로 출구가 난 건물, 또는 양쪽으로 복도가 난 회랑(回廊)을 본뜬 것이에요. 그러므로 郎(사내 랑)과 娘(아가씨 낭)은 '복도가 딸릴 만큼 규모 있는 집에 사는', 소위 있는 집(良家양가)의 '젊은 남자'와 '아가씨'를 가리켰어요. 정리하면 郎(사내랑)= 良+阝(=邑) = 良(良 회랑)이 딸린 口(집)에 사는 巴(사람)이에요.

가족이 더 늘어나면 정방 뒤에 後院(후원)을 만들고, 방이 여러 개인 건물 한 채를 증축했어요. 대개 이곳에는 주인 부부의 딸들을 비롯해 여성들이 머물렀어요. 자손이 더 태어나고 부리는 하인의 수가 늘어나면, 남북과 동서 방향으로 건물을 더 추가해갔어요. 이것이 극대화된 건물이 바로 베이징의 꽃, 자금성(←)이에요.

어느덧 한 바퀴 빙 돌아 다시 수화문 層階(층계) 앞이에요. 層(层층, 겹(치다) 층)은 广(집 엄)이 변한 尸에, 曾(증 → 층)이 발음이에요. 거듭 쌓였다는 의미로 曾(거듭 증)을 발음으로 취했어요. 1층 2층… 하는 층(層), 사회계층(階層), 지층(地層) 등에도 써요.

階(阶층계 **계**)는 阝 계단(階段)을 의미하는 阝(阜언덕 **부**)에, 나란히 있다는 의미로 皆(모두, 다 **개**)로 발음을 나타냈어요.

皆(다, 모두 **개**)는 比(사람들)이 하나의 입을 가지고 白(말하는) 것처럼 모두 같은 말을 한다고 '다', '모두'가 되었다고 해요.

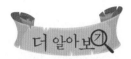

附(부)와 除(제)도 계단에서?

阝(阜언덕 **부**)가 阝(계단)을 본떴다면, 附(붙(이)다 **부**)는 건물에 붙어 있는 阝(阝계단)과 발음인 付(**부**)를 합친 게 돼요. 계단은 편하게 오르내릴 수 있는 기능을 건물에 부여(附與)하기 위해 부가(附加)된 시설로, 건물에 附着(부착)되어 있으므로 '붙다'라는 뜻이 됐고요.

除(덜다 **제**)는 본래 궁전의 阝(阝계단)을 가리켰는데, 계단은 높이 올라갈 때의 수고로움을 덜어주므로 '덜다', '버리다'가 되었어요.

> * 阜(언덕 **부**)가 의미, 집을 본뜬 余(여)가 발음.

예 除去(제거), 除外(제외; 따로 빼어 냄), 控除(공제; 받을 돈, 물품 중 갚아야 할 것을 뺌) ♂

계단을 내려오면 도좌방(倒座房)이 있어요. 정방과 반대 방향으로 앉는다고 倒(거꾸로 **도**), 座(자리 **좌**)를 써요. 이 건물은 하인들의 방과 창고로 쓰였어요. 서쪽 모서리에는 便所(변소)도 두었는데, 온통 벽으로 둘러싸여 냄새가 빠져나갔을지 모르겠어요.

사합원의 특징 중 하나는 바깥쪽 벽에 창문을 내지 않아 외부로부터 완전히 폐쇄되도록 한 점이에요. 벽이 그 자체로 담장이 되는 구조예요. 차가운 겨울바람과 먼지바람(서쪽으로부터 불어오는 황사)을 막긴 좋지만 통풍은 잘 안됐어요. 그래서 집에 화장실을 만들지 않고 마을에 공동화장실을 지어 이용하기도 했어요.

이런 불편을 감수하고라도 담을 쳐야 안도감(安堵感)을 느낀 배경에는, 이민족의 잦은 침입과 지배(금나라, 원나라, 청나라 등)를 받았던 한족이 자신들을 드러내지 않으려던 심리도 깔려 있었어요.

堵(담 도)는 土(흙)을 者(모아) 쌓은 '담'이라는 뜻이에요.

이제 大門(대문) 앞이에요. 門(门문 문)은 문짝 두 개가 달린 문을 본떴어요. 외짝 문을 그린 戶(호)에 '집'이란 뜻이 있듯, 門(문)에는 '집안' 이란 뜻도 있어요.

예 名門家(명문가), 家門(가문)

門(문)에는 '배움터'와 '분야'라는 뜻도 있어요.

예 同門(동문), 專門家(전문가)

더 알아보기

열고 닫는 開(개), 閉(폐)

開(開열다 개)는 문의 빗장을 두 손으로 여는 모습이에요.

排(밀치다 배)는 扌(손)으로 문을 밀치면 양 문짝이 ⟨非⟩ 非(새의 양 날개)처럼 활짝 펴지듯 밀려서 非(아니다 비)로 비 → 배 발음을 나타냈어요. '밀치다'에서 '물리치다'라는 뜻도 나왔어요.

예 排斥(배척)

閉(閉닫다 폐)는 門(문)을 닫고 才(빗장을 건) 모양이에요.

⟨橫⟩ 橫(橫가로(지르다) 횡)은 문에 걸어놓은 木(나무 빗장)에서 가로지

156

른다는 뜻을 취했고, 黃(황 → 횡)이 발음이에요.

문에 빗장을 질러 드나들지 못하게 막는 데서 '제멋대로 하다', '사납다', '뜻밖에'로 의미가 확장되었어요.

ꞏꞏꞏ 閑(한가하다 한)도 門(문) 사이에 木(나무 빗장)을 건 모양이에요. 드나드는 사람이 없어 閑寂(한적)하므로 시간적으로 여유가 있는 '閑暇(한가)함'을 뜻하게 되었어요.

더 확실히 閉鎖(폐쇄)할 때는 자물쇠를 채워놓기도 하죠?

鎖(锁쇠사슬, 자물쇠, 잠그다 쇄)는 본래 金(금속)으로 만들며 小(작은) 貝(조개)를 줄줄이 꿰어놓은 모양의 '쇠사슬'을 의미했어요. 이로부터 '잠금'과 '연속'의 뜻이 나왔어요.

예 足鎖(족쇄), 鎖國政策(쇄국정책), 連鎖反應(연쇄반응)

문지방에서 나온 困(곤)

출입문 아래 두 문설주 사이에 가로 댄 나무가 문지방이에요. 여기서 나온 게 困(곤란하다 곤)으로 木(나무)로 틀을 짠 □(문지방)을 뜻해요. 문지방 앞에서는 일단 걸음을 멈췄다가 넘어가야 하므로, 앞을 가로막고 거치적거리게 한다고 '困難(곤란)하다'는 뜻이 되었어요.

묻고 듣는 問(문), 聞(문)

問(问묻다 문)은 ⬬(묻는다)는 의미에, 門(문)이 발음이에요.
聞(闻듣다 문)은 ⬭(듣는다)는 의미에, 門(문)이 발음이에요. ♂

사합원 밖으로 나오면 잿빛 골목길이 길게 이어져 있어요. 후통(胡洞)이라고 부르는 이 골목길은 사실 다닥다닥 즐비한 사합원들이 이루어낸 긴 벽이었어요. 녹음과 어우러지면 나름의 정취를 풍겨요. 하

지만 개발열풍으로 인해 사합원들이 많이 사라졌어요. 이제는 자금성 근처의 집들은 부르는 게 값이라고 해요. 현재 사합원은 일반인이 주거하는 집 외에, 관광을 위해 개방되거나 개조되어 게스트하우스, 호텔, 레스토랑, 상점 등으로 운영되고 있어요. 과거와 현재가 공생하는 도시가 된 셈이에요.

베이징에 가면 한번쯤 들러보고 싶지 않나요?

▸집 안의 물건들

집 안의 세간붙이들을 보면 木(나무 목)이 든 글자가 많아요. 대부분의 물건을 나무로 만들었기 때문이에요.

방 안에 들어가면 우선 벽에 시렁이 있었어요. 물건을 얹어놓기 위해 벽에 긴 나무를 가로질러 선반처럼 만든 게 시렁이에요. 글자로도 架(시렁 가)는 木(나무) 위에 발음인 加(가)를 올려놓은 모양이에요. 시렁이 물건을 얹어놓는 용도이므로 加(더하다 가)는 뜻 부분도 돼요. 가교(架橋), 가설(架設; 전깃줄, 전화선, 교량 등을 공중에 가로질러 설치하는 것)에서는 '가로지르다'라는 뜻이고요.

書架(서가)에서 꺼낸 책을 편하게 읽으려면 책상(冊床)도 필요했어요. 案(책상, 안건 **안**)은 木(나무)로 만들어 安(편안하게) 책을 읽고 글을 쓰는 '책상'을 뜻해요. 또 책상에서 궁리해 내놓는 '案件(안건; 생각이나

* 安(편안하다 안)이 발음.

158

계획)'이란 뜻도 있어요.

책상의 '서랍'은 한자어 舌盒(설합)에서 왔어요. 舌(혀)처럼 쑥 나왔다 들어갔다 하고, 盒(그릇)처럼 물건을 담을 수 있어서요.

几(안석 궤)는 먼저 '안석'을 알아야겠지요? 벽에 세워 두면 앉을 때 편하게 등을 기대거나, 한쪽 팔을 올려놓고 몸을 기댈 수 있도록 만든 낮은 의자가 안석이에요. 거처(居處)에서 이 几(안석)에 기대 夂(발)을 뻗고 있는 모습이 處(处곳 처)예요. '머물다', '(머무는) 곳'을 뜻해요.

*几(안석)이 의미, 卢(호 → 처)가 발음. (위에 卢 (호피무늬 호)가 있는 건 안석 위에 호랑이 가죽을 깔아서라는 설명도 있음.)

병풍(屛風)은 바람을 막거나 무엇을 가리기 위한 용도였는데 그림, 글씨, 자수를 붙여 장식용으로 치기도 했어요. 특히 제사를 지낼 때도 병풍을 쳤기 때문에 屛(병풍 병)에는 尸(주검 시)가 의미로 들어 있어요. 병풍은 여러 쪽을 幷(합쳐) 접을 수 있게 만들어서 幷(아우르다, 함께 병)으로 발음을 나타냈어요.

침상(寢牀)은 누워서 잠을 잘 수 있도록 위가 넓고 평평하며 다리가 달린 가구예요.

寢(寝잠자다 침)은 宀(집)에서 爿(침상)을 帚(빗자루)로 청소하며 잠자리를 준비하는 모습이에요. 寢臺(침대), 寢所(침소), 寢室(침실) 등에서 주로 '잠자리'를 의미해요.

宿(잠자다, 묵다 숙)은 宀(집) 안에서 亻(사람)이 百(자리)에 누운 모습이에요. 쓰기 편하게 亻(사람)을 百(자리) 옆에다 썼어요. 주로 宿所(숙소)의 의미로 써요.

睡眠(수면 잠)에 관한 글자

*초목이 늘어진 모양의 垂(드리우다 수)가 발음.

睡(졸다 수)는 目(눈꺼풀)을 垂(드리우고) '졸다'예요.

眠(잠자다 면)은 잠들어서 目(눈)으로 民(보지 못한다고), 눈을 찔린 모양의 民(백성 민)으로 민 → 면 발음을 나타냈어요. 하지만 잠든 동안 꿈속에서 일어나는 일들을 보기도 하죠.

夢(梦꿈(꾸다) 몽)의 갑골문은 한 사람이 자면서 꿈을 꾸는 모습이에요. 艹(눈썹과 눈)을 강조해 자면서도 꿈속에서 일어나는 일들을 다 보고 있음을 표현했어요. 夕(달)은 지금이 밤이라는 걸 나타내요.

*未(아직 아니다 미)로 미 → 매 발음.

寐(잠자다 매)는 宀(집) 안의 爿(침상)에서 未(아직 안) 일어났으니 자고 있다는 뜻이에요. 예 寤寐不忘(오매불망) ♂

다시 가구로 돌아와서요. 牀牀(침상, 평상 상)은 침상의 재료인 爿(나뭇조각 장)으로 장 → 상 발음을 나타냈고, 재료인 木(나무 목)이 의미 부분이에요. 爿(조각 장)은 木(나무)를 세로로 쪼갠 왼쪽 부분이에요.

枕(베개 침)은 木(나무)로 만들어서 (사람의) 머리 尢(아래)로 놓이는 '베개'를 뜻해요. 尢(유)는 사람의 목에 칼을 채워 물에 빠뜨린 沈(잠기다, 가라앉다 침)의 생략형이에요.

床(상, 평상, 잠자리 상)은 广(집)에서 쓰는 木(나무 상)을 의미해요.
예 平床(평상), 冊床(책상), 음식을 차리는 床(상), 病床(병상), 祭祀床(제사상)

'잠자리'라는 뜻도 있어서, 起床(기상)은 잠자리에서 일어나는 걸 말해요. 여러 가지 잡다한 물건은 상자(箱子)에 넣어 보관했어요.

*相(서로 상)이 발음.

箱(상자 상)은 竹(대나무) 줄기를 相(서로) 엮어 짰다는 의미예요.

160

貧富(빈부) 관련 글자들

富(부자 부)는 宀(집) 안에 畐(술항아리)가 있는 모양이에요. 곡식으로 술을 빚을 만큼 식량이 충분하다고 해서 '부자'를 뜻하게 되었어요. 寶(보보물 보)는 부자란 무엇인가를 보여주듯이 宀(집) 안에 王(옥), 缶(항아리), 貝(재물)이 가득한 모양이에요. 모두 값비싼 재물이라서 '寶物(보물)'을 뜻하게 되었어요.

貯(貯쌓다 저)는 貝(재물)을 宁(궤; 나무상자 비슷한 가구) 안에 쌓아 두었다는 뜻이에요. 글자를 쓰기 편하도록 貝(패)를 宁(궤) 옆에 썼어요.

한편, 이런 부잣집은 한탕을 꿈꾸는 盜賊(도적)들의 표적이 되곤 하지요. 賊(賊도적 적)은 貝(재물)을 빼앗으려고 戎(긴창 융 즉, 무기)를 가지고 온 '도적'을 나타내요.

몰래 담벼락이나 넘는 밤손님 말고, 대문으로 당당히 방문하는 손님들은 ∩집에 ⼷있는데 ⼎누가 찾아오는 모양으로 표현했어요. 글꼴이 좀 변한 게 客(손님, 사람 객)이에요. 宀(집)의 咎(口입 구로 들어서는 ⼂발)을 그려 누군가 집에 찾아왔음을 표현했어요.

*咎(각 → 객)이 발음.

특히 貝(선물)을 가져오면 賓(賓손님 빈)이 되어 貴賓(귀빈) 대접을 해드려요. 결혼식 賀客(하객)도 축의금(貝)을 내므로 '來賓(내빈) 여러분~'이라고 하지요.

> 賀(賀하례하다 하)는 貝(재물)을 加(보태주며) 축하(祝賀)한다는 뜻이에요. 옛날부터 결혼 등 기쁜 일이 있을 때 돈을 주며 축하하던 풍습에서 나왔어요. 加(더하다 가)로 가 → 하 발음이에요.

賓(賓손님 빈)은 ^(집)에 찾아온 손님을 丏(공손하게 맞이하는) 모습이에요. 貝(패)는 손님이 가져오는 선물을 의미하고요.

이번에는 야심차게 훔치러 온 도둑이 되레 의욕을 도둑맞을 만큼 窮乏(궁핍)했던 집을 볼게요. 窮(窮가난하다, 다하다 궁)은 穴(움집) 안에 躬(몸 궁)을 써서 움집에 살만큼 형편이 窮乏(궁핍)함을 나타냈어요.

*穴(구멍 혈)이 의미, 躬(몸, 몸소 궁)이 발음

乏(가난하다, 모자르다 핍)은 正(바르다, 갖추어지다 정)을 반대로 쓴 모양이에요. 그래서 뜻도 정반대(正反對)로, 뭔가 부족한 缺乏(결핍) 상태를 나타내요.

窮(궁)에는 窮極(궁극)에 도달한다는 뜻도 있어요. 穴(굴) 안에 躬(몸소) 들어가 끝까지 가본다는 의미에서 나왔어요. 貧(가난하다 빈)은 貝(재물)을 分(나누니까) '가난하다'예요. ♂

▸기타 건물

높은 건물들

高(높다 고)는 이층 건물처럼 보이는 (당시로서는) 높은 건물을 그린 것이에요. 의미가 넓어져 가격, 신분, 지위, 인품, 가락 등이 '높다', '뛰어나다'는 뜻으로 쓰여요.

*위에 日(해 일)을 더하면~ 높은 건물이 환한 햇빛을 받으며 우뚝 서 있는 景(경치 경)이에요.

高(고)와 비슷하게 생긴 京(서울 경)은 높은 건물 또는 언덕 위에 건물이 서 있는 모양이에요. 고대에는 홍수의 피해로부터 안전하고 적의 움직임을 감시하기 쉽도록 지대가 높은 곳에 궁궐과 관청 같은 주요 건물을 지었어요. 이런 곳에 사람들이 많이 모여들었기 때문에 '수도'를 뜻하게 됐답니다.

高(고)가 들어갈 만큼 높은 건물로는 亭子(정자), 臺(대), 橋梁(교량) 등이 있어요. 亭(정자, 여인숙 정)은 髙(의 생략형)에서 높다는 의미를 취했고, 丁(정)이 발음이에요. 옛날에는 여행자들을 위해 도로 옆에 마련한 (요즘의 여관 같은) 숙식 제공 장소를 가리키기도 해 '여인숙'이란 뜻도 있어요.

停(머무르다 정)은 亻(사람)이 亭(정자 또는 여인숙)에 와서 '멈추다', '머물다'예요.

예 停車場(정거장), 停戰(정전), 停止(정지)

臺(台대 대)는 士(발의 변형)과 高(고)의 생략형, 至(이르다 지)로 이뤄졌어요. 士(올라가서) 高(높이) 至(이르게) 된다는 뜻이에요. 墩臺(돈대; 평지보다 높은 평평한 땅), 展望臺(전망대), 瞻星臺(첨성대→) 舞臺(무대) 등 올라가서 사방을 바라볼 수 있는 높은 곳에 써요.

高(고)는 안 들었지만, 樓閣(누각)과 望樓(망루)도 올라가서 사방을 바라보도록 높게 지은 건물이에요.

樓(楼다락 루)는 木(나무)로 婁(쌓아올렸다)는 의미예요. 멀리, 넓게 볼 수 있도록 다락 구조로 높이 지은 건물에 써요. 우리나라에서는 경복궁의 경회루(慶會樓)와 춘향전의 배경으로 사랑의 메카가 된 남원 광한루(廣寒樓)가 유명하지요. 발음인 婁(루)에 대해서는 밧줄에 매듭을 묶은 모양, 女(여자)가 머리 위에 물건을 쌓아 이고 있는 모습 등의 설이 있어요.

*婁(루)가 든 屢(屡여러, 자주 루)는 尸(집)을 여러 층으로 婁(쌓아올리는) 데서 '여러'가 됐고, 다시 '자주'로 의미가 확대됐어요.

예 屢屢(누누)이, 屢次(누차)

閣(阁누각 각)은 건물을 의미하는 門(문 문)에, 各(각)이 발음이에요. 사방을 바라볼 수 있게끔 격식 있게 높이 지은 건물을 가리켰어요.

예 空中樓閣(공중누각)

궁궐, 관아, 사찰 등에 행사나 놀이를 위해 지은 것으로 정자보다 규모가 컸지요. 정치적, 공적인 성격의 누각에 쓰던 閣(각) 字(자)를 지금은 국가 행정 담당 기관인 內閣(내각)에 써요. 내각을 구성하는 각 부의 장관을 閣僚(각료)라고 하고요.

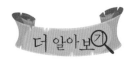 橋(桥다리 교)는 木(나무)로 喬(높게) 가설했다는 뜻이에요.

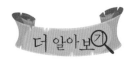
더 알아보기

喬(乔교)가 발음으로 들어간 글자

馬(말)이 喬(키가 크고) 잘 달리는 데서 나온 → 驕(骄교만하다 교)

矢(화살)의 구부러진 喬(윗부분)을 곧게 펴 → 矯(矫바로잡다 교)

女(여자)의 아름다움이 喬(높다)는 → 嬌(娇아리땁다 교)

한편, 올라갔다가 떨어지면 큰일이니까, 높은 건물과 다리에는 난간(欄干)도 설치했어요. 欄(난간, 칸막이 란)은 木(나무)로 만들어 계단, 다리, 건물 등의 가장자리를 闌(가로막는다)는 의미예요.

高(고)가 들어간 글자

稿(볏짚, 초안, 원고 고)는 禾(벼)의 줄기가 高(높이) 자란 것을 의미해요. 禾(볏짚)을 高(높이) 쌓아놓듯 다 쓴 원고가 높이 쌓였다고 原稿(원고), 특히 가공이 필요한 초고도 가리켜요.

膏(기름(지다) 고)는 月(肉)살이 高(높이) 솟은 것으로 살찐 모습을 표현했어요. 이로부터 '기름', '기름지다'는 뜻이 나왔고요.

豪(호걸 호)는 뻣뻣한 털이 高(높이) 자란 豕(멧돼지)처럼 거침없고 용감하다는 뜻이에요. *高(고→호)가 발음.

하지만 高(높게 즉, 길게) 자란 동물의 毛(털)은 대개 가늘고 부드러워서 붓을 만들어 썼으므로 毫(가는 털, 붓 호)도 만들어졌어요.

高(고)의 반대인 低(저)

低(낮다 저)는 亻(사람)이 氐(무거운 자루를 드느라 몸을 아래로 숙인)
모습이에요(도구로 땅을 파느라 몸을 수그렸다는 설명도 있어요).
'숙이다', '낮다'에서 '싸다'는 뜻도 나왔어요.

예 低下(저하), 低俗(저속), 低價(저가)

底(밑, 아래 저)는 广(집)의 氐(낮은) '밑(바닥)'처럼 사물이나 현상의 밑
바닥, 기초가 되는 것을 가리켜요.

예 海底(해저), 底邊(저변), 底力(저력), 基底(기저; 기초)

抵(막다 저)는 扌(손)으로 저항(抵抗)한다는 의미에, 氐(저)가 발음이에요.
抵觸(저촉)은 '막다(抵)'와 '접촉하다(觸)'를 함께 써서 서로 부딪치거
나 모순됨을 뜻해요. 예로 법률에 위배될 때 '법에 抵觸(저촉)된다'고
표현하지요. ♂

궁궐

宮(궁궐, 집 궁)은 宀(집 면)과 呂(등뼈 려)로 이루어
졌어요. 宀(건물) 안에 呂(등뼈가 쭉 이어진 것처럼 여러 개의 건물이 연결
되어 늘어섰음)을 의미해요.

闕(대궐 궐)은 원래 궁의 출입문 좌우에 설치했던 두 개의 망루를
가리켰는데, 왕이 사는 건물과 함께 병존하므로 宮(궁)과 闕(궐)을 합
쳐 宮闕(궁궐)로 부르게 되었어요.

궁궐과 같은 말로 대궐(大闕), 왕궁(王宮), 궁전(宮殿) 등도 있어요. 殿
(궁궐, 절 전)은 뜻을 展(펼쳐) 앗(일하는) 곳이라 하여 展(펴다 전)으로
발음을 나타냈어요.

뜻을 펼친다는 뜻으로 宣(널리 펴다 선)도 있어요.

宀(집 면)과 亘(펴다, 뻗치다 긍)으로 이루어졌는데, 亘(긍)은 소용돌이 모양으로 빙빙 도는 무늬를 그린 것으로, 빙빙 돌며 점점 커지는 모양에서 밖으로 뻗어나간다는 의미가 나왔어요. 예로, 종교를 宣傳(선전)하여 널리 펼치는 '宣敎(선교)'에 쓰여요.

관공서

관서(官署)는 관청과 그 부속 기관, 공서(公署)는 공공단체의 사무소를 가리켜요. 둘을 합친 게 官公署(관공서)예요. 官(관청, 벼슬(아치) 관)은 阝(언덕) 위에 지은 宀(건물)로 '관청'과 거기서 일하는 '관리'를 나타냈어요. 옛날에는 지대가 높은 곳에 주요 건물을 지었기 때문이에요.

*宀(관청) 안의 自(여러 건물)을 본떴다는 설도 있어요.

廳(厅관청 청)은 广(건물) 안에서 백성의 소리를 聽(듣는다)고, 聽(听듣다 청)을 발음으로 취했어요.

府(관청 부)는 广(관청)에 가서 亻(관리)에게 寸(세금을 내는) 모습이에요. 이렇게 표현한 건 고대 관청의 주요 업무가 세금을 걷는 일이었기 때문이에요.

발음인 付(주다 부)는 亻(다른 사람)에게 寸(손으로 (무엇을) 건네주는) 모습이에요. 무언가 부탁을 할 때 상대방에게 재물을 쥐어주곤 했는지 '付託(부탁)하다'라는 뜻도 있어요. → 寸(촌)의 丶(점 주)는 건네는 '물건'을 나타내요.

署(관청, 부서 서)는 법망을 상징하는 ''''(网그물)과 이것저것 그러모으는 者(㫰 㫰 㫰 㫰자)로 이뤄졌어요. ''''(网법)을 집행하고 세금, 공물, 부역에 동원할 인원을 者(모으는) '관청'을 뜻해요. 그러므로 관청을 뜻하는 官(관), 廳(청), 府(부), 署(서)는 각각 건물, 마인드, 하는 일(주 업무)로 관청을 설명한 셈이에요.

관

館(馆객사 관)은 食(음식)이 제공되고 官(방이 여러 개 있는 건물)을 뜻해요. 그래서 숙식을 제공하는 旅館(여관)에도 써요. 중국에서는 호텔과 여관을 飯店(반점〔fàndiàn〕), 酒店(주점〔jiǔdiàn〕), 宾館(빈관〔bīnguǎn〕) 등으로 써요. 간판만 보면 식당이나 술집으로 오해하기 쉽지요.

절

寺(절 사)는 원래 왕의 屮(손)과 土(발)이 되어 일하는 '관청'을 가리켰어요. 그런데 불교가 처음 전해진 한(漢)나라 때 인도에서 파견되어 온 승려들이 홍려사(鴻臚寺), 백마사(白馬寺)라는 관청에 오랜 기간 머물면서 불교 寺刹(사찰)을 가리키게 됐어요.

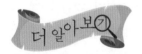

寺(사)가 들어간 글자
侍(모시다 시)는 亻(모실 분)의 寺(손발이 되어) 모신다는 의미예요.
待(기다리다, 대하다 대)는 彳(큰 길)까지 나와서 寺(모시려고) 대기(待機)

*궁 안에서 임금의 시중을 들며 온갖 뒤치다꺼리를 하던 남자 내관을 內侍(내시)라고 했어요. 궁중 나인(內人)이나 항상 몸 가까이에서 시중드는 여자를 侍女(시녀)라고 했고요.

하던 데서 '기다리다'라는 뜻이 됐어요.

예 期待(기대: 희망을 가지고 기다림), 待機(대기: 준비를 갖추고 행동할 때를 기다림), 優待(우대: 특별히 잘 대접함), 虐待(학대: 혹독하게 대우함), 待避(대피: 위험 등을 잠시 피함)

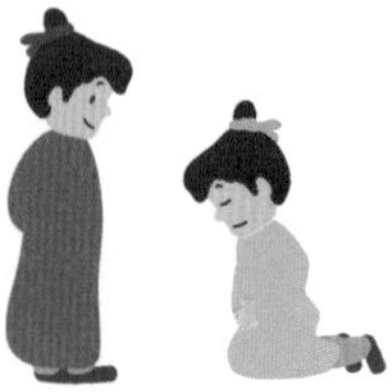

待(대)와 비슷한 뜻으로 迎(맞(이하)다 영)도 있어요. 迎(큰 길에 나아가서) 迎(높은 분) 앞에 迎(무릎 꿇고) 迎接(영접: 우러러 맞이함)하는 모습이에요. (卬(앙 → 영)이 발음)

예 迎入(영입), 歡迎(환영)

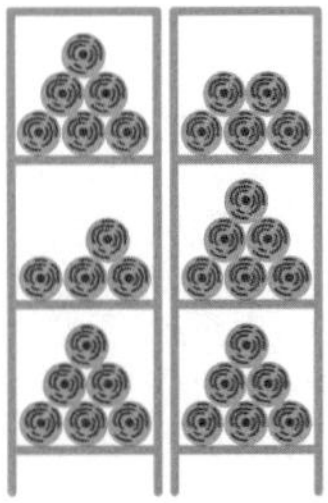

寺(사)가 '관청'의 의미로 들어 있는 글자로는 等(등)이 있어요.

等(같다, 등급 등)은 寺(관청)에서 ⺮(竹죽간)을 정리해놓던 데서 나왔어요. 문서를 작성한 순서, 내용, 중요한 정도가 같은 것으로 나눠 가지런히 정리해두었으므로 '가지런하다', '같다', '등급'이라는 뜻이 되었어요.

예 同等(동등), 等級(등급)

앞에 扌(손)에 쥔다는 의미를 더하면 持(가지다 지)예요. '가지다'에서 '유지(維持)하다', '지키다', '버티다'로 의미가 확대됐어요. 持分(지분: 가지는 부분), 所持品(소지품), 持病(지병), 持續(지속), 持久力(지구력: 오래 견디는 힘) 등에 써요.

* 寺(절 사)로 사 → 지 발음을 나타냈는데, 寺(사)는 본래 세금, 문서 등을 '보관하던' 관청을 가리켰지요.

다시 절로 돌아와서요. 절에 있는 塔(탑 탑)은 재료인 土(흙 토)와 오랜 세월에 艹 → 이끼가 낀 合 → 탑 모양으로 보면 돼요. 사찰(寺刹)에는 승려(僧侶)들이 모여서 수행을 하기도 하지요. 僧(중 승)은 승려를 의미하는 亻(사람 인)과 曾(증 → 승) 발음으로 이뤄졌어요.

▶건설

建(세우다 건)에 대해서는 주로 두 가지 설이 있어요. 첫 번째는 廷(조정 정)의 생략형과 聿(붓 율)로 보는 것이에요. 원래 조정에서 나라의 법률을 세운다는 뜻이었는데, 나중에 일반적인 의미의 '세우다'가 되었다고 해요. 두 번째는 聿(손에 붓을 들고) 사람이 止(다닐 수 있는) 彳(도로)를 그리는 모습이에요. 설계도를 그리는 것으로 建設(건설)한다는 뜻을 나타냈다고 해요.

設(설세우다 설)은 言(말)로 지시하고 殳(손에 든 몽둥이)로 (사람을) 부리며 설계도(設計圖)대로 建設(건설)하고 設置(설치)한다는 의미에서 나왔어요.

役(부리다 역)이 바로 몽둥이를 들고 일을 시키는 모습이에요. 갑골문에서는 伇(역)으로 써서, 殳(손에 몽둥이 든 사람)이 亻(부려지는 사람)에게 일을 시키는 모습이 더욱 분명하게 나타났어요. 영어 시간에도 '~에게 ~하도록 시키다'라는 使役(사역)동사를 배우지요. 나중에 亻(인)이 彳(가다 척)으로 바뀌어, 彳(큰 길에서 또는 돌아다니며) 殳(몽둥이를 들고) 사람들에게 일을 시킨다는 의미가 되었어요. 이는 강제 노역이기 때문에 '(힘이 드는) 일', '부역', '(맡은) 役割(역할)'이라는 뜻도 생겼어요.
負役/賦役(부역)에 동원된 백성과 노예들을 연상시키는 글자가 衆(중)이에요.

衆(众무리 중)은 본래 日(해) 아래에 ⺕⺕⺕(사람들)이 모여 있는 모습이었어요. 노예라기보다 대중(大衆)의 의미였지요. 후에 日(해)가 → 사람들을 감시하는 커다란 ⺜⺜(目눈)으로 바뀌었다가 → 다시 血(피 혈)로 잘못 변해 현재의 자형이 되었어요. 그러고 보면 勸(劝권(장)하다 권)도 눈을 커다랗게 뜬 雚(황새 관)을 발음으로 취했지요. 눈을 부릅뜬 채 力(힘껏) 일하라고 독려하던 데서 勸獎(권장)한다는 뜻이 나온 듯해요.

예 勸誘(권유), 勸告(권고)

성벽과 제방을 쌓고, 건물을 짓고, 도로를 내고… 고대에도 토목공사(土木工事)가 나라 곳곳에서 끊이질 않았어요. 土木工事(토목공사)라는 이름처럼, 작업장에서는 쉬지 않고 흙을 퍼 날랐어요.

重(무겁다 중)은 亻(사람)이 무거운 東(자루)를 든 모습인데, 아래의 土(흙 토)로 자루에 흙이 들어 있다는 걸 알 수 있지요. 重量(중량) 외에도 가치나 책임이 무거운 것을 의미해서 '重要(중요)하다'는 뜻도 있어요. 또 '重複(중복)'에서는 '거듭'이란 뜻이에요. 거듭 거듭 흙을 날라서요.

動(动움직이다 동)은 重(무거운) 것을 들고 力(힘)을 내 움직인다는 의미에요. 重(무겁다 중)으로 중 → 동 발음을 나타냈고, 力(힘 력)이 의미 부분이에요.

기한이 촉박할 때는 밤에도 일을 했어요. 그래서 ⺰⺰(熒등불 형의 생략형 불)을 밝혀놓고 밤에도 力(⸝ ⸝ ⸝ ⺌ 力 삽질하던) 데서 나온 게 勞(劳일하다 노/로)예요. 그런데 잠도 못자고 일하려니 죽을 맛이었어요.

때문에 勞役(노역)은 몹시 괴롭고 힘든 노동을 뜻해요. 앞에 나온 重(중), 動(동)과 함께 써서 그야말로 重勞動(중노동)이 됐을 정도로요. 勞(노)에는 '근심하다'란 뜻도 있어요. '잠은 죽어서나 자라는 건가!' 또 철야를 시킬까 봐 항상 勞心焦思(노심초사)했나 봐요.

힘써 일한다는 뜻을 가진 또 다른 글자, 務(务힘쓰다. 일 무)는 발음인 務(矛攵무)와 力(힘 력)이 합쳐졌어요. 손에 회초리를 든 務(치다 복)이 암시하듯, 자의가 아니라 (강제적으로) 주어진 일에 힘쓰는 걸 뜻해요. 服務(복무), 義務(의무), 職務(직무), 公務(공무)처럼요.

잠도 안 재우고 일을 시키니 勞役場(노역장)에서는 부상자가 속출했어요. 尤(더욱 우)가 ⺈(손)에 一(선)을 하나 그어 다쳤다는 의미를 나타냈다는데, 정설은 없어요. 아무튼 몸이 다쳤는데도 작업장에 나가더, 더 높이 건물을 쌓았기 때문에 앞에 京(높은 건물)을 더해서 就(나아가다. 이루다 취)예요.

* 就任(취임), 就職(취직), 就寢(취침), 就航(취항)에서는 어떤 상황에 들어간다는 뜻.

예 成就(성취)

힘든 공사를 마치면 그동안의 노고를 嘉尙(가상)히 여겨 치하했어요. 연회를 열어 壴(북)을 치고 노래하며 공을 기리는 모습이 嘉(칭찬하다. 기리다 가)예요.

* 加(가)가 발음.

	발음 부분	의미 부분
功(공 공)	工(공)	力(힘 력)
勳(공 훈)	熏(훈)	力(힘 력)

力(힘껏) 일해야 공을 세울 수 있어서 功(공 공), 勳(勋공 훈)에는 공통적으로 力(힘 력)이 의미 부분으로 들어 있어요.

하지만 이 공사가 끝이 아니었지요. 중국은 땅덩어리가 넓은 만큼 공사장도 많아서 또 다른 노역장(勞役場)으로 거취(去就)만 옮겨질 뿐이

*首(머리 수)는 의미와 함께 '首(수) → 道(도)' 발음도 나타내요. 이처럼 발음이 많이 변하는 경우엔 형성(形聲)글자임을 알아보기가 어렵지요.

었어요. 이번에는 도로(道路)를 놓는 곳으로요.

길을 뜻하는 글자로는 道(도), 路(로), 街(가), 巷(항)을 볼게요. 道(길, 도리 도)는 한 사람이 行(갈림길)에서 어디로 가야할지 首(바라보는) 모습이에요. 때문에 사람이 걸어 나아가야 할 '길', '道理(도리)'도 뜻해요.

*사거리를 본뜬 行(가다 행)에, 圭(규 → 가)가 발음.

路(길 로)는 ⻊(발)로 各(각자) 목적지를 향해 걸어가는 '길'을 뜻해요.
街(거리 가)는 行(사거리)에서 圭(걸어가는) 모습으로 보면 돼요.
街(가)는 특히 곧게 뻗은 크고 넓은 길을 가리켜요. 그래서 여럿이 함께 걸어가며 가두(街頭)행진을 하기도 좋지요.

음, 대로변(大路邊)에 街路樹(가로수)를 더 많이 심자는 캠페인이라면 동참하고 싶네요.

邊(边가(장자리) 변)은 辶(가다 착)과 발음 부분인 臱(면)으로 이루어졌어요. 自(콧) 穴(구멍)에 바람 쐬러 方(사방)으로 멀리까지 辶(걸어가니까) '가장자리'로 기억하면 돼요.

(예) 邊方(변방), 江邊(강변), 周邊(주변), 身邊(신변)

巷(거리 항)은 共(함께 공)과 巳(邑(마을 읍)의 생략형)으로 이뤄졌어요. 邑(마을 사람)이 共(함께) 사용하는 길거리를 뜻해요. 그래서 巷間(항간)에는 늘 각종 풍문이 떠돌지요.

앗, 途中(도중)에 빼먹은 글자가 하나 있네요. 바로 途(길 도)예요.

(예) 前途有望(전도유망)

*辶(착) 대신 彳(조금 걷다 척)과 余(여)를 합치면 徐(천천히 서)예요.

辶(가다 착)과 집을 본뜬 余(나, 나머지 여)로 이루어져, 余(집)에서 나와 辶(걸어가는) '길'을 뜻해요.
이때 余(여)를 餘(남다 여)의 속자로 보면, 시간이 余(남아서) 천천히 彳(간다)는 의미도 돼요. (예) 徐行(서행)

07 도구

▶도구

서양과 마찬가지로 동양의 역사와 문화도 신화로부터 출발해요. 기억도 가물가물한 태고의 일들이 이야기라는 옷을 입고 사람들에게 전해 내려온 게 신화와 전설이니까요. 중국인들이 상상해낸 신화는 '반고(盤古)'의 천지개벽으로 거슬러 올라가요. 이야기는 다음과 같아요.

먼 옛날 우주가 거대한 혼돈의 덩어리였을 때, 달걀 모양으로 생긴 큰 별 하나가 우주에 떠다니고 있었어요. 그 별 안에서 '반고'라는 거인이 1만 8천 년이나 잠을 자다가 어느 날 깨어났지요. 주위는 온통 어둡고 춥고 죽은 듯이 고요했어요. 반고는 어둠 속에서 벗어나려고 도끼를 들고 별을 두드렸어요. 힘겨운 노력 끝에 마침내 별이 둘로 쩍 갈라졌어요. 이때 가볍고 맑은 기운은 올라가 하늘이 되고, 무겁고 탁한 덩어리는 가라앉아 땅이 되었다고 해요.

반고는 하늘과 땅이 다시 붙어버리지 않도록 두 팔로 하늘을 떠받치고 다리로 땅을 누르고 섰어요. 하늘은 매일 3미터씩 높아졌고, 땅은 매일 3미터씩 두꺼워졌어요. 하늘을 받치고 있던 반고의 키도 매일 3미터씩 커졌지요. 그러기를 또 1만 8천 년, 반고는 그만 지쳐서 쓰러지고 말아요.

죽음에 임박하자 반고의 몸에 변화가 일어났어요. 오른쪽 눈은 하늘로 올라가서 태양이 되고, 왼쪽 눈은 달이 되고, 피는 강과 바다가 되었어요. 피부와 털은 나무와 꽃으로, 머리카락은 하늘의 별들로 변했어요. 쓰러질 때 헐떡거린 숨결은 바람이 되고, 죽으면서 지른 비명은 천둥소리로 변했어요. 단단한 뼈와 이는 돌과 금속이 되고, 굴곡이 있는 몸과 팔다리는 대지와 산이 됐어요. 이렇게 반고의 죽음은 암흑뿐이던 세계에 빛과 생명을 불어넣어 세상을 아름답게 변화시켰지요. 그런데 반고와 인류의 공통점이 있어요. 바로 처음 사용한 도구가 도끼였다는 점이에요. 반고가 휘두른 것도 도끼, 인류가 돌을 깨서 만든 것도 주먹도끼. 그래서 반고 신화는 초기의 인류가 자연을 개척하고 일구는 데 초인적인 노력을 다하고 자신을 모두 바쳤음을 상징한다고 해요.

* 父(부)에 대한 설명은 '가족' 편에 다시 나와요.

처음에는 큰 돌을 깨뜨려서 모서리가 날카로운 주먹도끼를 만들었어요. 이 ✓(주먹도끼)를 又(손)에 쥔 모습이 父(아버지 부)로, 가족을 부양하기 위해 일하는 아버지의 상징이 되었죠.

그러다 뾰족한 돌을 나무 자루에 묶은 자귀 모양 도끼를 만들었어요. 갑골문을 보면 可(가능하다, 옳다 가)가 ✓(도끼) 또는 ⼘(✓ 도끼와 도끼로 판 구덩이)의 모양이에요. 끝이 뾰족한 도구를 이용하면 땅이 잘 파졌기 때문에 '가능(可能)하다', '옳다'가 되었다고 해요.

✓(도끼로 상징되는 무력)을 가진 사람이 ⼝(말하는) 데서 '옳다', '가능하다', '허락하다'가 되었다는 설도 있어요. 또 ✓(도끼)를 들고 일하며 ⼝(노래 부르는) 모습으로 보기도 해요. 여기서 나온 게 哥(노래(하다) 가)라는 설명이고요.

斤(도끼 근)은 도끼의 날과 자루를 본떴어요. 斤(도끼)로 내리쳐서 ﹅(부서진 조각)을 덧붙이면 斥(내치다 척)이에요. 도끼로 내리치듯 인정사정없이 물리치는 排斥(배척)에 써요. 斤(근)은 무게의 단위로도 쓰였어요. 예를 들면 양팔저울 한쪽에 고기를 매달고 다른 한쪽에는 저울추 삼아 도끼날을 달아요. 이 도끼날로 저울대의 눈금 사이를 辶(왔다 갔다 하면서) 무게를 쟀는데, 그 거리가 가까워서 近(가깝다 근)이 되었어요. 가까운 시기나 거리를 뜻하는 最近(최근), 참값에 가까운 近似値(근사치) 등에 써요.

* 도끼로 베려면 가까이 다가가야 해서 '가깝다'가 되었다는 설도 있고요.

다시 도구로 돌아가서요, 일을 할 때 쓰는 연장을 통틀어 도구(道具)라고 해요. 직립을 하는 인간은 자유로운 두 손으로 도구(道具)를 만들어 사용해왔어요. 그래서 인간의 특성을 나타내는 말 중엔 호모 파베르(Homo faber)도 있어요. 도구를 만드는 사람, 한자로 쓰면 工作人(공작인)이에요. 도구의 재료는 돌에서 청동, 철의 순서로 발전해왔어요. 때문에 인류 문화의 발달 단계도 석기(石器)시대, 청동기(靑銅器)시대, 철기(鐵器)시대로 분류하지요.

▸도구의 재료_ 돌

식물을 잘라서 다듬고, 동물의 가죽을 벗기고, 땅을 깊이 파려면 날이 있는 도구가 필요했어요. 石器(석기) 시대에는 돌로 돌칼, 돌도끼 등을 만들어 썼어요.

石 石 石 石 石(돌 석)은 厂(모서리가 날카로운 돌)로 ㅁ(구덩이)를 판다는 의미였는데, 모양이 변해 厂(厂언덕) 아래 ▪(돌덩이)가 놓여 있는 것처럼 바뀌었어요. 돌의 이미지가 '도구'에서 단순히 자연에 존재

하는 '돌'로 바뀌었다는 걸 알 수 있지요.

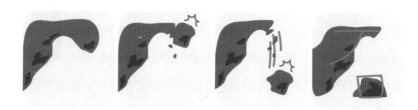

돌을 도구로 사용하는 방법은 이랬어요.

대충 주워 쓴다. 깨서 쓴다(뗀석기). 갈아서 쓴다(간석기).

구석기 때는 '뗀석기'를 사용했어요. 큰 돌을 깨뜨려서, 떼어낸 돌의 날카로운 모서리를 이용했어요. 농사를 짓게 된 신석기 때는 좀 더 정교한 농기구가 필요했어요. 그래서 돌을 갈아 '간석기'를 만들었어요. '깨뜨리는 문화'에서 '가는 문화'로 바뀐 것은 기술상의 대혁신이었지요.

면도날처럼 얇고 예리하게 硏磨(연마)한 돌은 무딘 청동기보다도 성능이 좋았어요. 硏(갈다 연)은 石(돌)을 간다는 의미에, 幵(견 → 연)이 발음이에요. 幵(평평하다 견)은 두 물건의 높이가 나란한 모양 또는 윗면이 평평한 모양이므로, 石(돌) 위에 두 손을 幵(나란히) 놓고 돌(石)의 양면을 평평하게(幵) 간다고 볼 수 있어요. 돌을 갈면서 돌의 재질이나 강도, 성능 좋은 도구로 만드는 방법 등도 硏究(연구)해서 硏(연)에는 '연구하다'라는 뜻도 있어요.

磨(갈다 마)는 石(돌)을 간다는 의미에, 麻(마)가 발음이에요. 열심히 돌을 갈다 보면 팔이 후들거리고 감각이 없어져서, 마취 성분이 있는 麻(삼 마)로 발음을 나타냈어요. 문지르고 갈면 磨耗(마모)되므로 磨(마)에는 '닳다'라는 뜻도 있어요. 간석기는 휴대하기에 무겁고 한 번

부러지면 고쳐 쓸 수 없다는 단점이 있었어요. 그래서 점차 돌 대신 청동으로 각종 기물과 무기를 제작하게 되었지요.

▶ 도구의 재료_ 청동

열과 전기가 잘 전도되고, 펴지고 늘어나는 성질이 있는 물질을 금속이라고 해요. 가공성이 뛰어나며 외부 충격에도 잘 견뎌서 인류가 오래 전부터 도구의 재료로 사용해온 물질이에요. 특히 합금(合金)은 둘 이상의 금속이나 비금속을 녹여서 한데 섞은 금속이에요.

번거롭게 왜 합금을 만들까요? 색깔, 강도 등 금속의 성질을 바꾸기 위해서예요. 구리를 예로 볼게요. 자연 상태의 구리는 붉은빛이 돌지만 주석을 얼마나 섞느냐에 따라 황색, 회청색, 은백색으로 변해요. 아연을 섞으면 금빛을 띠고요. 또 구리 자체는 부드러워서 잘 휘어지지만 적정한 양의 주석을 섞으면 강도가 아주 높아져요. 만약 주조 후에 가공을 쉽게 하려면 납을 섞으면 되지요. 이런 사실을 알게 된 고대인들은 구리와 주석(또는 아연)을 섞어 청동(靑銅) 합금을 만들었어요. 그래서 청동은 인류가 맨 처음 도구 재료로 이용한 금속이 됐어요. 그럼 청동(靑銅)으로 어떻게 주물을 제작했는지, 관련 글자와 함께 알아볼까요?

언제부턴가 사람들은 쇳돌(쇠붙이의 성질이 들어 있는 돌. 즉, 鑛石광석)을 고온에서 가열하면 금속을 뽑아낼 수 있다는 걸 알게 됐어요. 이 새로운 발견으로 인해 커다란 변화가 온 건 아니었어요. 뜨겁게 녹아 흘러내리는 금속에 데지 않도록 매우 조심하는 정도였지요. 그런데 어느 날 한 천재가 기발한 생각을 했어요. 금속이 열에 녹았다가 식으면서 다시 단단하게 굳어지는 걸 보고 '저걸로 뭘 만들 수도 있지 않을까?' 의문을 품었던 거예요. 천재의 눈빛이 '반짝' 빛났어요. 하루 종일 갈고 있던 돌칼을 집어던지고 벌떡 일어나 밖으로 달려 나갔지요. 이렇게 해서 금속을 얻기 위한 쇳돌 캐기가 시작됐어요. 신화에 따르면 반고의 뼈를 캐고 이를 뽑은 게 되나요?

段(조각 단)이 殳(손에 망치 같은 도구를 쥐고) 厂(암석)을 두드리는 모습이에요. 彡은 厂(암석)으로부터 떨어져 나오는 조각을 나타내요. 이로부터 '조각', '(분리된) 段落(단락)'을 뜻하게 됐어요.

*段(단)에는 階段(계단)이란 뜻도 있어요. 이때는 움집의 벽이나 언덕에 발을 딛고 오르내릴 홈을 파는 걸로 보면 돼요.

假(빌리다, 거짓 가)는 亻(사람)이 厂(암석)에서 떼어낸 コ(광석 조각)을 又(손)에 취하는 모습이에요. 자연으로부터 잠시 빌려 쓰는 것이라서 '빌리다', '잠시'라는 뜻이 됐어요. 꽤 개념 있는 글자죠? 빌린 것은 진짜 내 것이 아니므로 假(가)에는 '거짓', '가짜'라는 뜻도 있어요.

예 假面(가면), 假名(가명)

채광하러 辶(가는) 장소는 대개 집에서 먼 곳이라 遐(멀다 하)가 되었는데요, 멀기도 멀지만 작업도 몹시 힘들고 위험했어요. 깊이 파고 들어간 굴은 언제 무너질지 몰랐고, 산소가 희박한 데다 유독 가스도 새어 나왔어요.

*작은 점들은 간신히 내쉬는 숨, 또는 호흡하기가 힘들어 흘러내리는 땀방울이에요.

深(깊다, 매우 심)은 본래 朩(나무)로 지탱해놓은 穴(굴) 안에서 한 사람이 입을 크게 벌리고 있는 모습이었어요.
후에 氵(물 수)를 덧붙여 '깊다'는 의미를 더욱 강조했어요. 扌(손 수)를 더하면, 손으로 더듬어 무언가를 探(찾다 탐)이에요.

예 探究(탐구)

이렇게 위험을 무릅쓰고 캐낸 鑛(矿쇳돌 광)은 金(쇠 금)과 발음인 廣(광)으로 이루어졌어요. 열을 가해 두드리면 넓게 펴지는 금속의 성질(延性연성)을 암시하듯 廣(넓다 광)으로 발음을 나타냈어요. 의미 부분인 金(金쇠 금)에 대해서는

1. 발음인 亼(금)과 土(흙) 속에 ﹨(광물)이 묻혀 있는 모양
2. 재료가 되는 ⁚(원석)과 ♠(거푸집)을 그린 것
3. 龠(거푸집을 끈으로 묶어놓은) 모양
4. 金거푸집에다 녹인 금속을 부어서 금속이 흘러내리는 모양…
등등 설이 분분해요. 金(금)이 들어가면 금속, 원석, 거푸집과 관련된 뜻이 돼요. 金屬(금속)을 '쇠붙이'라고도 하는데요, '-붙이'는 같은 종류의 물건을 의미하는 접미사예요. 한자로도 屬(属무리 속)을 써요.
金(금)은 특히 '黃金(황금)'도 가리켜요. 또 옛날에는 금이 現金(현금)처럼 지불 수단으로 쓰였기 때문에 '돈'이라는 뜻도 있어요. 성씨로 쓸 때는 '金(김)'으로 발음해요. 가입자 수로는 대한민국 No.1인 성씨죠.

*屬(속)은 '주술' 편을 참고해주세요.

캐온 광석(鑛石)은 깨뜨려서 → 작은 조각으로 만든 다음 → 불순물을 골라내고 자루에 담았어요. 이 자루를 다시 물속에 담가 흙과 남은 불순물이 물에 녹아 씻겨 나가도록 했어요. 金(금속)만 柬(가려내)도가니에 넣어야 연료를 아낄 수 있었기 때문이에요.
金(금속)이 柬(자루에 남은) 모양이 鍊(炼정련하다 련)이에요. 불순물을 제거하고 물질을 더 순수한 상태로 만든 데서 精鍊(정련)한다는 뜻이 됐어요.

이렇게 준비한 쇳돌들을 녹이려면 높은 온도가 필요했어요. 그런데 나무를 태우는 것만으로는 1000℃ 이상의 고온을 유지할 수가 없었

죠. 해서 도가니 안에 석탄을 채우는 방법과 풀무를 고안했어요. 풀무는 연료가 활활 타오르도록 계속해서 바람을 일으켜 보내는 송풍(送風)기구예요. 반복적으로 빈 공간을 압축해서, 공기를 배출구로 밀어내는 원리를 이용하지요. 손으로 작동시키는 손풀무와 발로 밟아 작동시키는 골풀무 두 종류가 있었는데, 그중 夊(발)로 밟는 골풀무를 본뜬 게 復(돌아오다, 회복하다 복/다시 부)예요. 중간의 가름대 같은 장치가 앞뒤로 왔다 갔다 하므로 '돌아오다(가다)'라는 뜻이 됐어요. *彳(가다 척)이 의미, 复(복)이 발음.

〈풀무〉

손잡이를 당기면 0 부분이 앞뒤로 왔다갔다하며 상자 안의 공기를 밀어 배출구 밖으로 내보내요.

往復(왕복)하며 다시 원래자리로 돌아가곤 해서 復(복)에는 '回復(회복)하다', '다시'란 뜻도 있어요.

* '다시'의 뜻일 땐 '復活(부활)' 처럼 '부' 로 읽어요.

발바닥에 땀나도록 풀무질을 하다 보면 드디어 鎔解(용해)된 금속이 도가니에서 흘러나오기 시작했어요. 鎔(鎔녹이다, 거푸집 용)은 金(금속)을 容(담아) 녹인다고, 容(담다 용)이 발음이에요.

예 鎔鑛爐(용광로), 鎔巖(용암), 鎔接(용접; 두 쇠붙이를 녹여 붙이거나 이음)

더 알아보기

鎔解(용해)와 溶解(용해)

鎔解(용해)는 고체인 물질이 열에 녹아 액체 상태가 되는 것이고, 溶解(용해)는 물질을 氵(액체)에 容(넣었을) 때 그 물질이 균일하게 녹아 섞이는 것이에요. 설탕을 물에 넣으면 설탕이 균일하게 녹아 물과 섞이고 '설탕물'이라는 용액이 되는 것처럼요. ♂

펄펄 끓는 액체 상태의 금속은 그릇에 받아서 미리 제작해놓은 거푸집(속이 빈 틀)에 부었어요. 거푸집은 모양이 같은 물건을 여러 개 만들기 위한 模型(모형)이에요. 붕어빵 틀에 반죽을 넣어 붕어빵을 만드는 것과 마찬가지죠. 模(본(뜨다) 모)는 木(나무)로 만들어 (안에서 만들어질 물건을) 莫(보이지 않게) 덮어씌우는 '거푸집'을 의미해요. 정해진 규격대로 만들어내는 틀이라 '模範(모범)', '본보기'라는 뜻도 있어요. 型(거푸집 형)은 土(흙)으로 井(틀)을 만들고 (문양을) ⁪刂(새겨 넣는) '거푸집'을 의미해요.

* 莫(저물다 모)가 발음.

* 재료인 土(흙 토)에, 刑(형)이 발음.

완성품을 만들기까지는 수많은 시행착오를 겪었어요. 특히 고온을 견디지 못하고 도가니가 터지는 바람에 작업장이 폭탄을 맞은 것처럼 변한 적도 많았지요. 그 결과 '튀어!' 하면 빛의 속도로 작업장을 텅 비우는 경지에 이르렀어요. 세계 최강의 대피 속도를 자랑하는 특수부대와도 맞먹었을 거예요. 이처럼 펄펄 끓는 쇳물을 다루는 작업에는 늘 위험이 따랐어요. 아마도 고대의 산업재해(産業災害) 최다 발생 직장이었을 거예요. 거푸집을 본뜬 글자가 아예 '해를 끼치다'란 뜻이 됐을 정도니까요.

害(해하다 해)는 거푸집의 宀(뚜껑)과 口(거푸집), ㅣ(분할선), 三(끈)으로 묶은 모양을 본떴어요. 여기에 刂(칼 도)를 더하면 割(나누다 할)이에요. 여러 조각으로 된 거푸집 외형을 하나로 맞추어 끈으로 묶었다가, 다시 刂(베어) 각각의 조각으로 나눠서요.

* 글자를 보면 害(해 → 할)발음과 刂(칼)로 나눈다는 의미가 합쳐졌어요.

割(할)이 들어가서 가장 반가운 단어는 역시 割引(할인)이 아닐까요? 그렇다고 카드 割賦(할부)로 마구 사들이면 안 되고요.

녹인 금속으로 합금 비율을 맞추는 일도 쉽지 않았어요. 여러 번의 試行錯誤(시행착오)를 겪으며 이번엔 또 뭘 錯覺(착각)한 건지, 錯雜(착잡: 뒤섞이어 복잡함)한 마음으로 연구하고 연구했어요. 錯(섞이다, 어긋나다 착)은 金(금)과 昔(석 → 착) 발음으로 이뤄졌어요. 발음인 昔(옛 석)은 ≋(큰 홍수)가 났던 日(옛날)을 나타낸 글자예요. 錯(착)에서는 (물난리가 나 모든 게 뒤죽박죽 섞인 것처럼) 쇳물이 뒤죽박죽 섞여 정확한 비율에서 어긋났다는 의미도 연상돼요.

 위의 과정을 다 거쳐 거푸집에 쇳물을 붓는 모습이 鑄(주)예요. 鑄(铸 쇠부어 만들다 주)의 갑골문을 보면, 두 손으로 쇳물이 든 그릇을 거꾸로 들어 ∪(거푸집) 같은 데에 붓고 있어요. 현재 자형은 金(쇠 거푸집)을 그려놓고, 壽(壽목숨 수)로 수 → 주 발음을 나타냈어요.

 쇳물을 거푸집에 부어서 물건을 만드는 걸 鑄造(주조)한다고 해요. 造(만들다 조)는 글자만 보면 辶(나아가서) 牛(소)를 제물로 바치며 口(고한다)는 의미인데, 뜻이 왜 '만들다'일까요? 힌트는 금문에 있어요. 금문에서는 宀(사당)이나 舟(배), 貝(鼎(정)의 생략형)이 붙은 글자도 있었거든요. 그래서 배나 청동 솥처럼 중요한 물건을 製造(제조)하고 신에게 고하던 데서 '만들다', '짓다'가 된 걸로 보여요.

청동은 녹는점이 낮은데다 액체로 잘 녹아 흘러서 거푸집에 부어 물건을 대량 생산하기에 알맞았어요. 가격이 비싸서 농기구를 '모시고' 일하긴 했지만, 청동 제품은 단단하고 예리하며 무뎌지면 갈아 쓸 수도 있었지요. 심지어 부러지면 녹여서 재활용도 가능해 사람들은 청동기가 최고인 줄 알았어요. 철기가 나오기 전까지는요.

▶도구의 재료_ 철

鐵(철)은 잘 부러지고 질이 고르지 못해서 처음에는 값싼 농기구를 제작하는 데만 썼어요. 그런데 뜨겁게 달군 쇠를 모루 위에 올려놓고 망치로 두드리면 훨씬 단단해진다는 사실을 알았지요.

鈍(鈍무디다 둔)은 金(거푸집)에서 屯(갓 나왔다는) 의미로 屯(새싹)이 一 (땅)을 뚫고 나온 모양의 屯(둔)으로 발음을 나타냈어요. 갓 생산한 철제품은 무르고 다듬어지지 않은 상태라서 '무디다'는 뜻이 됐고요. 그래서 불에 달구고 두드려 銳利(예리)하게 鍛鍊(단련)했으므로 金(금속)을 段(두드려서) 단단하게 만드는 것을 鍛(鍛쇠불리다 단)이라고 합니다.

예 陶冶(도야: 도기를 만드는 일과 금속을 주조하는 일을 합쳐, 훌륭한 인격을 갖추기 위해 몸과 마음을 닦는다는 뜻을 나타냄)

예리한 金(금속제품)이 번쩍거리며 兌(빛나는) 건 銳(銳날카롭다, 날쌔다 예)에요.

예 銳利(예리), 精銳(정예 잘 단련되고 날쌤), 尖銳(첨예)

한편 강철과 연철은 서로 단접(鍛接)할 수가 있어서, 가령 칼을 예로 들면 칼등 쪽은 연철로 만들고 칼날 쪽은 강철로 만들어 단접을 하기도 했어요. 이처럼 철을 가공하는 기술이 발달하자 값비싼 청동기를 대신해 철이 각종 무기와 농기구를 만드는 재료로 자리 잡기 시작했어요. 바야흐로 鐵器(철기)시대가 열린 것이에요.

鐵(铁쇠 철)은 본래 ㅁ戈로 썼어요. ㅁ(모루) 위에 戈(창)을 올

*철을 공기 속에서 가열하면 표면의 탄소가 일산화탄소로 산화되어 탄소의 함유량이 줄어들어요. 망치로 두드리면 얼기설기 엮였던 조직이 촘촘해지고 내부의 불순물도 빠져나가 더욱 단단해지고요. 이런 방법으로 탄소 함유량을 적당히 낮추면 단단한 鋼鐵(강철)이 만들어져요.

*암석을 두드리는 모습의 段(단)이 발음. 참고로 冶(쇠불리다 야)도 ㅁ(모루) 위에 厶(쇳덩이)를 올려놓고 두드린다는 의미예요. 앞에 冫(얼음 빙)을 써서 녹았다 굳었다 하는 금속의 특징을 표현했어요.

*발음인 兌(빛나다, 기뻐하다 태)는 입가에 주름이 잡히도록 웃는 모습이에요. 환한 표정에서 '빛나다' 라는 의미가 나왔어요.

*철로 창, 칼 같은 무기를 주로 만들어 썼기 때문에 戈(창과)를 썼어요.

려놓고 두드린다는 의미였어요.

*呈戈 (질→철)이 발음.

후에 금속과 관련됨을 나타내려고 金(금)을 더했어요.

金(거푸집)에서 꺼내 呈(모루) 위에 올려놓고 ✝(才(재) 재주껏) 두드려서 戈(창 즉, 제품)을 만든다고 보면 돼요.

鋼鐵(강철), 軟鐵(연철)과 剛度(강도)

鋼(钢강철 강)은 金(금속)이 의미, 岡(산등성이 강)이 발음이에요.

* 발음인 岡(산등성이 강)은 冈(그물 망)처럼 연결된 山(산맥)을 떠올리세요.

軟(软연하다 연)은 輭(부드럽다 연)의 속자예요. 본래자인 輭(연)은 덜컹거림을 방지하기 위해 새끼줄로 수레바퀴를 감싼 출상(出喪)용 수레를 가리켰다고 해요. 수레가 천천히 부드럽게 굴러가서 '부드럽다'는 뜻이 됐고요.

* 軟(연)의 반대자인 硬(굳다, 단단하다 경)은 石(돌)에서 단단하다는 의미를 취했고, 更(고치다 경)이 발음이에요.

강철, 연철처럼 금속의 단단하고 센 정도를 剛度(강도)라고 해요.

剛(刚굳세다 강)은 본래 冈(그물 망)과 刀(칼 도)로 써서 칼로 그물을 자른다는 의미였어요. 그물을 자를 만큼 단단한 칼에서 (휘거나 부러지지 않고) 굳세다는 뜻이 나왔어요. 후에 冈(그물) 아래에 土(사)나 火(화)를 보탰던 것이, 소전에서 山(산)으로 바뀌어 현재의 자형(발음인 岡(강)과 刂(칼 도)로 이루어진 형태)이 됐어요. 剛直(강직), 外柔內剛(외유내강) 의지, 기상, 성품 등이 강한 剛健(강건) 등에 써요. ♂

* 몸, 기력, 체질이 튼튼할 때는 '强健(강건)하다'고 씀.

研磨(연마), 鍊磨(연마), 練磨(연마)

✨🔳 금속과 💎 보석을 갈고 닦는 '研磨(연마)'에는 硏(갈다 연)을

쓰고 사람이 지식과 기술을 갈고 닦는 '練磨(/鍊磨 연마)'에는 糸(실)이나 金(금속)을 단련하던 데서 나온 練(练단련하다 연) 또는 鍊(炼단련하다/정련하다 연)을 많이 써요.

▶기타 금속과 옥

金(금)은 앞에서 다루었으니 통과하고요. 金(금)인가 艮(돌아보니) 銀(은)이라는 銀(银은 은)은 金(금속)이며 艮(뒤돌아보는 눈)의 번뜩이는 흰자위 빛깔과 닮은 '은'을 가리켜요. 은도 금과 마찬가지로 지불 수단으로 사용됐기 때문에 '銀行(은행)'에서는 '돈'이라는 뜻을 가져요.

*艮(간 → 은)이 발음.

銅(铜구리 동)은 金(금속)이 의미 부분이고, 同(같다 동)이 발음이에요. 구리는 얼핏 보면 金(금) 同(같아) 보여서 同(같다 동)으로 발음을 나타냈어요.

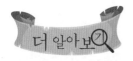

同(같다, 한가지 동)은 가마와 구령을 외치는 입으로 이뤄졌어요. 가마꾼들이 "출발! 좌로~ 우로~" 하고 구령을 외치며 同時(동시)에 同一(동일)하게 움직여서 同(같다, 같이하다, 한가지 동)이에요. ♂

*실은 同(한가지 동)에 대해서는 정설이 없어요. 속이 빈 대나무, 동굴, 여러 사람의 말이 하나로 모아지는 것, 가마(또는 커다란 쟁반이나 배)를 구령에 맞춰 옮기는 모습 등 설이 분분해요.

鉛(铅납 연)은 金(금속)이 의미, (연)이 발음이에요.
예 鉛筆(연필), 黑鉛(흑연)

錫(锡주석 석)은 金(금속) 중에서도 열전도율이 매우 커서 온도가 쉽게 易(바뀌는) 것으로 朱錫(주석)의 특징을 표현했어요.

 비금속인 玉(옥 옥)은 본래 王(구슬 세 개를 나란히 꿴) 모양으로 썼는데, (임금 왕)과 구별하기 위해 丶(점 주)를 덧붙였어요. 옥은 빛깔이 아름다울 뿐 아니라 매우 단단하고 잘 깨지지도 않아서 '하늘의 돌'로 불렸어요(여기서 말하는 옥은 硬玉(경옥)이에요). 옛날 사람들은 옥에 상서로운 기운이 있다고 믿었어요. 해서 갓 태어난 아이에게 옥으로 만든 장난감을 쥐어주었고, 죽은 사람에게는 옥으로 된 물건을 함께 두어 생명이 다시 돌아오기를 (혹은 내세에서 다시 태어나기를) 기원했어요. 이렇듯 王(옥)이 入(들어가면) 全部(전부) 다 완전(完全)해진다는 믿음에서 나온 게 全(전부, 온전하다 전)이에요.

 弄(가지고 놀다 롱)은 王(옥구슬)을 廾(두 손)으로 만지작거리는 모습이에요.

예 才弄(재롱), 愚弄(우롱), 戲弄(희롱: 실없이 놀림)

珠(구슬 주)는 王(옥)이 의미, 朱(붉다 주)가 발음이에요. 珠板(주판)은 구슬 모양으로 생긴 붉은 구슬(주판알)을 이용해 셈을 하는 셈판이에요. 예전에 珠算(주산) 선생님들의 珠玉(주옥) 같은 레퍼토리가 있었죠. "거기! 주판으로 스케이트 탄 녀석 이리 와!!"

球(공 구)는 둥근 王(옥구슬)과 발음인 求(구)로 이루어졌어요.

예 地球(지구)

각종 球技種目(구기 종목)에도 써요. 나온 김에 대표적인 종목들을 볼까요.

野球(야구)는 들판처럼 넓은 장소에서 경기하므로 野(들 야)를 써요.

卓球(탁구)는 테이블 위에서 공을 주고받아 卓(탁자 탁)을 써요.

籠球(농구)는 바구니 안에 공을 넣어 득점하므로 籠(삼태기, 대그릇 농)을 써요.

蹴球(축구)는 공을 발로 더욱 멀리 차 보낸다고 蹴(차다 축)을 써요.

排球(배구)는 손으로 공을 밀어 보내서 排(밀치다 배)를 써요. ♂

璧(구슬 벽)은 玉(옥)이 의미, 辟(벽)이 발음이에요. '두 개의 구슬'이란 뜻의 雙璧(쌍벽)은 '여럿 가운데서 우열을 가릴 수 없을 만큼 특별히 뛰어난 둘'을 가리켜요. 完璧(완벽)은 흠이 없이 완전한 구슬이라는 뜻으로 '결점 없이 완전함'을 말하고요.

반면, 玉(옥)의 일부분이 叚(떨어져나가) 瑕疵(하자)가 있으면 瑕(티, 흠, 결점 하)예요.

옛날에는 옥을 잘 갈고 닦아서 원석에 숨어 있는 아름다운 결을 나타나게 하는 일이 군자가 인격을 갈고 닦는 일에도 비유되었어요. 理(이치 리)는 王(옥) 원석 里(속)에 들어 있는 (무늬)결을 따라 잘 가공하던

*厂(암석)에서 떼어낸 ㄱ(광석 조각)을 又(손)에 취하는 모습의 叚(빌 리)다 가)로 가→ 하 발음을 나타냈어요.

데서 '결', '다스리다', '(다스리는) 도리', '理致(이치)'라는 뜻이 됐어요. '결'이라는 뜻도 있어서, '地理(지리)'에서 이 뜻으로 쓰여요. 땅에는 산도 있고 강물도 흘러, 나름의 결이 있다고 보았기 때문이에요.

나타난다~
나타난다~

現(现나타나다 현)은 한 사람이 玉(옥)에 나타난 아름다운 결을 見(바라보는) 모습이에요. 지금 바로 눈앞에 나타난다고 '지금', '現在(현재)', '나타나다'를 뜻해요.

珍(보배, 진귀하다 진)은 玉(옥)에 彡(광채)가 나는 모양으로 珍貴(진귀)한 보배를 표현했어요.

옛날에는 玉(옥)을 半(반)으로 잘라 부절(符節(부절); 돌, 대나무, 옥 등을 半(반)으로 잘라서 서로 반쪽씩 증표로 나눠 가졌던 물건)을 만들기도 했어요. 여기서 나온 게 班(나누다, 반 반)이에요. 가운데의 刂(칼)로 옥을 玉玉(둘로) 나눈 모양이에요. '1학년 1班(반)'처럼 학년을 학급으로 나눈 단위, '경찰 團束班(단속반)', '作業班(작업반)', '內務班(내무반)'… 등 일정한 목적을 위해 조직한 작은 집단, 주소의 '…洞(동) …統(통) …班(반)'에도 써요.

▶ 工(공)

工(공)에는 匠人(장인), 工業(공업), 工巧(공교)하다, 樂工(악공) 등 여러 뜻이 있어요. 工(공)이 무엇을 본떴는가에 대해서는 의견이 분분해요.
매달아놓은 석경, 목수들이 사용하던 자, 진흙을 다지는 절굿공이, 오늘날의 삽 같은 공구…

우선, 工(공)이 석경을 본떴다는 설을 볼게요. 석경은 옥돌을 매달아 놓고 망치로 쳐서 소리를 내던 고대 악기예요. 돌을 다듬어서 특정 음을 내도록 만들려면 匠人(장인)의 뛰어난 기술이 필요했으므로 '장인', '공교하다'라는 뜻이 되었다고 해요.

또 악기를 본떴으므로 工(공)에 '樂工(악공: 악기를 연주하는 사람)' 이라는 뜻도 생겼어요.

*솜씨가 巧妙(교묘)하고 精巧(정교)함을 이르는 巧(공교하다 교)는 工(공) 이 의미, 丂(고 → 교)가 발음이예요.

工(공)을 목수들이 사용하던 자(ruler)로 보기도 했어요. 자는 대표적 인 도구이므로, 도구를 써가며 일하는 匠人(장인)과 그 일(工業공업) 을 뜻하게 됐다는 설명이에요. 匠(장인 장)은 匚(도구상자) 안에 斤(도 끼)가 든 모양이에요. 본래는 목수를 의미했는데, 후에 匠人(장인) 즉, 기술자를 가리키게 됐어요.

匚(상자 방)과 匸(감추다 혜)는 달라요. 匸(혜)의 一 는 뚜껑을 덮어 가린다는 의미예요. 예 匿(숨다, 숨기다 닉)

巨(크다 거)는 한 사람이 손잡이가 달린 큰 자(직선을 긋는 곱자)를 쥔 모습이었는데 '크다'로 가차됐어요. 그래 서 본래 뜻인 '자'를 나타내려고 새로 만든 게 矩(곱자 구)예요. 앞에 矢(화살 시)를 붙인 이유는 옛날에 활과 화살로도 거리와 길이 를 쟀기 때문이에요. 거리나 길이가 긴 것은 활로, 짧은 것은 화살로 쟀어요. 그래서 활에 비해 짧은 길이를 재던 矢(화살)과 豆(콩)을 합치 면 短(짧다 단)이에요. 足(발)의 보폭으로 距離(거리)를 재던 데서 나온 건 距(떨어져 있다 거)예요.

예 拒否(거부), 拒絕(거절), 抗拒(항거)

*곱자는 나무나 쇠로 90° 각도로 만든 'ㄱ'자 모양의 자.

*巨(거)가 발음. 단, 拒(막 다 거)는 손에 자를 들고 있는 게 아니라 扌(손)으 로 막는다는 의미에, 巨 (거)가 발음이예요. '막 다', '맞서다'라는 뜻을 가져요.

다시 工(공)으로 돌아와서요, 금문을 보면 손잡이(자루)와 삽(또는 공이)로 된 공구를 본떴다는 설이 가장 그럴 듯해 보여요. 工具(공구)를 사용하며 일하는 匠人(장인)과 그 일(건축 공정)을 뜻하다가 일반적인 工程(공정), 工業(공업), 工作(공작)으로 의미가 넓어졌다고 해요. 그럼 工(공)이 들어간 글자를 볼게요.

功(공(적) 공)은 발음인 工(공)과 力(힘써) 일해 공(功)을 세운다는 의미로 이뤄졌어요. 空(비다, 비우다 공)은 穴(구멍, 굴 혈)과 발음인 工(공)으로 이루어졌어요. 工(도구)로 穴(구멍)을 파서 비운다는 의미예요. 때문에 空(공)에는 그냥 텅 빈 게 아니라 애써서 비워낸다는 뜻이 담겨 있어요. 불교에서 중요하게 여기는 화두 중의 하나가 된 이유기도 해요. 貢(贡바치다, 공물 공)은 지난 날 백성들이 工(공산품)과 貝(재물)을 나라나 관청에 貢物(공물)로 바쳐 나라 살림에 貢獻(공헌)하던 데서 나왔어요.

이 밖에도 工(공)이 발음으로 들어간 글자로는 江(강 강), 紅(붉다 홍), 項(项목 항), 肛(항문 항), 虹(무지개 홍) 등이 있어요.

08 돈과 상업

▶상(商)

㒼 㒼 商 商(장사(하다) 상)은 받침대 위에 술잔(즉, 상품)을 올려놓고 소리 내어 파는 장사꾼의 口(👄입)을 나타냈어요. 商(상)은 본래 상(商)나라와 상족(商族)을 가리켰어요. 초기자형만 봐도 제사상 위에 술잔이 놓인 모양을 닮아서 제사와 점복을 중시했던 상나라의 정체성을 상징하는 듯해요. 그런데 상족은 교역을 활발하게 했고 상술(商術)도 뛰어났으므로 '상나라 사람'이란 뜻의 상인(商人)이 점차 '장사하는 사람'을 가리키게 되었다고 해요.

한편, 장사에서는 품질, 가격 등에 대한 질문과 대답이 오가므로 商(상)에는 '헤아리다', '상의(商議/相議)하다'라는 뜻도 있어요.

상위 1%를 위한 귀족마케팅

다단계 피라미드 판매

종신 상품

상인

사고파는 물건은 상품(商品)이라고 해요.

品(물건, 품평하다 품)은 ▪▪▪(▣물건을 쌓아놓은)

모양 또는 물건의 좋고 나쁨을 품평(品評)하

는 品(◠◠◠사람들의 입)을 나타내요.

*□(상자) 안에 品(물건들)을 잘 나눠 정리해놓은 모양이 區(□구역, 나누다 구)예요.

물품을 사고파는 대표적인 장소는 市場(시장)이었어요. 市(시장 시)는

갑골문에서 止(발)과 月(돛 또는 배)로 썼어요. 배

를 타거나 걸어서 물건을 서로 교환하던 장소를 의미했지요.

금문에서는 屮(之가다)와 八(나누다)와 丂(引당기다 인의 초서체)로 썼

어요. 시장에서 물건을 나누고, 밀고 당기며 흥정한다는 뜻이었어요.

현재는 亠(止발 지의 변형)과 巾(수건 건)으로 써요. 止(발)은 오고감을

뜻하고, 巾(수건)은 시장이 선 장소를 표시하는 깃발이에요.

*발과 배는 '이동'과 관련되므로 물건이 유통되는 시장의 이미지와도 잘 어울려요.

*止(지 → 시)가 발음.

場(场마당 장)은 土(흙)을 돋우어 신에게 제사 드리던 昜(햇빛 잘

드는) 장소를 뜻하다가 점차 '넓고 사람이 많이 모이는 곳'을 가리키

게 되었어요.

예 廣場(광장), 劇場(극장)

*昜(햇볕 양)으로 양 → 장 발음.

점포

店(가게 점)은 广(집 엄)으로 건물과 관련됨을 나타냈고, 占(점)이

발음이에요. 한 곳에 占(자리를 차지하고서) 물건을 파는 广(가게)를 뜻

해요.

鋪(펴다, 점포 포)는 넓게 펴져 늘어나는 성질이 있는 金(금속)이 의미

*발음인 占(점)에는 '차지하다' 라는 의미가 있어요. 상나라 때는 점괘가 모든 일을 결정하는데 독점(獨占)적인 위치를 점유(占有)했기 때문이에요.

부분이고, 甫(크다 보)로 보 → 포 발음을 나타냈어요. 길에 돌, 시멘트, 아스팔트 등을 간 鋪裝道路(포장도로)에 써요. 또 물건을 좌~악 펼쳐놓고 파는 '店鋪(점포)'라는 뜻도 있어요. ♂

▸거래의 매개체

초기의 거래 형태는 물건과 물건을 직접 맞바꾸는 물물교환(物物交換)이었어요. 내가 찾는 물건을 가진 사람도 찾기 힘들었지만, 겨우 찾아내도 그 사람 역시 내가 가진 물건을 원해야만 바꿔 쓸 수 있었어요. 거래 성공률이 낮을 수밖에 없었지요. 이 불편함을 없애기 위해서는 '교환의 매개체' 즉, 화폐가 필요했어요. 화폐라는 발명품이 없었다면, 우리는 아직도 쌀 한 포대를 메고 물건을 바꾸러 다니고 있었을지도 몰라요.

최초의 화폐(貨幣)는 나누기 쉽고 썩지 않는 조개껍질이었어요. 중원(中原)의 먼 바닷가에서 난 바다조개 껍질이 화폐로 유통(流通)되었지요. 때문에 貝(貝조개, 돈 패)는 '재물', '돈', '가치'의 아이콘이 됐어요. 재물(財物)은 돈이나 값나가는 물건을 말해요. 財(재), 貨(화), 資(자) 모두 '재물'이란 뜻을 가졌지만 의미에는 조금 차이가 있어요. 먼저 財(財재물 재)의 발음인 才(재)는 갑골문에선 물의 흐름을 막아놓은 모양으로 썼어요. 그래서 財(재)는 특히 쓰지 않고 쌓아두어 유통의 흐름을 막는 재물을 의미해요.

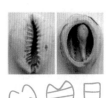

(예) 蓄財(축재), 財産(재산)

반면 貨(貨재물 화)는 '바꾸다', '변화하다'라는 뜻의 化(되다 화)를 발음으로 취해, 여러 가지 물건

* 貨物(화물; 운반할 수 있는 유형의 재화나 물품), 通貨(통화; 유통 수단이나 지불 수단으로서 기능하는 화폐)처럼 주로 유통과 관련된 재물에 써요.

과 바꾸며 재화를 돌도록 하는 재물을 의미해요.

資(資재물 자)는 次(버금 차)로 차 → 자 발음을 취해서 次(군침 흘릴 만큼 탐나는) 貝(재물)을 의미해요.

資(재)에는 '바탕', '資本(자본)'이라는 뜻도 있어요. 사람의 타고난 바탕을 '資質(자질)'이라고 하지요.

*비슷한 글자가 발음인 今(금)과 貝(패)를 합친 貪(貪탐하다 탐)이에요. 지금 눈앞에 재물이 있으면 누구나 탐한다는 의미에서 나왔어요.

다시 화폐 얘기로 돌아와서요, 조개껍질 외에 🌟 짐승의 가죽, 옷감, ✖️ 농산물, 🔻보석, ░ 소금 등도 지불수단으로 사용되었어요. 그런데 이들 물품 화폐는 부피가 크고 무거워서 이동에 큰 불편을 주었어요. 궁리하다 휴대하기 편리하도록 부피는 작아도 가치가 큰 🏵 금, 은, 동 등의 금속화폐를 주조하였고 나중에는 더 가벼운 종이로 지폐와 수표를 만들었어요. 이 같은 변화 과정은 '돈'을 뜻하는 글자들 속에 고스란히 반영되어 '貨幣(화폐)'와 '金錢(금전)'을 보면 돈의 재료로 쓰였던 貝(조개), 巾(옷감), 金(금속)이 들어 있어요. 그럼 한 글자씩 볼까요?

貨(돈 화)는 조개 화폐를 의미하는 貝(조개 패)와 발음인 化(화)로 이루어졌어요. 幣(幣돈 폐)는 지불 수단으로 쓰였던 巾(옷감)이 의미 부분이고, 敝(폐)가 발음이에요. 金(돈 금)은 金(금)도 지불 수단으로 쓰였기 때문에 '돈'을 뜻하게 됐어요.

*敝(해지다 폐)가 들어선지 구겨지고 너덜너덜해진 紙幣(지폐)도 연상시켜요.

*銀(은) 역시 지불수단으로 사용되었으므로 '돈' 이란 뜻이 있어요.

*금액(金額)의 額(額이마, 액수, 현판 액)은 客(객 → 액) 발음과 이마가 있는 부분인 頁(머리 혈)로 이뤄졌어요. '액면(額面)'은 '액면가격(額面價格)'의 줄임말이에요. 또 '말이나 글로 표현된 그대로의 모습'도 의미해요. 그래서 농담을 액면(額面) 그대로 받아들이면 곤란하지요. '액자(額子)'에서는 그림 넣어 거는 '틀'을 말해요.

예 銀行(은행)

錢(錢돈 전)은 재료인 金(금속)이 의미, 戔(戔잔/전)이 발음이에요. 金(금속)으로 주조했으며 얼마의 가치에 해당하는지를 앞에도 戈(새기고) 뒤에도 戈(새겨 넣은) '돈'으로 보면 돼요.

貫(관)

 진시황이 최초로 중국을 통일하고 세운 진(秦)나라 때는 둥근 모양에 네모난 구멍을 낸 반량전(半兩錢)으로 화폐가 통일됐어요(←사진에서도 半兩(반량)이라는 글자가 보여요). 원형방공(圓形方孔: 둥근 모양에 네모난 구멍)은 하늘은 둥글고 땅은 네모나다고 생각한 중국인들의 의식을 반영한 것이었어요. 가운데에 구멍을 뚫으면 끈으로 꿰어 보관하기도 편리했으니 취급상의 편의도 고려한 것이었고요.

貫(貫꿰다 관)은 毌(꿰어놓은) 貝(돈) 꾸러미로부터 '꿰다', '뚫다'라는 貫通(관통)의 의미가 나왔어요. 그래서 貫祿(관록)이 있다고 하면 상당한 경력과 위엄을 꿰고 있다는 뜻이에요. 串(꿰다, 익히다 관)도 뭔가를 꿰어놓은 모양이에요. ♂ 串 ● 䒤 串 串

오늘날엔 세계 어디에서나 금속을 녹여 만든 鑄貨(주화 즉, 銅錢동전)와 종이 돈인 紙幣(지폐)를 사용해요. 참고로 우리나라에서는 위조지폐(僞造紙幣)를 유통시키면 최고 무기징역까지도 선고된다고 해요.

🖐 돈으로 복사기 성능을 시험해보면 안 돼요. 돈의 가치를 지니는 것으로는 手票(수표)를 포함한 有價證券(유가증권: 줄여서 증권. 어음, 수표, 채권, 상품권 등)도 있어요. '手票(수표)'의 票(쪽지 표)는 要(중요한) 것을 잘 示(보이기) 위한 '쪽지', '표'를 뜻해요.

예 投票用紙(투표용지), 車票(차표)

票(표)는 불길이 너울거리며 높이 솟구친다는 㷊(가볍다 표)의 예서체로, '높이 올라가는 것'에서 眼標(안표: 나중에 봐도 알 수 있게 표하는 일)의 의미가 나왔다고 해요.

票(표)가 들어간 標(표mark), 漂(표float), 剽(표rob)

標(标표(하다) 표)는 본래 '큰 나무의 꼭대기(우듬지)'를 가리켰어요. 이로부터 높이 내걸어 標(안표)로 삼는다는 의미가 나왔고, 다시 표를 하여 외부에 드러내 보인다는 뜻이 되었어요.

예 원산지標示(표시), 안내標識板(표지판), 이름標(표), 浮標(부표)

漂(떠다니다 표)는 氵(물) 위에 票(높이) 떠서 漂流(표류)한다는 의미예요. 剽(빼앗다 표)는 발음인 票(표)와 刂(칼)로 겁박하여 빼앗는다는 의미가 합쳐졌어요. 예 剽竊(표절) ♂

* 한자로는 card를 '卡'로 써요. 上(위)로~ 下(아래)로~! 엘리베이터를 나타낸 것처럼 생겼죠? 图书卡(도서카드), 圣诞卡片(크리스마스카드) 등에 써요.

현재 돈은 '플라스틱 머니'로 불리는 信用卡(신용카드)와 電子貨幣(전자화폐: 컴퓨터 통신망상에서 유통되는 사이버머니)의 단계까지 진화했어요. 미래에는 또 어떤 새로운 돈이 발명될까요?

돈의 주요 기능으로는 다음 네 가지를 들 수 있어요.

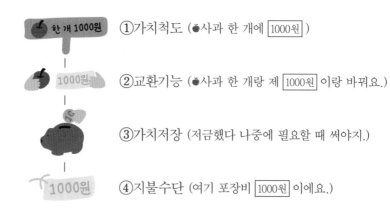

① 가치척도 (🍎사과 한 개에 1000원)

② 교환기능 (🍎사과 한 개랑 제 1000원 이랑 바꿔요.)

③ 가치저장 (저금했다 나중에 필요할 때 써야지.)

④ 지불수단 (여기 포장비 1000원 이에요.)

100만 원짜리 컴퓨터와 200만 원짜리 컴퓨터가 있다면 어느 쪽의 품질이 더 좋을까요? 價格(가격)은 상품의 가치를 그에 대응하는 돈으로 나타낸 것이므로, 값을 알면 물건의 價値(가치)가 얼마인지를 쉽게 가늠할 수 있어요. 이처럼 돈은 가치를 評價(평가)하는 잣대가 돼요.

값(어치) 혹은 재화의 중요한 정도를 價値(가치)라고 해요. 價(价값(어치) 가)는 亻(상대방)에게 覀(두 손)에 움켜쥔 貝(패화)를 지불하는 모습이에요. 値(値값(어치) 치)는 亻(인)과 발음인 直(곧다 직)으로 이루어졌어요.

直(직)은 ⏚罒(눈) 위에 丨(곧은 선)을 하나 그린 모양이에요. '똑바로 앞을 直視(직시)하다', '정신을 집중해 대상을 똑바로 보다', '사물의 진상을 바라보다'가 본래 의미였어요. 이로부터 '곧다', '곧바로'라는 뜻이 나왔어요. 나중에 측량할 때 쓰는 L(곱자)를 추가해 정확하게 재고 관찰한다는 의미를 보탰어요. 그러므로 値(값 치)는 亻(사람)이 直(똑바로 정확하게) 잰 '값'을 뜻해요.

화폐를 끌어들임으로써 물건의 交換(교환)이 쉬워졌으므로, 돈에는 교환 기능도 있어요. 交(사귀다, 주고받다 교)는 사람이 다리를 교차하며 걸어가는 모습이에요. 여기서 交叉(교차)한다는 뜻이 나왔어요. 예 交換(교환), 交流(교류)
또 사람과 사람이 서로 마음을 주고받으며 '사귀다'라는 交際(교제)의 뜻도 있어요.
換(換바꾸다 환)은 扌(손)으로 바꾼다는 의미에, 奐(환)이 발음이에요.

奐(빛나다, 성대하다 환)에 대해서는 ⺈(人의 변형. 산모)의 儿(다리) 위에 천을 冖(덮고) 산파가 大(廾 두 손)으로 아이를 받는 모습이라는 설명도 있어요.

쉽게 상하는 빵, 생선과 달리 돈은 오래 저장해도 가치가 손상되지 않으므로 재산을 축적(蓄積)해두는 수단으로도 사용되었어요. 또 재화를 구입하거나 서비스를 이용할 때 그 대가를 支拂(지불)하는 수단으로도 쓰이지요.

支(지불하다, 가지, 지탱하다 지)는 나뭇가지를 손에 든 모습이에요. 가지를 지지대 삼아 물건을 지탱(支撐)시킨다고 '支持(지지)하다'라는 뜻이 되었어요. 그런데 돈과 관련해선 '지불하다'라는 뜻을 가져요.

예 支出(지출), 收支(수지; 수입과 지출)

拂(떨(어내)다 불)은 扌(손)에 弗(불. 즉, $달러)를 들고 지불하는 모습을 떠올리세요.

*본래는 扌(손 수)와 발음인 弗(불)로 이루어져 '먼지를 떨어낸다'는 의미였어요. 먼지를 떨어낸다는 뜻의 '拂拭(불식)'은 의심스럽거나 부조리한 점을 말끔히 떨어 없앰을 비유해요.

弗(불)

弗(아니다 불)은 丿(휘어진 것)을 丨(반듯한 것)에 대고 弓(끈으로 묶어) 교정하는 모양이에요. 더 이상 휘지 '않다'에서 → '아니다'라는 부정의 뜻이 되었어요.

弗(불)이 들어간 글자를 보면 佛(부처 불)은 부처를 의미하는 亻(사람인)과 발음인 弗(불)로 이루어졌어요.

沸(끓다 비)는 물이 끓으면 기체인 수증기로 변하므로 氵(물)이 弗(아니게) 되었다고 弗(아니다 불)로 불 → 비 발음을 나타냈어요.

費(쓰다 비)는 의미 부분인 貝(패)와 弗(불 → 비) 발음이 합쳐졌어요. 글자를 보면 弗(달러)와 貝(돈)을 쌓아 놓고 消費(소비)한다는 것 같죠?

弗(불)이 달러(dollor)로 쓰이게 된 건 글자 모양이 미국의 화폐 단위($)와 비슷하기 때문이에요. ♂

▶ 거래(去來)

거래(去來)는 서로 물건을 주고받거나 사고파느라 물건이 나가고(去) 들어오는(來) 데서 나왔어요.

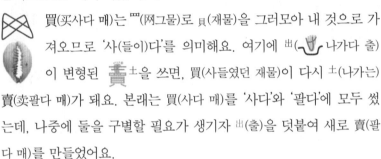

買(买사다 매)는 ⺲(网그물)로 貝(재물)을 그러모아 내 것으로 가져오므로 '사(들이)다'를 의미해요. 여기에 㞉(↑나가다 출) 이 변형된 ±을 쓰면, 買(사들였던 재물)이 다시 ±(나가는) 賣(卖팔다 매)가 돼요. 본래는 買(사다 매)를 '사다'와 '팔다'에 모두 썼는데, 나중에 둘을 구별할 필요가 생기자 㞉(출)을 덧붙여 새로 賣(팔다 매)를 만들었어요.

販(贩팔다 판)은 貝(재물)이 反(거꾸로) 다시 나간다 하여 反(되돌리다 반)으로 반 → 판 발음을 나타냈어요. ♂

상인(商人)은 매매 과정에서 利潤(이윤; 장사 등을 하여 남은 돈)을 남겨요. 禾(벼)를 刂(칼)로 베는 모양의 利(날카롭다, 이롭다 리)에는 '利益(이익)'이라는 뜻도 있어요. 농사를 지어 곡식알이라는 利潤(이윤)이 남았기 때문이에요.

潤(润불다, 윤택하다, 이익 윤)은 발음인 閏(윤달 윤)에 늘어나 남아돈다는 의미가 있어요. 왜 그럴까요?

윤달은 1년 12달보다 더 나아간 13번째 달을 일컬어요. 흔히 1년을 365일로 딱 떨어진다고 생각하지만, 실제로는 지구가 태양을 한 바퀴 도는 데 365일 하고도 5시간 48분이라는 자투리 시간이 더 걸리기 때문에 바로 윤달(閏月)이 생겨났어요.

태양력에서는 365일의 나머지 5시간 48분 46초를 모아 4년마다 한 번 2월을 29일로 하루 늘렸어요. 반면 태음력에서는 1년을 354일로 정했으므로, 점점 벌어지는 달력의 계절과 실제 계절과의 차이를 줄이기 위해 19년에 일곱 번, 5년에 두 번의 비율로 1년을 13개월로 하는 윤년을 만들었지요. 이 13번째의 달이 윤달이에요.

중국에서는 천자가 제사를 지낼 때 종묘 안에 있는 12개의 방 중 그 달에 해당하는 방에 머물렀어요. 때문에 윤달이 낄 경우에는 거처할 곳이 없어서 침문(寢門; 침실로 드나드는 문) 안에 거처했어요. 그래서 閏(閏윤달 윤)은 門(문) 안에 王(임금 왕) 자가 있는 모양이에요. 이야기가 길었는데요, 요점은 閏(윤)에 더 늘어나 남아돈다는 의미가 있다는 것이에요.

* 물기가 늘어 반짝반 짝 '潤氣(윤기)'가 난다 는 뜻도 나왔고요.

潤(潤불다 윤)은 氵(물)이 閏(더 늘어나서) '불다'가 되었고, '불다'에서 → '利益(이익)'으로 의미가 확장됐어요.

흑자와 적자

黑字(흑자)는 收入(수입)이 지출보다 많아서 利益(이익)이 생기는 것이에요. 반대로 赤字(적자)는 수입보다 支出(지출)이 많아서 損額(손액)이 생긴 것이에요. 옛날에 이익은 검은 색, 손액은 붉은 색으로 장부에 기록했던 데서 유래했어요.

損(損덜다, 줄다 손)은 扌(손)으로 員(鼎솥)의 (음식물을) 덜어내어 '덜다', '줄다'예요.

度量衡(도량형), 자와 되와 저울

도량형은 길이, 부피, 무게를 재는 기구나 단위법을 말해요. 처음에는 신체의 일부를 기준으로 삼았어요. 손가락으로 한 뼘 두 뼘 길이를 재고, 한 움큼 또는 양손바닥을 움푹하게 만들어 가득 담기는 양을 기준으로 부피를 쟀어요.

그러다가 사회가 복잡해지면서 정확한 세금 징수와 토목 공사, 거래에서의 시비를 줄이기 위한 목적 등으로 엄격하고 동일한 측정 기준이 필요해졌어요. 길이, 부피, 무게 등을 정확하게 재기 위해 도량형도 점점 발달하게 되었죠.

度(자 도, 재다 탁)은 손을 본뜬 又(🖐 우)에서 재고 헤아린다는 의미를 취했고, 庶(무리 서)의 생략형으로 서 → 도 발음을 나타냈어요.

특히 '표준이 되는 단위'로부터 '法度(법도)'라는 뜻도 파생되었어요.

尺度(척도기준)의 尺(자 척)은 尸(사람)의 무릎 아래 부분에 〵(표시)를 한 모양이에요. 종아리 길이를 단위 삼았던 것으로 1척이 약 30.3센티미터에 해당했어요.

*손으로 재던 溫度(온도)와 角度(각도)에도 써요.

量(헤아리다 량)은 里(東(자루)의 윗부분을 열어서) 曰(되나 말) 같은 계량기(計量器)로 내용물을 測量(측량)하는 모양이에요. '헤아리다', '재다', 잰 分量(분량)'을 뜻해요.

衡(저울대, 달다 형)은 본래 衡(行큰 길)에 소를 끌고 갈 때, 소가 사람들을 들이받지 못하도록 衡(角뿔) 사이에 끼우던 衡(큰) 가로막대를 가리켰어요. 그런데 가름대의 모양이 저울대와 닮아서 '저울대'라는 뜻도 생겼다고 해요.

저울대는 양쪽의 均衡(균형)을 맞추기 위해 수평을 유지하는 것이 중요하므로 衡(형)에는 '평평하다'라는 뜻도 있어요. 때문에 衡平(형평)은 '균형이 맞음'을 뜻해요. 入學(입학)銓衡(전형), 入社(입사)銓衡(전형)… 등에 쓰는 銓衡(전형)은 사람을 여러모로 저울질해 잰다는 뜻이에요. ♂

* 銓(저울질하다, 사람 울가리다 전)은 저울추의 재료인 金(쇠금)과 발음인 全(전)으로 이루어졌어요.

▶ 무역(貿易)

貿(貿바꾸다, 무역하다 무)는 세관(稅關)의 貿(문)을 통해 貿(재물 즉, 물품)이 드나드는 것으로 貿易(무역)한다는 의미를 나타냈어요.

발음 부분인 貿는 卯(묘)의 변형이에요. 卯(넷째지지 묘)에 대해서는 설이 분분한데요, 卯(■■문)이 卯(■■열린) 모양으로 보는 게 무역과는 가장 어울리는 듯해요.

易(바꾸다 역)은 카멜레온처럼 몸 빛깔을 쉽게 바꾸는 도마뱀을 그려 '바꾸다', '쉽다'는 뜻을 나타낸 걸로 여겨졌어요. 하지만 최근에는 그릇에 담긴 물을 다른 그릇에 따르는(🥛) 것으로 보는 편이에요. 물은 쉽게 따를 수 있을 뿐만 아니라 그릇의 모양에 따라 형태가 바뀌기 때문에 '바꾸다', '쉽다'는 뜻이 되었다고 해요.

貿易(무역)은 지방과 지방, 나라와 나라 사이에 서로 물품을 사고팔거나 交換(교환)하는 일이에요. 그러려면 먼저 각지로부터 상품을 運搬(운반)해 왔겠지요? 글자만 봐도 運搬(운반)은 運(수레)와 搬(배)로 만들었다는 걸 알 수 있어요.

運(运옮기다, 돌다, 운수 운)은 수레에 올라탄 ￢(사람)이 소나 말이

끄는 車(수레)를 몰며 辶(가는) 모습이에요. 이렇게 짐을 실어 날라서 '옮기다'라는 뜻이 되었어요.

예 運轉(운전), '運搬(운반), 運命(운명)

搬(옮기다 반)은 扌(손 수)와 般(돌다, 옮기다 반)이 둘 다 의미 부분이고, 般(반)은 발음도 나타내요.

발음인 般(옮기다, 나르다 반)은 舟(배)를 殳(젓는) 모습으로 보면 돼요.

사실 般(반)은 凡(범)과 攴(복)으로 썼어요. '다리가 달린 커다란 凡(쟁반)에 그릇들을 담아 나르며 攴(일한다)'는 뜻이었어요. 나중에 凡(범)이 모양이 비슷한 舟(배 주)로 바뀌어 殳(손으로 노를 저어) 사람과 물건을 실어 나른다는 뜻이 됐어요.

般(반)에는 '一般(일반)'이라는 뜻도 있어요. 어떤 공통 요소가 전체에 두루 미치는 걸 말해요.

무역상들은 곳곳에 설치된 關(관)을 통과해 지방과 지방, 나라와 나라를 넘나들었어요.

關(关빗장, 관문, 관여하다, 기관 관)은 門문에 빗장을 단단히 잠가놓은 모양이에요.

絲(밧줄)로 꽁꽁 묶어둘 만큼 중요한 關門(관문)은 주로 국경이나 요지에 설치되어 關(관) 또는 關所(관소)로 불렸어요. 수상쩍은 사람들은 통과할 때 난관(難關)에 부딪쳤는데, 관리들이 사람들의 통행증을 확인하고 화물을 조사했기 때문이에요. 화물에 대해 거둬들인 세금은 도시나 국가에서 필요한 데에 사용했어요. 요즘의 '세관(稅關)' 같은 기관(機關)과 비슷했지요.

이쪽과 저쪽을 넘나드는 것에 대한 단속, 검역에 관계된 일을 맡았으므로 關(관)에는 '關與(관여)하다', '關係(관계)하다'라는 뜻도 있어요.

*참고로 關(관)에는 '기관(일정한 목적을 위해 만들어진 조직체)' 이라는 뜻도 있어요.

* 발음 부분인 兪(유)는
月(舟배)가 물결을 가르
며 나아가는 모양이에요.

세관(稅關)을 통과해 貝(재화)를 나라 밖으로 실어 나가면 輸出(수출), 나라 안으로 싣고 들어오면 輸入(수입)이에요. 수출과 수입에 공통으로 들어 있는 輸(輸나르다, 옮기다 수)는 고대의 대표적인 수송(輸送) 수단이었던 車(수레)와 月(舟배)로 이루어졌어요.

▸경제

經濟(경제)는 세상을 다스리고 백성을 구제한다는 經世濟民(다스리다 경, 세상 세, 구제하다 제, 백성 민)의 줄임말이에요.

經(经날실, 지나다, 다스리다 경)은 糸(실)을 工(베틀)에 巛(세로로 건) 모양이에요. 세로로 팽팽하고 질서정연하게 걸린 날실이 옷감을 바로 잡아주는 중심축과 같아서 '다스리다'라는 뜻이 나왔어요.

濟(济건너다, 구제하다 제)는 氵(물)을 건넌다는 의미에, 齊(제)가 발음이에요. 물을 건널 때는 수심이 일정한 곳으로 건너기 마련이라 齊(齐가지런하다 제)로 발음을 나타냈어요. 중생으로 하여금 고통의 바다를 건너 극락으로 가게 인도한다는 의미에서 救濟(구제)한다는 뜻도 나왔어요.

'決濟(결제)'는 일을 처리하여 끝낸다는 뜻인데, '증권이나 대금을 주고받아 매매 당사자 사이의 거래를 끝맺는' 일에 주로 써요.

예 현금 決濟(결제), 카드 決濟(결제)

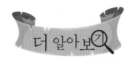

지불(pay) 개념인 결제(決濟)와 헷갈리는 게 승인(approve) 개념인 '결재

(決裁)'예요. 결정권을 가진 윗사람이, 아랫사람이 제출한 안건을 검토하여 허가하거나 승인할 때 써요.

예 보고서 決裁(결재), 기획안 決裁(결재), 裁量(재량)껏 ♂

인간의 생활에 필요한 財貨(재화)와 用役(용역)을 생산, 분배, 소비하는 모든 활동을 經濟(경제)라고 해요. 財貨(재화)는 사람이 바라는 바를 충족해주는 모든 물건이에요. 쉽게 말해서 옷, 휴대전화, 음식, 컴퓨터, 자동차처럼 눈에 보이고 손으로 잡을 수 있는 모든 물건이 재화예요.

用役(용역)은 생산과 소비에 필요한 인력을 제공하는 일이에요. 쉽게 말해서 의사의 진료, 택배 아저씨의 배달 서비스, 아이돌 가수의 공연처럼 손으로 잡을 수는 없지만 다른 사람의 욕망(또는 필요)를 채워주기 위해 제공하는 노동이 用役(용역)이에요.

用(쓰다, 쓰이다 용)에 대해서는 나무줄기로 엮은 바구니를 본떴다, 물건을 담는 桶(통 통)의 본래자다, 종(鐘)을 그린 鏞(종 용)의 본래자다, 거북이의 등판을 그린 상형자다… 등 설이 많아요. 바구니는 여러모로 쓸모가 많아서 '쓰(이)다'가 되었다는 주장도 있고, 卜(점 복)과 中(적중하다 중)으로 이루어져 점괘가 맞아서 쓸 만하다고 '쓰(이)다'가 되었다는 주장도 있어요.

用役(용역)은 우리말로는 '품'이라고 해요. 품을 파는 사람도 있고, 사는 사람도 있어서 雇(품(을) 팔다, 품(을) 사다 고)처럼 雇(고)에는 두 가지 뜻이 있어요. 그리고 고용되는 사람은 얼마간 자유를 구속당해야 함을 암시하듯 戶(새장) 안에 隹(새)가 갇혀 있는 모양이에요.

雇用人(고용인)과 雇傭人(고용인)

품삯을 주고 남을 부리는 사람은 雇用人(고용인)으로, 품삯을 받고 남의 부림을 받는 사람은 雇傭人(고용인)으로 써요.

傭(품(을) 팔다 용)은 亻(사람 인)이 의미, 庸(떳떳하다, 쓰다 용)이 발음이에요. 庸(용)은 庚 广(집)에서 彐(손)에 丨(탈곡기)를 쥐고 일하는 모습에, 庸用(용)이 발음이에요. ♂

품을 팔고 받는 돈이 賃金(임금)인데요, 賃(빚품삯 임)은 亻(일을 맡기는 사람 雇用主고용주)과 壬(일을 맡은 사람 雇傭人고용인) 사이에 주고받는 貝(돈)이에요. 발음인 任(맡기다, 맡다 임)을 亻(일을 맡기는 사람)과 壬(일을 맡은 사람)으로 보면… 일을 맡기는 데서 任意(임의; 자기 의사대로 하는 것)로 재량껏 처리하도록 委任(위임)한다는 뜻이, 일을 맡은 데서 責任(책임)이라는 뜻이 나오게 돼요.

대부분의 사람들은 이렇게 받은 임금으로 소비 생활을 해요. 돈, 물자, 시간, 힘 등을 써서 없애는 것이 消費(소비)지요. 경제에서는 인간이 욕망을 충족시키기 위해 재화를 消耗(소모)하는 일을 말하고요.

消(사라지다 소)는 氵(물 수)가 의미, 肖(소)가 발음이에요. 消火(소화), 消防(소방), 消毒(소독), 消燈(소등) 등에 써요.

발음인 肖(닮다 초/쇠하다 소)에 대해서는 여러 설이 있어요.

첫째, 부모를 닮은 小(작은) 月(肉몸)에서 '닮다'라는 뜻이 나왔다(→ 그래서 不肖小生(불초소생)은 부모님을 닮지 않은 못난 자식이라는 뜻).

둘째, 小(작게) 썰어놓은 月(肉고기)는 종류에 상관없이 다 비슷해 보여 구별하기 어려우므로 '닮다'가 되었다.

*消化(소화)'에서는 위에서 나오는 氵(소화액)으로 음식물을 肖(작게) 분해한다는 의미예요.

셋째, ☾ 月(달)이 점점 小(작아지는) 데서 '작다', '쇠하다'라는 뜻이 나왔다.

肖(소) 옆에 刂(칼 도)를 쓰면, 肖(작아지도록) 刂(칼)로 깎는다는 削(깎다 삭)이에요. 예 削減(삭감), 削除(삭제) ♂

소비하고 남은 돈으로 저축(貯蓄)하고 투자(投資)할 여유까지 있으면 좋겠지만, 높은 이자(利子)의 대출(貸出)광고가 넘쳐나는 걸 보면 현실은 그렇지 못한 것 같아요. 한자로 보면 貯蓄(저축)은 쌓아두는 것이에요. 貯(貯쌓다 저)는 貝(재물)을 宀(궤; 나무상자 비슷한 가구) 안에 쌓아두었다는 뜻이에요. 쓰기 편하도록 貝(패)를 宀(궤) 옆에 썼어요.

𝕛 𝕛 𝕛 𝕛
*궤(櫃)를 본뜬 宁(쌓다 저)가 발음.

蓄(쌓다, 저축하다 축)은 艹(풀)을 쌓아놓는다는 의미에, 玄(잠사)와 田(농작물)을 쌓아둔 모양에서 가차된 畜(가축 축)이 발음이에요. 저축을 '예금(預金)'이라고도 해요. 금융기관에 돈을 預置(예치; 맡겨 둠)하는 거라서요. 預(預미리, 맡기다 예)는 予(주다 여)로 여 → 예 발음을, 頁(머리 혈)로 '(머리로) 미리 생각한다'는 의미를 취했어요. 이로부터 미리 생각하고 준비해 '맡기다'가 됐어요.

貸出(대출)은 돈이나 물건을 빌리는 것이에요. 貸(貸빌리다 대)는 나에게는 없는 것을 代(대신할) 남의 貝(재물)을 빌리는 것이므로 代(대신하다 대)를 발음으로 썼어요.

*비슷한 뜻의 借(빌리다 차)는 亻(사람이 의미, 昔(옛날 석)이 발음이에요. 옥편의 설명을 借用(차용)하면, 옛날에는 借(차)와 昔(석)의 발음이 비슷했다고 해요. 昔(홍수)가 나면 서로서로 물건이나 도움의 손길을 빌렸기 때문인지 ≈(홍수)가 났던 日(옛날)을 나타낸 昔(석)으로 발음을 취했어요.

負債(부채)는 남에게 빚을 지는 일 또는 그 빚 자체를 가리켜요. 負(负 지다 부)는 ⺅(人의 변형 사람)이 등에 커다란 貝(돈)을 짊어진 모습이에요. 사람에 비해 貝(패)가 버거울 정도로 커 보이죠? 옛날에는 褓負商(보부상)이 등에 貝(재물)을 메고 다녔는데, 그러다 보면 허리 負傷(부상)도 많이 입었어요. 負(부)에는 몸에 상처를 '지다(/입다)'라는 뜻도 있어요.

債(债빚 채)는 ⺅(빚진 사람)이 責(책임지고) 갚아야 하는 '債務(채무)'를 뜻해요. 발음인 責(责꾸짖다, 책임 책)은 나무의 가시를 그린 朿(가시 자)의 생략형과 貝(패)로 이루어졌어요. 채찍으로 때리면서(옛날에 돈을 갚지 못하면 가시나무나 가죽으로 만든 채찍으로 매를 때렸어요) 돈을 갚으라고 추궁했기 때문에, 또는 ⌻(朿 따끔하게) 빌려간 貝(돈)에 대해 독촉해서 '나무라다', '꾸짖다'라는 뜻이 되었어요. 빌려간 돈은 책임지고 갚아야 하므로 '책임(責任)'이란 뜻도 있어요.

앞에 ⺅(인)을 붙인 게 債(债빚, 빌리다 채)예요. 사람이 독촉하는 이유가 주로 '빚' 때문이었는지 負債(부채)를 뜻해요.

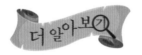

責(책)으로 責(책 → 적) 발음을 취한 글자

禾(벼)를 쌓아 모아 두었던 데서 나온 積(积쌓다, 모으다 적)

예 累積(누적), 포인트 積立(적립), 積極(적극: 능동적으로 행동함)

糸(실)을 뽑아 績(绩길쌈하다 적)

예 成績(성적), 實績(실적), 業績(업적)에서는 이룬 '공적이나 성과'를 뜻함

足(발)로 밟고 간 蹟(발자취 적) 예 遺蹟(/遺跡 유적)

예 人跡(인적), 潛跡(잠적), 追跡(추적), 痕迹(흔적) ♂

돈은… 돌고 돌아서 돈이 되었다는 말도 있고, 刀(칼 도)에서 나왔다는 말도 있어요. 그리고 여기에는 잘 쓰면 이롭지만 나쁘게 쓰면 해가 된다는 뜻이 담겨 있다고 해요. 제대로 돈을 쓰고 있는지 늘 돌아봐야겠어요. 또 돈 못지않게 중요한 가치들이 있다는 것도 잊지 말아야겠지요. 『이해의 선물』이란 책을 보면 주인공은 어린 시절에 사탕을 사고 천진하게 버찌씨를 내밀어요. 가게 주인 위그든 씨는 잠시 바라보다가 돈 대신 버찌씨를 받아주지요. 사람들이 돈보다 더 중요한 걸 볼 줄 아는 마음도 간직하고 산다면, 이 세상이 조금은 더 따뜻해지지 않을까요?

09 동물

▶동물

생물(生物살아 있는 만물)은 동물(動物), 식물(植物), 미생물(微生物)로 나뉘어요. 이 중 동물은 스스로 영양분을 만들 수 없어 먹이를 찾아 움직이는(動) 생물이에요. 식물을 먹으면 초식(草食)동물, 다른 동물을 잡아먹으면 육식(肉食)동물이라고 해요. 사람은 둘 다 먹는 잡식(雜食)동물이죠.

동물이 출현한 건 약 35억 년 전이에요. 지구 대기에 존재하던 기체와 태양에서 날아온 햇빛이 결혼해서 여러 가지 화합물을 낳았고, 이 화합물들이 다시 물과 결합해 몸이 단 한 개의 세포(細胞)로 이루어진 최초의 동물이 출현했어요. 그 후 진화에 진화를 거듭해 현재 약 120만 종 이상의 동물이 지구에 살고 있다고 해요. 이렇게 대식구가 된 바람에 족보를 좀 분류(分類)할 필요가 생겼어요.

가장 일반적인 방법은 등뼈의 유무(有無)로 동물을 분류하는 것이에요. 뼈대 있는 척추(脊등뼈 척, 椎등뼈 추)동물에는 포유류, 조류, 파충류, 양서류, 어류가 포함돼요. 무(無)척추동물에는 절지동물, 연체동물, 환형동물, 편형동물, 강장동물, 극피동물이 포함되고요.

脊(척추 척)은 𠂈(등뼈 모양)과 肉(肉몸 육)으로 이뤄졌어요. 椎(척추 추)는 본래 '나무로 만든 짤막한 몽둥이'를 가리켰기 때문에 木(나무 목)과 발음인 隹(새 추)로 이뤄졌고요.

▸척추동물_포유류

*특히 갑골문을 보면 입 벌린 아이의 모습까지 생생하게 표현했어요.

哺乳類(포유류)는 젖을 먹여 새끼를 키우는 동물이라서, 口(먹고) 甫(크도록) 哺(먹(이)다 포)와 (→ 甫(크다 보)가 발음) 어머니가 爫(손)으로 子(아이)의 머리를 받치고 乚(젖)을 물리는 모습의 乳(젖 유)를 써요. 類(类무리, 닮다 류)는 米(쌀 미), 犬(개 견), 頁(页머리 혈)로 이뤄졌어요. 각각은 식물, 동물, 인간의 '무리'를 나타내요. 같은 무리는 서로 유사(類似)한 생김새나 특성을 가졌기 때문에 類(류)에는 '닮다'라는 뜻도 있어요.

그럼 포유류 동물들로 넘어가볼까요?

虎(범 호)는 호랑이의 특징으로 虍(날카로운 이빨)과 힘센 儿(발)을 강조했어요. 거죽의 彡(무늬)를 그려 넣으면 彪(범 표), 暴虐(포학)함을 강조하려고 ⺕(발톱)을 그리면 虐(사납다 학)이에요. 이 글자를 보니까 옛날 우화가 떠올라요. 주인공은 사자였는데요, 아름다운 아가씨에게 반한 사자가 청혼을 하니까 아가씨가 이렇게 말했어요. "당신의 그 무시무시한 이빨과 발톱만 없다면요." 그러나 미인계에 넘어간 사자가 이빨과 발톱을 뽑고 찾아갔을 때, 마을 사람들이 몽둥이로 사자를 쫓아버리고 말았지요. 자기 자신을 지킬 수 있게 해주는 것은 포기하면 안 된다는 게 이 이야기의 교훈이에요.

그건 그렇고, 호랑이 하면 온갖 동물을 호령(號令)하는 쩌렁쩌렁한 울음소리를 빼놓을 수 없어요. 그래서 口(입)에서 丂(소리가 나오는) 모양의 号(부르다 호)를 붙여 號(号부르(짖)다 호)로 만들었어요. '이름', '번호'의 뜻으로 '호칭(號稱)', '호외(號外) 신문' 등에도 써요. 또 호랑이의 위력은 엄청난 힘을 휘두르는 앞발에서도 나오는데요, 豦(거)가 바로 호랑이가 앞발을 들고 선 모습이라고 해요. 때문에 據(据 근거하다 거)는 扌(손)이 의미, 豦(거)가 발음이에요. 호랑이의 위력이 힘과 날카로운 발톱을 가진 앞발에 根據(근거)했다고 보아, 앞발 든 모습인 豦(거)를 발음으로 취했어요.

이렇게 무서우니 (虎호랑이)가 떴다 하면 동물들이 잽싸게 숨어서 (언덕)이 텅 비었어요. 여기서 나온 게 虛(虚비다, 헛되다 허)예요. 虛飢(허기)져서 사냥 나온 호랑이는 참 虛脫(허탈)했겠죠? 그래서 호랑이가 사람들에게 "떡 하나 주면 안 잡아먹을게!", "팥죽 좀 줘!" 하는 전래 동화들도 생겼답니다.

곰은 본래 能으로 썼어요. 곰이 입에 고기를 문 모습이었어요.

그런데 '미련 곰탱이'라는 말과 달리, 실제 곰은 굉장히 영리한 데다 힘도 세고 나무도 잘 타고 헤엄까지 치며 다재다능(多才多能)해서, 곰을 가리키던 글자가 아예 능히 할 수 있다는 能(능하다 능)으로 굳어졌어요. 그래서 새로 만든 게 熊(곰 웅)이에요. 熊(곰, 빛나다 웅)은 본래 灬(불)이 활활 타오르며 빛난다는 뜻에, 能(능 → 웅)이 발음이었는데 가차되어 '곰'도 가리키게 됐어요.

象(코끼리 상)은 코끼리의 상징(象徵)인 ⺈(기다란 코)와 ⼙(눈 또는 부채

212

처럼 팔랑거리는 귀), 豕(육중한 몸과 꼬리)를 본떴어요. 그런데 몸집에 비해 성격이 온순해서 일찍부터 사람들에게 부림을 받았다고 해요. 그래서 나온 게 爲(为하다 위)예요.  ㄱ(🖐손)으로 象(코끼리) 부리는 행위(行爲)를 나타내요. 이렇게 한창 부리고 있는데 기후가 변해버렸어요. 중국 북부 지방이 춥게 변하자 중원의 코끼리들은 따뜻한 남쪽 지방으로 싹 이사를 가버렸죠. 세월이 흘러, 예전에 亻(사람)이 爲(코끼리를 부려) 일을 시켰다는 사실은 아무도 믿지 않는 이야기가 되었어요. 亻(사람)이 爲(코끼리)를 부리는 모습이 僞(伪거짓, 속이다 위)가 됐을 정도예요.

하지만 코끼리가 없으니 데려다 眞僞(진위)를 밝힐 방법도 없었지요. 이따금씩 뼛조각이 발견되곤 해서, 사람들은 남은 뼛조각을 맞춰보며 저마다 코끼리의 形像(/形象형상)을 想像(상상)해볼 뿐이었어요. 그래서… 亻(사람)이 제각각 象(코끼리)의 모양을 상상하는 게 像(모양, 형상 상)이에요.

想像(상상)은 본래 코끼리의 모습을 생각한다는 뜻이었으나, 의미가 넓어져 지금은 실제로 경험하지 않은 현상이나 사물을 마음속으로 그려보는 것을 말해요.

 鹿(사슴 록)은 사슴의 뿔, 커다란 눈망울, 구부러진 다리를 본떴는데 모양이 많이 바뀌었어요.

특히 머리에 화려(華麗)한 丽(뿔)이 달린 鹿(사슴)의 수려(秀麗)한 모습에서 나온 게 麗(丽곱다 려)예요. 사슴은 발굽이 발달해서 오랫동안 달릴 수 있어요. 포식 동물이 따라오지 못할 때까지 발바닥에 먼지 나도록 도망치는 게 자신을 방어할 수 있는 유일한 방법이니까요. 鹿鹿鹿(사슴 떼)가 달릴 때 土(흙먼지)가 이는 모양이 塵(尘먼지, 티끌 진)이에요.

慶 慶 慶

* '선물'의 膳(선물, 반찬 선)은 月(肉육달 월)이 의미, 善(선)이 발음. 옛날에는 月(肉고기)를 많이 선물(膳物)했나 봅니다.

예 粉塵(분진), 塵土(진토)

사슴 가죽은 慶事(경사)스러운 날에 축하 선물로도 가져갔어요. 慶(庆경사, 축하하다 경)이 鹿(사슴가죽)을 선물로 가지고 축하하는 心(마음)으로 夊(간다)는 의미예요.

兎 兎 冤 兎

兎(토끼 토)는 토끼의 쫑긋 세운 귀와 짧은 앞다리, 긴 뒷다리, 뭉툭한 꼬리(ヽ)를 본떴어요. 앞에 辶(가다 착)을 붙이면 逸(달아나다 일)이에요. 토끼는 특히 직선 코스에서 逸脫(일탈)해 지그재그로 달리는 기술이 一品(일품)이에요. 왔다갔다 부산스럽게 달릴 수 있어서 달아나는 데 훨씬 유리하지요. 토끼쯤이야~ 安逸(안일)하게 봤다가는 토끼가 사람 잡는답니다. 눈 깜짝할 사이에 달아나 꼭꼭 숨어버리거든요. 그래서 逸(일)에는 '달아나다', '뛰어나다', '편안하다'라는 뜻이 있어요. 덧붙여 逸話(일화; 숨겨진 이야기)에서는 '숨다'라는 뜻이고요.

冤 冤 冤

冤(원통하다 원)은 兎(토끼)가 冖(덮개)에 갇혀서 꼼짝 못하는 모습이에요. 억울하게 뒤집어쓴 데서 '원통(冤痛)하다'는 뜻이 나왔어요. 토끼는 이때 결심했죠. 앞으로는 도주로를 철저히 만들어놓기로요. 狡兎三窟(교토삼굴)은 교활한 토끼가 세 개의 숨은 굴을 파놓는다는 뜻이에요. 철저하게 준비를 잘 해두어 재난을 피함을 비유해요. 근데 이 정도로 도주 경로를 준비해놨으면 교활한 게 아니라 영리한 게 아닌가요? 그러니 용궁에 끌려가서도 간을 빼앗기지 않고 살아 돌아왔겠죠?

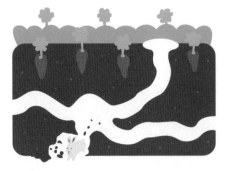

鼠 鼠 鼠

鼠(쥐 서)는 臼쥐의 뾰족한 입과 이빨, 𣎴털로 덮인 몸과 다리, ㇂긴 꼬리를 본떴어요. 갑골문에서는 쥐가 갉아놓은 나무 부스러기까지 주위에 표현했어요. 이빨이 계속 자라는 齧齒類(설치류)는 단단한 나무 등을 계속 갈아 이빨을 닳게 해요. 그냥 두면 이빨이 너무 자라 먹지도 못하고 굶어 죽기 때문에 평생 이를 갈며 살지요.

穴(구멍 혈)과 牙(어금니, 송곳니 아)로 이루어진 穿(뚫다, 구멍 천)도 牙(이빨)로 갈아 穴(구멍)을 뚫는 데서 나왔어요.

駱(骆낙타 낙)은 馬(駂 駌 馬말)처럼 생겼다는 의미에, 各(각각 각)으로 각 → 락 발음을 나타냈어요. 駝(驼낙타 타)는 它(다르다 타/뱀 사)가 발음이에요.

蝟(고슴도치 위)는 벌레와 동물을 의미하는 虫(벌레 충)에, 胃(위)가 발음이에요. 蝟縮(위축)은 두려워서 蝟(고슴도치)처럼 몸을 縮(움츠리는) 걸 말해요. 고슴도치가 적을 만나면 밤송이처럼 몸을 말아 한껏 움츠린 채로 자신을 방어하는 데서 나왔어요.

鯨(鲸고래 경)은 魚(물고기)가 京(집채만 하다고) 커다란 집을 그린 京(크다, 서울 경)으로 발음을 나타냈어요. 魚(鱼고기 어)가 들어 있지만 고래는 어류가 아니라 포유류죠. 새끼를 몸속에서 키워서 낳고, 태어나면 젖을 먹이니까요.

그 밖에 犭(개사슴 록 변)이 붙은 동물들

犭(개사슴 록 변)은 犬(개 견)의 변형이에요. 狗(개 구)를 비롯해 여러 동물 이름에 의미 부분으로 들어가요.

獅(사자 사)는 師(스승 사)가 발음이에요. 獅子(사자)가 울부짖으면 모든 동물이 두려워 떨며 복종한다고, 그와 같은 위엄을 가졌다는 의미로 '부처의 설법'을 獅子吼(사자후)에 비유하기도 해요.

보고 있나
호랑이?

狐(여우 호)는 瓜(오이 과)로 과 → 호 발음을 취했어요. 狐假虎威(호가호위)는 여우가 호랑이의 위세를 빌려 호기를 부린다는 뜻이에요. 남의 권세를 빌려 위세를 부리는 걸 말해요.

* 袁(옷 길다 원)은 '옷' 부분을 참고해주세요.

* 侯(후)는 '신분'이나 '전쟁' 편을 참고해주세요.

猿(원숭이 원)은 동물을 나타내는 犭(개사슴 록 변)에, 袁(옷 길다 원)이 발음이에요.

猴(원숭이 후)는 侯(제후 후)가 발음이에요.

狙(긴팔원숭이 저)는 且(또 차)에서 차 → 저 발음을 취했어요. 긴팔원숭이(狙)가 후려치듯이(擊) 상대를 노려서 치거나 총을 쏘는 게 狙擊(저격)이지요.

냐옹

猫(고양이 묘)는 犭(개사슴 록 변)이 의미 부분이고, 苗(모(종) 묘)가 발음이에요.

狼(이리 랑)은 이리가 머리가 좋다고 良(좋다 량)으로 발음을 나타냈어요. ♂

▶척추동물_ 조류

새를 가리키는 글자로는 鳥(鸟새 조)와 隹(새 추)가 있어요. 한 마리의 새가 두 가지 버전으로 변한 셈이에요.

乙(새 을)은 딱히 새를 그렸다고는 볼 수 없고, 새싹이 나오는 모양이라는 등 여러 설이 있어요. 가차되어 천간의 두 번째 글자(甲乙丙丁戊己庚辛壬癸)로 쓰여요.

전체 조류의 반 이상은 나뭇가지를 움켜쥐고 앉아 아름답게 우는 명금류(鳴禽類)예요. 참새, 종다리, 딱새, 휘파람새… 등등 많은데, 특히 번식기에 멋진 세레나데를 불러서 이성의 관심을 끌고 유혹하지요. 까마귀처럼 음치 가수도 있긴 하지만요.

鳴(鳴울다, (소리를) 울리다 명)은 앞에 鳥 口(입 구)를 붙여 운다는 뜻을 강조했어요. 鳴禽(명금)에서는 고운 소리로 우는 새를 가리키지만, 아름답게 들리지 않는 소리에도 써요. 단잠을 깨우는 自鳴鐘(자명종)이나, 자명종 끄고 숙면을 취했다가 지르는 悲鳴(비명)처럼요.

鳴咽(오열) 할 때의 鳴(탄식소리, 흐느껴 울다 오)도 울음소리가 아름답지 않은 鳥(까마귀 오)를 발음으로 썼어요.

口(입 구)와 隹(새 추)를 합치면 唯(오직 유)예요. 새의 입에서는 오로지 똑같은 울음소리만 나온다고요.

예 唯一(유일), 唯我獨尊(유아독존), 唯物論(유물론; 만물의 근원을 물질로 보고, 정신 현상도 물질의 작용이나 그 산물로 여길 만큼 오직 물질만이 존재한다고 주장하는 이론)

그건 그렇고, '새' 하면 역시 '날개'로 '날기'가 특징이죠? 羽(깃털, 날개 우)는 두 개의 깃털 또는 양 날개를 본떴어요. 새들은 깃털이 다 다르므로 異(다르다 이)로 이 → 익 발음을 더하면 翼(날개 익)이 돼요.

*鳥(까마귀 오)는 鳥(새 조)에서 눈을 뺀 모양이에요. 온몸이 까매서 몸과 눈이 잘 구분되지 않기 때문이라고 해요.

左翼(좌익), 右翼(우익)은··· 1792년 프랑스 국민 의회에서 당시 급진파인 자코뱅당이 의장의 왼쪽 좌석을, 온건파인 지롱드당이 의장의 오른쪽 좌석을 차지한 데서 유래했어요. 좌익은 급진주의, 사회주의, 공산주의 경향이나 그런 단체를 우익은 보수주의, 국수주의 경향이나 그런 단체를 일컬어요. ♂

* 弱(약하다 약)에 대해서는 弓弓(활)을 彡彡(느슨하게) 풀어놓은 모양, 弓弓(구부러지고 휘어진 물건)과 약한 羽(깃털)을 함께 쓴 것··· 등의 설이 있어요.

* 隹(새)가 羽(날개)를 든 모양의 翟(꿩 적)으로 적 → 약 발음.

躍(跃뛰(어오르)다 약)은 足(발)을 구르며 翟(날개를 치켜든 새)가 跳躍(도약)하는 모양이에요.

一躍(일약)은 단번에 뛰어오르듯 비약적으로 발전함을 의미해요. 躍動(약동), 活躍(활약)에서는 활동한다는 뜻이고요. 進(进나아가다 진)은 날아갈 때 앞으로만 辶(가는) 隹(새)를 써서 전진(前進)한다는 의미를 나타냈어요.

飛(飞날다 비)는 飛翔(비상; 공중을 날아다님)하는 새의 전체적인 모양이에요. '날다', '높다', '빠르다'를 뜻해요.

(예) 飛行機(비행기)

飛報(비보; 급하게 날아든 보고)에서는 '빠르다'는 뜻으로 쓰는데요, 얼마나 迅速(신속)한지 迅(빠르다 신)은 乁(날개)가 十(열 개나) 달린 것처럼 빨리 辶(간다)고 표현했어요.

* 羊(양 → 상)이 발음.

* 番(차례 번)이 발음, 飛(날다 비)가 의미, 동자(同字)가 翻(번).

翔(날다 상)은 새가 羊(양뿔처럼) 羽(날개)를 구부리고 '날다'예요. 이렇게 구부린 날개를 番(번갈아) 접었다 폈다 하면서 飛(날면) 飜(뒤집다 번)이에요. 말이나 결정을 飜覆(번복)할 때, 한 언어를 다른 언어로 뒤집어 飜譯(번역)할 때 써요.

非(아니다 비)도 새가 날개를 좌우로 펼친 모양이에요. 양 날개를 서로 반대 방향으로 뻗은 데서 등을 진다는 의미가 나와 '어긋나다', '(…은) 아니다'라는 부정의 뜻이 됐어요.

예 非凡(비범), 非主流(비주류), 非行(비행)

心(마음 심)을 붙이면 悲(슬프다 비)예요. 서로 어긋나 마음을 등지니 슬퍼서요. 대개 그렇게 悲劇(비극)도 시작되지요.

종일 곳곳을 날아다니다가 저녁이 되면 둥지로 돌아가서 歸巢本能(귀소본능; 동물이 자기 서식처로 되돌아오는 능력)이라는 말도 있어요. 巢(새집 소)도 巛(새들)이 果(나무 위 둥지)에 모여 있는 모양이에요.

兀(새)가 囗(둥지)에 깃든 모습이 西(서쪽 서)예요. 해질녘에 새들이 둥지로 돌아가기 때문에 해가 지는 '서쪽'을 가리키게 됐어요.

集(모으다, 모이다 집)은 본래 雥(새들)이 木(나무) 위에 集合(집합)한 雥 모양이었는데, 예서에서 雥(잡)을 隹(추)로 줄였어요.

그럼 다들 돌아왔는지 출석을 불러볼까요?
雀(참새 작)은 小(작은) 隹(새)라는 뜻으로 小(작다 소)와 隹(새 추)를 합쳤어요.
烏(乌까마귀 오)는 온몸이 까매서 몸과 눈이 잘 구별되지 않는다고 鳥(새 조)에서 눈을 뺐어요.

*여러 마리가 무리를 지어도 특별히 리더가 없는 단순 집합체를 이룬다고 나온 말이 烏合之卒(오합지졸)이에요.

燕(제비 연)은 제비처럼 생겼어요. 서양 남자들이 입는 검은색 예복은 뒷부분이 제비 꼬리를 닮아서 燕尾服(연미복)으로 불리지요.

鶴(鶴학, 두루미 학)은 隺(목이 긴 모양)의 鳥(새)로 표현했어요. 그래서 목을 길게 빼고 기다리는 걸 鶴首苦待(학수고대) 한다고 해요.

예 確實(확실), 確定(확정), 確認(확인)

鷗(鸥갈매기 구)는 발음인 區(구)와 鳥(새 조)로 이뤄졌어요.

雁(기러기 안)은 암컷과 수컷 亻隹 (두 마리가 붙어 있는) 사이좋은 모습에, 厂(언덕 안)이 발음이에요.

鴻(鸿큰기러기 홍)은 氵(물가)에 사는 鳥(새)라는 의미에, 工(공 → 홍)이 발음이에요.

雚(황새 관)은 머리에 艹(깃)이 있고 吅(눈)이 커다란 隹(새)의 모습이에요.

머리에 깃(털)이 난 새로는 올빼미도 있어요. 梟(枭올빼미 효)는 올빼미를 잡아먹고 鳥(머리)를 木(나무) 위에 매단 모양이에요. 올빼미가 어미를 잡아먹는 새로 잘못 알려졌기 때문이에요. 그런데 동양에서 올빼미가 '불효자의 상징'이었던 것과 달리, 서양에서는 '지혜의 상징'이었어요. 어둠 속에서도 물체를 똑똑히 볼 수 있는 눈을 가져서요. 만화에서도 올빼미가 안경을 쓴 선생님으로 종종 나오죠. 그러나 올빼미는 교사를 할 만한 새가 아니에요. 다른 동물을 사냥하는 맹금류거든요. 특히 해가 졌을 때 파이팅이 넘치는 야행성이라, 고요한 밤중에 소리를 내지 않고 먹이에게 접근할 수 있게 부드러운 깃털까지 장착했지요.

鸚(鸚앵무새 앵)은 앵무새가 아기들처럼 사람의 말을 따라해선지 嬰 (갓난아이 영)으로 영 → 앵 발음을 취했어요.

鵡(鵡앵무새 무)는 武(굳세다 무)가 발음이에요.

*鸚(鸚 영)은 女(여아)의 목에 賏(조개목걸이)를 걸어준 모습.

더 알아보기

雌雄(자웅)

새는 암수 한 쌍이 잘 붙어 다닌다고 보았던 걸까요? '암수'를 뜻하는 雌雄(자웅)에는 공통적으로 隹(새 추)가 들어 있어요. 雌(암컷 자)는 此(이(것) 차)에서 차 → 자 발음을 취했어요.

ᗷᑊ ᑊᑕᑊ ᑊᑕᗷ 此 발음인 此(이(것) 차)는 止(발)을 匕(다른 사람) 바로 옆에 그려 가까이 있음을 나타낸 것이에요. 가까운 사물, 사람, 시간, 장소(지점) 등에 써요.

雄(수컷, 뛰어나다 웅)은 (肱팔뚝 굉의 생략형)에서 굉 → 웅 발음을 취했어요. 𢎞 肱 肱 ナ(팔)에 厶(불룩한 근육)이 붙은 모양이에요.

雄(웅)은 '雄壯(웅장)', '英雄(영웅)'처럼 주로 크고 뛰어나다는 뜻으로 써요. ♂

始祖(시조)새 화석을 보면 부리에 이빨이 나 있고, 날개 앞쪽에는 발가락까지 있어요. 때문에 과학자들은 조류가 파충류에서 진화한 것으로 보고 있어요.

▸척추동물_ 파충류

爬蟲類(파충류)의 爬(긁다, 기어다니다 파)는 爪( 손톱)처럼 각질로 된 비늘을 세워서 땅을 긁듯이 기어간다는 의미에, 대표적인 파충류 巴(뱀 파)로 발음을 나타냈어요. 실제로 뱀은 늑골 운동과 함께 배의 비늘을 세워 땅바닥을 밀며 이동하지요.

뱀과 도마뱀은 전체 파충류의 95%를 차지해요. 뱀을 본뜬 글자로는 巳(사), 巴(파), 蛇(사)가 있어요. 巳(뱀, 여섯째지지 사)는 뱀을 본떴다는 설도 있고, 어린아이를 그린 子(자)와 같은 글자였다는 설도 있어요. 아무튼 가차되어 지지의 여섯 번째 글자(子丑寅卯辰巳午未申酉戌亥)로 쓰여요.

巴(뱀 파)도 뱀을 본떴어요. 扌(손 수)를 더하면 把(잡다 파)예요. 扌( 손 수)가 의미, 巴(뱀 파)가 발음이에요.

蛇(뱀 사)는 虫(벌레 충)이 의미, 它(타/사)가 발음이에요. 한자에서 虫(충)은 곤충뿐 아니라 용, 뱀, 개구리 등 여러 동물을 의미해요.

발음인 它(다르다 타/뱀 사)도 뱀을 본떴어요. 갑골문에서는 뱀 위에 사람의 발도 그렸어요. 옛날에는 소리 없이 다가와 무는 뱀 때문에 피해를 많이 입었기 때문이에요. "뱀은 없어?"라고 안부 인사를 했을 정도에요. 無蛇(무사)가 나중에 발음이 같은 無事(무사)로 바뀌어 지금까지도 별일 없냐는 인사로 쓰이고 있지요.

'蛇足(사족)'은 뱀을 다 그리고 나서 있지도 않은 발을 공연히 덧붙였다는 이야기에서 나왔어요. 쓸데없이 첨부(添附)하는 군더더기를 의미해요. 그 밖에 毒蛇(독사), 長蛇陣(장사진; 많은 사람들이 줄지어 긴 뱀처럼 늘어선 모습) 등에도 蛇(뱀 사)를 써요.

也(어조사 야)

也(어조사 야)에 대해서도 뱀을 본떴다는 설이 있어요. 그래서 앞에 亻(인)을 붙이면 他(다르다 타)로, 뱀처럼 위험한 他人(타인)을 의미했어요. 부족끼리 자주 싸우던 먼 옛날에는 우리 부족이 아닌 다른 부족, 다른 종족의 사람들을 모두 뱀만큼이나 위험한 존재로 여겼기 때문이에요.

易(바꾸다 역 / 쉽다 이)

易(바꾸다 역/쉽다 이)는 지금까지 주로 도마뱀(아마도 카멜레온)이 몸빛깔을 쉽게 바꾸는 데서 '바꾸다', '쉽다'가 된 걸로 봤어요. 그러나 최근에는 그릇에 담긴 물(이나 술)을 다른 그릇에 따르는 모양( )으로 보는 편이에요. 물이 그릇의 모양대로 쉽게 형태를 바꾸고, 물을 따르는 것이 그만큼 容易(용이)하다고 '바꾸다', '쉽다'가 됐다고 해요. ♂

주로 물속에서 지내기 때문인지 鰐(鱷악어 악)은 魚(물고기 어)가 의미, 咢(놀라다 악)이 발음이에요. 발음인 咢(악)은 놀라서 吅(커다래진 눈)과 丂(쩍 벌어진 입)처럼 생겼죠? 악어가 입을 벌리고 있는 건 입속의 수분을 증발시켜 몸속의 열을 내보내기 위해서예요. 두꺼운 비늘로 덮인 가죽 때문에 땀을 몸 밖으로 방출할 수가 없어서요. 누구나 사정이 있는 거죠.

▶척추동물_ 양서류

양서류는 폐(肺)와 피부(皮膚) 양쪽으로 호흡하는 덕분에 노는 동네가 한결 넓어요. 물과 육지 양쪽에(兩) 양다리 걸치고 살(棲) 수 있어서 이름도 兩棲類(양서류)예요.

兩(两둘, 짝, 양쪽 양)에 관해서는 양쪽에 접시가 달린 양팔 저울을 본떴다는 설도 있고, 수레의 멍에(수레를 끄는 소와 말의 목에 얹는 구부러진 막대)를 본떴다는 설도 있어요.

棲(栖살다, 깃들다 서)는 木(나무 목)에서 뿌리내린다는 의미를 취했고, 妻(아내 처)로 처 → 서 발음을 나타냈어요.

* 妻(아내 처)는 女(결혼한 여자)가 ⺕(손)으로 머리카락을 말아 올려 ─(비녀)를 꽂으려는 모습.

파충류 중 蛙(개구리 와)는 虫(벌레 충)이 의미 부분이고, 圭(홀 규)로 규 → 와 전음을 취했어요. 발음 부분인 圭(규)를 土 → 개구리가 土 → 흙 위에 앉아 있는 모양으로 보면 돼요. 우물 안에 앉아 있는 개구리도 있어요. 井底(之)蛙(정저(지)와; 우물 안 개구리)요. 견문이 좁고 세상 형편에 어두운 사람을 가리켜요.

양서류도 변온동물이므로 추운 지역에서는 땅속이나 동굴 속에 蟄居(칩거)해 겨울잠을 자요. 이들이 푹 자고 깨어나 기지개켜는 날이 驚蟄(경칩)이에요(양력 3월 5일경).

蟄(숨다 칩)의 발음 부분인 執(잡다 집)은 포로나 죄인의 손에 수갑을

채운 모양이에요. 수갑을 채우면 꼼짝 못하듯이, 蟄(칩)은 虫(벌레나 동물)이 겨울잠을 자느라 거처에서 執(꼼짝 않는) 데서 '숨다', '틀어박혀 나오지 않다'라는 뜻이 됐어요.

龜(龟거북이 귀/갈라지다 균)은 거북이의 🐢(머리)와 🐢(발), 🐢(등껍질)을 본떴는데, 등껍질의 龜裂(균열)에서 '갈라지다'라는 뜻이 나왔어요. '빨리 빨리'를 외치는 세상에서 느릿느릿한 거북이의 속도감은 종종 느림의 미학, 인내의 龜鑑(귀감)으로 등장하곤 하지요? 龜(거북 귀)와 鑑(쇠거울 감)을 합친 龜鑑(귀감)은 '거울로 삼아 본받을 만한 모범이나 본보기'를 뜻해요. 옛날에 거북점을 쳐서 길흉을 판단하고, 거울에 비추어 아름다움과 추함을 구별하던 데서 나왔어요.

▶척추동물_ 어류

魚(鱼물고기 어)는 물고기의 ⺈(뾰족한 입), 田(비늘로 덮인 몸통), ⺗(꼬리)를 본떴어요. 魚(물고기)의 粦(번쩍거리는) 비늘을 가리키는 게 鱗(鳞비늘 린)이에요.

비늘 한 조각은 아주 작겠죠? 片鱗(편린)은 한 조각의 비늘처럼 '사물의 작은 부분'을 뜻해요.

* 발음인 粦(린)은 '주술' 편 燐(도깨비불 린/인)을 참고해주세요.

大
舛

물고기는 알을 낳아 번식(繁殖)해요. 卵(알 란)은 양서류나 어류가 産卵(산란)한 알들이 얇은 막에 싸여 있는 모양이에요. 受精卵(수정란), 卵子(난자) 등 생물의 알에 두루 써요. 물고기 이름에서는 대개 魚(물고기 어)가 의미, 나머지 글자가 발음이에요.

鯖(鲭고등어 청)은 靑(푸르다 청)을 발음으로 취해 등 푸른 생선인 청어 즉, '고등어'를 나타냈어요. 鰍(鰍미꾸라지 추)는 벼가 자라는 논에 산다는 의미로 秋(가을 추)를 발음으로 취했어요.

그 밖에 대구는 입이 커서 大口(대구), 뱀장어는 몸이 길어서 長魚(장어), 갈치는 칼처럼 납작하고 번쩍거려서 刀魚(도어)로 불려요. 빙어는 얼음 아래 살아서 氷魚(빙어), 넙치는 넓적해서 廣魚(광어), 날치는 물 위로 높이 점프해서 飛魚(비어), 숭어는 빼어나다고 秀魚(수어)예요.

▸무척추동물_ 절지동물

節肢動物(절지동물)은 등뼈가 없는 무척추동물 중 몸이 딱딱한 외골격에 싸여 있고, 몸과 다리가 여러 개의 마디로 이루어진 동물이에요. 節(节마디 절)은 '문자와 글' 편을 참고해주시고요, 肢(팔다리 지)는 月(肉몸)에서 支(가지)처럼 뻗어나간 '팔다리'를 뜻해요.

절지동물의 대부분을 차지하는 곤충류는 몸이 머리, 가슴, 배 세 부분으로 나뉘며 2쌍의 날개와 3쌍의 다리를 가졌어요.

'昆蟲(곤충)'의 昆(많다 곤)은 日(해) 아래 比(많은 사람들)이 서 있는 데서 '많다'는 뜻이 되었어요. 蟲(虫벌레 충)은 본래 虫(벌레 충)으로 썼어요. 벌레의 머리와 꿈틀거리는 몸을 본뜬 것이에요. 그런데 벌레는 보통 여러 마리가 모여 있으므로, 虫(충)을 3개 겹쳐 쓴 蟲(虫벌레 충)도 만들어졌어요. 본래는 모든 동물을 뜻했으나 점점 의미가 좁아져 '벌레'만을 가리키게 됐고요.

(예) 幼蟲(유충; 애벌레), 蟲齒(충치), 害蟲(해충)

곤충 이름에서는 대개 虫(벌레 충)이 의미, 나머지 글자가 발음이에요. 蝴(나비 호)는 胡(턱 밑살 호)가 발음이고, 蝶(나비
접)은 虫(곤충) 중에서도 枼(나뭇잎) 같은 날개를 가
졌다고 枼(잎 엽)으로 엽 → 접 발음을 나타냈어요.

蜂(벌 봉)은 虫(곤충) 중에서 夆(뾰족한) 침을 가진 '벌'을 뜻해요. 발음
인 夆(만나다 봉)은 夂(발)로 丰(크게 자라 뾰족뾰족한 풀)을 밟으며 내려
오는 모습이에요. 그래서 夆(봉)에는 뾰족하다는 의미가 있어요.
벌들이 모으는 蜜(꿀 밀)은 虫(벌)이 宓(비밀스럽게) 모아둔다는 의미로
宓(몰래 밀)로 발음을 나타냈어요.

蜀(나비애벌레 촉)은 애벌레의 ""(큰 눈)과 勹(구부린 몸), 곤충을 의미하
는 虫(충)으로 이루어졌어요.

蜀(촉)이 발음으로 들어간 글자
觸(触닿다, 범하다 촉)은 角(뿔처럼 돌출된 더듬이)로 접촉(接觸)한다는
의미에, 蜀(촉)이 발음이에요.
(예) 觸覺(촉각; 무엇이 닿았을 때 느껴지는 감각) ♂

* 抵觸(저촉)은 법에 어
긋난다는 뜻으로 이때
는 觸(촉)이 '닿다', '부
딪치다', '범하다' 라는
뜻이에요.

蚊(모기 문)은 모기에 물리면 빨갛게 자국이 생겨서 文(무늬, 얼룩 문)
으로 발음을 나타냈어요. 蚤(벼룩 조)는 ▨(손톱)으로 주로 잡던 虫
(벌레)인 '벼룩'을 나타내요.

절지동물 중 甲殼類(갑각류)에는 몸이 딱딱한 외골격에 싸인 새우,

게, 가재 등이 속해요.

鰕(새우 하)는 叚(빌(리)다 가)로 가 → 하 발음을 취했어요. 새우는 먹을 때 껍질을 뜯어내야 하므로 암석 조각을 떼어내는 모습의 叚(가)로 발음을 나타냈어요. 또 魚(어) 대신 虫(벌레 충)을 쓰는 蝦(새우 하)도 있어요.

(예) 大蝦(대하)

게 역시 잡아서 껍질과 다리 등을 떼어내므로 蟹(게 해)도 虫(충)이 의미, 뿔을 칼로 잘라내는 모양의 解(풀다, 가르다 해)가 발음이에요.

▸무척추동물_ 연체동물

연체동물은 살이 연하고 뼈가 없어 몸이 柔軟(유연)한 동물이에요. 문어, 오징어 같은 頭足類(두족류)와 조개류 그리고 소라, 달팽이 등이 있어요.

文魚(문어)는 먹물을 뿌려서 이름에 文(글 문)이 들어 있어요. 오징어는 죽은 척하고 물 위에 떠 있다가 가까이 다가온 까마귀를 잡아먹는다고 烏(까마귀 오)와 賊(도적, 해치다 적)을 써서 烏賊魚(오적어)라고 해요. 貝(패), 蜃(신), 蛤(합)은 모두 조개를 가리켜요. 貝(貝조개, 돈 패)는 조개를 본떴어요. 고대에는 조개껍질이 화폐로 사용되었기 때문에 貝(패)에는 '돈', '재물'이라는 뜻도 있어요.

조개껍질
지면(땅바닥)
발

蜃(무명조개, 이무기 신)은 虫(충)이 의미, 辰(신)이 발음이에요. 원래는 (조개가 기어가는 모양)으로 썼는데, 가차되어 '별'과 地支(지지)의 다섯 번째 글자가 되자 虫(벌레 충)을 붙였어요.

蜃(신)에는 '이무기'라는 뜻도 있어요. 이무기는 전설상의 동물로서

뿔이 없는 용 또는 저주 때문에 용이 못 되고 물속에 사는 여러 해 묵은 구렁이를 가리켰어요. 그래서 蜃氣樓(신기루)는 蜃(이무기)가 토해낸 기운이 뭉쳐져 허공에 만들어진 樓閣(누각)이란 뜻이에요. 홀연히 나타나 잠시 유지되다 사라지는 아름답고 환상적인 일, 현상을 비유해요.

蛤(대합조개 합)은 虫(조개)의 위아래 껍질이 合(합쳐져서), 合(합치다 합)으로 발음을 나타냈어요.

蝸(蝸달팽이 와)는 달팽이가 껍질을 지고 기어가는 것처럼 생겼어요.

* 咼(입 비뚤어지다 괘/와)가 발음.

例 蝸角之爭(와각지쟁: 달팽이 더듬이 위에서 하는 싸움이란 뜻으로 '사소한 일로 벌이는 다툼', '작은 세력끼리의 싸움'을 뜻함)

▶무척추동물_ 극피동물

극피동물은 피부에 가시(또는 돌기)가 돋친 동물이에요. 때문에 束束(가시 자) 두 개를 써서 가시가 많음을 나타내는 棘(가시 극) 字(자)를 써요. 바다의 별 불가사리, 밤송이 모양의 성게, 오이처럼 생긴 해삼 등이 극피동물에 속해요. 이동할 때는 돌기 혹은 대통처럼 생긴 管足(관족)을 이용해요.

불가사리는 '죽지 않는 생물'이라는 이름처럼 재생력이 뛰어나서 몸의 일부가 잘려도 다시 자라나요(그렇다고 잡아서 실험해보면 안 돼요).

海蔘(해삼)은 위기에 처하면 내장을 일부 토해서 적에게 먹이로 내어주고 도망간다고 해요. 살기 위한 몸부림이 정말 처절하지요. '바다의 인삼'이란 이름처럼 血(혈)을 보하고 陽氣(양기)를 높이는 효과가 있다고 해요.

* 참고로 蔘(參인삼 삼)은 艹(풀 초)가 의미, 參(삼)이 발음.

▶기타 무척추동물_
강장동물, 환형동물, 편형동물

* 空(비다 공)으로 공 →
강 발음.

속없는 腔腸(강장)동물은 月(肉몸) 속이 空(텅 비어서) 이름에 腔(속 비다 강)을 써요. 珊瑚蟲(산호충), 해파리, 말미잘 등이 포함 돼요.

珊瑚(산호)는 속이 단단한 석회질로 이루어졌기 때문에 가공해서 장식물을 만들기도 했어요. 그래서 珊(산호 산)은 ⺩(⬤구슬)처럼 冊(깎는다)는 의미로 刪(깎다 산)의 생략형으로 발음을 나타냈어요. 刪(깎다 산)은 ⬚(죽간)에 기록할 때 틀린 글자를 刂(丿칼)로 깎아내던 데서 나왔어요.

瑚(산호 호)도 ⺩(구슬)을 만들 수 있다는 의미에, 胡(호)가 발음이에요.

환대

環形(환형)동물은 고리처럼 생긴 여러 개의 띠로 이루어진 동물이에요. 지렁이, 거머리 등이 속해요. 입과 항문이 서로 반대쪽에 있는데, 環帶(환대)라고 하는 짙은 색의 두꺼운 머리띠를 한 쪽이 머리예요.

扁形(편형)동물에는 몸이 납작한 ~~~~ 플라나리아, 기생충 등이 속해요. 扁(납작하다, 현판 편)은 ⺤(나무판을 엮어) 그 위에 글자를 쓰거나 새긴 후 戸(출입문 冃 冃 冃 冃 冃) 주위에 걸던 '현판'으로부터 扁平(편평)하고 납작하다는 뜻이 나왔어요.

현판

▶상상 속의 동물

현실이 아니라 꿈과 상상력 속에서만 사는 인간의 상상력이 만들어 낸 가공의 동물들 차례예요. 공통점이라면 여러 동물의 특정 부위를 합쳐 하나의 완전체로 만들었다는 점이에요. 고대에 여러 부족이 통합될 때 각 부족의 토템이 합쳐졌기 때문이라는 설도 있어요.

龍(龙용 룡)은 거대한 뱀처럼 생겼고, 온몸이 비늘로 덮여 있는 상상의 동물이에요. 사슴의 뿔과 소의 귀, 토끼(또는 귀신)의 눈을 가졌으며 코 밑에는 긴 수염(龍鬚鐵용수철)이 나 있고 네 발에는 날카로운 발톱이 있다고 해요.

구름을 타고 다니며 비를 주관하는 용은 상서롭고 신령스러운 존재로 여겨져 天子(천자)의 상징이기도 했어요. 이젠 중화 민족의 상징이 되었고요.

한비자의 '說難(세난: 유세의 어려움)' 편에 의하면 이 용은 본래 순해서 잘 길들이면 올라탈 수도 있지만 단 한 가지, 용의 턱 아래에 '거꾸로 난 비늘'을 건드리면 크게 노해서 건드린 사람을 반드시 죽인다고 해요. 한비자는 군주에게도 역린이 있으므로, 유세하고자 하는 자는 그 역린을 건드리지 않도록 각별히 조심하면서 고할 것을 충고했어요. 즉, 逆鱗(역린)은 왕의 노여움을 부르는 '왕만의 치명적인 약점'이나 '노여움' 그 자체를 의미했어요. 역린이 여러 개인 왕을 모시려면 엄청 피곤했겠죠? 하지만 어디 임금뿐이겠어요. 인간에게는 누구나 노여워하는 약점이 있게 마련이에요. 그러니 사람을 대할 때는 늘 '상대의 의중을 제대로 파악하려고 노력해야 한다'는 '역린'의 충고를 잊지 말아야겠어요.

한자로는 逆(거스르다 역)과 鱗(비늘 린)으로 이뤄졌는데요, 보니까 鱗(린) 字(자)가 또 어렵게 생겼지요. 왜 이리 복잡하게 만들어서, 맘먹고 공부해보려는 사람의 逆鱗(역린)을 건드릴까요?

용이 天子(천자)의 상징이었던 만큼, 왕들은 가슴과 등과 어깨에 용의
무늬를 수놓은 곤룡포(袞龍袍)를 입었어요. 곤룡포를 연상시키는 글
자가 襲(袞엄습하다 습)이에요.

襲(龍(용)을 수놓은 + 衣(옷))은 대대로 왕위를 世襲(세습)한 천자
만이 입었고 입는 그 순간부터 막중한 책임감과 외로움, 목숨을 노리
는 襲擊(습격)에 대한 불안이 掩襲(엄습)했기 때문에… 襲(습)에는 '물
려받다', '엄습하다'라는 뜻이 있어요. ♂

*龖(두 마리의용 답/삽)의 생략형이 발음 부분.

鳳凰(봉황)은 덕이 높은 임금이나 성인(聖人)이 태어날 징조로, 세상
에 나타난다고 믿으며 상서롭게 여겼던 전설상의 새에요. 봉새의 수
컷을 鳳(봉), 암컷을 凰(황)이라고 불렀어요.
鳳(凤봉황, 봉새 봉)은 凡(바람)을 일으키는 鳥(새)라는 의미예요. 때문
에 돛을 본뜬 凡(무릇 범)으로 범 → 봉 발음을 나타냈어요. 凰(봉황,
봉새 황)은 鳳(봉)의 생략형에, 皇(임금 황)이 발음이에요.

麒麟(기린)은 사슴의 몸에 소의 꼬리, 말의 갈기와 발굽을 가졌으며,
몸이 오색으로 빛난다는 상상의 동물이에요. 기린이 나타나면 태평
성대 혹은 성인이 세상에 나타날 징조로 여겼어요. 麒(기린 기)는 鹿
(사슴)처럼 생겼다는 의미에, 키를 본뜬 其(기)가 발음이에요. 麟
(기린 린)은 鹿(사슴)처럼 생긴 데다 몸이 오색으로 粦(반짝거린다)는
의미고요. 麒麟兒(기린아)는 어느 분야에서 재능이 뛰어난 사람을 일
컬어요.

*중국에선 동물원의 기린을 長頸鹿(장경록; 목이 긴 사슴)이라고 해요.

'해치'라고도 하는 獬豸(해태)는 머리가 사자(또는 소)와 비슷하게 생

232

겼고, 뿔이 하나 달려 있다는 상상의 동물이에요. 풀밭에 해태로 보이는 동물을 그려놓은 게 薦(荐천거하다 천)이에요. 해태처럼 신성한 동물이 뜯어먹는 풀로 만든 '(돗)자리', '거적', '깔개'가 본래 뜻이었어요. 이후 제사를 지낼 때, 돗자리에 제물을 차려놓고 신에게 올렸으므로 '드리다', '올리다'라는 뜻이 파생됐어요. 이로부터 다시 '잘 고른 곡식이나 과실을 신에게 올리듯' 잘 고른 인재를 임금에게 推薦(추천)해 올린다는 뜻이 됐고요.

* 薦擧(천거)는 어떤 일을 맡아서 할 만한 능력이 있는 사람을 소개하거나 추천하는 것이에요.

推(밀다 추)는 扌(손)으로 민다는 의미에 隹(추)가 발음이에요.
例 推進力(추진력: 밀어서 나아가게 하는 힘)
推(추)에는 '헤아리다'라는 뜻도 있어요.
例 推定(추정), 推測(추측), 推理(추리)

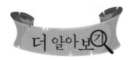

동물 이름이 들어간 표현들을 알아볼게요.

狼狽(낭패)와 狼藉(낭자)

狼(낭)은 앞다리가 길고 뒷다리가 짧은 이리, 狽(패)는 앞다리가 짧고 뒷다리가 길다는 전설상의 이리예요. 둘은 (狼(낭)이 狽(패)를 등에 업고) 낭의 앞다리와 패의 뒷다리로 다녀야 했대요. 그래서 狼狽(낭패)를 당한다는 말은 매우 난감한 처지가 된 것을 의미해요. 狼(이리, 어지럽다 랑)은 이리를 의미하는 犭(犬개사슴 록 변)에, 良(좋다 량)으로 량 → 랑 발음을 나타냈고, 狽(犲이리 패)는 犭(犬개사슴 록 변)에, 貝

(조개 패)가 발음이에요.

낭자(狼藉)는 여기저기 흩어져 어지러운 모양을 일컬어요. '피가 사방에 狼藉(낭자)하다' 같은 표현에 써요.

狡猾(교활)

자전(字典한자사전)에는 狡(교활하다 교)와 猾(교활하다 활)로 나와 있지만, 狡猾(교활)은 상상의 동물인 狡(교)와 猾(활)을 합친 것이라고 해요. 중국의 옛 奇書(기서; 기이한 이야기를 모은 책)인 『산해경』이란 책에 의하면 狡(교)는 개와 비슷하게 생겼는데 표범 같은 무늬가 있고, 소의 뿔이 났다고 해요. 狡(교)가 나타나면 그 해에는 대풍년이 든다는 속설이 있는데, 나타날 듯 말 듯하다가 결국 나타나지 않았대요. 반면 猾(활)은 사람의 모습에 돼지털이 잔뜩 났고, 나타나면 세상에 대란이 난다고 했대요. 둘은 같이 붙어 다니다가 호랑이를 만나면 서로 뭉쳐 공처럼 몸을 만 후 호랑이의 입속으로 뛰어들었다고 해요. 몸 안에서 내장을 파먹고 살다 호랑이가 고통스러워하며 죽으면 밖으로 나와 서로 바라보며 씩 웃고는 가 버렸다나요. 그래서 교활한 웃음이란 표현이 생겼고요.

四神(사신)

사신은 동아시아에서 동서남북 네 방위를 지키는 신령으로 상상해낸 神獸(신수; 신령스런 동물)들이에요.

東(동)쪽을 지키는 靑龍(청룡)은 나무(木)에 푸릇푸릇한 새싹이 움트는 봄을 관장하는 것으로 여겨졌어요.

西(서)쪽을 지키는 白虎(백호)는 하얗게 서리가 내리는 **가을**을 관장하고요.

南(남)쪽을 지키는 朱雀(주작)은 붉은 봉황으로 형상화했으며, 불(火)

처럼 뜨거운 여름을 관장한다고 믿었어요.

北(북)쪽을 지키는 玄武(현무)는 다리가 긴 거북이가 몸에 뱀을 감은 형상으로, 죽음을 상징하는 **겨울**을 관장한다고 생각했어요.

方向(방향)

東(东동쪽 동)은 물건을 싸고 양쪽 끝을 묶은 전대를 본떴어요. '동쪽'이라는 뜻은 가차된 것이에요.

← 짊어지고 가기 위한 나무막대

西(서쪽 서)는 𠙹 🐠 𩇔 西ㄤ(새)가 ▢(둥지)에 깃든 모습이에요. 해질녘에 새들이 둥지로 돌아가기 때문에 해가 지는 '서쪽'을 가리키게 됐어요.

南(남쪽 남)은 매달아놓은 종을 본떴는데 갑골문에서부터 가차되어 '남쪽'을 의미했어요. 이 악기가 남방에서 중원으로 전해왔기 때문이라는 설도 있고, 악기를 배치할 때 남쪽에 두었기 때문이라는 설도 있어요.

北(북쪽 북)은 𣥏 𣥐 𣥑 北 北(두 사람이 등을 맞댄 모습)이에요. 그런데 북반구에 위치한 중국에서는 집을 지을 때 해가 잘 들도록 남쪽을 향해 짓다 보니 항상 등을 지게 되는 방향이 '북쪽'이었어요. 그래서 北(서로 등진 모습)이 '북쪽'을 뜻하게 되었어요. ♂

10 식물의 세계

▶풀

*甲(갑)은 방위를 15°씩 스물넷으로 나눈 24 方位(방위) 중 甲方(갑방)에 해당되어 '동쪽'을 뜻해요.

草(풀 초)는 ⁺⁺(ᵛᵛ풀)을 그리고, 무(새벽 조)로 조 → 초 발음을 나타냈어요. 발음 부분인 무(조)는 ⽇(태양)이 +(甲(갑)의 생략형 동쪽)에서 떠오르는 '새벽'을 뜻해요.

그러므로 草(풀 초)는 해가 솟아오르듯이 땅 위로 솟아난 '풀'을 의미해요. 새로 싹이 튼 데서 '시작하다'라는 뜻도 나왔어요. 어떤 일을 처음으로 시작하는 때를 草創期(초창기)라고 하지요.

艸(풀 초)는 草(초)의 옛글자(古字고자)로, ᵛᵛ풀이 돋아난 모양을 본떴어요. 부수로 글자의 위쪽(머리)에 날 때는 ⁺⁺(초두머리)로 써요.

卉(풀 훼)는 ᵛᵛᵛ(풀 세 개)를 그린 것으로, 단독으로 쓰는 경우는 花卉(화훼) 정도만 알아두면 돼요.

茻(풀 망)은 풀이 우거진 모양이에요. 풀숲 사이로 해가 지는 광경을 묘사한 暮(저물다 모)에서는 ᵛᵛ처럼 써요. 여기서 人는 ⁺⁺의 변형이에요.

▶새싹

甲(첫째지지 갑)이 무엇을 본떴는지에 대해서는 여러 설이 있어요. 그

236

중 하나가 아직 껍질을 뒤집어쓰고 있는 새싹(甲)을 본떴다는 것이 에요. 싹이 처음 나기 시작하는 데서 '첫째'라는 의미가 나왔고, 껍질을 쓰고 있어서 '껍데기'와 '갑옷'이라는 뜻도 생겼다고 해요.

甲富(갑부; 첫째가는 부자)에서는 '첫째', 甲殼類(갑각류)에서는 '껍데기'라는 뜻이에요. 갑각류 중에서도 특히 鐵甲(철갑)처럼 단단한 껍데기를 가진 게는 몸값이 甲(갑) 오브 甲(갑)이죠.

둘 이상의 사물이나 사람에 대해, 이름을 대신하여 부를 때도 써요. 특히 계약서를 보면 甲(갑)은 乙(을)에 대하여… (이러이러 저러저러)… 라고 쓰지요.

芽(싹 아)는 艹(새싹)이 아직 벌어지지 않고 牙(맞물려 있다)고 牙(어금니 아)로 발음을 나타냈어요.

* 발음인 牙(아)는 맹수의 위아래 이빨이 맞물려진 모양이에요.

屯(진치다 둔)은 屮(새싹이 ㄴ뿌리를 내린) 모양이에요. 屯丿(삐침 별)은 봉우리를 나타내요. 풀은 대개 모여서 나기 때문에 '모이다'가 되었고, 뿌리를 내린 데서 '머물다'라는 뜻도 나왔어요. 군대가 일정한 지역에 진을 치고 머무르는 걸 駐屯(주둔)한다고 하지요.

屯(둔)이 발음으로 들어간 글자

沌(엉기다 돈)은 氵(물)처럼 모양이 나누어지지 않는다는 의미에(즉, 사물 등이 구별되지 않은 상태에), 屯(둔 → 돈)이 발음이에요.

예 混沌(혼돈)

鈍(鈍무디다, 둔하다 둔)은 金(거푸집)에서 屯(막 나온) 주물로부터 무디고 둔하다는 뜻이 되었어요. 아직 단단하고 예리하게 다듬어지지 않은 상태기 때문이에요.

純(纯순수하다 순)도 糸(실)을 屯(새로 뽑아) 아무런 가공도 하지 않았으므로 순수(純粹)하다는 뜻이에요. ♂

苗(싹, 모종 묘)는 田(밭)에 艹(싹)이 난 모양이에요. 옮겨 심으려고 가꾼 어린 식물을 '모종'이라고 해요. 어린 나무를 苗木(묘목)이라고 하고요. 싹이 더 크게 자란 모양이 甫(크다 보)예요.

더 알아보기

甫(보)가 발음으로 들어간 글자

圃(채마밭 포)는 □(밭)에 甫(모종)이 자란 모양이에요.

浦(물가 포)는 본래 '물가에 있는 밭'을 가리키다가 내나 강의 어귀에 물이 드나드는 장소를 뜻하게 됐어요. 예 浦口(포구)

鋪(铺펴다 포)는 펴지고 늘어나는 성질이 있는 金(금속)을 (두드려) 甫 (크게 즉, 넓게) 만들던 데서 '펴다'가 됐어요. 예 鋪裝道路(포장도로)

捕(잡다 포)는 扌(손)을 甫(크게) 벌려 잡는다는 의미예요. 예 逮捕(체포)

匍(기(어가)다 포)는 勹(몸을 웅크린) 모습에 甫(보 → 포)가 발음이에요. 예 匍腹(포복)

哺(먹다, 먹이다 포)는 口(입)을 甫(크게) 벌려서 먹는다는 의미예요. 또는 口(먹고) 甫(크라고) 먹인다는 뜻이기도 하고요. 예 哺乳類(포유류)

脯(포 포)는 재료인 月(肉고기)를 甫(크게 즉, 넓게) 만든 '포'를 뜻해요. 예 肉脯(육포)

補(깁다, 보수하다 보)는 衤(衣옷)을 기울 때에 찢어지거
나 해진 부분보다 더 큰 옷감을 대고 깁기 때문에 甫(크
다 보)로 발음을 나타냈어요. 옷감을 덧대는 데서 補充(보충)하고 補强
(보강)한다는 의미가 나와 '더하다', '고치다'라는 뜻도 있어요.

예 補修工事(보수공사)

輔(輔돕다 보)는 이동을 돕는 車(수레)가 의미 부분이고, 甫(보)가 발
음이에요. 예 輔佐(보좌)

잎부터 뿌리까지~ 端(단)

端(바르다, 옳다, 끝 단)의 발음인 耑(시초, 실마리 단)은
식물의 山(잎)과 而(뿌리)를 그린 모양이에요. 각각은 위아래 양쪽 끝
부분이므로 '끝'을 뜻하게 되었어요. 立(서다 립)으로 똑바로 서 있
다는 의미를 강조해 '단정하다', '바르다'라는 뜻으로 써요. 端正(단정)
은 옷차림과 몸가짐이 바른 것이고, 端整(단정)은 (방, 물건 등이) 깨끗
이 整理(정리) 整頓(정돈)되어 '가지런하다'는 뜻이에요.

'整頓(정돈)'의 整(가지런하다 정)은 束(묶다 속), 손을 써서 일한
다는 의미의 攵(복), 正(바르다, 바로잡다 정)으로 이루어졌어요.
가지런히 묶어 정리함을 뜻해요. 敕(정)은 발음도 나타내요.
頓(頓조아리다, 가지런히 하다 돈)은 頁(머리)를 땅에 닿도록 숙였
다가 새싹이 나듯 조금만 쳐들어 조아린다고 屯(둔)을 발음
으로 취했어요. 이렇게 조아리는 경우는 존경의 뜻으로 머리
가 땅에 닿도록 절을 하거나, 상대에게 애원하기 위해 머리를
숙일 때예요. 어느 쪽이든 몸자세를 가지런히 해서 '가지런히
하다'라는 뜻도 있어요. ♂

▶풀에서 파생된 의미들

풀에서 파생된 단어 중 대표적인 것은 재주, 재능(才) 등과 生(생)의 뜻이 들어가는 생명, 存在(존재) 등이 있어요. 더 나아가 '아니다'를 뜻하는 不, 否(부), 歪(왜) 등과 숨김을 의미하는 은폐(隱蔽) 같은 단어도 있지요. 차례차례 알아볼게요.

才(재주 재)는 갑골문에서는 ▽로 썼어요. │(초목의 싹)이 ▽(땅)을 뚫고 나오는 모양이었어요. 싹수가 보인다는 말도 있는데요, 앞으로 더 커나갈 수 있는 '재능'을 의미하게 되었어요. 才(재)가 나온 김에 재주에 관한 글자들을 볼게요.

技(재주 기)는 扌(손)에서 나오는 손재주… 즉, 技術(기술)적으로 숙련된 솜씨나 재주를 의미해요. 藝(艺재주 예)는 특히 藝術(예술)적인 재주를 뜻해요. 術(术재주 술)은 어떤 일을 꾸미는 術策(술책)이나 醫術(의술), 話術(화술), 劍術(검술)처럼 일을 하는 방법으로서 연마된 재주를 가리켜요. 그러므로 才(재)는 talent, 技(기)는 skill, 藝(예)는 art, 術(술)은 artifice로 볼 수 있어요.

풀은 생명(生命)이 존재(存在)함을 상징하기도 해요. 生(살(아 있)다 생)은 土(땅)에 生(艸풀)이 난 모양이에요. '태어나다', '살다', '살아 있는 것', '(살아 있는) 날것'을 뜻해요.

存(있다 존)은 才(초목의 싹)과 子(어린아이)로 존재(存在)한다는 뜻을 표현했어요.

예 保存(보존), 現存(현존: 현재에 있음), 存廢(존폐)

在(있다 재)도 土(흙)에 才(싹)이 돋아나 있는 모양이에요. 발음이기도

240

한 才(재)는 扌(손 수)와 닮았으니 주의해서 구별하세요.

예 所在(소재: 있는 곳), 在職(재직: 직장에 근무하고 있음), 在美(재미)교포

不(부/불), 否(부), 歪(왜), 蓋(개)

不(아니다 부/불)은 ᚚ ᚚ ᚚ 식물이 땅속에 뿌리를 내린 모양이에요.
씨앗은 발아할 때 뿌리를 먼저 내리기 때문이에요. 싹은 아직 땅 위
로 나오지 않았다 해서 '아니다', '(~하지) 않다', '없다'라는 부정의 뜻
이 되었어요. 발음은 '부'와 '불' 둘 다예요.

예 不當(부당), 不正(부정), 不振(부진)

* 다음에 오는 글자의 첫
소리가 ㄷ, ㅈ이면 '부'
로 읽어요.

그 외에는 不可(불가), 不察(불찰), 不夜城(불야성)처럼 '불'로 발음해요.
否(아니다 부)는 不 → 아니라고 ⌣ → 말하는 것으로 보면 돼요.
可否(가부)는 '옳고 그름', '찬성과 반대'를 뜻해요. 安否(안부)는 '편안
함과 편안하지 않음'으로, 어떤 사람이 편안하게 잘 지내는지 그렇지
않은지 소식을 전하거나 묻는 일이에요.

* 不實(부실) 같은 예외
도 있으니, 확고한 법칙
이라기엔 좀 不實(부실)
한가요?

歪(비뚤다, 바르지 않다 왜)는 不 → not 正 → right이에요. 不(부)와 正(정)
을 합해 '바르지 않음', '어긋남과 비뚤어짐'을 뜻해요.

예 歪曲(왜곡)

풀로 덮어 가리기도 했으므로 艹(풀 초)를 넣어 숨긴다는 의미를 나타
낸 글자도 있어요. 바로 蔽(덮다, 가리다 폐)예요.
蓋(蓋덮다, 대개 개)는 艹(풀)로 덮는다는 의미에, 土(뚜껑) 있는 皿(그릇)

* 艹(풀)로 덮어 隱蔽(은
폐)한다는 의미에, 敝(해
지다 폐)가 발음. 발음인
敝(폐)는 막대기로 쳐서
낡은 옷감의 먼지를 털
어내는 모습이에요.

을 본뜬 盍(덮다 합)으로 합 → 개 발음을 나타냈어요. 안에 든 것이 '아마~일 것이다'라고 추측해서 '절대적으로 확신하진 않지만 아마 그럴 거라고 생각하는' 蓋然性(개연성) 등에 쓰게 되었어요. ♂

▸무성하게 자란 풀

茂(무성하다 무)는 戊(도끼)로 베어내야 할 만큼 艹(풀)이 茂盛(무성)하게 자랐다고 ⚔도끼 창을 본뜬 戊(다섯째천간 무)로 발음을 나타냈어요.

荒(거칠다 황)은 艹(풀)이 㐬(삽살개)의 털처럼 뻣뻣하고 거칠게 자랐다고 '거칠다'는 뜻이 됐어요. 荒(川홍수)가 지나가 荒(艹풀)만 무성하다는 의미에, 荒(亡망 → 황)이 발음이라는 설도 있어요. 내버려둬서 荒廢(황폐)해진 荒蕪地(황무지)에 써요.

'풀의 바다'라고 불릴 만큼 드넓은 초원을 떠올려 보세요. 莊(庄씩씩하다, 성하다, 장엄하다 장)은 크고 기운차게 자란 艹(풀과 초목)에서 莊嚴(장엄; 씩씩하고 웅장하며 엄숙함)하다는 의미가 나왔어요.
莊(장)에는 '別莊(별장)'이라는 뜻도 있어요. 특히 산에 있는 별장을 山莊(산장)이라고 하지요.

* 壯(씩씩하다, 굳세다 장)이 발음.

▸꽃

꽃이 핀 모양에 따라 글자 모양과 음이 다른데요. 이를 테면 英(꽃부리 영), 垂(수), 榮(영), 그리고 향기를 뜻하는 芳(방)도 있어요.

'꽃'은 원래 꽃이 흐드러지게 피어 아래로 늘어진 모양의 華(华꽃 (피다), 화려하다 화)로 썼어요. 그런데 華(화)가 華麗(화려)하다는 뜻으로 굳어지자 자연 그대로의 '꽃'을 가리키려고 다시 만든 게 花(꽃 화)예요. ⁺⁺(풀)이 化(변화하여) 피운 '꽃'을 의미해요. 화려함보다는 실용성을 고려해 쓰기 쉽게 만들었어요.

*化(되다 화)가 발음. 참고로 華(화려하다 화)도 간화자에서는 화려함을 쏙 뺀 华(화)로 써요.

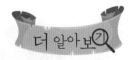

내 위주로 해~! 중국인의 中華(중화)사상

중국인들은 주변의 민족과 비교하여 자신들이 중심에서 빛나는 민족이라고 자부했어요. 그래서 中華(중화)는 중국인이 자기 나라를 일컫는 말이고, 華僑(화교)는 외국에 나가 사는 중국 사람을 가리켜요.

자네도 친구는 없지?

반면 이민족에 대해서는 東夷(동이; 활을 잘 쏘는 동쪽 오랑캐), 西戎(서융; 긴 창을 잘 쓰는 서쪽 오랑캐), 南蠻(남만; 벌레가 많은 데 사는 남쪽 오랑캐), 北狄(북적; 사나운 이리가 많은 데 사는 북쪽 오랑캐)이라고 불렀어요. 무기, 벌레, 짐승을 넣어 표현한 걸 보면 주변 민족에 대한 시선이 어땠는지 짐작돼요.

뭐, 우리도 '호밀', '호떡', '호박'처럼 중국에서 들어온 물건에 胡(오랑캐 호) 자(字)를 붙였으니 서로 주고받은 셈인가요? ♂

英(꽃(부리), 뛰어나다 영)은 ⁺⁺(풀)의 가장 央(중심)을 이룬다는 의미예요. 농경 사회에서는 꽃 숭배 사상이 있었을 정도로 (열매를 맺게 하는) 꽃을 중요하게 여겼기 때문이에요.

⁺⁺(풀)이 의미 부분이고, 央(가운데 앙)으로 앙 → 영 발음을 나타냈어

*꽃부리는 꽃잎 전체를
일컫는 말이에요.

요. 사실 '꽃'보다는 '뛰어나다'는 뜻이 더 중요해요. 세상은 英雄(영웅), 英才(영재)를 원하니까요.

垂(드리우다 수)는 초목이 ±(땅)에 닿을 듯이 수직(垂直)으로 축 늘어진 모양이에요. 앞에 目(눈 목)을 쓰면, 目(눈꺼풀)을 아래로 垂(드리우고) 睡(자다, 졸다 수)예요. 예 睡眠(수면)

榮(荣영화 영)의 초기자형은 횃불을 나타낸 것이었어요. 후에 木(나무)에 ⚶(불)이 붙은 것처럼 꽃이 나무를 활짝 뒤덮은 모양이 됐어요. 화려하게 빛나는 '榮華(영화)', '繁榮(번영)', '榮光(영광)' 등에 써요.

더 알아보기

⚶은 빛나는 게 둘레를 에워쌌음을 뜻해요. ⚶이 들어간 螢(荧반딧불, 개똥벌레 형)은 ⚶(불빛)이 虫(벌레)를 둘러싼 모양이에요. 예 형광(螢光)
營(营경영하다 영)은 呂(여러 개의 건물로 된 큰 건물)에 ⚶(불)을 밝혀놓은 모양이에요. 궁궐이나 관청 곳곳에 횃불을 밝혀놓은 광경을 떠올려보세요. 큰 건물을 꾸려나가는 데서 經營(경영)한다는 뜻이 나왔어요. 勞(劳일하다 로)도 밤에 ⚶(불)을 밝혀놓고 力(일하던) 데서 나왔어요. ♂

芳(꽃답다, 향기 방)은 艹(초목)의 향기가 方(사방)으로 퍼져나간다는 의미예요. '꽃답다', '향기', '(향기롭게 퍼져나가는) 명성'을 뜻해요.

예 芳年(방년: 20세 전후의 꽃다운 나이), 芳名錄(방명록)

香氣(향기), 香水(향수)에서는 禾(벼 화)가 들어간 香(향기 향)을 써요.

▶꽃 이름

꽃 이름에서는 대개 ⁺⁺(풀 초)가 의미 부분이고, 나머지 글자가 발음이에요.

蓮(연꽃 연)은 連(잇닿다, 이어지다 연)을 발음으로 취했는데, 실제로 연꽃은 뿌리줄기가 옆으로 잇달아 뻗어나가요. 荷(연꽃 하)는 何(어찌 하)가 발음으로, 더러운 물에서 何(어찌) 저런 꽃이 피어나는가 하여 何(어찌 하)가 붙었다고 해요.

> 何(어찌 하)는 사람이 짐을 메고 있는 모습이었는데, 후에 亻(인)과 발음인 可(가)의 합자처럼 바뀌었어요. 뜻도 '어찌', '무엇', '어느'라는 의문사가 됐고요. 저 사람이 어찌하여 뭔가를 메고 어디론가 가는 것인지 궁금했나 봐요.

진흙에서 피어나지만 그 더러움이 물들지 않는다고 하여 연꽃을 花中君子(화중군자: 꽃 중의 군자)라고도 불렀어요. 그런데 이 꽃은 특히 불교에서 중요한 의미를 가져요. 천상에 핀다는 성스러운 흰 연꽃을 만다라화(曼陀羅華)라 하고, 아미타불이 살고 있다는 서방정토의 극락세계를 蓮花世界(연화세계)라고 부를 정도예요.

菊(국화 국)은 ⁺⁺(풀 초)에, 勹(손)에 米(쌀)을 움켜쥔 匊(움켜쥐다 국)이 발음이에요. 꽃잎이 米쌀알처럼 생긴 중심부를 勹감싸고 있기 때문이죠.

*每(매양 매)가 발음.

梅(매화 매)는 매화가 나무에서 피는 꽃이라 木(나무 목)을 써요.

蘭(쓰난초 난)은 문을 닫고 은둔해 있어도 그 향기가 퍼져나간다 해서 문에 빗장을 질러 잠근 모양의 闌(가로막다 난)으로 발음을 나타냈어요.

牧丹(목단) 하면 국민 보드게임 고스톱의 목단이 떠오르는데요, 6월 목단의 화투장 그림은 장미와 비슷해 보이지만 실은 모란꽃이에요. 모란은 화중왕(花中王)으로 불렸어요. 여러 꽃 가운데서도 가장 탐스럽고 찬란하게 핀다고 해서요. 신라 선덕여왕이 어린 시절 모란 그림을 보고 '꽃 옆에 벌과 나비가 없으니 이 꽃에는 향기가 없을 것'이라고 했다는 이야기가 유명하지만 사실 모란에서도 옅은 향이 나지요.

그 밖에도 백일 동안 붉은 꽃이 핀다는 百日紅(백일홍), '나를 잊지 말아 달라'는 꽃말을 가진 勿忘草(물망초), 百合(백합), 水仙花(수선화), 木蓮(목련)… 등이 있어요. 하지만 아무리 아름답고 향기로운 꽃도 시들어 떨어지기 마련이라서 열흘 붉은 꽃은 없다는 뜻의 '花無十日紅(화무십일홍)'은 제아무리 성한 권세나 세력이라도 얼마 못 가서 衰落(쇠락)함을 비유해요. 落(떨어지다 락)은 落(''잎)이 시들어 떨어진다는 의미에, 洛(洛강이름 락)이 발음이에요. 흐르는 물 위로 꽃잎이 떨어지는 그림을 그려보세요. 예 落書(낙서)

*원래 낙서는 글을 베낄 때 잘못해서 글자를 빠뜨리고 쓰는 걸 말했는데, 지금은 장난으로 쓴 글과 그림을 가리킴.

▸나무

樹(树나무 수)는 木(나무)가 尌(서 있다는) 의미예요. 壴(북)을 寸(손)으로 尌(세우다 주)에서 주 → 수 발음이에요. 木(나무 목)은 나무의 줄기와 가지, 뿌리를 본떴어요. 4월 5일 식목일(植木日)은 나라에서 나무

심기를 권장하려고 정한 기념일이니까, 나무에 물이라도 한 번 주고 나서 놀러가세요.

植(심다 식)은 木(나무)를 直(곧게) 세우는 것으로 심는다는 뜻을 표현 했어요.

* 直(직 → 식)이 발음.

栽(심다, 가꾸다 재)는 木(나무)를 戈(창 같은 날카로운 도구)로 十(才재주 낏) 다듬어 가꾼다는 뜻이에요. 𢦏(才재)가 발음이에요. 가지를 잘라 내어 식물을 원하는 모양으로 栽培(재배; 식물을 심어 기름)하는 일, 또 는 그렇게 키운 식물을 칭하는 '盆栽(분재)'에 써요.

> 참고로 制(억제하다, 마르다 제)도 𣲵(나뭇가지)를 刂(칼)로 쳐내 다듬던 데서 나왔지요.

培(북돋우다, 가꾸다 배)는 ⛰ (흙)으로 양분을 공급해 식물이 잘 자라도록 북돋는다는 의미에, 㕰(부 → 배)가 발음이에요.

예 培養土(배양토)

陳(陈·진)

陳列(진열), 陳述(진술)에 쓰는 陳(陈늘어놓다 진)은 𨸏(언덕)에 束(🌳 나무)들이 申(늘어서 있다)는 의미예요. 그러려면 나무를 심고 가꾼 지 오래 되어야 해서 '오래다', '묵다'라는 뜻도 있어요. 케케묵어 낡은 陳腐(진부), 新陳代謝(신진대사) 등에 써요. ♂

* 申(펴다 신)에서 신 → 진 발음을 취했어요.

▶나무의 각 부분

* 참고로 '本人(본인)'이 직접 방문하세요' 라고 할 때는 '어떤 일에 직접 해당되거나 관련된 사람'을, '本人(본인)의 의견을 말씀드리자면…' 이라고 할 때는 '자기 자신'을 가리켜요.

根(뿌리 근)은 木(나무)를 그 자리에 艮(머무르게) 한다고 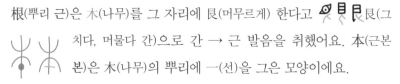 艮(그치다, 머물다 간)으로 간 → 근 발음을 취했어요. 本(근본 본)은 木(나무)의 뿌리에 一(선)을 그은 모양이에요.

그루터기는 나무줄기에서 뿌리에 가까운 밑동 부분이에요. 그래서 株(그루터기 주)는 베어낸 木(나무)의 朱(붉은) 그루터기를 의미해요. 발음인 朱(붉다 주)는 똑! ✂ 부러진 나뭇가지의 속이 붉은색을 띠는 데서 나왔어요. 朱木(주목), 소나무 등이 속에 붉은 빛을 띠거든요. 株(주)가 들어간 수주대토(守株待兎)는 한 가지 일에만 어리석게 매달림을 뜻해요. 중국 송(宋)나라의 한 농부가 어느 날 달려오던 토끼가 나무 그루터기에 부딪쳐 죽는 걸 본 뒤로, 똑같은 방법으로 토끼를 잡으려고 매일 아무 일도 하지 않고 나무 그루터기만 지켰다는 이야기에서 나왔어요. 株(주)에는 柱式(주식; 주식회사의 자본을 구성하는 단위)이라는 뜻도 있어요. 주식 한 주 한 주를 이윤이라는 열매가 열리는 나무 한 그루 한 그루로 보았어요.

幹(干줄기, 뼈대 간)은 발음인 倝ㅅ(간)과 朩(나무 목)을 합친 榦(간)의 속자예요. 幹線道路(간선도로), 幹部(간부), 基幹産業(기간산업)처럼 중심이나 뼈대가 되어 근간(根幹)을 이루는 것에 써요.

발음인 倝ㅅ(간)은 ⺨(나무줄기) 사이로 日(해)의 ⺊(빛)이 새어나오는 모양이에요. 倝(나무 사이로 비치는 햇빛)에 韋 둘러싸인 곳을 나타내는 글자가 韓(韩나라이름 한)이에요. 동방의 해 뜨는 나라 '大韓民國(大韩民国대한민국)'에 쓰지요.

枝(가지 지)는 木(나무)의 ϒ(가지)를 又(손)에 쥔 모습이에요.

예 支持臺(지지대)

*발음인 支(가지, 지탱하다 지)는 나뭇가지로 (장대나 버팀목처럼) 물건을 쓰러지지 않게 받치던 데서 나왔어요.

條(条가지, 조목, 조리 조)는 원래 ϒ(나뭇가지)를 그린 모양이었는데, 후에 木(나무 목)과 발음 부분인 攸(유)로 바뀌었어요. 가지는 큰 줄기에서 갈라져 나온 것이므로 '條目(조목; 낱낱의 항목)', '맥락'이라는 뜻이 되었어요.

예 條理(조리; 앞뒤 맥락이 맞고 체계가 서는 것), 條目條目(조목조목), 條件 (조건; 어떤 일이 성립되는 데 갖추어야 할 가지가지 요소들)

刺(가시, 찌르다 자/척)은 木(나무)에 ⌐(가시)를 그린 朿(가시 자)와 刂(칼 도)로 이뤄졌어요. 둘 다 찌른다는 의미를 갖지요. 책망하거나 헐뜯는 말로 다른 사람을 찌를 때도 써요. 예 諷刺(풍자), 刺戟(자극)

葉(나뭇잎 엽)은 木(나무)에 艹(잎)이 世(많이) 달렸음을 나타내요.

*세 개의 十(열 십)으로 이루어진 丗(세)는 '많음'을 뜻해요.

柔(부드럽다 유)는 쌍날창의 자루로 부드러운 나무를 쓰던 데서 나왔다고 해요. 木(나뭇가지) 끝에 돋은 뾰족한 새순 ▮을, 木(나무자루)에 박힌 뾰족한 촉 모양 ▮에 비유했어요. 연약하고 부드러운 새순에서 '유약(柔弱)하다', '유연(柔軟)하다'라는 뜻이 나오지요.

核(씨 핵)은 木(나무)가 의미, 亥(해 → 핵)이 발음이에요. '씨'에서 다시 '핵심(核心)'을 의미하게 되어 사물의 가장 중심이 되는 중요한 부분, 알맹이도 가리켜요. 또 세포의 核(핵), 원자의 중심부에 있는 작은 입자인 核(핵)에도 써요. 예 核武器(핵무기)

*亥를 骸(뼈 해)의 생략형으로 보면, 木(나무)에서 亥(骸뼈)처럼 단단한 '씨'가 돼요.

果(열매 과)는 木(나무)에 ⽥(열매)가 열린 모양을 효과(效果)적으로 표현했어요. 열매는 결실을 맺은 것이므로 果(과)에는 '결과(結果)'란 뜻도 있어요. 이 결실에 대해 '사과 10개, 배 5개…' 하며 言(말)로 세금을 부과(賦課)하던 과정에서 나온 게 課(课매기다, 부과하다 과)예요. '할당받은 양'에서 의미가 확대되어 '몫', '(할당받은 몫의) 일'도 뜻해요. 예 日課(일과)

* 某(아무, 어느 모)는 본래 단맛이 나는 열매를 뜻했으나 '아무', '어떤'으로 가차됐어요. 누구, 무엇 또는 어디라고 정할 수 없을 때 某氏(모씨), 某種(모종), 某處(모처)라고 하지요.

本末(본말; 사물이나 일의 처음과 끝)

本(근본 본)은 앞에 나왔고요, 末(끝 말)은 木(나무)의 끝부분(맨 末端 말단)에 一(선)을 길게 그어서 '끝'이라는 뜻을 표현했어요.

末(끝 말)과 비슷하게 생겨서 헷갈리기 쉬운 글자가 未(아직~아니다 미)예요. 가지 끝에 一(선)을 긋긴 했는데, 좀 짧게 덜 그어서 아직 덜 자란 작은 가지를 표현했어요. 未完成(미완성), 未知(미지), 未來(미래), 未達(미달), 未婚(미혼) 등에서 '아직 ~아니다'라는 뜻으로 쓰여요. ♂

▸재목

* 才(재주 재)가 발음.

材(재목 재)는 木(나무)에 才(손재주)를 발휘해 물건을 만들 '재목'을 뜻해요. 재목(材木)을 고를 때는 나무의 모양, 강도, 밀도, 곡직 등을 모두 살폈어요. 그래서 檢(검검사하다 검)은 木(나무 목)에, 僉(다, 여러 첨)으로 첨 → 검 발음을 나타냈어요.

예 檢索(검색), 點檢(점검), 檢討(검토), 檢閱(검열)

檢閱(검열)의 閱(閱살펴보다 열)은 門(문) 앞에서 兌(兑 큰 소리로 말하는 사람)의 모습이에요. 옛날에 문 앞에 거마(車馬)를 줄 세워놓고 檢閱(검열)하던 데서 나왔어요. 특히 명부에 일일이 점을 찍어가며 수를 조사하던 데서 나온 게 '點檢(점검)'이지요.

查(조사하다 사)도 계속 자라는 木(나무)는 주기적으로 조사하고 且(또) 조사했으므로, 且(또 차)로 차 → 사 발음을 나타냈어요. 신중하게 살피고 조사해야 하는 審査(심사), 査察(사찰), 직접 가서 보고 조사하는 踏査(답사) 등에 써요.

*踏(밟다 답)은 足(발족)과 발음인 沓(겹치다 답)으로 이루어졌어요.

相(서로 상)은 ♁ ♂ ♃ 木(나무)를 目(눈)으로 살펴보는 모습이에요. 그런데 보는 행위에는 그 대상(對象)이 있어야 하므로, '보는 주체'와 '보이는 相對(상대)'라는 相互(상호) 관계가 생겨요. 이로부터 '서로'라는 뜻이 나왔어요.

나무를 베기 전에는 먼저 먹칼로 베어낼 부분을 표시했어요. 親(亲친하다 친)은 辛(먹칼)로 木(나무)에 표시를 해놓고 見(보는) 모습이에요. 亲은 亲(먹칼)이 亲(나무)에 꽂혀 있는 모양이에요. 가까이에서 바라본다고 '친하다'는 뜻이 되었는데 의미가 확대되어 '親父母(친부모)', '親戚(친척)', '親舊(친구)' 등 가까이에서 바라보는 친한 사이도 가리키게 되었어요. 이러니 친해지려면 자주 目(보면서) 親睦(친목)을 다져야 해요.

*亲은 辛(辛맵다 신)의 생략형이 발음.

*親睦(친목)의 睦(화목하다 목)은 目(눈 목)이 의미 부분이고 坴룩 → 목)이 발음이에요.

新(새 신)은 亲(辛먹칼)로 표시한 나무를 斤(도끼)로 벤다는 뜻이었어요. '새로 벤 나무'에서 → '새(롭다)'는 뜻이 됐어요.

*亲은 辛(맵다 신)의 생략형이 발음. 본래 뜻으로는 艹(풀 초)를 덧붙인 薪(땔나무 신)을 만들어 보충했어요.

折(꺾다, 꺾이다, 자르다 절)은 ✹(꺾어진 초목)과 斤(도끼)에서 → 扌(손)에 斤(도끼)를 든 모양으로 변했어요.

> 折(절)에 口(입 구)를 더하면 哲(사리에 밝다 철)이에요. 明哲(명철)하게 口(말한다는) 의미에, 折(절 → 철)이 발음인데 학식이 높고 사리에 밝은 哲人(철인), 哲學者(철학자) 등에 써요.

析(쪼개다 석)도 木(나무)를 斤(도끼)로 쪼갠다는 의미로 分析(분석)할 수 있어요.

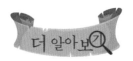

나무를 쪼개 그 조각을 나타낸 爿(장)과 片(편)

木(나무)를 반으로 가른 왼쪽 부분이 爿(나뭇조각 장)이에요. 단독으로는 안 쓰이고 부수와 발음으로 들어가요. 오른쪽 부분은 片(조각 편)이에요. '조각', '(나눈 것의) 한쪽'을 뜻해요. 때문에 片道(편도)는 오거나 가는 길 중에서 어느 한쪽만을 가리키지요.

板(판)과 版(판)

*木(나무 목)이 의미, 反(반 → 판)이 발음.

板(널빤지 판)은 두께가 있는 판판하고 넓은 나뭇조각으로 看板(간판), 漆板(칠판), 標識板(표지판) 등을 만들 때 써요.

版(판목 판)은 더 작은 나뭇조각인데, 여기에다 인쇄할 그림이나 글씨를 새겼으므로 出版(출판), 版畵(판화), 版權(판권)처럼 인쇄와 관련해 써요. 片(나무 판)에 글자와 그림을 새길 때는 ┰ 처럼 좌우를 반대(反對)로 새겨야 먹물을 묻혀 찍어냈을 때 正(정)으로 바르게 인쇄돼요. 그래서 反(거꾸로 반)으로 발음을 나타냈어요. 片(나뭇조각)이 의미, 反(반 → 판)이 발음이에요. ♂

▶ 나무 이름

나무 이름에서는 대개 木(나무 목)이 의미 부분이고, 나머지 글자가 발음이에요.

松(소나무 송)은 公(공 → 송)이 발음이에요.

竹(대나무 죽)은 대나무의 잎과 줄기를 본떴어요.

梧桐(오동)나무는 각각 吾(나 오)와 同(한가지 동)이 발음이에요.

楓(枫단풍나무 풍)은 바람이 차가워질 때 단풍이 들기 때문에 風(바람 풍)으로 발음을 나타냈어요.

梨(배나무 리)는 배가 몸에 이로워서 利(이롭다 리)로 발음을 나타냈어요.

桃(복숭아나무 도)는 兆(조짐 조)에서 조 → 도 발음을 취했어요.

檀(박달나무 단)은 亶(믿음 단)이 발음이에요.

棗(枣대추나무 조)는 束(가시 자) 두 개를 겹쳐 써서 가시가 많은 대추나무를 표현했어요.

桑(뽕나무 상)은 朩(나무) 위에 뽕잎이 가득한 모양이었는데 누에를 치기 시작하면서 뽕잎을 따는 (여러 개의 손)을 그린 것으로 바뀌었어요.

杏(은행나무 행)은 朩(나무) 아래 口(은행알)이 떨어져 있는 모양이에요.

李(자두나무, 오얏나무 리)는 朩(나무) 아래에 자두를 따 먹고 싶은 子(어린아이)가 서 있는 모습이에요. 주로 성씨(姓氏)로 쓰여요.

朴(후박나무, 순박하다 박)도 淳朴(순박)하다는 뜻 외에 성씨로도 쓰여요.

栗(밤(나무) 율)의 초기자형은 뾰족뾰족 가시가 난 밤송이들이 나무

*'까마귀 날자 배 떨어진다'는 뜻의 烏飛梨落(오비이락)은 아무 관계없이 한 일이 공교롭게도 때가 같아 의심을 받거나 입장이 난처해짐을 비유해요.

*우리 민족이 시조로 받드는 檀君(단군)의 이름에도 쓰이지요.

에 열린 모양이었어요.

榴(석류나무 류)는 留(머무르다 류)가 발음이에요. 수류탄(手榴彈: 손으로 던져 터뜨리는 작은 폭탄)은 모양이 석류와 비슷하다고 榴(석류 류)를 써요.

柳(버드나무 류)는 卯(토끼 묘)가 발음이에요. 왜? 옛날에는 卯(묘)의 발음이 지방에 따라서 '묘'로도 나고 '류'로도 났다고 해요. 그런데 '자축인묘진사오미…' 하는 십이지에서 卯(토끼 묘)는 음력 2월에 해당해요. 버드나무 줄기에 연둣빛 새순이 돋는 달이었지요. 해서 木(나무 목)에다 음력 2월에 해당하는 卯(토끼 묘)를 써서 柳(버들, 버드나무 류)를 만들었어요.

椰(야자나무 야)는 耶(어조사 야)가 발음이에요.

仙人掌(선인장)은 글자 그대로하면 '신선의 손바닥'이란 뜻이에요. 뺨이라도 맞으면 큰일 나겠죠?

한편, 꽃이 오래되면 시들어가듯, 木(나무)도 古(오래되면) 말라 죽는다고 나온 게 枯(마르다 고)예요. 수분이 枯渴(고갈)되어 죽은 나무를 '枯木(고목)'이라고 해요.

나무의 品格(품격)

格(격 격)은 木(나무 목)이 의미, 各(각 → 격)이 발음이에요. 나무는 각각의 크기와 모양, 재질, 빛깔, 곡직, 밀도 등에 따라 쓰임과 목적이 자연스럽게 달라져서 各(각각 각)으로 발음을 나타냈어요.

그늘에서 쉴까? 나무 타기 할까?

休(쉬다 休)는 사람이 나무 아래에서 휴식(休息)을 취하는 모습이에요. 乘(타다, 오르다 승)은 禾乘(사람)이 禾(나무) 꼭대기에 올라간 모습이에요.

乘(ㄱ와 ヒ)는 나무를 딛고 있는 두 발을 나타내지요.

예 乘馬(승마), 乘船(승선), 乘車(승차), 搭乘(탑승)

옛날에는 扌(손)으로 짚고 搭乘(탑승)하거나, 扌(손)으로 물건을 搭載(탑재)했기 때문에 '搭乘(탑승)'의 搭(타다, 태우다, 싣다 탑)에는 扌(손수)가 들어 있어요. 참고로 傑(杰뛰어나다 걸)도 乘(승)처럼 亻(사람)이 나무에 높이 오른 모습이에요. 높은 곳의 열매를 따오고, 적이 접근하는지 살피는 등 보통 사람들보다 傑出(걸출)한 역할을 했으므로 '뛰어나다'는 뜻이 됐어요. 예 英雄豪傑(영웅호걸), 傑作(걸작) ♂

11 주술과 제사

▶신(神)

고대인들에게 세상은 눈이 휘둥그레지게 신기하고 경이로운 별천지였어요. 하늘에서 물방울이 떨어지고, 꽃이 피었다가 열매가 열리고, 너무 환했다가 너무 캄캄해지고, 너무 더웠다가 너무 추워지는 일들이 왜 일어나는 건지 알 수 없었으니까요. 그런데 가만보니까 낮과 밤, 계절의 순환, 꽃이 피고 나서 열매가 열리는 등… 자연현상에서 일정한 순서와 규칙이 관찰되는 거예요. 그때 비로소 답도 나왔지요. 즉 '초자연적인 능력을 가지고 이 모든 일들을 주관하는 존재가 있다'고 생각하기 시작한 거예요. 설명할 수 없는 일들이 너무 많이 일어났거든요. 자연계에 일어나는 모든 현상과 인간의 길흉화복(吉凶禍福)을 결정하는 존재! 모든 것을 알고(전지) 모든 것을 할 수 있는(전능) 이 능력자를 사람들은 神(신)이라 부르기 시작했어요.

한편으로는 자연의 여러 모습과 현상을 神(신) 그 자체로 믿기도 했어요. 예를 들면 번개를 '번개신이 구름 사이로 잠시 모습을 드러낸 것'으로 여기는 식이었어요.

실제로 神(신 신)의 본래자는 번개를 본뜬 申(신)이었어요. 번쩍번쩍 하늘을 가르다가 땅에 내리꽂혀서 나무를 쓰러뜨리고 불꽃을 일으키는 광경은 모든 자연 현상 중에서도 가장 드라마틱했거든요. 번개와 함께 귀청을 때리는 천둥소리는 신이 호통을 치는 것만 같았고요. 사람들은 땅바닥에 납작 엎드려 번개 신 앞에 고개를 숙였어요. 그리고 경이로움과 두려움의 대상이자, 파괴와 생명의 어마어마한 에너지를 가진 申(번개)의 모양을 그려 '신(God)'이라는 뜻을 붙였어요.

후에 申(신)이 지지의 하나로 가차되고 (子丑寅卯辰巳午未申酉戌亥), '(번개가 뻗어나가듯 널리 펼쳐) 알리다(report)'라는 뜻이 되자, 앞에 示(제단)을 차려 새로 만든 게 神(신 신)이에요. 예 申告(신고)

더 알아보기

示(보이다 시)는 示(제단)에 ㅡ(제물)을 차려 신에게 보이던 데서 전시(展示)한다는 뜻의 '보이다(exhibit)'가 됐어요. 나중에는 示(시)가 '위패(죽은 이의 이름을 적은 나무 조각)'도 가리키게 돼요.

그래서 宗(종묘 종)은 宀(건물) 안에 示(조상의 위패)를 모셔놓은 모양이에요.

示(시)가 고대의 단순한 돌 제단에서 → 좀 더 정교한 모양의 제단 → 위패로 계속 변해온 것은 문화의 변화 과정이 자연스럽게 글자에 반영된 결과예요. 아무튼 示(시)가 들어간 글자는 주로 신, 제사와 관련된 뜻을 가져요. ♂

신적(神籍)을 보면 가장 높은 신은 상제(上帝)와 천(天)이었어요. 신들의 신이라 할 수 있었지요.

그 밑으로 (바람), (구름), (비), (번개) 등 기상을 주관하는 신들과 자연계의 산신(山神)과 하신(河神), 농사와 관련된 社(사)와 稷(직), 祖上神(조상신) 등이 있었어요. 심지어 사람이 죽은 뒤에 남는다는 넋도 신으로 불렸어요. 鬼(귀)~神(신)이요!

그럼 '상제(上帝)'부터 신을 나타낸 글자들을 살펴볼게요. 帝(하느님, 임금 제)에 대해서는 나무를 묶어 만든 제단, 우상의 형상, 부풀어 오른 꽃씨방(농경문화에서는 열매를 맺게 하는 꽃과 식물을 숭배하는 사상이 있었어요) 등 설이 많아요. 나무를 엮어 만든 제대(祭臺)로 보면, 당시 제단을 차려놓고 하늘에 직접 제사를 지낼 수 있는 사람은 자신을 하늘의 아들이라고 커밍아웃한 천자(天子)뿐이었으므로 帝(제)에는 '帝王(제왕)'이라는 뜻도 있어요.

天(하늘 천)은 사람의 정수리를 가리키다가, 주나라 때 大(사람)의 머리 위로 ⼀(끝없이 펼쳐져 있는) 天(하늘)의 개념으로 바뀌었어요. 주나라는 상나라를 멸망시키고 나라를 세운 게 하늘의 뜻이었다는 천명(天命)사상을 내세웠어요. '건국할 명분이라… 아, 뭔가 하나는 있어야 되는데' 하다 생각해낸 게 상나라의 마지막 주(紂)임금이 백성을 핍박하므로 하늘이 새 천자(天子)를 내려 보냈다는 시나리오였어요. 그리고 이때부터 天(천)이 帝(제)를 대신하며 최고신으로 등극하게 되었어요.

*天(천)에는 '임금', '자연', '천체'라는 뜻도 있어요.

예 天子(천자), 天然(천연: 자연 그대로의 상태), 樂天(낙천), 天體(천체)

社(토지신 사)는 示(제단)과 土(흙 토)로 이뤄졌어요. 土(토)는 땅 위에 흙덩어리가 있는 모양이에요. 고대 중국에서는 社(사)가 토지의 수호신과 그 제사를 의미했어요. 이 수호신을 중심으로 모인 스물다섯 가구를 가리켜서 '모이다', '(모인) 단체'라는 뜻도 있어요. 오늘날 영리를 목적으로 사람들이 '모여' 설립한 단체도 會社(회사)라고 하지요.

稷(곡식신 직)에서 禾(🌾벼 화)는 모든 곡식을 대표하고, 畟(직)은 농작물을 자라게 하는 곡식의 신을 나타내요. 그래서 畟은 → 얼굴도 田(밭) 모양이고 → 儿(의인화)해 → 夂(발)까지 달았어요. 옛날에는 새 왕조를 세우면 왕궁의 왼쪽에 (조상신의 위패를 모신) 종묘를, 오른쪽에 토지의 신 社(사)와 오곡의 신 稷(직)을 모시는 제단을 세웠어요. 종묘에서는 왕실의 안녕을 빌고, 사직단에서는 백성들의 윤택한 삶을 기원했어요. '宗廟(종묘)와 社稷(사직)'이 곧 국가(혹은 왕조)를 의미했던 까닭이에요.

鬼(귀신 귀)는 儿(사람)의 田(머리) 부분을 살아 있는 사람과 다르게 그린 모양이에요. 갑골문을 보면 머리 꼭대기가 뾰족하고 ㅁㅁ(두 눈에 구멍이 뚫린) 가면을 쓴 것처럼 보여요. 뾰족한 귀에는 厶(귀걸이)도 했어요. '귀신'이나 '(귀신처럼 무섭게 생긴) 가면을 쓴 사람'의 모습이에요. 귀신에 대해서는 두려움과 존경을 동시에 느꼈으므로 鬼(귀)에는 '매우 뛰어나다'는 뜻도 있어요.

예 鬼才(귀재)

더 알아보기

鬼(귀)가 들어간 글자
魔(마귀 마)는 鬼(귀신)이라는 의미에 麻(삼 마)가 발음이에요. 대마, 아편 등 麻(마)는 환각 작용과 관련 있으므로 의미 부분도 돼요.

愧(부끄러워하다, 수치를 느끼다 괴)는 忄(心마음 심)을 앞에 써서 鬼(귀신)의 심리를 나타냈어요. 귀신이 환한 대낮엔 나타나지 않는다고 '떳떳하지 못하다', '부끄러워하다'라는 自愧(자괴)의 뜻이 되었어요. 귀신협회에선 '우리가 왜요!' 항의하고 있지만요.

 畏(두려워하다 외)는 鬼(귀신)이 막대기 같은 무기까지 들어서 더욱 두렵다는 뜻이에요. 너무 두려워 혼비백산할 정도였지요. 魂(혼), 하늘로 혼이 올라가고, 魄(백), 땅속으로 백이 흩어진다는 뜻으로 이루어진 혼비백산(魂飛魄散)은 정신이 하나도 없는 상태를 말해요. 동양사상에서는 넋에도 양기(陽氣)와 음기(陰氣)가 있어서 사람이 죽으면 양기인 魂(혼)은 구름처럼 하늘로 올라가고, 음기인 魄(백)은 땅 밑으로 스며들어 흩어진다고 보았기 때문이에요.

魂(넋, 영혼 혼)은 云(운 → 혼) 발음과 鬼(귀신 귀)로 이루어졌어요. 云(말하다 운)은 구름이 피어오르는 모양인데 '말하다'로 가차됐어요. 그러므로 魂(넋 혼)에는 云(구름)처럼 뭉쳤다 흩어졌다 하는 혼의 이미지가 담겨 있어요. 귀신은 혈색이 빠져나가 창백할 거라고 생각했는지 魄(넋, 영혼 백)은 白(희다, 흰(색) 백)으로 발음을 나타냈어요.

白(백)은 日(해)에서 방사되어 나오는 /(햇빛)~ 또는 엄지손톱을 그린 것이에요. ♂

靈(큇영혼, 신령 령)은 雨(구름)에서 口口口(♦♦♦빗방울)이 떨어지는 모양의 霝(령)으로 써서 비를 내려달라고 비는 기우제를 의미했어요. 후에 巫(무당)의 기도를 듣고 霝(비)를 내려주는 영험(靈驗)한 '신령(神靈)' 또는 '영혼(靈魂)'을 뜻하게 됐어요.

▶(귀)신의 거처

아무데서 제사를 지내고 아무데나 신을 모실 사당을 짓진 않았겠지요? 尋(큐찾다 심)은 ⺕⺕(두 손)에 工(주술도구)를 들고 어디에서 제사를 지내고 사당을 지어야 하는지 신에게 口(묻는) 모습이에요. 尋(심)처럼 ⺕(두 손에 주술도구를 든 모습)에 앞을 가리는 阝(阜언덕 부)와 숨기려는 心(심리)를 더하면 隱(隐숨기다 은)이에요. 보이지 않게 은닉(隱匿)하고 은폐(隱蔽)하려는 은밀(隱密)한 마음이지요. 그래서 사람들은 깊은 산속으로 들어갔어요.

密(빽빽하다 밀)은 은밀하게 신을 모시기 위해 宀(사당)을 깊은 山(산) 속에 지은 모양이에요. 깊은 산에는 나무가 조밀(稠密)했으므로 빽빽하다는 뜻이 나왔어요. 나무가 빽빽하면 나쁜 기운도 접근할 수 없다고 생각했대요. 일종의 결계처럼 생각했지요. 宓 必(반드시 필)로 '필 → 밀' 발음을 나타냈는데, 必(필)은 구기로 술을 푸는 모양이에요. 여기서는 신에게 올리거나 사당 주변에 뿌리기 위한 술이 되겠지요.

한편 密(빽빽하다 밀)은 '빽빽하다'에서 '가깝다' 다시 → '친밀(親密)하다'로 의미가 확장됐어요. 은밀하게 신을 모시니 '비밀(秘密)'이라는 뜻도 생겼고요. 당연히 이런 숲속에서는 사냥과 벌목도 禁止(금지)되었어요.

示(제단)을 차려놓고 신을 모시는 林(숲)에는 함부로 접근하는 것을 금지해서 나온 게 禁(금하다 금)이에요.

祕 / 秘 (비)

'비밀'의 祕(숨기다 비)는 示(신)이 모습을 잘 드러내지 않는 데서 '숨기다', '비밀(祕密/ 秘密)스럽다', '신비(神祕/ 神秘)하다'는 뜻이 나왔어요. 속자인 秘(숨기다 비)는 벼를 도둑맞지 않게 잘 숨겨둬야 한다고 禾(벼 화)를 써요. ♂

*必(필 → 비) 발음.

이제 시간을 훌~쩍 건너뛰어 조상신을 모시던 사당과 종묘로 가볼게요. 祠堂(사당)은 조상의 신주(神主)를 모셔놓은 건물로 대개 종가(宗家)에 있었어요. 특히 역대 왕과 왕비의 신주를 모셔놓은 '왕실의 사당'을 宗廟(종묘)라고 했어요.

祠(사당 사)는 ▦示(조상의 위패) 앞에서 ▨司(숟가락으로 음식을 올리는) 모습이에요. 발음인 司(맡다 사)는 ㄱ → ㄴ(숟가락 비)를 거꾸로 쓴 ▨ㄱ 와 口 → (음식 그릇)으로 이루어졌어요.

옛날에 제사 때 신에게 제삿밥 올리는 일을 司(사)라고 해, 이로부터 司(사)에 '어떤 일을 맡다', '주관하다'라는 뜻이 생겼다고 해요. 지금도 모임이나 예식의 진행을 맡아보는 사람을 司會(사회) 또는 司會者(사회자)라고 하지요.

*尙(높(이)다 상)으로 상 → 당 발음. (尙(상)은 '주거' 편을 참고해 주세요.)

堂(집 당)은 土(흙)을 尙(높이) 다진 토대 위에 지은 건물을 뜻해요.

宗(사당 종)은 宀(건물) 안에 示(위패)가 있는 모양이에요.

廟(庙사당 묘)는 广(집 엄)으로 건물에 관련됐음을, 朝(아침 조)로 조 → 묘 발음을 나타냈어요.

朝(아침 조)는 ❦(풀밭이나 ❦나뭇가지) 사이로 日(해)가 떠오르는데 하늘에는 아직 月(달)의 잔영이 남아 있는 이른 아침을 나타내요. 이제 廟(사당 묘)를 다시 한 번 보세요. 广(사당) 안에 朝(이른 아침의 어슴푸레한 빛)이 감도는 신비로운 분위기가 그려지나요?

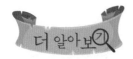

▶주술사(呪術師)

주술(呪術)은 불행이나 재해를 물리치고 복을 받기 위해 주문을 외우거나 술법을 부리는 일이에요. 아무것도 아닌 주술에 절절한 소원을 빌던 시절, 신과 인간의 중개자를 무(巫)라고 불렀어요.

巫(무당 무)는 ✛로 썼어요. 무당의 점치는 도구를 그린 것이었지요. ✛ 巫 巫 巫(무)는 특히 여자 무당을 가리켰어요.
무당의 행색은 어땠을까요?
우선, 보통의 사람들이 보지 못하는 신(神)과 미래를 '보는' 능력을 강화하기 위해 눈 화장을 짙게 했어요.

媚(예쁘다, 아첨하다 미)는 무녀를 의미하는 女(여)에, 眉(눈썹 미)가 발음이에요. 눈 화장한 무녀를 가리키다가, 훗날 무당의 사회적 위치가 추락하자 무당이 사람들에게 듣기 좋은 말을 지어냈다고 '아첨하다'라는 뜻이 보태졌어요. 비슷한 글자가 무당이 言(거 짓말)을 지어낸다고 나온 誣(무고하다 무)예요.

蔑(업신여기다 멸)도 이유 모를 재앙이 닥치면 무당이 저주를 행했다 고 뒤집어씌우며 蔑視(멸시)하고 輕蔑(경멸)하던 데서 나왔어요. 글자 도  苜(눈을 강조한 무당)과 伐(베다 벌)을 합쳐, 무당의 목을 베는 모양 이에요.

무당은 숭배하는 동물 신을 모방해 뿔과 꼬리장식을 달기도 했어요. 美(아름답다 미)는 大(사람)이 머리에 羊(양뿔)을 장식한 모습이에요. 아마도 양을 숭배하는 부족이었겠죠? 자신들의 토템을 코스프레해서 '아름답다'는 뜻이 됐어요. 美觀上(미관상) 엽기적이라 고요? 월드컵 때 붉은악마 머리띠를 썼던 것과 비슷한 맥락으로 보 면 이해가 될 거예요.

*사실 著(착)은 著(분명 하다, 짓다 저)의 속자 였는데 후에 둘을 구분 해 쓰게 됐어요.

着(붙다, 입다, 신다 착)도 目(눈) 위쪽에 羊(양뿔)을 부착(附着)했다고 보 면 돼요. 옷, 신발, 모자 등을 着用(착용)할 때 써요.

허리에 띠를 두르고 꼬리 장식을 단 모습은 尾(꼬리 미)가 되었 어요. 尸(엉덩이) 아래로 꼬리처럼 毛(털장식)을 매단 모양이에요. 꼬리는 무엇인가의 末尾(말미)이므로 尾(미)에는 '끝' 이라는 뜻도 있어요. 屬(属붙(이)다, 무리 속)도 屬→尸(엉덩이) 에 →大(꼬리)를 붙인 모습에 →蜀(촉나라 촉)으로 촉 → 속 발 음을 나타냈어요. '붙(이)다', '무리' '부탁하다(촉으로 발음)'라는 뜻을 가져요. 屬國(속국), 隸屬(예속), 從屬(종속) 등에서 (꼬리가 엉덩이 아래 매여 있듯이) '주된 것에 附屬(부속)된 것'을 가리켜요.

발음 부분인 蜀(촉나라 촉)은 눈이 큰 애벌레를 그렸는데, 뜻을 분명히 하려고 虫(벌레 충)을 덧붙였어요. 가차되어 '촉나라'라는 나라 이름으로 쓰였어요. 화촉지방(지금의 쓰촨 지역)에 있던 나라로 쌴싱두이문화(삼성퇴문화)가 번성했던 곳이에요. 이곳 사람들은 (누에)를 많이 쳤다고 해요. 또 '삼국지'의 '유비'가 세운 蜀(촉)나라 이름으로도 쓰였어요. ♂

다시 무당으로 돌아와서요. 무당은 이례(異例)적으로 가면도 썼어요. 異(뮤다르다 이)는 田(가면)을 쓴 사람이 共(양손을 벌리고 선) 모습이에요. 보통과 달리 특이(特異)한 모습이라 '다르다'는 뜻이 됐어요. 예 異見(이견)

특히 제사장이 가면을 쓰고 춤추는 모습에서 나온 게 夏(하)와 俊(준)이에요.

夏(여름 하)는 기우제에서 제사장이 커다란 가면을 쓰고 춤을 추는 모습이었는데 가차되어 기우제가 주로 열리던 '여름'을 뜻하게 되었어요. 춤을 춘 이유는 가뭄, 기근, 홍수 같은 재해가 일어나지 않도록 신을 즐겁게 하기 위해서였어요. 하지만 속으로는 기우제를 지내야 할 만큼 비가 오지 않는 것을 憂慮(우려)하고 있었으므로, 心(마음 심)을 더해 憂(忧근심하다 우)를 만들었어요.

앞에 亻(사람 인)을 더한 優(优뛰어나다, 배우 우)는 기우제를 주관하고 있는 '사람'에 포인트를 두었어요. 남보다 우월(優越)한 능력을 가진 무당이 분장하고 춤을 추는 행위로부터 '뛰어나다'와 '배우(俳優)'라는 뜻이 나왔어요.

俊(준걸 준)도 俊(가면 또는 큰 모자)를 쓴 俊(사람)의 俊(발)을 그려서 제사장이 춤추는 모습을 표현했어요.

제사장은 다른 사람들보다 능력이 뛰어나고 (외모까지 俊秀(준수)했는지는 모르겠지만) 지위가 높았으므로 俊(준)에는 '뛰어나다', '높다'라는 뜻이 있어요.

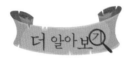

더 알아보기

夋(준)이 들어간 글자

馬(말)이 夋(뛰어나면) 駿(준마 준)

山(산)이 夋(높으면) 峻(높다 준) 예 險峻(험준)

건물을 다 立(세우면) 竣(마치다 준)이에요. 예 竣工(준공) ♂

나중에는 몸에 인을 발라 번쩍번쩍 광채도 냈어요.

燐(도깨비불 린/인)은 본래 大(사람)의 舛(춤추는 두 발) 주위에 丷(점)을 찍은 모양이었어요. 제사장이 몸에 인을 바르고 (또는 불을 들고) 춤추는 모습이었죠(인은 한밤중 무덤가에서 빛나는 야광물질이 나오는 것을 보고 발견했으리라 추정돼요).

大(사람)과 丷(빛)이 합쳐져 炎(불꽃 염)으로 변했다가, 다시 米(쌀 미)로 바뀌었어요.

본래 뜻을 나타내려고 火(불 화)를 더한 게 燐(린)이에요. 火(불)에 舛(발이 달린 듯) 돌아다니는 '도깨비불', '반딧불' 그리고 비금속원소인 '인(원소기호P)'에 쓰여요.

粦(린)이 들어간 글자

魚(🐟물고기)의 粦(반짝거리는) 鱗(비늘 린), 鹿(🦌🦌🦌鹿사슴)처럼 생기고 몸이 오색으로 粦(빛난다는) 麟(기린 린), 阝(阜언덕) 여기저기서 이웃집들의 불빛이 粦(반짝거리는) 隣(이웃 린)이 있어요. ♂

무덤까지 파고 나자 이젠 뭘 더 할 것도 없었어요. 그래서 신과의 소통으로 업무 능력을 증명해 보이자고 결심했어요. 이 차림새에 신이 찾아오는 게 더 신기한 현상이지만 무당에게 신이 내려 기뻐하는 모습에서 나온 글자로 兌(태), 悅(열), 脫(탈)이 있어요.

兌(기뻐하다, 바꾸다 태)는 🐑 입가에 주름이 잡히도록 웃는 모습이에요. 이러한 忄(心심리)를 나타낸 게 悅(기쁘다 열)이고요.

신을 직접 만나고 접하게 되는 현상을 접신(接神)이라고 해요. 접신이 이루어져 신과의 소통이 절정에 달한 순간에는 감정이 고조되어 자기 자신을 잊고 도취 상태가 되었어요.

*喜悅(희열)을 느끼는 이유는 신과 영(靈)이 통했기 때문이에요.

脫(벗어나다 탈)은 영혼이 月(육신)을 벗어나 자유로워진 무아경(無我境), 황홀경(恍惚境) 상태를 나타내요. 몸에서 영혼이 쏙 빠져나가듯 '빠져나가다', '떨어져나가다'라는 의미를 가지지요. 그러면 에너지 소모가 워낙 커서 脫出(탈출)했던 영혼이 돌아왔을 땐 脫盡(탈진)해서 쓰러지곤 했어요.

나는 누구~

여긴 어디~

兌는 兌로도 써요. 접신에서 받은 영감을 쏟아내듯

凷 → 큰소리로 간증하는 儿 → 사람 같지요? 여기에 言(말(하다) 언)을 앞에 붙이면 說(说말하다 설, 달래다 세)예요. '달래다'로 쓰이는 경우는 자신이나 정당의 주장을 선전하고 돌아다니는 '遊說(유세)'가 있어요. 그러니 遊說(유세)를 하는 분들은 유권자의 마음을

달래주고 있는지, 아니면 說往說來(설왕설래)만 하고 있는지 생각해보
아야겠지요.

▶점복(占卜)

시간이 흘러 고대 국가를 이루면서는 무당의 주요 업무였던 점복(占
卜)과 제사(祭祀)를 왕과 관리가 맡게 되었어요. 약 3300년 전의 상
(商)나라 왕들은 점괘를 통해 통치상의 확신과 명분을 얻고자 했어
요. 왕은 신의 힘을 빌려 명령을 내렸고, 점괘는 왕이 펼치는 정치 활
동에 '신(神)의 뜻'이라는 힘을 실어주었어요.

상나라는 유물과 갑골문자의 발굴로 그 실체가 입증된 중국 최초의
왕조예요. 상나라는 점복(占卜)과 제사를 굉장히 중시했어요. 왕은 종
교적인 관직 무(巫), 복(卜), 사(史)와 함께 온갖 크고 작은 일에 대해
점을 쳤어요. 수백, 수천 마리의 소, 그리고 인간 제물을 바치며 피가
낭자한 제사를 지냈고요. 계속되는 전쟁으로 나라의 질서가 흐트러
지고 혼란에 빠진 상나라는 왕실 중심으로 공동체의 결속을 다지는
한편, 나라에 쏟아지는 불만을 통제하기 위해 영적인 세계를 끌어들
여야 했지요.

점복(占卜)은 점을 치는 일이에요. 상나라 때는 동물 뼈와 거북이 껍
데기를 애용했어요. 불에 달군 막대기로 지지면 → 뼈에 卜모양의 금
이 갔는데, 이 균열이 신의 뜻을 나타낸다고 여겨졌어요. 그래서 뼈
에 卜(금이 간 모양)이 卜(점(치다) 복)이 되었어요.

占(점(치다) 점)도 卜 → 뼈에 금이 간 모양과 ➰ → 점괘를 해석하는
입으로 이루어졌어요. 당시에는 점괘가 온갖 대소사 결정에 獨占(독

점)적인 영향력을 가졌으므로 占(점)에는 '占有(점유)하다', '占領(점령)하다'처럼 '차지한다'는 뜻도 있어요.

卜(복)이 들어 있는 貞(정), 眞(진)

貞(점곧다 정)은 卜 → (점(치다) 복)에 貝 → (鼎솥 정의 생략형)이 발음이에요. 본래는 점을 친다는 뜻이었는데, 점괘가 옳게 나와 실제 결과와 맞아 떨어졌다고 '(곧이) 곧다', '바르다'가 되었어요.

眞(真참, 진짜 진)에 대해서는 설이 분분해요. 제물로 바칠 고기를 貝(鼎 솥)에 삶아 匕(숟가락)으로 맛보던 데서 나왔다는 설도 있고, 卜(복)과 貝(鼎솥 정)으로 이루어져 貞(정)과 같은 글자라는 설도 있어요.

*신성한 鼎(정)을 안치해놓고 점을 치면 결과가 바르게 나와서~ '곧이곧다', '바르다' 가 되었다는 설도 있고요.

> 貞(곧다 정)과 같은 글자로 보면, 점쳐서 나온 결과가 곧이곧다 (즉, 조금도 거짓 없이 바르다)에서 '참', '진짜'를 뜻하게 된 셈이에요. 앞에 ㅏ(마음 심)을 더하면 愼(삼가다 신)이에요. 점칠 때의 愼重(신중)한 마음가짐으로부터 삼가고 조심한다는 뜻이 되었어요.

兆(조)

兆(점괘, 조짐 조)도 ☷ 뼈가 갈라진 모양을 본떴어요. 그럼 兆(조)가 들어간 글자에 挑戰(도전)해볼까요?

挑(돋우다 도)는 扌(손)으로 부추긴다는 의미에, 兆(조 → 도)가 발음이에요. 뼈에 홈을 파고, 불에 달군 막대기로 지지는 등 扌(손)으로 兆(균열)이 생기도록 挑發(도발)하던 데서 '돋우다'가 됐어요.

逃(달아나다 도)는 辶(달아나면서) 兆(사방으로 갈라져) 뿔뿔이 逃亡(도망)간다는 의미예요.

跳(뛰다 도)는 足(발)로 뛰어올라 跳躍(도약)한다는 의미에, 兆(조 → 도)가 발음이에요. ♂

점괘로는 특히 거북이의 배딱지로 친 것을 신뢰했어요. 요즘 거북이들이 들으면 웃다가 뒤집어질 얘기지만, 3000년 전엔 이 창의적 공무 수행으로 거북이들의 비명횡사가 이어지는 거북한 상황이었어요. 귀갑(龜甲)은 표면을 매끈하게 손질해서 일정한 장소(귀실)에 보관했다가 필요할 때 꺼내 썼어요. 두껍고 볼록한 등껍질보다는 평평한 배딱지를 선호했는데, 안쪽에 미리 () (대추씨처럼 생긴 타원형의 홈)과 ○ (원형의 홈)을 파놓았어요. 이렇게 겹쳐서요. 아예 뻥 뚫어버리는 게 아니라 얇은 막을 남겨두었어요. 점칠 때 불에 달군 막대기로 지지면 이 (얇은) 막 부분이 열을 빨리 받고 터지면서 반대쪽에 卜모양의 파열을 만들어냈기 때문이에요.

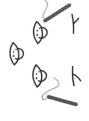

그럼 점칠 뼈 손질과 관련해 骨(골), 咼(괘/와), 別(별), 歹(알), 列(열)을 살펴볼게요. 骨(뼈 골)은 '신체' 편에서 나왔듯이 冎(뼈의 조각)에 月(살)이 붙어 있는 모양이에요. 이 骨(골)의 변형인 咼(입 비뚤어지다 괘/와)는 月(肉고기, 몸 육) 대신 口(입 구)를 쓴 모양이에요. 바르지 못하거나 요사스럽다는 부정(不正)의 의미를 갖지요. 예 過(과), 禍(화)

過(过지나(치)다 과)는 辶(간다)는 의미에, 바르지 못하다는 咼(괘/와)가 발음이에요. '바르지 못하게 갔다'로부터 → 도를 넘어선 것이 되어 '지나다', '지나치다', '과오'를 뜻해요. 禍(祸재앙 화)는 示(제사)를 咼(잘못)지내면 禍(화)를 당한다는 의미예요.

別(나누다 별)은 브(뼈)와 月(살)을 刂(칼)로 나누는 (발라내는) 데서 → 사물을 區別(구별)하는 것으로 뜻이 확대됐어요. '나누다'로부터 → '헤어지다'라는 離別(이별)의 의미와 '구분하다'라는 分別(분별)의 의미가 나왔어요.

歹(앙상한 뼈 알)은 살을 발라낸 뼈 또는 오래되어 앙상해진 뼈를 나타내요. 주로 죽음이나 나쁘다는 뜻을 가져요.

예 死(죽다 사), 殃(재앙 앙)

列(늘어놓다, 줄 열/렬)에 대해서는 歹(뼈)를 刂(刀칼)로 발라내 죽 펼쳐놓던 데서 羅列(나열)한다는 뜻이 됐다는 설명도 있고, 점을 칠 뼈에 줄지어 홈을 판 데서 行列(행렬)의 의미가 나왔다는 설도 있어요.

앞에 亻(사람 인)을 더한 例(보기 예/례)는 亻(사람)에게 列(죽 늘어놓고) 보여주는 '예(example)', '보기'를 뜻해요.

*물건을 벌여 놓는 陳列(진열), 순서에 따라 늘어선 序列(서열), 여러 가지를 들어 말하는 列擧(열거) 등 뭔가를 줄줄이 늘어놓을 때 써요.

점을 치는 과정은 이랬어요. 귀갑(龜甲)을 점복 장소에 가져다 놓고 어떤 모양의 균열을 어떤 식으로 해석할지 미리 구두로 정해요(예를 들면 卜(균열)의 가로 무늬가 위를 향하면 좋고, 아래를 향하면 나쁘다는 식으로요. 정해진 원칙이 있는 건 아니고 그때그때 점쟁이 마음대로였어요).

왕이나 정인(貞人; 점치는 일을 맡았던 관리)이 신에게 질문할 내용을 고한 다음 막대기에 불을 붙여 태우다가 불꽃을 끄고 갑골의 안쪽 홈을 지져요. 홈의 얇은 막이 터지면서 반대쪽(귀갑의 정면)에 卜(복)자가 생기면 이 무늬를 보고 왕이나 정인이 점괘를 해석하고, 나중에도 알아볼 수 있도록 卜(파열무늬)를 다시 한 번 분명하게 덧 파놓아요(뼈가 식으면 갈라진 틈이 다시 붙어버렸기 때문이에요).

질문과 대답은 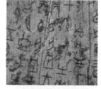 퀴즈로 진행되었어요. 갈라진 형상으로는 가부(可否)만을 판별할 수 있었으므로 '~를 해도 될까요?'나 '~를 하면 안 될까요?'라고 물어서 '길하다' 또는 '불길하다'는 대답을 얻는 식이었어요. 만일 사냥을 앞두고 점을 친다면, 사냥을 나가도 될지, 사냥터로 정한 장소는 적당한지, 날짜는 길한지, 그날 날씨는 좋을지, 사고는 없을지, 아무개가 수행해도 될지… 등 열 번 이상 점쳤어요. 꽤 번거로웠겠죠?

점괘가 실제로 들어맞는가, 그 결과를 새겨 기록으로 남긴 것은 '왕이 옳았다'는 증거 보전 차원이었어요. 그래서 왕에게 재앙이 온다고 점괘가 나왔는데, 允(진실로) 왕이 궁전에서 넘어졌다는 기록들을 보면 어쩐지 좀 수상해요. '재앙'이라는 점괘에 맞도록 왕이 직접 넘어져 사건을 일으킨 건 아닐까? 하고요.

* 允(진실로, 허락하다 윤)은 사람이 공손하게 고개를 숙인 모습이에요. 임금이 신하의 청을 허락해주는 '允許(윤허)'에 썼어요.

아무튼 당시에도 '기록하는 일'은 관리들이 맡았으므로 (손으로 기록하는 모습)이 곧 '관리'의 상징이 되었어요. 그래서, 손에 도구를 들고 기록하는 모습이 吏(관리 리)예요. 고대 관리들의 주요 업무도 기록하는 일이었다니, 역시 공무원의 기록 정신은 시공을 초월하는 것 같아요.

* 甲骨(갑골)은 '거북이 껍질과 소뼈'를 뜻하는 龜甲牛骨(귀갑우골)의 줄임말이에요.

뼈에 글자를 새길 때는 먼저 붓으로 쓰고 칼로 새겼어요. 이렇게 점을 치고 그 내용을 다시 뼈 위에 새겨놓은 글자가 바로 甲骨文字(갑골문자)예요. 지금까지 알려진 한자의 가장 오래된 형태로, 그동안 의문에 싸여 있던 한자의 기원을 밝히는 중요한 자료가 되고 있어요.
갑골문을 보면 점을 친 내용이 날씨, 건강, 결혼, 사냥, 전쟁, 제사, 여행, 부동산… 등 다양해요. 딱히 일이 없어도 열흘마다 앞으로 다가올 열흘간의 길흉을 점쳤는데, 여기서 나온 게 旬(열흘 순)이에요.

272

옛날에는 甲乙丙丁戊己庚辛壬癸 열 개의 천간(天干)을 써서 날짜를 기록했고, 마지막 癸(계)일에 다가올 열흘간의 길흉을 점쳤어요. ⟨⟩에서 ×는 甲(갑일)을 의미해요. 그러므로 甲(갑)이 ⟨⟩(한 바퀴) 돌아온 것으로 10일을 나타낸 게 旬(열흘 순)이에요. 아직도 한 달을 열흘씩 나눠 上旬(상순), 中旬(중순), 下旬(하순)이라고 하지요.

보통은 밤에 점을 치지 않았지만 아주 긴박한 일이 발생했을 땐 例外(예외)적으로 밤에도 점을 쳤어요. 부득이하게 밤에 출타할 일이 생기면 外出(외출)해도 좋을지 점을 쳤고요(상나라 때는 밤이 인간의 활동 시간대가 아니라고 해서 밤에 외출하는 걸 꺼렸어요).

外(바깥 외)는 아침이 아닌 夕(저녁)에 卜(점)을 치는 게 정상적인 관례를 벗어난 일이었으므로 '밖', '바깥'을 뜻하게 되었어요.

⟨ ᗡ→ⴹ→勹 ⟩

▶ 제례(祭禮)

祭禮(제례)는 祭(제사)를 지내는 禮(예절 또는 예법)이에요. 몸을 정결하게 씻고, 제사에 쓸 그릇과 제물을 준비하고, 신께 술과 음식을 바치는 등 제사 의식의 '형식적인 면'과 관련돼요.

祭(제사(지내다) 제)는 示(제단)에 月(肉고기)를 又(올려놓은) 모습이에요.

禮(礼예절 예/례)는 示(제단 또는 위패)와 그릇에 수확한 곡식을 풍성하게 담은 모양의 豊(丰풍성하다 풍)으로 이루어졌어요. 禮(예)의 의미가 제물을 차려놓고 신에게 정성껏 제사를 지내는 데서 나왔음을 알 수 있지요. 그러니 상대방에게 '최고의 禮(예)'를 차린다는 것은 신을 대접하듯이 상대방을 대한다는 것이겠지요.

*발음인 亶(밑단 탄)은
宀(지붕)과 回(제물을
놓는 곳), 발음인 旦(아
침 단)을 합쳤어요.(그
냥 위의 그림처럼 기억
하셔도 되고요) 旦(아침
단)은 日(태양)과 ▁▁
(붉게 물든 대지)를 나
타낸 것이에요.

祭壇(제단)은 제물을 바치려고 신성하게 준비한 장소예요.

壇(坛 제터, 단 단)은 土(⛰ 흙)으로 높이 쌓았다는 의미에, 亶(밑다
단)이 발음이에요. 바닥보다 높게 만든 講壇(강단), 教壇(교단), 演壇(연
단) 등에 써요.

泰(태)와 需(수)는 제사장이 목욕재계(沐浴齋戒)하는 모습에
서 나왔어요. 泰(크다, 편안하다 태)는 大(사람)과 廾(두 손), 氺
(水물 수의 변형)이 합쳐졌어요. 큰 제사를 앞두고 몸을 깨끗하게 씻는
다는 의미였어요. 후에 목욕재계를 해야 할 만큼 제사가 '크다', 정갈
하게 씻고 제사를 드리면 모든 일이 '편안하다' 하여 '크다', '편안하
다'는 뜻이 되었어요.

*大(대 → 태)가 발음.

예 泰山(태산; 높고 큰 산. '크고 많음'을 비유), 泰然(태연), 泰平(/太平 태평)

需((요)구하다 수)도 제사를 주관하는 제사장을 나타낸 것이었어요.
큰 제사로는 주로 기우제를 지냈으므로 위에 雨(비 우)를 붙였고요.
후에 제사장의 모습이 엉뚱하게 而(말 이을 이)로 변하면서 뜻도 비를
바라고 '구하다'로 바뀌었어요. 본뜻이었던 '제사장'으로는 亻(사람 인)
을 더한 儒(유)를 새로 만들었어요. 그런데 훗날 儒教(유교) 중심 사회
가 되자, 고대 사회의 제사장과 같은 사회 지도자 역할을 儒學(유학)
을 공부한 선비들이 맡게 되었지요. 이로부터 儒(유)가 '선비', '유학'을
뜻하게 됐어요.

제사 때 쓰는 그릇을 祭器(제기)라고 해요. 하나씩 꺼내볼게
요. 豆(제기, 콩 두)는 ˉ(뚜껑)이 있고 ㅛ(다리 굽이 높은) 모양
이에요. 예 豆乳(두유), 豆腐(두부)

*가차되어 '콩'이라는
뜻으로도 쓰여요.

皿(그릇 명)도 굽이 있는 그릇을 그렸는데, 금문에는 거푸집(金)도 있
는 걸로 보아 특히 청동으로 주조한 그릇이었음을 알 수 있어요. 이
皿(그릇)에 풍성(豊盛)하게 담는다는 의미에, 成(이루다 성)으로 발음을
나타낸 게 盛(성하다 성)이에요. 예 繁盛(번성), 盛況(성황), 盛饌(성찬)

鼎(솥 정)은 양쪽에 손잡이가 있고 다리가 셋이나 넷 달린 솥을 본떴
어요. 제사에 바칠 제물을 삶는 청동 솥이었어요. 양쪽에 손잡이가
달렸으니까 양쪽에서 들었겠지요? 鼎(鼎솥)의 양측(兩側에 イ, リ(두 사
람)이 서 있는 모양이 側(옆, 곁 측)이에요. 側 リ(도)는 イ(인)이 잘못
변한 것이에요.
廾(두 손)으로 鼎(정)을 받든 건 具(具갖추다, 설비 구)예요. 鼎(정)의 모
양이 目으로 간략해졌고, 그릇을 具備(구비)한 데서 具色(구색) 등을
'갖추다'라는 뜻이 되었어요. 각종 器具(기구), 家具(가구), 道具(도구)
에 써요.

鼎(정)은 본래 흙으로 빚어 곡식과 고기를 익힐 때 썼어요. 제사에 바
칠 제물을 삶으면서 예기(禮器)의 하나가 되었는데, 특히 청동으로 점
점 크게 주조하면서 종교 의식과 국가의 큰 잔치에 쓰는 중요한 예기
(禮器)이자 왕권의 상징이 되었어요. 때문에 사당에 비치된 鼎(정)을
빼앗긴다는 것은 곧 나라의 敗亡(패망)을 뜻했어요. ♂

＊敗(패하다 패)도 貝(鼎
정)을 攵(무기로 쳐서)
깨뜨리는 모습이에요.

제물로는 짐승과 수확한 곡식, 술을 주로 바쳤어요. 제물로 바치는
산 짐승을 '犧牲(희생)'이라고 했는데요, 희생물(犧牲物), 희생양(犧牲

羊)에서 보듯 특히 소, 양을 잡았어요. 犧(牺희생 희)에는 牛(소)와 ㄚ(양)을 戈(창)으로 제어하는 모습과, 곡식을 대표하는 禾(벼 화)가 들어 있어요. 禾(벼 화) 아래의 ㄕ는 짐승들이 울부짖는 소리라고 해요.

牲(희생 생)도 牛(소)를 生(산 채로) 바치던 데서 나왔어요. 生(살아 있다 생)이 발음이에요.

물건이란 말도 제물로 바치던 소에서 나왔다는 것, 알고 있나요? 物(물건 물)은 牛(소)를 勿(칼로 다듬는)

모양이에요. '제물로 쓰려고 손질한 물건'에서 의미가 넓어져 → 일반적인 '물건(物件)'을 가리키게 되었어요.

이 제물용 소를 亻(사람)이 끌고 가는 모습이 件(물건 건)이에요.

특별한 물건이라 해~

그런데 심심해서 제사를 지내진 않았겠죠? 전쟁, 가뭄, 수확, 토목 공사, 기물의 제작 등 뭔가 '일'이나 '사건'이 있어서 지냈어요. 때문에 件(건)에는 '사건', '일'이라는 뜻도 있어요.

"이 녀석 아주 물건이야~" 처럼 '물건(物件)'은 '제법 구실을 하거나 쓸모 있는 존재'도 가리켜요. '물건'이란 단어가 본래 제물로 쓸 특별(特別)히 좋은 物件(물건)에서 나왔기 때문이에요.

'特別(특별)'의 特(특별하다 특)은 牜(牛소 우)와 寺(절 사)가 합쳐졌어요. 寺(사)는 본래 왕의 ⺕(손)과 土(ㄓ발)이 되어 일하는 '관청'을 의미했던 글자예요. 인도에서 불교를 전하러 온 사절단이 '홍려사', '백마사'라는 관청에 장기 투숙하면서 불교의 절을 뜻하게 되었지요. 그런데 옛날에는 관청에서 나라의 제사를 준비하고 주관했어요. 그러므로 特(특)은 牛(소) 중에서도 寺(관청)에서 제물로 쓰려고 기른 특별한 소를 의미했어요. 이런 소는 보통 소와 달리 우리에서 정결하게 길러졌고 몸집이 크며 빛깔, 생김새가 훌륭했으므로 '특별하다'는 뜻이 되었어요.

고대에는 양도 최고의 동물이었어요. 맛있는 고기와 젖, 따뜻한 양털, 부드러운 가죽, 장식용 뿔까지 뭐 하나 버릴 게 없는데다 성품도 온순했기 때문이에요. 그래서 이 좋은 양을 잡아 신에게 바쳤고, 귀한 양을 바쳤으니 祥瑞(상서)로운 일이 생길 것이라 은근 기대했어요. 示(제단)에 羊(양)을 바친 모양이 祥(상서롭다 상)이 된 이유예요. 詳(자세하다 상)은 귀한 양을 바치며 言(고하는) 만큼 詳細(상세)하게 고하던 데서 나왔고요.

羞(부끄럽다, 음식 수)는 ⺶(양)고기를 丑(손)에 들고도 "비록 차린 건 없지만…" 하고 겸양의 말을 해서 '부끄럽다'는 뜻이 되었어요.

📝 羞恥(수치), 珍羞盛饌(진수성찬)

獻(獻바치다 헌)을 보면 鬳(솥)에다 犬(개)도 삶아 바친 걸 알 수 있어요. 발음 부분인 鬳(솥 권)은 鬲(솥) 위에 虍(호랑이무늬 호)가 있는 형태예요. 솥에 호랑이 모양을 새긴 걸로 보시면 돼요. 기물에 도철 문양을 새기면 장식효과는 물론 주술적인 힘도 봉인된다고 믿었어요. 더 사납고 힘세 보일수록 더 큰 마력을 가진다고 믿었고요. 獻(헌)에도 나타났듯이 문명화가 될수록 제물은 날것에서 익힌 음식으로 바뀌었어요.

熟(익(히)다 숙)은 灬(🌰🌰🌰 불)로 익힌다는 의미에, 孰(누구 숙)이 발음이에요. '익다'로부터 '成熟(성숙)', '圓熟(원숙)'처럼 충분히 무르익는다는 의미도 나왔어요.

熟(누구 숙)은 享(종묘)에 음식을 바치는 丸(손)에 丶(지사부호)를 찍은 모양이에요. '(종묘에) 제사 음식을 바치다'에서 → '누구', '어느', '무엇'이란 뜻으로 가차되었어요.

   수확한 곡식도 제물로 바쳤어요. 奉(받들다 봉)은 丰 → (수확한 곡식)을 廾 → (두 손으로 받든) 모습이에요. **예** 奉獻(봉헌), 信奉(신봉), 奉仕(봉사)

*곡식 줄기를 본뜬 丰
(봉)이 발음.

제일 중요한 제물은 술이었어요. 고대 중국에서 술은 거의 곡식으로 빚은 곡주(穀酒)였어요. 먹고살 식량이 확보돼야 남은 곡식으로 술을 빚을 수 있어, 술은 곧 풍요로움의 상징이었어요. 때문에 풍요를 기원하는 제사에는 술이 빠지지 않고 올라갔어요. 酋 → (술동이)를 寸 → (손)으로 높이 들면 尊(높(이)다 존)이에요. '높다', '높이다'에서→ '받들다', '尊敬(존경)하다'로 의미가 확대됐어요.

예 尊重(존중)의 표시로 남의 이름을 높여 부르는 尊銜(존함)

福(복 복)은 示(제단)에 畐(술)을 바친 모양이에요. 왜 '복'을 뜻하게 됐냐면, 신이 입맛을 쩝 다시며 이렇게 말했거든요. "술 마시고 기분이 좋아지면 복을 더 내려주고 싶을 것 같은데…" 신도 사람을 어떻게 부려야 할지 알았던 거죠. 아무튼 이 말을 듣고 잽싸게 示(제단) 앞에 畐(술동이)를 대령해 '복'을 뜻하는 福(복 복) 자를 만들었어요. 중국인들은 복이 들어오라는 의미로 건물 입구에 福(복) 자를 거꾸로 붙이기도 해요.

*畐(가득하다 복)이 발음.

중국어로 倒(거꾸로 도)와 到(이르다 도)의 발음이 둘 다 [dào]로 같아서, 福(복)이라고 쓴 종이를 아예 거꾸로 붙여놓는 거예요. 센스 있죠?

지금까지 봐왔듯, 제사를 지내려면 살필 게 많았어요. 宀(⬒ 사당)에서 示(제단)에 月(肉고기)를 又(올려놓는) 모습이 아예 察(살피다 찰)이 됐을 정도예요. 이토록 정성을 쏟은 이유는, 제사를 잘 지내야 만사형통(萬事亨通)하다고 믿었기 때문이에요. 그래서 신에게 제물을 바치는 건 宜(마땅한) 일이었어요. 宜(마땅하다 의)는 본래 ⬒로 썼어요. 且(제사 그릇)에 肉(고기)를 담은 모양이었죠. 그러므로 宜(의)도 宀(사당)에 且(⬒고기를 바치며) 제사 지내던 데서 나왔어요. 뜻은 '마땅하다', '적합하다'예요(영어의 suitable에 해당해요). **예** 時宜(시의), 便宜(편의)

만사형통(萬事亨通)의 亨(형통하다 형)은 본래 peng으로 썼어요. 吕(높은 기단) 위에 지은 → ⬒ 종묘를 그린 것으로서 → '제사'를 상징했어요. 그러므로 제사를 잘 지내 만사가 '형통하다'는 의미였죠.

정성껏 제사를 지내면 신이 복을 내려준다는 증거가 있었냐고요? 아뇨, 증거 없이도 믿는 것이 믿음이지요. 그 믿음 때문에 부모는 자식을 때려서라도 제사 지내는 법을 가르쳤어요. 신과의 관계를 돈독(敦篤)하게 해주려고요.

敦(돈독하다 돈)은 亯(종묘)에 攵(음식을 바치며) 신과의 관계를 돈독히 하려는 모습에서 → 帛(종묘)에서 攵(손에 회초리를 들고) 子(자식)을 가르치는 모습으로 바뀌었어요. 실제로 한자의 宗教(종교)는 '사당에서 제사 지내는 것에 대한 가르침'이란 뜻으로, 서양의 religion(종교)하고는 개념이 달랐지요.

가르칠 때는 절하는 법도 가르쳤어요. 拜(절(하다) 배)는 手(손 수)와 (신장대를 쥔 모습)이 합쳐졌어요. '신장(神將)대'는 무당이 제사 지낼 때 신과 교감(접신)하기 위해 소나무 가지 등을 꺾어서 만든 도구였어요. 손에 쥔 신장대가 막 떨리면 '신이 강림하셨다'고 했어요. 그러므로 절은 본래 신에게 하던 것이었어요. 훗날 예법의 하나로 바뀌어 인간에게 하게 되었지요.

옛날에는 九拜(구배)라고 하여 절에도 여러 종류가 있었는데요, 그중 손바닥을 땅에 대고 머리를 손등 가까이까지 내리는 절을 拜(배)라고 했어요. 그러니 手手(두 손)을 __(땅바닥)에 댄 모양으로 보면 돼요.

그건 그렇고, 정초에 歲拜(세배) 드리면서 세뱃돈 두 배(倍) 받겠다고 재배(再拜: 두 번 절함)하면 혼나요. 돌아가신 분께 하는 절이라서요. 2가 음(陰)의 수기 때문이에요. 살아계신 분께는 양(陽)의 수인 한 번만 절해요.

▸제사(祭祀)

祭祀(제사)는 신 앞에 꿇어앉아 고하는 행위와 관련 있어요. 祀(제사(지내다) 사)는 제단 앞에 한 사람(아마도 후손)이 꿇어앉은 모습이고, 告(고하다 고)는 牛 → (소)를 바치며 口 → (고하는) 모습이에요.

＊ '신고'에서 다시 → 告訴(고소), 告發(고발)의 뜻도 나왔어요.

예 報告(보고), 告白(고백), 申告(신고)

祝(빌다 축)은 제단 앞에서 (고하는) 모습이에요.

예 祝願(축원)

고하는 口(입)을 강조하면 呪(빌다 주)예요.

呪文(주문)이나 詛呪(저주)를 빌고 있음을 강조했어요. 보통 때는 주로 무엇을 빌었을까요? 祈禱(기도)라는 한자를 보면 옛날에는 주로 전쟁에서의 승리와 장수를 빈 듯해요.

祈(빌다 기)는 출전하기 전에 示(제단) 앞에 모여 斤(도끼 즉, 무기)를 들고 승리를 祈願(기원)하는 모습이에요. 禱(祷빌다 도)는 壽(寿목숨 수)를 발음으로 취해서 장수(長壽)를 비는 걸 나타냈어요. 발음 부분인 壽(목숨 수)는 耂(늙다 노)와 구불거리는 긴 세월을 ⻌(걸어가는) 모습으로 이루어졌어요. 주어진 목숨을 다 사는 '장수'를 뜻해요.

▶주술의 파괴와 보존

주술(呪術)의 효과는 주문이 담긴 축문, 기물을 훼손함으로써 파괴할 수 있다고 생각했어요. 그래서 주술이 봉인된 대상을 날카로운 도구로 찌르고, 무기로 부수고, 효력이 씻겨나가도록 물을 쏟아 부었어요. 반면, 봉인된 주술력을 보호하려면 신성한 기운을 부여한 무기를 함께 둠으로써 악한 기운을 방어할 수 있다고 믿었어요.

吉(길하다 길)은 축문이나 주술이 봉인된 기물을 둔 口(장소)에 士(방어용의 신성한 도끼)를 놓아둔 모양이에요. 주술의 능력이 보존되어 '길하다'는 뜻이 되었어요.

▶기우제(祈雨祭)

고대 중국은 농경 사회였으므로 가뭄에 비를 내려 달라고 비는 기우제(祈雨祭)가 가장 중요한 제사였어요. 신을 즐겁게 하기 위해 춤을 추는(夏, 優, 俊, 舞…) 걸로도 안 되면, 인간 제물을 불태워 화제(火祭)를 지냈어요. 제물을 태우면 그 연기가 하늘까지 올라가 자신들의 정성이 신에게 닿으리라 믿었기 때문이에요. 이런다고 비가 오냐고요? 그게, 비가 올 때까지 제사를 지냈거든요….

제정일치 시대에는 제사장이자 왕을 제물로 바쳤어요. 본래 제물은 가장 좋은 것을 써야 했으니까요~. 실은 제사장을 바치면 자신의 대리인이 불에 타 죽는 것을 막으려고 신이 비를 내려줄 거라 생각했대요. 물론 생각뿐이었어요.

사람을 묶어 불태우는 모습이 堇(근)이에요. 제사장은 잿더미로 생을 마감하고 싶진 않았으므로 열심히 비를 내려 달라고 기도했어요.

무당이 하늘에 대고 조심스레 言(고하는) 모습이 謹(삼가다 근)이에요. "삼가 아룁니다, 삼가 고인의 명복을 빕니다, 삼가 경하드립니다…"처럼 '삼가'는 '(신중하고 조심스런 마음으로) 정중하게'라는 뜻이에요(영어 respectful에 해당).

더 알아보기

그 밖에 堇(근)이 발음으로 들어간 글자.

발음인 堇(근)과 力(힘껏) 일한다는 의미로 이루어진 勤(부지런하다 근)
食(食먹을 음식)이 없어 堇(화제를 지내야) 할 정도로 饉(饉흉년들다 근)
食(食음식)으로 堇(진흙)을 먹을 만큼 흉년이 들었다고 보기도 해요.
실제로 기근(飢饉)이 오래가면 亻(사람)이 堇(흙 반죽)을 익혀 먹으며 僅僅(근근)이 연명했다는 기록이 있대요. 그래서 僅(겨우 근)이 되었다는 설도 있어요.

菫(진흙 근)에 대해서는 다른 설명도 있어요.

黃(누렇다 황)과 土(흙 토)를 합쳐 누런 진흙을 나타냈다는 설명이에요. 難(难어렵다 난)은 菫(진흙밭)에 빠진 佳(새)가 진흙에서 빠져나오기 힘들어 '곤란(困難)하다', '어렵다'는 뜻이 되었다고 해요.

(예) 多事多難(다사다난), 災難(재난), 難易度(난이도)

나온 김에 '難(난)의 생략형'이 발음으로 든 漢(汉한나라 한)도 볼게요. 漢(汉한나라 한)은 氵(물 수)와 難(난 → 한) 발음을 합쳐, 양쯔강의 지류(支流) 중 하나인 漢水(한수)를 의미했어요. 그런데 중국의 강이 거의 동서로 흐르는데 반해 한수는 남북으로 흘러서 '은하수'라는 뜻도 생겼어요. 밤하늘의 은하수도 남북으로 흐르듯이 놓여 있기 때문이에요.

또 '한(漢)나라'라는 나라 이름에도 쓰이게 되었어요. 특히 한나라 때 중국 문화의 기틀이 잡혔기 때문에 중국인을 漢族(한족), 중국 문자를 漢字(한자)라고 해요. 그 외에 惡漢(악한), 癡漢(치한)에서는 '사나이', '사람'이란 뜻이에요.

歎(叹탄식하다 탄)은 難(난 → 탄) 발음과 欠(입을 크게 벌리고) 탄식하는 모습으로 이뤄졌어요. (예) 感歎(감탄), 歎息(탄식), 恨歎(한탄) ♂

*우리나라 제주도의 '한라산(漢拏山)'은 '은하수를 잡을 수 있을 만큼 높은 산' 이란 의미랍니다.

다시 기우제로 돌아와서요, 비를 내려달라고 열심히 기도했는데도 하늘은 구름 한 점 없이 맑았어요. 제사장의 마음속에만 먹구름이 몰려올 뿐이었지요. 마지막 순간 신의 목소리가 환청처럼 들려오는 듯 했어요. 지켜주지 못해 미안해! 이렇게 해서 고대 사회의 지도층이었던 제사장은 '노블레스 오블리주' 정신의 원조가 되었어요. 고귀한 신분에 따라 도의적 의무를 다하는 것이 무엇인지, 뜨겁고도 참혹하게 보여주었지요. 하지만 너무 잔인해서 인간을 제물로 바치는 것은 점차 금지되었어요. 이래서 먼저 죽은 사람만 억울하다는 거예요.

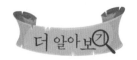

選(선)

選(选가려뽑다 선)은 선발(選拔)한 吅(사람들)을 共(함께 받들고) 辶(가는) 모습이에요. 제물로 바칠 사람을 들것에 실어 옮기는 옆의 그림처럼 말이에요. 각 마을이나 부족에서 희생물로 쓸 사람을 뽑아 보내던 데서 '가리다', '뽑다'가 됐어요.

제사에 쓸 맛있는 食(음식)을 선별(選別)해 보내던 데서 나온 것은 饌(馔반찬 찬)이에요. 지금은 選好度(선호도)와 상관없이 밥에 곁들여 먹는 음식을 통틀어 飯饌(반찬)이라고 하지요. ♂

제물을 바치는 방법은 불에 태우는 것 말고도 물에 빠뜨리기, 땅에 묻기, 모닥불 피우기 등 방법이 아주 다양했어요. 沈(沉잠기다 침)은 본래 소를 물에 빠뜨리는 모양이었는데 人(사람)에게 冖(차꼬)를 채워 氵(물)에 가라앉히는 모습으로 바뀌었어요.

* '잠기다', '빠지다', '가라앉다'를 뜻해요.

埋(묻다 매)의 본래자는 薶(매)였어요. 구덩이를 파서 豸(짐승)을 구덩이 里(안)에 묻고 艹(풀)로 덮는다는 뜻이었어요. 윗부분의 雨(비 우)는 흙이 비 오듯 떨어짐을 나타내고, 里(리)는 裏(속, 안 리)의 생략형이에요. 후에 의미 부분을 土(흙 토)로 바꿔, 땅을 파고 土(흙) 里(속)에 埋葬(매장)한다는 뜻이 되었어요.

모닥불을 본뜬 燎(화톳불 료)는 불을 놓아 제사 지내던 데서 나왔어요. 亻(사람 인)을 붙이면 僚(동료, 관료 료)예요. 함께 제사 지내던 同僚(동료), 제사를 주관하던 官僚(관료)로부터 나왔어요.

한편, 고대에는 해마다 봄이면 제사 음식을 싸서 가까운 산과 언덕에 오르기도 했어요. 여기서 나온 게 隨(隨따르다, 때마다 수)예요. 阝(언덕)에 辶(오르는데) 𠂇(손)에는 工(주술 도구)와 月(고기)를 든 모습이에요. 줄줄이 행렬을 이루던 데서 隨行(수행)한다는 의미가 나왔어요. 隨時(수시)로 있는 일이 아닌 만큼, 이때는 아름다운 옷들을 차려 입었고 산과 들에서 남녀의 交際(교제)도 자유로이 행해졌어요. 實際(실제)로 남녀가 자유분방하게 어울리는 일도 허용되어, 이로부터 야합(野合)이라는 말도 나왔다고 해요.

* '교제(交際)'의 際(陲만 나다, 사귀다, 사이 제)도 봄에 阝언덕에 모여 제사 지내던 것과 관련 있어요. 祭(제)가 발음. 예) 國際(국제)

굿과 聘(빙), 憑(빙)

한국의 대표적인 무속신앙으로 굿이 있어요. 굿은 음식을 차려놓고 무당이 춤과 노래로 신을 불러내어 소통한 뒤 다시 돌려보내는 형식을 취해요. 이 굿판에서 신과 인간이 한바탕 신명나게 즐기고 나면, 한껏 기분이 좋아진 신이 인간의 소원을 들어준다고 믿었어요. 사람들은 함께 울고 웃으며 그동안 가슴속에 쌓아놨던 응어리를 풀어내기도 했고요. 결국 모두에게 굿(good)이었죠.

무당은 상처받은 사람들의 마음을 위로해주는 존재인데, 때로는 죽은 사람의 혼도 불러내어 위로했어요. 招聘(초빙)한다고 할 때의 聘(부르다, 찾아가다 빙)은 마치 무당의 耳(귀)에 대고 굿판에 초빙된 甹(甶귀신이 ㄅ속삭이는) 것처럼 보여요.

* 耳(귀이)가 의미, 甹(빙)이 발음.

무당은 자신이 들은 대로 귀신의 말을 대신 전하는데, 이때 무당의 입에서 죽은 사람 말투가 튀어나오기도 해요. 무당의 몸에 귀신이 빙의 (憑依)되었다고 하죠. 물론 신빙성(信憑性) 없는 이야기라고 생각할 수도 있어요. 어쨌거나 다른 사람의 혼이 옮겨 붙는 것을 憑依(빙의)라고 하지요. 憑(凭기대다, 의지하다 빙)은 말에 올라타서 (즉, 말에 의지해서) 얼음 위를 지나간다고 '기대다', '의지하다'가 되었어요. ♂

*冫(얼음 빙)은 발음을, 心 (마음 심)은 심리와 관련됨을 나타내요.

12 전쟁

▶전쟁

戰(战싸우다 전)에는 두 개의 무기가 들어 있어요. 갈라진 나뭇가지 양끝에 돌을 매달아놓은 사냥 도구이자 무기인 單(단단), 그리고 긴 나무 자루 위쪽에 날카로운 청동 칼날을 장착한 살상용 무기 戈(과). 그러므로 戰(전)은 고대에 목숨을 걸고 싸웠던 대표적인 두 경우, 수렵(單)과 전쟁(戈)에 쓰이던 무기를 그려 싸운다는 뜻을 나타냈어요. 한편 單(돌 무기)와 戈(청동 무기)를 가진 두 부족이 싸우는 걸로도 보여요. 신석기 말에서 청동기로 넘어가던 시기에 원시석기문명과 선진청동기문명이 충돌(!!)한 거죠. 單 💥 戈

고대에는 전쟁이 빈번하게 일어났어요. 밥숟가락만큼이나 자주 무기를 들었지만, 그럼에도 목숨을 걸고 싸우기란 여전히 두려웠지요. 북소리가 심장소리처럼 쿵쿵거리면 그 울림을 타고 공포심이 전염되는 듯했어요. 그래서 戰(전)에 '두려워하다', '(두려워서) 떨다'라는 뜻도 생겼어요. 예 戰戰兢兢(전전긍긍)

競(두려워하다 긍)은 克克(사람들이 투구를 쓴 모습)이에요. 투구는 헬멧처럼 머리를 보호하는 기능 외에 얼굴에 드러나는 공포심을 감출 목적으로도 썼어요. 나보다 적을 더 겁먹게 하기 위해 무서운 도철의 형상도 새겨 넣었고요. 어쨌든 투구를 쓴 사람이나 보는 상대방이나 모두 두려움을 느꼈으므로 '두려워 한다'는 뜻이 되었어요.

爭(争다투다 쟁)은 ''彐(두 개의 손)이 亅(어떤 물건)을 서로 끌어당겨서 자기 것으로 爭取(쟁취)하려는 모습이에요. 여기서 서로 간에 다툰다 는 뜻이 나왔어요.

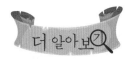

더 알아보기

戰鬪(전투)는 두 편의 무장 군대가 맞붙어 싸우는 것이에요. 전면전 (全面戰)을 의미하는 전쟁보다는 좁은 의미로, 한정된 시공간에서 일 어나는 싸움을 가리켜요.

鬪(斗싸우다 투)는 두 사람이 마주서서 싸우는 모습이었어요. 결투(決 鬪)하듯 서로의 손이 엉켜 있고, 머리카락은 전의(戰意)에 불타 위로 치솟은 모양이었죠.

후에 (손彐)을 더해 의미를 강조했고, 발음으로 豆(두)를 덧붙였 는데 간화자에서는 발음이 같은 斗(두)로 쓰게 됐어요.

전쟁을 떠날 때는 宀 → (사당)에서 신탁을 받아 正 → (출정)을 결 정(決定)했어요. 관련 글자가 定(정하다 정)이에요.

참고로, 집 안으로 들어가는 모습에서 安定(안정), 坐定(좌정)의 뜻이 나왔다는 설도 있어요. ⌒(집) 안에 물건을 들여놓을 때는 알맞은(正) 자리를 정해서 놓으므로 '결정하다'가 되었다는 설명도 있고요. 또 만난 사람은 반드시 헤어진다는 會者定離(회자정리)에서는 '반드시'라는 뜻으로 쓰여요.

발음인 正(정)은 □ → 정벌할 지역(이나 성)을 향해 止 → ( ) 가는 모습이에요. 그런데 고대의 땅따먹기 전쟁에서는 정벌(征伐)이 그럴듯한 명분을 내세운 正當(정당)한 행위였으므로 正(바르다, 옳다 정)이 됐어요. (正 정벌하러 가서) (攵 치는) 건 政(바로잡다, 정사 정)이 됐고요.

처음에는 (무력으로 상대방을 쳐서 다스린다)는 의미였는데, 점차 옳지 못한 것을 正(올바르게) 바로잡기 위해 攵(일한다)는 뜻으로 바뀌었어요. 그래서 나라를 다스리는 일을 政治(정치), 政事(정사)라고 해요.

그럼 정벌한다는 본래 뜻은요? 싸우러 가는 (길)을 더해 征(정벌하다 정)을 만들었어요. 정벌 대신에 征討(정토), 討伐(토벌)이란 말도 썼는데요. 討(치다 토)는 言(나팔 같은 것)을 寸(손)에 들고 불면서 공격을 알리는 모습이에요.

성을 치러 가는데 戈(창)으로 무장(武裝)까지 했으면 武(굳세다 무)예요. '굳세다', '武器(무기)', 무장한 '武士(무사)'를 뜻해요. 물론 상대방 입장에서야 적의 侵掠(침략)일 뿐이었어요. 무사들은 사기를 북돋기 위해 "다 쓸어버려라!" 하고 외치며 모두 성으로 달려들었지요.

亻(사람)이 帚(손에 빗자루를 쥔 모습)이 侵(침범하다 침)이에요.
'비질을 하며 앞으로 나아가다'가 본뜻이었는데, (빗자루로 쓸며 나아가듯) '侵犯(침범)하다'로 뜻이 확장됐어요.

掠(노략질하다 략)은 扌(손) 하나가 京(높고 큰 건물)을 향해 掠奪(약탈)의 손길을 뻗은 모양이에요.

▶ 무기(武器) ① _ 원시 무기

攻(공)←攴(/攵복)
원시무기
殳(수)→投(투)
毆打(구타)
單(단)
干(간)

싸우려면 무기가 필요했겠죠? 최초의 무기는 주위에 널린 나무와 돌로 만들었어요. 나뭇가지를 들고 싸우다가 살상력을 높이기 위해 돌멩이를 매달았고, 긴 나무 자루 끝을 뾰족하게 깎아 창도 만들었어요. 관련 글자들을 볼게요.

攴(치다 복)은 나뭇가지를 손에 든 모습이에요. 변형된 형태가 攵(복)이에요. 발음으로 工(工공)을 더하면 攻(치다, 공격하다 공)이에요. 그런데 이렇게 나뭇가지로 때리는 攻擊(공격)은 기력 소모가 심한데다 위력도 대단치 않았지요. 해서 좀 더 효과적으로 타격을 입히기 위해 나뭇가지에 돌멩이를 장착했어요.

單(홑, 하나, 낱(개) 단)이 바로 Y(갈라진 나뭇가지) 양끝에 吅(돌)을 매단 모양이에요. 그런데 사냥이나 싸움을 하는 조직은 주로 단일 혈연의 씨족으로 구성된 單獨(단독) 집단이었으므로 '홑', '하나', '오직', '다만'이라는 뜻이 되었어요.

창은 긴 나무 자루 끝을 뾰족하게 깎거나, 날카롭게 간 돌을 자루 끝에 끈으로 고정시켜 만들었어요. 창을 손에 쥔 모습이 殳(창 수)예요. 끝이 뾰족한 창을 든 모양이었는데 글꼴이 많이 변했어요. 앞에 扌(손 수)를 붙이면 投(던지다 투)예요.

예 投擲(투척), 投票(투표), 投藥(투약), 投宿(투숙)

상대와 거리를 둘 수 있는 投槍(투창)은 직접 맞붙는 것보다 덜 위험한 공격법이었어요. 때문에 일단 창으로 상처를 입힌 다음 상대의 전투력이 약해지면 달려들어 몽둥이로 毆打(구타)했지요. 구석구석 때려서인지 毆(毆때리다 구)는 발음인 區(구역 구)와 殳(때린다)는 의미가 합쳐졌어요. 打(치다, 때리다 타)는 타격(打擊)을 가하는 扌(손)과 丁(칠 때의 소리)로 이루어졌어요.

干(방패 간)은 끝이 갈라진 나뭇가지 모양이에요. 방패가 이래서야 어떻게 막나 싶지만, 본래는 뾰족한 끝으로 작살처럼 찌르거나, 갈라진 사이에 짐승의 뿔 또는 상대의 무기를 끼워서 비틀고 눌러 제압하는 용도였어요. 이렇게 공격을 겸하다가 점차 막는 면이 넓어져 방어용 무기로 변했어요.

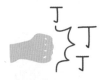

* 扌(손)으로 던진다는 의미에 殳(수 → 투)가 발음. 내 손으로부터 떠나보내는 것이므로 投(투)에는 '보내다', '주다' 라는 뜻도 있어요.

* 옛날에는 나무를 베려고 도끼로 찍는 소리, 말뚝 박는 소리, 막대기로 치는 소리, 바둑알 놓는 소리 등을 丁丁으로 표현했다고 해요. 원래는 '덩' 으로 발음했는데 북송 때부터 '따'로 변했고, 이것이 우리나라에 들어와서는 '타' 가 되었다는 설명이에요.

* 방패는 나와 상대의 '사이에 있는' 것이므로 干(간)에는 남의 일에 끼어들어 참견한다는 '干涉(간섭)' 의 뜻도 있어요.

▶ 무기(武器) ②_ 초기 무기

신석기 말에는 청동제 무기가 등장했어요. 청동은 값비싼 금속인데다, 재질도 돌보다 물러 처음에는 돌 무기를 더 선호했어요. 그러나 금속을 다루는 기술이 발전하면서 재질이 연해도 잘 부러지지 않는 청동

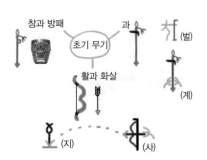

창과 방패
초기 무기
과
(벌)
활과 화살
(계)
(지)
(사)

무기가 점차 중국 전역에 보급되었어요. 이 무렵의 가장 중요한 무기로는 긴 나무 자루 끝에 금속 날을 부착한 과(戈)와 활이 있었어요.

그럼 좀 더 진화된 창과 방패부터 살펴볼게요.

矛(창 모)는 긴 |(나무 자루) 꼭대기에 ∇(돌촉이나 금속 날)을 부착한 모양이에요. 창날 아래쪽엔 장식용 술을 매달았고, 자루에는 ⌐(귀)를 달아 끈으로 묶어 보관하기 편하게 했어요. 盾(방패 순)은 앞을 막을 수 있는 盾厂(넓은 면)에 잡기 편하도록 盾十(손잡이)가 달렸고, 盾目(눈)을 보호하는 방어용 무기임을 나타내요. 이 방패를 들고 주변을 彳(돌아다니며) 순찰(巡察)하는 게 循(돌다 순)이에요. 돌며 循環(순환)한다는 뜻을 가져요.

'창과 방패'를 합친 矛盾(모순)은 앞뒤가 어긋나 이치에 맞지 않는다는 뜻이에요. 중국 초나라의 한 무기상이 "이 창은 어떤 방패로도 막을 수 없소!"라고 했다가 "이 방패는 어떤 창으로도 뚫을 수 없소!"라고 하니까 지나가던 행인이 "당신의 창으로 당신의 방패를 찌르면 어찌되겠소?" 하고 논리의 오류를 지적해 장사치의 말문을 막았다는 이야기에서 나왔어요.

방패 든 적을 공격하는 데 유용한 무기는 戈(과)였어요. 戈(창 과)는 긴 자루 위에 새의 부리처럼 생긴 칼날을 가로로 장착해 상대의 목과 어깨를 찍는 용도였어요. 진짜로 '찍히면 죽는다!'였지요. 특히 방패 뒤에 숨은 적의 머리를 위에서 찍어 내리거나, 달리는 말의 다리를 걸어 넘어뜨리기에 효과적이었어요.

나중에는 칼날 아래쪽을 길게 내려 적의 (어깨를 찍은 후) 목을 걸어서 베거나 낚아채는 기능도 추가했어요.

伐(치다, 베다 벌)이 亻(사람)의 목을 戈(과)로 베는 모습이에요. 벌초(伐

草)하듯 우수수~ 생각만 해도 섬뜩하네요.

戈(과)는 고대 중국에서 가장 대표적인 무기였으므로 戒(경계하
다 계)도 戒(두 손)으로 戒(창)을 잡고 주위를 警戒(경계)하는 모
양이에요.

'과'와 함께 또 중요한 게 최종병기(!) '활'이었어요. 弓(활 궁)
은 굴곡이 있는 활의 모양이에요. 활이 구불구불한 이유
는? 탄력을 높이려고, 얇게 쪼갠 여러 조각의 나무를 겹쳐 붙였기 때
문이에요.

矢(화살 시)는 윗부분이 화살촉, 중간이 화살대, 아랫부
분이 비행 중에 방향을 잡아주는 깃을 나타내요. 이 화살을 구비(具備)
해둔 모양이… 備(备갖추다 비)예요. 한 亻(사
람)이 화살통 안에 화살을 담아 놓은 모습이에요. 물건을 갖춰 準備
(준비)해놓았으므로 具備(구비)한다는 뜻이 됐어요.

예 有備無患(유비무환)

화살을 넣어두는 주머니나 상자를 본뜬 건
函(상자 함)이에요. 초기자형을 보면 한쪽에
고리가 있어요. 끈으로 묶어 허리에 매다는 용도였어
요. 지금은 보석함(寶石函), 사물함(私物函) 등 주로
물건을 넣어두는 函(함)에 써요.
아, 어떤 기능을 가진 상자에 변수 X를 넣으면 그에 따른 Y의 값이
나오는 函數(함수)에도 쓰는군요.

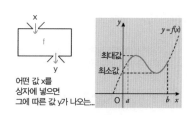

어떤 값 x를
상자에 넣으면
그에 따른 값 y가 나오는…

*예를 들면 미터기에
운행 거리를 넣으면 택
시 요금이 나오는 것, 이
런 게 함수지요.

그럼 화살을 꺼내 시위를 당기고(引인, 張장, 弘홍) 발사(發射)해볼까요?

ㅎ 引 引 引(끌어당기)다 인)은 弓(활궁)과 위와 아래를 관통한다는 의미의 丨(뚫다 곤)으로 이루어졌어요.

弓(활)의 丨(시위)를 弓〉🖐 이렇게 끌어당긴다고 보세요.

長(길~게) 끌어당기면 張(张당기다 장)이에요. 활쏘기에서 가장 긴장(緊張)되는 순간이지요. 활시위를 팽팽히 당겼을 때처럼 마음을 단단히 조이고 정신을 바짝 차리는 것이 '緊張(긴장)'이에요. 또 최대한 당기는 데서 '擴張(확장)하다'라는 뜻도 나왔어요.

弓(활)의 시위를 힘껏 당기느라 厶(🔽팔을 구부린) 모습은 弘(넓다 홍)이에요.

이로부터 '가해지는 힘이 크다', '활과 활시위가 만드는 공간(면적)이 넓다', '활이 날아갈 때의 소리가 크다'라는 의미가 나와 '넓다', '크다'는 뜻이 됐어요. 활쏘기가 팔 근육을 키우기에 제격인 건 별로 弘報(홍보)가 안 됐지만요.

發(发쏘다 발)은 弓(활 궁)과 발음인 癶(癶풀 짓밟다 발)로 이뤄졌어요.

간화자 发(쏘다 발)은 癹(터럭 발)을 간략화한 형태예요.

갑골문에서는 한 사람이 서서 화살을 잡고 있는 모습이었는데, 금문에서 弓(활)이 보태져 矢(화살)을 대고 發射(발사)하는 모습이 되었어요.

활을 쏠 때는 옆으로 비스듬히 서니까 두 발이 癶처럼 벌어진 것도 發見(발견)하셨나요? 그렇다면 실력 發揮(발휘)하셨어요. 점점 한자적 發想(발상)이 滿發(만발)하고 계시네요!

예, 發(발)에는 '드러내다', '일어나다(나타나다)', '피다'라는 뜻도 있어요.

射(쏘다 사)도 활줄에 화살을 걸어 쏘는 모습이에요. 금문에서 ㅋ(손)을 추가했는데, 소전에서 활이 身(身몸 신)으로 잘못 변했고, 손도 ㅋ

(寸촌)으로 바뀌었어요. 言(말(하다) 언)을 더하면 謝(謝사례하다, 사죄하다, 거절하다 사)예요. 활이 시위를 떠날 때처럼 射(떠날) 때에 하는 言(말)들이에요. 누군가와 헤어질 때 그동안 고마웠던 일에 대해 謝禮(사례)하고, 미안한 일에 대해 謝過(사과)하고, 요구나 제의는 謝絶(사절)하기도 해서요.

*고맙다는 중국 말 '쎄쎼~'도 바로 이 글자 '謝 謝[xiè·xie]'로 써요.

그건 그렇고, 날아간 화살은 어디 가서 꽂혔을까요? 至(이르다 지)는 矢(화살)이 날아가서 __(땅)에 거꾸로 꽂힌 모양이에요. 위쪽은 화살을, 아래쪽의 __(가로선)은 화살이 도달한 지점을 나타내요. '극에 다다르다', '지극(至極)하다'라는 추상적인 개념을 '화살이 날아갈 수 있는 한 멀리 날아가서 어딘가에 도달한 모양'으로 표현했어요. 선 하나로 완성한 고도의 상징법이 놀라워요! 발음으로 夊(뒤져오다 치)를 더하면 致(이르다, 보내다 치) 예 致死量(치사량)

致 : 夂은 夊(치)의 '예서체'라고 해요.
발음으로 刂(刀칼 도)를 더하면 到(이르다 도)예요. 칼도 칼날이 가서 닿아야 벨 수 있으므로, 刂(도)는 到達(도달)한다는 의미 부분도 돼요.

참고로, 앞에 亻(인)을 붙이면 倒(거꾸로, 넘어지다 도)예요. 倒(사람)이 至(거꾸로 박힌 화살처럼) 머리가 아래를 향해 고꾸라졌다는 의미로, 到(도)가 발음이에요. 亻(사람)이 至(화살) 맞고 刂(칼) 맞아서 거꾸로 넘어진 거란 설명도 있어요. 이 모습을 지켜보던 옆 사람은 졸도(卒倒)해버렸고요.

활 솜씨를 자랑하려면 的中(적중)시킬 과녁도 필요했어요. 的(과녁 적)은 의미 부분인 白(희다 백)에, 勺(작 → 적)이 발음이에요.

勺(구기 작)은 손잡이 달린 국자 모양의 도구를 본떴어요. 술과 기름 같은 액체를 뜰 때 썼는데, 흰 눈금이 표시되어 양을 잴 수도 있었어요. 그러므로 的(적)은 '구기의 눈금처럼' 白(흰) 선으로 점수를 구분해놓았으며, 쏠 때 勺(잘 재야 하는) '과녁'을 의미해요.

목적(目的)

목적(目的)은 '눈 과녁'이란 뜻인데, 왜 '이루려는 목표나 지향 방향'을 가리킬까요?

옛날(위진남북조시대 때) 북주(北周)에 '두의'라는 사람이 살았어요. 두의에게는 시집보낼 딸이 한 명 있어서, 어느 날 두의는 사윗감 찾기 공개 오디션을 열었어요. 담장에 공작새 한 마리를 그려놓고는 화살로 새의 두 눈을 명중(命中)시키는 사람에게 딸을 시집보내겠다고 발표했지요. 소문을 듣고 너도나도 몰려들어 활시위를 당겼지만 아무도 눈을 맞추진 못했어요. 그러던 중 '이연'이라는 사람에게까지 이 소문이 흘러들어갔어요. 재밌겠다고 생각한 이연은 활을 들고 두의의 집으로 찾아갔어요. 아무도 기대하지 않았는데… 잠시 후, 빙 둘러선 구경꾼들에게서 탄성이 터져 나왔어요. 이연이 쏜 화살이 공작새의 두 눈에 꽂혔던 것이에요. '目的(목적)'이란 말은 공작새의 눈을 과녁 삼았던 이 고사에서 유래했어요(이야기의 주인공 '이연'은 훗날 아들 이세민과 함께 당나라를 세우고 고조가 된 인물이에요).

과녁과 관련된 말 하나 더요!

정곡(正鵠)

옛날에는 무명으로 만든 사방 열 자 넓이의 과녁을 候(후), 그 안의 사방 네 자 넓이의 과녁을 鵠(곡)이라고 했어요. 그래서 正鵠(정곡)을 찌른다는 말은 과녁의 한가운데를 꿰뚫듯, 가장 중요한 요점이나 핵심을 짚는 것을 뜻해요. ♂

활쏘기를 마치면 활줄은 느슨하게 풀어놓았어요. 늘 팽팽하게 당겨두면 오히려 탄력이 떨어지므로 풀어서 弛緩(이완)시켰던 것이에요.
弛(느슨(하게)하다 이)는 弓(활 궁)과 발음인 也(어조사 야)로 이루어졌어요.

*뱀을 본뜬 也(야)로 발음을 나타내, 느슨하게 풀려 (뱀처럼)구불거리는 활줄을 연상시켜요.

▸무기(武器) ③_ 신무기

시간이 흐르자 무기 시장에도 신(新) 모델들이 등장했어요. 특히 춘추전국시대를 거치는 동안 전쟁에 화력을 불어넣어줄 한층 잔인한 무기들이 쏟아져 나왔어요. 戈(과)에 칼날, 도끼날, 톱니칼을 장착해 살상력을 업그레이드하고서 그 무서운 효과들에 환호했지요. 유감스럽게도 일부는 장식이 과해 의장용으로 쓸 수밖에 없는 게 분했지만요. 그 밖에 戰車(전차), 弩(노), 砲(포) 등도 중요한 무기였어요.

戈(과)에서 업그레이드된 戊(무), 戌(술), 戉(월), 戟(극)

戊(창, 다섯째천간 무)는 戈(과)에 ◖반달 모양의 넓은 칼날을 단 모양인데 천간(天干)의 다섯 번째 글자(甲乙丙丁戊己庚辛壬癸)

로 가차되었어요.

戌(도끼창 술)도 (과)에 도끼 모양의 (칼)날을 장착한 모양인데 →
십이지(十二支)의 열한 번째 글자로 가차되었어요. 여기에 해당하는
동물 띠가 '개'라서 戌(개 술)로도 불려요.

이 같은 戌(도끼 창)으로 口(어떤 지역)을 치는 모양
이 成(이루다 성)이에요. 정벌에 成功(성공)해서 '이루다'라는 뜻이 되
었다고 해요.

咸(모두, 다 함)에 대해서도 戌(도끼 창)으로 口(어떤 지
역 혹은 성)을 모두 파괴하는 데서 나왔다는 설명도 있
고, 戌(도끼 창)을 들고 일제히 口(함성)을 지르는 모습
에서 나왔다는 설명도 있어요.

와아아아~~

越(넘다 월)은 走(달려가) 戌(도끼 창)을 들고 적진을 넘어
간다는 의미였어요. '넘다'에서 '超越(초월; 한계나 표준을 뛰어넘음)하
다'라는 뜻이 나왔고요.

戟(창 극)은 幹(줄기 간)의 생략형과 戈(창 과)를 합쳤어요. 戟(극)은 戈
(과)의 꼭대기에 창날을 장착해 살상력을 더욱 높인 모양이에요. 무
시무시한 모양새로 적군의 두려움을 더욱 刺戟(자극)했지요.

모　　과　　극

矛(모)가 '찌르기', 戈(과)가 '찍기와 (걸어서) 베기'용이었다면
둘을 합친 戟(극)은 '찌르고 찍고 (걸어서) 베는' 3단 구성의 신
무기였어요. 때문에 죽기 살기로 격렬히 싸우던 춘추전국시대
에 주로 쓰였어요.

의장용 병기

☐ ☐ ☐ 義(义옳다 의)는 ☐ → (羊양머리) 장식을 단 ☐ → (☐ ☐ ☐ 톱날 창)의 모양이에요. 이런 병기는 실제 전투용이 아니라 儀仗(의장)용이었어요. 제사와 각종 의식, 행차 등에서 위엄을 보이고 격식을 갖추느라 들고 있었죠. '옳다'라는 뜻은 가차된 것이에요.

義(의)가 들어간 글자를 보면, 儀(仪거동 의)는 亻(사람)이 義(의장용 창)을 든 모습이에요. 격식을 갖추고 선 모습에서 '본보기'라는 뜻이 나왔어요. 議(议의논하다 의)는 言(말)로 義(올바른) 답을 얻기 위해 相議(상의)하고 議論(의논)한다는 뜻이에요.

> *亻(사람)이 義(올바르게) 행동하는 데서 '본보기', '禮儀(예의)'를 뜻하기도 함.

> *義(옳다 의)가 발음.

我(나, 우리 아)

我(나, 우리 아)는 톱니처럼 뾰족뾰족한 날이 달린 我(戋톱날 창)의 모양이에요. 이런 창은 의식에 사용하는 의장용 창이었는데, 의식에는 공동체의 전체 구성원이 참가하였기 때문에 '나를 포함하여 공동체 전원을 뜻하는' 我(나, 우리 아)가 되었어요. ♂

다시 전쟁 무기로 돌아와서요.

격투에서 적의 숨통을 끊고 목이나 귀를 자를 때는 短刀(단도)를 썼어요. 자루(손잡이)에 칼날이 달린 모양이 刀(칼 도)예요.

칼날 부분에 丶(지사부호)를 찍으면 刃(칼날 인)이에요.

> *글자의 오른쪽에 쓸 때는 刂(도)로 써요.

싸우다 가장 난감한 순간은 칼이 댕강 부러진 때였어요. 눈앞이 하얘지면서 '망했다!', '죽었다!', '도망가자!'는 생각밖에 들지 않았지요. 그래서 부러진 칼 모양이 亡(망하다, 죽다, 달아나다, 잃다 망)이 됐어요.

亡(망)이 발음으로 들어간 글자

忙(바쁘다 망)은 이러저런 ↑(마음)을 다 亡(잊을) 만큼 정신없이 '바쁘다'는 뜻이에요. 公私多忙(공사다망)한 가운데 잠깐 생긴 한가한 시간 '忙中閑(망중한)'에 써요.

忘(잊다 망)은 心(마음)에서 亡(도망가) 기억나지 않는 健忘症(건망증), 忘却(망각) 등에 써요.

盲(장님 맹)은 目(눈)이 기능을 亡(잃었다는) 의미예요.

妄(망령되다 망)은 女(여자)가 세상 이치에 어둡다는 의미에, 亡(망)이 발음이라고 해요. 남성 중심 사회에서 나온 망언(妄言)… 아니 망자(妄字)라고 해야 하나요?

罔(그물, 없다 망)은 网(网그물 망)과 발음인 亡(망)이 합쳐졌어요.

예 罔極(망극) ♂

상나라까지는 검이 없었고, 서주 시대에 20센티미터 정도의 단검이 나타나기 시작했어요. 그 후 금속 제련 기술이 발달하면서 청동합금 장검이 중국 전체에 보급되었어요.

← 사진은 '천하제일검'이라 불린 월나라 왕 '구천'의 청동 검이에요. 서양에서 아서(Arther)왕의 엑스캘리버(Excalibur)가 궁극의 검이었다면, 동양에선 월왕구천의 검이 그에 못지않은 명검(名劍)이었어요. 1965년 중국에서 발굴되었는데, 2500년이 지났음에도 발굴 당시 예리하게 날이 서 있었다고 해요. 그 정도로 보존이 잘 되어 있어 사람들이 모두 놀랐답니다. 표면의 마름모무늬는 금강석을 박아 넣은 것으로 현대 기술로도 복원이 어렵다지요. 칼날에 새겨져 있는 越王勾踐自作用劍(월왕구천자작용검)이 정식 명칭인데, '월나라 왕 구천이 스스로 쓰

기 위해 검을 만들다'라는 뜻이에요. 전체 길이 55.6센티미터, 칼날 길이 약 46센티미터, 칼날의 폭 5센티미터. 생각보다 크지 않지요. 검이 너무 길면 뽑는 와중에 상황이 끝날 수도 있으니 이만하면 적당한 길이가 아니었을까요?

劍(劍칼 검)은 칼날이 양쪽에 僉(다) 있는 刂(칼)이라고 僉(다 첨)으로 첨 → 검 발음을 나타냈어요.

僉(僉다, 여러 첨)은 亼(모으다 집)과 吅(여러 사람이 말하는 모습)으로 이뤄졌어요. 모두 한 입을 가진 것처럼 같은 말을 한다고 '여러', '모두', '다'가 되었어요.

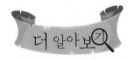

僉(첨)이 발음으로 든 글자

木(나무)를 僉(여러 번) 檢(检검사하다 검)
馬(말)을 僉(여러 번) 驗(验시험(하다) 험)
阝(언덕)이 僉(여러 개) 있으니 險(险험하다 험) 예 險峻(험준), 危險(위험)
僉(몽땅 다) 攵(거두어들이는 斂(敛거두다 렴)
그리고 儉(俭검소하다 검)은 亻(사람)이 의미,

> * 攵(복)은 '손을 써서 일한다'는 의미로 볼 수도 있고, 손에 몽둥이를 들고 강제로 거두 어들인다는 의미로 볼 수도 있어요.

僉(첨 → 검)이 발음이에요. 발음 부분인 僉(僉모두, 다 첨)은 吅(여러 사람의 말)이 하나로 亼(합쳐졌다)는 의미예요. 의견이 모아지면 시간을 낭비하지 않게 되므로, '낭비하지 않다'에서 → '儉素(검소)하다'는 뜻이 나왔어요. ♂

더 후에 나온 '포', '탄', '총'도 보고 갈게요.

砲(대포 포)는 石(돌)을 包(감싸고 있다가) 쏘아 보내서 包(감싸다 포)가 발음이에요.

彈(弹탄알 탄)은 單(원시무기)에서 줄에 매달아 휘두르던 돌멩이를, 나중에 弓(석궁 같은 활)로 쏘아 살상력을 높였던 데서 나왔어요.

갑골문에서는 활의 줄에 돌멩이 같은 게 놓인 모양이었어요. 줄의 彈力(탄력)을 이용해 돌멩이를 튕겨 보내서 '튕기다'가 되었고, 다시 '(악기 줄을) 뜯다'라는 뜻이 파생되었어요.

예 두 사람이 한 대의 피아노를 함께 연주하는 連彈(연탄)

*充(충 → 총)이 발음.

銃(총 총)은 金(금속)으로 만들고 안에 총알을 充(채우는) '총'을 뜻해요.

▸기타 장비(裝備)

車(车수레 차/거)는 두 개의 바퀴와 본체(사람이 올라타는 부분), 멍에(수레를 끄는 소와 말의 목에 얹는 구부러진 막대)가 생생하게 표현된 전형적인 상형자였어요. 현재의 자형은 한 개의 바퀴만으로 수레를 상징하고 있어요.

↑
본체

상나라, 주나라, 춘추전국시대의 전쟁은 대개 황하 중하류의 넓은 평원지대에서 전차전으로 치러졌어요. 큰 전쟁에는 3000대 이상의 전차가 동원됐어요. 進擊(진격)의 스케일로는 대작 영화급 위용이었지요. 전차전은 귀족전인 만큼 용맹과 신의를 중시하며 서로 예를 갖춰 싸웠어요. 양측의 전차가 진을 죽 늘어선 상태에서 시작을 알리는 북을 둥둥 울리고 공격을 개시했어요. 상대의 전차가 뒤집어지면 공격을 멈추고 기다려줄 정도로 예를 차렸지요. 전쟁이 여러 대에 걸쳐 지속되자 얘기가 달라졌지만요.

두 마리의 말이 끄는 전차 한 대에는 세 명의 군사가 탔어요. 가운데에 앉은 군사가 말을 몰고, 양옆에 창을 든 군사와 활을 쏘는 弓手(궁수)가 앉아 공격하는 3인 1조 시스템이었어요.

較(较비교하다 교)는 양쪽 진영에서 달려 나온 車(전차)가 서로 交(교차
交叉하며) 실력을 겨루던 데서 나왔다고 보면 돼요.

*比較(비교)했을 때 최고와 최저의 차이가 較差(교차)예요.

예 날씨의 日較差(일교차)

擊(击치다 격)은 軎(본체가 있는 전차)를 몰고 가서 殳(손에 든 창)으로
공격(攻擊)한다는 의미에, 手(손 수)를 더해 친다는 뜻을 강조했어요.
직접 目擊(목격)한 것처럼 상황이 그려지나요?

*轂(부딪치다 격)이 발음이에요.

전차들이 흩어지는 걸 막기 위해 糸(줄)로 이어 맨 모양은 繫(매다, 묶
다 계)예요. 속자는 系(계)예요.

*毄(격 → 계)가 발음.

전차는 군수 물자를 운반하는 데도 필요했어요. 길게 이
어진 수레의 행렬(車車車車車…)을 떠올려보세요. 줄지어
辶(가는) 車(수레)로부터 連(连잇(달아 이어지)다 련/연)이 나
왔어요. 또 줄줄이 이어진 데서 '관련(關連/關聯)되다'라
는 뜻도 생겼어요.

특히 車(수레)에 戈(무기)를 잔뜩 실으면 載(载싣다 재)예요.

*戈(재)가 발음. 신문, 문서, 인터넷 사이트 등에 글과 그림을 '싣는' 揭載(게재), 連載(연재)에도 이 載(재) 자(字)를 써요.

가다가 阝(언덕)에 車(전차나 수레)를 배치하고 진을 치면 陣(阵진치다
진)이에요.

원래는 陳(陈늘어놓다 진)으로 썼어요. 阝(언덕)에 木(나무)들이 申
(펼쳐져) 있다 또는 阝(언덕)에 東(짐꾸러미)를 늘어놓는 陳列(진열)의
의미였어요. 그런데 중국 진(晉)나라의 서예가 왕희지가 군대와 관련
해서는 東(꾸러미) 대신 車(수레/전차)를 쓰기 시작했고, 이후 다들 따

라 쓰게 되었어요. 이상 전차, 수레와 連繫(연계)된 글자들을 살펴봤어요. 이제 밀리터리 룩으로 넘어갈게요.

투구(/쓰개)와 갑옷

冒(무릅쓰다 모)는 目(눈) 위쪽에 冃(쓰개)를 쓴 모습이에요. 머리를 보호해야 할 정도로 위험함을 무릅쓰고 어떤 일을 한다고 '무릅쓰다'라는 뜻이 됐어요. 예 冒險(모험), 冒瀆(모독)

克(이기다 극)에 대해서는 古 → (투구를 쓴) 儿 → (사람)이 한 손을 허리에 얹고 자신만만하게 서 있는 모습, 입 벌린 맹수를 돌로 내리쳐 무찌르는 모습 등의 설이 있어요. 투구의 무게를 견디는 데서 克服(극복)한다는 뜻이 나왔다는 설도 있고요.

甲(갑옷 갑)은 흙에서 나오는 새싹이 아직 껍질을 뒤집어쓰고 있는 모양이에요. 씨앗을 보호하는 껍데기로부터 '갑옷'을 뜻하게 되었어요. 이 밖에도 물고기의 비늘을 그린 것이라는 등 여러 설이 있는데, 정설은 없고 가차되어 천간의 첫 번째 글자(甲乙丙丁戊己庚辛壬癸)로 쓰여요.

介(끼이다 개)는 亼(사람)이 갑옷의 川(앞판과 뒤판) 사이에 끼어 있는 모양이에요. 예 介入(개입), 仲介人(중개인)

깃발

'旗幟(기치)'는 옛날에 군대에서 쓰는 깃발을 가리켰어요. 특히 전쟁에 나갈 때는 깃발을 잔뜩 챙겨갔어요. 화려한 깃발을 펄럭이며 세를 과시하려는 의도도 있었고, 군대가 여기저기 흩어져 연합작전을 펼칠 때, 아군인지 적군인지 구분하려는 목적도 있었어요. 깃발로 신호를 주고받으며 복잡한 전술 대형도 척척 수행했지요.

旗(깃발 기)는 方[゛](깃발이 나부끼는 모양)에, 其(그 기)가 발음이에요. 보시면 깃발에 그림이 있지요? 그 래서… 幟(幟깃발 치)는 巾(천)에 종족의 상징 문양을 戠(그려 넣었 다)는 의미예요.

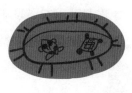

＊발음 부분이기도 한 戠(찰진흙 시)는 音(소리음)과 戈(창 과)로 이뤄졌어요. 창처럼 뾰족한 도구로 메시지를 새긴다는 뜻이에요. 처음에는 흙으로 빚은 토기 등에 그림을 새겨 넣는 정도였어요. 그릇 주인의 이름을 한두 글자 새겨 넣기도 하고요. 그래서 戠(시)는 '새기다', '기록하다' 라는 의미를 가져요.

고대에는 사냥, 전쟁 등으로 부족의 수호신이 보호해주는 영역을 벗 어나 멀리 갈 때에 깃발을 부적처럼 고이 모셔갔어요. 그러니 旗幟(기 치; 어떤 목적을 위해 내세우는 태도)를 내걸 땐 그 목적이 목숨 걸고 싸 워야 할 만큼이나 중요한 것인지 생각해 봐야겠지요.

施(시행하다, 주다 시)는 方[゛](깃발)이 흔들린다는 의미였는데 '(시)행하 다'로 가차되었어요. 모여서 어떤 일을 施行(시행)할 때는 공동체의 상 징인 깃발을 가져다 꽂아놓았고, 또 깃발 흔드는 걸 시작 신호로 삼 기도 했기 때문이에요.

＊也(야 → 시 변음)이 발음이에요.

施賞式(시상식), 施主(시주; 절이나 중에게 물건을 베푸는 일)에서는 '주다' 라는 뜻이에요.

만찬을 베풀다, 호의를 베풀다, 정책을 펴다… 등에서 '베풀다', '펴 다'는 일을 차리어 벌인다는 뜻이에요.

施(베풀다, 행하다 시), 張(베풀다 장), 發(펴다 발)에는 方[゛](깃발)이 나 弓(활)이 들어 있어요. 어떤 일을 시행할 때 그 시작을 알리는 신호 로 깃발을 흔들거나 화살을 높이 쏘아 올리던 데서 나왔어요. ♂

아무튼 깃발은 '여기 모여라'라는 의미였으므로 族(겨레 족)은 方⸠(깃발) 아래 矢(화살)을 들고 모여든 모습이에요. 전쟁을 하려고 무기를 들고 모인 군사공동체는 주로 같은 부족, 종족, 민족이었으므로 '겨레'를 뜻하게 되었어요. 㫃 ⻊ 㫃 族

旅(군사 려)도 方⸠(깃발) 아래 𠈌(군사들)이 모여 있는 모습이에요. 옛날엔 500명의 군사를 旅(려)라고 했어요. 오늘날에도 군대 편성 단위의 하나로 旅團(여단)이 있지요.

한편, 정착 농경 사회에서는 전쟁에 나갈 때가 그나마 집을 떠나 멀리 旅行(여행)하는 경우였어요. 그래서 旅(려)에는 '여행하다', '나그네'라는 뜻도 있어요.

㫃 旋 旋 旋(돌다 선)은 方⸠(깃발)을 들고 疋(정벌하러 돌아다닌다) 또는 깃발의 신호에 따라 군사들이 방향을 틀어 움직인다는 뜻이에요. 지휘 수단으로는 북, 나팔, 깃발 등이 있었지만 깃발이 가장 중요했어요. 때문에 깃발의 통제에 따라 왔다 갔다 하며 대형을 바꾸는 것으로도 볼 수 있어요. '(빙빙) 돌다', '돌아오다'라는 旋回(선회)의 뜻을 가져요.

빙빙 도는 '회오리바람'을 '旋風(선풍)'이라고 하는데, '돌발적으로 발생해 세상에 큰 영향을 미치는 사건'을 비유하기도 하지요.

*가전제품의 '선풍기'는 부채(扇) 바람을 일으킨다고 扇風機(부채 선, 바람 풍, 기계 기)를 써요. 처음 나왔을 때 旋風的(선풍적)인 인기를 끌었죠.

더 알아보기

깃발을 들고 가긴 하는데… 遊(놀다, 여행하다 유)에는 𠈌(군사들) 대신 子(어린아이)가 들어 있어요. 사냥이나 여행을 辶(가며) 方⸠(깃발 든) 子(시동侍童)을 앞세운 모습이에요. 우리나라에서는 遊戲(유희), 遊

306

覽(유람), 野遊會(야유회)처럼 辶(⟨가다 착⟩)이 든 遊(유)를 쓰는 반면, 중국에서는 氵(물 수)가 든 游(놀다, 헤엄치다 유)를 주로 써요. 황하와 양쯔강을 끼고 살아 氵(물놀이)를 자주 갔던 걸까요?

中(가운데 중)도 어떤 구역(마을, 광장, 시장, 군대 등)의 한가운데에 깃발을 세운 모양이에요. '가운데', '안', '中心(중심)' 그리고 가운데를 관통하였으므로 '的中(적중)하다'라는 뜻이 있어요. ♂

지도

圖(図그림 도)는 원래 ⟨啚⟩로 썼어요. 囗 → 어떤 영역과 啚 → 창고를 그린 것이에요.

啚(창고)는 亠(지붕)과 回(저장 공간)으로 이루어졌고, 囗(저장 공간) 안에 통풍이 되도록 口(환기구)를 뚫어놓은 모양이에요. 이런 허름한 창고는 주로 변경 마을에서 지었어요. 그래서 鄙(촌스럽다, 천하다 비)에도 들어 있어요.

그러므로 圖(도)는 ⟨啚⟩(국경 근처 마을)을 그린 것이었는데, 나중에 圖 ← 口(국경선)을 둘러 나라 전체를 그린 地圖(지도)를 뜻하게 되었어요. 이 지도를 보며 전략을 圖謀(도모)하였으므로 '꾀하다'라는 뜻도 있어요. 예 企圖(기도), 意圖(의도)

* 중심지인 도읍에서 멀리 떨어진 변두리 마을은 사람들 행색과 생활 형편이 낙후된 편이었기 때문에 '鄙賤(비천)하다', '鄙陋(비루)하다'는 뜻이 붙여졌어요.

▶군대(軍隊)

軍(军군사 군)은 冖 → (勹 군사가 몸을 수그리고) 車 → (전차) 위에 올라 탄 모양이에요.

앞에 光(빛 광)을 더하면 輝(辉빛나다 휘)예요. 光(빛)을 받아 軍(군사)들의 갑옷과 투구, 전차가 번쩍번쩍 輝煌(휘황) 찬란하게 빛났거든요.

*豕(돼지 시) 위쪽의 㒸八은 위험한 상황에서 동물이 내는 울음소리예요.

隊(队무리 **대**)는 몰이사냥에서 阝(언덕) 위로 몰린 豕(짐승)의 무리가 떨어진다는 의미였다가 → '무리', '떼'를 뜻하게 되었어요.

사냥에서처럼, 전투에서도 적을 언덕이나 산꼭대기로 추격(追擊)해 더는 갈 곳이 없게 만들었어요.

追(쫓다 **추**)는 辶(가다 착)과 𠂤(작은 언덕)으로 이뤄졌어요. 도망가는 적을 추격(追擊)해 언덕으로 쫓는다는 뜻이었어요. 그런데 잡으려고 추적(追跡)할 때도 있고, 내쫓아 추방(追放)하려고 쫓을 때도 있어서 追(추)에는 '따르다'와 '내쫓다'라는 두 가지 뜻이 있어요.

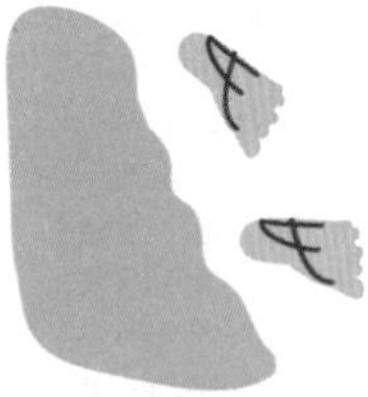

적은 막다른 곳에 몰리면 죽음을 택하든지, 무기를 버리고 投降(투항)해 언덕을 내려오든지 했어요. 때문에 阝(언덕)에서 夅(내려오는) 모습이 **降**(항복하다 **항**/내리다 **강**)이 됐어요.

* 나무를 반으로 가른 모양의 爿(나뭇조각 장)이 발음이에요. (속자는 將)

옛날 군대에서 將帥(장수)는 군사를 거느린 우두머리, 軍師(군사)는 장수 밑에서 작전을 짜는 사람, 兵卒(병졸)은 일반 軍士(군사)를 가리켰어요. **將**(장수 **장**)은 月(肉고기)를 寸(손)에 들고 제사 지내는 것을 '돕는' 데서 다시 → 왕이 전쟁하는 것을 돕는 '장수'를 뜻하게 되었다고 해요.

전장에서는 장수가 제일 앞장서 나아갔으므로 將(장)에는 '앞으로'와 '나아가다'라는 뜻도 있어요. 예 將次(장차), 將來(장래)희망 (이 대목에서 日就月將(일취월장)이란 사자성어를 떠올렸다면 꼭 자신을 칭찬해주세요. 짝짝짝!!)

將 → (장수)가 大 → (큰소리로) 군사들을 독려하고 獎勵(장려)하면 獎
(奖장려하다 **장**)이에요.

扌(손)을 휘두르며 軍(군사)를 지휘(指揮)하면 揮(挥휘두르다 **휘**)고요. 揮
(휘)에는 '날(아오르)다'라는 뜻도 있어요. 상상력을 發揮(발휘)해보자
면, 지휘하며 휘두르던 깃발(대장기)이 이리저리 나부끼던 데서 나온
게 아닐까요?

그래선지 통수권(統帥權)을 가졌던 帥(帅장수 **수**)에도 巾(수건 **건**)이
들어 있어요. 帥(수)는 허리에 드리우는 수건을 의미하다 가차되어
'통솔자'를 뜻하게 됐어요. 自(언덕)처럼 높이 솟은 곳에 서서 巾(깃발)
로 지휘해서요.

*自퇴 → 수가 발음.

 兵(병사, 병기 **병**)은 斤(도끼)를 廾(두 손)으로 든 모습이에요.
사람에 초점을 맞춘 '兵士(병사)'와 무기에 초점을 맞춘 '兵器(병기)'라
는 뜻을 가져요.

卒(군사 **졸**)은 장기짝에 새겨진 글자로 많이 보았을
거예요.

卒(졸)은 본래 옷에 ×표시를 해서 노예나 하층 계급이
입는 옷을 의미했어요. 후에 十표시 한 옷을 입는 말단 병사를 가리
키게 되었어요. 말단 병사들의 운명은 대개 싸움 끝에 죽는 것으로
끝났으므로 卒(졸)에는 '죽다', '마치다'라는 뜻도 있어요.

예 卒業(졸업)

*장기는 漢(한)나라와 楚
(초)나라로 나뉜 말을 움
직이며 공격과 수비를 번
갈아하는 게임이에요. 실
전과 마찬가지로 장기판
위에서도 卒(졸)은 최전방
에 배치되지요.

卒(졸)이 붙은 글자

碎(부수다 쇄)는 石(돌)이 쪼개지고 쪼개져 卒(마지막)에는 粉碎(분쇄)된다는 의미예요. 醉(취하다 취)는 酉(술자리)를 卒(마칠) 때쯤이면 취한다는 뜻이고요. ♂

▶수성(守城)과 국방(國防)

守城(수성)은 성을 지킨다는 뜻이에요. 그러려면 각자 자기 자리에서 맡은 바에 충실해야 한다고 생각했어요.

守(지키다 수)는 집, 건물을 상징하는 宀(집 면)과 寸(마디 촌)으로 이루어졌어요. 손을 본뜬 寸(마디 촌)은 일한다는 의미를 나타내요. 그러므로 守(수)는 집, 관청, 일터 등에서 각자 맡은 직분을 다하여 본래의 상태나 형세를 그대로 유지한다(keep)는 의미의 '지키다'에요.

예 守舊(수구; 묵은 관습이나 제도를 지키고 따름), 保守(보수; 오래된 관습, 제도, 방법 등을 그대로 지킴), 守備(수비; 지키어 방어함), 守則(수칙; 지키도록 정해진 규칙)

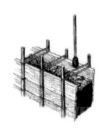

城(성 성)은 土(흙)으로 成(풍성하게. 즉, 높이) 쌓았다는 의미예요. 발음인 成(성)은 盛(담다, 채우다, 많다 성)의 생략형이에요. 해서 중국식 건축법을 암시하기도 해요. 중국에서는 벽을 쌓을 때 두 장의 널빤지 사이에 흙(土)을 담고(盛) 공이로 다지는 방식을 썼기 때문이에요. 다지면 점성이 있는 황토가 단단해져 견고(堅固)한 성벽을 쌓을 수 있었으므로… 堅(굳다, 튼튼하다 견)은 臣(내려다보면서) 又(손)

으로 土(흙)을 다지는 모습이에요.

 ← □(성벽)과 ← 발음인 古(옛 고)를 합치면 固(굳다, 단단하다 고)예요. □(성벽)이 무너지지 않고 古(오래)된 것으로 堅固(견고)함을 표현했어요. 하지만 사방이 꽉 막힌 데서 '頑固(완고)하다', '固陋(고루)하다'는 뜻도 나왔지요.

□(성)이 들어간 글자들을 좀 더 볼게요.

 韋(위)는 성을 빙빙 돌며 지키는 모습이었는데 발로 밟아 부드럽게 만든 가죽을 뜻하는 韋(韋다룸가죽 위)로 가차됐어요.

본래 뜻으로는, 行(行사거리)을 더해 衛(꼬지키다 위)를 만들었어요. 사방으로 통하는 요충지를 防衛(방위)하는 모습이에요.

韋(위)가 들어간 圍(위), 偉(위), 違(위)

圍(围둘레, 둘러싸다 위)는 □(둘러싼다)는 의미에 韋(위)가 발음이에요.
예 周圍(주위), 範圍(범위)

偉(伟위대하다 위)는 亻(사람)이 크고 훌륭하다는 의미에, 韋(위)가 발음이에요. 예 偉人(위인), 偉大(위대), 偉業(위업)

違(违어기다 위)는 辶(가다 착)과 발음인 韋(위)를 합쳤어요.
상대방이 지키고 있는 영역으로 들어서므로 '어기다'라는 違反(위반)의 뜻이 돼요. ♂

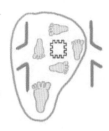

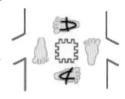(성벽)으로 둘러싼 성읍(城邑) 형태가 등장한 건 신석기 말이었어

요. 집과 식량창고와 공공건물은 성 안쪽에, 밭과 목축지 같은 일터
는 성 바깥쪽에 있었어요. 사람들은 일터에서 일을 마치면 성 안의
마을로 돌아와 생활했어요.

邑(고을 **읍**)은 口(영역 표시)와 巴 사람이 꿇어앉은 모습으로 이루어졌
어요. 口(일정한 영역 혹은 성)에 巴(사람, 거주민)이 모여 산다는 의미
였지요.

인구가 늘면서 성읍(城邑)의 규모도 郡(군)〈 都邑(도읍)〈 邦國(방국)으
로 점점 커졌어요. 말하자면 邑(town), 郡(county), 都(도capital), 邦(nation)
쯤 됐어요.

郡(고을 **군**) = 君(군) +阝　공통으로 들어 있는 阝은 邑(고을 읍)을 글자

都(도읍 **도**) = 者(자) +阝　의 오른쪽에 쓸 때의 모양이에요. 그러므로

邦(나라 **방**) = 丰(봉) +阝　郡(군), 都(도), 邦(방)에는 阝(邑사람이 모여 사는

곳)이라는 의미가 공통적으로 들어 있어요.

글자의 □(오른쪽)에 있는 阝는 邑(고을 읍)의 변형이고,

□(왼쪽)에 있는 阝는 阜(언덕 부)가 변한 것이에요.

예 防(막다 방), 降(내리다 강/항복하다 항), 陟(오르다 척)

다시 郡(군), 都(도), 邦(방)으로 돌아와서요.

郡(고을 **군**)의 발음인 君(임금 군)은 손에 지휘봉을 들고서 입으로
명령하는 모습이에요. 그러므로 郡(군)은 임금의 다스림을 받으며 사
람이 모여 사는 '고을'을 뜻해요.

都(도읍 **도**)는 사람이 者(많이 모여) 사는 阝(邑고을)이란 의미예요. 이
런 곳이 나라의 도읍이 되었기 때문에 '도읍'을 뜻하게 되었어요.

*者(사람 자)는 곡식, 식
물 등을 그러모아 그릇에
담은 모양이에요. '모으
다', '모이다', '많다' 라
는 의미를 가져요.

邦(나라 **방**)은 阝(邑사람이 모여 산다)는 의미에, 🌱초목을 본뜬 丰(봉)으로 봉 → 방 발음을 나타냈어요.

邦(방)의 금문은 한 사람이 묘목을 심는 모습이었어요. 옛날에는 흙을 돋우어 나무를 심고 나라의 경계선으로 삼았기 때문이에요. 특히 왕이 제후들에게 나라(제후국)를 세우도록 내어주었던 땅을 封土(봉토)라고 했어요. 때문에 邦(방)은 제후가 봉토로 받아 세운 '나라' 즉, 邦國(방국)을 의미했어요. 제후국이 왕에게 충성하는 연방국과 비슷했으므로 지금도 우방(友邦), 연방(聯邦), 맹방(盟邦) 등에 써요.

후에 한나라를 세운 劉邦(유방)의 이름에 들어 있는 邦(방)자를 피하려고 같은 의미의 國(国나라 국)을 주로 쓰게 되었다고 해요.

임금의 이름에 쓰인 글자를 피하던 것이 피휘(避諱)예요. 예를 들면 '관세음보살'에서 당태종 李世民(이세민)의 이름에 든 世(세) 자를 쓰지 않으려고 '관음보살'이라고 한 것 등이 있어요.

어딜 작대기질이냐!

댁도?

(He who must not be named)

당태종 이세민

우리나라에서도 왕의 이름을 함부로 말하거나 글로 쓰면 죄를 면치 못했어요. 그러니 '쓰지 않기 위해서' 임금의 이름자는 꼭 알고 있어야 했지요. 왕은 왕 나름대로 백성의 불편을 줄이고자 일부러 잘 안 쓰는 글자, 그것도 한 글자로 된 이름을 지었어요. 왕 이름이 '김~수한무삼천갑자동방삭…'이라면 백성들이 진땀날 테니까요. 실제로 사극으로 잘 알려진 정조의 이름 '이산(李祘)', 세종의 이름 '이도(李裪)'를 봐도 모두 외자로 되어 있지요.

어떤 영역을 지키는 或(혹), 域(역), 國(국)

或(혹시 혹)은 戈(무기)를 들고 혹시라도 쳐들어올지 모를 적으로부터 或(어떤 영역)을 지킨다는 의미였는데 '或是(혹시)'라는 뜻으로 가차되었어요. 그러자 혹자(或者)가 말하기를, 본래 뜻으로는 土(흙 토)를 더해 '땅(영역)'을 강조하면 어떠하오? 하여 나온 게 域(구역 역)이에요. □(국경선)을 두른 건 國(国나라 국)이고요. 정리하면 或(혹), 域(역), 國(국) 세 글자는 한 글자에서 갈라져 나온 셈이에요.

* 或(혹시 혹) 아래 心(마음 심)을 더하면 惑(미혹하다 혹)이에요. 혹시나 하는 마음에서 '의심하다'로, 그리고 확신 못하고 헷갈리며 '미혹(迷惑)되다'로 뜻이 확장됐어요.

갑골문	금문	대전	소전 ♂

다시 성으로 돌아와서요. 城(성)은 공격보다 방어에 목적을 두고 있어요. 적의 공격과 약탈로부터 마을 사람들을 보호하고, 늘어난 잉여 생산물을 지키는 안전장치였지요.

防(막다 방)은 앞을 가로막는 阝(阜언덕 부)가 의미, 方(네모 방)이 발음이에요. 方(네모 방)이 들어 있어서 方形(口방형)으로 쌓은 城(성)도 연상시켜요.

禦(御막다 어)는 示(신)의 도움으로 막아낸다는 의미에, 御(어)가 발음이에요. 발음인 御(말몰다 어)는 처음에 (말고삐를 잡고 간다)는 의미였다가 → 御(목적지를 향해 가는) 모습과 발음인 午(오), 御(무릎 꿇은 사람)을 합친 모양으로 바뀌었어요. 말을 탈 만큼 신분이 높은 사람이 길가를 지날 때, 무릎을 꿇고 예를 표하는 모습이에요. 나중에는 임금에 대한 경어(敬語)로 쓰이게 되었어요.

철통 방어를 위해 城(성)을 내성과 외성, 이중으로도 쌓았어요. 이때 안쪽의 것을 城(성), 바깥쪽의 것을 郭(곽)이라고 해 통틀어 城郭(성곽)이 됐어요.
외성에는 주위의 동정을 살피기 위해 망루(望樓; 높은 다락집)도 설치했어요. 그래서 郭(성곽 곽)에도 망루를 본뜬 享(향)이 들어 있어요. 享(망루)를 설치했으며 阝(邑고을)을 둘러싸고 있는 '성'이란 의미예요.

한편, 변방에선 곳곳에 要塞(요새)도 지었어요. 塞(변방 새/막다 색)은 丵(나무)를 얽고 土(흙)을 쌓아 만든 궁색(窮塞)한 宀(건물)을 의미해요. 주로 변방에서 적의 침입을 막으려 지은 형태였기에 '변방', '막다'라는 뜻이 되었어요. '변방 노인의 말'이라는 塞翁之馬(새옹지마)에서는 '변방'을 뜻하고, 뿌리까지 뽑아 근본 원인을 없앤다는 拔本塞源(발본색원)에서는 '막다'라는 뜻이에요.

잠시 塞翁之馬(새옹지마)에 얽힌 이야기를 들어볼까요?
옛날 북쪽 변방에 한 노인이 살고 있었는데, 어느 날 노인의 말이 오랑캐 땅으로 달아나버렸어요. 이에 크게 상심해 있는데, 며칠 후 잃어버렸던 말이 다른 말 한 필을 데리고 집으로 돌아왔어요. 그러나

기쁨도 잠시, 이 말을 길들이겠다던 아들이 말에서 떨어지는 바람에 한쪽 다리를 절게 되었어요. 이런 불행이 또 있는가 한탄하는 와중에, 이번에는 전쟁이 나서 마을의 젊은이들이 모두 징집되었어요. 다리를 다친 아들은 전쟁터에 나가지 않고 목숨을 보전하게 되었지요. 여기서 나온 게 '새옹지마'예요. 인생의 길흉화복은 예측하기 어렵다는 뜻이죠.

▶살풍경한 전쟁터

옛날에는 적을 죽이고 나면 증거로 귀를 베어갔어요. 그래서 取(취하다 취)는 耳(귀)를 又(손)으로 잡고 있는 모습이에요. 처음에는 적의 머리를 베어갔어요. 근데 한 열 명쯤 죽이면 수급(首級)을 들고 다니기가 힘들었겠죠? 해서 한쪽 귀를 잘라가기 시작했어요.

가장 큰 공은 우두머리의 귀를 取得(취득)한 것이었어요. 最(가장 **최**)의 曰은 冒(쓰개 모)의 윗부분(冃)으로 보면 돼요. 曰(투구 같은 쓰개)를 쓴 적장을 죽이고 그 귀를 取(취하는) 게 最高(최고)의 공이어서 '가장', '가장 뛰어난 것'이란 뜻이 되었어요.

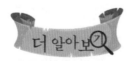

取(취)가 들어간 글자

趣(뜻, 재미 취)는 走(달려가) 取(취하고자) 하는 '뜻', 달려가 취할 만큼 '재밌는 것'을 뜻해요. 예 趣旨(취지), 趣向(취향), 趣味(취미)

聚(모으다 취)는 발음인 取(취) 밑에 乑(𠂤衆무리 중의 옛 형태)를 써서

'모으다', '모이다'라는 聚合(취합)의 뜻을 나타냈어요.

攝(摄끌어잡다, 다스리다 **섭**)은 扌(손)이 의미, 聶(섭)이 발음이에요. 상대를 자기 쪽으로 끌어오는 包攝(포섭), 영양분을 빨아들이는 攝取(섭취), 건강을 유지하도록 다스리는 攝生(섭생) 등에 써요. ♂

威(위세, 위협하다 **위**)는 꿇어앉은 사람의 머리 위쪽에 威脅(위협)하듯 거대한 무기가 있는 모양이에요. 상대를 압도하는 '威勢(위세)'를 뜻하지요.

殘(残남다, 잔인하다 **잔**)은 죽음의 상징인 歹(부서진 뼈 알)과 戔(戈쌓이다 전)으로 이루어졌어요. 본래는 戔(전)이 창으로 戈(찌르고) 戈(찔러) '해치다', '찌르다'라는 의미였는데 '쌓이다'라는 뜻으로 가차되자 歹(부서진 뼈 알)을 더한 게 殘(歹戔잔인하다 잔)이에요. 殘(잔)에는 '남다'라는 殘存(잔존)의 뜻도 있어요. 전투가 끝난 뒤 싸움터에 나뒹구는 歹(뼈)와 戔(무기들)로 보면 돼요.

*속자(俗字)는 残

더 알아보기

戔(전)이 발음으로 들어간 글자

盞(盏술잔 **잔**)은 戔(전 → 잔) 발음과 의미 부분인 皿(그릇 명)이 합쳐졌어요. 진흙 거푸집에 무늬를 戈(새기고) 戈(새겨) 주조한 皿(그릇)을 뜻해요.

錢(钱돈 **전**)은 金(금속)으로 만들어 그 가치를 앞에도 戈(새기고) 뒤에도 戈(새겨 넣은) '돈'으로 보면 돼요.

賤(贱천하다 **천**)은 貝(재물의 가치)를 戈(깎고) 戈(깎아) 가치가 작아졌으므로 '싸다', '천하다'예요.

淺(浅 얕다 천)은 氵(水물)이 戔(적다. 즉, 얕다)는 의미예요. 戔(찌르다 잔)으로 잔 → 천 발음을 나타냈어요. ♂

▸전쟁 포로와 노예(奴隷)

산 채로 사로잡았거나 투항해온 적군, 부녀자, 아이들은 데려가서 노예로 삼았어요.

그래서 大(포로)를 → 奚밧줄로 묶어 → 奚끌고 가는 모습이 奚(종, 어찌 해)예요.

노예의 얼굴에는 辛(먹칼)로 문신을 새겨 노예라는 걸 표시했어요. 끝이 뾰족한 문신 도구를 본뜬 게 辛(맵다 신)이에요. 문신 새기기가 매우 고통스러워서 '맵다', '괴롭다'는 뜻이 됐어요. 죄인을 자자(刺字)할 때도 썼으므로 辛(신)이 들어가면 주로 고통, 노예, 죄와 벌에 관련된 뜻이 돼요.

특히 갑골문을 남긴 상(商)족은 상(商)나라를 세우는 과정에서 수많은 전쟁을 치렀어요. 상나라는 상(商)을 중심으로 하는 여러 도시 국가의 연합 형태였는데, 여기에는 적극적으로 협조하는 부족과 대충 말 듣는 척이라도 하는 중립 부족, 끝까지 저항한 부족들이 있었어요. 그중에서도 상족과 가장 치열하게 싸우며 끝까지 반항했던 부족이 바로 羌族(강족)이었어요.

苟(진실로, 구차하다 구)는 포로로 잡혀와 꿇어앉아 있는 사람의 모습이에요. 머리의 양뿔 장식을 보면 강족(羌族) 출신으로 짐작돼요. 진심으로 복종하길 바라는 마음에서 '진실로'라는 뜻을 붙였지만, 노예가 된 포로 입장에서 드는 마음인 '苟且(구차)하다'라는 뜻도 있어

318

요. 한 글자 속에 마치 동전의 양면처럼 양쪽의 심리가 모두 담겨 있는 셈이에요.

그런데 복종의 유전자가 없는 것처럼 격렬하게 대항하던 강족(羌族) 출신 포로가 순순히 복종할 리가 없었지요. 그래서 𠂤攵(손에 매를 들고) 강제로 복종시키는 모습의 敬(공경하다 경)이 만들어졌어요. '恭敬(공경)'이라는 단어가 폭력을 사용해 강제로 굴종시키던 데서 나왔다니 좀 의외죠?

한편 노예가 반항하지 못하도록 한쪽 눈을 실명시키기도 했어요. 노동 능력에는 큰 지장이 없으면서도 (거리감을 상실시켜) 반항 능력은 뚝 떨어뜨렸기 때문이에요.

民(백성 민)은 노예의 目(눈)을 송곳처럼 ＼(날카로운 도구)로 찌르는 모양이에요. 후에 노예가 백성으로 흡수되자 '백성'을 뜻하게 되었어요. 이 글자 속에는 글도 모르는 까막눈에 사리에 어둡고 무지하다고 여겨, 백성들을 '눈 먼 사람'으로 취급했던 지배층의 심리도 숨겨져 있어요. 民(민)의 의미가 요즘의 市民(시민), 國民(국민)과는 달랐지요.

발음인 爿(나뭇조각 장)과 臣(눈)을 戉(창처럼 뾰족한 도구)로 찌르는 모양을 합치면 臧(착하다 장)이에요. 눈을 찔려서 반항 능력을 잃고 고분고분해진 노예는 다루기가 좋다고 '착하다'는 뜻을 붙였다고 해요. 남의 눈에 피눈물을 내고 만 이 안구 테러 글자를 살펴보는 것은 藏(감추다 장)과 臟(내장 장) 두 글자 때문이에요. 신체 편에서 나왔죠? 이미 본 글자인데 왜 낯설지? 하는 분들만 다시 살펴보세요.

藏(장)과 臟(장)

藏(감추다, 저장하다 장)은 ⁺⁺(풀)을 덮어 감춘다는 의미에, 臧(장)이 발음이에요.

옛날에는 땅에 구덩이를 파고 곡식을 貯藏(저장)한 후 위에 ⁺⁺(풀)을 덮어 다른 사람이나 동물들이 臧(못 보게) 감추었어요. 爿(나무판자)를 빙 두른 허술한 창고에 식량을 숨기고 풀로 덮어두기도 했고요. 그래서 藏(장)에는 '감추다', '저장하다'라는 뜻이 있어요. 앞에 月(육달 월)을 더하면 臟(臟내장 장)이에요. 우리 月(肉몸)에서 무언가 藏(담아두는) 기관으로 '내장'을 표현했어요. ♂

▶ 승패(勝敗)와 평화(平和)

勝(胜이기다 승)은 의미 부분인 力(力힘 력)에, 朕(나 짐)으로 짐 → 승 발음을 나타냈어요. 발음인 朕(짐)은 왕이 자기 자신을 일컫던 말이에요. 갑골문에선 舟(배 주)로 보이는 글자와 두 손에 무엇을 든 모습이었어요. 하지만 갑골문에서부터 이미 왕의 자칭으로 쓰였기 때문에 본뜻은 알 수 없어요.

 敗(敗패하다 패)는 貝(패화; 바닷조개 화폐)를 攵(내려치는) 모습이에요. 貝(패)가 재물, 물품을 상징하므로 '부수다', '망가지다', '파손되다'가 본래 뜻이었어요. 승패와 관련해서는 貝(鼎청동솥)을 攵(부순다)고 보면 돼요.

부셔버리겠어!

320

鼎(鼎정)은 왕과 나라의 정통성을 상징하는 기물이었으므로, 이 鼎(鼎정)의 파괴는 곧 나라의 敗北(패배)를 뜻했기 때문이에요.

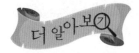

비슷한 맥락으로 啇(밑동, 뿌리 적)을 帝 → (제단)과 口 → (영역 표시)로 보면, 敵(敵적, 대적하다 적)도 啇(제단이 있는 곳)을 攵(파괴하는) 모습으로 '적'을 나타낸 게 돼요. ♂

平和(평화)는 전쟁이나 분쟁, 일체의 갈등이 없이 평온하고 화목한 상태를 말해요. 平(평평하다 평)은 ⚖️ 저울의 양쪽 접시가 어느 한쪽으로도 기울지 않고 水平(수평)을 이룬 모양이에요. '平平(평평)하다', '고르다'를 뜻해요.

和(화(목)하다 화)는 본래 피리처럼 생긴 악기와 禾(벼 화)로 이루어졌어요. 수확을 마치고 공동체의 和合(화합)을 다지고자 和氣靄靄(화기애애)하게 축제를 연 모습이었어요. 그러므로 '平和(평화)'라는 글자에 담긴 '평화'의 의미는 서로가 힘의 균형을 이루면서 화목하게 지내는 것이었지요.

13 고대의 신분

▶신분

탯줄부터 잘 잡고 태어나야 했던 신분제 사회에서 나온 글자들을 알아볼게요. 언제 적 얘기냐고요? 봉건제도(封建制度)를 만든 주(周)나라로 거슬러 올라가요.

기원전 1050년, 주(周)나라 무왕은 상나라를 멸망시키고 새로 중원의 주인이 되었어요. 막상 나라를 세우고 보니 문제가 생겼죠. 혼자서 넓은 땅덩어리를 모두 다스리기에는 역부족이었던 거예요. 왕은 믿을 수 있는 친척과 공신들에게 땅을 나눠주기로 했어요. 이렇게 나눠준 지분들 때문에 훗날 무슨 일이 벌어질지도 모른 채, 그들을 제후로 파견(派遣)해 나라를 세워 다스리게 했어요.

> 遣(보내다 견)은 ᄇ(양손)에 ᄇ(흙덩이)를 쥐고 辶(가도록) '(명을 내려) 떠나보낸다'는 뜻을 나타냈어요.

땅을 받아 나라를 세운 제후들은 주나라 왕실을 종가(宗家)로 받들며 공납과 부역의 의무를 졌고, 왕이 올리는 제사에도 참석했어요. 왕이 부르면 군대를 이끌고 달려와 전쟁에도 참여했어요. 하지만 여러 세대가 지나자 혈연과 충성심으로 맺어졌던 유대 관계가 느슨해지기 시작해 봉건의 취지는 점점 미궁 속으로… 빠져들고 말았어요.
제후들은 멀리 있는 왕에 대한 충성보다는 각자 세력을 키워 제후
국 사이의 주도권을 잡는 경쟁에 주력했어요. 그 와중에도 한편으로
는 나라 간의 분쟁을 해결하기 위한 모임(會盟회맹)을 열어, '다른 나
라에 고의로 피해를 주려고 황하의 물길을 이용하지 않는다'거나 '기
근이 심할 때는 전쟁을 하지 않는다'는 식의 약속을 하며 의기투합했
어요. 세력이 가장 큰 나라의 제후가 동급 최강이므로 '맹주(盟主)'가
됐어요. 모임을 주최하고 분쟁을 조율하는 데 앞장섰지요. 일단 합의
가 이루어지면 동물의 피를 나누어 마시며 천지신명 앞에서 盟誓(맹
서 → 맹세)했는데, 이것을 '혈맹(血盟)'이라고 불렀어요. 피는 죽음 앞
에서도 변함없는 약속과 이를 어길 시에는 역시 피로써 그 대가를 치
를 것을 상징했어요.

血(피 혈)은 희생 동물의 (피)를 皿(그릇)에 받아놓은 모양이
에요.

* 明(명 → 맹)이 발음.

盟(맹세하다 맹)도 囧(창문)으로 흘러드는 月(달빛) 아
래에서 皿(그릇에 피를 받아놓고) 맹세하던 데서 나왔고요.
誓(맹세하다 서)는 折(꺾다, 꺾이다 절)과 言(말(하다) 언)이 합쳐졌어요.

> 折(절)은 (꺾어진 초목)과 斤(도끼)를 그린 것이었어요. 초목(草
> 木)을 끊으며 盟誓(맹서)의 말을 한다는 의미였어요. → 후에 扌
> (손)에 斤(도끼)를 든 모양처럼 변했고, 뜻도 출전을 앞둔 군대
> 가 扌(손)에 斤(도끼)를 들고 신 앞에서 승리를 言(다짐하는) 것처
> 럼 됐어요.

주(周) 왕실의 힘이 약해지자 제후들은 목표를 확! 수정해서 아예 천
하의 주인이 되려고 서로 전쟁을 치렀어요. 바야흐로 봉건 제후의

'황제 앓이' 시대였어요. 이때가 중국 역사에서 춘추전국시대에 해당해요. 제후들은 어떻게 하면 부국강병을 이루어 이 파워게임의 패권을 잡을 수 있을까에 골몰했어요. 덕분에 인재를 중시해 사상과 기술, 경제가 발달하게 되었어요.

기원전 221년, 진(秦)나라의 왕 정(政)이 전국시대 최후의 승자가 됐어요. 이 사람이 바로 최초로 중국을 통일하고 스스로를 황제라 칭한 진시황제(秦始皇帝)예요. 진시황은 먼저 주나라의 봉건제도를 없앴어요. 시간이 지날수록 왕과 제후의 결속력이 약해지는 봉건제의 약점을 똑똑히 지켜봤으니까요. 대신 전국을 군(郡)과 현(縣)으로 나누고, 중앙 정부에서 관리(官吏)를 보내 다스리는 '군현제'를 실시했어요. 황제가 직접 뽑아 임명한 관리는 늘 황제의 영향력 아래 놓여 있으므로 봉건 영주보다는 더 충성스러울 거라는 계산이었어요. 실제로 더 이상 권력이 분산되지 않고 중앙 정부에 집중되었지요.

그럼 봉건제도에선 신분이 어떻게 나뉘었는지 볼게요.

우선 서열 피라미드의 정점에는 절대 권력을 가진 王(왕)이 있었어요. 왕 밑에 봉건 영주인 諸侯(제후)가 자리하고 그 아래에 고위 관리인 卿大夫(경대부)와 하위 관리 士(사) 일반 백성 民(민) 그리고 맨 밑에 최하위층인 奴隷(노예)가 있었어요. 관련 글자들로 넘어갈게요.

▶왕

王(임금 왕)은 권력을 상징하는 커다란 도끼를 본떴어요. 종교의 우두머리인 제사장이 정치의 우두머리도 겸하던 제정일치 시대가 끝나자, 종교와 정치가 분리되어 정치는 무력으로 권력을 차지한 사람이 맡았어요. 때문에 王(도끼)는 무력을 바탕으로 생사여탈권의 힘을 갖게 된 '왕'의 상징이 됐어요.

왕의 아내인 妃(왕비 비)는 女(여자 여)가 의미 부분이고, 己(몸 기)로 기 → 비 발음을 나타냈어요. 配(짝 배)의 생략형인 己(기)를 써서, 특히 왕의 짝인 王妃(왕비)를 가리켰어요.

음, 동양에서 가장 유명한 妃(비) 하면 역시 경국지색으로 동양 미인을 대표해 온 양귀비(楊貴妃)일 거예요. 얼마나 예뻤는지 궁금해 할 분들을 위해 그림을 (→)첨부했어요. 실제 모습과 싱크로율 100%는 아닐지라도 중국 정부에서 공식적으로 인정한 초상화인 만큼 양귀비 그대로의 모습이라 봐도 무방하겠죠? 보다시피 통통한 편이라, 타임머신을 타고 어렵사리 현대로 모셔온다면 다들 "미인이라며!" 할지도 모르겠네요. 하지만 외모뿐만 아니라 노래와 춤, 시에 능하고 왕의 마음을 사로잡을 정도로 명민했다고 하니, 결국 '매력'이 중요한 거겠죠?

*본명은 '양옥환'으로, 귀비는 당나라 때 후궁에게 주던 칭호였어요.

왕비는 王后(왕후)라고도 했어요. 后(왕후 후)는 ⌐(왕후마마가 한쪽 팔을 들고) ◡(명령하는) 것 같죠? 命(명령(하다), 목숨 명)은 口(입)으로 명령한다는 의미에, 令(령)이 발음이에요. 명령은 목숨을 걸어 지켜야 하고, 명령을 수행하느냐 못 하느냐에 목숨이 달려있기도 해서 '목숨'이란 뜻도 있어요.

발음인 令(명령(하다) 령)에 대해서는 (권위의 상징인) 모자를 쓴 우두머리가 명령하는 모습이다, 종을 치며 명령하는 모습이다, 큰 집에 앉아서 명령하는 모습이다, 스(위에서 명령을 내리는 입)과 卩(꿇어앉아 명령을 받는 사람)으로 이루어졌다 등 설이 분분해요.

그런데 명령을 내릴 때는 위엄을 갖추려고 딱딱하고 권위적인 투로 말하게 되죠. 듣는 입장에서는 冷冷(냉랭)하게 느껴졌던지 冫(얼음 빙)을 붙여 冷(차다 랭)으로 만들어버렸어요.

*실은 冫(얼음 빙)이 의미, 令(령 → 랭)이 발음이에요.

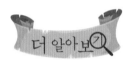

令(령)이 발음으로 들어간 글자

領(领거느리다, 옷깃 령)은 몸의 제일 위에 있는 頁(머리 혈)에서 우두머리라는 의미를 취했어요. 令(령)이 발음이에요.

예 대통령(大統領), 점령(占領), 영토(領土), 要領(요령)

零(떨어지다, 숫자0 령)은 雨(비 우)에서 떨어진다는 의미를 취했어요. 玲(옥소리, 영롱하다 령)은 玉(옥) 소리에서 영롱(玲瓏)하다는 뜻이 나왔어요. ♂

신분 사회에서 왕은 생사여탈권을 가질 정도로 무소불위(無所不爲: 하지 못하는 일이 없음)의 권력을 휘둘렀어요. 하지만 권력(權力)의 본래 의미는 그런 게 아니었어요.

* 雚(황새 관)으로 관 → 권 발음.

權(权권세, 저울 권)은 본래 '저울대'를 가리켰어요. 저울대는 (저울에서) 눈금을 새긴 나무 막대 부분이에요. 이 막대에 추를 걸어 양쪽의 경중(輕重)을 조율하므로, 저울대는 양쪽이 균형을 이루도록 잡아주는 중심축인 셈이에요. 그러므로 사람과 사람, 사회와 사회 간의 균형을 잡아주는 힘을 가졌다는 게 '權(권)'에 담긴 권력의 의미였어요.

아무튼, 王(왕)은 가진 권세(權勢)만큼이나 호칭도 많았어요. 皇帝(황제), 君主(군주), 皇上(황상), 陛下(폐하), 殿下(전하), 上監(상감), 至尊(지존), 主上(주상), 朕(짐) 등등… 정말 많죠?

皇(임금 황)은 王(壬사람)이 화려하게 장식한 白(모자 또는 면류관)을 쓴 모습이에요. *또는 왕의 대표 아이템인 白(모자)와 王(큰 도끼)로 보기도 해요.

帝(임금, 하느님 제)는 나무를 묶어 만든 제대를 본떴어요. 그래서 이 제사를 받는 天帝(천제; 하느님)와 하늘에 대고 직접 제사 지낼 수 있는 天子(천자)를 뜻했어요.

둘을 합친 '皇帝(황제)'는 중국을 최초로 통일한 진(秦)나라의 왕 정(政)이 자신을 보통 왕들과 차별하고자 최초로 사용한 호칭이에요. 전설적인 3황 5제의 위엄과 덕을 갖추었다는 의미로요. 죽고 나서 始(처음 시)가 붙어… 진나라의 첫 황제, 그 유명한 秦始皇帝(진시황제)가 되었어요. 심지어 나라보다도 왕이 더 유명하지요.

君(임금 군)은 손에 지휘봉(또는 무력을 상징하는 막대기)을 들고 명령하는 모습이에요.

君子(군자)나 郞君(낭군)처럼 다른 사람의 존칭으로도 썼어요. 지금은 김 君(군), 박 君(군)…처럼 주로 친구나 아랫사람을 부를 때 쓰지요. 참고로 尹(다스리다 윤)도 성씨로만 써요.

君(군) 뒤에 羊(양양)을 더하면 群(무리 군)이에요. 이 글자는 임금을 따르는 백성을 양떼에 비유한 것이기도 해요. 하지만 손에 든 막대기는 이 관계가 무력에 기반을 둔 것임을 암시하지요. 백성들을 향해 群集(군집)생활을 하는 온순한 양처럼 무리를 이탈하지 말고 임금의 다스림을 받으라고 메시지를 보내는 셈이에요.

왕과 나의 위치에서 나온 陛下(폐하), 殿下(전하), 上監(상감)은 왕에 대한 경칭(敬稱; 공경하여 부르는 칭호)이에요.

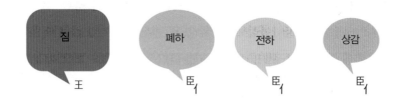

陛(섬돌 폐)는 건물의 앞뒤에 놓은 돌층계를 가리켰으므로 陛下(폐하)는 임금이 밟고 올라간 섬돌 아래에 자신의 자리가 있음을 뜻해요. 자신의 위치를 낮춤으로써 상대를 높이는 표현이었어요.

殿下(전하)도 마찬가지예요. 임금이 계신 殿閣(전각) 아래에 자신의 자리가 있음을 뜻해 자신을 낮추고 임금을 높이는 표현이었어요.

上監(상감)은 上(위)로 우러러 監(監보아야) 하는 존재인 '임금'을 가리켰어요.

朕(짐)은 왕이 자신을 가리키던 호칭이에요. 朕(나, 조짐 짐)은 갑골문에서 舟(배 주)로 보이는 글자와 두 손에 무엇을 든 모습이었어요. 하지만 갑골문이 만들어진 상나라 때부터 이미 왕의 자칭으로 쓰였기 때문에 본뜻을 정확하게 알 수는 없어요.

寡人(과인)은 왕이 스스로를 '덕이 부족한 사람'이라며 낮추어 부르던 말이에요.

寡(적다, 과부 과)는 금문에서 宀(집 면)과 頁(머리 혈)로 써서, 집 안에 (머리칼이 듬성듬성해 보이는) 사람이 혼자 있는 모습이었어요. 남편을 잃고 혼자 사는 여자, 寡婦(과부)를 가리킬 때도 써요. 아랫부분의 寡(나누다 분)이 (사별 등의 이유로) 배우자와 분리되었음을 의미해요.

나온 김에 집 안에 사람이 있는 글자를 하나 더 볼게요.

바로 寬(宽너그럽다 관)이에요. 발음 부분인 莧(패모 한)은 사람 얼굴을 강조한 頁(혈), 見(견) 등의 변형이에요. 그런데 화려하게 화장한 모습이라서, 특히 제사장이 집이나 사당에 있는 모습이에요. 이로부터 '(집이) 넓다'는 뜻이 나왔고, 다시 '너그럽다'로 의미가 확대됐어요. 寬大(관대; 마음이 너그럽고 큼)해서 寬容(관용; 너그럽게 용서함)을 베풀 때 써요. ♂

▶제후

諸(诸모두, 여러 제)는 諸君(제군), 諸子百家(제자백가), 諸般(제반)시설… 처럼 言(말)로 여럿을 者(몽땅 그러모아. 즉, 뭉뚱그려) 일컬을 때 써요.

*** 者(자)에 대한 자세한 설명은 '음식' 편을 참고해주세요.**

侯(제후, 과녁 후)의 초기자형은 화살이 과녁을 향해 날아가는 모양이었어요. 후에 亻(인)을 덧붙여 취미나 스포츠로 활쏘기를 즐길 수 있는 높은 신분의 사람을 나타내게 됐어요. 제후(諸侯)는 왕으로부터 작위(벼슬과 지위)와 봉토를 받았어요.

爵(작위, 술잔 작)은 爵(두 손)으로 爵(술잔)을 받아 爵(目눈) 높이까지 받든 모습이에요. 왕과 술을 마실 때의 예법이었어요. 이로부터 왕이 따라주는 술을 받아 마실 수 있을 정도로 신분이 높은 사람을 가리키게 되었어요.

位(자리(하다) 위)는 신하들이 조정에 출근해서 좌우로 늘어설 때 亻(각자)가 立(서 있던) '자리'를 의미하다가 일반적인 位置(위치)를 뜻하게 됐어요.

비슷한 글자로 座(자리 좌)도 있어요. 广(건물) 안에서 각자 坐(앉던) '자리'로부터 지위, 위치도 뜻하게 되었어요.

(예) 權座(권좌), 座標(좌표)

封土(봉토)는 왕이 제후에게 분양해 준 땅이었어요. 그래서 왕이 다스리는 영토의 흙과 제후가 하사받은 영토의 흙을 반반 섞어 나무를 심는 것으로 나라의 경계를 표시하기도 했어요.

封(봉하다 봉)은 土(흙더미) 위에다 土(나무)를 寸(심는) 모습이에요. '봉하다', '경계로 삼다'에서 → '막다' → '봉(인)하다(seal)'로 의미가 확장됐어요. (예) 密封(밀봉), 開封(개봉)

왕이 제후를 임명할 때는 신표(信標)로 圭(규)도 함께 주었어요. 제후에게 주는 圭(규)는 일종의 임명장 혹은 신분증이었어요. 위는 뽀족하고 아래는 네모나게 생긴 '규'를 나타내는 게 圭(홀 규)예요.

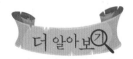

圭(규)가 발음으로 들어간 글자

佳(아름답다, 좋다 가)는 亻(사람)이 圭(규)를 들고 있는 데서 나왔어요.

(예) 佳約(가약: 좋은 언약. 부부가 되기로 한 약속), 佳作(가작: 당선작에 버금가는 좋은 작품)

街(거리 가)는 彳亍行(사거리)와 圭(규 → 가)발음으로 이뤄졌어요.
← 이런 그림을 상상해보세요. 卦(점괘 괘)는 圭(규 → 괘)발음과 卜(점복)으로 이뤄졌어요. 앞에 손으로 건다는 의미를 더하면 掛(걸다 괘)예요. (예) 卦鐘時計(괘종시계) ♂

왕에게 작위(爵位)와 봉토(封土)를 받은 제후는 이제 한 나라의 왕이 되었어요. 하지만 주나라 왕과는 여전히 군신(君臣)의 주종(主從)관계라서 충성(忠誠)과 복종(服從)의 의무가 있었어요.

 臣(신하 신)은 고개를 숙였을 때의 눈을 본떴는데, 머리를 숙이는 것은 굴복과 복종의 표현이기도 해서 '臣下(신하)'를 뜻하게 됐어요.

忠(충성 충)은 心(마음) 中(속)으로부터 우러나오는 게 '충성'이라고 中(가운데, 안, 중심 중)으로 중 → 충 발음을 나타냈어요.

誠(诚정성, 진실 성)은 言(말한) 그대로 成(이루니) 정성스럽고 거짓이 없다는 뜻이에요.

*成(이루다 성)이 발음.

服(복종하다 복)은 본래 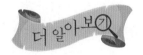 으로 썼어요. 舟(배)로 보이는 물건 앞에 사람을 손으로 꿇어 앉힌 모습이었어요. 무릎 꿇고 일하는 사람으로부터 '복종하다'와 '일하다'라는 뜻이 나왔어요.

從(从따르다, 좇다 종)은 으로 쓰다가 比(견주다 비)와 헷갈리지 않게 彳(길)과 止(발)을 추가했어요. 人(앞에 가는 사람)과 人(뒤따르는 사람)으로부터 追從(추종)과 從屬(종속)의 뜻이 나왔고요.

더 알아보기

如(같다 여)도 女(다소곳이 앉은 사람)과 口(명령하는 입)을 그려 명령에 순종하는 모습을 나타냈어요. 상대의 뜻 여하(如何)에 자신의 의사를 맞추는 데서 '같다'는 의미가 나왔어요. ♂

▶ 고위(高位) 관리(官吏)

官(관청, 관리 관)은 𠂤(언덕) 위에 지은 宀(건물)로 '관청'과 거기서 일하는 '관리'를 나타냈어요. 옛날에는 지대가 높은 곳에 주요 건물을 지었기 때문이에요. 吏(관리 리)는 又(손)에 ┼(도구)를 들고 口(뼈나 죽간)에 기록을 하는 모습이에요. 고대에 관리의 주요 업무가 기록하는 일이었으므로 '관리'를 뜻하게 되었어요.

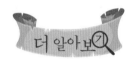

🔎 기록하는 모습에서 나온 史(사), 吏(리), 使(사), 事(사)

史(역사 사)는 又(손)에 丨(도구)를 들고 口(뼈 또는 죽간)에 기록하는 모습이에요. 이렇게 기록한 '歷史(역사)'를 뜻해요.

使(하여금 사)는 亻(지시하는 사람)과 吏(기록하는 사람)을 합쳐, 일을 시킨다는 使役(사역)의 뜻이 되었어요.

事(일 사)는 기록하는 일에서 → 일반적인 '일'을 뜻하게 되었어요.

예 事件(사건), 事故(사고), 事務(사무)

*密使(밀사), 特使(특사), 使臣(사신)…에서는 임무를 띠고 외국에 파견된 신하를 가리켰어요. 지금도 大使館(대사관), 使節團(사절단) 등에 써요.

갑골문과 금문에서는 史(사), 吏(리), 使(사), 事(사) 네 글자가 한 글자나 마찬가지였어요. 손에 도구를 쥐고 일한다는 같은 뜻을 나타냈어요. 후에 吏(관리)에게 史(역사)를 기록하는 事(일)을 使(시키다)로 의미가 분화됐어요. ♂

옛날엔 가장 높은 벼슬로 일인지하(一人之下) 만인지상(萬人之上)으로 불린 丞相(승상), 宰相(재상)이 있었어요.

丞(돕다, 정승 승)은 구덩이에 빠진 了(사람)을 두 손으로 떠받쳐 올리는 모습이에요. '돕다', '받들다'에서 의미가 확장돼 모든 사람이 받드는 '정승'도 가리켰어요.

宰(재상 재)는 원래 宀(집이나 관청) 안에서 일하는 辛(노예)를 가리켰어요('먹칼'을 본뜬 辛(𐅡 𐅢 𐅣 𐅤신)이 '노예'를 의미). 요리나 집안일을 맡아했으므로 '주관하다', '주재(主宰)하다'라는 뜻이 되었고, 주인 가까이에서 일하는 노예로부터 점차 임금을 가까이에서 보좌하는 宰相(재상)을 칭하게 됐어요.

그런데 이 글자와 꼭 일치하는 프로필을 가진 인물이 있었어요. 바로 하나라 출신의 伊尹(이윤)이라는 사람이에요. 그는 하나라의 마지막 왕 '걸(桀)'의 신하였는데 임금이 술과 사치에 빠져 폭정을 저지르자 좌절하여 하나라를 떠났어요(하나라의 걸왕은 상나라 주왕과 함께 중국 폭군의 투톱이었어요. 도대체 이 왕들의 인성(人性) 선생은 누구였는지가 궁금할 정도로요~). 마침 황허 유역에서는 상(商)이라는 도시국가의 세력이 강해지고 있어, 이윤은 그들의 우두머리인 자천의 집에 요리사로 들어갔어요. 딱 봐도 월급 받으려고 취직한 건 아닌 것 같죠? 곧 자천의 눈에 띄어, 자천을 도와 상(商)을 더욱 부강하게 만들어 하나라를 물리치고 상나라를 세우는 데 크게 기여했어요. 그 공을 인정받아 자천이 탕(湯)왕이 되었을 땐 宰相(재상)의 자리에까지 오르게 됐고요. 이만하면 '노예에서 재상까지' 구구절절한 성공기가 宰(재상 재) 자(字)와 닮았지요?

한편, 사극을 보면 왕이 신하들에게 "卿(경)들의 말씀 자~알 들었소(…만 됐고! 내 맘대로 할 거야~)" 같은 대사를 해요.

* 卿(벼슬 경), 鄕(시골
향), 饗(잔치 향)은 '함께
음식을 먹다'라는 같은
의미에서 제각각 다른
뜻으로 나뉘었어요.

卿(벼슬, 경 경)은 𠂤, 卩(두 사람)이 마주앉아 함께 皀(음식)을 먹는 모습이
었는데 후에 왕과 함께 식사할 수 있는 높은 '벼슬'을 뜻하게 됐어요.
大夫(대부)는 卿(경)의 아래, 士(사)의 위에 있던 벼슬이었어요.

* 士(사)와 大夫(대부)를
합친 게 士大夫(사대부)
였어요.

▶하위(下位) 관리

士(사내, 선비, 벼슬 사)는 도끼를 본뜬 것으로, 처음에는 武士(무사)를
의미했어요. 도끼는 무력을 바탕으로 한 힘과 권력을 상징하는데, 실
제로 갑골문이 만들어질 당시(상나라 때)에는 하층 귀족인 士(사)가
무사가 되었죠. 왕이 직접 출전하는 시대였던 만큼, 군인은 고귀한
직업이었으므로 아무나 할 수 있는 게 아니었거든요.
이렇듯 본래는 무사를 뜻했는데, 훗날 유교 사회가 되면서 글을 읽는
'선비'를 가리키게 됐어요. 이들이 벼슬에 오를 수 있는 사내들이었으
므로 '벼슬', '사내'라는 뜻도 생겼고요.
亻(인)을 덧붙이면 사람이 '벼슬 일을 한다'는 仕(벼슬하다 사)예요.
발음으로 爿(장)을 붙이면 壯(壮씩씩하다 장)이고요. 크고 씩씩하다, 壯
(장)하다는 뜻으로 써요.

참고로 士(사)가 남성의 생식기를 본떴다는 주장도 있어요. 여
기서 '사내'를 뜻하게 됐고요. 그래서 𤘝 𤘲 牡 牡(수컷 모)
도 牛(소)의 士(수컷)을 가리키다가 모든 동물의 수컷을 의미하
게 됐다는 설명이에요.

하층 관리인 士(사)는 나라에서 주는 祿俸(녹봉)을 받는 샐러리맨들
이었어요.

祿(祿녹(봉) 록/녹)의 초기자형은 자루를 끈으로 묶어놓은 모양이었어요. 작은 점들은 자루에서 떨어져 내리는 부스러기 또는 흘린 곡식 알갱이에요. 제단을 본뜬 示(시)는 왜 들어 있을까요? 고대에는 신에게 바치려고 거두어들였던 곡식 중에서, 제사를 지내고 남은 곡식을 관리들에게 녹으로 지급했기 때문이에요.

俸(녹, 봉급 봉)의 발음인 奉(받들다 봉)도 廾(두 손)으로 곡식 줄기를 받들어 신에게 바치는 모습이에요. 그러므로 祿(녹)처럼 俸(봉)도 신에게 바치려고 걷은 제물에서 지급하던 俸給(봉급)이었음을 알 수 있어요.

녹으로 주던 곡식을 대표하는 禾(벼 화)에 失(실 → 질) 발음을 합한 秩(녹봉, 차례 질)도 있어요. 관직의 높고 낮은 차례에 따라 녹봉을 지급했으므로 '차례'라는 뜻이 됐어요. 예 秩序(질서)

▶일반(一般) 백성

民(백성 민)은 目(눈)을 \(뾰족한 도구)로 찌르는 모양이에요. 전쟁 포로와 노예의 반항 능력을 없애려고 한쪽 눈을 실명하게 만들던 데서 나왔어요. 후에 이들은 백성의 신분으로 흡수됐지만, 부역과 전쟁에 동원되며 농노나 다름없는 생활을 하긴 마찬가지였어요. 차이라면 이젠 세금도 내게 되었다는 것(!) 정도였지요.

그래서 賢(賢어질다 현)은 臣(고개를 숙이고) 又(손)에 든 貝(재물)을 바치는 모습이에요. 세금을 잘 내야 어질고 착한 백성이라는 의미였어요.

民(민)은 邑(읍)에 거주하면서 생산 활동에 주력하는 계층이었어요. 평화로울 때는 軍役(군역), 賦役(부역), 納稅(납세)의 의무를 졌고, 전쟁이 났을 때는 군사로 동원되었어요.

*堅(굳다 견)이 흙을 단단하게 다지는 모습인 것처럼, 賢(현)은 재물을 단단하게 다지는 모습이라는 설도 있어요. 재물을 잘 관리하는 사람으로부터 현명하다는 뜻이 나왔다는 설명이에요.

여기서 잠깐, 나라에 바치던 세금 관련 글자들을 볼게요.

賦(赋구실, 부과하다 부)는 貝(돈)으로 거둬들여 특히 武(군사적인) 목적에 쓰던 세금을 가리켰어요. 세금을 부과하던 데서 '주다, 맡게 하다'라는 의미도 나와, 天賦(천부)는 하늘이 부여해준 것 즉, 선천적으로 타고난 것을 뜻해요.

課(课부과하다 과)는 言 (말)로 나무에 열린 果(과실)에 대해 '이 배나무의 배 5개, 이 사과나무의 사과 10개…' 하는 식으로 세금을 賦課(부과)하는 모양이에요.

稅(税세금 세)는 세금으로 내던 禾(벼 즉, 곡식)이 의미 부분이고, 兌(태 → 세)가 발음이에요.

納(纳들이다, 바치다 납)은 糸(실이나 옷감)으로 세금을 內(거두어들이던) 데서 나왔어요.

貢(贡바치다 공)은 왕실과 관청의 수요를 충당하기 위해 특산물이나 工(공물)을 바치던 데서 나왔어요. 貝(패)가 의미, 工(공)이 발음입니다.

收斂(수렴)은 돈, 물건, 조세 등을 거두어들이는 일이에요. 斂(거두다 렴)은 劍(칼)과 攵(몽둥이)를 들고 강제로 거두어들인다는 의미예요. 그래서 苛斂誅求(가렴주구)라는 말이 있어요. 여론을 收斂(수렴)하지 않고 가혹하게 세금을 거두고 무리하게 재물을 빼앗는다는 뜻이에요. 끝내 세금을 못 내면 관청에 끌려가 벌을 받았어요. "나 다시 노예로 돌아갈래!!!" 외치면서요.

*兌(태)는 접신의 기쁨을 나타내므로, 이 禾(벼)도 신에게 바치려고 걷은 곡식으로 볼 수 있어요.

▸ 노예

남자 노예는 奴(노)와 僕(복), 여자 노예는 婢(비)라고 불러 남녀 노예를 통틀어 奴婢(노비)라고 했어요.

奴(남자종, 노예 노)는 女(다소곳이 앉은 노예)와 오른손을 본뜬 又(우)로 이뤄졌어요. 女(순종하면서) 又(손을 써서 일한다)는 의미였어요.

* 女(여)가 들어 있지만, 남자 노예를 가리켰음.

그런데 노예로 끌려와 사람대접 못 받으니 속으론 화가 났겠다 싶었나 봐요. 奴(종)의 心(심리)가 怒(성내다 노)가 됐어요.

전엔 왕자였는데...

努(힘쓰다 노)는 奴(노예)가 力(쟁기질하는) 모습(?) 奴 → 발음인 (노)와 力 → 힘써 일한다는 의미로 이뤄졌어요.

僕(시종 복)은 亻(노예)가 大(두손)에 丵(횃불)을 든 모습, 婢(여자종 비)는 女(여자 노예)가 卑(부채질하는) 모습으로 보면 돼요.

발음인 卑(낮다, 천하다 비)는 又(손)에 甲(부채 같은 어떤 물건)을 들고 있는 모양이에요. 손을 써서 일해야 하는 신분에서 卑賤(비천)하다는 뜻이 나왔어요.

* 그런데 부채질을 너무 해서 팔이 저릿저릿했는지 '痲痺(마비)'에서 痺(저리다 비)의 (발음)으로도 들어갔어요. 痺

隸(隶노예 예)는 柰(어찌 내)로 내 → 예 발음을 나타냈고, 손으로 짐승의 꼬리를 잡은 모습을 합쳤어요. '손아귀에 잡힌 짐승'에서 隸屬(예속)의 의미가 나와 '노예', '종'을 뜻해요.

노예의 얼굴에는 辛(먹칼)로 문신을 새겨 한눈에도 노예임을 알아 볼 수 있게 했어요.

竟(마치다 경)은 (경)으로 썼어요. 사람의 머리 위에 먹칼이 있는 모양 또는 사람이 나팔을 부는 모습이에요. 문신을 다 새겨서, 혹은 악기를 다 불어서 '마치다'가 되었다고 해요. 후에 音(소리 음)과 儿(인)의 합자처럼 변했어요.

예 畢竟(필경; 마침내)

더 알아보기

竟(경)이 들어간 글자

境(지경 경)은 土(땅)이 竟(끝나는) '境界(경계)'를 뜻해요.

예 逆境(역경; 어려운 처지나 환경), 心境(심경; 마음 상태)

鏡(镜거울 경)은 金(금속)으로 만들었다는 의미에, 竟(경)이 발음이에
요. ♂

辛(문신용 먹칼)을 넣어 노예를 나타냈던 글자로는 童(동), 妾(첩), 競
(경)이 있어요.

童(아이 동)은 辛(문신한 노예)가 重(무거운 흙자루)를 옮긴다는 게 본래
뜻이었어요. 童心(동심)과는 거리가 멀게도 '문신', '강제 노역' 이런
것과 관련됐던 셈이에요. '아이'라는 뜻은 가차된 것이에요.

妾(첩 첩)은 辛 → (먹칼)과 女 → (여자 여)로 이뤄졌어요. 원래는 여자
노예를 가리켰는데, 옛날엔 여종 중에서 첩을 취하던 경우가 많아 아
예 '첩'이라는 뜻이 됐어요.

한편, 결혼한 여자가 윗사람에게 말할 때 자신을 낮추어 부르던 말이
기도 했어요. 臣妾(신첩)은 여자가 임금을 상대로 자신을 낮추어 부르
던 말이에요. 중전마마도 전하 앞에서는 臣妾(신첩)이 되었지요. 그런
데 사극을 보면 칠순 넘은 영의정 할아버지도 덩달아 자신을 臣妾(신
첩)이라고 불러요. 이때는 小臣(소신)이라는 뜻이었어요.

앞에 扌(손)을 댄다는 의미를 더하면 接(대다 접)이에요.

가까이에서 直接(직접) 扌(손)으로 시중들던 妾(여종)에서 '接觸(접촉)
하다', '接待(접대)하다'라는 뜻이 나왔어요.

競(竞겨루다 경)은 두 노예가 싸우는 모습이었어요. 兄 兄(두 사람)의 머리 위에 있는 ¥(문신용 칼)이 이들의 신분이 노예임을 나타냈어요. 옛날에는 귀족들이 오락거리로 노예들에게 시합을 시켰어요. 競技(경기) 규칙은 '한 사람이 죽을 때까지'여서 그야말로 생존을 위한 競爭(경쟁)이 될 수밖에 없었지요.

▶반역

압력은 그에 대응하는 反(반)압력을 낳는다는 말처럼 권력으로 눌러 抑壓(억압)할수록 反撥(반발)하는 세력도 생기게 마련이었어요.

抑(누르다 억)은 扌(손)으로 누른다는 의미에, 卬(앙)이 발음이에요. 발음인 卬(앙)은 손으로 사람을 눌러 무릎 꿇리는 모습으로, 印(인)과 같아요. 후에 印(인)은 '도장'으로 가차되었고, 본래의 抑止(억지)로 누른다는 뜻으로는 扌(손 수)를 더해 抑(누르다 억)을 만들었어요.

참고로 仰(우러르다 앙)은 무릎 꿇은 사람이 앞에 있는 사람을 올려다보는 모습이에요. ❸ 推仰(추앙), 信仰(신앙)

反逆(/叛逆 반역)은 왕의 통치 권한을 빼앗으려는 逆謀(역모)이고, 反正(반정)은 옳지 못한 임금을 폐위하고 새 임금을 세워 나라를 바로잡는 革命(혁명)이에요. 사실 쿠데타가 실패하느냐 성공하느냐에 따라 다르게 불린 것뿐이지만요.

反(돌이키다, 되받다 반)은 厂(절벽)을 又(붙잡고) 오르는 모습이에요. 절벽 아래로 떨어졌다가 다시 반대쪽인 위로 올라가려고 해서 '돌이키다', '되돌리다'가 됐어요. 그런데 신분제 사회에서는 아래에서 위로

올라가는 게 反逆(반역)을 의미했어요. 그래서 '뒤집다'라는 뜻도 생겨났어요. (예) 反復(반복), 反應(반응), 反對(반대)

逆(거스르다 역)은 辶(가다 착)과 屰(거꾸로 역)이 둘 다 의미 부분이고, 屰(역)은 발음도 나타내요. 거꾸로 가는 데서 거스른다는 逆行(역행)의 뜻이 됐어요.

屰(역)은 밖에 나갔던 사람이 다시 움집의 凵(입구)로  (들어오는) 모습이에요. 大(사람)을 거꾸로 써서 '반대로', '거꾸로', '거스르다'라는 뜻이 됐어요.

더 알아보기

反(반)이 발음으로 들어간 글자

返(돌아오다, 돌려주다 반)은 辶(가는) 방향이 反(반대로) 바뀌는 데서 돌이킨다는 뜻이 됐어요.

(예) 返送(반송), 返納(반납), 返品(반품), 返還(반환)

飯(밥 반)은 食(밥)이 의미, 反(반)이 발음이에요.

叛(배반하다 반)은 半(반쪽)이 약속을 反(뒤집어) 背叛(배반)한다는 뜻이에요.

板(널빤지 판)은 재료인 木(나무 목)과 反(반 → 판) 발음으로 이뤄졌어요. ♂

擧事(거사)는 새로 왕을 세우는 것처럼 큰일을 일으킨다는 뜻이에요. 擧(들다 거)는 본래 與로 썼어요. 舁(양쪽에서 마주 드는 손)과 굵은 새끼줄을 본뜬 与(주다 여)로 이뤄졌어요. 그런데 여럿이 參與(참여)해 힘을 보태준다는 뜻의 與(与주다, 더불다, 참여하다 여)로 굳어졌지요. 예 與奪(여탈; 주는 일과 빼앗는 일), 授與(수여), 關與(관여; 관계하여 참여함), 與黨(여당; 현재 정권을 잡은 정당으로서 행정부의 정책을 지지하며 함께하는 정당)

그러자 들어 올린다는 본래 뜻으로는 手(손 수)를 더해 擧(들다 거)를 만들었어요. 예를 列擧(열거)해보면… 擧手(거수)에서는 손을 든다는 뜻이고, 擧兵(거병), 擧事(거사)에서는 일을 일으킨다는 뜻이에요. '행하다'와 '시험'이란 뜻도 있어요.

예 擧動(거동), 行動擧止(행동거지), 科擧(과거)

더 알아보기

흥해라~ 興(흥)
同(같다, 같이하다, 한가지 동)은 ⊔(가마)를 들 때 👄(구령)에 맞춰 일제히 움직이던 데서 나왔어요.

그래서 ⅄⅄(양쪽에서 마주 드는 손)을 더하면 구령에 맞춰 가마를 번쩍 들고 興(⋏⋏일어나다 흥)이에요. '일어나다', '일으키다'라는 뜻을 가져요. 예 興亡(흥망), 感興(감흥) ♂

14 가족

▶ 가족

*돼지가 불어나듯 식구가 불어나서 '가족'을 뜻하게 됐다고도 해요.

결혼이나 혈연으로 이루어진 집단 또는 그 구성원을 家族(가족)이라고 해요. 家(가족, 집 가)는 宀(집) 안(또는 가족이 생활하는 공간 아래쪽의 반 지하 우리)에서 豕(돼지)를 키우는 모양이에요.
한 집에 사는 '家族(가족)', 나아가 '家門(가문: 가까운 일가로 이루어진 공동체)'을 뜻해요. 또 한 분야에 상당한 지식과 경험을 가진 '專門家(전문가)'라는 뜻도 있어요. 諸子百家(제자백가; 춘추전국시대의 여러 학파)에서는 '학파'를 의미하고요.

族(친족, 민족 족)은 方ㅏ(깃발) 아래 矢(화살)을 들고 모여든 모습이에요. 전쟁을 하려고 무기를 들고 모인 사람들이 주로 같은 部族(부족)이나 種族(종족)이던 데서 나왔어요.

▶ 성씨

중국 신화에 의하면, 인간을 만든 것은 '여와'라는 여신이었어요. 이야기는 이래요. 어느 날 여와가 하늘에서 땅으로 산책을 내려왔어요.

세상은 아름다웠지만, 너무나 고요해서 좀 쓸쓸하게 느껴졌지요. 여와는 물에 비친 자기 모습을 바라보다가 황토를 물과 반죽해서 자신과 꼭 닮은 예쁜 인형들을 만들어보면 어떨까, 생각했어요. 그런데 이 여신은 창의성은 있지만 끈기가 없어서 일 하나를 꾸준히 하지 못했어요. 인형 빚기에도 곧 싫증이 났지요. 여와는 긴 덩굴 한 줄기를 뽑아 진흙을 묻혀 휘둘렀어요. 이때 여기저기 튄 진흙 방울들이 모두 인간이 되었다고 해요. 여와가 직접 만든 인간은 귀족이 되고, 덩굴을 휘둘러 만든 인간은 평민이 됐다는 설도 있는데, 어쩐지 귀족들이 지어낸 거짓말 같아요. 아무튼 여와는 신처럼 영원히 살지 못하고 언젠가 모두 죽어 사라질 인간들이 안타까웠어요. 그래서 어떻게 하면 인간 세상이 지속될 수 있을까 고민하다가, 인류 스스로 종족을 퍼뜨리는 방법으로 결혼 제도를 생각해냈다고 해요.

* 자세히 들여다보면 이 신화에는 인류 초기의 여성 중심 '모계 사회'와 황토를 이용한 '토기 제작 문화'가 담겨 있어요.

여와가 바란 대로 인류는 계속 종족을 퍼뜨렸어요. 그 결과 세상에는 수많은 성씨(姓氏)가 생겨났지요. 성씨(姓氏)는 성(姓)을 높여 부르는 말이에요. 혈연관계를 나타내는 칭호로, 주로 아버지에서 자식으로 대대로 계승되어 왔어요. 하지만 姓(성 성) 자(字)를 보면 '女(여자)가 生(낳는다)'는 의미로, 본래는 어머니의 성을 따르던 데서 유래했어요. 인류 초기에는 집단혼으로 인해 아버지가 누군지 알 수 없었으므로 어머니의 성을 따랐기 때문이에요.

* 여와 여신이 인간을 만들었다는 신화도, 실은 집단혼 사실을 감추면서 모계 중심 사회를 비유했던 셈이에요.

생활 방식이 '채집'에서 → '수렵'과 '농경' 중심으로 변하면서 모계 사회는 부계 중심으로 바뀌었고, 자녀들도 아버지의 성씨를 繼承(계승)하게 되었어요.

承(잇다, 계승하다 승)은 子(어린 자식)을 두 손으로 들어 조상신에게 보이는 모습이에요. 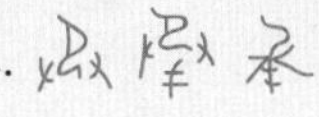

氏(성(씨) 씨)에 대해서는 사람이 무거운 자루를 드느라 허리를 숙인 모습, 씨를 뿌리는 모습, 나무에 부족의 토템을 매단 모양, 나무의 뿌리를 본뜬 것… 등 설이 많아요.

*성씨와 관련해서는 씨를 뿌리는 모습이나 나무뿌리를 본떴다는 설명이 어울리지요.

우리나라에는 약 280개의 姓氏(성씨)가 있다고 해요. 다 올리지 못하는 점을 양해해주세요.

金(김)	李(이)	朴(박)	崔(최)	鄭(정)	姜(강)	趙(조)	尹(윤)	張(장)	林(임)
韓(한)	申(신)	吳(오)	徐(서)	權(권)	黃(황)	宋(송)	安(안)	柳(유)	洪(홍)
全(전)	高(고)	文(문)	孫(손)	梁(양)	裵(배)	白(백)	曺(조)	許(허)	南(남)
沈(심)	劉(유)	盧(노)	河(하)	兪(유)	丁(정)	成(성)	郭(곽)	車(차)	具(구)

母系(모계), 父系(부계)의 系(잇다, 계통 계)는 丿(실 끝)에 또 다른 糸(실)을 이어 맨 모양이에요. 系(계)가 잇는다는 의미이므로, 係(매(이)다 계)는 실을 이어 매듯 亻(사람)이 서로 系(이어져) 關係(관계)를 맺음을 뜻해요. ♂

▶친인척

親戚(친척)은 친족(親族)과 외척(外戚)을 아울러요. 姻戚(인척)은 혼인(婚姻)에 의해 맺어진 친척(親戚)을 일컫고요.

親(亲친하다, 가깝다 친)은 辛(먹칼)로 木(나무)에 표시를 해놓고 見(바라보는) 모습이에요. '가까이에서 바라보다'에서 → '친하다'는 뜻이 나왔어요. 의미가 확대되어 가까이에서 보는 사람인 '親父母(친부모)',

'親戚(친척)', '親舊(친구)'도 가리켜요.

戚(친척 척)은 ᛁ(도끼 창)으로 ᛝ(농작물)을 수확하는 모양이에요. 戚(척)은 '함께 농사지어 수확하는 사이'로부터 '친척'을 의미하게 되었어요. 옛날에는 경험이 풍부한 집안의 어른을 중심으로 씨족 공동체가 함께 농사를 지었기 때문이에요.

姻(혼인, 인척 인)은 女(여자)로 因(말미암았다)는 의미예요. 여자와의 婚姻(혼인)으로 말미암아 맺어진 姻戚(인척)도 뜻해요.

발음인 因(말미암다, 원인 인)에 대해서는 설이 분분해요.

① 우선 □(돗자리)와 大(사람)~ 혹은 □(돗자리)와 大(무늬)를 그린 것으로 茵(자리 인)의 본래자라는 설이 있어요.

자리는 맨 밑바닥에 깔리는 것이므로 '밑받침', '바탕'이란 의미가 나오고 → 다시 '말미암다', '원인', '因緣(인연)'으로 가차되었다고 해요.

② □(집) 안에 大(사람)이 있는 모습, □(무덤) 안에 大(시신)을 매장한 모습… 등의 주장도 있어요.

③ 대개 모든 일의 原因(원인)은 그 大(사람)을 □(둘러싼) 것들에서 起因(기인)하므로 因(인하다 인)이 되었다고 해석할 수도 있어요. 이로부터 자신을 둘러싸고 있는 것들에 '의지하다'라는 뜻도 나왔고요. 그래서… 恩(은혜 은)은 因(의지가 되는) 대상에게 느끼는 心(마음)을, 姻(혼인 인)은 女(여자)가 因(의지가 될 만한) 남자와 혼인함을 나타내요.

가족, 친인척의 호칭

요즘 세대에게 伯父(백부; 큰아버지)니 堂叔(당숙; 아버지의 사촌형제로 (나와는) 오촌이 되는 친척)이니 하는 말은 외국어죠? 그만큼 친인척 호칭은 잘 모르는 경우가 많아요.

여기선 가장 기본적인 호칭 관련 글자들을 살펴볼게요.

父(아버지 부)에 대해서는 ㄱ(주먹도끼)를 ㄨ(손)에 쥔 모습으로 가족을 부양하기 위해 일하는 '아버지'를 나타냈다는 설도 있고, 손에 회초리를 들고 자식을 엄하게 가르치던 아버지의 역할을 나타냈다는 설도 있어요.

母(어머니 모)는 女(여자 여)에 젖꼭지를 의미하는 두 점을 찍은 모양이에요. 자식에게 母乳(모유)를 먹이는 모습으로 '어머니'를 표현했어요.

> 어머니가 아이와 함께 있는 모습은 好(좋다, 좋아하다 호)예요(자손의 번창을 나타내므로 '좋다'는 뜻이 되었다는 설도 있어요).

子(아들, 자식 자)는 어린아이가 두 팔을 벌린 모습이에요(아이들의 특징으로 머리를 크게 그렸어요).

> 種子(종자)에서는 '씨(앗)', '열매'를 뜻하고 君子(군자), 孔子(공자), 孟子(맹자)에서는 학식과 덕망이 높은 남자를 가리켜요. 椅子(의자), 帽子(모자), 酒煎子(주전자), 冊子(책자)…에서는 사물을 가리키는 접미사예요.

女(딸, 여자 여)는 사람이 두 손을 모으고 다소곳이 앉아 있는 모습이에요. 원래는 남녀의 여자가 아니라, 윗사람에게 순종하는 자세나 신을 섬기는 경건한 모습을 나타낸 것이었어요. 그래서 남자 노예를 일컫는 奴(종 노)에도 女(여)가 들어 있고, 如(같다 여)에서는 女(순종하는 자세)로 口(신의 계시나 윗사람의 지시)에 따른다는 의미였어요. 그런데 남성 중심의 가부장 사회가 되면서 남녀의 '여자', 특히 '순종적인 여자'를 뜻하는 글자로 바뀌었어요.

그래서 安(편안하다 안)은 宀(사당)에서 女(두 손을 모으고 앉아) 신을 섬기는 모습이었는데 → 宀(집) 안에 女(여자)가 있다는 의미로 바뀌었어요. '집 안에 여자가 있어야 (집안이) 편안하다', '여자가 집안 살림을 돌봐야 집안이 편안하다'는 해석도 생겼고요.

한자에는 여자에 대해 부정적으로 표현한 글자들이 있어요. 예를 들면 奸邪(간사)한 奸計(간계)를 부릴 때 쓰는 奸(범하다 간),

邪(간사하다 사)는 牙(아→사) 발음과 阝(邑고을 읍)으로 이루어져 원래는 제(齊)나라의 지명(地名)이었는데 가차되어 '간사하다'는 뜻으로 쓰여요. 예 邪慝(사특), 邪惡(사악)

妖邪(요사)스런 妖物(요물)에 쓰는 妖(아리땁다, 요망하다 요), 嫉妬(질투)와 嫉視(질시)에 쓰는 嫉(시기하다 질), 그 외에도 妨(방해하다 방), 妄(망령되다 망), 姦(간음하다 간)… 등 많아요. 특히 女(여자)가 兼(손에 벼를 많이 쥔) 모습의 嫌(싫어하다, 의심하다 혐)에는 여자가 경제권을 갖는 것에 대한 嫌惡(혐오)의 시각이 반영됐고, 妥(온당하다 타)는 여자를 억눌러도 妥當(타당)하다는 이미지마저 풍겨요.

모욕(侮辱)적이라고요? 그런데 侮(업신여기다 모)에도 每(비녀를 꽂은 여자)가 또 들어 있네요. 고대에 亻(인)은 주로 성인 남자를 나타냈으므로, 이 글자마저도 亻(남자)가 每(여자)를 업신여긴다는 듯 보여요.

이렇게 여자를 부정적으로 표현했다니, 여자들이 어찌나 억울했을까

*毒(독 독)은 毋(여자)가 (머리에 비녀 여러 개를 꽂아) 화려하게 치장한 모습으로 보기도 해요. 화려하게 치장한 여자가 남자를 홀려 해를 끼친다고 보았는지, '독', '해악'이란 뜻이 붙었어요.

요? 시대가 바뀐 만큼 이제는 다른 시선으로 바라보아야 하겠죠.
자, 이렇게 보는 건 어떨까요?
女가 마치 당당하고 활기차게 나아가는 모습처럼 보이죠? ♂

다시 子女(자녀)로 돌아와서요. 肖(닮다 초)는 부모를 닮은 小(작은) 月
(몸)에서 '닮다'가 됐다고 해요. 어버이의 덕망을 닮지 못했다는 뜻의
'不肖小生(불초소생)'에 썼어요. 닮았다는 의미로는 似(닮다, 같다 사)도
있어요.

亻(사람 인)과 以(~(로)써 이)로 이뤄졌는데, 발음이 嗣(대를 잇다 사)와
비슷해서 '뒤를 잇게 하다'라는 뜻이 되었고, 다시 '닮다'라는 의미가
파생됐어요.

겉은 닮은 듯하나, 속은 완전히 다른 것을 似而非(사이비)라고 해요.
그래서 겉만 近似(근사)해 보이는 類似品(유사품)에 속지 않도록 조심
해야 하지요.

兄(형 형)은 하늘을 향해 口(고하는) 모습이에요. 제사 지낼 때 주로
맏이가 이 역할을 맡아서 아예 '형'을 뜻하게 됐어요.

弟(아우 제)는 어떤 도구나 무기에 弓(끈)을 감은 모양이에요. 끈을 감
을 때는 보통 위에서 아래로 차례차례 감아 내려오기 때문에 '차례'
라는 뜻이 생겼고, 다시 형제 중에서 아래로 내려오는 '동생'을 가리
키게 됐어요.

⁕⺮(죽간)에 글을 써서 엮을 때는 弟(차례대로) 엮었기 때문이에요.

본래 뜻으로는 ⺮(竹죽)을 더해 第(차례 제)를 만들었어요. 第(제)1회,
第(제)2회···, 第(제)1권, 第(제)2권··· 할 때 써요.

姊(손윗누이 자)는 姉의 속자(俗字)예요.

姉는 초목이 '많이 자란' 모양을 나타내므로, 姉(자)는 여자 姉妹(자매) 중에서 더 많이 자란 언니를 가리켜요.

妹(손아래누이 매)의 발음 부분인 未(아직 아니다 미)는 木(나무)에 ─(짧은 선)을 그어 아직 크게 자라지 않은 작은 가지를 나타냈어요. 그래서 妹(매)는 자매 중에서도 더 어린 동생을 가리켜요.

할아버지, 할머니는 祖父(조부), 祖母(조모)라고 해요. 祖(조상, 할아버지 조)는 示(▮조상의 이름을 적은 위패)에, 且(차 → 조)가 발음이에요.

> 且(또 차)에 관해서는 남성의 생식기를 본떴다, 위패를 그렸다, 제사 때 고기를 담는 도마의 모양이다, 물건을 위로 쌓고 또 쌓은 모양이다… 등 여러 설이 있어요. 가차되어 '또(한)', '苟且(구차)하다'라는 뜻으로 쓰여요.

더 알아보기

且(차)가 붙은 글자들

沮(막다 저)는 氵(물)이 앞을 가로막는다는 의미에, 且(차 → 저)가 발음이에요. 租(조세 조)는 禾(곡식)으로 세금을 낸다는 의미에, 且(차 → 조)가 발음이고요. ♂

조부모의 윗세대는 曾祖(증조)를 붙이고 曾祖(증조)보다 더 윗세대는 高祖(고조)를 붙여요. 예 曾祖(증조)할아버지, 高祖(고조)할머니

*정리하면 高祖(고조) → 曾祖(증조) → 祖(조)부모 → 부모 세대가 돼요.

한 世代(세대)는 사람이 태어나서 성장하고 부모가 될 때까지 걸리는 약 30년 정도의 기간을 의미해요. 그래서 世(세대, 세상 세)는 十·十·十 (세 개의 열 십)을 써서 30년을 나타냈어요. 한 세대가 생기는 데 대략 30년이 걸린다고 보았던 거죠. 요즘엔 결혼과 출산이 늦어지는 추세라 이보다 더 걸리겠지만요.

代(세대, 시대, 대신하다 대)는 亻(사람)이 화살에 줄을 매달아 '계속해서' 쏘는 弋(주살)처럼 계속해 대를 잇는다는 의미예요.

다른 설명도 있어요. 弋(주살 익)이 본래 말뚝을 본뜬 것이므로, 여기에 말고삐나 수레를 묶어두면 사람이 지키는 것과 마찬가지 역할을 대신(代身)하므로 '대신하다'가 되었다는 것이에요.

외할아버지, 외할머니는 外(바깥, 멀리하다 외)를 붙여 外祖父(외조부), 外祖母(외조모)라고 해요. 옛날에는 결혼한 여자 쪽 가족을 멀리하던 경향이 있었거든요. 왕부터 외척의 간섭을 멀리하던 시대였으니까요.

큰아버지는 伯父(백부), 작은아버지는 叔父(숙부)라고 해요.
伯仲叔季(백중숙계; 맏이, 둘째, 셋째, 막내)는 형제를 나이순으로 가리키던 말이에요. 요즘 같은 저출산 시대엔 쓸 일이 거의 없지만요.

伯(맏 백)은 亻(사람 인)과 엄지손톱을 본뜬 白(희다 백)으로 이뤄졌어요. 엄지손가락처럼 형제 중의 첫째라는 의미예요.

仲(버금, 가운데, 둘째 중)은 亻(사람)이 맏이와 막내의 中(중간에) 태어났다는 의미예요.

叔(작은아버지, 아저씨 숙)은 땅에 떨어진 小(작은 열매들)을 又(줍는) 모습이에요. 한 나무에서 자란 작은 열매로 형제 중에 어린 동생을 나타냈어요.

季(계절, 끝 계)는 禾(벼)를 짊어진 子(어린아이)의 모습이에요. 그런데

수확 철이 한 해의 '끝'이기도 하고, 인력 동원에 있어 어린아이가 맨 끝 단계기도 해서 季(계)에는 '끝'이라는 뜻도 있어요. 때문에 형제자 매 중에서 제일 '막내'도 가리켰어요.

형제가 셋이면 孟仲季(맹중계)로 나누었어요.
孟(맏 맹)은 子(아이)를 皿(그릇)에 담은 모양이에요. **皿(그릇 명)에서 명 → 맹 발음.**
애를 왜 그릇에 담았냐고요? 중국의 신석기 문명을 대표하는 '앙소 문화'에서는 유아가 사망했을 때 공동묘지에 묻지 않고, 질그릇에 넣 어 집 근처에 매장하는 풍습이 있었어요. 아이의 죽음에 대한 부모 의 슬픔을 애틋하게 표현한 것이었어요. 아마도 출산 경험이 전혀 없 는 상태에서 낳은 첫 아이의 경우에 영아 사망률이 가장 높았겠지요. 그래서 아이를 그릇에 담은 모양의 孟(맹)이 '맏이'를 뜻하게 된 것이 아닐까 추정돼요. 孟子(맹자)님 덕분에 '성씨 맹'으로 더 알려졌고요.

姑母(고모)는 아버지의 여자 형제, 姨母(이모)는 어머니의 여자 형제예요.
姑(고모 고)는 女(여)가 의미, 古(옛날/오래다 고)가 발음이에요.
姑(고)에는 '시어머니'라는 뜻도 있어요. 집안의 女(여자) 중에서 古(나이 가 많다)는 의미예요. 그래서 시어머니와 며느리는 姑婦(고부)사이죠.
姨(이모 이)는 女(여)가 의미, 夷(오랑캐 이)가 발음이에요.
발음인 夷(이)는 본래 '활'을 그린 것이었는데 → '활과 화살'로 바뀌었 다가 → '大(사람)이 弓(활)을 든 모습'으로 변했어요. 중국인들이 보기 에 동이족은 활을 잘 다루는 게 특징이라서, '활'을 그려 동이족을 나 타냈어요.
姪婦(질부)는 조카며느리, 姪女(질녀)는 조카딸을 말해요. 姪(조카 질)은 女(여)가 의미 부분이고, 至(이르다 지)로 지 → 질 발음을 나타냈어요.

평상시에는 활줄을
풀어놓은 모양 →

그런데 활이

⟩ (사람)의 모습과 헷갈리자 → 화살을 덧붙였고 → 화살이 大 (크다 대)처럼 변함

孫(孙손자, 자손 손)은 子(자식)으로부터 系(이어진) '손자', '자손'이란 뜻이에요.

더 알아보기

族譜(족보)

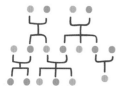

한 집안의 계통, 혈통 관계를 적어놓은 책이에요.

譜(谱족보, 악보 보)는 譜(널리 퍼져 있는) 것을 譜(언어)로 정리한 族譜 (족보), 系譜(계보), 樂譜(악보) 등에 써요. 발음인 普(널리(미치다), 두루 보)는 並(立나란히 서 있는 사람들)을 아우르며 日(해)가 비친다는 의미 에서 나왔어요.

孝(효)

孝(효도 효)는 子(자식)이 耂(나이든 부모)를 업고 있는 모습으로 '효' 의 의미를 그렸어요. 다음은 효에 관한 유명한 문장들이에요.

風樹之嘆 (풍수지탄)

효도를 다하지 못했는데 부모님이 돌아가신 슬픔을 뜻해요. 樹欲靜而 風不止(수욕정이풍부지) 子欲養而親不待(자욕양이친부대)…에서 나왔어요. 나무는 고요하고자 하나 바람이 그치질 않고, 자식은 봉양하고자 하나 부모는 기 다려주지 않는다.

身體髮膚受之父母(신체발부수지부모) 不敢毀傷(불감훼상) 孝之始也
(효지시야) 立身揚名(입신양명) 以顯父母(이현부모) 孝之終也(효지종야)

몸과 머리털과 피부는 부모로부터 받은 것이니 감히 상하게 하지 않는 것이 효의
시작이고, 출세하여 이름을 세상에 떨쳐 부모를 빛내는 것이 효의 끝이다.

생각보다 효도하기 쉽지 않지요? 그럼 쉬운 것부터 차근차근 해보면
어떨까요. 부모님이 무언가 물어보면 "몰라, 귀찮아, 다음에!" 하지
않기로요. 나중이라는 시간은 오지 않을지도 모르니까요. 어느 책에
는 이런 구절이 있더라고요. '효도하기 가장 좋은 때는 바로 지금입
니다.' ♂

'입신양명'의 揚(扬드날리다, 올리다 양)은 이름을 떨쳐 意氣揚揚(의기양
양)하게 손을 흔드는 모습으로 보면 돼요. 발음인 昜(양)은 높이 오른
다는 의미 부분도 돼요. 예 讚揚(찬양), 高揚(고양), 揭揚(게양)

▶결혼(結婚)

結(结맺다 결)은 糸(실)을 묶듯 맺는다는 결속(結束)의 의미에, 吉(길하
다 길)로 길 → 결 발음이에요. 결혼하고자 할 때 吉(길한) 날을 골라
인연을 맺는다는 의미예요. 옛날에는 결혼식을 女(신부) 집에서 치렀
고, 시간도 음양이 공존하는 昏(해질녘)에 시작했기 때문에 婚(혼인(하
다) 혼)은 女(여자 여)와 발음인 昏(어둡다 혼)으로 이루어졌어요.

昏(어둡다, 날저물다 혼)은 氏(𐅀 人 𐅀 氏사람)의 발밑으로 日(해)
가 떨어진 모양이에요.

옷깃만 스쳐도 인연이라는데, 결혼까지 가면 하늘이 맺어준 因緣(인연)이라고 해서 天生緣分(천생연분)이라고 불러요. 緣(緣인연, 연줄 연)은 糸(실)처럼 이어졌다는 의미에, 彖(단 → 연)이 발음이에요.

(예) 血緣(혈연), 地緣(지연), 學緣(학연)

옛날에 결혼은 집안끼리 치르는 '거래'에 가까웠어요. 사돈의 팔촌까지 팔아가며 가문을 내세우고, 나의 配偶者(배우자)보다는 부모님의 '며느리'와 '사위'를 간택하는 시대였으니까요. 사랑은 다음 생으로 미루고, 현실에서는 집안 어른들끼리 약속한 혼담에 따라야 했지요.
配(짝, 나누다 배)는 결혼할 때 신랑, 신부가 술을 나누어 마시던 관습에서 나왔어요. 워낙에 낯가리는 성격인데, 초면에 혼인까지 했으니 맨 정신으로 버티기 힘들었나 봐요. 술의 마술까지 빌려 酉(술병) 앞에 己(배우자)가 앉아 있는 모습이 '짝', '分配(분배)하다'라는 뜻이 됐어요.

*참고로 앞에 辶(가다 착)을 더하면 遇(만나다 우)예요. 길을 가다 偶然(우연)히 遭遇(조우)하게 되는 걸 뜻해요. 禺(우)가 발음이고요. 禮遇(예우), 待遇(대우)에서는 '대접하다'라는 뜻이에요.

偶(짝, 인형, 우연 우)는 본래 (흙, 나무, 돌 등으로 만든) 인형, 허수아비를 가리켰어요. 진짜를 본뜨더니 진짜와 꼭 닮게 만들었다고 '인형', '짝'을 뜻하게 됐지요. 하지만 몰라보게 닮았어도 역시 진짜는 아니며 속이 텅 비었다고, 禺(우)에 대해 느끼는 心(심리)를 나타낸 게 愚(어리석다 우)예요. 禺(긴꼬리원숭이 우)가 발음이지요.

伴侶者(반려자)는 짝이 되는 사람을 말해요. 伴(짝 반)은 자신의 半(반쪽)이 되어주는 伴(사람)이란 의미예요.
발음인 半(반 반)은 牛(소) 한 마리를 반으로 나누는 것에서 점차 물건을 반으로 나누는 일, 다시 '나눈 반쪽'을 뜻하게 됐어요.
侶(짝 려/여)는 亻(사람)이 의미, 呂(려)가 발음이에요. 발음인 呂(음률, 등뼈 려)는 종이 나란히 매달린 모양 또는 사람의 등뼈가 이어져 있는 모양이에요. 나란히 늘어선 모양에서 무리를 의미하게 되어 '짝', '벗', '동반하다'라는 뜻이 되었어요.

비록 연애결혼에 필적(匹敵)할 만한 출발은 아니었지만, 정략 결혼한 부부(夫婦)도 한 지붕 아래 부대끼며 살다 보니 정이 들긴 했어요.

에휴~ 조금만 예뻤으면
더 빨리 좋아했을 텐데...

남잔 다
똑같다잖아

夫婦(부부)는 남편과 아내를 함께 지칭하는 말로 夫妻(부처)라고도 해요. 夫(남편, 사내 부)는 결혼한 大(성인 남자)가 머리에 상투를 틀고 一(동곳)을 꽂은 모습이에요.

婦(부: 아내, 며느리 부)는 女(여자)가 帚(손에 빗자루를 든) 모습이에요. 집 안에 조상신을 모신 사당을 청소하느라고요. 옛날엔 집안의 여자 중에서 사당에 출입하여 비질을 할 수 있는

여자는 主婦(주부)인 정실부인뿐이었어요. 그래서 '빗자루 든 여자'가 본처인 嫡室(적실)을 뜻하게 되었지요. 겨우 청소일 뿐인데, 꽤나 생색을 냈죠? 적실은 正室(정실)과 같은 말로 '아내'를 첩에 상대하여 부르던 호칭이에요(그래서 본처가 낳은 아들도 嫡子(적자), 嫡統(적통)으로 불렸어요).

嫡(정실 적)은 발음인 商(밑동, 뿌리 적)을 帝(제)의 변형과 口(영역 표시)로 보면 돼요. 집안의 女(여자) 중에서 帝(제단)이 있는 口(장소)에 출입할 수 있는 '정실부인'을 의미하게 되니까요.

또 適(适맞다, 마땅하다 적)은 제단으로 나아가는 모습이 돼요. 適當(적당)한 자격을 갖춘 適任者(적임자)에게만 適用(적용)되는 일이었기에 '(꼭) 알맞다'는 뜻이 되었어요. 辶(가다 착)이 의미, 商(적)이 발음이에요.

*빗자루가 나온 김에 扌(손)에 帚(비)를 든 掃(彐쓸다 소)도 알아두세요.

妻(아내 처)는 女(결혼한 여자)가 彐(손)으로 머리카락을 말아 올려 一(비녀)를 꽂으려는 모습이에요. 그래서 여자가 결혼하는 것을 '머리 올린다'라고도 표현했어요.

그런데 집성촌(같은 姓(성)을 가진 사람이 모여 사는 촌락)이 흔하던 시절에는 동성동본을 막기 위해서 언덕 너머 이웃 마을의 처녀를 아내로 맞았어요. 때문에 결혼식을 치른 신혼부부는 신부 집에서 일정기간 머물다가 阝(언덕)을 止(넘어) 시집으로 돌아갔지요. 그 모습이 歸(归돌아가다(오다) 귀)가 됐어요.

歸(결혼한 여자)가 남편을 따라 阝(언덕)을 歸(넘어) 시집으로 歸家(귀가)하는 모습이에요. '여자가 시집가다'라는 뜻이었는데 '돌아가다(오다)'가 되었어요. 帚(손에 빗자루를 든 모습)은 婦(아내, 며느리 부)의 생략형으로 결혼한 여자를 의미해요.

더 알아보기

媤父母(시부모)와 丈人(장인), 丈母(장모)
媤(시집 시)는 결혼한 女(여자)가 늘 思(생각해야) 하는 게 媤宅(시댁)이라서 思(생각(하다) 사)로 발음을 나타냈다고 해요. 丈(어른 장)은 又(손)에 丿(지팡이)를 쥔 모습으로 나이 든 '어른'을 표현했어요. 丈人(장인)은 아내의 아버지를 이르는 말이에요. 때문에 丈(장인)의 家(집)으로 가는 데서 생겨난 표현이 '丈家(장가)간다'예요. ♂

*思(사 → 시)가 발음.

한편, 결혼이 '거래'였던 만큼 당사자들이 직접 대면하기보다 중간에서 제삼자(第三者)가 개입해 일을 봐주는 것이 서로 편했어요. 합의해야 할 절차가 많아 증인이 필요하기도 했고, 도중에 혼담이 깨졌을 때 곤란한 상황을 피하기에도 그 편이 나았지요. 중매(仲媒)를 맡은 사람은 주로 여자들이었기 때문에 媒(중매(하다) 매)는 女(여자 여)를 의미 부분으로 취했어요.

*某(모 → 매)가 발음. 某處(모처)에 사는 '아무개' 군과 某處(모처)에 사는 '아무개' 양을 서로 소개시키는 역할이라 某(아무(개), 어느 모)로 발음을 나타냈어요.

15 법

▶법(法)

法(법, 방법 법)은 본래 氵鷹去으로 썼어요. 왜? 전설에 의하면 신수(神獸: 신령스러운 동물)의 하나로 鷹(해치)라는 동물이 있었어요. 생김새는 뿔이 하나 달린 소를 닮았는데, 시비와 선악을 판단하는 능력이 있어서 재판을 할 때 잘못한 사람을 골라 뿔로 들이받아 去(쫓아냈다)고 해요. 그래서 法(법)의 초기자형에도 鷹(鷹해치)가 들어 있었어요. 氵(물 수)를 붙인 건 '물'이 누구의 간섭도 받지 않고 자연스럽게 흘러가는 것처럼, 누구에게나 법이 공평하게 적용돼야 하기 때문이에요. 만약 법이 없다면 사회가 어떻게 될까요? 법이 없다고 해서 당장 혼란한 사회가 되는 것은 아니지만, 모든 사람이 '법 없이도 살' 도덕적인 사람이라고 장담할 수는 없지요. 최소한의 법조차 없다면 범죄를 규제하거나 처벌하기도 애매하니, 법은 이러한 혼란을 바로잡고 사람들의 삶을 보호하는 기능을 잘 발휘해야 해요.

법을 포함해서 공동체의 질서를 유지하기 위해 지켜야할 기준들을 規範(규범)이라고 해요. 법, 규칙, 약속, 도덕, 윤리, 전통… 등의 사회적 약속이 모두 규범에 포함돼요.
規(規법, 그림쇠 규)는 夫(그림쇠)를 見(바라보는) 모습이에요.

그림쇠는  컴퍼스 같은 도구였어요. 중심을 잡고 선을 긋거나 거리를 재는 기준으로 사용됐어요. 자(ruler)와 마찬가지로 측량의 표준 근거가 됐던 점에서 → 판단을 하는 데 있어 표준 근거가 되는 '법'을 뜻하게 됐어요. **예** 規定(규정), 規則(규칙)

範(范법, 본보기 범)은 본래 수레를 타고 출타할 때 바퀴에 희생 짐승의 피를 묻히는 액막이 의식을 가리켰대요. 그런데 글자가 비슷한 范(거푸집 범)과 혼동되어 쓰이다가 아예 '거푸집'으로 굳어졌다고 해요. 거푸집에서 → 틀, 본보기, 模範(모범) → '법'으로 의미가 확장됐고요.

더 알아보기

법 라인, 줄을 서시오!

'법'이라는 의미가 있는 글자들을 알아볼게요.

憲(宪법 헌)은 害(해치다 해)의 생략형과 罒(目눈 목), 心(마음 심)으로 이뤄졌어요. 해를 끼치지 못하게끔 눈과 마음으로 감시한다는 뜻으로, 비슷한 역할을 하는 '법'을 의미해요.

律(법, 음률, 절제하다 율/률)은 새로 낼 彳(도로)의 구획을 聿(그리는) 모습이에요. 이로부터 잘 헤아리고 계획하여 기록한다는 의미가 나왔어요.

*사람이 彳(가야할 길)을 聿(적은) 것이라는 설명도 있고요.

스스로 절제하는 게 自律(자율)인데, 자율로는 부족해서 나온 것이 또 法律(법률)이지요.

則(则법(칙) 칙/곧 즉)은 원래 鼎刂으로 썼어요. 신성한 鼎(청동솥)에 刂(새겨 넣을) 만큼 중요한 '原則(원칙)', '法則(법칙)'을 의미했어요.

鼎(솥)과 刂(칼) 등 청동기를 만들 때는 각각 정해진 합금 법칙을 지켜야 해서 '법칙'이 되었다는 설도 있어요.

*庶(무리 서)의 생략형으로 서 → 도 발음.

度(법도, 정도 도/헤아리다 탁)에는 又(손)으로 어느 정도인지 잰다는 의미가 들어 있어요. 과거에는 신체의 일부를 기준으로 길이, 무게, 부피를 쟀기 때문에 又(손)도 도량형처럼 '기준이 되는 단위'였어요. 이로부터 '법', '정도'라는 뜻이 나왔어요.

* 弋(주살 익)에서 익 → 식 발음.

式(법, 제도 식)에는 弋(주살)이 들어 있어요. 주살은 화살에 줄을 매달아 나중에도 어디에 떨어졌는지 잘 알아볼 수 있게 만든 화살이에요. 그러므로 式(식)은 弋(표식)이 되도록 工(만든) '법', '제도'를 뜻해요.

程(법(도), 정도, 길(/거리) 정)은 禾(벼)를 바치며 呈(고하는) 모습이에요.

*呈(드리다, 바치다 정) 이 발음.

옛날엔 程(정)이 길이의 단위 중 하나였고, 노정(路程), 일정(日程)처럼 거리나 시간을 구분하는 표준도 됐어요. 그러므로 '단위'와 '표준'으로부터 → '법'이라는 뜻이 파생된 셈이에요.

(예) 規程(규정: 조목조목 정한 준칙), 程度(정도; 알맞은 한도), 日程(일정; 그날에 할 일, 또는 그 차례), 里程標(이정표; 거리를 적어 세운 푯말)

準(准법(도), 준하다 준)은 항상 수평을 유지하는 氵(물)에서 '평평하다', '고르다', '평균'이라는 의미가 나왔어요. 이로부터 → '표준(標準)', '기준(基準)', '준하다(표준에 맞추어 그에 걸맞게 따르다)'로 뜻이 확장됐고요. (예) 準則(준칙), 平準化(평준화), 準備(준비)

발음인 隼(새매 준)은 隹(새)가 十(나뭇가지나 횃대) 위에 균형을 잡고 앉아 있는 모습이에요. ♂

그건 그렇고, 동양에 법수(法獸)인 해치가 있었다면 서양에는 정의의 여신이 있었어요. 그리스 신화에서는 디케(Dike), 로마 신화에서는 유스티치아(Justitia)로 불렸어요. 영어로 '정의'를 뜻하는 Justice도 여기서 유래했지요. 정의의 여신은 왼손에 천칭(양팔저울), 오른손에 칼(또는 법전)을 들고 있어요. 천칭은 법의 공정성을, 칼은 법 집행의 강제성을 상징해요(법전을 들고 있다면 법전(法典)에 의해 법을 적용하겠다는 의미). 여신이 서 있는 이유는 의자가 없어서 일까요? 아뇨, 정의가 필요한 곳이라면 어디든지 달려가기 위해서랍니다! 그럼 여신이 들고 있는 각 사물들이 어떤 의미를 상징하는지 좀 더 알아보기로 해요.

먼저 저울은 公平(공평)하게 저울질하여 판단하겠다는 의미예요. 平(평평하다 평)은 천칭의 양쪽 접시가 어느 한쪽으로도 기울어지지 않고 水平(수평)을 이룬 모양에서 '平平(평평)하다', '고르다'가 됐어요. 여신이 눈가리개를 한 모습에서도 공평하려는 노력이 나타나요. 재판에 불필요한 요소와 편견을 배제하고 공명정대하게 판단하겠다는 의지를 뜻하니까요. 손에 쥔 칼은 刑罰(형벌)을 집행할 수 있는 힘을 상징해요. 법이 효력을 가지기 위해서는, 법을 위반했을 때 그에 대한 제재를 실제로 행할 수 있는 힘이 있어야 하니까요.

중국 사람들의 생각 또한 같아서 刑罰(형벌)이라는 글자 속에 刂(칼도)를 넣었어요. 刑(형벌 형)은 井(법의 틀)에 맞추어 죄를 刂(처벌)한다는 의미예요. 본래는 㓝으로 썼는데, 开(평평하다 견)을 쓰는 刑(형)과 井(우물 정)을 쓰는 㓝(형)이 혼용되다가 刑으로 굳어졌어요. 罰(罰벌하다 벌)은 ""(网법망)으로 잡아서 言(말)로 판결을 내리고 刂(刀칼)로 처벌(處罰)함을 뜻해요.

이렇게 법을 執行(집행)하는 일은 국가가 했어요. 執(執잡다 집)은 죄인을 잡아들여 두 손에 幸(차꼬)를 채운 모습이에요.

*차꼬는 기다란 나무판 두 개를 맞대고 그 사이에 구멍을 만들어 죄수의 두 손목이나 두 발목을 넣고 자물쇠를 채웠던 형벌기구예요.

오늘날 국가가 손에 쥔 '칼'은 경찰과 교도소예요. 국가 이외에는 누구도 무기를 가진 단체를 만들 수 없고, 사람을 가두는 감옥도 만들 수 없어요. 그렇다고 국가가 함부로 이런 힘을 휘두르면 안 되겠죠? 그래서 만든 게 三權分立(삼권분립) 제도예요. 삼권(三權)은, 국회(國會)가 법을 만드는 입법권, 법원(法院)이 실제 사건에 법률적인 판단을 내리는 사법권, 정부(政府)가 실제로 집행하는 행정권을 말해요.

이렇게 나누어 각 기관이 서로 견제하게 한 까닭은, 권력의 남용을 막아 국민의 권리와 자유를 보장하기 위함이에요. 법을 만들고, 재판하고, 집행하는 일을 한 기관에서 한다면 그 힘이 너무 커져서 제재하기가 힘들어지니까요. 마치 왕이 법을 만들고 적용하고 집행하는 권한을 다 가졌을 때처럼 말이지요.

현재 대부분의 나라는 법을 근거로 해서 나라를 운영하는 *法治主義*(법치주의)를 채택하고 있어요. *法治*(법치)는 '법에 의한 통치'로, 국가나 국민 모두 법에 따라야 한다는 뜻이에요. *治*(다스리다 치)는 황하의 범람이 잦던 고대에 氵(물길)을 다스리고 台(기뻐하던) 데서 나왔어요.

* 治(치)는 水(물 수)와 台(태/이) 발음부분으로 이뤄졌어요. 본래 강이름으로 쓰이다가 → '물길을 다스린다'는 뜻이 됐어요.

예 治水(치수)를 포함하여 治國(치국), 治療(치료), 治定(치정), 治安(치안), 法治(법치) 등 무언가를 다스릴 수 있는 다양한 경우에 씀

여기서 한 가지 궁금한 게 있어요. 만약 법에 문제가 있다면, 그래도 지켜야만 할까? 이에 대한 소크라테스의 유명한 일화가 있지요. 소크라테스가 감옥에 갇혔을 때 제자들이 감방지기를 돈으로 매수해 스승을 탈옥시키려고 했어요. 전해지는 말로는, 이때 소크라테스가 '악법도 법'이라는 말을 남기고 결국 독배를 마시는 쪽을 택했다고 해요. 악법이니까 지키지 않아도 된다는 생각 역시, 악법만큼이나 사회를 혼란스럽게 만든다고 생각했기 때문이래요.

여러분은 어떻게 생각하시나요? 한번 스스로 고민해보세요. 악법도 법이니까 지켜야 할까? 이 일화가 보여주는 것은 바로 투철한 '遵法精神(준법정신)'이라고 해요.

遵(따르다 준)은 의미 부분인 辶(가다 착)과 尊(존 → 준) 발음으로 이루어져, 尊(받들며) 辶(나아간다)는 뜻이에요.

발음인 尊(높(이)다 존)은 酋(술병)을 廾(손)으로 높이 받든 모습이에요. '받들다', '尊敬(존경)하다'라는 뜻을 가져요. (예) 尊重(존중)

법 자체가 잘못되었다고 생각될 때는 사법적 절차에 따라 법이 헌법에 어긋나는지를 검토하고 재판해요. 법으로 법을 재판하는 거죠. 그럼 법도 심판하는 裁判(재판) 관련 글자로 넘어갈게요.

▸재판

세상에서 유명한 재판 중에 하나로 '솔로몬의 재판'이 있어요.
두 여인이 소송(訴訟)을 했어요.
↓

> 재판을 청구하는 것이 訴訟(소송)이에요. 訟事(송사)라고도 하는데요, 訴(诉호소하다, 소송하다 소)는 訴(말)로 그간의 사정이 이러이러하다면서 訴(도끼로 내리치듯) 옳고 그름을 분명히 판가름해달라고 소송한다는 뜻이에요. 斥(내치다 척)이 발음이에요. 옛날에는 訴(소)와 斥(척)의 발음이 비슷했다고 해요. 訟(讼 소송하다 송)은 言(말)로 公(공정하게) 다툰다는 의미예요. 公(공 → 송)이 발음이고요.

유명한 이야기지만 잠시 들여다볼까요?

두 여인은 강보에 싸인 갓난아기를 두고, 서로 자신의 아기라고 주장했어요. 지혜로운 솔로몬 왕은 생각에 잠겼다가, 이윽고 판결을 내렸지요. "아기를 반으로 나누어 가져라!" 땅! 땅! 땅!

판결을 들은 사람들은 깜짝 놀라 귀를 의심했어요. 그 와중에 한 여인은 그렇게 하겠다며 기뻐했고, 다른 여인은 차라리 아기를 포기하겠다며 눈물을 흘렸어요. 순간 솔로몬 왕의 매서운 눈빛이 웃고 있는 여인을 향해 번쩍 빛났어요.

"저 여인이 가짜다. 당장 감옥에 가두어라!" 그러고는 울며 아기를 포기한 여인이야말로 진짜 어머니이니, 어서 아기를 돌려주라고 다시 판결을 내렸어요. 세상의 어떤 어머니도 자신의 욕심을 위해 자식을 희생시키지 않는다는 게 이유였어요.

이렇게 判決(판결)의 취지를 밝히는 말(또는 글)을 判辭(판사)라고 해요. 辭(辞말 사)는 엉킨 실을 푸는 모습의 亂(乱어지럽다 란)과 형벌용 칼을 본뜬 辛(맵다 신)으로 이뤄졌어요. 亂(복잡하게 얽힌 상황을 풀어서) 辛(죄)를 밝히는 '말', '진술'을 뜻해요.

*참고로 어지러운 일을 끝낸다는 의미에서 辭退(사퇴), 辭讓(사양)처럼 '그만두다'라는 뜻도 있어요.

裁判(재판)은 소송을 해결하기 위해 법원이나 법관이 법적 判斷(판단)을 내리는 일이에요. 裁(결단하다, 헤아리다, 옷마르다 재)는 본래 ▩(才재주 있게) ▩(衣옷)을 ▩(戈마름질한다)는 뜻이었어요. 그런데 옷감은 한 번 잘라내면 되돌릴 수 없으므로 잘 헤아려 결정해야 했지요. 이로부터 '헤아리다'라는 뜻이 나왔어요.

*才(재)가 발음.

判(판단하다 판)은 半(반)으로 刂(자르듯이) 옳고 그름을 분명하게 判斷(판단)한다는 뜻이에요. 이렇게 내린 決定(결정)이 判決(판결)이고요.

決(決결정하다 결)은 氵(물 수)와 夬(터놓다 쾌)로 이루어졌어요.
夬(쾌)는 大(사람)이 목에 칼을 찬 모습인 <!-- 갑골문 --> 夬(가운데 앙)에서 한쪽이 터진 모양이에요. 決(결)은 氵(물길)을 夬(터놓을) 때 잘 결정해야 하던 데서 나왔어요. '터지다', '결정하다'라는 뜻을 가져요. 예 決裂(결렬), 決斷(결단), 決心(결심)

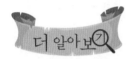

夬(터놓다, 터지다 쾌)가 들어간 글자

快(상쾌하다 쾌)는 忄(마음)이 夬(트여) 爽快(상쾌)하다는 뜻이에요.
缺(이지러지다 결)은 缶(질항아리) 한 귀퉁이가 夬(떨어져나갔다)는 의미로 缺陷(결함), 缺如(결여)의 뜻을 가져요. 訣(이별하다 결)은 言(말)로 사이가 夬(깨어져) 訣別(결별)하게 됨을 뜻해요. ♂

다시 재판으로 돌아와서 종류를 알아볼게요. 裁判(재판)의 종류는 사건의 성격에 따라 나뉜답니다.

民事(민사)재판

개인 간에 권리와 이해의 다툼이 생겼을 때 청구하는 재판이에요. 原告(원고; 소송 신청자)와 被告(피고; 소송 당한 사람)가 법정에 나와서 자신의 주장을 하면(이때 변호사가 대신 변론(辯論)해줄 수도 있어요), 다 듣고 나서 판사가 판결 내용을 소송 당사자들에게 말해줘요.

刑事(형사)재판

살인, 강도, 절도, 폭력 등 사회 질서를 어지럽히는 범죄자를 처벌하기 위한 재판이에요. 검사가 경찰을 지휘해 범죄를 수사한 뒤 재판을 청구해요. 그러므로 原告(원고)는 검사이고, 被告(피고)는 죄를 지은 범죄자예요.

형사재판에서… 被害者(피해자)는 피해를 당한 사람, 被疑者(피의자)는 피해를 입었다고 의심받는 사람이에요. 혐의가 있어 수사 대상이긴 하나, 아직 공소가 제기되지 않았으므로 피의자를 容疑者(용의자)라고도 해요.

疑(의심하다 의)의 초기자형은 한 사람이 지팡이를 짚은 채 두리번거리는 모습이었어요. 갈림길에 서서 이쪽인가 저쪽인가 확신을 갖지 못하는 데서 疑心(의심)한다는 뜻이 됐어요.

범인으로 의심을 받던 피의자가 검사에 의해 공소 제기를 받으면 被告人(피고인)이 돼요. 피고인은 죄가 있다고 추정되기 때문에 소환과 구속이라는 강제 처분을 받기도 해요. 이 형사 소송에서 피고인의 변호를 담당하는 사람이 辯護人(변호인)이에요.

고소와 기소의 차이는?

告訴(고소)는 범죄의 피해자(또는 다른 고소권자)가 범인의 처벌을 원하여 범죄 사실을 수사 기관에 신고해 수사를 요청하는 일이에요.

起訴(기소)는 이미 충~분히 조사한 범죄에 대해 검사가 법원에 재판을 요청하는 일이에요. 公訴(공소)라고도 하며, 우리나라는 검사만이 공소를 제기할 수 있는 '기소독점주의'를 채택하고 있어요.

證人(증인)

소송 당사자는 아니면서 법원에 나와 자신이 알거
나 경험한 사실을 진술하는 사람이에요. 證據人(증
거인)이라고도 하며, 증인석에서 한쪽 손을 올리고
사실에 依據(의거)해 진실만을 말할 것을 맹세한 후
진술해요. 證(证증명하다, 증거 증)은 言(말)로 고한다는 의미에, 단상
같은 데 올라가서 증명(證明)한다고 登(오르다 등)으로 등 → 중 발음
을 나타냈어요.

양심에 따라 숨김과 보탬이 없이
사실 그대로 말하고
만약 거짓말이 있으면
위증의 벌을 받기로 맹세합니다.

參考人(참고인)

재판에 도움이 될 만한 의견을 진술하는 사람이에요. 증인과 달리 출
석이나 진술이 강제되지 않아요. 參(参헤아리다, 참여하다 참)은 人(사
람)의 머리 위에서 ㅆㅆ(세 개의 별)이 빛나고 땅에는 彡(별빛이 드리워
진) 모양이에요. 별자리는 여러 개의 별이 모여 만들어지는 것이므로
'한 무리를 이루다', '한 무리에 끼다'로 의미가 넓어져 參與(참여)한다
는 뜻이 생겨났어요. 또 별자리로 시각, 방위, 계절, 날씨, 운수 등을
헤아렸기 때문에 '헤아리다'라는 뜻도 있어요.

* 彡(터럭 삼)에서 삼 →
참 발음.

鑑定人(감정인)

판사의 판단 능력을 보충하기 위하여 자신의 전문적 지식에 비추어
판단한 의견을 말하는 사람이에요. 鑑(鉴거울, 비추어보다 감)은 金(금
속)으로 만들어 자신의 모습을 ⚱監(監살펴보는) '거울'을 뜻해요. 여
기서 '비추어 살피다'라는 뜻도 나왔고요.

陪審員(배심원)

법률 전문가가 아닌 일반 국민 가운데 선출되어 재판에 참여하고 판

* 陪審(배심)은 재판장
에 陪席(배석; 모시고
자리를 함께함)하여 審
理(심리)에 참여시킨다
는 뜻이에요.

단을 내리는 사람이에요.

*죱(침 부/침뱉다 투)에 대한 설명은 '숫자' 편을 참고해주세요.

陪(쌓아올리다, 더하다, 모시다 배)는 의미 부분인 阝(언덕 부)와 咅(부 → 배) 발음으로 이뤄졌어요. ♂

그럼 재판 관련 용어를 좀 더 살펴볼게요. 조금 딱딱하지만 알아두면 편리해요. 신문기사를 읽거나 뉴스를 들을 때도 도움이 되고요.

召喚(소환)

법원이 소송에 관련된 사람들에게 소환장을 보내 지정된 날짜에 지정된 장소로 나올 것을 명령하는 일이에요. 召(부르다 소)에 대해서는

1. 刀 → 匕(숟가락 비)를 뒤집어놓은 刀(↰)와 口 → 口 (음식그릇)으로 이루어져 음식을 준비해놓고 사람을 부르는 紹(소개하다 소)의 본래자라는 설과

2. 刀(칼 도)와 口(입 구)로 이루어져 법을 刀(집행)하려고 사람을 口(부르는) 것이라는 설 등이 있어요.

審理(심리)

재판의 기초가 되는 사실 및 법률관계를 명확히 하기 위해 법원이 증거나 방법 등을 審査(심사)하는 일이에요.

審(살피다 심)은 宀(집) 안을 番(차례로) 살피는 데서 잘 보고 자세히 밝힌다는 뜻이 나왔어요.

例 審問(심문; 자세히 밝혀 묻다), 審査(심사; 자세히 조사하다), 審議(심의; 심사하고 의논하다)

理(결, 이치, 다스리다, 깨닫다 리)는 ㅌ(옥)을 잘 갈고 다듬어서 里(裏(속

리)의 생략형 속)에 숨겨진 본래의 결이 나타나게 다스린다는 의미에서 나왔어요. '다스리다', '(다스리는) 道理(도리)', '理致(이치)', '理解(이해)하다'라는 뜻을 가져요.

審問(심문)

법원이 재판에 관련된 사람들에게 개별적으로 진술할 기회를 주는 것이에요. 訊問(신문)은 사건 관련자(당사자, 피고인, 증인 등)에게 말로 물어 조사하는 것이에요. 訊(讯묻다 신)은 訊(손에 차꼬를 찬 죄인)에게 言(말)로 묻는다는 의미예요. 卂(신)이 발음이지요.

陳述(진술)

어떤 일이나 상황에 대해 자세하게 열거하며 이야기하는 것이에요. 陳(陈늘어놓다 진)은 阝(阜언덕)에 木(나무)들이 죽 申(펼쳐져) 있다고 '늘어놓다', '늘어서다', '많다'는 뜻이 되었어요. 述(말하다, 짓다, 책을 쓰다 술)은 말과 글을 펼쳐 辶(나간다는) 의미에, 朮(→ 술)이 발음이에요.

만약 판결에 만족하지 못한다면 다시 재판을 청구해서 2심, 3심까지 모두 세 번의 재판을 받을 수 있어요. 적어도 삼세번은 해야 한다고 만들어진 게 三審制度(3심제도)예요. 대법원에서 하는 3심 재판은 終審(종심)이에요. 여기서도 같은 판결을 받으면 '스트라이크 쓰리'를 받을 때처럼 승복해야 해요.

같은 사건에 대해 세 번이나 재판을 하는 이유는 혹시라도 잘못된 판결로 인해 피해를 보는 사람이 생기지 않도록 하기 위해서예요. 국가에서 제대로 判決(판결)하기 위해 노력하고 있지요?

이제 재판에 등장하는 판사, 검사, 변호사 관련 글자로 넘어갈게요.

* 朮(차조 출)은 차조 이삭이 익어 고개를 숙인 모양이에요.

* 종심까지 가서 일단 확정 판결된 사건은 다시 재판해서 뒤집을 수 없어요. 이것이 一事不再理(일사부재리)의 원칙! 같은 사건을 두 번 세 번 재판해서 그때마다 다른 처벌을 내리면 재판 자체에 대한 신뢰가 와르르 무너질 테니까요. 단, 재판이 명백하게 잘못되었거나 새로운 증거가 발견된 경우에는 예외적으로 다시 재판하기도 해요.

判事(판사)

대법원을 제외한 각 법원의 *法官*(법관)이에요. 官(벼슬아치 관)으로 알 수 있듯 법원에서 근무하는 공무원이에요. 소송 사건을 심리하고 법률적으로 해결, 조정하는 권한을 가졌어요. 한마디로 재판을 책임지고 관리하는 일을 해요.

檢事(검사)

검찰권을 행사하는 사법관(司法官)이에요. 역시 검찰청에서 근무하는 공무원으로, 범죄를 수사하고 재판에 참가해 범죄자에게 적당한 형벌을 주도록 요구하는 일을 해요. 젊고 잘생긴 열혈 검사가 직접 범인을 추격해 격투까지 벌이는 건 영화와 드라마에서나 나오는 장면이에요. 실제로는 직접 수사하기보다 수사 지휘만 하고 재판을 준비하는 편이랍니다.

辯護士(변호사)

법에 익숙하지 않은 국민들에게 의뢰를 받아, 보수를 받고 법률 서비스를 해주는 사람이에요. 대신 辯論(변론)해주는 게 직업인만큼 유창한 言辯(언변)은 기본이겠죠?

辯(辯말 잘하다 변)은 재판에서 辛詰辛(서로 시비가 붙은 사람들 또는 두 죄인)이 辛詰辛(말)로 다툰다는 의미였어요. 자신을 辯護(변호)하려면 말을 잘해야 해서 '말 잘하다'라는 뜻이 되었어요.

> 예 雄辯(웅변), 熱辯(열변)

護(护보호하다 호)는 言(말)로 지킨다는 의미에, 蒦(확 → 호)가 발음이에요. 간화자로는 护(호)로 써요.

달아나!!

370

▶ 죄와 벌 ①

사람들은 알게 모르게 여러 가지 죄를 지으며 살고 있지요. 심지어 순진무구했던 어린 시절을 가만히 돌이켜 보면… 맙소사, 범죄의 추억이 꼬리에 꼬리를 물고 떠오르는 것 같아요.

정말인지 한번 과거의 기억 속으로 들어가볼까요?

누구나 한 번쯤 친구에게 "너랑 안 놀아!"라고 말해봤을 텐데요, "다른 애들한테도 너랑 놀지 말라고 할 거야!"라고 덧붙였다면 협박죄에 해당돼요. 곱슬머리 친구라서 "브로콜리!" 하고 별칭으로 불러줬다면 모욕죄도 추가되고요. 친구와 싸우다 무심코 팔을 깨물었던 건 상해죄로 분류되겠네요. 친구에게 게임 CD를 빌려놓고 깜빡 잊어 돌려주지 않으면 횡령죄예요. 그게 1년 전 일이었다면 고의성을 의심받아 가중처벌감이고요. 킥보드를 타다 친구에게 부딪쳐놓고 쌩 일어나 가버린 건 뺑소니예요. 물론 그 장면은 동네 CCTV에 고스란히 녹화되었겠죠. 좋아하는 이성 친구가 지나가서 얼른 쫓아갔다고요? 자꾸 따라다니면 스토커인 줄 몰랐던 때죠. 35점 맞은 시험지를 85점으로 고쳤던 건 공문서 위조로 처리될 거예요. 학교 담장을 넘는 건 교칙으로 금지되어 있는데 "재밌을 거야!" 하고 친구들을 부추겨 담장 뛰어넘기 시합을 했던 건 교사죄가 되겠어요. 수위 아저씨에게 딱 걸려 내뺐다면 유기죄도 추가돼요. 아까 같이 뛰어내린 친구가 넘어졌는데 버려두고 도망쳤거든요. 다친 사람을 내버려두고 도망치면 흔히 무책임하고 비겁하다고 하지만, 법에서는 유기죄를 저지른 게 돼요. 이렇게 기타 등등… 일일이 열거할 수 없을 만큼 많은 일들이 있었을 거예요. 이 모든 게 죄가 되는지 몰랐다고요? 그래서 죄를 짓지 않으려면 법을 꼭 알아야 해요. 왜냐하면 법에서는 법으로 '罪(죄)'라고 정해진 일을 저질렀을 때만 '죄'를 저지른 게 되거든요. 이것을 죄형법정주의(罪刑法定主義)라고 해요. 때문에 '법이 없으면 죄도 없다'는 말도 있지요.

법규를 어기고 저지른 잘못을 犯罪(범죄)라고 해요.

犯(범하다 범)은 犭(개)가 㔾(꿇어앉은 사람)에게 달려들어 해치려는 모습이고, 罪(죄, 허물 죄)는 ㄓ → (🕸법망)에 걸린 非 → (그릇된) 행위에서 '죄'라는 뜻이 나왔어요.

罪(죄)는 원래 皐로 썼어요. 自(코)를 辛(베는) 형벌을 의미했어요. 진시황이 皇(임금 황)과 비슷하다며 쓰지 못하게 해서, 대신 음이 비슷하던 罪를 빌려다 쓰게 됐어요.

그럼 각종 罪目(죄목)과 관련된 글자들을 볼게요.

살인(殺人)

사람을 죽이는 것이에요. 이때 殺(죽이다 살)은 𣎴(짐승)을 殳(때려서) 죽이는 모습에서 나왔어요.

강도(强盗)

폭행이나 협박을 하며 강제로 남의 재물을 빼앗는 것이지요.

强(굳세다, 강제로 하다 강)은 弓(彊굳세다 강의 생략형)으로 발음을 나타냈고, 虫(벌레 충)에서 강하다는 의미를 취했어요. 虫(벌레 충)은 원래 쌀 바구미를 가리켰어요. 쌀벌레로 강하다는 뜻을 만든 건 좀 억지 아니냐고요?

强(강)에는 '억지(로 하다)', '강제(로 하다)'라는 뜻도 있어요.

예 强要(강요)

* 强(강)이 발음부분인 弘(홍)과 딱정벌레과의 쌀바구미를 나타내는 '벌레 충'으로 이뤄졌단 설명도 있어요.

발음인 彊(굳세다 강)은 弓(활)이 강하다는 뜻이었는데, 彊(강) 대신 强(강)을 주로 쓰게 되었어요.

盜(훔치다 도)는 남의 皿(그릇)을 보며 欠(입을 벌린 채) 氵(군침) 흘리는
모습이에요. 단지 군침을 흘리며 부러워한 것뿐인데 竊盜(절도)라니, 좀 너무하죠? 하지만 남의 것을 탐내고 넘보는 모습으로 '훔치다'는 뜻을 함축적으로 잘 나타내고 있어요.

절도(竊盜)

남의 것을 훔치는 거예요.

竊(窃훔치다 절)은 穴(굴이나 구덩이)에 저장해놓은 米(양식)을 몰래 훔쳐간다는 의미에, 卨(사람이름 설)로 설 → 절 발음을 나타냈어요. 穴(굴) 안에 식량을 먹고 간 釆(짐승 발자국)이 남았다는 의미와 卨(설 → 절) 발음을 합쳤다는 설명도 있고요.

납치(拉致)

강제 수단을 써서 억지로 데려가는 것을 말해요.

拉(끌고가다 납)은 扌(손)으로 立(사람)을 끌고 가는 모습이에요.
致(이르다, 보내다 치)는 화살이 땅에 이른 至(이르다 지)에, 夊(치)로 발음을 나타냈어요.

*夂은 夊(치)의 예서체.

유괴(誘拐)

사람을 속여서 꾀어내는 것이죠?

誘(诱꾀다 유)는 言(말)을 秀(빼어나게)해서 유혹(誘惑)한다고 秀(빼어나다 수)로 수 → 유 발음을 나타냈어요. 拐(꾀어내다 괴)는 扌(손)으로 끌고 간다는 의미에, 另(과 → 괴)가 발음이에요.

사기(詐欺)

나쁜 꾀로 남을 속이는 것인데요.

詐(속이다 사)는 言(말)을 乍(지어내) 속인다는 뜻이에요.

칼로 옷섶을 자르는 모양의 乍(사)는 본래 '(옷을) 짓는다'는 의미였는데, '잠깐'이라는 뜻으로 가차되었어요. 거짓말은 다리가 짧다는 속담이 있어요. 言(말)로 乍(잠깐)은 속일 수 있지만, 결코 오래 속이진 못하지요.

欺(속이다 기)는 欠(하품 흠)이 의미, 其(그 기)가 발음이에요.

欠(입을 크게 벌린 모습)은 허풍을 치며 과장되게 말함을 나타내요. 이로부터 欺瞞(기만)한다는 뜻이 나왔어요.

횡령(橫領)

공금이나 남의 재물을 불법으로 차지하는 것이죠.

橫(가로(지르다), 제멋대로 하다 횡)은 '주거' 편에서 나왔는데 기억나나요? 문에 木(나무 빗장)을 가로질러 드나들지 못하게 막는 데서 '제멋대로 하다', '사납다', '뜻밖에'로 의미가 확장되었어요.

*黃(황 → 횡)이 발음.

협박(脅迫)

다른 사람에게 (생명, 신체, 자유, 명예, 재산 등에 대해) 해로운 일을 하겠다고 으르고 겁을 주는 일이에요.

脅(肕으르다 협)은 원래 月(肉 몸)의 옆구리를 가리켰는데, 威脅(위협)한다는 뜻으로 가차되었어요. 劦(힘합하다 협)이 발음입니다. 迫(핍박하다, 다급하다 박)은 辶(간다)는 의미에, 다급해서 얼굴이 白(하얗게) 질렸다고 白(희다 백)으로 백 → 박 발음을 나타냈어요.

폭행(暴行)

난폭한 행동을 일컫는 말이죠. 특히 사람의 신체에 폭행을 가한 범죄가 暴行罪(폭행죄)고요.

暴(사납다 폭)은 해 아래에서 갈퀴처럼 생긴 농기구를 잡고 곡식을 펼쳐놓는 모습이에요. 곡식알을 건조시킬 만큼 日(해)가 맹렬한 기세로 내리쬔다고 '사납다', '심하다'가 되었어요.

行(행하다 행)은 彳亍 사거리를 본떴어요. 사방으로 통하는 큰 길에서, 많은 사람들이 오가고 여러 가지 일이 施行(시행)되었으므로 '가다', '행하다'라는 뜻이 되었어요.

상해(傷害)

남의 몸에 상처를 내어 해를 끼치는 것이에요. 폭행뿐 아니라 상한 음식을 먹어 설사를 하게 만드는 등 생리적 기능에 장해를 주는 일에도 해당되지요.

傷(伤다치다, 상처 상)은 亻(사람 인)과 殤(일찍 죽다 상)의 생략형이 합쳐졌어요. 사람이 다친 상처로 인해 일찍 죽는다는 뜻이에요.

성추행(性醜行)

강간(强姦)을 하거나 성적(性的)으로 희롱(戲弄)하는 범죄를 말해요.
죄질이 나쁘다고 판단하여 중형이 내려져요.

성희롱(性戲弄)

성적인 수치심을 주는 말이나 행동을 하는 것을 말해요. 戲(戏희롱하
다, 놀다, 연극 희)는 戈(창)으로 위세를 보인다는 뜻이었는데, 嬉(놀다,
즐기다 희)와 발음이 통해 戲弄(희롱)한다는 뜻이 됐어요.

*虛(비다 허)로 허 →
희 발음.

과실치사(過失致死)

과실 행위로 사람을 죽이는 것이에요. 過(过잘못 과)의 발음 부분인
咼(입 비뚤어지다 괘/와)는 骨(뼈 골)의 변형으로, 바르지 못하거나 요
사스럽다는 不正(부정)의 뜻을 나타내요. 그러므로 過(과)는 㖞(바르
지 못하게) 辶(갔다)는 의미가 되고, 도를 넘어간 데서 '지나치다', '지
나다', '過誤(과오)'를 뜻하게 되었어요. 失(잃다, 잘못(하다) 실)은 手(손)
에서 무엇인가 乚(미끄러져 내리는) 모양이에요. 여기서 '잃(어버리)다'
라는 뜻이 나왔어요. 失手(실수)로 紛失(분실)한 것은 자신의 失策(실
책)이므로, 失(실)에는 '잘못'이라는 뜻도 있어요.

*手(손)에서 잃어버린
다는 의미에, 乙(을 →
실)이 발음.

참고로 앞에 足(발 족)을 붙이면 跌(넘어지다 질)이에요. 발을
헛디뎌 넘어진다는 뜻의 蹉跌(차질)은 '(하던) 일이 틀어짐'을
비유해요. 제 걸음(페이스)을 잃는다는 의미에서 '(도가)지나치
다'라는 뜻도 생겨났고요. 행위나 놀음이 지나쳐 방탕에 가까
울 때 '跌宕(질탕)'이라는 표현을 쓰지요.

명예훼손(名譽毀損)

다른 사람에 대한 평가를 떨어뜨리는 사실(또는 허위 사실)을 퍼뜨리는 것이에요. 名(이름 명)은 어두운 夕(저녁)에 서로 이름을 口(부르던) 데서 나왔어요.

*與(더불다, 참여하다, 주다 여)로 여 → 예 발음.

譽(쁠기리다 예)는 與(다같이) 더불어서 言(말)로 기리고 칭찬한다는 뜻이에요.

毀(헐다 훼)는 舁(사람)을 뒤에서 殳(몽둥이로 내리치는) 모습이에요. 臼는 맞아서 머리가 훼손된 걸 나타내요. 이런 행동은 비난을 받았으므로 毀(훼)에는 '헐뜯다', '비방하다'라는 뜻도 있어요.

損(덜다 손)은 扌(손)으로 員(鼎솥)에서 음식을 덜어내는 것으로 기억하세요. '줄어들다', '잃다'라는 뜻을 나타내요. 예 損失(손실), 損傷(손상)

한편, 범인을 찾아내고 증거를 수집하기 위한 수사 기관의 활동을 搜査(수사)라고 해요.

搜(찾다 수)는 扌(손)으로 찾는다는 의미에, 甶(횃불)을 又(손)에 든 모습의 叟(수)가 발음이에요. 搜索(수색)하는 모습이 연상되지요?

*叟(수)가 발음으로 들어간 글자로는 嫂(형수 수)와 瘦(파리하다 수)가 있어요.

查(조사하다 사)는 木(나무)를 조사한다는 의미에, 且(차 → 사)가 발음이에요. 木(나무)는 계속 자라기 때문에 주기적으로 조사하고 且(또) 조사해서, 且(또 차)를 발음으로 취했어요.

逮捕(체포)는 사람을 구속해 행동의 자유를 빼앗는 것이에요. 검찰수사관이나 사법경찰관이 법관이 발부한 영장에 따라 피의자를 일정한 장소에 잡아 가두는 걸 말해요.

逮(잡다 체)는 辶(가서) 彐(손)으로 (짐승의 꼬리)를 붙잡은 모습이에요.

捕(사로잡다 포)는 扌(손)을 크게 벌려 잡는다고 甫(크다 보)로 보 → 포 발음을 나타냈어요. 예 捕虜(포로), 捕縛(포박)

拘束(구속)은 拘置所(구치소)에 拘禁(구금)해 행동과 의사의 자유를 제한하는 것이에요.

拘(잡다 구)는 扌(손)으로 잡는다는 의미에, 口(무엇)을 勹(감싼) 모양의 句(싸다 구)가 발음이에요.

束(묶다 속)에 대해서는 자루를 본떴다는 설명도 있고, 木(나무)를 해서 口(묶은) 모양이라는 설명도 있어요. 結束(결속)과 束縛(속박)의 의미를 가져요.

더 알아보기

束(속)이 들어간 글자

速(빠르다 속)은 辶(갈 때) 나무를 束(묶어서) 이고 가면 速度(속도)가 더 빠르던 데서 나왔어요.

整(가지런하다 정)은 束(묶은) 것을 攵(탁탁 쳐서) 正(바르게) 整頓(정돈)한다는 의미예요.

柬(가리다 간)은 '구별하다', '(가려서) 식별하다'라는 distinguish의 의미에요. 가려져 束(꾸러미) 안에 든 내용물을 丷(두 점)으로 나타냈어요. 앞에 扌(손)을 더하면, 扌(손)으로 柬(가려서) 뽑는다는 揀(拣가려뽑다 간)이에요. 예 分揀(분간), 揀擇(간택) ♂

* 束(속)이 발음.

* 正(정)이 발음.

拘禁(구금)

피의자를 구치소나 교도소에 가둬 신체의 자유를 구속하는 것이에요. 형이 확정되지 않은 사람에게 집행하며, 형이 확정되면 선고 받은 기간에서 구금 일수를 제외시켜요. 예를 들어 하루 동안 구금되었던 사람이 10년 형 선고를 받으면 이제 9년 하고 364일이 남은 거죠(물론 재판을 하는 데에는 더 여러 날이 걸려요).

拘留(구류)

죄인을 1일 이상 30일 미만 동안 가둬두는 처벌이에요.

保釋(보석)

진귀한 보석 아니고요, (보석) 보증금을 받거나 보증인을 세우고 (피고인을) 구류에서 풀어주는 것이에요. 이 단어에서 釋(釋풀다 석)은 釆(변별하고) 睪(자세히 살펴서) 석방(釋放)시킨다는 의미예요.

釆(분별하다 변)은 수렵 시절에 사냥꾼들이 짐승의 발자국을 보고 어떤 짐승이, 몇 마리가, 어느 방향으로 갔는지 추리하던 데서 '분별하

다', '헤아리다'라는 뜻이 되었어요.

睪(엿보다 역)은 ""(눈) 밑에 수갑을 본뜬 幸(행)을 쓴 모양이에요. 幸(수갑)은 죄인을 상징하므로 본뜻은 '죄인을 엿보며 감시하다'였어요. 이로부터 '자세히 살펴보다'라는 뜻이 되었어요.

睪(역)이 들어간 글자

驛(驿역참 역)은 馬(말)을 睪(자세히 살펴) 교체하던 '역참'을 뜻해요. 지금은 말 대신 기차나 전철을 타고 내리는 驛(역)을 가리켜요.

譯(译번역하다, 통역하다 역)은 言(말)을 睪(자세히 살펴) 다른 언어로 바

꾼다는 의미예요.

繹(绎풀(어내)다 역)은 糸(실)을 罜(자세히 살펴) 실마리를 풀어내는 데서 나왔어요.

예로 演繹法(연역법)은 일반적인 원리에서 특수한 낱낱의 사실이나 명제를 이끌어내는 추론 방법이에요. 마치 커다란 실 뭉치(일반적인 원리)에서 가느다란 실 한 오라기(특수한 사실이나 명제)를 풀어내는 것처럼요.

擇(择가리다 택)은 扌(손)으로 가려 뽑는다는 의미예요.

罜(잘 살펴) 선택(選擇)한다고, 罜(역보다 역)으로 역 → 택 발음을 나타냈어요. ♂

押收搜索(압수수색)

범인 또는 증거를 잡기 위해 압수와 수색의 강제 처분을 행하는 것이에요. 물품을 압수하거나 주거, 물건, 신체, 기타 장소에 대해 수색을 집행해요(물론 허가받은 令狀(영장)이 있어야 해요).

* '强壓的(강압적)'이라고 할 때나 '壓力(압력)'에는 壓(누르다 압)을 써요.

押(누르다, 잡다 압)은 扌(손)으로 누른다는 의미에, 甲(갑 → 압)이 발음이에요. 예 押送(압송), 押留(압류), 押釘(압정)

收(거두다 수)는 丩(丩끈)과 攵(치다 복)으로 이뤄졌어요. 본래 뜻은 '잡다', '체포하다'였어요. 확장된 의미가 '거두어들이다'예요.

搜(찾다 수)는 앞에서 搜査(수사)와 관련하여 나왔지요,

索(찾다 색)은 (여러 가닥의 실)을 糸(꼬아서) 굵은 실로 만들 때, 다음 차례에 올 (실)가닥을 찾던 데서 나왔어요. 뒤져서 찾아내는 '索出(색출)'에 써요.

법망과 형벌 도구 — 网(망), 辛(신), 幸(행), 亢(항), 央(앙) * 罷(파)

网(그물 망)은 법과 관련해서 法網(법망)을 의미해요.

辛(맵다 신)은 형벌용 먹칼을 본뜬 것으로 '죄', '고통', '형벌'을 뜻해요.

幸(다행 행)은 수갑을 본떴어요. 🖐🖐🖐🖐

소전에서는 幸로 썼는데, 비슷하게 생긴 글자로 '운이 좋다'는 뜻의 𡴘

가 있었어요. 夭(일찍 죽는) 것을 屰(거스르니) '다행'이라는 뜻이었어요.

모양이 비슷한 두 글자를 예서에서 똑같이 幸(행)으로 쓰게 되었고,

'운이 좋다', '多幸(다행)', '幸福(행복)'이란 뜻이 되었어요.

報(报알리다, 갚다 보)는 辛(형벌도구) 앞에 죄인을 又(잡아) 卩(무릎 꿇린)

모습이에요. 잡아와 죄를 알리고 죗값을 치르게 해서 '알리다', '갚다'

가 됐어요. 報告(보고), 報道(보도)에서는 알린다는 의미이고, 報恩(보

은), 報答(보답), 報酬(보수), 報復(보복)에서는 갚는다는 의미예요.

執(执잡다 집)은 손에 (오늘날의 수갑과 같은) 차꼬가 채워진

모습이에요.

亢(높다 항)은 죄수가 발에 차꼬를 찬 모습이에요. 형벌을

견디는 데서 '맞서다', '버티다'라는 의미가 나왔고, '높다'는 뜻은 가

차된 것이에요.

亢(항)이 발음으로 든 글자

坑(구덩이 갱)은 깊게 土(흙)을 파서 坑道(갱도)를 만드는 것과 같이, 위

험한 작업은 주로 亢(죄수)들에게 시켰기 때문에 죄수를 그린 亢(항)

으로 항 → 갱 발음을 나타냈어요.

抗(막다 항)은 扌(손)으로 亢(맞서고 버티며) 抵抗(저항)한다는 의미예요.

航(배, 건너다 항)은 舟(배)가 중력에 亢(맞서서 (물 위로) 높이) 떠가기

때문에 발음으로 亢(항)을 썼어요. 비행기도 중력에 저항해 (공기 중

* 幸(행)이 '수갑'의 뜻
으로 들어 있는 글자로
睪(엿보다 역), 釋(풀다
석), 執(잡다 집), 報(갚
다, 알리다 보), 蟄(숨다
칩)이 있어요.

에) 높이 떠가므로 航空機(항공기)라고 해요.

*칼은 긴 널빤지 가운데에 구멍을 뚫어 죄인의 목을 끼우고 자물쇠를 채우는 형틀.

央(가운데 앙)은 大(사람)이 목에 □(형벌용 칼을 찬) 모습이에요. 이때의 忄(심경)을 나타낸 게 怏(원망하다 앙)이에요. ♂

*能(능하다 능)은 곰이 입에 고기를 물고 있는 모습이에요. 그런데 곰이 워낙 多才多能(다재다능)해서, 아예 '능히 할 수 있다'는 뜻으로 굳어졌어요.

罷(罷파하다, 방면하다 파)는 ""(罒그물 망)과 能(능하다 능)으로 이루어졌어요. 법망에 잡히더라도 능력이 있는 사람은 곧 풀어준다 하여 '파하다', '놓아주다', '마치다'가 되었어요.

예 罷場(파장), 罷免(파면), 罷業(파업), 革罷(혁파)

𦥑 𦥑 能 能

▶죄와 벌 ②

因果應報(인과응보)는 지은 죄가 있으면 반드시 벌을 받고, 착한 일을 하면 좋은 보답을 받게 된다는 뜻이에요.
應(应응(답)하다 응)은 心(마음)에 와 닿는 무언가를 느껴 (감)응한다는 뜻에, 雁(매 응)이 발음이에요. 사냥할 때 데리고 다니는 매는 주인과 마음이 통한다고 여겼고, 매 다리에 편지를 묶어 서로 주고받기도 해서 雁(매 응)으로 발음을 나타냈어요.

예 感應(감응), 應答(응답), 反應(반응), 適應(적응)

법에서는 죄에 대한 膺懲(응징)으로 罰(벌)을 선고해요. 懲(懲벌하다, 징계하다 징)은 心(마음)과 발음인 徵(징)으로 이뤄졌어요. 발음인 徵(征 부르다, 거두다, 조짐 징)은 은밀하게 다닌다는 微(작다, 몰래 미)의 생략형과 徵壬(임)으로 이루어졌어요. 눈에 잘 띄지 않는 사람을 壬(나와서 똑바로 서도록) 불러낸다는 뜻이에요. 그래서 徵兵(징병), 徵集(징집)처럼 소집한다는 의미로 써요. 그러므로 懲(징)은 불러와서 뉘우치도록 '혼내다', '벌하다'란 뜻이에요.

잘못하거나 죄를 지은 사람에게 주는 고통이 罰(罰벌)이에요. 사형처럼 목숨을 빼앗는 벌부터, 벌금을 걷는 벌, 명예나 자격을 박탈하는 벌, 감옥에 가둬 자유를 빼앗는 벌 등이 있어요.

獄(獄감옥 옥)은 犭 犬(두 마리의 개)와 言(말(하다) 언)으로 이루어져 서로 소송을 벌인다는 뜻이었어요. 송사에서 서로 비방하고 헐뜯는 것을 개 두 마리가 서로 짖어대는 것으로 비유했는데, 의미가 확장되어 결과적으로 잘못한 사람이 가게 되는 감옥을 가리키게 되었어요(또는 감옥이 허술하던 때에 개들이 監獄(감옥) 앞에서 囚(죄수)를 지키던 것으로 보기도 해요).
□(감옥)에 人(죄인)을 가둔 모양이 囚(가두다, 죄수 수)예요.

이렇게 죄수를 矯導所(교도소)에 가두는 것은 범죄자를 사회에서 격리시키는 동시에 教化(교화)시키기 위함이에요.
矯(矯바로잡다 교)는 뒤틀린 矢(화살대)를 바로잡아 矯正(교정)한다는 의미에, 喬(높다 교)로 발음을 나타냈어요. 導(導이끌다 도)는 발음인 道(도)와 寸(손)으로 이끈다는 의미를 합쳤어요. 道(길 도)에는 사람이 나아가야 할 올바른 '道理(도리)'라는 의미도 있으므로, 導(이끌다 도)는 잘 指導(지도)해 올바른 길로 引導(인도)한다는 뜻을 가져요.

때로는 형을 곧바로 집행하지 않기도 해요. 執行猶豫(집행유예)는 3년 이하의 징역이나 금고를 선고받았을 경우, 정상을 참작해 일정 기간

*酋(추 → 유)가 발음. 발음인 酋(오래된 술, 우두머리 추)는 오래된 酉(술동이)에서 八(향기가 새어나오는) 모양이에요. 오래 익은 술처럼 연륜이 오래된 사람도 가리켰는데, 옛날에는 풍부한 경험을 가진 연장자가 무리를 이끌었으므로 '우두머리'라는 뜻도 있어요. 예) 酋長(추장)

동안 집행(執行)을 유예(猶豫)하는 것이에요. 아무런 사고 없이 기간을 다 채우면 형의 선고 효력이 없어져요.

猶(주저하다 유)는 나이든 犭(원숭이)가 꾀와 의심이 많아 선뜻 酋(술독)에 덤벼들지 않고 망설인다는 데서 나왔어요.

豫(預미리 예)는 '옷' 편을 참고해주세요.

赦免(사면)은 죄를 용서(容恕)하여 형벌을 면제하는 것이에요.

赦(용서하다 사)는 赤(불로 정화하고) 攵(때려서) 나쁜 악귀를 쫓아내 죄를 赦免(사면)받게 하려던 주술 의식에서 나왔어요.

더 알아보기

恕(서)

恕(용서하다 서)는 如(같다 여)와 心(마음 심)을 합쳐, 용서란 입장을 바꿔서 상대방과 如(같은) 心(마음)이 되어볼 때 가능한 것임을 나타냈어요. 如(같다 여)는 女(두 손을 모으고 다소곳이 앉은 사람)과 그 앞에서 말하는 사람의 口(입)을 나타내요. 상대의 뜻을 따르는 것은, 내 뜻을 상대의 뜻에 맞추는 것이기 때문에 '같다'는 뜻이 되었어요. ♂

▶옛 형벌에서 나온 글자들

옛날에는 육체적인 고통을 가하는 형벌이 있었어요. 이러한 형벌에서 나온 글자들을 살펴볼게요.

斬(斬베다 참)은 사람의 팔다리를 각각 네 대의 車(수레)에 묶고 사방에서 당기던 斬刑(참형)에서 나왔어요. 斤(도끼 근)은 벤다는 의미를 강조해요. 心(마음 심)을 붙이면 慙(慙부끄러워하다 참)이에요. 斬(참형)을 당하는 心(심경)을 나타내요. 慙悔(참회)할 정신이 있었을지 모르겠지만, 부끄럽게 여기며 뉘우친다는 뜻이에요.

辟(임금 벽)은 辛(형벌용 칼)로 尸(꿇어앉은 사람)의 口(살점)을 떼어내는 모습이에요. 이런 끔찍한 형벌은 임금에게 보고하여 최종 결정이 내려졌을 때만 집행할 수 있어서(즉, 임금만이 결정할 수 있었으므로) '임금'이란 뜻이 됐어요.

더 알아보기

辟(벽)이 발음으로 들어간 글자

살점을 잘라내는 辟(벽/피)에는 '분리하다' '가르다'라는 의미가 있어요. 그래서 壁(벽 벽)은 土(흙)으로 쌓아서 안과 밖을 辟(나누는) '벽', 또는 土(땅)을 서로 辟(단절시키는) '絶壁(절벽)'을 뜻해요.

闢(辟열다 벽)은 맞대고 붙어 있던 門(문짝)이 辟(갈라지며) '열(리)다'예요.

霹(벼락 벽)은 雨(구름)을 辟(가르며) 떨어지는 '벼락'을 말해요.

'산간벽지(山間僻地)'의 僻(후미지다 벽)은 亻(사람들)과 辟(단절)될 만큼 외따로 떨어졌다는 뜻이에요.

避(피하다 피)는 어떤 상황으로부터 辟(떨어져서) 辶(가는) 것으로 피한다는 의미를 표현했어요. ♂

墨刑(묵형)은 먹물로 이마에 문신을 새겨 넣는 형벌이었어요.
얼굴에 묵형을 당한 모습이 兇(흉악하다 흉)이에요.

* 開闢(개벽)은 한 덩어리였던 하늘과 땅이 분리되어 세상이 처음 생겨났다는 뜻이에요. 세상이 어지럽게 뒤집히거나 새로운 시대가 열리는 것을 비유해요.

* 참고로 癖(버릇 벽)은 병을 의미하는 疒(병들다 녁)에, 辟(벽)이 발음이에요. 潔癖(결벽), 盜癖(도벽) 등 병적인 버릇에 써요.

예 兇器(/凶器 흉기), 兇測(/凶測 흉측), 兇惡(/凶惡 흉악)

특히 얼굴을 들여다보는 듯한 凶(흉하다 흉)에 대해서는 凵(땅이 움푹 파인 곳)에 ×(빠진 것을 표시)했다는 설도 있어요. 이로부터 '운수가 사납다', '흉하다'라는 뜻이 나왔고요.

예 凶計(/兇計 흉계), 凶年(흉년), 吉凶(길흉)

耐(참다 내)는 而(수염)을 寸(손)으로 잡고 있는 모습이에요. 가벼운 죄에는 수염을 깎는 형벌이 내려졌는데, 그 정도 형벌은 忍耐(인내)할 만하다고 '참다', '견디다'가 됐어요.

而(말잇다 이)는 턱수염을 본떴는데 어조사로 가차됐어요. '너', '~뿐'이라는 뜻으로 쓰여요. '그리하여, 그러나, 그런데'처럼 말을 이을 때도 쓰고요.

예 哀而不悲(애이불비; 슬프지만 겉으로 슬픔을 드러내지 않는다, 또는 슬프기는 하나 비참하지는 않다는 뜻) ♂

縣(늚매달다, 고을 현)은 사람의 목을 베 県(머리)를 나무에 거꾸로 系(매단) 모양이에요. 県는 首(머리 수)를 거꾸로 쓴 것으로 県(머리카락이 아래로 축 늘어진) 모양이고요. 郡縣制(군현제)에선 중앙 정부에 달려 있는 행정 구역 '고을'을 뜻해요. 예 縣令(현령)

縣(현)이 행정 단위를 나타내는 데 주로 사용되자, '높이 걸다'라는 본래 뜻으로 새로 만든 게 懸(늚매달다 현)이에요.

*縣(현)이 발음.

예 懸垂幕(현수막), 懸板(현판)

賜藥(사약)은 왕족이나 사대부가 죽을죄를 지었을 때, 겉모습을 보존한 채로 죽을 수 있도록 임금이 하사한 독약이었어요.

賜(賜주다, 하사하다 사)는 공적을 貝(재물)로 易(바꾸어) 보상해준다는 의미예요.

下賜(하사)는 임금이 신하에게, 윗사람이 아랫사람에게 물건을 주는 일이에요. 심지어 먹고 죽으라는 독약마저 왕이 下賜(하사)한 것이므로 賜藥(사약)이라고 불렀지요. ♂

죄는 지은 데로 가고, 덕은 쌓은 데로 간다고 해요. 차근차근 덕을 쌓으려면 착하게 살아야겠어요.

＊비단, 금, 곡식 등 貝(돈)으로 易(바꾸기 쉬운) 물품을 내려주었기 때문에 易(바꾸다 역/쉽다 이)로 발음을 나타냈어요.

16 소리와 말

▸ 소리와 말

갑골문을 보면 ⊻입으로 나팔을 불고 있는 글자가 있어요. 여기서 변한 게 音(음)과 言(언)이에요.

音(소리, 음악 음)은 言(언)과 구분하기 위해 口(입)안에 一(소리를 나타내는 가로선)이 든 모양이에요. 악기를 부는 걸로 보고 '음악(音樂)'이라는 뜻도 나왔어요.

言(말(하다) 언)은 나팔을 부는 모습에서 어떻게 '말한다'는 뜻이 되었을까요? 옛날에는 (전쟁, 사냥 등에서) 나팔을 불어 서로 신호를 보내고 의사소통을 하는 등 나팔 소리가 '말'의 기능을 대신 했기 때문이에요.

▸ 音(음) 관련 글자

*소리를 전달하는 물질을 매질(媒質)이라고 하는데, 금속 같은 고체가 소리를 가장 잘 전달하므로, 員(금속 솥)을 넣은 건 과학적으로도 근거 있는 표현이에요.

'소리가 울린다는 걸 어떻게 표현하지?' 하고 고민하던 사람들은… 音(소리)가 커다란 員(▦청동솥)에서 댕~ 하고 울리는 것으로 韻(울림, 운 운)을 만들고, 鄕(잔치)에서 音(⊻악기 부는) 소리가 울려 퍼지는 것으로 響(响울리다 향)을 만들었어요.

*鄕 → 발음인 (향)과 音 → (소리 음)이 합쳐짐.

音(소리 음)에는 입에 머금은 소리가 뚜렷하게 들리지 않아 '어렴풋함', '불분명함'이라는 의미도 있어요. 여기서 다시 '어둡다'는 뜻이 나왔고요. 그래서 暗(어둡다 암)은 日(해, 날 일)과 音(음 → 암) 발음을 합쳤어요. 日(해)가 져서 音(소리)를 내야 서로 알아볼 만큼 '어둡다'는 의미도 돼요. '어둡다', '몰래', '남이 알지 못하게'라는 뜻을 가져요.

(예) 暗黑(암흑), 暗去來(암거래), 暗行(암행)

입안에 머금고 내는 소리로는 呻吟(신음)의 吟(읊다 음)도 있어요. 口(읊을) 때 今(🔔 종소리)에 맞춰 읊는다고 보면 돼요. 발음인 今(이제 금)은 ᄉ(입)에서 ㄱ(소리)가 빠져나오는 모양, ᄉ(🔔 종)에 ㄱ(방울)이 달린 모양 등으로 추정돼요.

그럼 意(← 이건) 무슨 글자일까요?

心(마음)의 音(소리)…? 답은 意(뜻, 생각 의)예요. 意中(의중; 마음속)에서 우러난 소리를 진짜 뜻, 意志(의지)로 보았어요. 心(마음)을 音(소리)로 표현해 意思(의사)를 밝히기도 하고요.

▶ 言(언) 관련 글자

말, 언어와 관련된 글자들은 대개 言(讠 말(하다) 언)이 의미 부분이에요(나머지가 발음). 語(语말(하다) 어)는 言(말(하다) 언)이 의미, 吾(오 → 어)가 발음이지요. 발음 부분인 吾(나 오)는 당신과 五(주고받으며) 口(말하고 있는) '吾(나)'라는 의미예요.

五(다섯 오)는 10을 제외하고 ⎺(가장 높은 수 9)와 ＿(가장 낮은 수 1) 사이에서 X(교차)되는 지점의 수를 나타낸 𝕏에서 변형된 것으로 '교차한다'는 뜻을 가져요. 그래서 吾(오)는 본래 '말을 주고받다'는 뜻이었는데

'나'로 가차됐어요. 서로 이야기한다는 본래 뜻을 나타내려고 言(언)을 붙인 게 語(말(하다) 어)예요. 앞에 ⺗(마음 심)을 더한 悟(깨닫다 오)는 대화를 통해 마음속에 깨닫는 바가 있다는 뜻이에요.

*唔(오)가 발음.

(예) 覺悟(각오; 앞으로 행하거나 겪을 일에 대한 마음의 준비)

談(談말(하다) 담)은 炎(불)을 피워놓고 둘러앉아 도란도란 談笑(담소) 나누던 데서 나왔어요. 말을 나누다 보면… 마지막엔 뒷談話(담화)로 끝나기 쉬운데요, 되도록 險談(험담)은 입 밖에 내지 않는 게 좋겠죠 (속으론 해도 되냐고요? 안 그런 사람도 있나요! 단지 속으로도 안 하는 게 더 좋을 뿐이죠). (예) 面談(면담), 會談(회담), 談判(담판)

*言(말(하다) 언)에, 불길이 타오르는 모양의 炎(불타다 염)으로 염 → 담 발음을 나타냈어요.

話(话말(하다), 이야기 화)에는 舌(혀 설)이 들어 있어요. 재주 있게 말을 하거나 재밌는 이야기를 풀어낼 때, 혀를 현란하게 움직인다고 생각했던 걸까요? 童話(동화), 對話(대화), 話術(화술), 話法(화법)처럼 말재간이 있다면 좋은 단어들에 주로 쓰여요.

辭(辞말(하다) 사)는 判辭(판사), 送別辭(송별사), 祝辭(축사)처럼 주로 공적으로 하는 말에 써요. 亂(엉킨 실을 푸는 모습)과 辛(먹칼)을 합쳐 복잡하게 얽힌 상황을 풀어서(亂) 죄(辛)를 밝히는 '말', '진술'을 뜻해요. 어지러운 일을 끝낸다는 의미에서 '그만두다'는 뜻도 나왔죠. (예) 辭退(사퇴) 또 辭讓(사양), 辭表(사표), 固辭(고사; 굳이 사양함)에서는 '사양하다, 물러나다'라는 뜻이에요.

說(说말씀 설/달래다 세)는 言(말(하다) 언)이 의미, 兌(태)가 발음이에요. 옛날에는 兌와 說의 발음이 비슷했다고 해요.

(예) 傳說(전설), 說敎(설교), 假說(가설), 學說(학설), 解說(해설), 遊說(유세)

그 밖에 말한다는 뜻과 관련된 글자를 볼게요.

공자曰(왈) 맹자曰(왈)~ 하는 曰(말하다 왈)은 ㅂ ㅂ ㅂ 曰(입에서 말이 나오는 모양)이에요. 云(이르다 운)은 구름을 본떴는데 '말하다'로 가차되었어요. 예 云云(운운)

말이라는 게 사람들 사이를 떠다니며 부풀어 올랐다가, 또 형체도 없이 사라지기도 하니 구름과 꼭 빼닮은 점이 있네요.

述(말하다, 글쓰다 술)은 말과 글을 펼쳐 辶(나간다는) 의미에, 朮(출 → 술)이 발음이에요. 본래는 辶(가서) 朮(차조)를 심고 재배한다는 의미였는데, 농사짓는 방법을 입에서 입으로 설명하거나 혹은 기록을 남겨 전수하던 데서 '말하다', '설명하다', '글쓰다'라는 뜻이 나왔어요. 사건이나 생각을 차례대로 말하거나 글로 쓰는 敍述(서술), 자세히 벌여 말하는 陳述(진술) 등에 써요. 음, 시험 볼 때 略述(약술; 간략하게 논술)하라는 데 詳述(상술; 자세하게 설명)해도 점수 깎여요. 가끔 선생님들도 읽기 귀찮을 때가 있거든요.

*朮(차조 출)은 차조 이삭이 익어 고개를 숙인 모양이에요.

白(말하다, 희다 백)에 대해서는 日(●해)에서 ╱(빛)이 나오는 모양이라는 설도 있고, ● ㅂㅂ 엄지손톱을 그렸다는 설도 있어요. 告白(고백), 自白(자백), 獨白(독백) 등에서 '말하다'라는 뜻으로 쓰여요.

謂(谓이르다 위)는 言(말(하다) 언)이 의미, 胃(밥통 위)가 발음이에요. 胃(위)는 소화를 시키는 기관이에요. 섭취한 음식물을 분해하여 영양분을 흡수하기 쉬운 상태로 변화시키지요. 그래서 소화는 어떤 재주나 기술, 지식을 충분히 익혀 자기 것으로 만듦을 비유해요. 言(말)이 사람들의 인식을 거쳐 충분히 胃(소화된) 다음 그 결과로 '이것은 이러이러하다'라고 말하는 것이 謂(谓이르다 위)예요. 예 所謂(소위)

미주알 告(고), 奏(주), 謁(알) 고하는 말들에는 어떤 것이 있을까요?

告(고하다, 알리다 고)는 牛(소)를 제물로 바치며 신에게 口(고하던) 데서 나왔어요. 예 告白(고백), 報告(보고)

奏(아뢰다, 연주하다 주)는 夲(大(사람)과 止(발)의 변형) + 屮(풀 철) + 廾(두 손)으로 이뤄졌어요. 수확한 곡식을 양손에 받들고 신에게 바친다는 의미였어요. 이로부터 '아뢰다', '(물건을) 권하다'라는 뜻이 됐어요. 임금에게 奏請(주청)드릴 때 말고는 演奏(연주), 合奏(합주)처럼 주로 악기를 연주한다는 뜻으로 써요.

謁(謁아뢰다, 뵙다 알)은 신분이 높은 사람을 만나 뵈어 고하고 아뢰는 謁見(알현)에 써요.

*曷(갈 → 알)이 발음.

발음 부분인 曷(어찌 갈)은 사람을 가로막고 붙잡아 호소한다는 의미예요.

더 알아보기

只今(지금)

只今(지금)은 '말하고 있는 바로 이때'를 뜻해요.

只(다만 지)는 口(입)에서 八(말, 숨, 기운 등)이 빠져나오는 모양이에요. 가차되어 '다만', '但只(단지)'라는 뜻으로 쓰여요.

今(이제 금)도 只(지)와 마찬가지로 今(말을 하고 있는) '지금' 또는 今(鈴종이 울리는) '지금'을 뜻해요.

여럿이 말하는 皆(개), 僉(첨), 替(체)

皆(다, 모두 개)는 比(나란히 서 있는 사람들)과 白(말하다 백)으로 이루어졌어요. 사람들이 하나의 입을 가진 것처럼 모두 같은 말을 한다고

'다', '모두'가 되었어요. 예 皆勤(개근)

僉(죽다, 모두, 여러 첨)도 스(합친다)는 의미와 吅吅(여러 사람이 말하는 모습)으로 이뤄졌어요. 皆(개)와 마찬가지로 모두의 말, 의견이 합쳐졌다고 '다', '모두'를 뜻해요.

替(바꾸다 체)는 夫夫(두 사람)이 돌아가며 曰(말해서) '바꾸다'예요. 예 交替(교체), 代替(대체) ♂

*皆(개)가 든 글자 : 階
(계단 계), 偕(함께 해-
예 偕老해로), 諧(농담
하다 해-예 諧謔해학),
楷(본보기 해)

*僉(첨)이 든 글자 : 檢
(檢검사하다 검), 驗(驗
시험하다 험), 險(險위
험하다 험), 劍(劍칼 검),
儉(儉검소하다 검), 斂
(斂거두다 렴)

▸ 言(언)이 든 글자들

말, 언어와 관련되므로 言(讠 말(하다) 언)이 의미 부분이고, 나머지 글자가 발음이에요.

청탁과 허락

請(请청하다 청)은 言(말(하다) 언)이 의미, 靑(푸르다 청)이 발음이에요. 동양에서 청색은 미래에 대한 기대와 희망을 상징하므로 請(청)은 (앞으로) 들어주길 기대하며 어떤 일을 청한다는 뜻이에요.
託(托부탁하다 탁)은 言(말(하다) 언)이 의미, 乇(부탁하다 탁)이 발음이에요.

乇(탁)을 새싹이 어렵게 땅을 뚫고 나온 모양으로 보면, 託(탁)은 言(말)을 乇(어렵게 꺼내) 남에게 부탁한다는 의미가 돼요.
許(许허락하다 허)는 言(말(하다) 언)이 의미, 午(오 → 허)가 발음이에요.
午(낮 오)는 위에서 아래로 내리찧는 절굿공이를 본떴어요. '허락이 떨어졌다'는 표현처럼 허락하는 言(말)은 그 일에 관해 더 높은 권한을 가진 사람으로부터 午(내려오는) 것이라서 午(오)를 발음으로 썼어요.

*맡긴다는 뜻으로 같이
쓰이는 托(맡기다, 받치
다 탁)도 扌(손)을 乇(내밀
며) 부탁하는 것이에요.

諸(诺승낙하다 낙/락)은 言(말(하다) 언)이 의미 부분이고, 若(같다 약)으로 약 → 낙 발음을 나타냈어요. 言(말)로 상대의 의견과 若(같음)을 보이는 데서 '承諾(승낙)하다', '許諾(허락)하다'가 되었어요.

발음 부분인 若(같다 약)은 두 손과 머리를 땅에 대고 엎드린 모습이에요. 상대의 뜻에 복종해 나의 뜻을 맞추는 데서 '같다'가 되었어요.

알아~ 알아~ 認識(인식)과 認知(인지)

認(认알다, 인정하다, 승인하다 인)은 言(말(하다) 언)이 의미, 忍(인)이 발음이에요. 言(말)이 心(마음)에 刃(새겨지는) 것으로 認識(인식)한다는 의미를 나타냈어요. 상대방의 言(말)을 心(마음)에 刃(새기고 받아들여서) '認定(인정)하다', '承認(승인)하다'라는 뜻도 있고요.

識(识알다 식/표하다 지)는 言(말(하다) 언)이 의미, 戠(시 → 식)이 발음이에요. 발음 부분인 戠(찰진흙 시)는 音(메시지)를 戈(날카로운 도구)로 새긴다는 의미예요. 그러므로 識(식)은 言(말)을 戠(새겨) 나중에도 알 수 있게 하던 데서 '알다'가 되었어요.

_{* '標識(표지)'에서는 '표하다' 라는 뜻이에요. 이때는 識(지)로 발음해요.}

知(알다 지)는 말이 矢(화살)처럼 口(입)에서 나온다는 의미예요. 화살이 목표물을 꿰뚫듯이, 본질을 꿰뚫어 口(말할) 수 있어야 안다고 보았기 때문이에요.

_{* 矢(화살 시)에서 시 → 지 발음.}

밑에 日(날 일)을 더하면 智(지혜, 알다 지)예요. 知(아는 것)이 日(나날이) 더해져 智慧(지혜)가 생긴다는 의미예요. 智慧/知慧(지혜), 智識/知識(지식) 등에서 知(지)와 혼용해 써요.

읊고 또 읊고

詠(동자가 咏 읊다 영)은 言(말)을 永(길~게) '읊다'예요.

誦(诵외다 송)은 言(말(하다) 언)이 의미, 甬(용 → 송)이 발음이에요.

言(읊을) 때 🛎甬(종소리)에 맞춰 暗誦(암송)하던 데서 나왔어요.

*永(길다, 오래다 영)이 발음.

말하는 태도가 중요해~

무엇보다도 사람의 말에는 信義(신의)가 있어야겠죠?

信(믿다 신)은 亻(사람)의 言(말)은 믿을 수 있어야 한다고 '믿다'가 됐어요.

誠(诚정성 성)은 言(말)한 것을 成(이루려면) 정성을 다해야 한다는 뜻이에요. 成(성)이 발음이에요.

謙(谦겸손하다 겸)은 言(말(하다) 언)이 의미, 兼(겸)이 발음이에요.

발음인 兼(겸하다 겸)은 ⺕(손)에 禾禾(많은 벼)를 쥐고 있는 모습이에요. 그런데도 '이거 얼마 안 되지만…' 하고 謙讓(겸양)의 말을 해서 謙遜(겸손)하다는 뜻이 되었어요.

讓(让사양하다, 넘겨주다 양)은 言(말(하다) 언)이 의미, 襄(양)이 발음이에요. 발음인 襄(돕다 양)은 丼(밭을 갈 때) 衣(옷)에 口口(흙덩이)가 튀어서 묻은 모양이에요. 열심히 일하는 데서 도움이 된다는 의미가 나왔어요. 예 土壤(토양)

讓(사양하다 양)은 言(말)로 襄(도움)을 辭讓(사양)하거나 다른 사람에게 讓步(양보)할 때 써요.

*앞에 土(흙 토)를 붙이면 壤(흙 양).

誇(夸자랑하다 과)는 言(말(하다) 언)에, 大(크게) ㅏ(소리 낸다)는 뜻의 夸(과)가 발음이에요. 큰소리로 과시하며 자랑한다는 뜻이에요.

말로 '들었다 놨다'한다는 표현이 있어요. 譽(쁠기리다 예)는 여러 사

*與(与주다, 더불다, 참여하다 여)로 여 → 예 발음.

람들이 言(말)로써 與(함께 높이 들어올린다)고 '기리다', '칭찬하다'가 되었어요. 예 이름이 높이 받들어지는 名譽(명예)

讚(赞칭찬하다 찬)은 言(말(하다) 언)이 의미, 贊(찬)이 발음이에요. 발음인 贊(赞돕다, 뵙다 찬)은 재물을 들고 앞 다투어 도우러 가는 모습일까요? 실은 貝(재물)을 들고 兟先(서로 먼저 찾아가) 예를 갖춰 뵙는다는 의미라고 해요. 재물(이나 선물)이 만남에 도움을 주기 때문에 '돕다'가 됐어요. 그럼 賂物(뇌물)이 아니냐고요?

貝(재물)을 가지고 各(들어오는) 게 賂(뇌물 주다 뇌/뢰)이긴 해요.

論(론), 論(론), 論(론) 字(자)로 끝나는 말

論(论논하다 논/론)은 여러 사람의 言(말)을 侖(모은다)는 의미예요. 발음인 侖(둥글다 륜)은 冊(죽간)을 스(모아) 둥글게 말던 데서 나왔어요.

> 앞에 亻(사람 인)을 더한 倫(伦인륜 륜)은 사람이 모이면 거기에 人倫(인륜; 인간관계의 질서)이 생긴다는 뜻이고, 輪(轮바퀴 륜)은 車(수레)에서 바퀴살들이 侖(둥글게 모여 있는) 부분, 즉 '바퀴'를 뜻해요.

議(议의논하다 의)는 義(옳다 의)를 발음으로 취해 言(말)을 주고받으며 義(옳은) 답을 찾기 위해 議論(의논)한다는 뜻이 되었어요.
예 論議(논의), 會議(회의)

討(讨치다, 따지다 토)는 '전쟁'에서 나팔을 들고 불며 상대를 공격하는 모습이에요. 그런데 討論(토론), 討議(토의)처럼 서로 의견을 나누고 주장을 펼칠 때도 써요. 이때는 寸(마디 촌)에서 '표준', '규격'의 의미가 나와 특히 '격식을 갖춘 말'로 따지는 걸 뜻해요.

評(评평하다 평)은 양팔저울을 본뜬 平(평평하다 평)을 발음으로 취했
어요. 評論(평론)은 어느 한쪽에 치우치지 않고 공정해야 하기 때문이
에요.

講(讲설명하다, 익히다 강)은 言(말)을 잘 冓(짜서) 講義(강의)한다는 뜻
이에요. 講座(강좌)를 受講(수강)하면서 새로운 걸 배우고 익히므로 講
(강)에는 '익히다'라는 뜻도 있어요.

제사나 종교와 관련된 단어

詞(词말(하다), 글 사)는 제사에서 司(음식을 올리며) 이런저런 言(말)을
고하던 데서 나왔어요. 문법에서 단어를 기능, 형태, 의미에 따라 분
류한 品詞(품사)를 가리킬 때나 가요, 가곡 등의 노래 歌詞(가사)에도
이 글자를 써요.

* 司(사)가 발음.

詩(诗시 시)는 言(말(하다) 언)이 의미, 寺(사 → 시)가 발음이에요.
발음 부분인 寺(절 사)는 왕의 寸(손)과 土(발)이 되어 일하는 '관청'
을 가리키다 '절'을 뜻하게 된 글자예요. 옛날에 정치적, 종교적인 목
적의 글은 주로 운율을 맞춰 썼기 때문에 詩(시)가 운율이 있는 글을
가리키게 됐다고 해요.

誓(맹세하다 서)는 출전을 앞둔 군대가 扌(손)에 斤(도끼)를 들고 신 앞
에서 言(맹세하는) 모습이에요. 誓約(서약), 盟誓(맹서 → 맹세), 宣誓(선
서) 등에 써요.

證(证증명하다 증)은 言(말)로 고한다는 의미에, 단상처럼 높은 곳에
올라가서 證明(증명)한다고 登(오르다 등)으로 등 → 증 발음을 나타냈
어요.

안 좋은 의미가 붙은 글자

서양과 달리 동양에서는 말이 많은 것을 미덕으로 보지 않았어요.
그래서 말에 대해 좋지 않은 뜻이 붙은 글자도 많아요.

詐(속이다 사)는 言(말)을 乍(지어내) 詐欺(사기)친다는 의미예요.

誘(꾀다 유)는 言(말)을 秀(빼어나게) 해서 誘惑(유혹)한다고 秀(빼어나다 수)로 수 → 유 발음을 나타냈어요.

誤(잘못하다 오)의 발음인 吳(나라이름 오)는 夨(고개를 뒤로 젖힌 사람)이 큰 소리로 口(말하는) 모습이에요. 머리가 삐딱하게 기울어진 것은 '바르지 않음'을 의미해요. 때문에 誤(오)는 言(말)을 吳(잘못해서) 생기는 誤解(오해), 誤診(오진), 誤判(오판), 錯誤(착오), 誤譯(오역) 등의 過誤(과오)에 써요.

앞에 女(여)를 더하면 娛(즐거워하다, 즐기다 오)예요. 옛날에는 수다를 떨며 노는 것 정도가 여자들의 娛樂(오락)거리였나 봐요.

謀(꾀하다 모)는 言(말)을 某(달콤하게) 해서 某(아무개)와 모종(某種)의 일을 꾀한다는 뜻이에요.

예 謀略(모략), 謀事(모사), 權謀術數(권모술수), 圖謀(도모)

詭(속이다 궤)는 言(말)로 사람을 危(위태하게) 만든다는 의미예요. 危(위태하다 위)는 厂(벼랑) 위쪽에 ﾱ(몸을 숙이고 있는 사람)과 아래로 떨어져 ㄗ(웅크리고 있는 사람)에서 危殆(위태)하다는 뜻이 나왔어요.

諂(아첨하다 첨)에도 ﾱ(사람)이 臽(함정)에 빠지는 모습이 들어 있어요. 아첨하는 말도 사람을 위험에 빠뜨리기 때문이에요.

*非(아니다 비)는 '동물' 편을 참고해주세요.

誹(헐뜯다 비)는 사실이 非(아닌) 말로, 말도 非(안 되게) 헐뜯어서 非(아니다 비)로 발음을 나타냈어요.

*旁(옆 방)은 '농사' 편을 참고해주세요.

謗(헐뜯다 방)은 旁(옆 방)이 발음이에요. 헐뜯는 말은 앞에서 안 하고 옆이나 뒤에서 하기 때문에요.

기타

訂(订바로잡다 정)은 言(말(하다) 언)이 의미, 丁(못, 넷째천간 정)이 발음이에요. 丁(못)은 바로잡아 고정시키는 역할을 하므로, 訂(바로잡다 정)은 言(말)로 丁(바로잡아 고정한다)는 의미가 돼요. 예 訂正(정정)

諒(谅살펴 헤아리다 량/양)은 言(말(하다) 언)이 의미, 京(경 → 양)이 발음이에요. 궁이나 관청처럼 京(크고 높은 건물)에서 言(말)을 할 때에는 백성들의 사정을 잘 살펴야 해서 '살피다', '헤아리다'에요.

예 諒知(양지: 살펴서 앎), 諒解(양해: 헤아려 이해함)

訓(训가르치다 훈)은 川(내 천)으로 천 → 훈 발음을 취했어요. 위에서 아래로 흘러내리는 물처럼 訓(가르침)도 경험과 지식이 많은 윗사람에게서 아랫사람에게로 川(내려온다)고 보았기 때문이에요.

예 家訓(가훈), 教訓(교훈), 訓育(훈육), 訓戒(훈계)

譯(译통역하다, 번역하다 역)은 言(말)을 睪(자세히 살펴) 다른 언어로 바꾼다는 뜻이에요.

> * 발음인 睪(엿보다 역)은 '법' 편을 참고해주세요.

警句(경구)와 箴言(잠언)

警句(경구)는 인생과 진리에 대해 간결하고도 날카롭게 표현하는 말이에요. 警(경계하다 경)은 言(말)로 주의를 준다는 의미에, 警(경)이 발음이에요. 예 警告(경고), 警戒(경계)

箴言(잠언)도 가르쳐서 훈계하는 말을 일컬어요. 箴(경계(하다), 바늘 잠)은 본래 艹(竹대나무)로 만든 '바늘'을 의미했어요.

그래서 艹(대나무침)으로 찔러 자극을 주듯이 깨달아 感(느끼게) 하는 말이 잠언이에요. ♂

17 문자와 글

▶문자와 글

무늬에서 문자로

文字(문자)는 인간의 말을 적는 시각적인 부호 체계예요. 文(무늬, 글(자) 문)의 초기자형은 사람의 가슴에 있는 문신을 강조한 모양이었어요. 심장이 밖으로 튀어나온 것처럼 주로 심장 모양을 새기거나 그렸답니다. 그 밖에 X표, 부족의 토템, 아름다운 무늬를 꾸며 넣기도 했는데 이로부터 '무늬', '꾸미다'라는 뜻이 나왔어요.

문신(文身)을 할 때는 살갗을 바늘로 콕콕 찔러 먹물이나 물감을 넣기도 하고, 피부 위에 그리기도 했어요. 타투와 페이스페인팅을 떠올리면 돼요. 물론 형벌과는 달리 성화(聖化; 성스럽게 함)의 목적으로 행해졌지요.

*본래 뜻으로는 糸(실사)를 덧붙여 새로 紋(무늬 문)을 만들었어요. 예) 花紋席(화문석)

그런데 문자가 없던 시절엔 그림이나 무늬가 메시지를 전달하는 그림문자의 역할을 했어요. 그래서 文(문신한 모습)이 → 文字(문자) → 文(글) → 文化(문화)로 점점 의미가 넓어졌어요.

글자

字(글자 자)는 宀(집 또는 사당) 안에 子(어린아이)가 있는 모양이에요.

옛날에는 아이를 낳으면 사당에서 조상신에게 보고했거든요.

허신이 쓴 『설문해자』에서는 '그려낼 수 있는 기본적인 글자를 文(문)이라 하고, 文(문)을 기본으로 해서 형태와 발음이 파생되어 나온 글자를 字(자)라 한다'고 했어요. 즉, 文(문)과 文(문)이 합쳐져서 자손이 불어나듯 계속 생겨나는 게 字(자)라는 말씀! 쉽게 말해 文(문)의 자식들이 字(자)에요.

(나무 목) 木 + 目 (눈 목)

字 (서로 상)

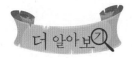

더 알아보기

부수를 창안하고 육서를 분류한 설문해자(說文解字)는 어떤 책일까?

지금으로부터 약 1,900여 년 전 중국 후한(後漢) 때 허신(許慎)이라는 사람이 편찬한 자전(字典)이에요. 한자 약 1만 자(字)를 540개의 부수(部首)에 따라 분류해서 각각의 글자에 대해 해설했어요.

허신은 글자의 본래 모양(字形자형)과 소리(字音자음), 뜻(字義자의)을 육서(六書)에 따라 해설하면서 표제자를 진나라 때의 공식 문자였던 소전(小篆)체로 정리해놓았어요. 그리고 고문(古文)과 달라진 점이 있으면 그 변천도 표시해뒀어요. 덕분에 훗날 갑골문이 발견됐을 때 해독할 수 있었어요. (갑골문, 금문 같은) 고대문자와 그 이후의 문자를 연결하는 징검다리 역할을 톡톡히 해준 셈이에요.

형태 / 의미 / 발음

부수란?

쉽게 말해 여러 글자에 공통분모로 들어가는 글자예요. 가령 根(뿌리 근), 本(근본 본), 楓(단풍나무 풍), 柱(기둥 주), 松(소나무 송), 案(책상

안), 林(숲 림)…을 보면 木(나무 목)이 공통으로 들어가 주로 의미와 관련됨을 알 수 있어요. 그래서 만약 楓(단풍나무 풍) 자를 찾아보려 면, 딱 봐도 木(나무)와 관련돼 보이므로 자전(字典; 한자사전) 맨 앞에 붙어 있는 부수표를 보고 → 木(나무 목)이 있는 페이지로 가서 → 9 획(木(목)을 빼고 楓이 9획이라서요) 부분을 훑어보면 돼요. 국어사전에 서 '가을'을 찾을 때 'ㄱ'부분으로 가는 것과 마찬가지예요. 이처럼 글 자를 검색하기 쉽도록 고안해낸 게 부수예요. ♂

글

章(글, 표지 장)은 辛 → (문신용 칼)로 ⊕ → (무늬)를 새기는 모양이에 요. 무늬, 기호로부터 '글', '文章(문장)'을 뜻하게 됐어요. 音 → (소리 음) 밑에 十 → (♦매듭)을 그린 것으로 보아 시문이나 악곡의 한 단락 을 매듭짓는 '章(장)', '樂章(악장)'이라는 뜻도 나왔어요.

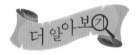

章(장)이 발음으로 들어간 글자

障(막(히)다, 거리끼다 장)은 앞을 가로막는 阝(阜언덕 부)가 의미 부분이 고, 章(장)이 발음이에요.

예 支障(지장: 거치적거리거나 방해가 되는 장애), 障碍物(장애물), 故障(고 장), 保障(보장)

彰(드러내다, 밝히다 창)은 章(장 → 창) 발음과 彡(무늬, 빛깔, 꾸밈을 나타 내는 터럭 삼)으로 이뤄졌어요. 예 表彰狀(표창장)

402

句(구)와 節(절)

구(句)는 둘 이상의 단어가 모여, 문장이나 절의 일부분으로 쓰이는 것이에요.

句(글귀 구)는 勹(감싸다 포)와 말한다는 뜻의 口(입 구)를 합쳤어요. 口(구)가 발음이에요.

節(节마디, 단락 절)은 마디마디로 이루어진 ⺮(竹대 죽)과 卽(즉 → 절) 발음으로 이뤄졌어요.

* 더 자세한 설명은 '시간' 편 '계절' 부분을 참고해주세요.

▸기록하는 방법

먼 옛날엔 끈이나 새끼줄에 매듭()을 묶어 수를 기록했어요. 예를 들면 소 3마리, 양 2마리를 갈색 끈에 3개의 매듭, 흰 끈에 2개의 매듭을 묶어두는 식이었어요.

실제로 十(십)과 世(세)는 끈에 매듭을 묶은 모양을 본떴어요.

숫자뿐 아니라 중요한 약속과 사건도 매듭으로 표시했는데, 이처럼 글자가 없던 시절에 기록의 수단으로 사용했던 매듭을 結繩文字(결승문자; 매듭문자)라고 불러요. 결승은 고대 중국을 포함해 세계 곳곳에서 사용한 흔적이 있어요. 문자로 보기에는 한계가 많아 표식에 더 가깝지만 오랫동안 기억의 보조 수단으로 사용되었어요.

새겨서 기록하는 방법도 있었어요. 날카로운 도구로 뼈, 나무(조각), 돌 등에 간단한 선과 그림을 새겼어요. 중요한 걸 표시해둔 나뭇가지가 부러져버렸을 땐 난감했겠죠?

그 후 붓이라는 필기구가 발명됐어요.

처음에는 대나무 가지의 한쪽 끝을 짓이겨서 가느다랗게 풀려나온 섬유질 다발에 끈적끈적한 옻나무 수액이나 먹물을 묻혀 썼어요. 이 붓으로 쓰면 글자의 시작 부분은 굵게 써졌다가 점점 가늘어져서 과두문자(올챙이글자)라고 불렸어요. 나중에는 족제비, 청솔모, 노루, 토끼 등등 동물의 털로 毛筆(모필)을 만들었는데, 특히 왕희지가 난정서를 쓸 때 서수필(쥐의 수염 털로 만든 붓)을 사용했다는 이야기가 유명하지요.

어느덧 사람들이 책을 읽는 시대가 되었어요. 문제는 일일이 베껴 써서 책 한 권을 만드는 게 보통 일이 아니었다는 거예요. 인간 복사기가 되어 필사적으로 필사(筆寫)해도 너무나 많은 시간과 노력이 들었어요. 그래서 생각해낸 게 印刷術(인쇄술)이었어요. 베이징 장인이 한 자(字) 한 자(字) 정성껏 파낸 활자 모형을 틀에 배열해 먹물을 묻혀 찍어냈어요. 나무에 새겼더니 금세 닳아버려서 금속 활자 모형을 만들게 됐고요. 그럼 관련 글자들을 살펴볼까요?

활자를 분류하여 보관하던 바퀴모양의 회전식 보관함

결승과 관련된 結(결)과 記(기)

結(結맺다 결)은 糸(실)을 서로 맺는다는 의미에, 吉(길 → 결)이 발음이에요. 서로 단단히 묶는 데서 '연결(連結)과 '결속(結束)'의 의미가 나왔고, 묶느라 매듭을 짓는 데서 '매듭짓다' 그리고 '끝내다'라는 뜻도 나왔어요. 예 結果(결과)

記(记기록하다 기)는 言(말)을 己(끈)으로 기록했다는 의미예요(→ 기록의 수단). 참고로 誌(기록하다 지)는 言(말) 중에서도 志(뜻) 있는 말을 기록했다는 의미예요(→ 기록의 내용). 志(뜻 지)가 발음이고요.

예 日記(일기), 日誌(일지)

새김과 관련된 契(계), 識(식), 刻(각), 銘(명), 錄(록)

契(맺다 계)는 刀(칼)로 丰(새길) 만큼 大(크고 중요한) 契約(계약)을 '맺다'
예요. 識(识표하다 지/알다 식)은 言(말)을 戠(새겨서) 사람들이 보고 알
수 있도록 하므로 '표하다', '알다'예요. 예 標識板(표지판), 認識(인식)

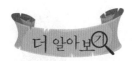

音(메시지)를 戈(창처럼 날카로운 도구)로 새기는 戠(시)가 들어간 글자

巾(천)에 부족의 상징을 戠(그려 넣은) 幟(旗기 치)

糸(실)로 무늬를 戠(넣으며) 織(织짜다 직) 예 織物(직물)

耳(귀)로 백성의 소리를 戠(새겨듣는) 職(职벼슬, 직분, 일 직) ♂

> * 옛날에는 벼슬아치와
> 벼슬을 가리켰지만 의미
> 가 넓어져서 이젠 각종
> 職業(직업)과 職務(직무),
> 職責(직책) 등을 뜻해요.

초기의 金(청동기물)에는 만든 사람이나 소유주의 이름(名) 한두 글자
를 새겨 넣기도 했어요. 여기서 나온 게 銘(铭새기다 명)이에요.
錄(录새기다 록)은 金(금속 또는 거푸집)에 彔(새긴다)는 뜻이에요. *名(이름 명)이 발음.
인 彔(나무깎다 록)은 나무에 彑(홈집)을 내 氺(수액)이 흘러내리는 모양
이에요. 나무에 홈집을 파는 데서 '새긴다'는 의미가 나왔어요.

붓으로 쓰는 筆(필)과 書(서)

筆(笔붓, 쓰다 필)은 ⺮(대나무)로 만든 붓을 손에 쥔 모습이에요.
예 筆體(필체)

書(书글, 쓰다 서)는 聿 → (손에 붓을 쥐고) 曰 → (말)을 적는 모양이에요.
聿(붓 율)은 손에 붓을 쥔 모습이에요. 하지만 ⺮(대나무) 자루로 만든 筆
(붓 필)이 나와 聿(율) 대신해서 필기(筆記)도구를 대표하게 되었답니다.

인쇄와 관련된 印(인), 刷(쇄), 出版(출판), 刊(간)

印(도장, 찍다 인)은 爪(손)으로 사람을 눌러 卩(무릎 꿇리는) 모습이에요. 여기서 눌러 찍는다는 의미가 나왔어요. 刷(인쇄하다 쇄)는 厵(厵(설)의 생략형. 깨끗하게) 刂(새긴다)는 뜻이에요. 발음 부분인 厵(닦다, 씻다 설)은 尸(집)에서 巾(수건)을 又(손)에 들고 (집 안을) 깨끗이 한다는 의미예요. 처음에는 版木(판목; 나무판)에 한 페이지 분량을 다 새겨서 통째로 찍어냈어요. 그러다가 한 글자씩 새긴 낱낱의 모형을 큰 틀 안에 배열하여 페이지를 찍어내기 시작했지요. 각 페이지 내용에 따라 모형을 재배열해서 찍는 식이었어요.

글자를 새길 때는 좌우를 뒤집어서 새겼어요. 그래야 본래 글자 모양대로 찍혀 나왔거든요. 예를 들어 邑(읍) 자를 인쇄할 때는 나무판에 邑으로 좌우를 뒤집어서 새기는 거예요. 그래서 出版(출판), 初版(초판), 版畵(판화) 등 인쇄와 관련해 쓰이는 版(판목 판)은 나무를 반으로 쪼갠 片(🌳조각 편)에, 反(거꾸로 반)이 발음이에요.

책을 펴내는 걸 出刊(출간) 또는 刊行(간행; 인쇄하여 발행함)이라고 해요. 刊(책 펴내다 간)은 刂(칼)로 새긴다는 의미에, 干(간)이 발음이에요. 본래는 木(나무 목) 위에 幵(평평하다 견)을 써서 위쪽을 평평하게 벤 나무를 의미했어요. 인쇄를 깨끗하게 하려면 표면이 울퉁불퉁하지 않고, 높이가 고른 나무판에 글자를 새겨야 했기 때문이에요.

▶책

冊(책 책)은 가늘게 쪼갠 대나무 조각들을 끈으로 엮은 모양이에요. 종이가 발명되기 전까지는 이렇게 죽간(竹簡)을 엮어서 책을 만들었지요.

*竹簡(죽간) 만드는 법?
대나무 한 마디를 잘라서 → 세로로 쪼갠 다음 → 평평하게 다듬고 → 불에 쬐어 기름을 뺌 (글씨를 새기기 좋게 만들고 벌레가 좀먹는 것을 막아준대) → 끈이 통과할 작은 구멍을 뚫고 여러 장을 끈으로 엮으면 완성!

저는 空冊(공책)이에요.

대나무 조각 한 개를 簡(대쪽 간)이라고 했어요. 앞에 재료인 竹(대 죽)을 더한 게 '죽간(竹簡)'이에요. 그래서 간단(簡單)히 쓰라는 것은 죽간 한 개에 적을 만큼 짧게 쓰라는 것이에요. 죽간 낱낱에 글을 쓴 다음 亼(모아서) 冊(책)으로 엮는 모양이 侖(조리를 세우다, 둥글다 륜)이에요. 순서에 맞게 엮어야 해서 '조리를 세우다'라는 뜻이 됐어요.

끈이 오래되어 끊어지면 뒤죽박죽 순서가 섞인 죽간을 다시 정리해 묶어야 했어요. 이때 후대의 사람들이 서로 言(의견을 나누고 이야기하며) 정리했다고 해서, 관련 글자가 論(말하다, 토론하다 론)이라는 설명도 있답니다.

'책'을 다른 말로 書籍(서적)이라고 하지요? 籍(문서, 서적 적)은 ⺮(죽간)에 耒(🦌 농사)와 昔(🌊 홍수) 등에 관해 기록했던 데서 나왔어요. 戶籍(호적), 符籍(부적) 등에 써요.

*⺮(죽간)이 의미, 耤(적)이 발음.

事典(사전)과 辭典(사전), 字典(자전)

典(법, 책 전)은 冊(책)을 廾(두 손)으로 받들고 있거나 책상 위에 올려

*그 밖에 祭典(제전), 祝典(축전)에서는 '의식', 典當鋪(전당포)에서는 '전당잡히다'라는 뜻

놓은 모양이에요. '법전', '경전' 古典(고전: 옛날 서적 중 후세에 남을 만한 가치 있는 책)' 등 중요한 '책'을 의미해요. 典(전)을 붙인 事典(사전)은 여러 가지 사항을 일정한 순서로 배열해 그 각각에 해설을 붙인 책이에요. 예 百科事典(백과사전) 辭典(사전)은 낱말 각각의 발음, 의미, 용법 등을 해설한 책이에요. 예 英語辭典(영어사전) 字典(자전)은 한자 하나하나의 뜻과 음을 설명한 책이에요. 玉篇(옥편)이라고도 해요.

책을 세는 단위 篇(편), 卷(권), 帙(질)

篇(책 편)은 竹(죽간)이 의미, 扁(편)이 발음이에요. 한 篇(편) 두 篇(편)… 작품을 세는 단위에 써요.

*卷(권)이 발음으로 든 글자로, 囗(둘러싼다)는 의미의 圈(둘레 권)도 알아두면 좋아요! 수도를 중심으로 인접 도시들을 아우르는 首都圈(수도권), 지구 둘레를 에워싼 大氣圈(대기권) 등에 써요.

卷(책, 문서 권)은 죽간, 종이, 비단 등을 (돌돌 만 모양)과 발음인 (권)으로 이뤄졌어요. 한 卷(권) 두 卷(권)… 책을 세는 단위로 써요. 발음인 (권)은 두 손으로 밥알이나 흙덩어리 같은 것을 말아 뭉치는 모습이에요. 여  기서 '말다', '구부리다'라는 뜻이 나왔어요.

帙(책(갑) 질)은 巾(베, 비단 같은 천을 붙여 만든 책)과 失(실→질) 발음으로 이뤄졌어요. 책갑(冊匣)은 책이 쏙 들어갈 수 있도록, 책 크기에 맞춰 만든 작은 상자예요. 그런데 失(잃다 실)에는 손에서 놓는다는 의미가 있으므로, 帙(질) 자를 보면 보자기 같은 巾(천)을 펼쳐 그 위에 책을 失(놓고) 잘 싸서 묶는 그림도 상상돼요.

여러 권을 한 묶음으로 쌀 수도 있었겠죠? 그래서 帙(질)은 '열 권짜리 삼국지 한 帙(질)', '백 권짜리 세계문학전집 한 帙(질)'처럼 '여러 권으로 된 책 한 세트'를 의미해요.

題目(제목)과 目次(목차)

題(題제목, 문제 제)는 是(옳다 시)와 頁(머리 혈)로 이뤄졌어요. 내용을 是(옳게) 파악할 수 있도록 돕는 頁(머리)라는 뜻이에요.

> 是(옳다 시)는 매일 日(해)가 떠올라 하늘을 가로질러 止(발 가는) 것처럼 틀림없고 정확하다 해서 '옳다'예요. 앞에 扌(손 수)를 더하면 扌(손)으로 是(옳게) 잡아 이끈다는 提(끌다 제), 土(흙 토)를 더하면 土(흙)을 쌓아 물이 是(옳게) 흐르게 하는 堤(둑, 제방 제)예요.

主題(주제)는 '중심이 되는 문제' 즉, '어떤 작품에서 드러나는 기본적인 사상'을 말해요. 그래서 시험에는 작품의 주제를 파악하라는 문제(問題)가 자주 나오죠. '目次(목차)'의 目(눈 목)에는 한눈에 잘 알아볼 수 있도록 만든 '항목'이라는 뜻이 있어요.

📗 條目條目(조목조목) 적어놓은 目錄(목록), 項目(항목)

次(차례 차)는 冫(침)을 마구 튀기며 欠(입을 크게 벌리고) 먹거나 말하는 모습이에요. 예의 바른 '최선'의 행동이 아니라, 그다음 가는 행동이라고 해서 '버금', '다음'을 뜻하게 됐어요. 📗 次例(차례), 次善(차선)

著書(저서)와 讀書(독서)

著(저술하다 저)의 艹(풀 초)는 竹(대나무 죽)으로 보면 돼요(옛날엔 두 글자가 호환됐음). 者(자)에는 모은다는 의미가 있으므로, 著(저)는 艹(대나무 조각)을 者(모아) 엮어서 그 위에 글을 쓴다는 뜻이에요. 이렇게 著書(저서)를 著述(저술)한 著者(저자)는 著作權(저작권)을 갖지요. 讀書(독서)의 讀(读읽다 독)은 賣(물건을 팔 때처럼) 크게 言(소리 내어) 읽는다는 의미였어요. 옛 글은 운율에 맞춰 쓴 편이라 낭독(朗讀)을 많이 했기 때문이에요. ♂

죽간 외에 넓은 나무판을 엮어서(冊) 글을 쓰거나 새긴 다음 문(戶)이나 벽 한쪽에 걸기도 했어요. 懸(懸매달다 현)을 써서 懸板(현판)이라고 불렀어요(옆(→)의 현판 사진도 자세히 보면 나무 여러 조각을 합친 게 보여요). 扁(현판, 납작하다 편)은 戶(출입문) 위나 옆에 걸던 冊(현판)에서 扁平(편평)하고 납작하다는 뜻이 나왔어요.

↑
현판

糸(실)로 엮는다는 의미를 더하면 編(編엮다, 짜다 편)이에요.

예 재료를 엮어 하나의 완성품을 만드는 編輯(편집)

偏(치우치다 편)은 亻(사람)이 扁(한쪽에 매달려 고정된 현판처럼) 한쪽에 치우쳐 고정돼 있음을 의미해요. 扁(편)이 발음이에요.

예 偏見(편견), 偏愛(편애), 偏食(편식)

*참고로 작은 나뭇조각에 글씨를 새기거나 그림을 그린 牌(패 패)는 片(조각 편)이 의미, 卑(비 → 패)가 발음이에요. 예) 名牌(명패), 花鬪牌(화투패), 門牌(문패)

遍(두루 편)은 빠트림 없이 줄줄이 엮어 간다고 '두루'예요. 扁(편)이 발음이고요. 예 遍歷(편력; 여러 가지 경험을 함), 普遍(보편; 모든 것에 두루 미침, 모든 것에 공통되는 성질)

▶문서

狀(狀문서 장/형상 상)은 爿(나뭇조각)에 제사에 바치던 犬(제수품)에 대해 기록한 '문서'예요. '형상'이라는 뜻은 나무 조각에 개의 형상을 새겼다고 보면 돼요. 耳懸鈴鼻懸鈴(이현령비현령; 귀에 걸면 귀걸이 코에 걸면 코걸이)인가요? 예 遺言狀(유언장), 任命狀(임명장), 賞狀(상장), 招待狀(초대장), 令狀(영장)

帳(帳장부 장)은 긴 巾(천)에 글을 써서 長(길다 장)으로 발음을 나타냈어요. 예 日記帳(일기장), 帳簿(장부; 물건이나 돈의 출납을 적은 책)

簿(장부 부)는 ˵(죽간)을 이어 溥(넓게) 만든 '문서'를 의미해요. 대(나무) 죽이 의미, 溥(넓다 부)가 발음이에요.

(예) 家計簿(가계부), 會計簿(회계부)

券(문서, 증서 권)은 刀(글을 적은 종이나 옷감을 자른다는) 의미에, 𠔉(권)이 발음이에요. 옛날에는 종이나 옷감에 내용을 적은 다음, 도장을 찍은 뒤 刀(잘라서) 서로 나눠가졌어요. 그리고 필요할 때에 증명용으로 사용했지요.

(예) 文券(문권), 證券(증권), 旅券(여권), 商品券(상품권), 入場券(입장권)

천 원권(券), 오천 원권(券), 만 원권(券)에서는 '지폐'를 뜻해요.

壓卷(압권)은 과거시험장에서 응시생들이 試券(시권; 과거를 볼 때 글을 지어 올리던 종이)을 제출하면, 채점관이 가장 뛰어난 답안지를 뽑아 다른 답안지들을 '누르고' 맨 위에 놓던 데서 유래했어요. 여럿 중 가장 뛰어남을 뜻해요.

帖(문서 첩)은 巾(천)이 의미, 占(점 → 첩)이 발음이에요.

(예) 手帖(수첩), 寫眞帖(사진첩), 畵帖(화첩; 그림첩), 郵票帖(우표첩)처럼 '묶어놓은 책'에 씀

요즘에는 종이에 사진, 그림, 우표 등을 붙여놓지만, 예전에는 비단 같은 巾(천)에 그림이나 글씨를 붙여놓았기 때문에 巾(수건 건)에 占(차지하다 점)이 발음이에요.

▸편지

便紙(/片紙 편지)는 안부, 소식, 용무 등을 써서 보내는 글이에요.

옛날에도 문자를 많이 주고받아 書簡(서간), 書札(서찰), 書信(서신), 書翰(서한) 등 편지를 가리키는 말도 많았어요.

簡(简대쪽책, 편지 간)은 ⺮(죽간)에 間(그간의) 소식을 적어 보내서 間(틈, 사이 간)을 발음으로 취했어요. 중요한 내용만 추려 간단히 적었기 때문에 簡(간)에는 '簡擇(간택; 여럿 가운데서 골라냄)하다', '簡略(간략)하다'라는 뜻도 있어요.

札(편지, 패 찰)은 재료인 木(나무 목)에, 乚(새 을)로 을 → 찰 발음을 나타냈어요. 木(작은 나무통)에 쪽지를 돌돌 말아 넣고 乙(새) 다리에 묶어 날려 보냈던 걸 상상해보세요. 名札(명찰), 現札(현찰)에서는 나무, 쇠, 종이 등으로 만든 얇은 조각을 의미해요.

편지를 받으면 그 내용에 부합하는 答狀(답장)을 보냈으므로, 答(답하다 답)은 ⺮(죽간)의 내용에 合(부합하는) 대답(對答)을 적어 보낸다는 의미예요. 또는 ⺮(죽간)을 合(합해서) 대답을 적는다고 보기도 하고요. 合(합 → 답)이 발음이에요.

'서신(書信)'에서 보듯이 信(믿다 신)에는 '편지'라는 뜻도 있어요. 옛날에 편지는 믿을 수 있는 사람에게 맡겨 보냈기 때문이에요.

郵便(우편)은 편지나 물품을 국내외로 보내는 것이에요. 郵(邮우편, 역참 우)는 垂(드리우다 수)로 수 → 우 발음을 나타냈고, 阝(邑마을 읍)이 의미 부분이에요.

발음인 垂(드리우다 수)는 꽃이 흐드러지게 피어 땅에 닿을 듯이 늘어진 모양이에요. 그래서 郵(우)는 영토의 가장자리에 垂(늘어져 있는) 阝(변방 마을)을 의미했어요.

역참을 이용해 변방까지 소식을 전했으므로 '역참'과 '우편'이라는 뜻이 됐어요. 驛(驿역참 역)은 馬(말)을 睪(자세히 살펴) 교체하던 '역참'을 뜻해요. 먼 거리를 달리느라 지친 말을 갈아타던 곳이에요.

이때 虎(호랑이)가 짐승을 덮치듯이 丂(잽싸게) 갈아타고 辶(간다)고 만든 글자가 遞(递갈마들다 체)예요. '갈마들다'는 '교대로 하다'라는 뜻이에요. 郵遞局(우체국), 遞信部(체신부) 등에 써요.

▶문방사우

우린 문구계의 F4~

과거엔 종이, 붓, 벼루, 먹을 文房(문방)의 四友(네 친구)라고 불렀어요. 紙(纸종이 지)는 糸(실, 섬유 사)가 의미, 氏(씨 → 지)가 발음이에요. 糸(섬유질)을 氏(핵심)으로 해서 만든 '종이'를 뜻해요.

*옛날에는 종이를 만들 때 각종 섬유질 재료를 이용했어요. 큰 솥에 실, 고치, 낡은 천, 해진 그물, 나무껍질 등을 넣고 → 물을 부어 끓인 다음 → 체로 얇게 떠내 → 물기를 쫙 빼서 → 햇볕에 말리면 종이가 완성됐지요.

筆(笔붓 필)은 앞에 나왔고요.

벼루는 먹을 가는 데 쓰는 石(돌)이에요. 그래서 硯(벼루 연)은 石(돌)이 의미 부분이고, 見(견 → 연)이 발음이에요. 먹을 갈 때는 벼루에서 눈을 떼지 말아야 해서 見(보다 견)으로 발음을 나타냈어요.

墨(먹 묵)은 아궁이에서 긁어낸 黑(검은 그을음)과 土(흙)을 섞어 만든 '먹'을 뜻해요.

'士大夫胸中(사대부흉중), 無三斗墨(무삼두묵), 何以運菅城子(하이운관성자)'…라는 말이 있어요. "사대부의 가슴속에 세 말의 먹물이 없다면 어찌 붓을 놀리겠는가"라는 뜻이에요. 축적된 지식이 있어야 자신의 의견이 나온다는 의미지요.

*菅城子(관성자)는 '붓'을 가리켜요. 당나라의 한유(韓愈)가 가전체로 쓴 '모영전(毛穎傳)'에서 붓을 의인화해 쓴 표현이었어요.

한자는 누가 만들었을까?

한자의 기원에 대해서는 의견이 분분해요. 그중 하나가 창힐[Cang Jie]이 발명했다는 설이에요. 전설에 의하면 창힐(倉頡)은 황제의 신하로 가축과 양식을 관리하는 직책을 맡고 있었어요. 그래서 이름에도 倉(곳집, 창고 창)이 들어 있어요. 창힐은 색깔이 다른 밧줄로 품목을 구분하고, 줄에 매듭을 묶은 수로 가축과 곡식의 수량을 기록했어요. 그러던 어느 날, 숲속에서 사냥꾼들이 땅바닥에 찍힌 동물의 발자국을 보며 나누는 대화를 엿듣게 됐어요.

"동쪽으로 가면 산양떼가 있네."

"방금 전 남쪽으로 간 사슴 두 마리를 쫓는 게 어떤가?"

"호랑이를 놓칠 순 없지. 서둘러 서쪽으로 가세!"

창힐은 사냥꾼들이 땅 위에 찍힌 짐승의 발자국을 보고 어떤 종류가 몇 마리나 지나갔는지 읽어낸다는 것을 알았어요. 여기서 영감을 얻어 특정한 기호가 특정한 의미를 나타내는 (즉, 의미에 대응하는) 한자(漢字)를 만들게 됐다고 해요.

창힐이 한자를 만든 날, 하늘에서 곡식이 비 오듯 떨어졌으며 밤에는 귀신들이 밤새 통곡을 했다고 전해져요. 문자의 발명으로 글을 아는 계층과 모르는 계층 간의 차이가 발생해, 앞으로 더욱 굶주리게 될 빈곤층을 위해 하늘이 곡식을 떨어뜨렸다고 해요. 또 귀신들이 밤새도록 운 것은 인류가 앞으로 더 깊은 슬픔과 번뇌에 빠져들 것을 알았기 때문이래요. 그러나 이 이야기는 어디까지나 전설일 뿐이에요. 그토록 양이 방대한 한자를 단 한 사람이 만들어냈다는 건 아무래도 불가능하니까요. 그래서 '창힐'은 특정한 개인이 아니라 글자를 만드는 데 참여한 많은 사람들을 대표하는 이름이라고 볼 수 있어요. ♂

* 창힐은 눈이 4개나 됐다고 전해지는데요, 눈이 많다는 것은 고대에 능력이 뛰어난 왕이나 현명한 성인의 자질을 의미했어요. 또 한자는 사물의 모양을 본뜨는 데서 시작했는데, 눈이 많다는 건 관찰력이 좋았음도 나타내요.

414

육서(六書)란 形(글자 모양), 音(발음), 義(의미) 세 요소로 글자를 만들고 응용하는 여섯 가지 방법이에요. 함께 알아볼까요?

생긴 대로 본뜬 象形(상형)

사물의 모양을 본떠서 글자를 만드는 방법이에요. 가장 먼저 만들어진 한자들로 부수의 대부분을 차지해요. 초상화를 보면 어떤 인물인지 알 수 있듯이, 상형글자 또한 그 자체로 무엇을 의미하는지 알 수 있지요. 예를 들어 다음과 같은 글자들이에요.

川(川 내 천), 木(나무 목), 日(해 일), 雨(비 우), 人(사람 인), 象(코끼리 상), 門(문 문), 眉(눈썹 미)와 같아요.

그러나 이런 식으로 만들 수 있는 글자는 한정적이었어요. 특히 눈에 보이지 않는 추상적인 뜻을 표현하기 위해서 다른 방법이 필요했지요.

事(일 즉, 사물이나 현상)을 指(가리키는) 指事(지사)

형체가 없는 생각, 추상적인 개념을 점과 선으로 부호화해 나타내는 방법이에요. 즉 上(위 상) ㅗㅗ로 上, 下(아래 하) ㅜ ㅜ ㅜ, 本(근본 본), 末(끝 말) 등이지요.

이 '지사'라는 방법을 고안해냄으로써 한자는 상형의 한계를 극복하고 (이집트 등 다른 고대문명권의 상형문자와는 달리) 계속해서 살아남게 되었어요. 그런데 사회가 발달하면서 점점 더 다양하고 복잡한 의미를 나타낼 글자들이 필요해졌어요. 또 다시 모여 회의를 했지요(여기서 또 '회의'라는 기발한 방법을 찾아내요. 새로운 모양의 글자를 자꾸 만들어내지 말고, 이미 있는 글자를 조합해 시너지 효과를 내자는 거였어요).

각 자(字)의 뜻을 모은 會意(회의)

이미 제 나름의 뜻을 가진 글자들을 모아 새로운 뜻을 만드는 방법이에요(대개 뜻이 더 강한 쪽이 부수가 돼요). 이를 테면

亻(사람)＋木(나무)→ 休(쉬다 휴), 亻(사람)＋言(말)→ 信(믿다 신)

木(나무)＋木(나무)→ 林(숲 림) 등의 글자들이에요.

형태와 소리를 합친 形聲(형성)

형성도 會意(회의)와 마찬가지로 이미 있는 글자를 조합해 새로운 글자를 만드는 방법이에요. 이번에는 뜻을 나타내는 형(形)부와 발음 기호 역할을 하는 성(聲)부를 합치는 방식으로요. 예를 들어

뜻을 나타내는 木(나무 목)에 〔발음〕을 합친

$$木(나무) ＋ 風〔풍〕→ 楓(단풍나무 풍)$$
$$＋ 喬〔교〕→ 橋(다리 교)$$
$$＋ 支〔지〕→ 枝(가지 지)$$
$$＋ 每〔매〕→ 梅(매화나무 매) 등이죠.$$

식물, 그까이꺼 ✾✾ (풀)로 대충…

음식, 그까이꺼 (밥그릇)으로 대충…

감정, 그까이꺼 (심장)으로 대충…

병명, 그까이꺼 (난 앓아요)로 대충…

음… 발음글자는 뭘로 쓰지?

의미 부분	발음을 나타낼 글자	뜻 + 발음 → 形聲(형성)글자
✳✳ 艹	早(조), 化(화), 洛(락)	草(풀 초), 花(꽃 화), 落(떨어지다 락)
🍚 食(飠)	羊(양), 包(포), 我(아)	養(기르다 양), 飽(배부르다 포), 餓(굶주리다 아)
♡ 心(忄)	非(비), 曾(증), 刃(인)	悲(슬프다 비), 憎(미워하다 증), 忍(참다 인)
扙 疒	丙(병), 皮(피), 巠(경)	病(병 병), 疲(지치다 피), 痙(경련하다 경)

쉽고 간단하게 새 글자를 만드는 방법으로, 이런 식으로 만들어진 글자가 전체 한자의 약 85% 이상을 차지해요. 처음엔 발음을 담당하는 글자도, 되도록 의미와 관련된 것을 선택했어요. 그 결과 한 글자가 모양, 의미, 발음을 모두 갖추게 되었지요. 그러나 후에 글자 수가 폭발적으로 늘어나 이런 완성도는 포기해야만 했어요. 의미와 전혀 상관없는 글자를 선택해, 오직 발음만 나타내는 경우가 많아졌어요.

굴리고 굴리는 轉注(전주)

새로운 글자를 만드는 게 아니라 이미 있는 뜻에서 유추, 확대, 발전시켜 다른 뜻으로 돌려쓰는 방법이에요. 예로 樂(음악 악)을 보면, 樂(음악)은 사람을 樂(즐겁게) 하므로 누구나 樂(좋아한다)고 樂(음악 악), 樂(즐겁다 락), 樂(좋아하다 요)로 쓰이게 됐어요. 예 樂山樂水(요산요수)

가짜로 빌려 쓰는 假借(가차)

뜻은 다르지만 음이 비슷한 기존의 글자를 빌려다 쓰는 방법이에요. 예로 물건을 반으로 나눈 모양의 八(여덟 팔)은 본래 '나누다'라는 뜻이었는데, 가차되어 발음이 비슷하던 숫자 8을 나타내게 되었어요. 가차는 외래어 표기에도 쓰여요.

예 亞細亞(아세아), 紐約(뉴욕), 羅馬(로마), 哈利波特(해리포터) ♂

*상형(象形), 지사(指事), 회의(會意), 형성(形聲)을 한자 구성의 원리라 하고, 전주(轉注), 가차(假借)를 한자 운용의 원리라고 해요.

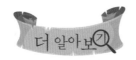
3000년 전에 만들어진 한자는 세계의 고대 문자 중에서 지금까지도 사용되고 있는 유일한 문자예요. 정말이지 '전설적인' 문자이죠. 3000년이라는 시간 동안 한자는 회화성 강한 갑골문에서 → 상징화의 단계를 거쳐 → 현재에 이르기까지… 계속 글꼴의 진화를 이루어왔어요. '더 단순하게! 더 쓰기 편하게!'를 항상 염두에 두고서요. 한자 글자체의 변신 과정을 알아봅시다.

갑골문 (기원전 15세기, 商(상)나라)

3000년 전 상나라 왕실에서 점을 치고 기록하는 데 썼던 문자예요. 거북이 등껍질과 짐승의 뼈에 새긴 글자라서 甲骨文字(갑골문자)로 불려요.

단단한 껍질과 뼈에 날카로운 도구로 새겼기 때문에, 글자 모양이 직선적이고 모서리가 날카로워요. 이체자가 많은 것도 아직 정형화가 되지 않은 갑골문의 특징이지요. 하지만 이미 상형문자의 단계를 넘어 육서(六書)의 원리를 갖추고 있었어요. 한자로 보기에 손색이 없는 단계에 이르러 있었죠. 문자에 회화성이 남아 있어 한자의 자원 연구에도 큰 도움을 줬어요.

금문 (기원전 11세기, 주(周)나라 초기)

고대에 金(금속)은 대개 청동기를 가리켰으므로, 청동 기물에 주조(鑄造)한 글자를 말해요.

갑골문보다 약간 나중에 나타났고 주로 鐘(종)과 鼎(정)에 새겼다고 鐘鼎文(종정문)으로도 불려요.

상나라 후기부터 만들어졌지만 주나라(西周서주)를 대표하는 문자가 됐어요. 진흙 거푸집에 글자를 써서 파낸 후 → 쇳물을 흘려 넣어 주조했으므로, 글자의 모서리가 둥글며 부드러운 느낌을 줘요.

소전 (기원전 3세기, 秦(진)나라)

기원전 221년, 진시황이 중국을 통일한 후 재상 이사가 그동안 나라마다 다르게 써오던 글자체를 통일한 것이에요. 주나라 大篆(대전)을 간략하게 고쳐 진나라의 표준 문자인 小篆(소전)을 만들었어요.

* 大篆(대전)은 周(주)나라 때에 갑골문을 크게 바꿔 점과 획을 매우 복잡하게 만든 글꼴이었어요. 가장 공들인 글자였던 만큼 장식성이 강해 쓰기 어려웠지요.

예서 (기원전 3세기, 秦始皇(진시황) 때)

진나라의 관리였던 程邈(정막)이 감옥에 갇혔을 때 만든 글자체예요. 좀 더 쓰기 편하도록, 둥근 획을 직선으로 바꾼 게 특징이에요.
隸書(예서)라는 이름에 대해서는 (1)이전부터 쓰던 正書(정서)에 예속(隸屬)된 글자라서, (2)당시 문서 관리를 담당하던 하급관리 '隸人(예인)'에서 따와서 등 설이 분분해요. 진나라에서 만들어졌지만, 隸書(예서)는 한나라를 대표하는 문자가 됐어요. 한나라 때 더욱 대중화됐기 때문이에요.

* 예서의 가장 큰 특징은 물결처럼 너울거리는 가로 획의 끝을 오른쪽으로 길게 빼는 데 있어요. 이것을 波(물결 파)를 써서 파세(波勢) 또는 파(波)라고 해요.

해서 (2세기, 漢(한)나라 말)

(글자의 전체적인 모양이 좌우로 퍼진) 예서를 좀 더 균형 있고 단정하게 바꾼 것이에요. 楷書(해서)라는 이름에 든 楷(본보기, 모범 해)에 나타나듯, 똑똑히 正字(정자)로 쓴 글자체예요.
위진남북조시대를 거쳐 당나라 때 완성도가 정점에 달했어요.

초서 (漢(한)나라)

草(풀 초)에는 '거친 풀처럼 거칠다', '대충대충 하다'라는 의미가 있어

요. 草書(초서)는 빠른 속도와 편의를 위해 필획을 단순화시키고 곡선 위주로 흘려 쓴 글자체예요. 영어의 필기체처럼요. 우리가 흔히 초서라고 생각하는 것은 전문가가 아니면 알아보기 힘들 정도로 자유분방하고 심하게 흘려 쓴 狂草(광초)예요. 극도로 흘려 쓴 결과 읽기 어렵게 되어 오히려 실용성을 상실한 단점이 있지요. 후한(後漢)의 두탁(杜度)이 초서를 만들었다는 설도 있는데, 아무튼 한나라 때부터 사용되기 시작했어요.

행서

↑
그 유명한 왕희지의
난정서 서문

해서와 초서의 중간 자형으로, 후한(後漢) 때에 유덕승(劉德昇)이 만든 것으로 전해져요. 초서가 흘림체라면 행서는 반흘림체쯤 돼요. 그 결과 '해서'보다는 쓰기 편하고, '초서'보다는 알아보기 쉬워요. 필기 속도와 문자의 변별력이라는 두 마리 토끼를 다 잡은 셈이에요.

해서가 쓰기 편했음에도 불구하고, 편지를 주고받을 때와 같이 일상적인 경우에 사람들은 더 자유롭게 쓸 수 있는 행서체를 선호했어요. 때문에 사람들 사이에 편하게 오고간 글자라고 이름에도 行(다니다 행)을 써요. ♂

이번에는 간화자에 대해 살펴볼까요?

1956년 중국 정부는 문맹(文盲)퇴치를 위해 결단을 내렸어요. 문자 개혁을 실시하기로 한 것이에요. 어떻게? 일상에서 많이 쓰는 글자 중 필획이 복잡한 2,238자를 간략히 고쳐 공식 발표했어요. 예를 들면 17획의 龍(용)을 5획이면 쓸 수 있는 龙(용)으로 고친 식이었어요. 이것이 간화자(혹은 간체자(簡體字)라고도 함)예요. 상대적으로 그 이전의 글자를 필획이 복잡하고 번거롭다고 繁體字(번체자)라 부르는데, 이에 대해 최근 대만에서는 正體字(정체자)로 고쳐 부르자고 주장해요. 간화자를 만드는 데는 나름대로 원리(간화(簡化) 원리)가 있었어요.

부수를 간략하게 고치기

言→讠, 食→饣, 糸→纟, 金→钅, 見→见, 風→风, 車→车 등

본래자, 이체자, 속자를 취하기

從(종) → 본래자인 人人으로, 萬(만) → 고자(古字)인 万으로,
聲(성) → 속자인 声으로, 當(당) → 속자인 当으로

> *이체자란 한 글자가 서로 다른 글자체로 쓰여 온 것을 말해요. 한자가 오랜 시간 동안 넓은 지역에서 사용되었기 때문에 생긴 현상이에요. 속자란 속세에서 쓰기 편하게 변형돼 쓰인 글자를 말해요.

글자의 일부를 간단히 하기

婦 → 妇, 風 → 风, 漢 → 汉, 興 → 兴, 報 → 报

글자의 일부만 취하기

電 → 电, 開 → 开, 習 → 习, 離 → 离

글자의 일부를 더 간단하면서 같은 음을 가지는 글자로 바꾸기

遠 → 远, 鐘(종 종) → 钟, 繫 → 系

글자 전체를 더 간단하면서 같은 음을 가지는 글자로 바꾸기

後(뒤 후) → 后(왕비 후), 裏 → 里, 幹 → 干(간), 麵 → 面, 瞭 → 了

초서체를 이용하기

長 → 长, 書 → 书, 爲 → 为, 樂 → 乐

(상용한자를 이용한) 새로운 회의자나 형성자 만들기

驚(놀라다 경) → 惊, 認(알다 인) → 认, 護(보호하다 호) → 护,

體(몸체) → 体

간화자는 대중적으로 교육을 보급하는 데 큰 성과를 올렸어요. 하지만 실용성을 추구한 간화자에도 문제점은 있었지요.

우선, 인위적으로 자형을 정리하면서 표의문자(表意文字)로서의 기능을 거의 잃었어요.

전에는 처음 보는 글자라도 부수나 의미 부분으로 대충 뜻을 짐작할 수 있었지만 간화자에서는 뜻을 알 수 없는 경우가 많았어요.

자주 쓰이는 예로 愛(사랑 애)는 간화자 爱(애)로 바뀌어 마음 없는 사랑이 되었고, 産(낳다 산)은 간화자 产(산)으로 바뀌어 生(낳는다)는 의미가 사라졌어요. 發(쏘다 발)의 간화자 发는 본래 의미와 전혀 상관없는 髮(터럭 발)을 간략화한 형태예요.

그게…
마음이 빠졌는걸요…

我 爱 你
wǒ ài nǐ

또 번체자로 된 고문서를 읽을 수 있는 사람이 점점 줄어들면서, 수천 년 동안 이어져온 고전과의 단절을 초래하게 됐어요. 나중에 새로운 고문서가 발견되더라도 '중국어 번역본은(간화체) 언제 나오지?' 하게 될지도 모르죠.

그 밖에도 자형이 아름답지 않다는 이유 등으로 간화자를 폐지하고 다시 기존의 한자로 돌아가자는 주장도 있어요.

현재 간화자를 쓰는 나라로는 중국, 싱가포르, 말레이시아가 있어요. 기존의 한자를 쓰는 나라로는 대만, 홍콩, 마카오, 대한민국이 있고요. 일본은 한자를 변형한 略字(약자)를 써요. ♂

* 하지만 손으로 필기할 때의 번거로움, 자판으로 글자를 입력할 때의 어려움, 외국어 표기법을 일일이 새로 만들어야 하는 점들을 고려하면 간화자를 쓰는 입장도 충분히 이해가 가요.

18 학문

▸학습

學(学배우다 학)은 子(어린아이)가 冖(집)에서 𦥑(양손)으로 爻(새끼줄 꼬기 또는 매듭 묶기)를 배우는 모습이에요. 옛날에는 새끼줄을 꼬고 매듭을 묶는 기술이 굉장히 중요했어요. 그물을 짜고, 도구를 만들고, 물건을 단단히 고정시키고, 기둥과 지붕을 엮어 집을 짓는 등 여러 작업에 원천 기술로 쓰였기 때문이에요.

또는 子(어린아이)가 冖(책상) 앞에 앉아 𦥑(두 손)에 爻(산가지)를 가지고 셈을 배우는 모습으로 보기도 해요.

*산가지는 계산을 하기 위해 대나무 등으로 만든 막대기예요.

이 學生(학생) 옆에 攵(회초리를 든 손)을 더하면 敎(가르치다 교)예요. 체벌을 하던 과거 교육(敎育) 분위기를 엿볼 수 있어요. 이 외에도 效(본받(아 배우)다 효), 修(닦다, 고치다 수), 改(고치다 개), 敬(공경하다 경)을 보면 이러다가 맷집만 느는 게 아닐까? 생각될 정도로 체벌(體罰)을 강조하고 있어요. 때리면 효과(效果)가 있다고 여긴 듯, 效(본받(아 배우)다 효)에는 '효험(效驗)'이라는 뜻도 있어요. 아직도 이 뜻이 有效(유효)하게 쓰이지요. 하지만 역시 요즘의 교육 현장과는 거리가 느껴지는 글자들이에요.

다시 學(학)으로 돌아와서요, 學(배운) 것을 見(보고 또 보면) 스스로 깨달아 見(눈이 번쩍 뜨이는) 각성(覺醒)의 순간이 온다고 해요. 그래서 覺(覚깨닫다 각)이 됐어요. 각성은 고사하고 졸리기만 하다고요? 그렇다고 시중에서 파는 각성제(覺醒劑) 음료들을 마구! 마시면 안 돼요. 오히려 공부에 방해가 될 뿐만 아니라 몸에 탈이 날 수도 있답니다.

習(익히다 습)은 새의 날개가 해 위에 있는 모양이었어요. 공중에서 새가 나는 연습을 한다는 뜻이었죠. 옛날 사람들은 새가 저절로 나는 것이 아니라, 새도 연습을 해서 나는 법을 習得(습득)하는 거라고 생각했대요. 소전에서는 羽(깃(털) 우)와 白(희다 백)으로 바뀌었어요(날갯짓을 아주 빨리 하면 깃털이 새하얗게 보여서라는 설명도 있어요).

學習(학습)은 글자 그대로 배우고(學) 익히는(習) 것이에요.
배움이 새로운 것과의 만남이라면 익힘은 새로 배운 것을 완벽하게 자기 것으로 습득하는 일이지요. 그래서 새들도 더 높이, 더 빨리 날기 위해 연습을 계속해요. 모든 생명체는 자신이 존재함에 있어 가장 이상적인 상태에 도달하려는 본능을 가지고 있으니까요.

그래서 공자도 이런 말을 했대요. "學而時習之(학이시습지) 不亦說乎(불역열호)!" 이 말은 '배우고 (시시)때때로 익힌다면 또한 기쁘지 않겠는가!'라는 뜻이에요(책상에 붙여두고 공부할 때마다 봐도 좋을 말 같네요). 說(말하다 설, 달래다 세)가 여기선 說(기쁘다 열)로 쓰였어요. 본래 悅(기쁘다 열)로 써야 하는데 왜 다른 글자로 썼는지… 뭐, 공자님 마음이겠죠?

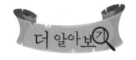

乎(어조사 호)는 丿(삐침 별)과 兮(어조사 혜)를 합쳐서 소리를 길게 뽑는다는 의미를 나타내요. 가차되어 영탄, 강조, 의문 등의 어조사로 쓰여요.

(예) 不亦說乎(불역열호; 기쁘지 아니한가), 斷乎(단호; 결심이나 태도가 확고함) ♂

▸스승과 제자

여러분, 날고 싶은 새는 누구를 가장 만나고 싶을까요? 정답은 바로 '먼저 날아본 새'예요. 여기서 '먼저 날아본 새'는 스승을 의미해요.

사부

師(师스승 사)의 帀(두르다 잡)은 주위를 빙 둘러싼다는 의미예요.

> 巾(천)을 빙 두르고 ⌐ (끈)으로 묶었다고 보면 돼요.

師(사)는 본래 自(언덕)을 帀(빙 둘러싸고) 주둔한 군사를 가리켰는데, 가차되어 많은 사람을 이끄는 '스승'을 뜻하게 됐어요. 自(언덕이나 단처럼 높은 곳)에 올라가서 여러 사람을 통솔하며 帀(두루 영향을 미친다)는 의미로요.

그런데 남들을 가르치려면 그 분야에 대한 전문 지식을 갖추고 있어야겠죠? 師(사)에는 '전문가'라는 뜻도 있어요.

예 醫師(의사), 教師(교사), 料理師(요리사)

傅(스승 부)는 亻(사람 인)과 專(펴다, 퍼지다 부)로 이뤄졌어요. 널리 가르침을 펴는 사람을 의미해요.

제자

弟子(제자)는 先生(선생)보다 나중에 태어나서 아직 경험과 배움이 부족한 사람으로 표현했어요. 弟(아우, 나이어린 사람 제)는 丫(어떤 도구나 무기)에 弓(끈)을 감는 모양이에요. 끈을 감을 때는 위에서 아래로 감아 내려가기 때문에 형제 중에서 '동생'이나 '손아랫사람'을 가리키게 됐어요. '弟子(제자)'에서 子(아들 자)는 '사람'을 의미해요.

*子(자)는 '학덕이 높은 남자'의 경칭으로도 쓰였어요. 예) 君子(군자), 孟子(맹자)

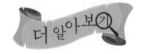

학교

校(학교 교)는 건물 재료인 木(나무 목)에, 사귐과 교류를 의미하는 交(사귀다, 주고받다 교)가 발음이에요.

校(교)를 보면 🌳(나무)를 향해 사람이 🚶(걸어가고) 있어요. 나무 그늘 아래에서 스승이 설교를 하고, 주위에 제자들이 모여 있는 모습을 상상해보세요. 서로 의견을 주고받으며 벗을 사귀기도 했겠지요. 이 풍경이 바로 學校(학교)의 기원이 아닐까요? ♂

학창 시절에는 학문을 배우는 것 못지않게 동문수학(同門受學)하는 친구들을 사귀는 일도 중요하죠. 친구(親舊)를 가리키는 글자로는 朋(붕)과 友(우)가 있어요.

朋(벗 붕)은 ʃʃ ʃʃʃʃ 朋 조개를 두 줄에 꿰어 늘어뜨린 모양이에요. 나란히 붙어 있는 모양에서 같이 붙어 다니는 '친구', '무리'라는 뜻으로 가차되었어요. 예 朋友有信(붕우유신), 朋黨(붕당)정치

友(벗 우)는 한 사람의 ナ(손)에 뜻을 같이하는 협력자의 又(손)이 더해진 모양이에요. 합작(合作), 공동 지향, 서로 돕는다는 의미를 나타내요.

특히 어릴 적부터 함께해온 허물없는 친구를 竹馬故友(죽마고우)라고

히히힝~

이랴!

해요. 변변한 완구 하나 없던 때, 대나무 말을 함께 타고 놀았던 친구를 가리켰어요. 이 돈독(敦篤)한 우정과 관련된 글자가 篤(笃도탑다 독)이에요. ⺮(대나무) 馬(말)로 의미가 설명되지요? 믿음이 篤實(독실)할 때나 병이 깊어 危篤(위독)할 때도 써요.

▸공부와 연구

工夫(공부)는 좁은 의미로 기술이나 학문을 배우고 익히는 것이에요. 그럼 넓은 의미로 공부는 무엇을 뜻할까요? 공부가 몸과 마음을 수련하는 중국 무술 '쿵푸'에서 나왔다는 설이 있는데요, 글자 그대로 보면 工(공)에는 무언가를 만드는 工程(공정)이란 뜻이 있고, 夫(부)는 성인을 나타내요. 특히 夫(부)는 머리를 올리고 동곳을 꽂은, 즉 제대로 차림새를 갖춘 모습의 어른이에요. 그러므로 工夫(공부)란 '(제대로 된) 어른으로 만드는 과정'을 의미한다고 볼 수 있어요.

研究(연구)는 어떤 일이나 사물에 대해 깊이 있게 조사하고 생각하여 이치를 밝혀내는 것이에요. 研(연구하다, 갈다 연)은 石(돌)을 간다는 의미에, 开(평평하다 견)으로 견 → 연 발음을 나타냈어요. 발음인 开(견)은 두 물건의 높이가 나란한 모양이라서, 石(돌) 위에 두 손을 开(나란히) 놓고 돌(石)을 평평하게(开) 간다고 보면 돼요. 돌을 갈면서 돌의 재질과 강도, 성능 좋은 도구로 만드는 방법 등을 研究(연구)하였으므로 开(견)에는 '연구하다'라는 뜻도 있어요.

究(연구하다 구)는 穴(구멍 혈)과 발음인 九(구)로 이루어졌어요. 穴(구멍)에 九(손)을 집어넣고 더듬는 데서 깊이 探究(탐구)한다는 뜻이 나왔어요.

*비슷한 글자로 摸(찾다 모)도 있어요. 扌(손)으로 더듬어 莫(보이지 않는) 무언가를 摸索(모색)한다는 뜻이에요.

 探(찾다 탐)은 扌(손)으로 더듬어 찾는다는 의미에, 罙(삼 → 탐)이 발음이에요. 발음인 罙(깊을 삼)은 깊이 파고 들어간 굴(宀) 안에서 ㄣ(한 사람)이 입을 크게 벌리고 있는 모습에서 나왔어요. 주 위의 점들은 굴 안에서 간신히 내쉬는 숨결로 보면 돼요. 후에 ㄣ(사람)이 木처럼 변했고, 探(손)을 더해서 (물건이나 출구 등을) 더듬어 찾는다는 의미를 강조했어요.

더 알아보기

質問(질문)과 對答(대답)

質(质묻다, 바탕 질)은 斦(모탕 은)과 貝(조개 패)로 이뤄졌어요. 모탕은 나무를 패거나 자를 때 밑에 받치는 나무토막이에요. 그래서 斦(은)에는 '밑받침'이란 뜻이 있어요. 그리고 貝(패)는 '가치'를 상징하므로 斦(모탕)과 貝(패)를 합친 質(질)은 사물과 사람이 가진 '가치를 밑받침하는 것'을 의미해요. 여기서 '(근본)바탕'이라는 뜻이 나왔어요.

한편, 人質(인질)에서는 質(질)이 '볼모'를 가리켜요. 볼모는 어떤 약속을 이행하는 담보로 상대방이 잡아두는 물건이나 사람이에요. 이로부터 어떤 대가를 요구한다는 뜻이 나왔고, 요구하는 데서 다시 '묻다'가 됐어요. 예 質疑(질의), 質問(질문)

對(대대하다, 대답하다 대)는 丵(햇불)을 寸(손)에 든 모습이에요. 옛날에는 날이 어두워지면 사람의 얼굴이 잘 보이지 않았으므로, 서로 신원을 확인하기 위해 이름을 밝히거나 (여기서 나온 게 名(이름 명)이었죠!) 햇불로 얼굴을 비추었어요. 이렇게 相對(상대)와 마주보고 對答(대답)하던 데서 '대하다', '마주 보다', '대답하다'라는 뜻이 나왔어요. 對決(대결)은 맞서서 우열을 결정하는 것이고, 對策(대책)은 상대방이나 어떤 일에 대처하는 방책을 뜻해요.

> 策(꾀, 채찍 책)은 본래 ⺮(竹 대나무)나 束(가시 있는 나무)로 만들어 말을 더 빨리 달리도록 때리던 '채찍'을 가리켰어요. 후에 음을 빌어 (일이 더 잘 진행되도록 하는) '꾀, 계책'을 뜻하게 됐어요.

試驗(시험)

試(试시험하다 시)는 言(말)로 式(법식)을 갖춰 시험(試驗)한다는 의미랍니다.

예 試飮(시음) 행사, 試演會(시연회), 試寫會(시사회)

驗(验시험(하다) 험)은 馬(말)을 僉(여러 번) 시험(試驗)한다는 의미에요. 僉(金다, 여러 첨)에서 첨 → 험으로 발음되지요. ♂

‣'배움' 관련 말들

溫故知新(온고지신)은 옛것을 배워 (그것으로 미루어) 새것을 안다는 말이에요. 『논어(論語)』 위정(爲政)편에 나오는 공자(孔子)의 말로 원문은 '溫故而知新(온고이지신) 可以爲師矣(가이위사의)' 즉, '옛것을 배워 새로운 것을 깨닫는다면 다른 이의 스승이 될 수 있다!'예요.

溫(따뜻하다 온)이 여기서는 '배우다', '복습하다'라는 뜻으로 쓰였어요.

教學相長(교학상장)은 가르치고 배우면서 서로 자란다는 뜻이에요. 스승은 가르치면서 더불어 성장하고, 제자는 배워본 후에야 자신의 부족함을 알게 되어 학업에 더욱 증진하기 때문이에요.

學然後(학연후) 知不足(지부족) 배운 연후에 부족함을 알고

教然後(교연후) 知困(지곤) 가르친 연후에 (아직 미숙하여) 막힘을 안다

知不足然後(지부족연후) 能自反也(능자반야) 부족함을 안 연후에 자신을 반성할 수 있고

知困然後(지곤연후) 能自强也(능자강야) 막힘을 안 연후에 스스로 더 힘쓸 수 있다

故曰(고왈) 그러므로 教學相長也(교학상장야) 가르치고 배우면서 서로 자란다

이래서 '가르침이 배움의 반'이라는 말도 있지요.

讀書三到(독서삼도)는 책을 읽을 때는 눈으로 보고(眼到안도), 입으로 소리 내어 읽고(口到구도), 마음으로 집중(心到심도)해야 함을 뜻해요. 송(宋)나라의 주희(朱熹)가 제자들을 가르치며 한 말이에요. 눈만 책에 가 있고 마음은 딴 데 가 있는 제자들이 보였나 봐요.

낮에는 밭을 갈고 밤에는 글을 읽는다는 晝耕夜讀(주경야독)은 어려운 여건에서도 열심히 공부(工夫)함을 뜻해요. 이처럼 가난한 환경에서도 학업에 힘쓴 대표적인 인물로 진(晉)나라의 차윤(車胤)과 손강

(孫康)이 있었어요. 얼마나 가난했냐면, 밤에 책을 읽고 싶어도 기름 살 돈이 없어 불도 켜지 못할 정도였어요. 그래서 차윤은 얇은 비단 주머니에 반딧불을 잡아넣어 그 빛으로 글을 읽었고, 손강은 겨울날 마당에 쌓인 하얀 눈이 반사하는 빛으로 글을 읽었어요. 이렇게 치열하게 책과 씨름한 두 사람은 과거에 합격해 훗날 고위 관리를 지냈다고 해요. 여기서 나온 게 '반딧불, 눈과 함께한 노력'이란 뜻의 螢雪之功(형설지공)이에요. 어려운 상황에서도 꿋꿋하게 공부함을 뜻해요.

孟母三遷之敎(맹모삼천지교)는 맹자의 어머니가 맹자의 교육을 위해 세 번이나 이사했던 이야기에서 나왔어요.

맹자는 어려서 아버지를 여의고 가난한 홀어머니 슬하에서 자랐어요. 맹자의 어머니는 교육열이 아주 높았어요. 이 모자(母子)는 본래 공동묘지와 가까운 동네에 살았어요. 그런데 어린 맹자가 날마다 상여꾼 흉내를 내고 분묘를 만들면서 놀기에, 어머니는 곧바로 짐을 싸서 시장 근처 동네로 이사를 했지요. 많은 사람이 오가는 곳이니 보고 배울 게 많을 거라 생각했지만, 이번에 맹자는 또래 친구들과 어울려 장사꾼 흉내만 내며 놀았어요. 이 정도 환경 적응력이면 어디 내놔도 걱정 없을 듯한데, 어머니는 맹자를 뛰어난 학자로 키우고 싶었나 봐요. 어머니는 고민 끝에 글방 근처로 다시 이사를 했어요. 그제야 비로소 맹자가 글공부에 매진했지요. 어머니는 안심하여 그곳에 정착했다고 해요. 훗날 맹자는 대학자로 성장하였고, 덕분에 이 이야기는 교육에 있어 주변 환경이 얼마나 중요한지를 말해주는 예로 인용되고 있어요.

이들 모자(母子)와 관련된 유명한 일화가 또 하나 있는데요, 맹자가 어느 정도 성장하자 어머니는 더 훌륭한 스승 밑에서 배우라며 집에서 멀리 떨어진 곳으로 맹자를 유학 보냈어요. 그런데 어느 날 연락도 없이 맹자가 집으로 돌아왔어요. 어머니가 너무 그리워 찾아온 것이었지요. 어머니는 나지막이 "네 학문이 어느 정도가 되었느냐?"고 물었어요. "예전과 별반 다르지 않습니다." 맹자가 대답했어요. 그 순간 어머니는 칼을 가져와 베틀로 짜고 있던 옷감을 싹둑 베어버렸어요. 너무나 놀란 맹자에게 어머니가 말했어요. "배움을 중도에 그만두는 것도 이와 같다. 그동안 애써 배운 것이 모두 헛수고가 되는 것이다." 이 말을 듣고 맹자는 자신의 행동을 반성하여 돌아가 학업을 계속했다고 해요. 이 일화에서 나온 유명한 말이 맹자의 어머니가 베를 끊었다는 뜻의 '孟母斷機(맹모단기)'예요.

그건 그렇고, 하나 짚고 가야 할 글자가 있어요. 바로 孟母三遷(맹모삼천)의 遷(迁옮기다, 바꾸다 천)이에요. 遷(천)은 본래 수레와 비슷한 물건 주위에 여러 개의 손을 그린 모양이었다고 해요. 무언가 커다란 물건을 제작해 여럿이 옮기는 모습이었대요. 현재의 자형은 遷(중요한 것)을 遷(덮어 싸고) 遷(둘둘 말아 싸서) 遷(가져간다고) 보면 돼요.

* 遷都(천도; 도읍을 옮김), 變遷(변천; 변하여 바뀜), 播遷(파천; 옛날에 임금이 도성을 떠나 피난하던 일), 左遷(좌천; 낮은 지위로 떨어짐), 改過遷善(개과천선) 등에 써요.

'移徙(이사)한다'고 할 때는 舍(집 사)가 아니라 徙(옮기다 사)를 써요. 짐을 싼 뒤 새집을 향해 이동한다고 생각하세요. 徒(무리 도)와 혼동하지 않도록 조심하시고요. 徒(무리 도)는 彳(길거리)에서 떼 지어 走(가는) 것으로 '무리'를 표현했어요.

예 生徒(생도), 暴徒(폭도), 信徒(신도), 花郞徒(화랑도 화랑의 무리)

19 탄생과 죽음

▸태어남

아기가 태어나면 出生(출생) 신고를 해요. 신고를 해도 드라마 속에는 출생의 비밀이 넘쳐나지만요. 보통 어린 시절에 한 번쯤은 자신에게도 출생의 비밀이 있다는 상상을 해보죠. 어느 날 부자 아저씨가 친부모라고 나타나면 지금껏 키워주신 부모님과 6개월씩 번갈아서 살까? 하는 고민도 해보고요(실은 부모님들이 더 많이 의심하고 상상했을지도 몰라요).

出(태어나다, 낳다 출)은 屮 → (발)이 凵 → (입구)로부터 나가는 모습이에요(屮는 止(발 지)의 변형). '밖으로 나가다'가 본뜻인데, 의미가 넓어져 '出生(출생)', '出品(출품)'처럼 세상에 나오는 일도 가리키게 됐어요. 生(태어나다, 낳다, 살다 생)은 生(屮새싹)이 土(흙)을 뚫고 나온 모양으로 生命(생명)의 誕生(탄생)과 살아 있음을 표현했어요.

성인이나 귀인의 출생은 誕生(탄생)으로 높여 불러요. 성탄절(聖誕節)은 예수님이 탄생하신 날, 석가탄신일(誕辰日)은 부처님이 탄생하신

날이지요. 아기들에게도 '탄생(誕生)'이란 말을 쓰는 것은, 부모에게 있어 아기는 세상에서 가장 소중하고 귀한 존재라서 그런 것 아닐까요? 誕(誕태어나다 탄)은 延(끌다 연)으로 연 → 탄 발음을 취해 본래는 말을 장황하고 과장되게 늘어놓는다는 뜻이었어요. 여기서는 귀인이 태어난 言(소식)을 延(멀리)까지 전하는 것으로 기억하세요.

그럼 커플탄생은 뭔가요 ❯❮

발음 부분인 延(끌다, 미루다 연)은 彳(길)을 止(간다)는 의미의 廴(전)과 발음인 延(丿예)로 이루어졌어요. 丿(끌다 예)를 止(발) 위에 써서 발걸음을 끌며 멀리 간다는 의미가 되었으므로 丿(예)는 뜻 부분도 돼요.

延(연)에는 '연기하다', '(기한 등을) 미루다'라는 뜻도 있어요.

예 延長(연장), 延期(연기), 遲延(지연)

멈추시오~ 진범이 잡혔소!!!

사람이 살다 보면 죽을 고비를 맞기도 한다지만… 정말 죽기 전까진 죽은 게 아니죠! 사람 일이 어떻게 될지는 아무도 모르는 거니까요.

蘇生(소생), 回生(회생)은 거의 죽다시피 하다가 다시 살아나는 거예요. 거의가 아니라 아예 죽었다가 살아나는 건 復活(부활), 還生(환생)이고요.

'回生(회생)'의 回(돌(아오)다 회)는 물이 중심을 두고 회전(回轉)하는 모양이에요. 돌아서 다시 제자리로 '돌아오다', 매회(每回) 돌아서 다시 온 '횟수', '번'을 뜻해요. 또 주위를 빙빙 돌기만 한다고 '회피(回避)하다'라는 뜻도 있어요.

'復活(부활)'의 復(复다시 부)는 '도구' 편에서 復(돌아오다 복)으로 다루

었던 것을 참고해주세요. '다시'의 뜻일 때는 '復活(부활)'처럼 '부'로 발음해요.

活(살다 활)은 (물방울)이 舌(혀)에 닿는 그림처럼 보이지만, 실은 소전에선 昏로 써서 물이 바위에 부딪치며 '콸콸콸' 힘차게 흘러감을 나타낸 것이었다고 해요. 여기서 '힘차게 活動(활동)하다', '活氣(활기) 있다', '생생하다', '살다'라는 뜻이 나왔고요. 昏(괄 → 활)이 발음이에요(舌은 昏의 변형).

엥? 나한텐 관심 없네?
더위 먹었나??

누구냐 넌…

還生(환생)해서 돌아오긴 했는데… 만약 개구리로 태어났다면 팔짝 뛸 노릇이겠죠? 이런 경우 불교에서 말하는 幻生(환생)을 한 거예요. 자신이 쌓은 공덕과 업에 따라 형상을 바꾸어서 다시 태어나는 거요. 여러 동물에 빙의해보면 그제야 아, 사람 되기 힘든 거였구나… 느끼겠지요. 이왕 인간으로 태어났을 때 인간답게 사는 게 나은 것 같아요. 마음과 생활 태도를 바로 잡아 更生(갱생)의 길을 걷다가 죽으면 천국에 가서 永生(영생)을 얻는 쪽으로 공략해보는 거죠!

더 알아보기

産(产낳다, 만들어내다 산)은 産(낳다, (태어)나다 생)이 의미 부분이고, 産(彦선비 언의 생략형)으로 언 → 산 발음을 나타냈어요.

彦(선비 언)은 文(무늬)와 彡(꾸미는 모양), 그리고 厂(한 → 언) 발음으로 이루어졌어요. 그런데 뜻은 왜 '선비'일까요? 본래는 '성인식을 치룬 청년'을 가리켰어요. 고대에는 성인식을 치룰

436

때 몸에 文(문신)으로 彡(아름다운 무늬)를 새겼기 때문이에요.
이것이 유교 사회에 이르러 글공부를 하여 점잖고 훌륭한 남
자를 일컫는 '선비'가 되었어요. ♂

▶사람의 일생

스핑크스의 유명한 수수께끼가 있지요. 아침에는 네 발, 점심에는 두
발, 저녁에는 세 발인 것이 무엇이냐? 답은 '사람'이에요.
한자에서도 兒(아이 아)는 아기가 기어가는 모습, 夫(사내 부)는 두 다
리로 서 있는 모습, 老(노인 노)는 지팡이를 짚은 모습이에요.

태아

먼저 妊娠(임신)과 孕胎(잉태)를 알아볼게요.
妊(아이 배다 임)은 산모를 의미하는 女(여자 여)에, 壬(임)이 발음이에요.
발음인 壬(工 壬 壬 아홉째천간 임)에 대해서는
1. 亻(사람)이 土(흙으로 쌓은 토단) 위에 서 있는 모습
2. 工(실 감는 도구)에 ─(실)이 감기며 점점 부풀어 오르는 모양
등의 설명이 있어요. 임신에 관련해서는 2번 설명이 더 어울리나요?
아무튼 壬(임)은 가차되어 천간(天干)의 아홉 번째 글자가 되었어요.
娠(아이배다 신)은 女(여자)가 辰(별)의 기운을 받아 아이를 가진다고
辰(별 신)으로 발음을 나타냈어요.
옛날에는 임신이 별의 기운과 같은 천기를 받아 이루어진다고 생각
했어요. 사극에서도 왕의 후사를 위해 애쓰는 사람들로 중전마마,
후궁들과 함께 관상감 박사들이 나오지요. 관상감 박사들은 하늘의

별자리를 눈이 빠지도록 관찰했어요. 그리고 천기가 가장 좋을 때를 예측해 왕에게 올렸지요. 그러면 그 일시에 맞추어 왕의 합방이 이루어졌어요.

孕胎(잉태)의 胎(아이 배다 태)도 月(肉몸)에 台(별)의 기운을 받아 孕胎 (잉태)를 한다고 台(별이름 태)를 발음으로 취했어요. 한편, 台(태)가 탯줄과 배 속의 아기(태아)를 그린 것이라는 설도 있어요. 이 설명대로라면 厶(탯줄)에 연결된 口(태아)로 보면 돼요.

우선 胎(아이 배다, 태아 태)는 月(몸)에 台(탯줄로 연결된 아기)가 생겼다는 뜻이 되겠지요. 始(처음, 비롯하다 시)는 女(여자)가 台(임신하는) 것을 생명의 始初(시초)로 보았던 게 되고요. 하지만 의학이 발달하지 못해 임신과 출산 과정에서 산모와 아기가 죽는 일이 많았어요. 그래서 죽음의 상징인 歹(부서진 뼈 알)을 붙여 殆(위태하다 태)를 만들었지요.

한편, 아이를 가지면 행동이 느릿느릿하고 평소보다 일을 조금밖에 하지 못해서 怠慢(태만)해 보였나 봐요. 심리를 나타내는 心(마음 심)을 더해 怠(게으르다 태)로 만들었어요.

뱃속의 胎兒(태아)는 초기에 형체를 알아보기 어렵다가, 시간이 지날수록 점점 완전한 모습을 갖추기 때문에 한자로도 己(이) → 巳(사) → 幺(요) → 充(충)으로 표현했어요.

 이왕(已往) 나왔으니 하나씩 살펴보면요,

已(이미 이)는 아직 형체를 갖추진 않았지만, 이미 아기가 생긴 다음이므로 '이미', '벌써'라는 뜻이 되었어요.

 巳(여섯째지지 사)는 己보다 조금 더 자란 태아의 모습이에요.

뱀을 그렸다는 설도 있는데, 아무튼 가차되어 지지의 여섯 번째 글자
^{자 축 인 묘 진 사 오 미 신 유 술 해}
(子丑寅卯辰巳午未申酉戌亥)가 됐어요.

438

幺(작다 요)는 머리를 거꾸로 하고 웅크린 태아의 모습이에요(작은 실타래를 그린 것으로 糸(실 사)의 본래자라는 설도 있고요).

孕(아이 배다 잉)에서는 아기가 완전한 형태(子)를 갖추고 있지요. 充(차다, 가득하다 충)에서는 드디어 아기가 태어나려고 ㅊ(머리를 아래로) 향한 모습이에요. 充(충)의 윗부분은 子(자)를 거꾸로 쓴 것으로 '태아'를 나타내고, 아랫부분의 儿(인)은 산모를 의미해요. 10달을 다 채워 充分(충분)히 자랐으므로 '차다', '가득하다'가 되었어요.

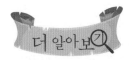
더 알아봐요

分娩(분만)과 관련된 免(면), 娩(만), 挽(만) 그리고 了(료)

分娩(분만)의 免(면하다 면)에 대해서는 출산 장면을 사실적으로 묘사했다는 의견이 많아요. 아기가 나오기 쉽도록, 산파가 산모의 다리를 잡고서 산도를 더 넓게 벌리는 모습이라고 해요. 출산의 고통에서 빨리 謀免(모면)하고자 해서 '면하다', '벗어나다'가 됐고요.

免(면)이 '면하다'로 굳어지자, 아기를 낳는다는 본래 뜻으로 앞에 女(산모)를 더해 娩(낳다 만)을 만들었어요.

앞에 산파의 扌(손)을 추가하면 挽(당기다 만)이 돼요. 扌(손)으로 잡아당긴다는 의미에, 免(면 → 만)이 발음이에요.

子(자)에서 一(팔)을 오므린 了(마치다 료)는 이제 막 아이가 태어나서 아직 팔도 벌리지 못하는 모습이에요. 출산을 마쳤으므로 '마치다'라는 終了(종료)의 뜻이 되었어요. ♂

* 발음인 免(면)과 力(힘력)을 합치면 勉(힘쓰다 면)이에요. 아이를 낳듯이 생산적인 일에 힘씀을 뜻해요. 예) 勤勉(근면), 勉學(면학)

영아

옛날에는 아기가 태어나면 아들에게는 옥의 좋은 기운이 깃들도록 玉(옥)을 쥐어주고, 딸에게는 賏(조개껍데기로 만든 목걸이)를 걸어주었어요. 그래서 嬰(嬰갓난아이 영)은 女(여아)의 목에 賏(조개껍질 목걸이)를 걸어준 모습이에요.

兒(儿아이 아)는 아직 정수리에 숨구멍이 열려 있는 嬰兒(영아 신생아나 젖먹이 아기)의 모습이에요. 아기 머리에 말랑말랑한 숨구멍을 나타낸 글자로는 ♀ 孔(구멍 공)도 있어요.

유아

幼兒(유아)는 보통 생후 1년부터 만 6세까지의 어린아이를 가리켜요. 특히 이가 새로 나거나 빠지는 시기라, 兒(아이 아)에 대해 이가 막 나는 어린아이를 나타냈다는 설명도 있어요.

幼(어리다 유)는 幺(작은) 力(힘)을 가진 것으로 '어리다'는 의미를 표현했어요.

保育(보육)과 養育(양육)

保(보호하다 보)는 保(보호자)가 保(아기)를 保(두 손으로 받쳐) 업은 모습이에요.

育(기르다 육)은 본래 母(어머니) 아래에 子(어린아이)를 거꾸로 그린 모양이었어요. '여자가 아이를 낳는다'는 의미였지요.

후에 去 → (돌)과 月 → (肉육)으로 바뀌어, 去 → (아이)의 月

440

→ (肉 몸)이 자라도록 기른다는 뜻이 됐어요.

뜻을 '낳다'에서 → '기르다'로 바꾼 건 낳는 행위에 양육(養育)의 책임을 담기 위해서였어요. 낳기만 하고 아이를 유기(遺棄)하는 일이 없게 하려고요.

棄(弃버리다 기)는 ㄊ(어린아이)를 畢(삼태기)에 담아 ⼆⼆(두 손으로) 들고 있는 모습이에요. 죽은 아이를 내다버리거나, 심지어는 부양이 불가능해서 부모로서의 양심을 抛棄(포기)한 채 아이를 버리는 일이 있었다고 해요. 고대의 '아이를 버리는 풍속'이 반영된 글자예요.

'養育(양육)'의 養(养기르다 양)은 원래 𦍌⼅羊(양)을 친다는 뜻이었는데, 후에 食(밥 식)을 추가해 음식을 먹여 養育(양육)하고 扶養(부양)한다는 뜻으로 바뀌었어요. ♂

아동

'아동(兒童)'의 童(아이 동)은 ㄊ(문신한 노예)가 重(무거운 흙자루)를 옮긴다는 게 본래 뜻이었어요. '아이'라는 뜻은 가차된 것이에요.

성인

靑少年(청소년)기를 지나 '폭풍 성장'하여 이제 成人(성인)이 되었어요. 丈夫(장부)는 다 자란 씩씩한 남자를 일컬어요.

丈(어른 장)은 又(손)에 十(지팡이)를 쥔 모습이에요. 이미 손에 나뭇가지를 쥔 모습의 ⽀支(가지, 지탱하다 지)가 있기 때문에, 똑같이 쓸 수 없어서 丈 모양으로 썼어요. 지팡이를 가리키다가 가차되어 '어른'을 뜻하게 됐고요.

夫(사내 부)는 大(성인 남자)가 머리를 틀어 올리고 ㅡ(동곳: 상투를

이 손으로 돕지요~

튼 후 풀어지지 않도록 꽂는 남자용 비녀)을 꽂은 모습이에요.

앞에 扌(手손 수)를 붙이면 扶(돕다 부)예요. 扌(손)을 써서 돕는다는 의미에, 夫(부)가 발음이에요. 특히 힘센 성인 남자가 扶養(부양)과 相扶相助(상부상조)에 도움이 됐으므로 夫(사내 부)로 발음을 나타냈어요.

장년

壯年(장년)은 한창 왕성하게 활동하는 서른에서 마흔 안팎의 나이를 일컬어요.

壯(壮씩씩하다 장)은 발음인 爿(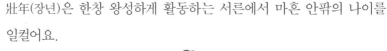나뭇조각 장)과 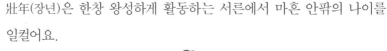도끼를 본뜬 士(사내, 선비 사)로 이뤄졌어요. 크고 씩씩하다는 의미예요.

도끼로 나무를 쩍! 두 동강 낼 만큼요.

노년

본래 長(长길다 장)은 머리카락이 길고 지팡이를 짚은 사람을 그린 것이었어요. 그런데 옛날에는 경험 많은 연장자가 주로 우두머리를 맡았으므로 '길다', '오래되다', '우두머리'라는 뜻이 됐어요.

그래서 長(장)보다 더 老化(노화)된 老人(노인)의 모습으로 老(늙다, 노인 노)를 만들었어요.

그림을 보면 머리카락이 듬성듬성하고 허리도 더 굽은 모습이지요. 지팡이 부분은 匕(비)로 바뀌었어요. 匕(비)를 化(되다 화)의 생략형으로 보면 '耂(노인)이 化(된다)'는 뜻도 돼요.

化(되다, 바뀌다 **화**)는 亻(사람)이 뒤로 재주 넘기를 해서 匕(머리가 밑으로 향하게 된) 모습이에요. 로 뒤집어지며 몸의 상태가 바뀌는 데서 '變化(변화)'를 뜻하게 됐어요.

노인을 높여 부르는 翁(어르신 **옹**)은 公(공 → 옹) 발음과 羽(깃 우)로 이뤄졌어요. 새의 목덜미 털을 가리키다가 가차되어 노인을 뜻하게 됐어요. 새의 목덜미를 덮은 털이 노인의 긴 수염처럼 보였기 때문이에요.

▶죽음

사람이 죽으면 死亡(사망)했다고 해요. 죽음을 가리키는 가장 흔한 말이죠. 윗사람이 죽었을 땐 높여서 殞命(운명)하셨다고 해요. 고인(故人)이 됐다는 뜻으로 作故(작고)하셨다는 말도 쓰지요. 특히 임금의 경우엔 昇遐(승하) 혹은 崩御(붕어)하셨다는 표현을 썼어요. 臨終(임종)은 부모님의 죽음을 지키는 것이에요. 他界(타계)와 別世(별세)는 인간계를 떠나 다른 세계로 갔다는 의미예요.

죽음을 비유하는 말로는 '幽明(유명)을 달리하다', '세상을 下直(하직)하다', '逝去(서거)하다'도 있어요. 유명(幽明)은 저승과 이승을 각각 어둠과 밝음에 비유한 것이고, 하직(下直)은 먼 길을 떠날 때 웃어른께 하는 작별인사를 일컬어요. 서거(逝去)도 죽어서 세상을 떠남을 뜻해요. 死去(사거)의 높임말로 주로 유명인의 죽음에 사용해요.

그 밖에 영원히 잠들었다고 비유한 '永眠(영면)', 넋이 하늘로 돌아간다는 '歸天(귀천)' 등도 있어요. 모두 죽음을 완곡하게 이르는 말이에요.

死(죽다 사)는 歹(앙상한 뼈 즉, 시신) 옆에서 匕(슬퍼하는 사람)의 모습이에요. 뼈가 歹(앙상하게) 匕(化되어) '죽다'라는 설도 있고요.

저기요… 그쪽이 찾는 분은
아까 관 속에 들어가셨어요…

죽음의 상징 歹 歹(알)

歹(앙상한 뼈 알)은 살을 발라낸 뼈의 잔해, 오래되어 앙상해지고 부서진 뼈를 나타내요. 그래서 歹(알)이 들어간 글자는 주로 죽음, 재앙과 관련돼요.

殊(다르다 수)는 歹(뼈)에 朱(붉은 피나 붉은색 안료)를 묻힌다는 의미예요. 발음 부분인 朱(붉다 주)는 속이 붉은 빛을 띠는 나무(소나무, 잣나무, 주목 등)의 가지가 부러진 모양이에요. 안의 붉은 빛깔이 드러나서 '붉다'라는 뜻이 됐어요.

고대에는 사고, 전쟁, 질병 등으로 피를 흘리며 죽는 경우가 대부분이었어요. 그래서 사람이 죽으면 영혼이 피를 타고 흘러나와서 육체와 분리된다고 생각했지요. 때문에 피를 흘리지 않고 자연사한 경우에는 시신에 칼집을 내서 피를 내거나 붉은 색 안료를 시신의 몸에 칠했어요. 이런 '피 흘림 의식'을 통해 육신과 영혼이 분리돼야만 다시 환생할 수 있다고 믿었기 때문이에요.

殊(수)는 시신의 뼈를 붉게 칠해야 하는 경우 즉, 드물게 자연사한 경우로부터 보통과 '다르다'는 뜻이 나왔어요. 보통과 달라 殊常(수상)할 때 써요.

殖(불(리)다, 번식하다 식)은 歹(뼈)를 蝕(좀 먹는) 벌레들에서 번식(繁殖)

한다는 뜻이 나왔어요. 갑자기 벌레는 어디서 튀어나온 거냐고요?
발음 부분인 直(곧다 직)이 蝕(벌레 먹다 식)의 발음과 통하거든요. (특히 버려진 동물 등의) 사체에 벌레들이 금세 우글우글 붙어나서 '붙다'라는 뜻이 되었어요. 그 모습을 떠올려보면 좀 징그럽죠?

'殞命(운명)'의 殞(죽다 운)은 歹(부서진 뼈 알)이 의미 부분이고, 員(사람 원)으로 원 → 운 발음을 나타냈어요. ♂

'臨終(임종)'의 臨(임하다 임)은 한 사람이 물건들을 내려다보는 모습이에요. 여기서 어떤 사태나 일에 직면한다는 의미가 나왔어요. 특히 終(끝(나다) 종)과 함께 쓰면 삶의 끝에 臨迫(임박)해 '죽음'과 마주함을 뜻해요.

'昇遐(승하)'의 昇(오르다, 죽다 승)은 '(하늘에) 올라갔다(→ 昇天승천)'고 죽음을 표현했어요. 日(해 일)에서 높이 오른다는 의미를 취했고, 廾[그림]升(되 승)이 발음이에요.

遐(멀다, 멀리 가다 하)는 辶(간다)는 의미에, 叚(가 → 하)가 발음이에요. 멀리 광산이 있는 곳까지 辶(가서) 叚(광물을 채취했기) 때문에 '멀(리 가)다'가 됐다고 보면 돼요.

'崩御(붕어)'의 崩(무너지다 붕)은 山(산)이 무너진다는 의미에, 朋(붕)이 발음이에요. 산에서 흙덩이가 무너지기 시작하면, 주위의 흙까지 함께 끌어 내리기 때문에 나란히 붙어 있는 朋(붕)으로 발음을 나타냈어요. '崩御(붕어)'에서는 천자의 죽음을 태산이 무너지는 슬픔으로 표현했는데요, 산뿐만 아니라 건물, 체제, 조직 등이 崩壞(붕괴)될 때도 써요.

* 되는 술이나 기름을 '퍼 올리는' 기구이므로 升(승)은 의미 부분도 돼요.

'逝去(서거)'의 逝(죽다 서)는 辶(가다 착)과 折(꺾다, 일찍 죽다 절)로 이루어졌어요. 折(절)의 扌(손 수)는 원래 ✹(나뭇가지나 풀이 끊어진 것)이었는데 후에 모양이 닮은 扌(수)로 바뀌었어요. 뜻도 손에 도끼를 들고 꺾는(끊는) 게 됐고요. '꺾이는 것'이 죽음을 상징하여 折(절)에는 '일찍 죽다'라는 뜻도 있어요. 夭折(요절)에서 이 뜻으로 쓰여요.

▶죽은 사람

尸(주검 시)는 사람이 무릎을 구부린 모습 또는 어디엔가 걸터앉은 모습이에요. '주검'이라는 뜻은 시체의 무릎을 구부려 묻던 굴장의 풍습으로부터 나왔어요. 시신이 다시 환생하기를 바라는 마음에서 무릎을 굽혀 태아의 자세로 묻었다고 해요.

屍(尸시체 시)는 尸(주검 시)와 死(죽다 사)로 이뤄졌어요.

예 屍身(시신), 屍體(시체)

死體(사체)는 사람뿐 아니라 동물의 경우에도 쓸 수 있어요. 遺骨(유골)은 시신을 태우고 남은 뼈 또는 무덤 속에서 나온 뼈를 말해요.

▶ 초상

초상

初喪(초상)은 사람이 죽어서 장사지내는 일을 말해요.

喪(丧초상, 죽다, 잃다 상)은 갑골문에서 桑(뽕나무 상)과 여러 개의 口(입 구)로 썼어요. 나무에다 뽕잎을 따서 담기 위한 口(바구니)를 걸어 논 것이다. 口口(소리 내어 운다)는 의미에 발음인 桑(상)을 쓴 것이다

등의 설명이 있어요. 금문에서 亾(망)을 덧붙여 사람이 죽었음을 나타냈는데, 소전에서 哭(곡)과 亾(망)으로 바뀌어 亾(사람이 죽어서) 哭(소리 내어 운다)는 의미가 됐어요.

물건, 가치, 관계 등을 喪失(상실)할 때도 써요.

> 哭(울다 곡)은 犬(개)가 울부짖는다는 의미였는데, 지금은 사람이 痛哭/慟哭(통곡)할 때 써요.

빈소

殯(殯빈소 빈)은 歹(시신)이 안치돼 있고 賓(손님)이 찾아오는 '殯所(빈소)'를 뜻해요.

* 賓(손님 빈)이 발음.

부고와 조문

訃告(부고)는 사람의 죽음을 알리는 것으로 訃音(부음)이라고도 해요. 부고를 듣고 찾아온 弔問客(조문객)들은 影幀(영정) 앞에 절하면서 고인의 죽음에 哀悼(애도)를 표하고 고인의 冥福(명복)을 빌어줘요. 喪主(상주)를 慰勞(위로)하고, 葬禮(장례)를 돕기 위해 扶助(부조)도 하고요. 訃(訃부고 부)는 言(말)하여 알린다는 의미에, 卜(복 → 부)가 발음이에요.

弔(조상하다 조)는 弓(활 궁)과 ㅣ(人의 변형)으로 이루어졌어요.

먼 옛날에는 시체를 풀밭에 두고 장례를 치렀는데, 喪主(상주)가 시신에 접근하는 새나 들짐승을 쫓아내려고 화살을 쏘면 다른 弔問客(조문객)들도 함께 화살을 쏘아주던 데서 나왔어요. 가사(假死) 상태에서 깨어나다가 하필 이 화살을 맞고 도로 죽은 시신이 제일 억울했겠죠?

* 가사(假死)란 생리적 기능이 약화되어 죽은 것처럼 보이는 상태를 말해요. 기절하여 호흡과 맥박이 거의 멎은 상태이나 죽은 것이 아니라서 인공호흡 등으로 다시 살려낼 수 있어요.

영정

影幀(영정)은 사람의 얼굴을 그린 족자예요. 요즘에는 고인이 생전에 撮影(촬영)한 사진을 영정으로 쓰지요.

影(초상, 그림자, 찍다 영)은 京(높은 건물) 위에 日(해)가 떠 있고 땅에는 彡(그림자)가 드리워진 모양이에요. 그런데 그림자 또한 사물의 형체대로 땅에 나타난 그림이잖아요? 그래서 '그림자' 외에 '肖像(초상; 사람의 얼굴이나 모습)', '畵像(화상; 사람의 얼굴 그림)'이라는 의미도 있어요.

幀(그림족자 정)은 그림을 그린 巾(천)과 발음인 貞(정)으로 이뤄졌어요.

애도

哀悼(애도)는 사람의 죽음을 슬퍼하는 것이에요.

哀(슬프다 애)는 衣(옷 의)를 衣 둘로 분리하고 사이에 口(입 구)를 썼어요. 哀痛(애통)해서 옷자락으로 입을 가리고 우는 모양이에요.

悼(슬퍼하다 도)는 忄(마음 심)과 卓(탁 → 도) 발음으로 이루어졌어요. 발음 부분인 卓(높다 탁)은 卜(새)가 罒(그물) 위로 날아가 버린 모양이에요. 그러므로 悼(도)는 저 멀리 날아간 새처럼, 죽어서 하늘로 가버린 사람에 대한 심경이에요.

명복

冥福(명복)은 죽은 뒤 저승에서 받을 복을 말해요. 그래서 조문할 때 고인의 명복을 빌어주며 상주를 위로하지요.

冥(어둡다 명)은 두 손으로 천 따위를 들어 물건에 덮어씌우는 모습이에요. '冥福(명복)'에서는 환한 이승과 반대되는 어두운 '저승'을 뜻해요(참고로 눈을 감고 고요히 생각하는 '冥想(명상)'에도 써요).

慰(위로하다 위)는 心(마음 심)이 의미, 尉(위)가 발음이에요. 발음인 尉 (위로하다, 다리미로 주름을 펴다 위)는 尸(사람)과 示(火의 변형 불), 寸(손) 이 합쳐졌어요. 불에 달군 돌로 지져 아픈 사람을 치료하는 것, 옷의 주름을 펴는 것… 등의 설이 있어요. 이로부터 '누르다', '편안히 하 다', '편안히 하다'에서 다시 '慰勞(위로)하다'라는 의미가 나왔어요.

부조

扶助(부조)는 잔치집이나 상가에 돈과 물건을 보내 도와주는 것이에 요. 扶(돕다 부)와 助(돕다 조)를 써요. 부주는 扶助(부조)의 잘못된 표 현이에요.

展(전)

展(늘어놓다, 펴다 전)은 尸(주검 시)와 𢍆(전)의 생략형으로 이루어졌어요. 尸(시신) 옆에 생전에 쓰던 丌(물건들)과 衣(衣 입던 옷가지)를 展示(전시)해놓던 데서 '늘어놓다', '펴다'가 됐어요. 이 의식 을 唱衣(창의)라고 하는데, 죽은 사람 앞에 생전에 입던 옷을 갖다 놓아 이 세상에 대한 미련과 집착을 떼게 하려 던 것이었어요. ♂

아까워~ 더 못 가겠어…

▶장례

葬(장사지내다 장)은 ⺋(풀밭)에다 死(시신)을 廾(두 손)으로 옮겨놓는 모습이에요.

먼 옛날, 풀밭에 시체를 옮겨놓고 葬事(장사)지내던 데서 나왔어요.

나중에는 땅을 파고 土(흙) 里(속)에 시신을 埋葬(매장)했어요.

埋(묻다 매)는 薶의 속자예요. 薶는 豸(짐승)을 구덩이 里(안)에 넣고 ⺋(풀)로 덮는다는 의미였어요(윗부분의 雨(비 우)는 흙이 비 오듯 떨어짐을 나타내고, 里는 裏(속, 안 리)의 생략형이에요).

埋(매)에는 '묻다', '감추다'라는 뜻이 있어서 埋立(매립), 埋伏(매복) 등에도 써요.

葬(장사지내다 장)과 함께 쓰는 埋葬(매장)은 죽은 사람을 땅에 묻는 것이고, 藏(감추다, 저장하다 장)과 함께 쓰는 埋藏(매장)은 묻어서 감추는 것 또는 광물 등이 묻혀 있다는 뜻이에요.

무덤을 가리키는 글자로 墳(분), 墓(묘), 陵(능)이 있어요. 墳(坟무덤 분)은 土(흙) 속에 貝(부장품)을 넣고 ⺋(풀)로 덮어 꾸민 墳墓(분묘)를 뜻해요.

賁(贲분)이 발음으로 든 글자

賁(크다, 흙 부풀어 오르다, 꾸미다 분)에는 (무덤처럼) '부풀어 오르다', '봉긋하게 솟다'라는 의미가 있어요. 그래서 憤(憤분하다 분)은 忄(마음)에서 화가 賁(솟아올라) 憤怒(분노)하는 것이고 噴(喷뿜다 분)은 口(입)을 賁(부풀려) 입안에 있던 것을 噴出(분출)하는 것이에요. 墓(무덤 묘)는 土(흙)으로 시신을 莫(보이지 않게) 덮은 '무덤'을 뜻해요. ♂

450

陵(무덤, 언덕 릉/능)은 阝(언덕)처럼 봉긋한 무덤이라는 의미에, 夌(릉)이 발음이에요. 예 王陵(왕릉), 丘陵(구릉언덕)

夌(릉)은 儿(儿사람)이 夌(흙)을 머리에 이고 夌(내려오는) 모습이에요. 그래서 뜻이 '언덕'일 때는 阝(언덕)에서 夌(흙을 퍼 이고 내려오는) 모습으로 봐요.

능의 내부 구조를 그린 亞(아)

亞(亚버금 아)는 사방이 막힌 능묘의 내부 구조(⇧⇧亞)를 본떴어요. 무덤은 죽음이나 사후세계에 관련된 장소이므로, 이 세상과 이별한 '다음'에 가는 곳이라고 '그다음', '버금'을 뜻하게 됐어요.

열대 다음으로 더운 亞熱帶(아열대; 열대와 온대의 중간 지대), 발음을 빌려 표기한 亞細亞(아세아; Asia의 음역) 등에 써요.

惡(惡악하다 악/미워하다 오)는 亞(무덤)에 대해 느끼는 心(심리)예요. 삶과 비교해서 죽음을 나쁘게 여겼기 때문에 '나쁘다', '싫어하다'라는 嫌惡(혐오)의 뜻이 됐어요.

啞(벙어리 아)는 사방이 막힌 능묘처럼 말이 막혔다는 의미예요.

*亞(아)가 발음.

예 啞然失色(아연실색; 말이 안 나올 정도로 놀라 얼굴색까지 변함) ♂

부유하고 신분이 높은 사람들은 무덤 안에 副葬品(부장품; 장사 지낼 때 함께 묻는 물건들)도 넣었어요.

副(버금 부)는 刂(칼)로 잘라서 나눈 것 중 으뜸이 아닌 다음가는 것을 가리켰다고 해요. '버금', '다음', '둘째'를 뜻해요.

*술항아리를 본뜬 畐(복)에서 복→부 발음.

예 副食(부식), 副業(부업), 副作用(부작용), 副審(부심)

시신을 넣어 보관하는 棺(관 관)은 관을 짜는 재료인 木(나무 목)에, 官
(관리, 관청 관)이 발음이에요. 관 뚜껑을 살짝 열면 木(나무)로 된 匚
(관) 속에 久(몸을 구부리고 있는 시신)이 들어 있어요. 柩(관 구) 字(자)
예요. 시신을 오래 보관해야 하므로 久(오래다 구)로 발음을 나타냈어
요. 관을 실어 나르는 靈柩車(영구차), 運柩車(운구차)에 써요. 물론 옛
날에는 수레, 그러니까 喪輿(상여)에 실어서 옮겼어요.

> 輿(輿수레 여)는 臼(위쪽의 두 손)과 廾(아래쪽의 두 손)으로 車(수레
> 의 본체, 즉 가마)를 마주 든 모습이에요.

軟(軟연하다 연)의 본래자인 輭(부드럽다 연)은 덜컹거림을 방지하기 위
해 새끼줄로 수레바퀴를 감싼 출상(出喪)용 수레를 가리켰다고 해요.
수레가 천천히 부드럽게 굴러가서 '부드럽다'는 뜻이 되었고요.
사고의 유연성(柔軟性)을 좀 더 발휘해보면 車(수레) 옆에서 欠(입을 크
게 벌리고 울면서 따라가는 사람)도 보여요.

下棺(하관)을 하고 흙을 덮고 나면 碑石(비석)을 세웠어요.
碑(비석 비)는 본래 무덤 주위에 세웠던 石(돌기둥)을 가리켰어요. 줄
을 걸어 관을 卑(아래로) 내리기 위한 돌이었어요. 후에 돌로 만든 墓
碑(묘비)를 뜻하게 되었어요.

* 石(돌)이 의미, 卑(낮
다 비)가 발음.

遺物(유물)과 殉葬(순장)
옛날에는 사람이 죽었을 때 강제로 혹은 자진하여 순장(殉葬)을 했

452

어요. 신분이 높은 사람이 죽었을 때 살아 있는 사람을 함께 묻는 제
도였어요. 가령 왕이 죽으면 첩, 신하, 종을 함께 묻기도 했어요. 또
사후세계에서 현실세계와 똑같이 살 수 있도록 각종 물건과 재물도
함께 묻었어요. 정작 고고학자들이 이 遺物(유물)들의 최대 수혜자가
됐지만요.

遺(遺후세에 남기다, 잃다 유)는 辶(가다 착)과 貴(귀하다 귀)로 이뤄졌어
요. 귀한 것을 뒤에 남겨두고 가는 데서 '(후세에) 남기다'와 '잃어버리
다'라는 두 가지 의미가 나왔어요. 예 遺言(유언), 遺品(유품), 遺失(유실)

殉(따라죽다 순)은 죽음을 상징하는 歹(부서진 뼈 알)에, 旬(열흘 순)이
발음이에요.

순장은 주로 사람이 죽은 지 10일 안에 행해졌기 때문이에요. 殉敎(순
교), 殉職(순직), 殉國先烈(순국선열) 등 특히 명분이 있는 죽음에 써요.

부끄러운 살해의 흔적에서 나온 毁(훼)와 微(미)

毁(헐다, 비방하다 훼)는 뒤에서 몽둥이로 사람의 머리를 내리치는 모
습이에요. 여기서 毁損(훼손)된다는 뜻이 나왔어요. 반도덕적인 범죄
라서 '비방하다'라는 뜻도 붙었고요.

微(작다, 몰래 미)도 彳(가서) 兀(장발 노인)의 뒤통수를 攵(때리는) 모습
이었어요. 식량이 부족할 때 힘이 약한 노약자가 주로 살해 대상이
었기 때문이에요. 힘이 微弱(미약)한 사람을 뒤따라가 구타하는 데서
'작다', '적다', '몰래(반인륜적 행위라 은밀히 행해졌기에)', '어렴풋하다'라
는 뜻이 나왔어요. 예 微細(미세), 微笑(미소), 微分(미분) ♂

20 질병과 치료

▸병(病)

病(병, 들다 병)은 갑골문에선 으로 썼어요. 환자가 병상(病床)에 누워 있는 모습이에요. 작은 점들은 흘러내리는 핏방울 또는 식은땀을 나타내요.

갑골문이 만들어진 상나라 때는 주로 바닥에서 잠을 잤어요. 하지만 병자(病者)는 차고 습한 흙바닥 대신 침상에 몸을 눕혔지요. 나중에 ㅓ(침상)과 人(사람)이 합쳐져 疒모양이 됐어요. 그래서 疒(병들어 눕다 녁/역)이 들어가면 대부분 병과 관련된 뜻을 가져요. 疒는 人(인)의 변형이에요. 疒 ← 발음을 적을 공간

발음인 丙 丙(셋째천간 병)에 대해서는 제사상, 물고기의 꼬리 등 설이 분분해요. 신에게 제사를 지내서 고쳐야 하는 병, 식중독처럼 음식으로 인한 병 등으로 해석하기도 해요.

疾疾疾疾 疾(병, 빠르다 질)은 커다란 화살이 사람의 겨드랑이 아래쪽에 그려진 모양이었어요. 疾風(질풍) 같이 날아온 화살을 맞고 외상을 입었다는 의미였어요. '화살을 맞고 병이 나다', '화살이 빠르게 날아오다'로부터 '(질)병', '빠르다'라는 뜻이 나왔어요.

454

또 병에 걸리는 것은 누구나 싫어하였고 빨리 낫고 싶어 하였으므로 '꺼리다', '미워하다', '빨리'라는 뜻도 있어요.

(예) 어떤 대상을 밉게 보는 疾視(질시)

患(병, 근심 환)은 心(마음)에 串(걸려 있는) 것으로 '근심'을 표현했어요.

(예) 憂患(우환)

*串(꿰다 관)으로 관 → 환 발음.

반대로 快(쾌하다, 병세가 좋아지다 쾌)는 忄(마음)이 夬(트이는) 것으로 기분이 爽快(상쾌)함과 병이 快差(쾌차)함을 표현했어요.

*夬(터놓다 쾌)가 발음.

差(다르다 차)는 秂(곡식 줄기)를 ナ(손)에 들고서 口(무엇인가)에 비비는 모습이었는데, ナ(손)과 口가 합쳐져서 左 모양으로 잘못 변했어요. 곡식 껍질이 벗겨져나가면 부피가 줄어들어 처음과 差異(차이)가 나므로 '다르다', '어긋나다'가 되었어요. 병에 差度(차도)가 생겨 '병이 낫다'라는 뜻도 있어요. (예) 快差(쾌차)

'快癒(쾌유)' '治癒(치유)'의 癒(/愈병이 낫다 유)는 疒(병들어 눕다 녁)과 발음인 兪(유)로 이루어졌어요.

 兪(점점 유)는 배가 물결을 가르며 나아가는 모양인데 가차되어 '점점', '그러하다', '병이 낫다'라는 뜻이 됐어요. 동양 의학에서는 氣血(기혈)의 흐림이 원활해져야 병이 낫는 걸로 보았기 때문에 수송과 왕래의 의미가 있는 兪(유)로 발음을 나타냈어요.

병 가운데서 특히 전염균(傳染菌)에 의해 전염되는 병을 疫病(역병)이라고 했어요. 疫(전염병 역)은 疒(병들어 눕다 녁)이 의미, 殳(役(역)의 생략형)이 발음이에요.

발음인 役(부리다 역)은 손에 몽둥이를 들고 돌아다니며 일을 시키는 모습이에요. 疫病(역병)도 돌림병이라 하여 돌아다니는 병을 뜻했지요. 傳染(전염)은 病菌(병균)이 남에게 전해져 병이 옮는 것이에요. 막는 게 防疫(방역)!

菌(세균 균)은 □(구덩이) 안에 禾(곡물)을 저장하고 艹(풀)을 덮은 모양이에요. 곰팡이가 잘 피었으므로 '균', '(균류의 하나인) 버섯'을 뜻하게 되었어요.

▶증세(症勢)

병을 앓을 때 나타나는 여러 가지 상태가 症勢(증세)예요. 이 증세를 보고 疒(병)을 正(바르게) 진단할 수 있으므로 症(증세 증)은 발음으로 正(바르다 정)을 취했어요.

* 正(정 → 증)이 발음.

가장 흔하게 나타나는 증상(症狀)은 체온이 높아지는 發熱(발열)이에요. 熱(热덥다 열)은 갑골문에서 ❦ 손에 횃불을 든 모습이었는데, 횃불이 木(나무 목)처럼 변해 땅에 나무를 심는 모습의 埶(심다 예)와 헷갈리게 되었어요. 두 글자가 혼용되자 덥다는 본래 뜻을 나타내려고 灬(火불 화)를 붙인 게 熱(열)이에요.

*灬(火불 화)가 의미, 埶(예 → 열)이 발음.

반대인 惡寒(오한)은 몸이 오슬오슬 춥고 떨리는 症候(증후)예요. 寒(차다 한)은 宀(집) 안에서 茻(풀 또는 거적)을 덮고 있는 모습이에요. 풀 아래로 八(두 발)이 삐져 나왔는데 발밑엔 冫(얼음)까지 얼어서 매우 춥다는 것을 나타냈어요.

嘔吐(구토)는 먹은 음식물을 토해내는 증상이에요. 嘔(呕토하다 구)는 口(입)으로 토한다는 의미에, 區(구)가 발음이에요. 吐(토하다 토)도 口(입)이 의미, 土(토)가 발음이에요. 口(입)에서 土(땅)으로 토하니까요.

炎症(염증)은 세균과 독소에 감염되어 붓고, 열이 나고, 통증이 생기는 증상이에요. 炎(불꽃, 덥다, 염증 염)은 火(불) 위에 火(불)을 겹쳐 써서 불이 타오르는 모양을 표현했어요. 暴炎(폭염)에서는 '덥다'는 뜻으로 炎症(염증), 肝炎(간염), 胃炎(위염)에서는 열을 동반하는 '염증'이라는 뜻으로 써요.

痛症(통증)은 아픈 증세예요.
痛(아프다 통)은 疒(병)이 났다는 의미에, 손잡이 달린 종을 본뜬 甬(용 → 통)으로 발음을 나타냈어요. 疒(병)이 나서 甬(종)을 흔들며 (주술로) 치료해야 할 만큼 '몹시', '아프다'라는 뜻이었어요. 발음인 甬(용)을 通(통하다, 꿰뚫다 통)의 생략형으로 보면, 병이 몸속을 통과해(꿰뚫어) 아프다는 뜻도 돼요.

매우 즐겁고 유쾌하다는 뜻의 痛快(통쾌)에서는 痛(통)이 '몹시', '매우'라는 뜻이에요. '寃痛(원통)', '痛憤(통분)에서는 '마음 아파하다, 괴롭다'는 뜻이고요.

통증을 진정(鎭靜)시키기 위한 약이 진통제(鎭痛劑)예요. 鎭(镇누르다 진)은 무거운 金(금속)으로 누른다는 의미에, 眞(진)이 발음이에요. '누르다'에서 '鎭壓(진압)하다'라는 뜻도 나왔어요.

예 불기운을 눌러 끄는 鎭火(진화)

浮腫(부종)은 혈액 순환 장애로 몸이 붓는 증상이에요.
浮(뜨다 부)는 氵(물 수)와 발음인 孚(부)로 이루어졌어요.
氵(물)속에 있는 子(어린아이)를 爫(붙잡고 있는) 모습이에요.
'浮腫(부종)'에서는 몸이 부어 부풀어 오른다는 뜻이에요.
발음인 孚(미쁘다 부)는 새가 爫(발톱)으로 子(알)을 굴리며 품는 데서
나왔다고 해요. '미쁘다'는 '믿을 만하다', '믿음성이 있다'예요.

腫氣(종기)는 피부가 곪으면서 생기는 부스럼이에요.
腫(肿혹, 종기 종)은 月(몸)이 의미, 重(중 → 종)이 발음이에요. 발음 부
분인 重(무겁다 중)에는 重複(중복)된다는 뜻도 있어요. 腫氣(종기)는
피부 표면에 거듭 불거져 나온 부스럼이나 혹을 말하므로 중복된다
는 뜻이 있는 重(중)을 발음으로 취했어요.

疲勞(피로)는 몸과 정신이 지친 상태예요.
피곤(疲困)하면 거죽이 아파 보이기 때문에 疲(지치다
피)는 皮(가죽, 껍질 피)를 발음으로 썼어요.

痙攣(경련)은 근육이 갑자기 수축하거나 파르르 떨리는 현상이에요.
痙(痉경련하다 경)은 疒(병) 중에서도 몸의 巠(힘줄)이 부르르 떨리는 증
상을 나타내요. 발음인 巠(경)은 베틀에 날실이 걸린 모양이에요. 실
처럼 길고 가느다란 우리 몸의 힘줄을 의미해요.

痲痹(마비)는 신경이나 근육이 그 기능과 감각을 잃은 상태예요.
痲(저리다 마)는 林(麻삼 마의 생략형)을 발음으로 취해, 痲藥(마약) 성분
이 있는 삼이 신경을 痲痹(마비)시키듯 온몸이 뻣뻣하고 저리며 감각
이 없어지는 증상을 표현했어요.

痺(저리다 비)는 일을 하느라 팔이 저리다고 (손에 무엇인가를 들고 일하는 모습의) 卑(낮다, 천하다 비)로 발음을 나타냈어요.

眩氣症(현기증)은 어지러운 기운이 나는 증세예요.
目(눈)앞이 玄(캄캄해지기) 때문에 眩(아찔하다, 어둡다 현)은 玄(검다 현)으로 발음을 나타냈어요.

傷(伤다치다, 상처 상)은 亻(사람 인)과 殤(일찍 죽다 상)의 생략형이 합쳐졌어요. 사람이 상처를 입어 일찍 죽는다는 의미였어요.

예 傷處(상처), 傷心(상심), 負傷(부상), 損傷(손상) ♂

▶병명(病名)

癌(암)은 세포가 악성 종양을 일으키는 병이에요. 종양은 세포가 비정상적으로 자라 딱딱해진 덩어리이므로 癌(암 암)은 산봉우리 위에 바윗덩어리가 있는 모양의 嵒(바위 암)으로 발음을 나타냈어요.

癡呆(치매)는 대뇌 신경 세포가 손상되어 정상적인 뇌의 기능을 잃어버리는 병이에요. 癡(어리석다 치)는 疒(병들다 녁)에, 疑(의 → 치) 전음을 취했어요. 옛날에는 치매에 대해 잘 몰랐기 때문에, 원인이 疑(의심스러운) 병이란 뜻으로 疑(의심하다 의)를 발음으로 썼어요. 중국에서는 知(지력)에 장애(障碍)가 생겼다는 의미로 속자인 痴(치)를 주로 써요.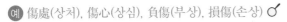

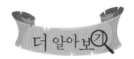

障碍(장애)의 碍(막다, 거리끼다 애)는 礙의 속자예요. 본래자인 礙는 石
(큰 돌)이 앞을 막고 있어서 나아가지 못하고 疑(두리번거리는)
모습이에요. 이로부터 능력, 기능을 발휘하기 어렵게 막는다
는 뜻이 나왔어요. ♂

癖(버릇 벽)은 일상생활에 영향을 끼칠 만큼 지나친 버릇에 써요. 辟
(벽)이 발음이에요. 예 盜癖(도벽), 潔癖症(결벽증)

潰瘍(궤양)은 피부나 점막에 상처가 생기고 헐어서 출혈이 생기는 증
상이에요. 潰(무너지다 궤)는 출혈을 의미하는 氵(물 수)가 의미, 貴(귀
→ 궤)가 발음이에요. 瘍(헐다, 종기 양)은 疒(병들다 녁)이 의미, 昜
(양)이 발음이에요.

持病(지병)은 잘 낫지 않아 오래된 병을 말해요.
持(가지다, 유지하다 지)는 扌(손)에 '가지고(/지니고) 있다'는 의미에, 寺
(절 사)로 사 → 지) 발음을 나타냈어요.

*寺(사)는 본래 세금,
문서 등을 '보관하던' 관
청을 가리켰지요.

예 持(소지), 維持(유지), 持續(지속)

그 밖에 疒(병들어 기대다 녁)이 의미로 들어간 글자

疼(아프다, 욱신거리다 동)은 疒(아프다)는 의미에, 冬(동)이 발음이에요.
예 몸이 쑤시고 아픈 疼痛(동통)

疹(마마, 홍역 진)은 살갗에 울긋불긋하게 發疹(발진)이 돋고 부스럼이 생기는 병이므로 㐱(진)을 발음으로 취했어요.

痘(천연두 두)는 痘瘡(두창; 천연두)에 걸리면 부스럼이 콩알만 하게 생긴다고 豆(콩 두)로 발음을 나타냈어요.

瘡(부스럼, 상처 창)은 倉(창)이 발음이에요.

創(創비롯하다, 다치다 창)은 創傷(창상)이 칼, 검 등에 다친 상처라서 刂(칼)로 인해 다쳤다는 의미에, 倉(창)이 발음이에요.

癎(癎간질, 경기 간)은 이따금씩 되풀이해 발병한다고 間(사이 간)을 발음으로 썼어요.

瘢痕(반흔)은 상처나 부스럼이 다 나은 뒤에 마치 얼룩처럼 남는 痕迹(흔적)을 말해요. 그래서 瘢(흉터 반)은 般(옮기다, 일반, 얼룩 반)이 발음이에요.

痕(흉터, 흔적 흔)도 疒(아프고) 나서 艮(남은) '흔적'이라는 뜻으로, 艮(머무르다 간)에서 간 → 흔 발음을 취했어요. ♂

▶ 의료(醫療)

옛날에는 신으로부터 벌을 받거나 나쁜 악귀의 저주 때문에 병에 걸린다고 생각했어요. 해서 무당이 제물을 바치며 빌거나 주술 도구, 악기, 약초 등을 이용해 아픈 사람을 치료했어요. 심지어 환자의 신체에 고통을 가해 악귀를 쫓아내는 치료 방식도 있었어요. 修(고치다 수), 變(고치다 변), 療(병 고치다 료)에는 그와 같은 주술 치료의 흔적이 남아 있어요.

修(고치다 수)는 본래 攸로 썼어요. 亻(사람)의 몸에서 丨(피)가 흐르도

록 攵(때리는) 모습이었어요. 몸에 고통을 가하여 몸속에 깃든 나쁜 기운이 빠져나가도록 정화시키는 행위였는데, 후에 攸(어조사 유)로 가차되자, 彡(삼)을 더해 새로 만든 게 修(고치다, 다스리다, 닦다 수)예요.

아프다는 얘기 듣고 그냥 있을 수가 없어서~

* 彡(삼)은 회초리를 휘두를 때 나는 소리 또는 몸에 난 상처를 의미해요.

'닦다'라는 뜻도 있는데 修鍊(수련) 방법이 가혹해서 아무나 履修(이수)하진 못했어요. 修繕(수선), 修理(수리)에서는 '고치다'라는 뜻이에요.

그냥 있으셔도 돼요…

* 참고로 修(수)는 옷에 묻은 먼지를 털어내는 모습으로 보기도 해요. 여기서 꾸민다는 뜻이 나왔고요. 예) 修飾(수식)

變(变고치다, 바꾸다, 변고 변)도 몸에 든 악귀를 쫓기 위해 絲絲(술장식)이 달린 言(나팔)을 불며 병자를 攵(때리는) 주술 의식을 나타냈어요. 이런 데도 병에 아무런 變化(변화)가 없다면 애꿎게 逢變(봉변)만 당했다고 생각할 것 같아요.

療(疗병 고치다 료)는 疒(병)이 나서 제사를 지낼 때, 燎(화톳불)을 피워 治療(치료)한다는 의미예요. 불이 소독과 정화를 상징했기 때문에 불을 피운 건데요. 발음인 尞(료)는 모닥불을 피워놓은 모양이에요.

醫(医치료하다 의)는 匚(침통)에 든 矢(화살처럼 뾰족한 침✐)과 殳(창처럼 날카로운 수술 도구), 酉(소독(消毒)과 마취(痲醉)용 술🍶)을 이용해 치료한다는 뜻이에요.

동양 의학에서는 치료를 할 때 鍼灸術(침구술: 침과 뜸으로 병을 다스리는 치료 방법)이 매우 중요했어요. 먼저, 침술은 穴(혈)자리에 침을 찔러 넣어 마취를 시키거나, 통증과 병을 다스리는 치료 방법이에요. 穴(혈)이란 '기가 모여들고 출입하는 구멍'으로 신체 표면 중에 침, 뜸, 부항을 놓기에 알맞은 자극점을 말해요. 특히 氣(기)와 血(혈)이 오고

가는 통로인 '경락'을 따라 經穴(경혈)이 위치해 있는데요, 여기에 뜸을 뜨거나 침을 놓아서 그 자극을 내부 장기로 보내 치료했어요.

鍼(침침(놓다) 침)은 金(금속)으로 만들며 모든 병에 咸(다) 사용할 수 있다는 의미예요. 咸(함 → 침)이 발음이지요.

뜸은 약쑥을 쌀알 크기로 빚어 穴(혈) 위에 올린 다음, 쑥에 불을 붙여 그 열기가 피부 속으로 스며들도록 하는 치료법이에요.

灸(뜸 구)는 본래 久로 썼어요. ⼃⼇(웅크린 사람)의 등에 ⟍(뜸)을 뜨는 모습이에요. 그런데 뜸을 뜰 때는 한참 뜸을 들이느라 시간이 오래 걸렸으므로 아예 '오래되다'로 뜻이 굳어졌어요. 그래서 火(불 화)를 더한 게 灸(뜸 구)예요.

藥(药약 약)은 ⺿(약초)를 먹고 병이 나아 樂(즐겁다)는 의미예요. ⺿(풀초)가 의미 부분이고, 樂(즐거워하다 악)으로 악 → 약이 발음이지요.

약을 지을 때는 재료를 齊(가지런히) 刂(잘라) → 정량을 잘 재서 → 여러 첩을 지었으므로 劑(剂약제, 약 짓다 제)는 齊(斉가지런하다, 똑같다 제)로 발음을 나타냈어요.

참고로, 보약 한 劑(제)처럼 한약의 분량을 나타내는 단위로도 써요. 탕약(湯藥) 스무 貼(첩; 약봉지로 싼 약 뭉치를 세는 단위)이나 같은 분량의 환약(丸藥)이 한 劑(제)에 해당해요.

丸藥(환약)은 약재를 가루로 만든 다음 반죽해서 작고 둥글게 빚은 것이에요. 그래서 丸(둥글다, 알 환)은 九(손)에 쥐고 굴려 丶(둥글게) 만드는 모습이에요. 둥글게 만든 彈丸(탄환), 砲丸(포환)에도 써요.

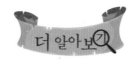

藥局(약국)의 局(국)

局(구획, 방, (장기나 바둑의) 판 국)에 대해서는 장기판을 본뜬 상형자다, 尺(자)로 잰 듯 정확하게 나눈 口(구역)을 의미한다 등의 설명이 있어요. '판', '사태/형편', '방/구분/구획' '관청/부서' 등 뜻이 많아요.

예 방송사의 報道局(보도국)에서는 放送局(방송국)이 주최한 바둑 對局(대국)을 중계하고 있다. 제1局(국)은 벌써 승패의 局面(국면)에 들어섰다. ♂

동양 의학의 침술과 달리 서양 의학에서는 약액을 注射器(주사기)에 넣어 혈관이나 조직에 직접 주입해요.

注(붓다, 물대다 주)의 발음인 主(주)는 등잔 중심에 있는 불꽃을 본뜬 것으로 '한군데로 집중하다'라는 뜻을 가져요. 그래서 注(주)는 바늘을 찔러 그 자리에 氵(약 액)을 主(집중적으로) 注入(주입)하는 注射(주사), 注射器(주사기) 등에 써요.

氵(물)은 범람해서 홍수를 일으키기도 하므로 늘 注意(주의) 깊게 注視(주시)해야 했어요. 그래서 注(주)에는 '마음 쓰다'라는 뜻도 있어요. 또 설명을 注(대준다)는 의미로 '注(주)를 달다', '풀이하다'라는 뜻도 있고요.

診察(진찰)과 處方(처방)

診(诊진찰하다 진)은 言(말(하다) 언)과 발음인 㐱(진)으로 이루어졌어요. 의사가 환자에게 병력, 발병 시기, 경과 등에 관해 言(말)로 묻는

問診(문진)과 人(환자)의 彡(안색)을 비롯해 외부로 나타난 상태를 살피는 視診(시진)을 합쳐 '진찰하다'라는 뜻으로 만들었어요.

말로 묻는 問診 문진　눈으로 살피는 視診 시진

處方(처방)은 병을 치료하기 위해 약을 짓는 방법이에요.
處(处곳, 머무르다 처)에는 '處理(처리 일을 다스려 마무리함)하다'라는 뜻도 있어요. 예 處斷(처단), 處罰(처벌) ♂

▶건강(健康)

정신적으로나 육체적으로 아무 탈 없이 튼튼한 상태를 건강하다고 해요.
健(튼튼하다 건)은 亻(사람)이 똑바로 建(서 있는) 것으로 '건강하다'는 뜻을 나타냈어요. 臥病(와병), 臥席(와석)처럼 아프거나 병들면 자리를 깔고 누웠기 때문에 서 있는 것은 건강한 사람을 의미했어요.

*建(세우다 건)이 발음.

康(편안하다 강)은 广(집)에서 彐(손)에 丿(탈곡기)를 쥐고 곡식을 터는 모습이에요(氺는 떨어져 내리는 낟알을 나타내요). 곡식을 수확해 식량을 장만했으므로, 식사를 제대로 할 수 있게 되어 몸과 마음이 '편안하다'는 뜻이 되었어요. 예 康寧(강녕)

▶땅

육지

해수면보다 阝(높이 솟아 있고) 土(흙)에서 朮(식물)이 자라나는 곳이 陸
(陆육지 륙/육)이에요. 阝(阜언덕)처럼 높이 솟았다는 의미의 坴(육/륙)
이 발음이에요.

阜(언덕 부)는 황토 지대의 층진 언덕 또는 땅을 파고 내려간 동굴집
(요동)의 계단을 본떴어요.

地(땅 지)는 土(흙 토)와 발음 부분인 也(어조사 야)로 이루어졌어요. 也
(야)를… 也(뱀)으로 보면 뱀이 기어 다니는 땅이 되고, 也(여성의 생식
기인 자궁)으로 보면 어머니의 자궁처럼 생명을 생산하는 땅이 돼요.

들(편평하고 넓게 트인 땅)

*予(여 → 야)가 발음.

野(들 야)는 里(마을)로 일구기 予(豫미리 예의 생략형. 전)의 '들'이라는
의미예요.

郊(들 교)는 발음인 交(교)와 阝(邑고을 읍의 변형)으로 이뤄졌어요. 마
을 밖으로 걸어 나가면 '들'이 나왔거든요.

예 近郊(근교), 遠郊(원교)

厃 厵 原 厂(굴바위) 아래로 泉(샘)이 흐르는 原(근원, 들판 원)도 있어요.

泉(샘 천)은 丹 巛 泉 泉 동굴이나 바위틈에서 물이 흘러나오는 모양이에요.

본래는 샘의 근원지를 가리켰으나 점차 '평원', '언덕'으로 굳어졌어요. 예 原始(원시), 原料(원료), 草原(초원), 平原(평원)

들판에 艹(풀)이 제멋대로 자라면 荒蕪地(황무지)가 되지요? 艹 → 풀)이 무성하다는 의미에, 巟 → 발음인 巟(황)을 더하면 荒(거칠다 황)이에요. 발음인 巟(망하다 황)에 대해서는 巟(털이 제멋대로 자란 삽살개)를 본떴다는 설도 있고, 川(물)이 휩쓸고 내려갔다는 의미와 발음인 亡(망)을 합쳤다는 설도 있어요.

언덕(땅이 비탈지고 조금 높은 곳. 丘陵(구릉)이라고도 함)

丘(언덕 구)는 갑골문에서 언덕 두 개를 그린 모양이었는데, 본래 자형과 많이 달라졌어요.

陵(언덕, 무덤 릉)은 阝(阜언덕)에서, 머리에 土(흙)을 이고 儿(사람)이 夂(내려오는) 모습이에요. 흙으로 그릇도 만들고 건물도 지으려고요. 㚓(릉)이 발음이고요.

참고로 언덕에서 흙을 퍼오는 글자가 하나 더 있어요. 除(덜다 제)예요.
阝(언덕)에서 余(손잡이 달린 삽)을 八(두 손)에 쥐고 흙을 덜어내는 모

* '집'과 관련해서는 '계단'으로 보았어요. 한 글자에 여러 설이 있기 때문이에요.

습이에요. '덜다'에서 줄여 없애는 것으로 의미가 확장되어 '버리다', '나누다', '나눗셈'을 뜻해요. 예 除去(제거), 削除(삭제), 免除(면제)

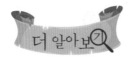

언덕을 오르내리는 글자 陟降(척강)

陟(오르다 척)은 阝(언덕)을 步(올라가는) 모습이에요 (일이 목적대로 단계를 밟아 올라갈 때도 進陟(진척) 된다는 표현을 써요).

반대로 阝(언덕)에서 夅(내려오면) 降(내리다 강)이에요. 옛날에 전투에서 지면 언덕 으로 쫓겨 올라갔다가, 더 이상 달아 날 곳이 없어 항복하고 내려왔기 때문에 降(항복하다 항)이라는 뜻도 있어요. 발음이 '강'과 '항' 두 개예요.

隆(높다 륭/융)도 阝(언덕)에서 生(풀)을 밟으며 夅(내려오는) 모 습이에요. 무성히 자라난 풀을 밟으며 내려왔다는 건, 언덕에 사람 들이 잘 드나들지 않는다는 뜻이겠죠. 그만큼 언덕이 '높고 크다'는 뜻을 나타냈어요. 이로부터 隆盛(융성)하다는 뜻이 나왔고요.

언덕이 '막는다'는 뜻을 가진 글자

阝(阜언덕 부)가 '막는다'는 뜻을 가진 글자로는 防(막다 방), 障(막다 장), 限(제한하다 한), 隔(사이 뜨다 격)이 있어요.

限(한계, 한정하다 한)은 艮(뒤돌아보는데) 阝(언덕)이 시선을 가려 막은 모습이고, 障(가로막다 장)은 앞을 가로막는 阝(阜언덕)에, 章(장)으로 발음을 나타냈어요. ♂

산

높낮이가 다른 산봉우리를 그린 山(산 산)에 다시 ⻖(언덕 구)를 얹으
면 岳(큰 산 악)이 돼요. 山(산)이 들어가서 '높다'는 뜻이 된 글자로는
崇(숭)과 崔(최)가 있어요. 崇(높(이)다 숭)은 본래 ⼭(산)이 높다는 뜻이
었는데 가차되어 '높이다', '崇尙(숭상)하다'라는 崇拜(숭배)의 뜻으로
쓰여요. 이때엔 ⼭(산)이 의미, 宗(종 → 숭)이 발음이에요.
崔(높다 최)는 ⼭(산)에서 '높다'는 의미를 취하고, 隹(새 추)로 추 → 최
발음을 나타냈어요.

* 지금은 거의 '성씨'로
만 씀.

그럼 산을 세세한 부분으로 나눠서 살펴볼게요.
山(산)에서 夆(뾰족하게) 높이 솟은 부분은 峰(봉우리 봉)이에요. 발음
인 夆(만나다 봉)은 夂(발)로 ⽣(뾰족뾰족하게 자란 무성한 풀)을 밟으며
내려오는 모습이라 夆(봉)에는 '뾰족하다'는 의미도 있어요.

⼭(산)의 맨 꼭대기 頁(머리)를 가리키는 嶺(영산봉우리 령)은 領(거느리
다 령)을 발음으로 취해 여러 산등성이를 거느린 '산봉우리'를 뜻해
요. 이 산봉우리들이 길게 연속되어 이어진 게 山脈(산맥)이에요.
脈(줄기 맥)은 우리 月(몸)에 派(물갈래)처럼 흐르는 혈관을 가리키지
만, 그 외에 山脈(산맥), 葉脈(엽맥), 人脈(인맥)처럼 갈라져 나오는 여러
줄기에 두루 써요.

산이 높으면 골짜기도 깊다는 말이 있죠? 특히 험하
고 좁은 골짜기를 峽谷(협곡)이라고 해요. 山(산)과 산
사이에 夾(끼었다는) 峽(峽골짜기 협)과 ⽔(물이 흘러내려
와) ⼝(웅덩이)에 고이는 谷(골(짜기) 곡)을 써요.

* 峽(골짜기 협)의 발음
인 夾(끼다 협)은 大(한
사람)의 양쪽 옆구리를
人人(두 사람)이 부축하
는 모습(한자에서는 하
인 등 신분이 낮은 사람
을 작게 씀).

谷(곡)이 발음으로 들어간 글자

俗(풍속 속)은 亻(사람들) 사이에 谷(흘러내려온 즉, 이어져온) '풍속'을 뜻해요. 欲(하고자 하다 욕)은 입을 크게 벌린 欠(하품 흠)이 의미, 谷(곡→욕)이 발음이에요. 谷(골짜기 곡)을 발음으로 취해 골(짜기)처럼 깊고 계곡물처럼 끝없이 흘러나오는 욕망(欲望/慾望)을 나타냈어요. 여기에 心(마음 심)을 붙이면 慾(욕심 욕)이에요. ♂

 巖(岩바위 암)은 세 개로 나누어진 山(산봉우리) 꼭대기에 ロロロ(바위)가 얹혀 있는 모양이었어요. 암석(巖石)이 솟아서 산봉우리가 됐다는 뜻이었지요. 발음 부분인 嚴(严엄하다 엄)은 厂(벼랑) 위, ロロロ(바위)가 널린 산에서 敢(盲 맹수를 攵 때려잡는) 모습이에요. 맹수가 살 만큼 험한 산이라고 해서 → '엄하다', '혹독하다'는 뜻이 나왔어요.

동굴(자연적으로 생긴 깊고 넓은 굴)

동굴(洞窟) 안에는 대개 물(氵)이 흐르고 있기 때문에, 洞(동굴 동)에도 氵(물 수)가 들어 있어요.

> 동굴은 시작부터 끝까지 안이 뻥 뚫려 있으므로 洞(동굴 동)에는 '꿰뚫다'라는 뜻도 있어요. 단, 이때는 '洞察(통찰)'처럼 통으로 발음해요.

氵(물)이 있는 곳에 마을이 생기기도 했고, 한마을 사람들은 氵(우물이나 시냇물)을 同(같이) 썼기 때문에 洞(동)에는 '마을'이란 뜻도 있어요.

洞事務所(동사무소)

窟(굴 굴)은 좁은 穴(동굴 입구)로 사람이 尸(몸을 구부리고) 出(나가는) *穴(굴, 구멍 혈)이 의미,
屈(굽히)다 굴)이 발음.
모습이에요.

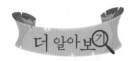

참고로 扌(손)을 屈(구부려서) 구멍을 파면 掘(파다 굴)이에
요. 屈(굴)이 발음이에요. 예 掘鑿機(굴착기) ♂

窮(窮하다 궁)은 穴(동굴) 끝까지 身(몸소) 들어가본다는 의
미에서 窮極(궁극)에 다다른다는 뜻이 나왔어요. 弓(활 궁)이
발음이고요. 가다가 穴(동굴)의 막다른 끝에 至(이르면) 窒(막(히)다 질)
이고요. 窒息(질식)하기 딱 좋은 동굴은 窒塞(질색)이니까 탁 트인 하
천으로 넘어갈게요!

하천(강과 시내를 아울러 일컬음)

하천의 근원지인 泉(샘 천)은 동굴이나 바위틈에서 물이 흘러나오는

모양이에요(글자 모양을 갖추기 위해 泉으로 썼을 뿐 白(백)과 水(수)로 이

루어진 건 아니에요).

厂(굴바위나 언덕) 아래에서 泉(샘물)이 흘러나오는 모양이 原(들판 원)

이 되자, 본래 뜻으로는 氵(물 수)를 더해 源(근원 원)을 만들었어요.

'처음', '시작', '발생'의 뜻을 가져요. 예 根源(근원), 起源(기원)

정리하면 泉(샘 천), 原(근원, 들판 원), 源(근원 원)이지요.

川(시내 천)은 물이 흘러가는 모양이에요.

《《《(개미허리변 천)은 川의 본래자예요. 단독으로는 쓰지 않고
巡(돌다 순), 邕(화목하다 옹)에 부수로 들어가요.

川(물)이 흘러가는 걸 頁(바라보는) 글자가 順(온)순하다 순)이에요.
물은 앞서 흘러간 물을 따라 차례차례 부드럽게 흘러가므로 '따르다
(obey)', '차례', '(온)순하다'라는 뜻이 됐어요.

예 順理(순리; 이치를 따름), 順序(순서), 順風(순풍)

州(고을 주)는 川(내 천) 사이사이에 丶(점)을 찍어서… 물이 운반해온
흙과 모래로 생겨난 땅을 표현했어요. 후에 이런 곳에 사람들이 모여
살기 시작해 '고을'을 뜻하게 됐고요.

'물에 둘러싸인 땅'으로는 氵(물 수)를 더한 洲(섬 주)를 다시 만들었어
요. 예 강 하류에 만들어지는 三角洲(삼각주), 오대양 六大洲(육대주)

溪(시내 계)는 노예를 붙잡아서 건너오던 '시내'에서 나왔어요. 옛날에
는 산, 언덕, 하천이 서로 다른 부족, 나라 사이의 경계가 되었기 때
문이에요. 발음 부분인 奚(종 해)가 幺(밧줄로 묶은) 大(노예)를 爫(끌고
가는) 모습이에요.

涉(건너다 섭)은 氵(물)을 步(걸어서) 건넌다는 뜻이에요. 물을 건넌다
는 것은 외부로 나감을 뜻했으므로, 외부와 연락하며 교섭하는 걸
涉外(섭외)라고 해요. 涉獵(섭렵)은 사냥꾼이 산을 넘고 물을 건너 사
냥하러 다니듯 '많은 책을 두루 읽거나 여러 가지를 경험함'을 뜻하
고요.

涉(섭)의 생략형과 頁(머리 혈)을 합치면 頻(자주 빈)이에요. 물가는 사람들이 頻繁(빈번)하게 가는 장소였어요. 물가에서 물도 긷고, 빨래도 하고, 수다도 떨었거든요. 물가에 頁(사람)들이 자주 나온다고 '자주'라는 뜻이 되었어요.

더 알아보기

濟(제)와 渡(도)

氵(물)을 건널 때에는 수심이 일정한 곳으로 건넜기 때문에 濟(済건너다 제)는 齊(가지런하다 제)로 발음을 나타냈어요.

渡(건너다 도)도 氵(물)을 건널 때 수심의 정도를 헤아려보고 건너서 度(정도 도)로 발음을 나타냈고요. ♂

湖(호수 호)는 氵(물)이 의미, 胡(호)가 발음이에요. 발음인 胡(오랑캐, 어찌 호)는 본래 古(오래되어) 늘어진 月(소의 턱밑 살)을 가리켰는데 가차되어 '오랑캐'라는 뜻이 되었어요. 예 丙子胡亂(병자호란)

淵(연못 연)은 연못에서 氵(물)이 㕛(돌고 있는) 모양이에요. 氵(물)이 의미, 㕛(연)이 발음이죠.

澤(澤연못 택)에는 ""(그물)과 ㇂(수갑)이 들어 있어요. 둘 다 '잡아서 가두는' 도구이지요. 그러므로 澤(택)은 氵(물)을 睪(가두어둔) '연못'을 뜻해요.

池(못 지)는 氵(물)이 의미이고 也(야)가 발음으로, 貯水池(저수지) 외에도 전해액을 채워 넣은 乾電池(건전지)에 쓰여요.

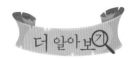

ㄱ ㄷ ㅁ 回   回(돌다오다 회)는 연못의 물이 원을 그리며 回轉(회전)하는 모양이에
요. 한 바퀴 빙 돌아 다시 제자리로 오는 回歸(회귀), 이전 상태로 돌
아오는 回復(회복), 지난날을 돌이켜 생각하는 回顧(회고) 등에 써요.
중심으로 들어오지 않고 주변에서 빙빙 돈다하여 '回避(회피)하다'라
는 뜻도 있고요. 廻(돌다, 피하다 회)는 동작을 강조하기 위해 辶(걷다
인)을 덧붙였어요. 廻轉(회전), 廻避(회피) 등에서 回(회)와 통용해서
써요. ♂

강 (넓고 길게 흐르는 큰 물줄기)

몽골
중국   황하
양쯔강

*실제로 長江(장강)이
직선으로 흐르는데 비
해 黃河(황하)는 几(궤)
자 모양으로 휘어지며
구불구불 흐르지요.

江(강 강)은 氵(물)이 의미, 工(공 → 강)이 발음이에요. 工(공)은 바위에
부딪치며 '꿍~ 꿍~ 꿍~' 흘러가는 강물 소리도 나타내요. 본래는
長江(장강; 양쯔강)을 가리키는 고유 명사였지만 점차 일반 강을 의미
하게 되었어요.

河(강 하)는 氵(물)이 口(어떤 지역)을 ㄱ(감싸고 돌며)
흐른다는 의미예요. 본래는 黃河(황하)를 일컬었
는데 점차 일반 강을 가리키게 되었어요. 氵(물 수)가 의미 부분이고,
可(옳다 가)로 가 → 하 발음을 나타냈어요. 可(가)는 可(크어)~可(크
어)~ 세차게 흘러가는 황하의 물소리(우리말의 콸콸 같은 의성어)도 표
현해요.

한편, 큰 강은 대개 물줄기가 여러 갈래로 갈라지면서 흘러요. 그 모
양을 본뜬 게 永(길다, 오래다 영)이에요. 지류가 나뉠 만큼 길게 흐르

는 강에서 '길다', '오래다'라는 뜻이 나왔어요.

앞에 氵(물 수)를 덧붙이면 泳(헤엄치다 영)이에요. 氵(물)속에 永(오래) 있으려면 水泳(수영)을 해야 하니까요. 가운데 갈라지는 물결(노랑 선으로 표시한 부분)을 亻(사람)으로 봐서, '사람이 물속에서 헤엄을 치며 간다'는 설명도 있어요.

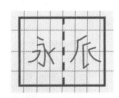

派(물갈래 파)는 氵(물 수)와 永(길다 영)을 좌우로 뒤집은(永⌒厎) 모양의 厎(파)로 이루어졌어요. 큰 줄기에서 派生(파생)되어 나온 黨派(당파), 派閥(파벌), 分派(분파), 流派(유파) 등에 써요. 特派(특파), 派兵(파병)에서는 派遣(파견)한다는 뜻이에요. 물줄기가 갈라져 멀리 흘러나가듯 사람을 멀리 보내서요.

흘러가는 물결을 본뜬 글자도 있어요. 바로 流(흐르다 류)예요.
초기자형에서 양변의 水(물 수)는 강물을 나타내고, 가운데는 물살이 바위에 부딪치며 흘러가는 모양이에요. 이로부터 '흐르다', '떠돌아다니다'라는 뜻이 나왔어요.

(예) 流動(유동: 흘러 움직임, 이리저리 옮겨 다님), 流通(유통: 널리 통용됨), 流民(유민), 流行(유행), 流入(유입), 流言蜚語(유언비어)

* 참고로 流派(유파)에서는 흘러나간 '갈래'를, 一流(일류), 上流(상류)에서는 '품격', '계층'을 뜻해요.

더 알아보기

流(흐르다 류)를 氵(양수)와 함께 㐬(머리를 아래로 향한 아기)가 쏟아져 내리는 모습 또는 氵(홍수)에 떠내려가는 㐬(어린아이)의 모습으로 보기도 해요. 子(자)를 거꾸로 쓴 ㄊ(돌) 아래의 川는 밑으로 축 늘어진 '머리카락'을 나타내요. ♂

▶ 바다

海(바다 해)는 氵(물)이 마르지 않고 每(항상) 있다는 의미예요. 每(매 → 해)가 발음인데요. 발음 부분인 每(매양 매)는 머리에 亠(비녀)를 꽂은 母(어머니)의 모습이에요. 결혼한 여자는 항상 머리를 올리고 비녀를 꽂았기 때문에 '항상'이라는 뜻이 되었지요. 넓은 품을 가진 바다를 종종 어머니에 비유하곤 하는데, 글자 안에도 이미 어머니의 이미지가 들어 있는 셈이에요.

*羊(양)이 발음.

近海(근해), 遠洋(원양)이란 말처럼 海(해)는 육지에서 가까운 바다를, 洋(양)은 육지에서 먼 바다를 가리켜요. 洋(큰 바다, 西洋(서양) 양)은 氵(물결)이 羊(흰 양떼)처럼 波濤(파도)치며 밀려오는 바다를 떠올리면 돼요.

물결치는 파도는 바다의 표면에서 드러나기 때문에 波(물결 파)는 皮(거죽 피)로 皮(피 → 파) 발음을 나타냈어요. 참고로 波(파) 아래 女(여자 여)를 더하면 婆(노파 파)예요. 이마에 파도 (波濤)처럼 주름이 잡혀서 波(물결 파)로 발음을 나타냈어요.

'波濤(파도)'의 濤(涛큰 물결 도)는 氵(물)이 의미, 壽(수 → 도)가 발음이에요. 壽(목숨 수)는 耂(늙다 노)와 구불구불 긴 세월을 辶(걸어가는) 모습으로 이루어졌어요. 주어진 목숨을 다 사는 '장수'를 뜻하지요. 큰 파도는 물결이 길게 일어나므로 壽(목숨, 장수, 오래 살다 수)로 발음을 나타냈어요.

특히 배도 집어 삼킬 듯이 거센 파도를 激浪(격랑)이라고 해요. 激(격하다, 물 부딪쳐 흐르다 격)은 氵(물)이 바위에 부딪쳐 물보라를 튀기며

476

세차게 흐르는 데서 '격하다', '부딪치다'가 되었어요.

*激(교/격)이 발음.

예 過激(과격), 激動(격동), 激勵(격려), 激突(격돌)

浪(물결, 함부로 랑)은 良(좋다 량)에서 량 → 랑 발음을 취했어요. 流浪
(유랑), 放浪(방랑)에서는 이리저리 치는 파도처럼 '떠돌아다니다'라는
뜻이고, 돈을 물 쓰듯 하는 浪費(낭비)에서는 '함부로, 마구'라는 뜻
이에요. 孟浪(맹랑), 浪說(낭설)에서는 '터무니없다'는 뜻이고요.

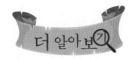

한 글자 더 살펴볼게요.

衝(冲부딪치다, 찌르다 충)은 본래 흐르는 물과 바람에 나부끼는 깃발
을 그린 것이었어요. 바람이 세게 불어 물결이 강기슭(이나 제방)에 부
딪친다는 의미였어요. 이로부터 '치다', '부딪치다', '찌르다'라는 뜻이
나왔어요. 서로 부딪치는 衝突(충돌), 사기나 기세가 하늘을 찌를 듯
이 드높은 衝天(충천) 등에 써요. 衝動(충동)에서는 물결처럼 요동치는
정서의 기복을 의미하고, 要衝地(요충지)에서는 군사적, 전략적으로
'부딪치는' 중요한 장소를 뜻해요. ♂

沿岸(연안)은 강, 호수, 바다 등 물이 육지와 맞닿아 있는 곳이에요.
沿(물 따라가다 연)의 발음인 㕣(늪 연)은 八(물이 흘러내려와) 口(고인)
'늪'으로 보시면 돼요.

예 沿革(연혁; 물길을 따라 내려오듯 사물이 변천해온 내력)

岸(기슭 안)은 물을 岸(막는) 岸(厂기슭)에, 높이 솟아 있다는 의미로
岸(산)을 덧붙였어요. 예 沿岸(연안), 海岸(해안)

*干(간 → 안)이 발음.

涯(물가, 끝 애)는 氵(물)가에 圭(흙이 쌓여) 이루어진 厂(언덕, 벼랑)을 나

타내요. 기슭은 물이 끝나는 곳, 물의 가장자리에 위치하므로 '끝'이라는 뜻도 있어요. 예를 들면 '生涯(생애)를 마치다' 같은 문장에서 삶의 '끝'을 뜻해요.

항구

港(항구 항)은 氵(물가)에 있는 巷(거리)로 '항구'를 표현했어요. 巷(거리 항)이 발음이지요. 선원들은 항구에 배를 碇泊(정박)시키고 宿泊(숙박)도 했는데요, 배들이 모여 있으면 흰 돛 때문에 물가가 하얗게 보여서 泊(배대다, 머무르다 박)은 白(희다 백)으로 백 → 박 발음을 나타냈어요. 나온 김에 '배'를 뜻하는 글자들도 볼게요.

배

고대인들은 홍수가 났을 때 통나무가 물 위에 둥둥 떠다니는 모습을 보고 생각했어요. 저 통나무를 타고 가면 강을 따라 좀 더 멀리 갈 수 있지 않을까? 황하가 얼마나 긴 강인지 모르고 섣불리 나서는 바람에 '왜 이 강은 가도 가도 끝이 없을까!' 하고 한탄하게 됐지만요. 통나무 하나로는 균형을 잡기가 어렵고, 두 개를 이어 묶으니 또 너무 무거워서, 결국 통나무 하나의 속을 파낸 뒤 카누처럼 타게 됐어요. 나중에는 나무판자를 이어 곡선으로 휘어진 모양에 훨씬 가벼운 배를 만들게 됐고요.

舟(배 주)는 통나무배 또는 널빤지 여러 장을 붙여 만든 배를 본떴어요(튼튼하게 배를 받쳐줄 가로목이 배 중간에 걸쳐 있는 모습까지 표현했어요). 그래서 舟(주)가 들어가면 '배'와 관련된 뜻이 돼요.

船(배 선)은 舟(배)가 沿(물을 따라) 내려가므로, (沿물 따라 흐르다 연의 생략형)으로 연 → 선 발음을 나타냈어요.

큰 船舶(선박)은 白(하얀) 물거품을 일으키며 나아가기 때문에 舶(큰배 박)은 白(희다 백)으로 白(백 → 박) 발음을 나타냈어요.

航(배, 건너다, 날다 항)은 舟(배)가 물 위에 亢(높이) 떠서 가므로 亢(높다 항)으로 발음을 나타냈어요.

航空機(항공기)가 航路(항로)를 運航(운항)하는 데도 써요. 배가 물 위에 둥둥 떠가듯, 비행기도 기류 위에 높이 떠가기 때문이에요.

艦(舰큰 배, 싸움배 함)은 높은 배에서 내려다보며 적을 살핀다고 監(살피다 감)으로 감 → 함 발음을 나타냈어요. 예 軍艦(군함), 戰艦(전함)

艇(작은 배 정)은 舟(배)가 의미, 앞으로 나아간다는 뜻의 廷(정)이 발음이에요. 예 潛水艇(잠수정), 漕艇(조정: 배를 저음. 배를 저어서 빠르기로 승부를 겨루는 경기) ♂

배를 타고 가야하는 島(岛섬 도)는 山(산)처럼 높이 솟았다는 의미에, 鳥(새 조)로 조 → 도 발음을 나타냈어요. 鳥(새)가 날아와 머무는 山(섬)을 그려보세요.

▶ 자연 재해(災害)

재앙(災殃)으로 인한 피해(被害)를 재해(災害)라고 해요. 災(灾재앙 재)에는 재앙의 대표적인 두 요소였던 巛(물)과 火(불)이 들어 있어요. 여기에 戌(도끼 창)을 보태면 滅(灭멸(망)하다 멸)이에요. 氵(수재), 火(화재)에 戌(전쟁)까지 겹쳤으니 滅亡(멸망)하지 않을 수가 없겠죠?

殃(재앙 앙)은 죽음의 상징 歹(부서진 뼈 알)에, 央(앙)이 발음이에요.

*厄(재앙, 액 액)은 厂(벼랑) 아래로 굴러 떨어진 사람이 卩(몸을 웅크리고 있는) 모습이에요. '위태롭다'에서 → '재앙', '액(모질고 사나운 운수)'으로 의미가 확대됐어요. 예) 厄運(액운), 橫厄(횡액; 뜻밖에 닥친 불행)

재난(災難)영화를 보면 재해의 종류가 참 다양하죠? 주인공을 쉴 새 없이 뛰어다니게 만드는! 재해 관련 글자들을 살펴볼게요.

붕괴

崩(무너지다 붕)은 山 → (산)이 무너진다는 의미에 朋 → (붕)이 발음이에요. 건물, 체제, 조직이 와르르 무너질 때도 써요. 또 정신적으로 崩壞(붕괴)한다고 해서 '멘탈(mental) 붕괴!'라는 신조어도 생겨났지요. 壞(坏무너지다 괴)는 土(흙)이 무너진다는 의미에, 襄(품다 회)로 회 → 괴 발음을 나타냈어요. (예) 破壞(파괴), 壞滅(괴멸)

발음 부분인 襄(회)는 衣(옷 의)를 亠과 𧘇로 분리하고 사이에 㬱(눈물이 뚝뚝 떨어지는 눈)을 넣어 '옷으로 눈물을 닦으며 운다'는 의미를 나타냈어요. ↑(마음 심)을 붙이면 懷(怀품다 회)로, 가슴에 품은 懷抱(회포)와 感懷(감회)에 써요.

거대한 나무나 기둥처럼 무거운 것에 깔려 죽으면 壓死(압사)했다고 해요. 壓(压누르다 압)은 土(흙 토)가 의미 부분이고, 厭(싫증나다 염)으로 염 → 압 발음을 나타냈어요. 厭(염)은 厂(굴바위) 아래에 曰(입)에 月(고기)를 문 犬(개)가 있는 모양이에요. 고기를 실컷 먹어 물렸다고 '싫증나다'가 됐는데요, 배가 부른 나머지 입에 문 고깃덩어리를 짓뭉개며 논다는 의미에 土(흙 토)를 더한 게 壓(누르다 압)이에요.
(예) 壓力(압력), 抑壓(억압), 强壓的(강압적), 鎭壓(진압)

지진

震(벼락, 진동하다 진)은 辰(조개)가 푸르르 떨면 雨(빗방울) 같이 기포가 떠오르고 바닥에 모래를 일으킨다고 해서 震動(진동)한다는 뜻이 나왔어요. 雨(비 우)로 기상현상과 관련 있음을 나타내는데요, 辰(진)이 발음이에요. 발음인 辰(진)은 조개가 껍데기 밖으로 발을 내밀고 기어가는 모양이죠.

범람

氾(넘치다 범)은 氵(물)이 넘쳐 㔾(사람)을 덮치는 모양이에요. 발음으로 凡(무릇 범)을 쓰는 汎(뜨다, 넓다, 넘치다 범)도 있어요.

例 汎濫 / 氾濫(범람)

濫(濫넘치다 람)은 한 사람이 皿(그릇) 밖으로 넘치는 氵(물)을 㔾⺊(내려다보는) 모습이에요. 지나치면 모자람만 못하다고 濫發(남발), 濫用(남용), 濫獲(남획)처럼 부정적인 단어에서는 '지나치다', '함부로 하다'라는 뜻으로 쓰여요.

* 監(監감 → 람)이 발음.

洪水(홍수)의 洪(큰물, 크다 홍)은 氵(물)이 共(함께) 어우러져 큰물이 되었다는 뜻이에요. 홍수 피해를 나타낸 글자로는 衍(연), 流(류), 沈(침), 沒(몰), 浸(침)이 있어요.

* 共(함께 공)에서 공 → 홍 발음.

衍(퍼지다 연)은 行(길거리)에 氵(물)이 흘러넘치는 모양이에요. 부연(敷衍) 설명하자면, '만연(蔓衍/蔓延)'처럼 어떤 현상이 널리 퍼질 때도 써요.

* 流(흐르다 류)는 앞에서 나왔고요.

沈(沉가라앉다 침)은 본래 소를 물에 빠뜨리는 모양이었어요. 고대에 이런 방법으로 행하던 제사의 명칭도 沈(침)이라고 해요. 후에 人(사람)에게 冖(차꼬)를 채워 氵(물)에 沈水(침수)시키는 모양으로 바뀌었어요. '잠기다', '빠지다', '가라앉다'를 뜻해요.

例 沈鬱(침울), 沈着(침착), 沈黙(침묵)

성씨로 쓸 때는 '심'으로 발음해요. 인당수에 뛰어들고 만 소녀의 이름은 沈靑(침청)이가 아니라 沈淸(심청)이었죠. 그러고 보니 이름 자체에서 이미 시퍼런 바닷물에 빠지게 될 것을 암시하고 있었군요.

浮(뜨다 부)와 함께 쓰는 '浮沈(부침)'은 '물 위에 떠오름과 물속에 잠김'이란 뜻으로 '인생의 기복'을 비유해요. 浮(뜨다 부)는 氵(물)속의 子(어린아이)를 爫(붙잡아) 끌어올리는 모습이에요. 수면 위로 떠오르듯 특징이나 능력이 두드러지게 드러나는 浮刻(부각), 浮上(부상) 등에 써요.

沈(침)과 비슷한 뜻의 潛(潜잠기다, 자맥질하다 잠)은 氵(물 수)와 朁(참 → 잠) 발음으로 이루어졌어요. 예 沈潛(침잠), 潛水(잠수), 潛跡(잠적)

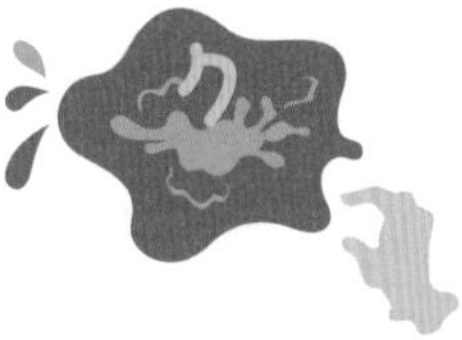

沒(가라앉다 몰)은 氵(물)에 빠져 허우적거리는 𠂊(사람)을 밑에서 又(잡아당기는) 모습이에요. 마치 물귀신의 又(손)처럼 보이죠? 이렇게 물에 빠져 죽으면 溺死(익사)했다고 해요.

溺(빠지다 익)은 氵(물)에 빠진다는 의미에, 弱(약하다 약)으로 약 → 익 발음을 나타냈어요. 어떤 일을 몹시 즐겨서, 그 일에 푹 빠지고 마는 耽溺(탐닉)에 써요.

昔(옛(날) 석)은 홍수를 나타내는 ≋(물결)과 日(날 일)로 이루어졌어요. 잦은 ≋(홍수)가 나던 日(옛날)을 뜻해요(龷는 ≋의 변형).

홍수()를 떠올릴 때의 忄(마음)이 惜(애처롭게 여기다, 아깝게 여기다 석)이에요. 인명과 재산 피해를 생각하면 너무 哀惜(애석)해서요. 손을 써서 조치(措置)를 취할 일도 많아서, 앞에 扌(손 수)를 더하면 措(두다, 놓다 조)예요(영어의 put에 해당).

* 惜(석)은 忄(마음)이 의미, 昔(석)이 발음.

借(빌리다 차)는 亻(사람)이 의미, 昔(석)이 발음이에요. 옛날에는 借와

昔의 발음이 비슷했다고 해요. 홍수가 나면 생필품이 떠내려가거나 못 쓰게 됐기 때문에, 관청이나 다른 사람에게 빌려야 했지요.

또 浸水(침수)지역에선 서로서로 필요한 물품이나 도움을 빌리고 빌려주었으니 '빌리다'라는 뜻이 된 게 아닐까요? 물건이나 돈을 빌려 쓰는 借用(차용)에도 써요.

> 浸(스며들다, 잠기다 침)은 氵(물)이 들어와 帚(빗자루로 쓸며 나아가듯) 침범한다는 의미예요.

홍수가 나면 금세 누런 파도가 몰아치며 사나운 용처럼 돌변하는 황하를 끼고 살았기 때문일까요? 물에 빠지는 글자들이 참 여러 가지예요. 狀況(상황)이 이렇다 보니 항상 강물의 상태를 유심히 살펴야 했어요.

況(상황 황)은 氵(물)의 상태에 대해 兄(고하는) 거예요.

*兄(형 → 황)이 발음.

어떤 상황이나 일의 형편을 가리키는 말에 써요.

예 實況(실황: 실제의 상황), 近況(근황), 情況(정황: 일의 사정과 상황)

강물의 양도 늘 측량(測量)하곤 해서, 測(재다, 헤아리다 측)은 氵(물)을 잰다는 의미에, 則(칙 → 측)이 발음이에요.

22 마음과 생각

▶마음

心(마음, 심장, 중심 심)은 사람의 심장을 본떴어요. 옛날에는 심장(心臟)에서 감정과 생각이 나온다고 믿었어요. 기분이나 생각에 따라 심장이 즉각적인 반응을 보였으니까요. 흥분하면 심장 박동이 빨라지고, 긴장하면 심장이 꽉 조이는 것 같고, 슬프면 심장이 아픈 것 같았지요. 그래서 心(심)이 들어가면 주로 감정, 생각과 관련된 뜻이 돼요. 또 심장은 가장 핵심적인 신체 기관이므로 心(심)에는 中心(중심)이라는 뜻도 있어요. 부수로 들어갈 땐 위치에 따라 忄, 小 또는 心 모양으로 변해요.

▶타고난 마음

心性(심성)은 본래의 타고난 마음으로 性情(성정), 性格(성격), 性品(성품)이라고도 해요.

*忄(마음 심)이 의미, 生(생 → 성)이 발음.

性(성품 성)은 태어날 때부터 타고나는 거라고 生(태어나다 생)을 발음으로 취했어요.

그런데 이 '성품'에 대해 선하다, 악하다 주장하던 분들이 있지요. 바로 '공부의 신'으로 이름을 날린 맹자와 순자 두 분이에요. 맹자는 인간이 선천적으로 착하게 태어나는데, 환경이나 물욕(物慾) 때문에 악해질 수 있다는 性善說(성선설)을 주장했어요. 반면 순자는 인간의 본성 자체가 악하고 이기적이기 때문에, 후천적인 학습에 의해서만 선하게 행동할 수 있다는 性惡說(성악설)을 주장했지요.

그게 최선(最善)입니까?

결론은 교육의 중요성! 가르쳐서 선량한 길로 인도하자는 거요.

그러면 善(선), 惡(악) 두 글자를 볼게요.

善(착하다 선)의 초기자형은 羊(양) 아래 目(눈)을 그린 것으로 '보기에 좋다'는 의미였어요. 금문에서 羊(양 양)과 두 개의 言,言(말(하다) 언)으로 바뀌었는데, 이에 대해서는 주로 두 가지 설이 있어요.

첫째, 두 사람이 서로 좋은 말을 주고받는다는 의미였다.

(→ 여기서 '좋다', '친하다'는 뜻이 나왔다.)

둘째, 재판할 때 羊(양)을 잡아 신에게 바치며 진실만을 말하기로 맹세한 다음 言,言(양측이 변론을 한다)는 의미였다.

(→ 이 재판에서 이기는 걸 善(선)이라고 해, 이로부터 '착하다'와 '좋다'라는 뜻이 나왔다.)

예 善良(선량; 착하고 어짊), 善行(선행), 僞善(위선; 겉으로만 착한 체함)

> 善(선)에는 '친하다', '좋다'라는 뜻도 있어요. 예로 親善(친선)에서는 '친하다'는 뜻이고, 最善(최선; 가장 좋고 훌륭한 것)에서는 '좋다, 훌륭하다'라는 뜻이에요.

惡(惡악하다, 추하다 악)은 亞(무덤)이 상징하는 '죽음'에 대한 心(심리)에서 나왔어요. 죽음을 삶보다 좋지 않게 여겨 '나쁘다', '싫어하다', '악하다'라는 뜻이 됐어요. '추하다'는 뜻은 ᵐ를 가슴과 등이 튀어나온 꼽추로 잘못 본 데서 나왔다고 해요.

'性情(성정)'의 情(마음, 뜻 정)은 ↑(마음 심)에, 靑(푸르다 청)으로 청 → 정 발음을 나타냈어요. 발음 부분인 靑(청)은 円(井의 변형, 우물)가에 난 ᵐ(ᵑ풀)에서 '푸르다'는 뜻이 나왔어요.

더 알아보기

靑(청) 또한 ᵑ(생)에서 비롯됐기에, 본래 性(성)과 情(정)은 같은 글자 였대요. 이후 타고난 마음은 性(성)으로, 외부의 자극으로 인한 감정 이나 욕심은 情(정)으로 점차 구별하게 되었다고 해요. ♂

개인이 가지고 있는 고유한 품성이 性格(성격)이에요. 우선, 마음이 움직이는 대로 자신을 드러내는 성향이면 外向的(외향적)인 성격이라 고 해요. 마음의 작용이 외부보다 자신의 내면으로 향한다면 內向的 (내향적)인 성격이라고 하죠. 흔히 겁이 없고 용감하면 大膽(대담)하다 고 해요. 여기서 膽(담)은 '쓸개'예요. 옛날에는 담에서 용기가 나온다 고 생각했어요. 담이 크면 용기가 솟아 매우 勇敢(용감)해진다고 했던 거예요.

勇(용감하다 용)은 종을 본뜬 甬(용)과 心(심)이 결합해 신심(信心: 종교 또는 어떤 것을 옳다고 굳게 믿는 마음)을 의미했어요. 후에 心(심)이 力(힘 력)으로 변해 역량을 나타내게 되었지요.

예 勇氣(용기), 勇斷(용단), 勇士(용사)

조심성이 지나치고 대담하지 못하면 小心(소심)하다고 해요. 본래 조심한다는 뜻이었는데, 중국에서는 여전히 본래 뜻으로 써요. 만약 중국 여행을 갔는데 개집에 '小心(소심)'이라고 붙어 있다면 (절대 소심한 개가 아니니까!) 함부로 개에게 손을 내밀지 마세요. 덥석 물려서 붕대를 친친 감고 다니게 될지도 모르거든요. 개에게 물렸는데 '덕분에 현지 병원에도 와보네~' 하며 특별한 체험으로 받아들인다면 상당히 樂觀(낙관)적인 사람이죠? 그런 사람은 매사를 긍정적이고 희망적(希望的)으로 보지만, 도가 지나치면 '정상 같진 않아…' 하고 살짝 걱정하게 돼요.

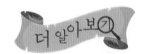

希(희), 望(망), 그리고 願(원)

希(바라다 희)는 爻(실을 교차해) 얼기설기 짠 巾(옷감)을 나타냈는데, 가차되어 '바라다'라는 뜻으로 쓰여요.

예 希望(희망), 希求(희구; 바라고 구함)

望(멀리 내다보다, 바라다 망)은 壬(사람)이 月(달)을 올려다보는 모습에, 亡(망)이 발음이에요. 밤중에 달을 보며 무언가 소망(所望)한 듯 '바라다'란 뜻이 됐어요. 그런데 달이 차고 기우는 것을 보면서 변심한 애

인도 떠올렸는지… 望(망)에는 '원망(怨望)하다', '責望(책망)하다'라는 뜻도 있어요. ∧ → (사람)이 더 멀리 내다보려고 止 → (발돋움)까지 하면 企(바라다, 꾀하다 기)예요. 어떤 일을 企待(기대; 바라고 기다림)하거나 企圖(기도)할 때 쓰지요. 또 영리 등을 꾀하며 일하는 '企業(기업)'에도 이 企(기) 자(字)를 써요.

願(愿원하다 원)은 厂(굴바위) 아래에서 泉(샘물)이 흘러나오는 모양인 原(들판 원)과 사람의 눈을 강조한 頁(머리 혈 ⬚ ⬚ ⬚ 頁)로 이뤄졌어요. 샘의 근원지를 찾는 모습이에요. 원하는 것을 찾는 모습으로 '원하다'라는 뜻을 나타냈어요. 原(원)이 발음이에요.

예 所願(소원), 念願(염원), 志願書(지원서) ♂

다시 성격으로 돌아와서요. 아까 낙관적인 성격까지 보았죠? 사람이 너무 낙관적이면 자칫 진지함이 없고 輕率(경솔)해 보일 수 있어요. 率(가볍다, 거느리다 솔/비율 률)은 ⺰(실)로 짠 그물의 아래쪽에 十(손잡이)가 있는 모양이에요.

> 그물은 전체를 뭉뚱그려 끌어당기는 것이므로 '統率(통솔)한다'는 뜻이 나왔고, 전체에는 이것저것 여러 종류가 섞여 있으므로 '比率(비율)'이란 뜻도 나왔어요.

하지만 '輕率(경솔)'에서는 '가볍다'는 의미로 쓰여요.

세상과 인생을 어둡고 절망적으로 보면 悲觀(비관)적이라고 해요. '망했어, 되는 일이 없다고… 난 안 돼'라며 희망을 찾지 못하고 挫折(좌절)하곤 해요. 낙관과 비관은 어떻게 보느냐에 따라 다른 觀點(관점)의 문제라서 觀(观 보다 관)을 써요.

사람들은 대부분 낙관과 비관 사이를 왔다 갔다 해요. 지극히 평범한 일이지요. 하지만 지나치게 양쪽을 오고 가면 그다지 사람이 신중해 보이지 않아요. 愼重(신중)은 매우 조심스러워하는 거예요.
愼(慎삼가다 신)은 ㅏ(마음 심)과 眞(신 → 진) 발음으로 이루어졌어요.

삼가고 조심하는 ↑(마음)으로 眞(점을 치던) 데서 나왔지요. 발음 부분인 眞(참 진)은 ╰(점 복)과 貝(鼎솥 정의 생략형)으로 이루어져, 貞(점 치다 정)과 같은 글자로 볼 수 있어요.

* 더 자세한 설명은 '주 술' 편을 참고해주세요.

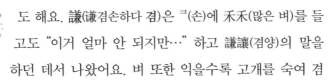

重(무겁다 중)은 亻(사람)이 東(자루)를 든 모습이에요. 자루의 내용물은 아래의 重(土흙 토)로 알 수 있고요. 重量(중량)뿐 아니라 가치나 책임 등이 무겁고 重要(중요)할 때도 써요.

謙遜(겸손)은 자기만 내세우지 않고 남을 존중하는 태도예요. 반대로 倨慢(거만)은 잘난 체하며 남을 업신여기는 태도로, 傲慢(오만)이라고 도 해요. 謙(謙겸손하다 겸)은 彐(손)에 禾禾(많은 벼)를 들고도 "이거 얼마 안 되지만…"하고 謙讓(겸양)의 말을 하던 데서 나왔어요. 벼 또한 익을수록 고개를 숙여 겸 손함을 상징하지요.

倨(거만하다 거)는 亻(사람)이 의미, 居(거)가 발음이고 慢(오만하다, 게으르다, 느리다 만)은 ↑(마음)이 曼(늘어졌다)는 뜻이에요.

발음인 曼(길게 끌다 만)은 曰(말하다 왈)과 罒(目눈)을 又(손)으로 당기는 모습이 합쳐졌어요.

* 참고로 慢性(만성; 오래 계속되는 성질), 緩慢(완만; 가파르지 않음)에도 이 慢(만)을 써요.

傲(오만하다 오)는 亻(사람)이 敖(제멋대로)란 뜻이에요. 발음인 敖(멋대로 놀다 오)에는 士(出나가서) 放(제멋대로) 돌아다니며 마음 내키는 대로 논다는 의미가 있어요. 누군가 건방지게 행동하면 "놀고 있네~" 하고 말하는 것과 의미가 통하지요?

한동안 '肯定(긍정)의 힘'이란 말이 유행했어요. 많은 사람들이 그 말에 首肯(수긍)했기 때문이겠죠?

肯(옳게 여기다 긍)은 ㅒ(뼈 골)의 변형인 止(지)와 月(肉고기 육)으로 이뤄졌어요. 뼈 사이에 붙어 있는 살을 가리키다가 가차되어 '옳게 여기다', '즐기다', '肯定(긍정)하다'라는 뜻이 되었지요. 이처럼 가차된 경우 뜻을 외우는 수밖에 없는데… '그럼 외우면 되지!' 하고 생각한다면 肯定的(긍정적)인 분들이에요.

긍정적인 성격과 반대로 '늘 아니라고 말하는' 否定的(부정적)인 성격이 있지요. 否(아니다 부)는 不(아니라고) 口(말하는) 것으로 보면 돼요.

지금까지 대강의 성격(性格)을 살펴봤어요. 여러분은 자신이 어떤 성격인지 스스로 짚어보기도 했을 텐데요. 중요한 것은 소심함이나 경솔함 또는 낙관적이거나 비관적인 태도 등이 한 사람의 성품(性品)을 결정짓는 게 아니라는 거예요. 그것은 일부에 불과하죠. 누구나 다양한 성정(性情)을 가지고 있어요. 타인에 대해 편견이나 고정관념을 갖지 말아야 하는 이유예요. 스스로에 대해서도 마찬가지고요. '나는 이러한 사람'이라 단정 짓고 그 틀 속에 갇혀버린다면, 오히려 진짜 자신의 모습을 잃게 될 수도 있지요.

▶감정

感(느끼다 감)은 咸(함 → 감) 발음과 心(마음 심)이 합쳐졌어요. 발음 부분인 咸(모두, 다 함)은 戌(도끼 창)으로 口(어떤 물건이나 지역)을 내리치는 모습이에요. 그러므로 感(느끼다 감)은 咸(감응하도록 자극하는) 무엇인가를 心(느낀다는) 의미예요. 感情(감정), 感覺(감각), 豫感(예감), 六感(육감) 등 感(감)이 오는 데는 모두 써요. 이제 감정을 나타내는 글자들로 넘어갈게요.

기쁨 _ 歡喜(환희), 喜悅(희열)

歡(欢기뻐하다 환)은 雚(황새 관)으로 관 → 환 발음을 나타내고, 欠(입을 크게 벌려) 기뻐하는 모습을 그렸어요.

喜(기뻐하다 희)는 壴호(북)을 치며 口(노래 부르는) 모습이에요.

悅(기쁘다 열)은 忄(마음 심)과 兌(입가에 주름이 잡히도록 웃는 사람)의 모습으로 이뤄졌어요.

슬픔 _ 悲哀(비애)

悲(슬프다 비)는 心(마음)이 非(서로 어긋나서) '슬프다'예요.

발음인 非(아니다 비)에 대해서는 새가 좌우로 날개를 펼친 모양이라는 설도 있고, 北(두 사람이 서로 등진 모습)에서 변형됐다는 설도 있어요.

哀(슬프다 애)는 옷으로 口(입)을 가리며 哀切(애절)하게 우는 모습이에요.

즐거움 _ 娛(오), 樂(락)

娛(娱즐거워하다 오)는 女(여자)가 夨(고개를 젖히고) 큰 소리로 口(노래하거나 이야기하는) 모습이에요.

樂(乐즐거워하다 락)은 木(나무)로 된 몸체에 幺幺(줄)을 건 현악기를 본떴어요. 白은 줄을 튕기는 손톱 또는 현을 조율하는 기구를 나타내요.

음악을 연주하면 즐거워서 모두 좋아하였으므로 樂(음악 악), 樂(즐겁다 락), 樂(좋아하다 요) 세 가지 뜻이 되었어요.

* 吳(나라이름, 떠들썩하다 오)가 발음.

도락

道樂(도락)은 본래 道(도)를 깨달아 느끼는 樂(즐거움)을 가리켰는데,
지금은 '식도락(食道樂)'처럼 즐거움이나 재미, 취미로 하는 일을 뜻해
요. 예 그들은 봉사하는 것을 도락(道樂)으로 생각했다.

소년에게는 문학이 유일한 도락(道樂)이었다.

하지만 주색, 도박 등 좋지 않은 데 흥미를 느껴 푹 빠질 때에도 '도
락에 빠졌다'는 식의 부정적인 표현을 써요. ♂

괴로움 _ 煩惱(번뇌), 苦痛(고통)

煩(烦괴로워하다 번)은 火(불 화)와 頁(머리 혈)을 합쳐, 피가 끓고 머리
에서 천불이 날 만큼 '괴롭다'는 의미예요.

*忄(마음 심)이 의미, 腦
(뇌 뇌)가 발음.

惱(恼괴로워하다 뇌)도 忄(마음)과 腦(머리)가 괴롭다는 뜻이고요.

苦(쓰다, 괴로워하다 고)는 艹(풀)이 古(오래되어) 쓰다는 의미인데, 세상살

*古(고)가 발음.

이의 괴로움을 인생의 쓴맛에 비유해 '괴로워하다'라는 뜻도 있어요.

痛(아프다, 속상하다 통)은 疒(병)이 나서 甬(종)을 흔들며 (주술로)

*甬(용 → 통)이 발음. 예)
寃痛(원통), 痛憤(통분)

치료해야 할 만큼 '몹시', '아프다'라는 뜻이었어요.

노여움 _ 憤怒(분노), 憤慨(분개) * 忍耐(인내)

憤怒(분노), 憤慨(분개)는 몹시 성을 내는 것이에요.

憤(愤분하다, 성내다 분)은 忄(마음)에서 화가 賁(솟구쳐) 성이 난다는 뜻
이에요.

발음인 賁(크다, 흙 부풀어 오르다 분)은 貝(부장품)을 넣고 卉(풀)로 덮어 꾸민 무덤을 나타낸 것으로, '(무덤처럼) 봉긋하게 솟는다'는 의미를 가져요.

怒(성내다 노)는 발음인 奴(종 노)와 心(마음 심)으로 이루어졌어요. 奴(노예)의 心(심리)를 나타내지요. 겉으론 순종적이지만, 속으론 화가 났을 거라고 '성내다'라는 뜻이 되었어요.

慨(분개하다, 슬퍼하다 개)는 皀(음식 그릇)에서 旡(고개를 돌릴) 만큼 분하고 슬픈 忄(심정)을 나타냈어요. 음식을 외면할 정도로 화가 난다는 뜻이에요.

이런 화, 고통, 괴로움, 어려움 등을 참는 것이 忍耐(인내)지요.

忍(참다 인)은 刃(칼날)에 베이듯, 心(마음)에 상처가 나는 것을 참는 거예요.

耐(견디다 내)는 而(수염)을 寸(잡아) 깎는 정도의 형벌은 견딜 만하다는 데서 나왔어요. 하지만 너무 참다 보면 鬱火(울화)가 치밀 때가 있어요. 감정을 꾹꾹 눌러 마음에만 담아두면 憂鬱症(우울증)에 걸릴 수도 있죠.

鬱(郁답답하다 울)은 (林 숲속)에 (缶 질항아리)가 놓여 있는 모양이에요. (뚜껑을 덮어놓은) (匕 항아리 안에서는 ※울창주)가 (진하게 익어가고) 있어요. 단단히 밀봉되도록 꽉 막아둔 데서 '막히다', '답답하다'는 뜻이 나왔어요. 鬯(울창주 창)은 신에게 바치려고 향기 나게 빚은 술을 가리키며 匕(용기) 안에 ※(술)이 든 모양이에요.

사랑 _ 愛(애), 慈(자), 戀(연), 仁(인)

사랑에는 여러 종류가 있어요. 한 사람을 사랑하며 애틋하게 그리워하는 戀慕(연모), 아랫사람에게 인자하고 따뜻한 마음으로 베푸는 慈愛(자애), 모든 사람을 평등하게 사랑하는 博愛(박애), 공경하며 사모하는 欽慕(흠모) 등이 있지요.

 愛(爱사랑(하다) 애)는 사람이 고개를 돌려 돌아보는 모습이에요. 남을 돌아보는 마음, 차마 외면하고 가지 못하는 마음에서 '사랑'을 뜻하게 됐어요.

*心(마음 심)이 의미, 玆(자)가 발음. 慈(사랑하다 자)는 88 88 88 玆(실타래)처럼 따뜻하고 점차 불어나는 心(마음)으로 자애(慈愛)롭다는 뜻을 나타냈어요.

戀(恋사모하다 련/연)은 糸糸(실)처럼 긴 言(대화)를 나누고 싶은 心(마음)으로 '사모하다', '사랑하여 그리워하다'라는 뜻을 표현했어요.

慕(사모하다, 그리워하다 모)는 莫(해질 무렵)에 드는 애틋한 心(마음)에서 나왔어요. 해질녘에는 감상적인 기분이 들게 마련이고, 멀리 떠난 사람이 돌아오기를 기다리며 그리워하기 때문에 莫(저물다 모)로 발음을 나타냈어요.

 발음인 莫(저물다 모)는 茻(풀밭) 사이로 日(해)가 지는 풍경이에요. 大는 艹(풀 초)와 같아요.

仁(어질다, 사랑하다 인)은 亻(사람 인)과 二(둘 이)로 이뤄졌어요. 두 사람이 친하게 지내려면 서로 사랑하고 어질게 행동해야 하므로 '어질다'가 되었다고 해요.

均(고르다 균)에서처럼 '二'를 '같게', '고르게'라는 뜻의 부호로 보면 亻(사람)을 차별하지 않고 二(똑같게) 대하는 데서 어질다는 뜻이 된 걸로도 볼 수 있어요. 특히 仁(인)을 강조했던 사람이 '공자'였지요. 仁

494

(인)을 정치와 윤리의 이상으로 삼았어요. 가족에 대한 사랑에서 시작해 점점 더 仁(인)의 실천을 확대하다 보면 가장 이상적인 사회를 만들 수 있다고 주장했어요. 그래서 德(덕)의 기초로도 仁(인)을 꼽았고요. 하지만 그 대상이 지배계층과 유학을 공부한 지식인 위주였다는 게 공자(孔子)의 한계였죠.

德(덕)

德(덕 덕)은 彳(行행하다 행), 直(곧다 직), 心(마음 심)으로 이뤄졌어요. 올곧은 마음으로 행하는 것이 '덕'이라는 의미예요. '德(덕)', '道德(도덕)', '복'을 뜻해요. 예 人德(인덕)

直(곧다 직)에서 직 → 덕 발음이에요. 발음 부분인 直(곧다 직)은 罒(눈) 위에 丨(곧은 선)을 하나 그린 모양이에요. '똑바로 앞을 바라보다', '정신을 집중해 대상을 똑바로 바라보다', '사물의 진상을 바라보다'라는 의미였어요. 이로부터 → '곧다', '곧바로'라는 뜻이 나왔어요. 후에 측량할 때 쓰는 ㄴ(곱자)를 덧붙여 정확하게 재고 관찰한다는 의미를 보탰고요.

直(직)이 들어간 글자로는 木(나무)를 直(곧게) 세워 植(심다 식), 罒(그물)을 直(곧게) 설치해 置(두다 치), 彳(사람)이 直(똑바로 정확하게) 잰 値(値값 치) 등이 있어요. ♂

미움 _ 憎(증), 惡(오)

몹시 미워하는 憎惡(증오)는 미움이 쌓여서 생기는 감정이에요.

憎(미워하다 증)은 미워하는 忄(마음)이 曾(쌓였다)는 의미로 曾(거듭하다 증)으로 발음을 나타냈어요.

惡(惡미워하다 오)는 앞의 善惡(선악) 부분에서 다뤘지요.

불쌍함_ 憐憫(연민)

憐憫(연민)은 불쌍하고 가엾게 여기는 마음이에요.

憐(怜불쌍히 여기다 연)은 忄(마음 심)과 발음인 㷠(린)을 합쳤어요.

㷠(린)은 제사장이 몸에 인을 바르고서(혹은 불을 들고서) 춤추는 모습이에요.

憫(悶불쌍히 여기다, 근심하다 민)은 忄(마음 심)과 발음인 閔(민)이 합쳐졌는데, 閔(가엾게 여기다 민)은 文(몸에 문신을 새긴 사람)이 門(사당)에 제물로 바쳐진 모습이에요. 그러므로 憐(연), 憫(민) 그리고 恤(불쌍하다, 근심하다 휼)은 제물로 바쳐지는 희생자(/희생물)에 대해 드는 마음에서 나왔는지 몰라요.

근심, 걱정_ 憂(우), 患(환), 愁(수)

근심, 걱정은 안심이 되지 않거나 해결되지 않은 일 때문에 속을 태우는 것이에요. 憂(忧근심하다 우)는 夏(제사장이 가면을 쓰고 춤출) 때의 心(심정)을 나타냈어요. 기우제를 지낼 만큼 비가 오지 않은 것에 대해 憂慮(우려)하고 있어서 근심한다는 뜻이 됐지요.

患(근심하다 환)은 心(마음)에 串(걸려 있는) 것으로 '근심'을 표현했어요. 집에 憂患(우환)이나 患者(환자)가 있으면 계속 마음에 걸리기 때문에 串(꿰다 관)으로 串(관 → 환) 발음을 나타냈어요.

구분하자면 憂(우)는 정신적인 근심, 患(환)은 신체적인 근심에 주로 써요. 쓸데없이 걱정하는 것을 杞憂(기우)라고 해요. '기나라 사람의 걱정'이란 뜻인데요, 옛날 중국 기(杞)나라에 살던 사람이 '하늘이 무너지면 어쩌지? 땅이 꺼지면 어쩌지?' 하고 걱정하다가 먹지도, 자지도 못할 지경이 되어 몸져누웠다는 고사에서 나왔어요.

두려움 _ 恐怖(공포)

두려움은 꺼려하거나 무서워하는 마음이에요.

恐(두려워하다 공)은 㠯(죄를 지어 잡혀온) 心(마음)에서 나왔어요. 발음인 工凡(공)이 다시 工(공)발음과 凡(𢀳손에 차꼬를 찬 모습)으로 나뉘기 때문이에요.

怖(두려워하다 포)는 ナ(손)에 巾(옷감)을 쥔 모양의 布(베 포 𢁑)를 발음으로 취해, 천이 펼쳐지듯 넓게 퍼지고, 마음에 덮이면 아무것도 보이지 않게 돼버리는 恐怖心(공포심)을 표현했어요.

의심 _ 疑懼(의구)

疑心(의심)은 확실히 알 수 없어서 믿지 못하는 마음이에요.

疑(의심하다 의)는 𥎊 𣎴 𣎴 𥃭 한 사람이 갈림길에 서서 이쪽인가, 저쪽인가 두리번거리는 모습이에요. 확신하지 못하는 데서 疑心(의심)한다는 뜻이 나왔어요. 懼(惧두려워하다 구)는 隹(새)가 䀠(눈을 크게 뜨고) 두리번거리며 주위를 경계하듯이 두려워함을 나타내요.

외로움 _ 孤獨(고독)

고독은 홀로 되어 쓸쓸하고 외로운 마음이에요

孤(외롭다, 홀로 고)는 子(어린아이)가 의미 부분이고, 瓜(과 → 고)가 발음이에요. 발음 부분인 瓜(외 과)는 덩굴에 열매 하나가 덩그러니 매달려 있는 모양이에요. 그래서 홀로 남은 아이(孤)로 외롭다는 뜻을 나타낸 셈이에요. 예 孤兒(고아), 孤島(고도; 육지에서 멀리 떨어진 작은 섬), 孤獨(고독), 孤立(고립)

獨(独홀로 독)은 무리지어 살지 않는 犭(犬개)가 의미, 蜀(촉 → 독)이 발음이에요.

犭(개)는 두 마리만 있어도 서로 으르렁거리는 獨特(독특)한 기질이 있어서 한 마리씩 떼어놓던 데서 나왔어요.

부끄러움 _ 羞恥(수치)

수치는 부끄러움을 느끼는 마음이에요.

羞(부끄러워하다 수)는 귀한 羊(양)고기를 丑(손)에 들고 제물로 바치면서 "비록 차린 건 없지만…" 하고 겸양의 말을 하던 데서 '부끄럽다', '음식', '바치다'라는 뜻이 나왔어요.

恥(부끄러워하다 치)는 耳(귀)가 달아오를 만큼 부끄러운 心(마음)을 표현했어요. 부끄러움을 느낀 다음에는 보통 후회가 몰려오죠.

후회 _ 悔恨(회한), 慙悔(참회)

후회는 뒤늦게 잘못을 깨닫고 뉘우치는 것이에요.

悔(뉘우치다 회)는 忄(마음)을 每(항상) 반성해보라는 뜻에서 每(매양 매)로 매 → 회 발음을 나타냈어요.

恨(한하다 한)은 忄(마음)에 한이 남아 艮(뒤돌아보며) 떠나지 못한다는 의미로 艮(그치다, 머무르다 간)으로 간 → 한 발음을 나타냈어요.

艮(간)은 사람이 고개 돌려 뒤를 바라보는 모습이에요. 선뜻 가지 못하고 머뭇거려서 艮(그치다, 머무르다 간)이 됐어요.

참고로 恨(한)의 사전적 정의는 '몹시 원망스럽고 억울하거나, 안타깝고 슬퍼 응어리진 마음'이에요. 그러므로 恨(한하다 한)은 忄(마음속에) 응어리져 艮(머물러 있는) '한'을 표현한 것으로도 볼 수 있어요.

慙(慚부끄러워하다 참)은 心(마음 심)이 의미, 斬(참)이 발음이에요.

발음인 斬(斬베다 참)은 사람의 팔다리를 車(수레) 네 대에 묶고 사방으로 당기던 형벌에서 나왔어요. 斤(도끼 근)은 끊는다는 의미를 강조해요.

그러면 慙(참)은 斬(참형)을 당할 정도로 큰 죄를 지어 心(부끄럽다)는 걸까요? 죽음을 앞두고 있어 두려움이 엄습할 것 같은데, 그 와중에 慙悔(참회)할 정신이 있을지 모르겠네요.

▶생각

心(마음 심)이 생각한다는 뜻으로 들어간 글자들을 볼게요.

思(생각(하다) 사)는 田(머리)와 心(마음)으로 '생각하다'예요.

본래는 囟(정수리 신)과 心(마음 심)으로 썼는데, 후에 囟(신)이 田으로 잘못 변했어요. 그래도 심장에서 생각이 나온다고 믿었던 이전과 비교하면, 囟(머리)가 보태져 생각에 대한 인식이 좀 더 과학적으로 바뀌었음을 알 수 있어요.

念(생각(하다) 념)은 今(지금) 心(마음)속에 있는 게 '생각'이란 뜻이에요.

예 念頭(염두), 留念(유념)

*囟(정수리 신)은 丿(머리카락)과 凵(머리), 乂(정수리 표시)로 이루어졌어요.

*今(금→념)이 발음.

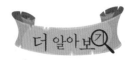

念(념)이 들어간 觀念(관념)과 概念(개념)

어떤 일이나 대상에 대한 견해, 생각이 觀念(관념)이에요.

예 固定觀念(고정관념), 시간觀念(관념), 위생觀念(관념)

반면, 概念(개념)은 여러 관념 속에서 공통되는 요소를 뽑아 종합한 보편적인 관념을 말해요. **예** 美(미)의 개념, 정의의 개념

또 '법의 개념', '분수의 개념'처럼 일반적이고 보편적인 지식을 뜻하기도 하지요.

'概念(개념)'의 概(概대개 개)는 재료인 木(나무 목)과 旣(기 → 개) 변음을 합친 것으로 본래 '평미레'를 가리켰어요. 평미레는 말이나 되에 곡식을 담고, 그 위를 평평하게 밀어 고르게 만드는 ▬▬▬ 방망이 모양의 기구예요. '골고루 미쳐 고르게 하는 것'에서 → '일부에 한하지 않고 전체에 걸치는 것'이라는 의미가 나왔어요. (보편적, 일반적이라는 말과 의미가) 통해 '대개', '대강'이라는 뜻이 됐고요.

概(개)에는 '節槪(절개)'라는 뜻도 있어요. 높이가 똑같이 평평한 모양에서 한결같다는 의미가 나왔기 때문이에요. ♂

慮(慮생각하다 려)는 虍 → (호 → 려) 발음과 思 → (생각(하다) 사)로 이뤄졌어요. 왜 호랑이가 들어갔을까? 궁금했는데, 虍(호)에는 빙빙 돈다는 뜻도 있다고 해요. 호랑이가 이리저리 어슬렁거리는 데서 나온 걸까요? 考慮(고려)하고 念慮(염려)하고 配慮(배려)할 때 써요.

想(생각하다 상)은 心(마음)속에 떠올려 相(마주본다)는 의미예요. 발음인 相(서로 상)은 木(나무)를 目(눈)으로 자세히 살펴보는 모습인데 '마주보다', '서로'라는 뜻으로 가차되었어요.

例 想像(상상), 回想(회상), 想念(상념), 瞑想(명상)

瞑(눈감다 명)은 冥(어둡다 명)을 발음으로 취해, 目(눈)을 감아서 冥(어둡다)는 뜻을 나타냈어요. 冥(어둡다 명)은 두 손에 보자기 같은 천을 쥐고 무언가를 덮어씌우는 모양이에요.

명상과 비슷한 것으로는 參禪(참선)도 있어요. 禪(禅참선하다 선)은 示(제단) 앞에 單(홀로) 앉아서 좌선(坐禪)하던 데서 나왔어요.

惟(생각하다, 오직 유)는 ⺖(마음)속 생각은 隹(새)처럼 자유로울 수 있 *隹추 → 유)가 발음.
기 때문에 隹(새 추)로 발음을 나타냈어요. 例 思惟(사유: 논리적으로 생각함), 惟獨(/唯獨유독: 오직 홀로), 惟一(/唯一유일: 오직 하나)

憶(忆생각(하다) 억)은 意(뜻, 생각 의)에 이미 '생각(하다)'라는 뜻이 있는데, 여기서 ⺖(마음 심)을 더해 ⺖(마음)에 意(생각)을 품다'라는 뜻을 표현했어요. 즉, 기억한다는 뜻을 강조했지요. ⺖(마음)에 意(의미) 있게 남아 있는 것을 記憶(기억)하고 追憶(추억)할 때 써요.

그 밖에 생각과 관련된 글자 考(고), 顧(고)와 懷(회)

考(상고하다 고)는 老(늙다 노)에서 지팡이 부분이 발음 丂(고)로 바뀌었어요. 경험이 풍부한 노인은 생각이 깊고 지혜롭다고 여겨서 考(고)는 깊고 자세하게 생각함을 뜻해요. 그래서 방법이나 물건을 생각해내는 考案(고안), 깊이 생각하고 살펴보는 考察(고찰) 등에 써요. 學力考査(학력고사), 外務考試(외무고시)처럼 깊이 생각하고 헤아려야 하는 어려운 시험에도 쓰고요.

顧(顾돌아보다, 생각하다 고)는 戶(새장) 안의 새를 → 顧 ← 바라보는 모습이에요. 그러므로 발음인 雇(고)는 '자기 안의 기억'을 '새장 안의 새'로 비유한 셈이에요. 어차피 回顧(회고)란 (자신의 내면에 들어 있는) 기억 속에서 한정된 기억만을 돌아보는 것이니까요. 참고로 顧(고)에는 '방문하다'라는 뜻도 있어요. 인재를 들이기 위해 참을성 있게 노력함을 뜻하는 三顧草廬(삼고초려)에서 방문한다는 뜻으로 쓰여요. 三顧之禮(삼고지례; 세 번 찾아가는 예의) 또는 줄여서 三顧(삼고)라고도 하는데요, 중국 삼국시대 때, 촉나라의 유비가 제갈량의 초가집으로 세 번 찾아갔다는 일화에서 유래했어요. 이왕 나온 김에 잠시 역사를 살펴볼까요?

때는 후한(後漢) 말…. 유비는 관우, 장비와 함께 도원(桃園)에서 의형제를 맺고 한(漢)나라의 부흥을 위해 군사를 일으켰어요. 그런데 지략이 높은 참모가 없어 늘 조조에게 당하고 말았지요. 그러던 어느 날, 길을 헤매다 우연히 만난 은사(隱士) 사마휘(司馬徽)에게 군사를 추천해달라고 부탁했어요. 그리고 "와룡(臥龍)이나 봉추(鳳雛) 중 한 사람만 얻으시오"라는 대답을 듣게 되었지요. 제갈량의 별명이 '와룡'임을 알아낸 유비는 수레에 계약금을 싣고 양양 땅에 있는 제갈량의 초가집으로 찾아갔어요. 하지만 제갈량이 집에 없어 허탕을 쳤지요. 며칠 후 두 번째로 찾아갔으나 역시 제갈량은 출타하고 없었어요. 제갈량 입장에서는 일부러 피했을지도 몰라요. 솔직히 제갈량 정도 되는 천재라면, 유비의 촉나라로는 천하를 제패하기 힘들다는 걸 모를 수가 없거든요. 군주로서의 면모를 考慮(고려)해봐도, 우유부단한 유비보다는 차라리 조조를 선택했을 거예요. "분명 다시 오겠다고 했는데 이번에도 없다니, 너무 무례하고 概念(개념)이 없지 않습니까!"

"들자하니 나이도 젊다던데…(당시 제갈량은 27세, 유비는 47세). 다신 찾아오지 마십시오, 형님."

함께 찾아간 관우와 장비가 불평했지만, 유비는 斷念(단념)하지 않고 또 다시 제갈량을 찾아갔어요. 유능한 책사를 꼭 영입해야 하는데, 이왕 굴욕을 당할 거라면 같은 사람에게 당하는 것이 더 나을 것 같았거든요.

세 번째로 찾아갔을 때 제갈량은 집에서 낮잠을 자고 있었어요. 유비는 제갈량이 일어날 때까지 문밖에서 기다렸어요. 無念無想(무념무상)의 경지로 꼼짝도 하지 않았지요. 유비의 意志(의지)와 정성에 감동한 제갈량은 마침내 유비의 군사(軍師)직 제의를 수락했어요. 그리고 그 유명한 적벽대전에서 想像(상상)을 초월하는 전략으로 조조의 100만 대군을 격파하는 등 많은 공을 세웠답니다.

훗날 제갈량은 출사표(出師表)에서 지난날을 回顧(회고)하며 이렇게 썼어요.

…先帝不以臣卑鄙 猥自枉屈 (선제불이신비비 외자왕굴)

三顧臣於草廬之中 諮臣以當世之事(삼고신어초려지중 자신이당세지사)…

선제(즉, 유비)께서는 신을 비천하다 여기지 않으시고 외람되게도 스스로 몸을 낮추시어 세 번이나 (신의)초옥 안으로 찾아오셔서서 (신에게)세상일을 물으셨습니다.

참고로 出師表(출사표)는 '군대를 출동시키며 임금에게 올리는 글'을 가리켰어요. 보통 '스승'으로 알고 있는 師(사)에는 '군대'라는 뜻도 있어요. 또 表(겉 표)에는 '드러내다, 밝히다(意思(의사)를 개진하다)'라는 뜻이 있어, 신하가 출병할 때 그 뜻을 적어서 임금에게 올리던 글을 가리키기도 했어요. 그러므로 '출사표를 던지다'라는 표현은 맞지 않지요. 미치지 않고서야 왕에게 무언가를 던질 수는 없으니까요.

유비의 유언대로 제갈량이 북방의 촉나라 땅을 되찾으러 떠나면서, 유선(유비의 아들)에게 나아가 무릎을 꿇고 눈물을 흘리며 올렸다는 表(표)가 그 유명한 '出師表(출사표)'예요. 구구절절 충언이 담긴 명문장으로 가득해, 제갈량을 충신의 반열에 올려놓았지요.

결국 함께 삼국통일을 꿈꾸던 관우, 장비, 제갈량은 모두 대업을 이루지 못하고 죽음을 맞이했어요. 예, 때때로… 꿈은 ☆ 이루어지지 않는답니다(너무 부정적인 思考(사고)인가요?). ♂

다시 생각과 관련된 글자로 돌아와서요,

懷(懐생각하다, 품다, 달래다 회)는 忄(마음 심)과 발음인 褱(품다 회)로 이루어졌어요. 褱(회)는 옷자락으로 눈물을 훔치는 모습이에요. 가슴에 품은 懷抱(회포)와 感懷(감회), 아이를 품는 懷妊(회임), 잘 달래는 懷柔(회유), 솔직한 태도로 생각을 털어놓는 虛心坦懷(허심탄회) 등에 써요.

더 알아보기

뜻과 관련된 글자 意(의), 志(지)

心(마음)에서 우러나오는 音(소리)가 意(뜻 의), 心(마음)이 土(止가는) 바가 志(뜻 지)예요. 또는 뜻한 바를 이루려 土(止나아가려는) 心(마음)이고요. 두 글자를 합친 意志(의지)는 어떤 일을 이루고자 하는 적극적인 마음을 말해요.

忘(망)

心(마음)에서 亡(달아나버리면) 忘(잊다 망)이에요.
잊는다는 게 항상 나쁜 것만은 아니죠. 빨리 잊어버릴수록 더 좋은 기억도 있으니까요. 그래서 忘却(망각)은 신이 인간에게 준 선물이라고도 해요. 잊고 싶은 것을 잘 잊어버리는 것도 능력이라고, 健忘(건망)의 健(건)에는 '~에 능하다'라는 뜻도 있어요. 심하게 잊어버려서 健忘症(건망증)이 되면 안 되겠지만요.

전화기에 발이 달렸나 어딜 간 거야~

忽(홀)과 慣(관)

忽(갑자기, 소홀히하다 홀)은 心(마음)에 勿(없다)는 의미예요. 마음에 없다는 데서 '疏忽(소홀)히 한다'는 뜻도 나왔고요. 勿(말다, 없다 물)에서 물 → 홀 발음이에요.

반대로 늘 忄(마음)에 貫(꿰어져) 있으면 慣(慣익숙하다 관)이에요.

(예) 習慣(습관), 慣行(관행)

발음인 貫(貫꿰다 관)은 毌(꿰어놓은) 貝(돈) 꾸러미로부터 '꿰다', '뚫다'라는 貫通(관통)의 의미가 나왔어요. 줄줄이 꿰어놓은 데서 '연결', '반복'의 의미도 생겼고요. 반복하는 데서 → '익숙하다'로 뜻이 넓어졌어요. (예) 貫撤(관철), 貫祿(관록) ♂

23 시간

▶시간

'내일은 또 내일의 태양이 떠오른다'는 유명한 말이 있지요. 아침에 풀밭 위로 해가 떠오르면, 종일 하늘을 가로질러 가다가, 저녁에 뉘엿뉘엿 해가 저물어요. 그리고 내일 아침, 다시 풀밭 위로 해가 떠오르지요. 옛날 사람들이 보기에 이처럼 규칙적이고 변함없는 일도 없었어요. 그래서 사람들은 하늘을 올려다보며, 그때그때 해의 위치로 시각을 짐작했답니다.

時(时때 시)는 時(태양)이 時(옮겨 간) 위치를 일정한 時(마디)로 나눈 '때'를 뜻해요. 時土는 발을 본뜬 ㅂ(지)의 변형으로 時(시)의 발음 부분(지 → 시)이기도 합니다.

間(间사이 간)은 처음에 문틈으로 달빛이 비쳐드는 閒으로 썼어요. 그런데 閑(한가하다 한)과 혼용(混用)되자, 달 대신 日(해)를 넣어 새로 間(틈, 사이 간)을 만들었지요. 참고로 間(간)에는 '(틈이 생기도록) 離間(이간)하다'라는 뜻도 있어요.

506

시각과 시간

時刻(시각)은 두 시, 세 시처럼 시간의 어느 한 시점

을 가리키고, 時間(시간)은 어떤 시각에서 특정 시각

까지 흘러가는 시간을 가리켜요. 하루의 24분의 1이 되는 동안을 세

는 단위이기도 하고요.

刻(새기다, 시각 각)은 骸(뼈 해)의 생략형과 刂(칼 도)로 보면 돼요. 뼈에

칼로 '새기는' 데서 '표를 하다', '구분 짓다'라는 의미가 나왔고 → 다

시 시간을 일정하게 구분해 표시한 '시각'을 뜻하게 됐어요.

```
                    時間(시간)
   ┌ ─ ─ ─ ─ ─ ─ ─ ─ ─ ─ ┐
   ●─────────────────────●
時刻(시각)                   時刻(시각)
```

째깍째깍… 1분(分), 1초(秒)

秒(초 초/까끄라기 묘)는 禾(벼 화)와 少(소 → 초) 발음으로 이루어졌어

요. 본래는 벼의 까끄라기(깔끄러운 수염)를 가리켰는데, 시간의 단위

로도 쓰이게 되었어요. ♂

해가 아닌 달로 '때'를 나타낸 글자도 있어요.

期(때, 기약하다 기)는 키를 본뜬 其(기)가 발음, 月(달 월)이 의미

부분이에요. 其(키)는 걸러내는 도구이므로, 期(때 기)는 거르고 걸러

골라낸 '때'를 뜻해요. '다음 초승달이 뜰 때 만나자' 혹은 '보름달이

뜰 때 모이자'는 식으로 달을 보며 기약(期約)하던 데서 나왔어요.

▶시간의 구분 ①_ 일 년

年(해 년)은 亻(한 사람)이 다 익은 禾(벼)를 짊어지고 옮기는 모습이에

요. 농사는 씨를 뿌리고 작물을 키워 수확할 때까지 약 1년이 걸렸기 때문에, 농경 사회였던 중국에서는 한 해의 농작물을 수확하는 것으로 '1년'을 표현했어요.

歲(岁해 세)도 戌(도끼)를 들고 곡식을 수확하며 步(걸어가는) 모습이에요. 구별하자면 年(년)은 년도(year)에, 歲(세)는 나이(years, age)에 주로 써요. 歲(해)에서 → 歲月(세월) → 다시 '나이'로 의미가 확장됐어요.

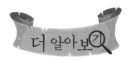

春秋(춘추)가 1년을 의미하는 이유

고대 중국에서는 한 해를 씨를 뿌리는 春季(춘계)와 수확을 하는 秋季(추계)로 나눴어요. 때문에 둘을 함께 쓴 春秋(춘추)가 '1년', '세월'을 뜻하게 됐지요. 참고로 年歲(연세)와 春秋(춘추)는 둘 다 '나이'의 높임 말이에요. ♂

▸시간의 구분 ②_ 季節(계절)

季(계절 계)는 子(어린아이)가 禾(벼)를 짊어진 모습이에요. 추수철에는 워낙 바빠서 벼를 옮기는 일에 어린아이까지 동원했어요. 농사에 있어 가장 중요했던 '수확하는 계절'을 가리키다가 1년의 각 '계절'을 뜻하게 되었어요.

節(节마디, 절기 절)에 대해서는 여러 설이 있어요.
우선 마디마디로 이루어진 ⺮(대나무 또는 죽순)에, 卽(곧 즉)으로 즉 → 절 발음을 나타냈다는 설명이 있어요. 중국어로는 卽〔jí〕와 節〔jié,

508

jié]로 발음이 비슷해요. 또는 ⺮(竹대 죽)을 부절(符節)로 보기도 해요. 대나무로 부절을 만들 때는 주로 한 마디를 잘라서 반으로 나누었기 때문에 '마디'를 뜻하게 되었다는 거죠.

또 다른 설은 ⺮(대나무)뿐 아니라 卩(병부 절)도 사람이 무릎 꿇고 앉은 모습이라서 '무릎 관절'로부터 '마디'를 뜻하게 되었다는 주장이에요. 皀를 추가한 것은 卽(즉 → 측) 발음을 나타내면서 동시에 글자의 모양도 갖추기 위해서고요. 아무튼 '마디'로부터 → 1년을 마디마디 나눈 '季節(계절)', '節氣(절기)'도 뜻하게 되었어요. 또 간격을 일정하게 나누는 데서 節制(절제)와 調節(조절)의 의미도 나왔지요.

그럼 봄, 여름, 가을, 겨울의 四季(사계)로 넘어갈게요.

春(봄 춘)은 艸(풀)과 屯(屯(뿌리)를 내리고 一(땅) 위로 나온 새싹)과 日(해)로 이뤄졌어요. 따뜻한 봄 햇살을 받아 초목이 싹트는 '봄'의 특징을 나타냈지요. 思春期(사춘기), 靑春(청춘)에서는 '젊은 시절'을 뜻해요. 인생에서 생명의 기운이 약동하는 봄에 해당하는 시기이기 때문이에요. 또 春(춘)에는 '남녀 간의 정', 특히 육체적인 욕구와 관련된 '情慾(정욕)'이라는 의미도 있어요. 예 春畵(춘화)

夏(여름 하)는 기우제에서 제사장이 커다란 가면을 쓰고 춤추는 모습이에요. 가차되어 기우제가 주로 열리던 '여름'을 뜻해요.

秋(가을 추)는 원래 커다란 메뚜기 아래 火(불)을 피운 모양이었어요. 메뚜기는 수확철인 가을에 떼로 몰려와서 농작물을 다 먹어치우는 복병이었기 때문에 불로 태워서 없앴어요. 후에 곡식을 대표하는 禾(벼 화)가 추가되고, 메뚜기는 다 타고 없어져 현재의 자형이 됐어요.

 冬(겨울 동)은 ⌒실의 양쪽 끝에 매듭을 묶은 모양이에요. '끝'을 의미하다, 가차되어 계절의 끝인 '겨울'을 뜻해요. 冫(얼음 빙)은 夂(발) 밑에 冫(얼음)이 어는 '겨울'을 연상시켜요. '끝'이라는 본래 뜻으로는 糸(실 사)를 더해 終(끝(나다) 종)을 만들었어요. 예 終末(종말)

▶ 시간의 구분 ③_ 한 달

月(달 월)은 초승달(혹은 반달)을 본떠서 차고 기우는 달을 나타냈고, 동시에 日(해)와도 구분이 되도록 했어요.

더 알아보기

밤에 달이 밝게 빛나는 건 태양빛을 반사하기 때문이에요. 그런데 태양, 지구, 달의 위치에 따라 빛을 반사하는 부분이 달라져 달의 모양이 변하는 듯 보이지요.

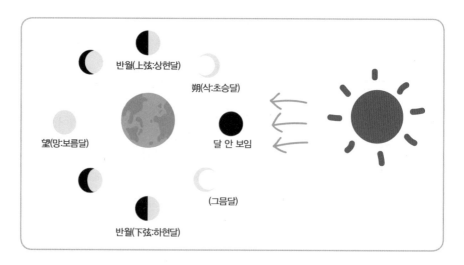

반월(上弦:상현달)
朔(삭:초승달)
望(망:보름달)
달 안 보임
(그믐달)
반월(下弦:하현달)

朔月(삭월; 초승달)은 매달 음력 초하룻날(1일)에 떠요. 朔(초하루 삭)은 거의 사라졌던 달이 '반대로' 다시 차오르기 시작한다고 屰(거꾸로 역)으로 역 → 삭 발음을 나타냈어요.

屰(거꾸로 역)은 밖에 나갔던 사람이 움집의 凵(입구)로 (다시 들어오는) 모습인데요. 大(사람)을 거꾸로 그려 '반대로', '거스르다'라는 뜻을 강조했지요.

◖(초승달)과 ◗(그믐달)이 헷갈릴 땐 ㄱ(◖)에서 → ㄴ(◗)으로 바뀐다고 보면 돼요.

望月(망월; 보름달)은 매달 음력 15일(보름날)에 떠요. 望(보름, 바라다 망)은 壬(사람)이 月(달)을 바라보는 모습에, 亡(망)이 발음이에요. 달을 보며 所望(소망)을 빌어서 '바라다'라는 뜻도 있고요. 보름달은 둥글게 가득 찼다고 해서 滿月(만월)이라고도 불러요. 滿(滿가득차다 만)은 氵(물)이 의미, 㒼(만)이 발음이에요. ♂

또 보네~

望遠鏡
망 원 경

이렇게 달이 차고 기우는 주기로 만든 달력이 月曆(월력)이에요. 曆(책력 력) 자(字)는 우선 '책력'이 뭔지 알아야겠지요? '冊曆(책력)'이라고 하면 어렵게 들리지만 영어의 calender(캘린더)에 해당하는 쉬운 말이에요. 천체의 운행 등을 바탕으로 1년 동안의 날짜(월일)와 해와 달의 운행, 일식과 월식 같은 천문 현상, 계절의 징조(절기), 행사일, 특별한 기상 변동 등을 적어놓은 冊(책)을 가리켰어요.

曆(历책력 력)은 日(날)이 秝(쌓였다)는 의미예요. 발음인 歷(历지나가다, 겪다 력)은 본래 秝(숲) 사이로 止(지나간다)는 뜻이었어요. 후에 厂(엄)

이 추가되고 林(숲)이 → 禾禾(벼)로 바뀌어 농작물을 수확해 창고에다 쌓아놓은 모양이 됐지요. 止(걸어온 발자취)가 禾禾止(쌓여) 이루어진 歷史(역사), 經歷(경력) 등에 써요.

▶시간의 구분 ④_ 일주일

週(周돌다, 주일 주)는 辶(가다 착)이 의미, 周(주)가 발음이에요. 월요일부터 일요일까지 7일을 하나로 묶은 '일주일'도 가리키는데, 각각의 요일을 돌아 다시 처음의 요일로 돌아오므로 周(두루 주)를 발음으로 썼어요. '돌다'라는 뜻으로는 世界一周(세계일주), 週期(주기) 등에 써요.

曜(빛나다, 요일 요)는 日(해)에서 빛난다는 의미를 취했고, 翟(꿩 적)이 발음이에요. 옛날에는 曜(요)와 翟(적)의 발음이 비슷했다고 해요. 햇빛에 꿩의 깃털이 빛나는 것보다는 '요일'이란 뜻이 중요하고요. 그럼 각각의 曜日(요일)을 나타내는 글자들을 볼게요.

월요일의 月(달 월)은 앞에 나왔고요.

화요일의 火(불 화)는 ☙ ☙ 火 火 활활 타오르는 불을 그렸어요. 부수로 글자의 아래쪽(발)에 들어갈 때는 灬모양이 돼요. 예 燃(타다 연)

수요일의 水(물 수)는 ⺌⺌⺌ 水 물줄기가 갈라져 흐르는 모양이에요. 부수로 글자의 왼쪽(변)에 들어갈 때는 氵로 써요.

목요일의 木(나무 목)은 나무의 가지와 뿌리를 본떴어요.

금요일의 金(쇠 금)은 '도구' 편에서 다뤘고요.

토요일의 土(흙 토)는 ⚲ ⚲ ⚫ 丄 土 땅 위에 흙덩어리가 있는 모양이에요.

일요일의 日(해, 날 일)은 ⊖ ⊖ 日 日 태양을 본떴는데 해가 매일

(每日) 하루에 한 번 뜨기 때문에 '하루', '날'이라는 뜻도 있어요.
□ 안의 ─는 빛을 나타내는 지사 부호로 보기도 하고 태양의 '흑점'
또는 태양에 산다는 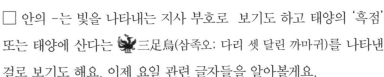 三足烏(삼족오: 다리 셋 달린 까마귀)를 나타낸
걸로 보기도 해요. 이제 요일 관련 글자들을 알아볼게요.

火(불 화) 관련 글자 :
光(광), 恍(황), 幽(유), 炎(염), 燃燒(연소), 煽(선), 灰(회), 炭(탄)

光(빛 광)은 한 사람이 머리 위에 불씨 그릇을 이고 있는 모습이에요.
왜 머리에 이고 있냐고요? 얼굴 밑에 비추면 무섭잖아
요. 사실 고대에는 인간의 활동 시간이 낮에 한정되어
있었어요. 상나라 때까지도 조명 기구가 발달하지 못했거든요. 필요할
때마다 불씨를 그릇에 담아 비추는 수준이었지요. 후에 만들어진 촛
대 중에도 사람의 머리 위에 炷(심지)를 밝히도록 된 모양이 많아요.

> 炷(심지 주)는 火(불)의 主(중심)이라는 의미로, 主(주인, 주체 주)
> 로 발음을 나타냈어요.

촛불을 켜면 그 불빛으로 인해 마치 이 세상의 밤이 아닌 것처럼 황
홀(恍惚)하게 보였기 때문에, 일렁이는 불빛에 매혹된 忄(마음)을 덧붙
여 恍(황홀하다 황)으로 만들었어요.

> 점차 照明(조명) 기구가 발달하자 燈盞(등잔), 燈(등 등)같은 글
> 자들도 생겨났어요. '照明(조명)'의 照(비추다 조)는
> 손에 횃불을 든 모습과 발음인 召(소)로 이루어졌다가,
> (불 화)와 발음인 昭(밝다 소)의 합자가 됐어요.

幽(그윽하다 유)는 幺幺(실낱)처럼 가느다란 山(불꽃)에서 '그윽하다', '어둡다'는 뜻이 나왔어요. 山는 火(불 화)의 변형이에요. 또 '어두움과 밝음(저승과 이승을 비유)'이란 뜻의 '幽明(유명)'에서는 '어두운 저승'을 가리키지요. 炎(불꽃, 불타다 염)은 火(불) 위에 火(불)을 겹쳐 써서 활활 불타는 불꽃을 표현했어요.

燃(타다, (불)사르다 연)은 火(불)이 의미, 然(연)이 발음이고, 燒(燒불사르다 소)는 火(불길)이 堯(높이 타오르며 빛을 낸다는) 의미예요. 발음 부분인 堯(요)는 兀(사람의 머리) 위에 垚(별들)을 그린 것으로, 높이에서 빛난다는 뜻을 가져요.

> 물질이 燃燒(연소)할 때는 열과 빛을 내기 때문에, 燒(불사르다 소)에도 火(불)과 垚(빛)이 들어 있지요.

烈(세차다 열/렬)은 灬(火불길)이 세차다는 의미에, 列(열/렬)이 발음으로 '세차다', '맵다', '강하고 곧다'는 뜻을 가져요. 강하고 곧은 데서 다시 '열사(烈士)'처럼 절개가 굳다는 뜻도 나왔고요. 더욱 激烈(격렬)하게 타오르라고 火(불) 난 데 扇(부채질)까지 하면 煽(부채질하다, 부추기다 선)이에요. 예 煽動(선동), 煽情(선정; 욕구를 더욱 불러일으킴)

발음인 扇(부채 선)은 戶(문)처럼 앞뒤로 왔다갔다 흔들며 羽(깃털)로 장식한 '부채'를 나타내요.

히힛…
실컷 놀아야지~

다 타고 남은 灰(灰 재 회)는 火(불)이 꺼진 뒤 불타고 남은 찌꺼기를 又(손)으로 그러모으는 모습이에요.

炭(숯, 석탄 탄)은 山(산)에 있는 厂(숯가마) 안에 나무를 넣어 火(불)에 까맣게 구워 만든 '숯', '石炭(석탄)'을 뜻하고요.

水(물 수) 관련 글자

물의 3 형태 → 汽(수증기), 水(물), 氷(얼음) → 冫(빙)

　　　　　깨끗한 물 – 淸(청), 淨(정), 潔(결), 淡(담) → 濃淡(농담)

　　　　　더러운 물 – 汚(오), 濁(탁)

　　　　　깊은 물 / 얕은 물 – 深(심) / 淺(천)

　　　　　씻기 – 洗(세), 濯(탁), 沐浴(목욕)　* 溫(온)

汽(김, 증기 기)는 冫(물)이 气(공기) 중에 있는 것으로 '수증기'를 표현 했어요. 气(기)가 발음이에요. 발음인 气(기운 기)는 처음에 三(세 개의 선)으로 공기의 흐름을 나타내다가, 더운 공기는 ✓(↑위로 올라가고) 찬 공기는 乁(↓아래로 내려가므로) 위아래 선을 구부렸어요.

冫(얼음 빙)은 口口 (얼음덩어리 두 개) 또는 ⋀ (얼음조각들이 서로 충돌하고 얼면서, 부피가 커져 위로 솟아오른 모양)을 나타내요. 물이 얼어서 얼음 이 된다는 의미로 水(물 수)를 더한 氷(얼다, 얼음 빙)도 있어요. 원래는 冫(얼음조각)이 水(물) 위에 둥둥 떠간다는 冫水 으로 쓰다가 → 氷 으로 바뀌었어요.

다음은 1등급 淸淨水(청정수)를 나타내는 글자들이에요.

淸(淸맑다 청)은 靑(青푸르다 청)을 발음으로 취해 푸른 빛깔이 도는 깨끗한 물을 표현했어요.

淨(浄깨끗하다 정)은 爭 (다투다 쟁)을 발음으로 써서, 마시거나 농사에 쓸 冫(물)을 두고 마을끼리 서로 차지하려고 爭(다툴) 만큼 깨끗한 물 을 표현했어요. 爭(쟁 → 정)이 발음이에요. 후에 깊숙이 땅을 파면 물 이 솟아 나온다는 것을 알게 되자, 더 이상 물을 두고 다투지 않아도 되었어요. 우물을 파서 물 공급 문제를 해결했거든요. 물가에서 멀리 떨어진 곳에도 마을을 세울 수 있게 되었지요. 潔(洁깨끗하다 결)은 氵(물)이 깨끗하다는 의미에, 絜(혈 → 결)이 발음이에요. 예 淨潔(정결), 純潔(순결), 潔白(결백), 潔癖(결벽: 불결한 것을 병적으로 싫어함)

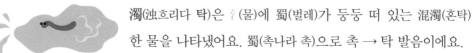

　　絜(혈)은 나뭇가지, 삼 줄기 등을 刀(칼)로 잘라 丰(가지런히) 정
　　리한 다음 糸(실)로 簡潔(간결)하게 묶은 것이에요.

淡(맑다, 묽다 담)은 氵(물)을 炎(끓여) 소독한 데서 '맑다'는 뜻이 되었
어요. '(농도가) 묽다', '(빛깔이) 엷다', '(맛이) 싱겁다'는 뜻으로도 써
요. 예 淡白(담백)

*炎(염 → 담)이 발음.

汚(오)와 濁(탁)은 더럽고 흐린 물에서 나왔어요. 汚(더럽다 오)는 汙
(오)와 동자(同字)예요. 氵(물)이 의미, 于(우 → 오)가 발음이에요.
← 이런 그림으로 기억하면 돼요.

예 汚物(오물), 汚名(오명: 더럽혀진 이름이나 명예 또는 나쁜 평판)

濁(浊흐리다 탁)은 氵(물)에 蜀(벌레)가 둥둥 떠 있는 混濁(혼탁)
한 물을 나타냈어요. 蜀(촉나라 촉)으로 촉 → 탁 발음이에요.
'혼탁'의 混(섞(이)다 혼)은 氵(물)에 昆(많은)
게 섞였다는 의미로 昆(많다 곤)에서 곤 →
혼 발음을 취했어요. 昆(많다 곤)은 日(해)
아래 比(많은 사람들)이 나란히 서 있는 모
습이에요. 대개 여러 마리가 모여 있는 '昆
蟲(곤충)'에도 이 昆(곤) 字(자)를 쓰지요.

深(심)과 淺(천)은 물의 깊이와 관련 있어요.
深(깊다, 매우 심)은 氵(물)이 깊다는 의미에, 罙(깊을 삼)으로 발음을 나

타냈어요. 주로 깊이, 시간, 정도 등에 써요. 夜深(야심)한 시각에 深刻(심각)하게 深思熟考(심사숙고)할 때 써요. 야식으로 피자를 먹을까, 치킨을 먹을까? 역시 정석은 라면에 김밥이겠지? 하는 深奧(심오)한 고민 말예요. 음… 너무 황당한 예를 들었나요?

淺(浅얕다 천)은 氵(물)이 戔(적으므로) '얕다'는 뜻이 되었어요. 戔(잔 → 천)이 발음이에요. 예 淺薄(천박; 지식이나 생각 등이 얕음)

발음 부분인 戔(찌르다 잔)은 戈(창) 같은 날카로운 도구로 戔(깎고 깎아) 작게 만든다고 '작다', '적다'는 뜻을 가져요.

마지막으로 물로 씻는 洗(세), 濯(탁), 沐浴(목욕) 차례예요.

洗(씻다 세)는 외출했다 돌아오면 氵(물)로 발을 先(먼저) 씻던 데서 나왔어요. 옛날 사람들은 외부와 통하는 도로에 온갖 잡귀가 붙어 있다고 생각했어요. 이러한 생각에 洗腦(세뇌)되어 있었지요. 그래서 발에 붙은 잡귀를 씻어내려고 했답니다.

반대로 물든 것들을 씻어내는 洗禮(세례)는 특히 종교를 믿기 시작한 사람에게 그동안의 죄를 씻어내는 의미로 행하는 의식을 말하지요. 질문 洗禮(세례), 달걀 洗禮(세례), 주먹 洗禮(세례)처럼 한꺼번에 몰아치는 영향, 타격, 비난 등도 비유하고요.

*洗腦(세뇌)는 어떤 사상이나 주의를 주입시켜 물들게 하는 것.

濯(씻다 탁)은 氵(물가)에서 隹(새)가 羽(날갯짓하는) 모습을 나타냈어요. 그 모습이 깃털을 씻는 것처럼 보였나 봐요. 氵(물)로 洗濯(세탁)한다는 의미에, 翟(꿩 적)으로 적 → 탁 발음을 나타냈어요. 翟(꿩 적)은 꿩이 날개를 치켜든 모양이지요.

沐(머리감다 목)은 氵(물)로 씻는다는 의미에, 木(목)이 발음이에요. 나무로 만든 통에 물을 받은 뒤 씻어서 木(나무 목)을 넣었어요.

 浴(목욕하다 욕)은 氵(물)로 씻는다는 의미에, 谷(곡 → 욕)이 발음이에요. 옛날에는 谷(골짜기)가 공중목욕탕(沐浴湯)이었으므로 谷(골짜기 곡)으로 발음을 나타냈어요.

겨울엔 집에서 커다란 통에 溫水(온수)를 부어 씻었어요. 그래서 溫(溫따뜻하다. 온화하다 온)은 따뜻한 氵(물)을 채운 皿(목욕통) 안에 囚(사람이 들어가 있는) 모양이에요. *木(나무 목) 관련 글자는 10강(풀, 꽃, 나무) 참조
金(쇠 금) 관련 글자는 7강(도구) 참조

土(흙 토) 관련 글자

땅 → 地(지)와 坤(곤)
흙, 모래, 흙먼지 → 壤(양), 沙(사), 塵(진)

地(땅 지)는 '농경' 편에서 다루었으니 넘어가고요.

坤(땅 곤)은 土(흙)이 申(넓게 펼쳐져 있는) '땅'을 의미해요. 申(펴다 신)이 발음이에요.

壤(흙 양)의 발음인 襄(오르다 양)은 井(밭을 갈 때) 衣(옷)에 口口(흙덩이)가 튀어 오르는 모양이라고 해요. 예 土壤(토양)

 沙(모래 사)는 氵(물)이 少(적어지면) 드러나는 것으로 '모래'를 뜻해요.

石(돌)이 少(작아진) 砂(모래 사)로도 써요. 氵(물)이 少(적은) 곳, 氵(물)이 거의 莫(없는) 곳이 沙漠(사막)이죠.

塵(尘먼지 진)은 鹿鹿鹿(사슴떼)가 달릴 때 土(흙먼지)가 이는 모양에서 나왔어요.

少(소)와 小(소)

小(작다 소)는 작은 곡식 알갱이를 그린 것으로 '작다'는 의미예요. 小 小 小 小

예 小兒(소아), 縮小(축소)

처음에는 小(작다 소)를 '작다'와 '적다'에 모두 썼는데, 후에 丿(삐침 별)을 붙여 새로 少(적다 소)를 만들었어요. 예 나이가 적은 少年(소년)

少(소)가 들어간 글자

抄(베끼다 초)는 扌(손)으로 베낀다는 의미에, 少(소 → 초)가 발음이에요. 초록(抄錄)을 할 때는 중요한 내용만 뽑아 베끼기 때문에 분량이 적어지므로 少(적다 소)로 발음을 나타냈어요. 이렇게 베낀 문서를 抄本(초본)이라 하고요.

妙(묘하다 묘)는 女(여자)의 나이가 少(적어) '예쁘다', '묘하다'는 뜻이에요. 예 妙齡(묘령; 20세 전후의 여자 나이), 妙技(묘기), 妙案(묘안; 절묘한 방안), 絶妙(절묘; 비할 데가 없을 만큼 아주 묘함), 妙味(묘미; 미묘한 맛이나 흥취)

劣(용렬하다 렬)은 少(적은) 力(힘 또는 노력)으로부터 拙劣(졸렬; 서투르고 보잘 것 없음)하고 劣等(열등)하다는 뜻이 나왔어요.

省(살피다 성)은 目(눈)을 少(가느다랗게) 뜨고 자세히 살펴보는 것이에요.

秒(까끄라기 초)는 禾(벼)가 의미, 少(소 → 초)가 발음이에요.

尖(첨)

尖(뾰족하다, 날카롭다 첨)은 小(소)와 大(대)의 합자(合字)예요. 아래쪽이 크고 위쪽이 작으니까 뾰족한 모양이 되겠죠?

예 尖銳(첨예), 尖端(첨단)

怪(괴)이한 塊(흙덩어리)

怪(괴이하다 괴)는 又(손)으로 土(흙)을 빚을 때 드는 忄(마음)을 나타냈어요. 흙 반죽이 여러 가지 형태로 변하는 게 신기해서 怪異(괴이)하다는 뜻이 되었죠. 같은 이유로, 塊(块흙덩어리 괴)도 발음으로 鬼(귀신 귀)를 썼어요. 鬼(귀 → 괴)가 발음이고요. 금덩어리, 은덩어리면 金塊(금괴), 銀塊(은괴)지요. ♂

日(해 일) 관련 글자

> 陽(양) → 陰(음), 普(보)
>
> 밝음과 어두움 : 昌(창), 暢(창), 昭(소) ↔ 暗(암), 昏(혼), 杳(묘), 昧(매)

陽(阳햇볕 양)은 阝(언덕)을 비추는 昜(햇볕)으로 '볕', '양(기)', '陽地(양지)', '밝다'라는 뜻을 나타냈어요. 日(해)가 一(땅) 위로 떠올라 勿(방사되는) 모양의 昜(양)이 발음이에요. 환하고 밝게 비추는 데서 '드러내다'라는 뜻도 나왔어요.

예 陽刻(양각; 글자와 그림을 도드라지게 드러나도록 조각하는 것)

또 太陽(태양), 夕陽(석양)에서는 '해'를 뜻해요.

*昜(양)이 발음으로 들어간 글자로 楊(버들 양), 揚((드)날리다, 올리다 양), 瘍(헐다 양), 湯(끓다 탕), 暢(화창하다 창), 場(마당 장), 腸(창자 장) 등이 있음.

昌(창성하다 창)에 대해서는 해를 두 개 그려 '매우 밝음', '기세가 크게 뻗어나감'을 나타냈다는 설명도 있고, 日(해)가 밝게 빛나듯 曰(말하는) 것이란 설명도 있어요. 아무튼 기운이나 세력이 繁昌(번창)함을 뜻해요.

陽(양)과 반대인 陰(阴그늘 음)은 阝(언덕)과 侌(☁구름)에 가려 어둡다는 의미에, 侌 今(금 → 음)이 발음이에요. '음(기)', '陰地(음지)', '어둡다', '陰沈(음침)하다'를 뜻해요. 어두운 데서 '몰래'라는 뜻도 나왔어요. 예 陰害(음해: 드러내지 않고 남에게 해를 가함)

陰陽(음양)에는 모두 ß(阜언덕 부)가 들어 있어요. 여기에 동양사상의 특징이 드러나요. 陰(음)의 언덕, 陽(양)의 언덕이 따로 있어 둘이 대립하는 게 아니라, 하나의 언덕이 음지가 되었다가, 양지가 되었다가 하며 두 가지 속성을 모두 가졌다고 생각하는 거죠. 절대 선, 절대 악의 개념을 가진 서양사상과 다른 점이지요. 상반되는 성질을 동시에 가지고 있으며, 또 그 둘이 서로 순환한다는 게 동양사상이랍니다. ♂

그런데 햇빛만큼 普遍(보편)적으로 普及(보급: 널리 미침)되는 게 또 있을까요? 普(널리, 두루 보)는 모든 것을 竝(아우르며) 日(해)가 두루 비치는 데서 나왔어요. 日(해 일)이 의미, 竝(병)이 발음이에요. 모든 사람에게 두루 일어나는 일은 특별할 게 없으므로 普(보)에는 '普通(보통)'이라는 뜻도 있어요.

暢(畅펴다, 화창하다 창)은 申(쭉쭉 뻗어 나오는) 昜(햇빛)에서 거침이 없이 流暢(유창)하다, 날씨가 和暢(화창)하다는 뜻이 나왔어요.
昭(명백하다 소)는 日(훤히 밝힌다)는 의미에, 召(소)가 발음이에요.
예 소상(昭詳)

어떤 글자들은 日(해)가 들어 있음에도 '어둡다'는 뜻을 나타내요. 해가 저문 후와 해가 뜨기 전에는 아무래도 어두웠기 때문이에요.

氏(사람)의 발밑으로 日(해)가 떨어져 昏(어둡다, 날 저물다 혼)

예 黃昏(황혼), 昏迷(혼미), 昏睡(혼수)상태

*어두운 데서 '분명하지
않다'는 의미도 나옴.

木(나무) 밑으로 日(해)가 떨어져 杳(어둡다, 아득하다 묘) 예 杳然(묘연)

*'어둡다'에서 '어리석
다'로 의미가 넓어짐.

日(해)가 未(아직) 나오지 않아 昧(어둡다 매) 등이지요.

예 無知蒙昧(무지몽매)

▸시간의 구분 ⑤_ 하루

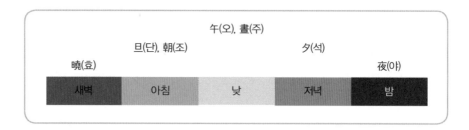

曉(晓새벽 효)는 日(해)가 뜰 무렵, 아직도 兀(머리) 위에서 垚(☆☆☆별들)
이 반짝거리는 '새벽'을 나타내요. 堯(요 → 효)가 발음이고요.

夙(새벽, 일찍 숙)은 하늘에 달이 남아 있는 이른 새벽에, 한 사람이
일을 나온 모습이에요. 나이에 비해 정신적, 육체적으로 일찍 '夙成
(숙성)'했을 때 써요.

早(새벽, 일찍 조)에서는 十을 甲(갑)의 생략형으로 보기도 해요. 甲(갑)
은 방위를 15°씩 스물넷으로 나눈 24方位(방위) 중 甲方(갑방)에 해당
해 '동쪽'을 가리켜요.

그러므로 早(조)는 日(해)가 十(甲方 동쪽)에서 떠오르는 '이른 새벽'으로
부터 '일찍'이라는 뜻이 나온 게 돼요.

예 早期教育(조기교육), 早期(조기) 발견

旦(아침 단)은 日(태양)이 떠오를 때 __(붉게 물든 대지)를 본떴어요. 一旦(일단; 우선)은 음력 1월 1일 '元旦(원단)'에 쓴다는 것 정도만 알고 넘어갈게요.

朝(아침 조)는 풀밭 또는 나뭇가지 사이로 햇살이 비치고 있는데, 하늘에는 아직도 月(달)의 잔영이 남아 있는 이른 '아침'을 나타내요.

여기에 氵(물 수)를 붙이면 아침에 밀려왔다 나가는 바닷물 潮(조수 조)이지요. 潮流(조류)는 조수로 인한 바닷물의 흐름을 뜻하지만 '風潮(풍조)', '思潮(사조)'처럼 시대나 경향의 '흐름'을 일컫는 말로도 쓰여요.

*風潮(풍조)는 바람 따라 흐르는 조수와 같이 세상이 흘러가는 추세를, 思潮(사조)는 어떤 시대나 계층에 나타나는 사상의 경향을 말해요.

午(낮 오)는 곡식을 찧는 절굿공이를 본떴는데, 가차되어 절굿공이를 위에서 아래로 내리찧는 것처럼 햇빛이 수직으로 떨어지는 '(한)낮'을 뜻해요.

正午(정오; 낮 12시)를 기준으로 그 이전은 午前(오전), 이후는 午後(오후)라고 하지요.

가차되어 지지(地支)의 일곱 번째 글자(子丑寅卯辰巳午未申酉戌亥)로도 쓰여요.

晝(낮낮 주)는 聿(붓을 쥐고) 旦(해)가 뜬 모양을 그리는 모습이에요.

특히 白晝(백주; 대낮)에 日(태양)이 京(높은 건물) 위에 떠 있으면 景(햇볕, 경치 경)이에요. 그런데 빛이 있는 곳에는 그림자도 있게 마련이라 땅에 드리워진 彡(그림자)를 강조하면 影(그림자 영)이지요.

夕(저녁 석)은 달 안에 -(반짝인다는 지사부호)를 넣은 모양이에요. 처음에 夕과 月을 구분 없이 쓰다가 달이 뜨는 저녁으로는 夕(석)을, 달 자체로는 月(월)을 쓰게 되었어요.

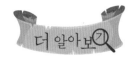

해질녘 풍경에서 나온 莫(막)과 昏(혼)

莫(없다 막/저물다 모)는 숲과 초원의 艸(풀밭) 사이로 日(해)가 지는 풍경이에요. 해가 떨어져서 보이지 않게 되었으므로 '없다', '말다', '아무도… 않다'라는 부정의 뜻으로 가차되었어요. 또 '莫强(막강)', '後悔(후회)莫甚(막심)'에서는 '더할 수 없이'라는 뜻이에요. 본래의 '해질녘'은 日(날 일)을 덧붙인 暮(저물다 모)로 보충했어요.

莫(막/모)가 발음으로 들어간 글자들

우선 [막]을 볼까요?

莫(안 보이게) 巾(천)으로 가리는 幕(장막 막), 氵(물)이 莫(없는) 漠(사막 막), 月(肉신체)의 일부이며 莫(안 보이게) 덮는 膜(막, 꺼풀 막), 宀(집)에 아무도 莫(없어서) 寞(쓸쓸하다 막)이 있어요.

[모]가 발음으로 들어간 글자는 다음과 같아요.

莫(해질 무렵)에 작업하던 力(삽)을 거둬들여 募(모으다 모), 莫(해질 무렵)에 누군가를 心(마음)에 떠올리는 慕(사모하다 모), 木(나무)로 거푸집을 만들어서 안의 원형이 莫(보이지 않게) 덮는 模(모형 모), 扌(손)으로 莫(보이지 않는) 무언가를 摸(더듬어 찾다 모), 그 밖에 謨(꾀 모), 摹(본뜨다 모) 등이 있어요. [모]→[묘]: 土(흙)으로 시신을 莫(보이지 않게) 덮은 墓(무덤 묘) ♂

晚(저물다 만)은 日(해, 햇빛)에서 免(벗어나는) 저물녘에서 '저물다', '늦다'가 됐어요. 免(면 → 만)이 발음이고요. 예 晚秋(만추: 늦가을)

밤은 보통 달을 끼고 있기 때문에 夜(밤 야)는 사람이 겨드랑이에 달

524

을 끼고 있는 모습이었어요. 달 반대쪽에 있는 점은 달빛에 생긴 사람의 그림자였고요. 현재 자형은 衣(옷 의)와 夕(달)로 이뤄졌어요. 옷 자락에 달빛이 물드는 **밤**이라니, 정말 시적이네요.

▸시간 관련 글자 ①

> 짧은 시간 : 瞬(순), 暫(잠), 暇(가), 頃(경)
>
> 긴 시간 : 永(영), 遠(원), 久(구) → 悠(유), 劫(겁)

瞬(잠깐 순)은 目(눈) 깜짝할 사이의 짧은 瞬間(순간)을 뜻해요. 暫(暫잠깐 잠)은 시간, 하루를 의미하는 日(날 일)에, 斬(베다 참)으로 참 → 잠 발음을 나타냈어요. 잠시(暫時) 斬(베어낸 듯) 짧은 시간, 또는 무엇을 斬(베어내는) 데 걸리는 만큼의 짧은 시간을 뜻해요.

* 舜(순임금 순)이 발음.

暇(틈, 겨를 가)도 日(하루) 중에서 잠시 叚(떼어낸) 한가(閑暇)한 시간을 의미해요. 日(하루)를 叚(빌렸다는) 의미로 '휴가(休暇)'에도 써요.

* 叚(빌리다 가)가 발음.

頃(頃잠깐 경)은 사람이 재주넘는 모습을 그린 化(되다 화)의 생략형과 頁(머리 혈)을 합쳤어요. 재주넘기 할 때 匕(거꾸로 뒤집혀서) 頁(머리)가 기울어진 잠깐 동안의 짧은 시간을 頃刻(경각)이라고 하죠. 또 다른 설명도 있어요. 밥을 먹으려고 匕(숟가락) 쪽으로 頁(머리)를 기울인 '짧은 시간'을 뜻한다고도 하지요. 아무튼 앞에 亻(인)을 더하면 傾(기울(이)다 경)이에요. 예 傾斜(경사), 傾聽(경청), 傾向(경향: 현상, 사상, 행동이 어떤 방향으로 기울어짐)

永遠(영원)은 시간을 초월해 永久(영구)히 이어지는 것이에요.

永(길다, 오래다 영)은 지류가 나뉘며 길게 흐르는 강을 본떴고, 遠(远 멀다, (세월이) 오래다 원)은 긴 옷처럼 갈 길이 먼 데서 遼遠/遙遠(요 원)하다는 뜻이 나왔어요.

遼(辽멀다 료/요)는 辶(가다 착)과 발음인 尞(료)를 합했어요. 밤낮으로 가야 할 만큼 '멀어서'  (모닥불)을 들고 가는 모양이에 요. 시간적, 공간적으로 '멀다'는 뜻을 가져요.

久(오래다 구)는 ⺈夕(웅크린 사람)의 등에 ㇏(뜸)을 놓는 모습이에요. 뜸을 뜨는 데 시간이 오래 걸려서 '오래되다'가 되었어요.

(예) 永久(영구: 길고 오램), 恒久(항구: 변함없이 오래감)

悠(멀다 유)는 발음인 攸(유)와 心(마음 심)으로 이루어졌어요.
攸(유)는 亻(맞는 사람)의 몸에서 丨(피)가 흐르도록 攵(때리는) 모습이에 요. 신체에 고통을 가해 몸에 깃든 나쁜 기운이 빠져나가도록 정화시 키는 행위를 나타내요. 너무 아픈데… 끝나려면 멀었나? 하는 心(마 음 심)을 붙이면 悠(멀다 유)예요. (예) 悠久(유구: 아득히 오램)
'멀다'에서 → '(마음에서) 멀어지다'와 '한가하다'는 의미도 파생됐어 요. (예) 悠悠自適(유유자적)

더 알아보기

億劫(억겁)은 불교에서 무한하게 오랜 시간을 일컫는 말이에요. 하늘 과 땅이 한 번 개벽한 때부터 다음 개벽할 때까지의 시간으로, 계산 할 수 없는 무한히 긴 시간을 뜻하지요.

劫(위협하다, 무한히 긴 시간 **겁**)은 去(가다 거)와 力(힘 력)으로 이뤄졌어요. 去(가는) 것을 力(힘)으로 겁박(劫迫; 으르고 협박함)해 막는다는 뜻이에요. ♂

▶시간 관련 글자 ②

과거(過去)

過(过지나다, 잘못 **과**)는 辶(간다)는 의미에, 咼(와 → 과)가 발음이에요. 去(가다 거)는 土(사람)이 厶(움집의 입구)를 나서서 어디론가 (떠나)가는 모습이에요.

과거 중에서도 '옛날'을 가리키는 古(고), 故(고), 昔(석), 舊(구)를 먼저 살펴보고 난 다음 반대 의미를 가진 新(신)을 알아볼게요.

古(옛(날), 오래다 고)는 본래 방패와 口(입 구)로 이루어져 '옛날에 있었던 전쟁'에 대해 이야기한다는 의미였다고 해요. 점차 十(10세대 즉, 여러 代(대))에 걸쳐 口(입으로) 전해내려온 '옛날'이란 뜻이 됐고요.

故(옛(날) 고)는 古(옛) 방식으로 攵(일)을 한다, 또는 그 일을 뜻해요. 옛날부터 어떤 일을 해온 방식에는 고인(故人)들이 일부러 그렇게 한 이유가 있다고 해서 '옛(날)', '일', '죽다', '故意(고의)로', '緣故(연고; 까닭)' 등의 뜻을 가져요.

故事(고사)에서는 '옛(날)'이라는 뜻으로, 事故(사고; 뜻밖에 일어난 불행한 일)에서는 '일'이라는 뜻으로 쓰여요. 古(고)가 발음이에요.

昔(옛(날) 석)은 (치수사업이 발달하기 전) 잦은 홍수가 나던 日(옛날)을 나타낸 것이에요.

舊(옛, 오래다 구)는 ✲"(깃털)을 세운 崔(새)가 둥지에 앉아 있는 모양이었어요. 본래는 崔(부엉이)를 가리켰는데 '옛(것)', '옛(날)', '오래다'로 가차되었어요. 가깝게 오래 사귄 사람을 일컫는 '親舊(친구)'에 써요. 한 번도 만난 적 없는 사이끼리도 '친구 맺기'를 하는 시대에, 오래 사귀어야 친구라는 발상은 좀 舊式(구식)이 되었지만요.

*둥지의 모양은 발음을 나타낼 臼(절구 구)로 바뀜.

舊(구)의 반대인 新(새 신)은 辛(먹칼)로 木(나무)에 선을 긋고 斤(도끼)로 베려는 모습이에요. 본래는 도끼를 가지고 땔감으로 쓸 나무를 한다(베어낸다)는 뜻이었어요. '새로 벤 나무'에서 점차 '새(롭다)'는 뜻으로 굳어졌지요.

*먹칼은 먹물을 찍어 나무나 돌에 잘라낼 부분을 표시하는 도구.

현재(現在)

現(現지금, 나타나다 현)은 사람이 王(옥)에 나타난 고운 결을 見(바라보는) 모습이에요. 바로 지금 눈앞에 나타나 보이므로 '지금', '현재(現在)', '나타나다'를 뜻해요.

在(있다 재)는 才(초목의 싹)이 土(흙)에서 자라난 모양으로 存在(존재)한다는 의미를 표현했어요. 才(재)가 발음이에요.

미래(未來)

未(아직 아니다 미)는 木(나무)의 가지 끝 부분에 짧게 ⼀(선)을 그어, 아직 덜 자란 작은 가지를 표현했어요. 이로부터 '아직~아니다'라는 뜻이 나왔어요.

來(来오다 래)는 보리를 본떴는데 '오다'로 가차되었어요.

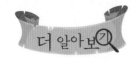

昨日(좍일) − 今日(끔일) − 來日(내일)

昨(어제 좍)은 日(날 일)과 옷을 만든다는 乍(사)로 이뤄졌어요. '어제' 는 내가 이미 겪고 지나간 날이라, 이미 만들어진 날이라고 보았어 요. 乍(잠깐, 짓다 사)는 칼로 옷섶을 자르는 모양이에요. 물건을 자를 때는 잠깐 사이에 잘려나가기 때문에 '잠깐'을 뜻해요.

今(이제 끔)은 口(입)에서 ㄱ(소리)가 나오는 모양, ᅀ(종)에 ㄱ(방울)이 달린 모양… 등으로 추정돼요. 말하고 있는 只今(지금), 또는 종을 울 리는 只今(지금)을 뜻해요.

仝 仝 仝 仝
仝 日 仝 仝 仝
*昨今(작금)은 '어제와 오늘' 즉, '요즘'을 일컬 어요.

▶시간 관련 글자 ③

先(먼저 선)은 儿(사람)의 머리 위에 ㅛ(止의 변형 발)을 그려 '먼저 (앞으로)나아가다', '앞', '먼저'를 뜻해요.

예 先祖(선조), 先輩(선배), 先手(선수; 남보다 앞질러 하는 행동)

先輩(선배)의 輩(무리, 짝 배)는 새가 양 날개를 펼친 모양의 非(등지다 비)로 비 → 배 발음을 취해, 車(수레)들이 양쪽으로 늘어서 있음을 나타냈어요. 잇달아 나오는 輩出(배출), 비슷한 나이 또래를 가리키는 同年輩(동년배)에 써요.

前(앞(서다) 전)은 舟(배) 앞쪽에 止(발)을 그려 '앞으로 나아가다'라는 뜻을 나타냈어요. ⺌는 止(발)이 잘못 변한 것이에요. 刂(칼)도 앞으로 나아가 베기 때문에 역시 앞으로 나간다는 의미를 강조해요.

後(后뒤 후)에 대해서는 주로 두 가지 설이 있어요.

첫째, 幺(糸 실)과 아래쪽을 향해 내려오는 夊(발)로 이루어져

→ 결승으로 가계(家系)를 기록한다는 의미에서 '뒤', '後孫(후손)'을 뜻

하게 되었다.

둘째, 幺(밧줄)에 夊(발)이 묶인 채로 彳(가므로)

→ 잘 걷지 못해 뒤처져 '뒤', '나중'을 뜻하게 되었다.

아무튼 공간적인 개념의 '뒤'에서 시간적인 개념의 '뒤', '나중'으로 의

미가 확대되었어요.

더 알아보기

'공간 개념'에서 → '시간 개념'으로 확장된 隙(극)과 隔(격)

隙(틈 극)은 본래 㵾으로 썼어요. 小(가느다란 햇빛)이 日(작은 틈)으로

小(가느다랗게 새어나오는) 모양이었어요.

흙벽에 난 틈새라는 걸 표현하기 위해 阝(阜언덕 부)를 추가했고, 처음

에 공간적인 '틈'을 가리키다가 시간적인 間隙(간극)으로 의미가 확장

됐어요.

隔(사이 뜨다 격)은 땅을 이쪽과 저쪽으로 隔離(격리)시키는 阝(언덕)이

의미 부분이고, 다리 사이에 불을 지피도록 빈 공간이 있는 鬲(세발

솥 력)으로 력 → 격 발음을 나타냈어요. 예 間隔(간격; 공간적, 시간적

으로 벌어진 '사이'), 隔差(격차), 隔阻(격조; 소식이 오래 끊김), 遠隔(원격),

懸隔(현격; 동떨어지게 거리가 멀거나 차이가 큼) ♂

▶시간 관련 글자 ④

恒(항상 **항**)은 갑골문에서 ⬚(항)으로 썼어요. 천체의 운행이 恒常(항상) 일정하다는 뜻이었다고 해요. 금문에서 ↑(마음 심)을 추가해 ⼆(하늘과 땅) 사이에서 가장 한결같은 日(태양)처럼 변함없는 ↑(마음)을 표현했어요.

常(항상 **상**)은 본래 항상 입는 ⼱(옷)인 '치마'를 가리키다가 '항상', '떳떳하다'로 가차되었어요. 尙(상)이 발음이고요.

每(매양, 항상 **매**)는 머리에 ⼆(비녀)를 꽂은 母(어머니)의 모습이에요. 결혼한 여자는 每日(매일) 머리를 올리고 비녀를 꽂았기 때문이에요.

24 천문

▶천문

天(하늘 천)은 사람의 머리 위에 있는 하늘을 의미해요.

文(무늬 문)은 가슴에 문신을 새긴 사람으로 '무늬', '꾸미다'라는 뜻을 가지죠. 따라서 天文(천문)은 우주와 천체가 만드는 하늘의 무늬와 빛깔(즉, 온갖 현상)을 보며 하늘의 뜻을 읽는 학문이었어요. 오늘날 천문학은 우주와 천체에 대해 전문적으로 연구하는 학문을 일컫지요.

▶우주

한자를 만든 사람들은 우주를 만물의 집으로 여긴 듯해요.

宇(집, 하늘 우)를 보면 宀(집 면)과 발음인 于(어조사 우)로 이루어졌어요. 여러 설이 있지만 여기서는 于(우)를 지금의 컴퍼스와 같은 옛 도구를 본뜬 것으로 보면 좋아요. 본래 ﹃로 써서 ￣(위쪽의 짧은 선)은 컴퍼스의 '기준점'을, 아래쪽의 ﹃는 '이동'을 의미했다고 해요. 그러므로 宇(집 우)는 于(컴퍼스)로 무한히 넓게 그린 宀(만물의 집)을 뜻해요. 컴퍼스로 (둥글게) 그린 이유는, 옛날에 하늘은 둥글고 땅은 네모나다고 생각했기 때문이래요.

宙(집, 하늘 주)는 宀(집 면)이 의미 부분이고, 由(유 → 주)가 발음이에요. 발음 부분인 由(말미암다 유)는 갑골문과 금문에 글자가 나타나지 않은 연유(緣由)로 정확한 유래(由來)를 알 수 없어요. (가죽주머니 같은) 용기로부터 무엇인가를 짜내는 모양에서 '말미암다', '~로부터', '까닭'이라는 뜻이 나왔다는 설도 있어요. 물론 판단은 자유(自由)예요.

아무튼 宇(우)가 공간적(空間的) 확대를 의미한다면, 宙(주)는 시간적(時間的) 격차를 뜻한다고 해요. 그래서 둘을 합친 宇宙(우주)는 만물을 포함하고 있는 끝없는 공간과 무한한 시간의 총칭이에요.

▶별

星(별 성)의 옛 자형은 여러 개의 ᦆᦆᦆ(별들)을 그리고, 生(낳다 생)으로 생 → 성 발음을 표시한 것이었어요. ᦆ은 별들의 생략형으로, ㅁ(천체)에서 ─(빛)이 나오는 모양이에요. 스스로 빛을 내는 '별'을 의미해요.

辰(별 신/진)은 조개가 기어가는 모습을 본떴는데, 가차되어 '지지의 다섯 번째 글자'와 '별'이라는 뜻으로 쓰여요. 해, 달, 별을 통틀어 일컫는 日月星辰(일월성신)에서 모든 별을 가리키지요.

늘 별을 보다 보니… 사람들은 하늘의 별을 몇 개씩 묶어 그 모양에 어울리는 이름을 붙이기 시작했어요. 이것이 별자리, 즉 성좌(星座)예요. 성좌란 천구(天球)에서 별들(星)이 머무는 자리(座)를 뜻해요.

*옛날에는 커다란 조개껍데기 가장자리를 날카롭게 갈아서 곡식을 자르는 농기구로 사용했기 때문에 辰(조개껍데기)가 '농사'를 상징했어요. 그런데 달력이 없던 시절에는 별자리와 같은 천체운행을 보고 농사의 시기를 알았어요. 계절이 바뀌면 별자리도 바뀌므로 밤하늘이 곧 달력이었죠. 작년에 씨를 뿌릴 때 떴던 별자리가 보이면 '올해도 씨를 뿌릴 때가 됐구나' 하고 생각했어요. 그래서 농사를 상징하는 辰(조개껍데기)가 '별', '별자리', '때' 라는 뜻도 갖게 되었어요.

천구(天球)란?

밤하늘에 빛나는 수많은 별들의 위치를 표시하기 위해 인간이 생각해낸 커다란 球(구 ball) 모양의 하늘이에요. 사방이 탁 트인 평지에서 밤하늘을 보면 하늘이 커다란 半球(반구)처럼 보였거든요. 돔 경기장처럼 말예요. 우주는 무한한 공간이기 때문이에요. 어느 방향에서 보아도 하늘과의 거리가 같아 보이죠. 별자리를 이루는 여러 별들도 각각 지구와의 거리가 다르지만, 별이 너무 멀리 있다 보니 지구에서 볼 때 같은 자리에 있는 것처럼 보이는 것뿐이에요.

모든 별들은 이 球(구)의 안쪽 면에 착 달라붙어 있는 듯했어요. 그래서 球面(구면)에 가로세로 줄을 그어 구획을 나누고, 어떤 별이 하늘의 어디쯤에서 관측되는지 표시하기로 했어요.

'천구(天球)'의 球(공 구)는 둥근 王(玉옥)처럼 둥글다는 뜻에, 求(구)가 발음이에요. 즉, 천구(天球)란 천체의 시위치(視位置: 지구에서 볼 때, 천구 안에 놓이는 천체들의 겉보기 위치)를 정하기 위해 지구 위에 서 있는 관측자를 중심으로 상상한 무한 반경의 둥근 하늘을 말해요. 물론 우주는 가상의 공간인 이 천구면(天球面)을 훌쩍 넘어서서 계속 펼쳐지지요. ♂

고대 동양에서는 黃道(황도)를 따라 천구를 28개의 구역으로 나누고, 28개의 구역으로 나눈 밤하늘(즉, 천구면)에 대해 각각의 구역을 대표하는 별자리를 정했어요. 이 28개의 별자리가 二十八宿(이십팔수)예요. 별들이 하룻밤을 머무는 곳이라 宿(별자리 수/묵다 숙)을 썼어요.

별자리 중 특히 삼태성(參星삼성)을 나타내던 게 參(참별이름 삼/참여하다, 헤아리다 참)이에요.

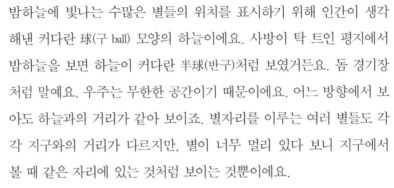

人(사람)의 머리 위에서 ﾉﾉﾉ(세 개의 별)이 빛나고 땅에는 ﾉﾉ(별빛이 드리워진) 모양이에요.

* 彡(터럭 삼)에서 삼 → 참 발음.

별자리는 여러 개의 별이 모여 만들어지는 것이므로 '한 무리를 이루다', '한 무리에 끼다'로 의미가 넓어져 參與(참여)한다는 뜻도 생겨났어요. 參考(참고)로 옛날에는 별자리를 보며 시각, 방위, 계절, 날씨, 운수 등을 헤아렸기 때문에 參(삼/참)에는 '헤아리다'라는 뜻도 있어요. 여기에 忄(마음 심)을 앞에 붙이면 慘(慘비참하다 참)이에요. 悲慘(비참)하고 慘酷(참혹)할 때 써요.

* 忄(마음 심)이 의미, 參(참)이 발음.

잠깐 샛길로 빠져서 삼태성에 관한 전설을 들려드릴게요.

옛날 어느 마을에 한 여인이 유복자로 세 쌍둥이를 낳았어요. 어머니는 세 쌍둥이가 여덟 살이 되던 해에, 한 가지씩 재주를 배워오라며 자식들을 밖으로 떠나보냈지요.

10년 후… 첫째는 방석을 타고 하늘을 날아다니는 재주를, 둘째는 구만 리까지 내다보는 재주를, 막내는 백발백중의 활쏘기 재주를 익혀 집으로 돌아왔어요. 한편 이 마을에는 흑룡담(黑龍潭)이라고 범상치 않은 늪이 있었는데, 하필 이때 흑룡담에 살던 흑룡 부부가 엄청난 일을 치르고 말아요. 해를 삼켜서 세상을 암흑 천지에 빠뜨렸던 거예요. 삼형제는 어머니의 명령으로 해를 찾으러 출동했어요.

첫째는 방석을 조종하고, 둘째는 길을 안내해서 마침내 흑룡 부부가 있는 곳에 도착했어요. 막내는 화살을 쏘아 암룡을 죽이고 삼켰던 해를 토해내게 했어요. 삼형제의 활약으로 세상은 다시 밝아졌지요. 그러나 어머니는 도망 간 흑룡 한 마리가 언제 또 해를 삼키려들지 모른다며 삼형제에게 하늘로 올라가 영원히 해를 지키라고 해요. 이렇게 해서 삼형제는 하늘의 三台星(삼태성)이 되었다고 해요. 정말, 우리 친엄마 맞아? 투덜대며 말이지요.

▸천체

天體(천체)는 우주에 존재하는 모든 물체를 말해요.

우선 恒星(항성)은 북극성, 북두칠성, 삼태성처럼 항상(恒常) (천구의) 같은 위치에서 관측(觀測)되는 붙박이별(星)을 일컬어요(눈으로 볼 수 있는 별 중에서 행성, 위성, 혜성 등을 제외한 별 모두가 해당돼요).

별은 중심부에서 핵융합(核融合) 반응을 일으켜 스스로 빛과 열을 내는데(쉽게 말해 활활 타오르는 자체발광 가스 공인 셈이에요!), 천문학에서는 이처럼 스스로 빛을 내는 항성만을 별이라고 하지요. 지구, 달, 혜성 등은 '별'로 쳐주지 않아요.

태양은 지구에서 가장 가까운 항성으로 <u>핵융합(核融合)</u>을 하여 지구에 에너지를 공급하는 별이에요.

> 融(녹(이)다, 화합하다, 융통하다 융)은 鬲(솥)에 끓여 녹인다는 의미에, 虫(충 → 융)이 발음이에요. 녹으면 서로 어울려서 잘 섞이고 유동성(흐르는 성질)도 생기므로 融(융)에는 '融和(융화; 화합)하다', '融通(융통)하다'라는 뜻도 있어요. 금전을 融通性(융통성) 있게 돌려쓰는 金融(금융) 등에 써요.

융해와 용해

融解(융해)는 고체에 열이 가해져 액체가 되는 현상이에요. 얼음이 녹아서 물이 되는 것처럼요. 溶解(용해)는 고체 알갱이가 액체 속에 균일하게 섞이는 것이에요. 예로 설탕이 물에 녹을 때는 물 분자 사이에 아주 작은 설탕 알갱이가 고르게 퍼져 섞이는 것이므로 溶(녹다 용)을 써요. 氵(물)에 容(들어가) 녹는다고 容(넣다, 담다 용)을 발음으로 썼어요. ♂

行星(행성)은 항성에서 내뿜는 강한 인력(引力)의 영향을 받아 그 주위를 '도는' 천체라서 行(가다 행)을 붙였어요.

태양계에서는 太陽(태양)이 중심별이고 水星(수성), 金星(금성), 地球(지구), 火星(화성), 木星(목성), 土星(토성), 天王星(천왕성), 海王星(해왕성)이 행성들이에요.

이전에 태양계의 행성으로 불렸던 冥王星(명왕성)은 2006년 8월 국제천문연맹(國際天文聯盟 IAU International Astronomical Union)에서 행성 이름을 박탈하고 소행성 134340으로 분류했어요. 小行星(소행성)은 태양의 둘레를 공전하는 천체 중 운석보다는 크고, 행성보다는 작으며 암석으로 이루어진 것을 가리켜요.

衛星(위성)은 행성의 인력에 끌려 그 둘레를 빙빙 도는 작은 천체예요. 그래서 어떤 구역을 중심으로 그 둘레를 빙빙 도는 모양의 衛(고지키다 위)를 써요.

빛나는 꼬리를 자랑하며 갑자기 등장했다 사라지는 彗星(혜성)은 사람들로 하여금 오랜 시간 두려움의 대상이었어요. 양(陽)의 기운이 어둠에 가려지는 일식, 붉은 달이 뜨는 월식과 함께 재앙의 '예고편'으로 인식되었지요.

과학자 에드먼드 헬리가 혜성의 주기를 계산해 다음 출현 시기를 예측하면서, 혜성도 태양을 초점으로 일정한 궤도를 그리며 운행하는 천체라는 사실이 밝혀졌어요.

彗星(혜성)은 얼음, 돌 조각 등으로 이루어졌기 때문에 태양풍을 맞으면 얼음 부분이 증발해서 기체 형태로 변해요. 이것이 태양의 반대쪽으로 긴 꼬리를 드리운 것처럼 보여 꼬리별이라고도 하지요. 한자로는 빗자루를 닮았다고 이름에 彗(비 혜)를 썼어요.

彗(비 혜)는 ⧻(싸리 같은 걸로 엮은 빗자루)를 彐(손)에 쥔 모습이에요. 밑에 心(마음 심)을 붙이면 慧(슬기롭다 혜)예요.

비질을 해서 지저분한 것들을 다 치워버리듯이, 잡다한 것들을 모두 걷어내고 본질을 정확하게 깨닫는 慧眼(혜안), 智慧(지혜)를 의미해요.

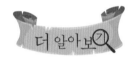

軌道(궤도), 公轉(공전), 自轉(자전), 軸(축)

* 軌跡(/軌迹 궤적)
(1)수레바퀴가 지나간 자국, (2)선인의 자취, (3)일을 이루어온 과정, 흔적

軌道(궤도)는 행성, 위성, 혜성 등이 다른 천체의 둘레를 돌면서 그리는 길을 말해요. 軌(軏바퀴자국, 길, 법칙 궤)는 車(수레와 전차)가 九(많이) 지나다녀서 '바퀴자국을 따라 길이 파인' 데서 나왔어요. 바퀴자국을 남기는 車(수레)가 의미 부분이고, 많음을 의미하는 九(아홉 구)로 구 → 궤 발음을 나타냈어요. (벗어날 수도 없고, 항상 그 길로 가야하는) 궤도로부터 '법칙'이라는 뜻도 나왔어요.

公轉(공전)은 한 천체가 다른 천체의 둘레를 주기적으로 도는 것이에요. 公(공평하다 공)에는 어느 한쪽으로 치우치지 않는다는 의미가 있어요. 공전도 인력의 영향으로 (어느 한쪽으로 치우치지 않고) 둥근 궤도를 그리며 돌지요.

自轉(자전)은 천체가 팽이처럼 자기의 축(軸)을 중심으로 自(스스로) 轉(도는) 걸 말해요. 轉(转돌다, 구르다 전)은 車(车수레바퀴)에서 돈다는 의미를 취했고, 專(전전)이 발음이에요. 專(오로지 전)도 叀(방추나 물레)를 寸(손)으로 돌리는 모습이므로 '둥글다', '돌다'라는 의미를 가지고 있어요. 회전하면서 바뀐 위치로 계속 옮겨 다니게 되므로 轉(전)에는 '逆轉(역전; 형세가 반대 상황으로 바뀜)', '轉勤(전근; 근무처를 옮김)'처럼 '바꾸다', '옮기다'라는 뜻도 있어요.

軸(축)은 바퀴의 한가운데 구멍에 끼우는 긴 나무막대나 쇠막대처럼, (회전 또는 활동, 내용 등의) 중심이 되는 것을 말해요.

예 이 영화는 윤회설(輪廻說)을 기본 축(軸)으로 하여 전개됩니다.

軸(軸축, 굴대 축)은 車(수레바퀴)가 그것으로 由(말미암아) 도는 것으로 '축'을 표현했어요. 車(수레바퀴)의 田(바퀴) 가운데에 ㅣ(막대)가 끼워진 그림을 떠올려보세요. ♂

다시 천체로 돌아와서요, 星團(성단)은 천구 위에 군데군데 모여 있는 항성(恒星)의 집단(集團)이에요. 모양에 따라 球狀星團(구상성단; 별들이 공 모양으로 모여 있는 성단)과 散開星團(산개성단; 한곳에 불규칙한 모양으로 모여 있는 성단)으로 불려요.

團(团둥글다, 모이다 단)은 專(방추나 물레를 돌리면) □(실이 둥글게 감기며) 모이던 데서 나왔어요. 專(전 → 단)이 발음이에요.

星雲(성운)은 우주 공간에 있던 먼지와 가스가 뭉쳐 생긴 천체예요. 구름 모양으로 퍼져 보여서 雲(구름 운)을 넣어 星雲(성운)이라고 불러요. 여기서 원시별이 생겨나기 때문에 별이 태어나는 요람이라고도 한답니다.

▶일식과 월식

꺼억~

日蝕(일식)

日蝕(일식)은 태양 - 달 - 지구로 배치되어, 달그림자에 태양의 일부 또는 전부가 가려지는 현상이에요. 虫(벌레)가 食(먹는다)는 뜻의 蝕(蚀 좀먹다 식)을 써서 해가 조금씩 어둠에 가려지는 현상을 虫(벌레)가 갉아먹는 것으로 표현했어요. *食(먹다 식)이 발음.

태양이 완전히 가려지면 皆旣(개기)일식, 일부만 가려지면 部分(부분) 일식이에요.

개기일식

皆(모두, 다 개)는 比(나란히 서 있는 사람들)과 白(말하다 백) 으로 이루어졌어요. 사람들이 모두 같은 말을 한다고 '다', '모두'라는 뜻이 되었다고 해요.

旣(旣이미 기)는 이미 다 먹고 皀(음식 그릇)의 반대쪽으로 旡(고개를 돌린) 모습이에요. 그러므로 皆旣(개기)일식은 벌레가 해를 다 갉아먹었다는 표현이에요.

부분일식

部(나누다, 거느리다 부)는 발음인 咅(부)와 阝(邑고을 읍)으로 이뤄졌어요. 阝(邑고을)은 전체적으로 다스리기 편리하도록 나눈 행정상의 단위예요. 그래서 部(부)는 '나누다', '나눈 무리', '거느리다', '다스리다' 라는 뜻을 가져요.

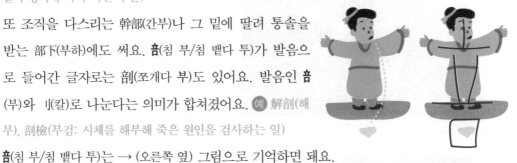

예 部落(부락: 시골마을), 部隊(부대: 한 무리의 집단), 部署(부서: 조직에서 일의 성격에 따라 나눈 부문)

또 조직을 다스리는 幹部(간부)나 그 밑에 딸려 통솔을 받는 部下(부하)에도 써요. 咅(침 부/침 뱉다 투)가 발음으로 들어간 글자로는 剖(쪼개다 부)도 있어요. 발음인 咅(부)와 刂(칼)로 나눈다는 의미가 합쳐졌어요. 예 解剖(해부), 剖檢(부검: 시체를 해부해 죽은 원인을 검사하는 일)

咅(침 부/침 뱉다 투)는 → (오른쪽 옆) 그림으로 기억하면 돼요.

月蝕(월식)

月蝕(월식)은 태양 – 지구 – 달로 위치할 때, 달이 지구의 그림자에 가려져 부분 또는 전부가 보이지 않게 되는 현상이에요. 달의 일부분만 지구 그림자에 가려지면 部分(부분)월식, 전부가 가려지면 皆既(개기)월식이에요. 그런데 개기월식 때는 달이 붉은 색으로 보여요. 옛날 사람들은 이 붉은 달을 흉조로 여겨 두려워했어요.

그럼 달이 붉게 물드는 현상은 왜 일어날까요? 바로 지구 대기에 의해 굴절된 태양빛이 달 쪽으로 날아가기 때문이에요. 이때 가시광선 중 가장 긴 파장을 가진 붉은색 빛이, 그림자에 빛이 전파되는 回折(회절)현상을 가장 잘 일으키므로 달을 붉게 물들이는 것이지요.

▸태양계와 은하계

태양과 태양 근처에 있는 천체들을 통틀어 太陽系(태양계)라고 해요. 태양, 8개의 行星(행성), 50개 이상의 衛星(위성), 화성과 목성 사이에

태양계

유성

흩어져 있는 小行星(소행성), 태양 주위를 지나는 彗星(혜성), 긴 빛줄기를 만드는 流星(유성) 등으로 이루어졌어요. 流星(유성)은 지구의 대기권 안으로 들어와 빛을 내며 떨어지는 작은 물체예요. 영어로는 'shooting star' 또는 'falling star'라고 하지요. 여러 개가 한꺼번에 떨어질 때는 빗줄기가 쏟아지는 것처럼 보여서 'a star shower'라고 해요.

그런데 우주의 어디까지가 태양계일까요? 간단해요. 태양의 영향력이 0이 되는 지점까지예요. 하지만 태양계도 은하계의 한 부분에 불과할 뿐이에요. 이런 태양계가 수없이 모여 銀河系(은하계)가 만들어지는데, 우주에는 이런 은하계가 또 수없이 많다고 해요. 이런 생각을 하면 어쩐지 겸허한 마음이 든답니다.

25 날씨와 기후

▶기상

氣(气기운, 공기, 기상, 성질, 숨, 마음 기)는 본래 기류(氣流)를 표현한 것이었어요. 처음에는 세 개의 선으로 공기의 흐름을 나타냈어요. 이후 더운 공기는 ㄴ위로 올라가고 찬 공기는 ㄱ아래로 내려가므로, 위아래 선을 구부려 ⼆(气) 모양이 됐어요. 이렇게 하면 숫자 三(삼)과도 구분됐지요.

이 자형을 하늘과 땅 사이에 존재하는 기(에너지)의 흐름으로 보면 '기운'이란 뜻도 돼요.

현재의 자형은 米(쌀 미)와 발음인 气(기)로 이뤄졌어요. 밥에서 기운이 나오기 때문이란 설명도 있고, 米(밥)을 지을 때 气(김)이 올라오는 걸 표현했다는 설명도 있어요.

三 ⼆ ⼆ 气 氣

예 氣力(기력: 힘), 空氣(공기), 氣候(기후), 氣質(기질: 개인이나 집단의 특유의 성격), 氣絕(기절: 숨이 끊어짐. 잠깐 정신을 잃음), 氣分(기분: 감정), 氣運(기운: 어떤 일이 벌어지려고 하는 분위기)

氣象(기상)은 바람, 구름, 비, 눈, 더위, 추위… 등 대기(大氣) 중에서 일어나는 온갖 현상을 말해요. 일정한 지역에서 그날그날 나타나는 대기의 상태가 날씨이고(日氣일기, 天氣천기) 날씨를 약 30년 동안 관찰하여 평균을 낸 게 氣候(기후)예요.

候(기후, 철, 조짐, 염탐하다 후)는 亻(사람 인)이 의미, 侯(후)가 발음이에요. 발음인 侯(제후, 과녁 후)는 厂(휘장)과 矢(화살 시)를 합친 '활쏘기 과녁'을 의미하다가, 亻(사람 인)을 더해 활쏘기를 취미로 즐기던 신분이 높은 사람(제후, 임금)을 뜻하게 되었어요.

활을 쏠 때는 彐(크손)으로 矢(화살)을 당긴 채 목표물에서 눈을 떼지 않고 기다리고 있지요. 그래서 候(후)에는 '기다리다', '염탐하다'라는 뜻도 있어요.

예 候補(후보), 斥候兵(척후병)

또 과녁은 목표물을 일정한 간격으로 나눠 표시한 것이므로, 이로부터 1년을 스물넷으로 나눈 節氣(节气절기)도 가리키게 됐어요. 절기는 기상상태와 관련이 있으며 각 절기에는 때마다 나타나는 변화의 조짐이 있으므로 → '氣候(기후)', '徵候(징후; 겉으로 드러나는 조짐)'라는 뜻도 생겨났어요.

응급실

몸이
차가운데요?

냉장고에
들어갔대요!!

기후 변화로 연일 기온이 상승.
기력이 약한 노약자분들이
기절해 실려가는 사태가 발생하고 있습니다.
(이러이러 저러저러~~)
그럼 분위기를 바꿔 다음 뉴스는
북극의 얼음낚시 현장으로…

▶기상 관련 글자

風(风바람, 경치, 풍속 풍)의 초기자형은 중국에서 바람을 주관하는 신으로 여겨졌던 봉황을 그린 것이었어요. 옛날에는 자연과학 지식이 부족해서 새의 날갯짓이 바람을 일으킨다고 상상했거든요.

나중에 돛을 본뜬 凡(범)과 虫(벌레 충)의 합자로 변했어요. 凡(돛)은 바람과 밀접한 관련이 있는 물건이고, 虫(충)은 飛蟲(비충 즉, 새(봉황))을 의미하지요.

風(풍)에는 '경치', '풍속'이라는 뜻도 있어요.

風景(풍경), 風致(풍치), 景致(경치), 風光(풍광)…을 보면 모두 바람이나 햇빛이 들어 있어요. 바람, 햇빛과 어우러져 시시각각 움직이고 색다르게 빛나는 자연의 모습이 인상적이었나 봐요.

風俗(풍속)은 시대를 한바탕 휩쓸고 지나간 유행을 말해요. 이리저리 휩쓸며 돌아다니는 바람의 특성에서 비롯됐어요.

바람 중에서도 暴風雨(폭풍우)를 동반하는 큰 바람을 颱風(태풍)이라고 하는데요, 혹시 태풍의 이름이 어떻게 발달해왔는지 아시나요?

'큰 바람'을 일컫던 太風(태풍)의 광둥식 발음이 서양으로 건너가면서 typhoon(타이푼)으로 번역됐어요. → 그런데 영단어 typhoon이 중국으로 다시 건너오며 臺風(대풍)으로 상륙했죠. 대만(臺灣)에서 부는 바람이라는 뜻이에요. 태풍이 대만 근처의 남중국해에서 발생해서요. → 그 후 간략한 台風(태풍)으로 줄였는데, 글자에서 바람이 전혀 느껴지지 않아 → 결국 風(바람)과 발음인 台(태)를 합쳐 颱(태풍 태)를 만들었어요.

* 간화자에서는 다시 台(태)로 바뀌어, 台风(태풍)으로 써요.

바람을 제외하면, 기상(氣象)과 관련된 글자에는 공통적으로 雨(비우)가 들어 있어요. 고대 중국이 농경사회였기 때문이에요. 농사에는 햇빛, 바람과 함께 '비'가 제일 중요한 영향을 끼쳤어요. 이렇게 중요한 비가 모든 기상 현상을 대표하게 됐지요.

雨(비 우)는 글자만 보아도 하늘 아래 구름에서 빗방울이 ⎢⎢⎢ 뚝뚝 떨어지는 것 같아요.

雲(云구름 운)은 본래 云(구름이 피어나는 모양)으로 썼는데, 云(말하다 운)으로 가차되자 기상 현상의 상징인 雨(비 우)를 더하게 됐어요. 雨(비)를 내리는 게 云(구름)의 가장 중요한 역할이기도 하고요.

구름은 대기 중의 수분들이 서로 엉겨서, 작은 물방울이나 얼음 결정 상태로 공중에 떠 있는 것이에요. 그런데 계속 서로 엉겨 붙으면 몸집이 점차 불어나지요. 몸이 너무 무거워져 더 이상 공중에 떠 있을 수 없게 된 물방울들이 아래로 후드득 떨어져 내리는 게 바로 '비'예요. 날씨가 추워 얼음 결정으로 떨어져 내리면 '눈'이고요.

또 구름은 거대한 건전지처럼 양전하와 음전하를 잔뜩 머금고 있는데, 구름과 구름 또는 구름과 땅 사이에 전기 방전이 일어나면서 번쩍 불꽃을 일으키는 현상이 번개예요. 번개는 빛의 속도로 발생하므로, 매우 빨리 일어나는 일에 비유해 '電擊的(전격적)'이라고 하지요.

예 電擊(전격) 투입, 電擊(전격) 발표

電(电번개 전)은 번개를 그린 ⚡ 䏍 申으로 쓰다가 역시 기상의 상징 雨(비 우)를 붙였어요.

雨(비)가 천둥 번개를 동반하는 일이 많기도 하고요. 雨(우)와 결합하면서 번개의 모양이 좀 변했어요. 위의 획은 생략되고, 아래 획은 땅에 꽂히는 낙뢰(벼락)처럼 구부러졌지요.

번개가 지상에 꽂히는 게 落雷(낙뢰)예요. 낙뢰를 맞으면 목숨이 위태롭기 때문에 별명도 '구름 속의 자객'이에요.

申(번개)에서 쭉쭉 뻗어나간다는 의미를 취한 글자

暢(畅펴다 창)은 申(사방으로 쭉쭉 뻗어나가는 번개)와 昜(햇빛이 방사되는 모양)에서 '펴다'라는 뜻이 나왔어요.

* 거침없이 말을 流暢(유창)하게 할 때나, 해가 쨍 떠서 날씨가 和暢(화창)할 때 써요.

伸(펴다 신)은 亻(사람)이 몸을 申(쭉쭉 펴는) 데서 나왔어요. 이럴 땐

伸縮性(신축성) 있는 옷을 입어주는 게 좋겠죠? 국력 伸張(신장), 인권 伸張(신장)처럼 세력이나 권리 등이 늘어나는 데도 써요. ♂

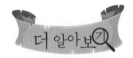 雷(천둥 뢰)는 원래 🌀모양이었어요. 하늘에서 커다란 전차 바퀴들이 굉음(轟音)을 내며 굴러가는 것으로 천둥소리를 표현했지요. 후에 田(바퀴 한 개)로 간략해졌어요.

* ⊕를 큰 소리를 표시하는 기호로 보기도 함.

震(벼락, 천둥, 진동하다 진)은 辰(조개)가 푸르르 떨면 雨(빗방울)처럼 기포가 떠오르고 바닥에 모래를 일으킨다고 해서 震動(진동)한다는 뜻이 됐어요. 예 地震(지진)

더 알아보기

雨備(우비)

雨傘(우산), 雨衣(우의), 長靴(장화)처럼 비를 가리기 위한 물건이 雨備(우비)예요. 傘(傘우산 산)은 펼친 우산을 닮았어요. 속자인 仐(산)은 파자(破字)하면 八(여덟 팔)과 十(열 십)으로 나뉘기 때문에, 仐壽(산수)는 나이 '80세'를 가리켜요.

유니세프(United국제 Nations연합 International국제 Children's아동 Emergency긴급 Fund기금)는 UN의 산하조직인데요, 傘下(산하)는 '(펼친) 우산의 아래'라는 의미예요. 그래서 어떤 조직이나 기구의 관할 아래에 있음을 뜻해요. ♂

비가 그치고 날이 快晴(쾌청)해지면 하늘을 가로질러 무지개다리(虹橋 홍교)가 걸리기도 해요.

중국인들은 (양쪽 끝에 머리가 달린 용)이 물을 마시러 내려온 게 무지개라고 상상했어요.

그래서 虹(무지개 홍)은 뱀이나 용을 의미하는 虫(벌레 충)에, 工(공 → 홍)이 발음이에요.

실제로 세계 여러 곳에서 무지개를 거대한 뱀이나 용으로 상상했어요. 예를 들면 아메리카 인디언들은 뱀이 물을 마시는 것으로 여겼고, 말레이시아인들은 용이 물을 마시는 것으로 생각했지요. 무지개가 떴다는 건 날이 갰다는 얘기죠? 晴(개다 청)은 日(해)가 나고 하늘이 靑(푸르니) 快晴(쾌청)함을 뜻해요.

눈은 구름으로부터 지름 2밀리미터 이하의 얼음 결정체들이 떨어져 내리는 것이에요.

雪(눈 설)은 (눈송이)를 받으려고 (손)을 내민 것 같지만, 을 彗(비 혜)의 생략형으로 보는 것이 더 현실적이에요. 눈 오는 날, 손에 빗자루를 들고 쌓인 눈을 쓸어낸다는 의미였지요. 본래는 雨와 羽(깃털 우)로 써서 깃털처럼 내리는 눈을 가리켰는데, 날씨가 추워져 눈이 많이 오게 되자 눈이 오면 청소할 걱정이 먼저 든다고 해서 雪(설)로 바뀌었어요.

이슬, 서리, 안개는 지면(地面) 가까이에서 발생하는 기상현상들이에요. 공기는 수분을 머금고 있는데, 수분의 양이 많아지면 초과된 양만큼 凝結(응결)해 물방울로 맺혀요. 凝(엉기다 응)은 물이 冫(얼음)으로 변할 때, 물인지 얼음인지 의심스러운 상태가 된다고 疑(의심하다 의)로 의 → 응 발음을 나타냈어요. 발음인 疑(의심하다 의)는 길을 가다가 멈춰 서서 이쪽인가 저쪽인가 두리번거리는 모습이므로, 물이 凝固(응고)되어 움직이지 않고 멈춰 있는 상태와도 통해요.

풀잎에 맺힌 이슬은 기온이 오르면 다시 공기 중으로 증발해요. 그래서 露(이슬 로)는 오고가는 발(↑⿰止⿰口夂↓)을 그린 路(길 로)로 발음을 나타냈어요.

이슬이 맺혔다가 증발하는 현상을 ⻗(빗방울처럼 생긴 이슬)이 路(왔다가는) 것으로 표현한 셈이에요. 이슬이 길가의 풀잎에서 많이 발견된다는 설명도 있고요. 또 이슬은 공기 중의 수분이 물방울로 모습을 드러낸 것이므로 露(로)에는 '드러내다'라는 뜻도 있어요.

예 露出(노출), 暴露(폭로)

기온이 떨어져 물방울이 얼어버리면 이슬이 아닌 서리가 돼요.
霜(서리 상)은 기상의 상징 ⻗(비 우)에, 相(서로 상)이 발음이에요.

 옛날에는 상(←)으로도 썼어요. 木(나무)에 얼어붙은 ⻗(작은 얼음 알갱이들)을 目(바라보는) 모습이었어요.

안개는 지면이나 수면 가까이에 작은 물방울들이 구름처럼 떠 있는 현상이에요. 높은 산꼭대기에 떠 있으면 구름으로 불리고, 지표면 가까이에 떠다니면 안개로 불리는 것뿐이지요.

雰(안개 분)은 ⻗(물방울)을 작게 分(나눈) 것처럼 미세한 '안개'라는 의미예요. 안개가 자욱하게 낀 날은 왠지 분위기가 있죠? 雰圍氣(분위기)는 안개가 주위를 감싸듯 어떤 자리나 상황을 둘러싼 기분과 정황을 뜻해요.

霧(雾안개 무)는 ⻗(비 우)로 기상과 관련됨을 나타냈고, 務(힘쓰다 무)가 발음이에요.

왜 務(무)를 발음으로 취했는지는 五里霧中(오리무중)이에요. 누가 '안개' 아니랄까 봐… 아직 안개 속에 가려져 있는 글자네요.

▶기후

熱帶(열대)기후는 적도를 중심으로 위아래 지역에 분포해요. 즉, 지구에서 가장 불룩 튀어나온 가운데 뱃살 부분에 해당해요. 1년 내내 무더워서 가장 추울 때의 기온(氣溫)이 18℃정도예요.

비가 많이 오는 熱帶(열대)雨林(우림)氣候(기후)와 건조기가 있는(즉, 乾期(건기)와 雨期(우기)가 뚜렷한) 열대 사바나(savanna)기후로 나뉘어요. 사바나(savanna)는 탁 트인 초원에 드문드문 키 큰 수목이 자라는 곳으로 '동물의 왕국'에 자주 나오지요.

熱(热덥다 열)은 본래 ☖손에 횃불을 든 모습이었는데, ☖횃불이 木(나무 목)처럼 변해 땅에 나무를 심는 埶(심다 예)와 헷갈리게 되었어요. 그래서 '덥다'는 본래 뜻을 나타내려고 灬(火불 화)를 붙인 게 熱(열)이에요.

乾燥(건조)기후는 강수량(〰〰)보다 〈 증발량(↑↑↑↑)이 많은 기후예요.

乾(干마르다, 하늘 건)은 ☖(↓풀밭 또는 ↓나뭇가지) 사이로 햇살이 뻗어 나오는 모양과 ㄴ(초목의 싹)으로 이뤄졌어요.

햇빛에 싹이 마를 정도로 乾燥(건조)함을 뜻해요. 또 햇빛과 새싹이 뻗어나가는 공간으로 '하늘'이란 뜻도 있어요. 火(열기)로 인해 木(나무)에서 品(↓↓수분)이 증발하면 燥(마르다 조)예요. * 喿(소→조)가 발음.

특히, 강수량이 적고 모래로 뒤덮여 식물이 거의 없는 넓은 지대를 沙漠/砂漠(사막)이라고 하죠. 沙(모래 사)는 氵(물)이 少(적

어지면) 드러나는 '모래'를 뜻해요. 漠(사막 막)도 氵(물)이 거의 莫(없다 *莫(없다 막)이 발음. 는) 의미예요.

溫帶(온대)기후는 중위도(中緯度)에 위치해 사계절 변화가 뚜렷한 지역의 기후예요. 강수량에 따라 온대濕潤(습윤)기 후, 온대夏季(하계) 多雨(다우)기후, 지중해성기후로 나뉘어요. 지중해성기후는 여름에는 비가 적게 내려 高溫 (고온)乾燥(건조)하고, 겨울에는 비가 많이 내려 溫暖(온난) 多濕(다습)해요.

溫(溫따뜻하다, 온화하다 온)은 따뜻한 氵(물)을 채운 皿(목 욕통) 안에 囚(사람이 들어앉은) 모습이에요. 溫水(온수)로 따뜻하다는 의미를 나타냈어요.

冷帶(냉대)기후는 길고 추운 겨울과 짧고 더운 여름으로 인해 기온의 연교차가 매우 커요.
冷(차다 냉/랭)은 冫(얼음 빙)에서 冷冷(냉랭)하다는 의미를 취 하고, 令(우두머리 령)으로 령 → 랭 발음을 나타냈어요.
예 冷情(냉정; 태도가 정이 없이 차가운 것), 冷靜(냉정; 생각과 행동이 감정에 좌우되지 않고 침착한 것)

寒帶(한대)기후는 가장 따뜻한 달의 평균 기온이 10℃이하인 툰드라 (tundra)기후와 0℃이하인 氷雪(빙설)기 후로 나뉘어요. 툰드라기후는 1년의 대 부분을 눈과 얼음에 싸여 있다가, 짧 은 여름 동안 이끼류와 균류 등이 자 라는 기후예요. 氷雪(빙설)기후는 1년

내내 눈과 얼음에 덮여 있는 양쪽 극지방의 기후고요. 이런 곳을 永久(영구)凍土(동토) 지역이라고 해요. 짧은 여름 동안 땅의 표면이 녹긴 하지만, 그 밑은 변함없이 얼어붙어 있기 때문이에요.

 寒(차다 한)은 宀(집) 안에서 茻(풀) 또는 지푸라기로 짠 거적을 덮고 있는 모습이에요. 풀 아래로 八(두 발)이 삐져나왔는데 발밑에 冫(얼음)까지 언 혹한기(酷寒期)의 추위를 보여주고 있어요.

冫(얼음 빙)은 ⼌(두 개의 얼음 덩어리)나 八(얼음 조각들이 서로 충돌하는 모양)이에요. 물이 얼어서 얼음이 된다는 의미로 水(물 수)를 붙인 게 氷(얼다, 얼음 빙)이에요.

冫(얼음 빙)이 들어간 글자

冫(얼음 빙)이 들어간 글자로는 凉(량), 寒(한), 冷(랭), 凋(조), 凝(응), 凍(동), 冬(동)이 있어요.

凉(서늘하다 량)은 京(높은 건물)에 冫(얼음)이 얼 만큼 '서늘하다'예요. 京(경 → 량)이 발음이고, 참고로 '凄凉(처량)'에서는 '쓸쓸하다'는 뜻이에요.

 凍(冻얼다 동)은 冫(얼음)이 의미, 東(동녘 동)이 발음이에요.
(←이런 그림을 떠올리면 돼요.)

상수도 凍結(동결), 등록금 인상 凍結(동결), 핵 개발 凍結(동결)처럼 추위나 냉각으로 얼어붙거나 어떤 계획, 활동 등이 중단될 때 써요.

북극, 남극의 極

북극, 남극의 極(极극, 다하다, 지극하다 극)
은 땅에 서 있는 사람의 머리가 하늘까지
닿도록, 사람의 모습을 극도(極度)로 극대화(極大化)한 모양이었어요.
위아래 선에 모두 닿아 있는 모양, 즉 위로도 아래로도 끝까지 다다
른 모양에서 '꼭대기', '극에 달하다'라는 뜻이 나왔어요. 나중엔 여
기에 口(입)과 又(손)을 더해… 입으로 말하고 손까지 써가며 무언가
를 재촉하는 모습을 나타냈어요. 이로부터 '빠르다'란 뜻이 됐지요.
亟(극)이 '빠르다'란 뜻으로 더 많이 쓰이자, 본래 의미를 위해 木(나무
목)을 더한 게 極(다하다 극)이에요. '窮極(궁극)에 이르다', '至極(지극)
하다'라는 뜻을 가져요. ♂

*위아래로 뻗어나가는
木(나무 목)이 의미 부
분이고, 亟(빠르다, 삼
가다 극)이 발음.

▶예술

고대 농경사회에서는 농작물을 심어 잘 길러내는 것이 최고의 재주였어요. 그래서 藝(艺재주, 심다 예)의 초기자형은 한 사람이 꿇어 앉아 묘목을 심는 모습이었어요. 坴(뿌리가 달린 식물)을 土(땅)에 심는 𡥀(사람의 손을 강조)했다가 후에 艹(풀 초)와 云(구름 운)을 더해 藝모양이 됐어요.

*云(운)은 다리를 구부린 모습이 변형된 거라고 해요.

術(术 꾀, 재주, 기술 술)도 본래는 '行(가서) 朮(차조)를 재배한다'는 의미였어요. 곡식을 심고 기르려면 숙련된 기술이 필요해서 '기술'이란 뜻이 됐고요. 醫術(의술), 技術(기술), 話術(화술) 등 어떤 일을 행하는 '기술'에 사용해요.

발음 부분인 朮(차조 출)은 고대 황허 유역에서 많이 생산됐던 조를 본떴다고 해요.

藝(재주 예)에서도 丸(손을 강조)했듯이, 재주와 기술은 손에서 나오는 걸로 여겨졌어요. 손이 🖐만들다, 🖐일하다, 🖐재주, 🖐솜씨를 상징했으므로 技(재주 기)에도 扌(손)이 들어 있어요. 支(지 → 기)가 발음인데요, 발음인 支(지탱하다 지)는 나뭇가지를 손에 든 모습이에요. '손을 써서 일한다'는 의미도 있지요. 그러나 아무리 손재주가 뛰어나도

영혼 없이 扌(🖐손)에서만 出(나온) 것은 졸렬(拙劣)한 졸작(拙作)으로 보았어요. 그래서 拙(졸하다, 서툴다, 옹졸하다 졸)이 됐어요.

오늘날 藝術(예술)은 아름다움을 표현하는 인간의 활동과 그 작품을 일컬어요. 藝術家(예술가)는 예술 작품 만드는 일을 직업으로 하는 사람이고요.

* 여기서는 家(가)가 '專門家(전문가)'를 의미.

▶예술의 기원

음악, 무용, 미술, 문학, 연극 등 예술의 출발점은 무엇이었을까요? 답을 찾아 고대사회로 떠나볼게요!

여기는 어디일까? 자, 여러분은 지금 어두컴컴한 동굴 안에 있어요. 손전등으로 불빛을 비추며 한 걸음씩 조심스레 나아가고 있지요. 두려움 반, 호기심 반으로 두리번거리던 여러분은 순간 얼어붙어 손전등을 떨어뜨리고 말아요. 여러분의 눈앞에 거대한 맹수가 드러났거든요. 으아악!! 설상가상으로 비명 소리에 깨어난 박쥐들이 여러분의 이마를 퍽, 퍽 치고 날아가요.

겨우 정신을 차리고 보니 여러분 앞에는 방대한 양의 벽화가 버티고 있었어요. '휴, 벽화였구나.' 맹수의 실체를 깨달은 여러분은 안도감에 숨을 몰아쉬지요. 한편 '동굴 안에 왜 이런 벽화를 그렸을까?' 하는 의문이 들어요. 실감나게 그려진 벽화를 보면, 동굴 안쪽에서 금방이라도 맹수가 달려 나올 것 같거든요.

벽화에는 고대인의 바람이 담겨 있어요. 벽에 사냥감을 그려놓고 그 앞에서 다 같이 주문을 외웠지요. 그러면 실제로 사냥을 성공할 거라고 믿었어요. 또 벽화는 아직 사냥 경험이 없는 부족원들을 교육

하는 데에도 활용됐어요. 각 짐승들의 급소가 어디이며, 어떻게 공격해야 하는지 가르치려면 최대한 실물과 비슷하게 묘사(描寫)한 그림이 필요했지요.

묘사(描寫)는 어떤 대상이나 현상을 (언어로) 서술하거나 (그림으로) 그려내는 거예요. 描(그리다 묘)는 扌(손)으로 그린다는 의미에 苗(묘)가 발음이고 寫(写베끼다 사)는 宀(집 면)과 舃((짚)신 석)으로 이루어졌어요. 신발은 '이동'을 상징하므로 宀(집) 안에 舃(신발)을 들여놓듯 어떤 대상을 화폭 안에 옮겨 그대로 재현함을 의미해요.

동굴 벽 외에 돌, 뼈, 나무에 대상을 새기기도 했어요. 사냥하고자 하는 동물을 조각(彫刻)해 몸에 지니고 다니면 정말 그 동물을 잡을 수 있다고 믿었기 때문이에요. 그러니 혹시 동굴 바닥에서 동물이 양각(陽刻)된 뼛조각을 줍더라도 무서워할 필요는 없어요.

조각(彫刻)의 彫(새기다 조)는 재료에 周(두루두루) 彡(모양)을 새긴다는 의미예요.
刻(새기다 각)은 亥를 骸(뼈 해)의 생략형으로 보면 骸(뼈)처럼 단단한 재료(뼈, 상아, 돌 등)에 刂(칼)로 새긴다는 뜻이 돼요. 그냥 亥(돼지)를 刂(칼)로 刻(새긴다)고 봐도 되고요. 예 刻苦(각고), 深刻(심각), 눈금을 새겨 시간을 알아볼 수 있게 한 時刻(시각)

동굴 밖으로 나오니 사람들이 모두 모여 있어요. 모닥불을 에워싸고 춤을 추고 있네요. 오늘이 사냥을 떠나기 전날 밤이거든요. 이들의 춤은 그야말로 '사냥춤'이에요. 창을 든 무리가 동물 가죽을 뒤집어 쓴 무리를 포위하며 창으로 찌르는 흉내를 내고 있어요. 벽화가 이론 수업이었다면, 춤은 모의 훈련이었지요. 특히 사냥을 해본 적이 없는 부족원들은 춤을 추는 동안 대열을 만들어 사냥감을 몰아보고 공격하는 연습을 할 수 있었어요.

춤에서는 늘 인간이 승리했기 때문에, 사냥에 대한 두려움을 없애고 사기를 증진시키는 효과도 있었어요. 이러한 의식은 실전에서 효과를 톡톡히 봤기 때문에 계속해서 치러졌어요. 다만 고대인들의 믿음처럼 주술의 힘이 작용했다기보다는, 학습효과로 인해 사냥 성공률이 높아졌던 거겠지요.

그 후로도 사람들은 원하는 것을 얻기 위해 그림을 그리고, 춤을 추고, 악기를 연주하고, 주문을 외우고, 제사를 지내왔어요. 이로부터 미술, 무용, 음악, 문학 등이 파생되었지요. 제의는 의식의 필수 요소였던 음악과 춤을 포함하여 오랫동안 여러 예술 분야를 발전시키는 원동력이 되어온 셈이에요.

그럼 다시 21세기로 돌아올까요?

▶예술의 분류

예술은 보통 시간예술, 공간예술, 종합예술로 나눕니다. 시간예술엔 音樂(음악), 舞踊(무용), 文學(문학)이 있고, 공간예술엔 美術(미술) → 繪畫(회화)와 彫塑(조소), 建築(건축)이 있어요. 종합예술엔 演劇(연극), 映畫(영화), 歌劇(가극: 오페라, 뮤지컬)이 속하고요.

시간예술(時間藝術)은 시간의 경과와 함께 그 내용이 점차 진행되는 예술이에요. 공간예술(空間藝術)은 일정한 공간 안에 예술적 형태를 만들어 조형(造形)예술이라고도 해요.

그러면 '모양'을 뜻하는 글자들을 모아볼까요?

* 조형(造形)은 구체적인 形態(형태)나 形狀/形象(형상)을 만드는 것이에요.

形(모양 형)은 발음인 开(평평하다 견)과 모양, 빛깔, 무늬를 나타내는 彡(터럭 삼)으로 이뤄졌어요. 모양이 있는 것은 开(井틀)과 彡(빛깔, 무늬 등)을 갖췄기 때문이에요.

貌(모양 모)는 豸(해치)와 皃(가면 쓴 사람)의 강렬한 생김새로 이루어져, 겉으로 드러나는 '모양'을 뜻하게 됐어요.

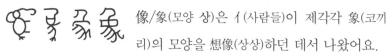 像/象(모양 상)은 亻(사람들)이 제각각 象(코끼리)의 모양을 想像(상상)하던 데서 나왔어요.

態(态모양 태)는 자태(姿態), 태도(態度), 태세(態勢)처럼 能(능히) 그 心(마음가짐 또는 심리적인 상태)를 짐작케 하는 '모양'을 의미해요.

姿(모양, 맵시 자)는 次(차 → 자) 발음과 女(두 손을 가지런히 모으고 앉은) 모습으로 이뤄졌어요. 姿勢(자세), 姿態(자태; 몸가짐이나 맵시)처럼 태도가 담긴 모양새에 써요.

樣(样모양 양)은 나무도 쓰임에 따라 그 모양이 중요해서 또는 나무에 모양이나 형상을 새겨서 樣(나무 목)이 의미 부분이고, 羕(양)이 발음이에요.

狀(状모양 상/문서 장)은 爿(나뭇조각 장)에서 장 → 상 발음을 취했고, 犬(개 견)이 의미 부분이에요. 나뭇조각에 개의 形狀(형상)을 새겼다고 기억해보세요.

마지막으로, 종합예술(綜合藝術)은 서로 다른 분야의 예술이 혼합된 형태의 예술을 말해요. 연극, 영화, 오페라, 뮤지컬 등이 그렇지요. 음악, 미술, 무용, 건축 등 여러 분야의 예술이 모두 포함된 종합선물 세트 같아요.

그럼 각각의 예술 분야로 넘어갈게요.

▶음악

音(소리, 음악 음)은 입으로 나팔 같은 악기를 부는 모습에서 나왔고, 樂(乐음악, 악기 악)은 ⽊(나무)로 된 몸체에 ⼳(줄)을 건 현악기를 본떴어요. 여기서 ⽩은 줄을 튕기는 손톱(⬥ ⓑ ⓑ) 또는 현을 조율하는 기구를 뜻해요. 음악을 연주하면 즐거워져서 모두가 좋아하였으므로 樂(악)은 樂(음악 악), 樂(즐기다 락), 樂(좋아하다 요) 세 가지 뜻을 가지게 됐어요.

노래

초기의 대중가요(大衆歌謠)는 주로 거친 자연을 일구며 부르던 노동요(勞動謠)들이었어요. 노래 한 곡이 고되고 지루한 노동의 수고를 덜어주었기 때문이에요.

쟁기로 땅을 파며 힘써 일할 때도, ◁▷♪노래를 부르면 힘과 능률이 팍팍 ╱증가(增加)한다고 해서 加(더하다 가)가 됐을 정도예요.

歌(노래(하다) 가)는 발음인 ⼞⼞哥(노래 가)와 欠(입을 크게 벌리고 노래하는 모습)으로 이뤄졌어요.

謠(谣노래(하다) 요)는 言(노랫말)을 부르고 缶(항아리)로 장단을 맞추며 한 曲調(곡조) 뽑던 데서 나왔어요. ▨(고기)가 담긴 ⼚⽕⽶(장군항아리)를 나타낸 䍃(요)가 발음이에요.

'곡조'의 曲(굽다, 가락, 악곡 곡)은 대나무로 짠 바구니의 굴곡(屈曲) 있는 모양에서 '굽다', '굽히다'가 됐어요. 음악에서는 음의 높이가 높아졌다 낮아졌다 하며 구불구불 변화하는 '가락'을 뜻해요.

歌唱力(가창력)을 뽐내는 唱(노래(하다) 창)은 口(입)으로 昌(크고 기세
좋게) 노래한다는 뜻이에요.

악기(樂器)는 타악기, 관악기, 현악기로 나뉘어요.
타(打)악기는 두드려서 소리를 내는 악기예요.
扌(手)으로 치면 소리가 丁丁(쩡쩡) 울린다고 打(치다 타)를 써요.
타악기는 두드려서 박자(拍子)를 맞추고 리듬을 만드는 데 사용했어
요. 拍(박자, (손뼉)치다 박)은 扌(손)의 白(흰) 부분인 손바닥으로 친다
고, 白(희다 백)으로 백 → 박 발음을 나타냈어요.

옛날의 타악기 중에는 돌(또는 옥)조각을 특정한 음이 나도록 갈아서,
틀에 매달아놓고 망치로 쳐서 소리를 내는 악기 '경쇠'도 있었어요.
그래서 磬(경쇠 경)은 殸(경쇠)를 殳(치는) 모습과 재료인 石(돌 석)으로 이
루어졌어요. 이 악기를 소개하는 이유는 聲(소리 성) 때문이에요.

聲(声소리 성)이 바로 殸(경쇠)를 殳(치고) 그 소리를 耳(듣는) 모습이거
든요.

대표적인 타악기는 뭐니 뭐니 해도 북이지요.
鼓(북 고)는 壴(북)을 支(손에 쥔 막대기로) 치는 모습이에요.
둥둥거리는 彡(북소리)를 더하면 彭(북치는 소리 방/성씨 팽)이에요.
壴(북)치고 口(노래하며) 喜喜樂樂(희희낙락)하면 喜(기쁘다 희)고요.
喜(기쁘다 희) 두 개를 나란히 쓴 囍(쌍희 희)는 기
쁜 일이 겹치거나 잇달아 일어나길 바란다는 의미
예요. 실제 문장에는 쓰지 않고 자수, 그림, 공예
품 등에 넣어요.

종도 중요한 타악기였어요.

손잡이 달린 종을 본뜬 게 甬(길 용)이에요.

그런데 '대롱', '양쪽으로 담을 쌓은 길' 등의 뜻도 지니고 있어요. 그래서 辶(가다 착)을 더하면 텅 빈 가운데를 관통(貫通)해가는 通(통하다 통)이 돼요. '통하다', '꿰뚫다'에서 → '훤히 알다'라는 의미도 파생됐어요. 예 疏通(소통), 通過(통과), 通達(통달)

또 종은 속이 비었으므로, 甬(용)에는 안이 텅 비었다는 의미도 있어요. 때문에 속이 텅 빈 인형을 나타낸 俑(인형, 허수아비 용)의 발음으로도 쓰여요.

俑(용) 자(字)가 나오니 진시황릉 근처에 있는 유적지 兵馬俑坑(병마용갱)이 떠올라요. 갱도 안에 병사(兵士)와 말(馬)의 인형이 있어서 붙여진 이름인데요, 목이 부러진 인형의 ○ 표시 부분을 보면 정말 안이 텅 비어 있어요.

鍾(钟종 종)은 金(금속)으로 만든 重(무거운) '종'을 뜻해요. 대형 청동 종은 무게가 수백 킬로나 나갈 정도로 무거웠기 때문에 발음으로 重(무겁다 중)을 썼어요.

鐘(钟종, 시계 종)은 金(금속)으로 만들었다는 의미에, 童(동 → 종)이 발음이에요. 鐘閣(종각: 종을 매달아 놓은 집), 警鐘(경종: 경계하도록 만드는 주의나 충고)에서는 '종'을, 自鳴鐘(자명종), 掛鐘(괘종)에서는 '시계'를 뜻해요.

業(업일, 직업 업)은 고대에 종을 걸던 業(악기 대)와 재료인 業 木(나무 목)으로 이루어졌어요. 옛날에는 직업이 다양하지 않아서, 악기를 연주하는 일이 특별한 전문직 중의 하나였어요. 해서 '일', '직업'을 뜻하게 됐지요(종은 두께에 따라 음의 높이가 각각 달랐는데, 치는 방법과 강도 등에 따라서도 음색에 차이가 났어요. 때문에 전문적인 악사들이 연주했어요). ♂

관(管)악기는 숨을 불어 넣어 관 안의 공기를 진동시켜 소리를 내는 악기예요. 管(대롱, 피리 관)은 속이 빈 ⺮(대나무)와 발음인 官(관)으로 이루어졌어요.

*官(관청, 관리 관)이 발음.

血管(혈관), 試驗管(시험관), 下水管(하수관)처럼 몸체가 둥글고 속이 빈 것을 가리켜요. 참고로 管(관)에는 '관리하다', '주관하다'라는 뜻도 있어요. ⺮(죽간)을 官(관청)에서 管理(관리)했기 때문이에요.

예 主管(주관), 管掌(관장: 맡아서 주관함), 管制(관제: 관리 통제함), 管轄(관할)

대표적인 관악기는 피리였어요.
龠(피리 약)은 龠(여러 개의 피리)를 스(합쳐서) 묶은 모양이에요.

笛(피리 적)은 ᙲ(대나무관) 由(으로부터) 소리를 뽑아내는 '피리'를 뜻해요.

* 由(말미암다, 인하다 유)는 주머니로부터 무엇을 짜내는 모양에서 '~로부터 말미암다' 라는 뜻이 됐어요.

현(絃)악기는 줄을 켜거나 타서 소리를 내는 악기예요. 악기줄은 주로 검은색을 썼기 때문에 絃(줄 현)은 糸(실 사)가 의미, 玄(검다 현)이 발음이에요.

대표적인 현악기였던 거문고와 비파를 볼게요.

琴(거문고 금)은 현악기를 상징하는 玨 → (악기줄)과 ᐧ → 발음인 (금)으로 이뤄졌어요. 三(줄) 가운데에 세로로 丨(기러기발)도 그려놓았지요? 기러기발은 단단한 나무로 기러기의 발 모양과 비슷하게 만든 것인데, 현악기 줄 밑에 괴어 줄의 소리를 고르는 기구예요.

瑟(비파 슬)도 玨(악기 줄)을 그려놓고, 必(반드시 필)로 필 → 슬 발음을 나타냈어요.

'금슬이 좋다'고 할 때의 琴瑟(금슬)은 소리가 잘 어울리는 거문고와 비파처럼 다정한 '부부간의 정'을 말해요.

그런가 하면 心琴(심금)은 외부의 자극에 의해 미묘하게 움직이는 마음을 거문고에 빗대어 시적으로 표현한 말이에요. '심금을 울린다'고 하면 마음속의 거문고 줄을 울린다, 즉 마음(감정의 울림)이 걷잡을 수 없이 미묘하게 반응함을 뜻해요.

더 알아보기

演奏(연주)

演(펴다, 행하다, 설명하다 연)은 氵(물 수)에서 넓게 퍼진다는 의미를 취했고, 寅(셋째지지 인)으로 인 → 연 발음을 나타냈어요. 행한다는 뜻으로 쓰이고요. 예 演奏(연주), 演技(연기), 出演(출연), 試演(시연; 시험적

으로 행함) 설명한다는 뜻도 가져요. (예) 演說(연설), 講演(강연)

발음 부분인 寅(인)은 좀 애매한 글자인데요, 갑골문과 금문을 근거로 해 '양손으로 화살을 펴는 모습'으로 보는 편이에요. 모양이 많이 변했고, 지지의 세 번째 글자(子丑寅卯辰巳午未申酉戌亥)로 가차됐어요.

奏(연주하다, 아뢰다 주)는 夲(大(사람)과 止(발)의 변형) + 屮(풀 철) + 廾(두 손)으로 이뤄져 수확한 곡식을 양손에 받들고 신에게 바친다는 의미였어요. 이로부터 '아뢰다', '(물건을) 권하다'가 되었고요.

임금에게 말씀드리는 奏請(주청) 외에는 獨奏(독주), 合奏(합주), 伴奏(반주)처럼 주로 演奏(연주)한다는 뜻으로 쓰였어요.

耽溺(탐닉)

耽溺(탐닉)은 어떤 일을 즐겨 그 일에 몹시 빠지는 것이에요.

*冘(유 → 탐)이 발음. 冘(머뭇거리다 유)는 人(사람)에게 冖(차꼬)를 채운 모습.

耽(즐기다, 빠지다, 열중하다 탐)은 耳(귀)가 冘(빠져들도록) '즐기다'예요. 책을 읽는 데 빠지는 건 耽讀(탐독), 아름다움을 추구하는 데 열중하는 건 耽美(탐미)예요. 참고로 먹을 것에 빠져드는 건 食耽X(식탐)이 아니라 '食貪(식탐)'이에요. 貪(탐하다 탐)을 쓰지요.

虎視眈眈(호시탐탐) 노린다고 할 때는 目(눈)이 冘(빠지도록) 노려보는 眈(노려보다 탐)을 써요. 호랑이가 눈을 부릅뜨고 먹이를 노려보듯이 기회나 상황을 주시한다는 뜻이에요. ♂

▶무용

舞(춤추다 무)는 소매가 화려하게 장식된 옷을 입고 춤추는 모습이에요. 춤출 때 두 발이 엇갈리는 춤사위를 舛(어그러지다 천)으로 표현했어요.

원래는 無로 써서 灬(불)을 피워놓고 춤추는 모습이었어요. 無我(무아)지경에 이른다고 無(无없다, 아니다 무)로 가차되자, 舛(두 발)을 더한 게 舞(춤추다 무)예요.

踊(뛰다, 춤추다 용)은 ⃒足(발)과 甬(🔔종)으로 이뤄졌어요. 종소리에 맞춰 뛰어오르며 춤춘다는 의미로, 역시 고대 의식의 한 장면을 연상시켜요.

*甬(용)이 발음.

▶ 문학

문학(文學)은 인간의 생각과 감정을 말이나 글로 표현하는 예술, 또는 그 작품을 일컬어요. 말과 글을 사용하므로 언어(言語)예술이라고도 해요. '시(詩)'와 '소설(小說)'을 봐도 言(말(하다) 언)이 들어 있지요? 學(学배우다, 학문 학)이 붙은 건, 옛날엔 '문학'이란 말이 '학문'의 뜻으로 많이 쓰였기 때문이에요. 철학, 역사학, 언어학, 자연과학, 정치학, 법률 등을 총칭했어요. 학문의 발달로 학문과 예술이 분리되자, 차츰 순수문학을 가리키는 '문예(文藝)'의 의미로 한정됐지요. '문(文)학'이라고 하지만 '말'로 된 것도 문학에 포함돼요. 입에서 입으로 전해져 온 노랫말, 설화, 민속극 등을 '구비문학(口碑文學)'이라고 하지요. 문자가 만들어진 후 글로 기록하게 된 것을 '기록문학(記錄文學)'이라 부르고요. 문학은 표현양식에 따라 크게 시, 산문, 희곡으로 나뉘어요.

시

詩(诗시 시)는 의미부분인 言(말(하다) 언)과 寺(사 → 시) 발음으로 이뤄졌어요. 寺(절 사)는 본래 '관청'을 뜻하다가 불교가 들어온 후 관청을 개조해 '절'로 쓰게 되면서 불교의 '절'을 가리키게 됐어요. 옛날에 관청이나 절에서 의식을 치를 때 읊조리던 글은 운율을 맞춰 썼기 때문에 寺(사)가 詩(시)의 발음부분으로 들어갔어요.

기원을 살펴보면, 시는 고대의 제사의식과 노동요에서 노랫말이 따로 나와 발전한 것이에요. 때문에 시를 읽으면 노래 가락과도 같은 '말의 가락'이 느껴져요. 이것을 운율(韻律)이라고 해요. 운율 있게 쓴 글이 '운문(韻文)'이고요. 리듬감을 만들려면 글자 수를 맞추고 비슷한 말소리(韻운)나 문장구조를 반복해야 돼요. 해서 많은 의미를 간결한 언어로 압축해놓지요.

산문

시와 달리 문장을 자유롭게 풀어(흩뜨려) 쓴 글은 散(흩뜨리다, 흩어지다 산)을 써서 '산문(散文)'이라고 해요.

散(흩(어지)다 산)은 艹(삼껍질)이 풀어지도록 攵(손에 막대기를 들고 쳐서) 흩트리는 모습이에요. 月(달 월)이 붙은 건 주로 저녁에 이 일을 했기 때문이에요. 산문의 대표적인 형태는 소설(小說)이에요. 小(작다 소)를 쓰는 건, 중국에서 소설(小說)이라는 말이 '가담항어(街談巷語; 길거리와 골목의 이야기)', '잔총소어(殘叢小語; 흩어져 있는 자잘한 말들을 모은다)'와 관련된 의미를 가졌기 때문이에요. 한나라 때였어요. 왕은 '패관(稗官)'이라는 말단 관리들을 시켜 거리에 떠도는 이야기들을 채집, 기록하게 했어요. 민심을 살펴 정치에 참고하려고요. 이때 패관들은 상상력을 보태 이야기를 윤색하기도 했지요. 아무튼 경서(經書)나 사서(史書)에 비해 천박하고 자질구레한 이야기라 하여 小(작다 소)를 써서 소설(小說)로 불렸답니다.

說(说말(하다) 설/달래다 세)는 言(말(하다) 언)이 의미, 兌(태)가 발음이

566

에요. 옛날에는 兌와 說의 발음이 비슷했다고 해요. 兌를 兌(입으로 큰 소리를 내며 말하는 사람)으로 보면 '말한다'는 뜻을 기억하기 쉬워요. 오늘날의 '소설'은 작가가 상상으로 꾸며낸 '이야기'를 일컬어요. 꾸며냈지만(虛構性허구성) 그 안에는 인생에 대한 진실을 담고 있어야 하지요(眞實性진실성). 진짜인 듯 진짜 아닌 진짜 '이야기'랄까요. '이야기'니까 시간의 흐름에 따라 사건의 진행이 서술돼요(敍事性서사성). 당연히 예술적으로 잘 구성(構成)해야 더 큰 감동을 줄 수 있겠죠(藝術性예술성)?

소설 구성의 3요소는 인물(人物), 배경(背景), 사건(事件)이에요. 이 중 배경이란 이야기 뒤(背)로 보이는 풍경(景)을 말해요. 이야기가 일어나는 시간적, 공간적, 사회적 배경 등이 있을 테니까요.

수필(隨筆)은 隨(따르다, 좇다 수)와 筆(붓, 쓰다 필)이 합쳐졌어요. 붓을 따라 붓 가는 대로 쓴다고요. 시, 소설, 희곡과 달리 일정한 형식이 없이 자유롭게 쓸 수 있기 때문이에요. 덕분에 작가의 개성이 아주 강하게 드러나지요.

주제에 따라, 사회적 문제 등 무거운 주제를 다룬 중수필(重隨筆)과 요즘 많은 분들이 올리는 블로그 글처럼(?) 일상생활 등의 가벼운 주제를 다루는 경수필(輕隨筆)로 나뉘어요.

*수필(隨筆)의 隨(따르다 수)에 대해서는 '주술과 제사' 부분을 참고해 주세요.

희곡

희곡(戱曲)은 무대에서 공연하기 위해 쓴 연극 대본을 말해요. 戱(희롱하다, 놀다, 연극 희)는 발음부분인 虛(비다 허)와 戈(창)으로 위세를 보인다는 의미가 합쳐졌어요. 창을 들고 상황극을 펼친다고 상상하면 '연극'이란 뜻을 기억하기 쉽지요.

▸미술

美術(미술)은 시각 및 공간의 美(미)를 표현하는 예술이에요. 회화, 조각, 공예, 서예 등이 포함돼요.

繪畫(회화)는 선(線)과 색채(色彩)를 이용해 평면(平面) 위에 형상을 그리는 미술이에요.

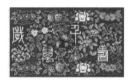

線(线줄 선)은 糸(실 사)와 泉(샘 천)을 합쳐, 가느다란 실과 가느다랗게 흘러나오는 물줄기처럼 가늘고 긴 '줄'을 뜻해요.

繪(绘그림, 그리다 회)는 색색의 糸(실)을 會(합해 → 배합해) 그림을 수 놓던 데서 나왔어요. *糸(실)이 의미, 會(모이다회)가 발음.

畫(画그림, 그리다 화/긋다, 나누다, 꾀(하다) 획)은 손에 붓을 잡고 무늬를 그리는 모습이었는데, 후에 画(田밭) 주위에 짧은 선들을 그어 밭의 경계를 그리는 것처럼 됐어요. 속자(俗字)는 畵예요. '긋다', '(그은)획', '꾀하다'라는 뜻일 때는 '획'으로 발음해요.

畫(획)에 刂(칼 도)를 더하면? 畫(경계를 그려) 칼로 刂(나누듯) 구분한다는 뜻의 劃(划긋다, 나누다 획)이에요.

예 區劃(구획; 경계를 가른 구역), 줄을 쭉 그은 것처럼 한결같은 劃一(획일), 앞으로의 일을 미리 헤아려 작정하는 計劃(/計畫 계획)

彫塑(조소)는 彫刻(조각)과 塑造(소조)를 아울러요. 쉽게 설명하면 조각은 깎아가며 만드는 것, 소조는 (찰흙이나 석고 같은 재료를) 덧붙여가며 빚는 것이에요. 그래서 塑(흙 빚다, 토우 소)는 재료인 土(흙)과 작아졌던 달이 다시 차오르는 朔(삭)을 함께 써서 흙을 덧붙여가며 빚는다는 의미를 나타냈어요.

▶건축

建築(건축)은 집, 건물, 다리 등의 구조물을 설계하고 만드는 일이에요.  建(세우다 건)에 대해서는 여러 설이 있지만, 건축과 관련해선 聿(손에 붓을 들고) 사람들이 止(지나닐) 彳(도로)의 설계도를 그리는 모습으로 보는 편이에요. 건설의 맨 처음 단계인 설계도를 그리는 모습으로 建設(건설)한다는 의미를 나타냈다고 해요.

*築(筑쌓다 축)은 '주거'편을 참고해주세요.

▶연극

演(펴다, (연기, 연주 등을) 행하다, 익히다 연)은 앞의 '음악' 부분에서도 나왔죠?

劇(剧연극, 심하다 극)의 발음 부분인 豦(거)는 호랑이가 앞발을 들고선 모습이라고 해요. 그럼 豦(호랑이)랑 刂(칼)로 싸우는 그림이 되나요? 실은 실제로 싸우는 게 아니라, 제의나 오락을 위해 사람이 동물의 가죽을 뒤집어쓰고 공연을 하는 것이에요. 그래서 '연극'이라는 뜻이 됐고요. 劇(극)의 刂(칼 도)가 본래 力(힘 력)이었다는 설명도 있어요. 虍(호랑이)와 豕(멧돼지)가 力(힘껏) 싸우는데 너무 격해서 '심하다'는 뜻이 됐고요.

연극의 3대 요소는 배우, 무대, 관객이에요. (+대본 → 4대 요소)
배우(俳優)의 俳(광대 배)는 亻(사람)이 非(아니다 해~)라니요? 광대를 천시하던 시대에 생겨나서 그런가 봐요.

*非(비→배)가 발음.

하지만 俳優(배우)님들, 너무 기분 나빠 하지 마세요. '배우'의 優(우)에는 優雅(우아)하다는 뜻도 있으니까요.

優(优뛰어나다, 배우 우)는 기우제를 주관하던 '제사장'에서 나왔어요. 남보다 우월(優越)한 능력을 가진 무당이 분장하고 춤을 추는 행위로부터 '뛰어나다'와 '배우(俳優)'라는 뜻이 됐어요.

무대(舞臺)의 臺(台대 대)는 士(↑발의 변형)과 高(고)의 생략형, 至(이르다 지)로 이뤄졌어요. 士(올라가서) 高(높이) 至(이르게) 된다는 뜻이에요. 예 舞臺(무대), 展望臺(전망대)

▸영화

映畫(영화)는 撮影(촬영)한 필름을 영사막에 비추어 움직임을 재현해 보이는 예술이에요. '撮影(촬영)'의 撮(취하다 촬)은 扌(손 수)와 발음 부분인 最(가장 최)로 이루어졌어요. 또 影(그림자 영)에는 '그림'이라는 뜻도 있어요.

映(비추다 영)은 日(빛)이 영사기 央(한가운데)의 작은 구멍으로 나와서 스크린 위에 영상을 비추므로 央(가운데 앙)으로 앙 → 영 발음을 나타냈어요.

▸예술 활동

예술 활동은 예술가가 창작(創作)한 작품(作品)을 관객이 감상(鑑賞)하는 것으로 이루어져요.

무엇인가를 만들려면 (칼)날이 있는 도구가 필요했으므로 創(创만들 * 刅(곳집 창)이 발음.
다, 시작하다, 다치다 창)에는 刂(칼 도)가 들어 있어요. '다치다'라는 뜻 * 刅은 刃(칼날 인)과 丶 (상처)를 나타냄.
도 있는 건 創(창)이 본래 刅의 이체자였기 때문이에요.

作(짓다 작)은 亻(사람 인)과 옷을 만든다는 乍(잠깐, 짓다 사)로 이뤄졌
어요.
乍(사)는 웃옷의 옷깃을 자르는 모양이었는데, 후에 '잠깐'으로 가차
됐어요. 그래서 제작자(製作者)인 亻(사람)을 더한 게 作(짓다 작)이에
요. '만들다', '作業(作业작업)하다', '만든 作品(작품)'을 뜻해요.

작품을 창작한 사람은 저작권을 가져요. 著作權(著作权저작권)은 창
작물에 대해 저작자(지은이)나 그 권리 승계인이 가지는 권리예요. 저
작자가 살아 있는 동안, 더불어 사망 후 50년간 법적 보호를 받았는
데 최근 70년으로 늘어났어요.
著(짓다, 저술하다 저)의 艹(풀 초)는 ⺮(竹(나무) 죽)과 같아요. 옛날에
는 두 글자가 호환됐어요. 者(자)는 이것저것 그러모으는 것이므로,
著(저)는 대나무 조각을 모아 그 위에 글을 쓴다는 의미예요. 또 '顯
著(현저; 뚜렷이 드러남)'에서는 '드러나다', '나타나다'라는 뜻이에요.

27 숫자

▶ **수**

기록에 의하면 가장 오래된 숫자 표기 방법은 새끼줄에 매듭을 묶는 것이었어요.

數(数셈, 세다 수)에 대해서도 婁(결승)과 攵(支손에 산가지를 든 모습)으로 이루어졌다는 설명이 있고, 婁(여자가 머리에 인 짐)을 攵(支막대기)로 세는 모습이라는 설명도 있어요.

▶ 1부터 10까지의 수, 그리고 0

一(하나 일)은 가로선 1개, 二(둘 이)는 가로선 2개, 三(셋 삼)은 가로선 3개를 그린 모양이에요. 여기까지는 한눈에 뜻을 알 수 있지요? 하지만 4부터는 다른 글자를 살~짝 빌려다 썼어요. 숫자가 커질수록 일일이 그리기 힘들고 시간도 오래 걸렸기 때문이에요. 돼지 500마리, 양 400마리를 기록해야 한다고 생각해보세요. 300마리쯤 긋다 보면 내가 작대기인지, 작대기가 나인지 헷갈릴 지경에 이를 거예요.

四(넷 사)는 갑골문과 금문에서 〓(가로선 4개)로 썼어요.

나중에 (입 또는 콧구멍에서 숨을 내쉬는) 모습을 가차해 숫자 4로 쓰게 됐지요. 四 四 위, 아래, 좌, 우 사방으로 八 (ㅅ나누는) 데서 나왔다는 설도 있고요.

五(다섯 오)는 1부터 9까지의 자연수 중 __(가장 낮은 수 1)과 ━(가장 높은 수 9) 사이에서 ×(교차된다)는 의미로 ㄨ(숫자 5)를 표현했어요.

六(여섯 륙/육)은 지붕과 양쪽 기둥으로 이루어진 집을 본떴는데, 숫자 6으로 가차됐어요.

七(일곱 칠)은 본래 十으로 썼어요. 후에 숫자 10과의 혼동을 피하기 위해 아랫부분을 구부려서 현재 모양이 됐어요.

八(여덟 팔)은 八 (둘로 나눈) 모양이에요. '나누다'가 원래 뜻이었는데 숫자 8로 가차됐어요. 8이 4와 4로, 다시 4가 2와 2로, 또 2가 1과 1로 계속해서 둘로 나누어지기 때문이란 설명도 있어요. 본래의 나눈다는 뜻으로는 刀(칼 도)를 더해 새로 分(나누다 분)을 만들었어요.

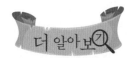

더 알아보기

分(분)이 들어간 글자

米(쌀)을 작게 分(나눈) 粉(가루 분)

糸(실)이 뒤얽혀서 分(나누기) 紛(紛어지럽다 분)

貝(재물)을 分(나누니) 貧(貧가난하다 빈)

雨(빗방울)이 작게 分(쪼개진) 雰(안개 분) ♂

九(아홉 구)는 (팔꿈치를 구부린) 모습인데 숫자 9로 가차됐어요.

十(열 십)은 갑골문에서 하나의 세로선(│)으로 표시했는데, 후에 매듭을 묶은 十(│)모양으로 바뀌었어요. 앞에 言(말하다 언)을 더하면 計(나세다, 셈하다 계)가 되어요. 言(말)로 소리 내며 十(열 개씩) 묶어 수를 셌기 때문이에요. 요즘 십진법(十進法)으로 계산(計算)하듯이 말예요.

그런데 '미리 수를 읽는다'는 표현이 있지요? '헤아리다', '계산', '꾀'라는 뜻으로 '계략(計略)', '계획(計劃)' 등에도 써요.

'계산(計算)'의 算(셈하다 산)은 ⺮(대나무) 산가지를 놓고서 目(눈)으로 보고 廾(손)을 쓰며 '셈하다'예요.

0은 원래 霝(령)으로 썼어요. 하늘에서 비가 떨어지는 모양으로, 아래에 있는 ㅁㅁㅁ는 ㅅㅅ빗방울들이에요. 나중에 발음인 令(령)을 붙여 새로 만든 게 零(숫자0, 떨어지다 영)이에요.

중국인과 숫자의 의미

1 홀수인 1에는 '홀로'라는 뜻이 있어서, 특히 결혼식과 관련해 기피하는 숫자예요. 결혼식장에는 모든 것을 2개씩 짝 지어 놓아둬요.

2 일반적으로 홀수보다는 짝수를 선호해서 각종 행사 날짜도 짝수 날에 잡는 편이에요. 하지만 상주에게 조의금을 낼 때나 병원 환자에게 선물을 줄 때와 같이 좋지 않은 일에는 되도록 짝수를 피해요. 禍不單行(화불단행; 나쁜 일은 혼자 오지 않는다)이라는 말처럼, 불행이 두 배가 된다는 의미이기 때문이에요.

3 散(흩어지다, 헤어지다 산)과 발음이 비슷해서 꺼리기도 해요.

4 死(죽다 사)와 발음이 비슷해 기피하는 편이에요. 하지만 '4계절 평안

하다', '4계절 돈을 잘 번다'는 뜻을 부여하기도 하죠.

5 1과 9의 가운데 숫자 5에는 '중용'의 의미가 있어 좋게 여겨요. 또 채팅이나 문자를 보낼 때 我(워 즉, 나) 또는 無(없다 무)의 뜻으로도 써요. 예 576 : 我去了 나 간다. 514 : 无意思 재미없어

6 순리를 따른다는 의미의 流(류)와 발음이 비슷해서 선호하는 숫자예요.

7 행운의 숫자 7이라고 하죠? 하지만 중국인들은 그다지 내켜 하지 않는 숫자예요. 장례풍습과 관련된 숫자이기 때문이죠. 사람이 죽으면 7일을 주기로 7회에 걸쳐 제사를 지내는데, 특히 죽은 지 7일이 되는 날이면 지폐를 태우는 燒七(소칠)을 지내고, 49(7×7)일이 되는 날에는 七七祭(칠칠제)를 지내요. 이처럼 죽음과 관련돼 있으므로 7을 꺼리기도 하지요.

8 돈을 많이 번다는 의미의 发财(파차이)나 发展(발전)한다는 뜻의 发(파)와 발음이 비슷해 중국인들이 굉장히 좋아하는 숫자예요. 그래서 8이 들어간 전화번호나 자동차 번호판은 더욱 값비싸게 거래되기도 하죠. 8이 많이 들어 있는 번호를 가지면 그만큼 돈이 많이 들어올 것 같은 기분이 든다고 해요. 물건 가격도 8元, 88元으로 끝나는 경우가 많은데요, 그 이유는 웬만하면 물건 값을 깎으려고 하지 않기 때문이라네요.

9 오래간다, 장수한다는 뜻의 久(지 우)와 발음이 비슷하여 선호하는 숫자예요. ♂

▶ 큰 단위의 수_ 百(백), 千(천), 萬(만), 億(억), 兆(조)

百(백 백)은 발음이 비슷한 白(희다 백)을 빌려와서 위에 ー(가로선 하

나)를 그은 모양이에요. 200은 발음인 白(백) 위에 二(가로선 두 개)를 그은 百으로, 300은 三(가로선 세 개)를 그은 百으로 표기하는 식이었어요.

숫자 1000을 나타내기는 매우 어려웠어요. 그래서 발음 부분으로 亻(사람 인)을 빌려왔지요. 千(천 천)은 亻(사람 인)의 다리에 一(가로선 하나)를 그은 모양 이에요. 2000은 亻(인)에 二(가로선 두 개)를 그은 으로, 3000은 三(가로선 세 개)를 그은 으로 표기하는 식이었어요. (4000은 , 5000은)

萬(万만 만)은 전갈의 艹(집게발)과 田(몸통), 内(다리와 독침)을 본떴는데, 가차되어 숫자 10000(일만)을 뜻하게 됐어요. 萬病(만병), 萬能(만능)처럼 萬(만)은 '많음'을 나타내기도 해요.

億(亿억 억)은 亻(사람 인)과 意(뜻, 생각하다 의)로 이루어졌어요. 亻(사람)이 意(생각)할 수 있는 큰 수라는 의미예요.

兆(조 조)는 뼈로 점을 칠 때 (거북이 등껍질에 금이 간 모양)을 본떴어요.

더 알아보기

갖은 字(자)

보통 쓰는 글자보다 획을 더 많이 써서 모양을 달리한 글자예요.

一(일) : 壹(약자(略字)는 壱)　　　二(이) : 貳(약자는 弐)

三(삼) : 參(약자는 参)　　　　四(사) : 肆

五(오) : 伍　　　　　　　六(육) : 陸

七(칠) : 漆/柒　　　　　八(팔) : 捌

九(구) : 玖

十(십) : 什 또는 拾(양쪽 扌(손)을 合(합하면) 손가락이 열 개가 되므로)

百(백) : 佰

千(천) : 阡 또는 仟 ♂

▸반(½), 하나, 둘/쌍, 배

半(반 반)의 윗부분은 八(둘로 나눈다)는 의미이고, 아랫부분은 牛(소 우)예요. 소 한 마리를 반으로 나눈 '반(쪽)'에서 나왔어요.

單(单홑, 하나, 낱(개) 단)은 Y(갈라진 나뭇가지)의 양끝에 口口(돌)을 매 단 원시사냥도구를 본떴어요. 單(단)은 함께 사냥하는 조직을 가리키 기도 했는데, 주로 單一(단일) 혈연의 씨족으로 구성된 單獨(단독) 집 단이었으므로 '홑', '하나', '오직', '다만'이라는 뜻이 됐다고 해요.

個(낱, 하나 개)는 처음엔 竹(대나무)의 반쪽만 그린 个모양으로 써서, 대나무나 화살을 세는 단위로 썼어요. 그러다가 발음인 圇(고)를 덧 붙여 箇 모양이 되었어요. 箇(개)가 사람을 세는 데 많이 쓰이자 아예 ^^(죽)을 빼고 亻(사람 인)을 넣은 것이 個(个낱, 하나 개)예요.

예 個人(개인), 個別(개별), 別個(별개)

참고로 현대 중국의 간화자에서는 다시 원래의 个(개)로 돌아가 一个 人(한 사람), 三个苹果(사과 세 개)처럼 써요.

雙(双짝, 쌍 雙)은 雔隹(새 두 마리)를 又(손에 쥔) 모양이에요.

兩(两둘, 짝, 양쪽 양)에 대해서는 양쪽에 접시가 달린 양팔저울을 본 떴다는 설도 있고, 말 두 필이 끄는 수레의 멍에(수레를 끄는 소와 말의

*속자는 双(쌍).

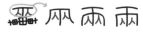

목에 얹는 구부러진 막대)를 본떴다는 설도 있어요. 兩面(양면), 兩側(양측) 등에 써요.

倍(곱, 갑절 배)는 亻(인)과 咅(부 → 배) 발음으로 이뤄졌어요. 발음인 咅(침 부/침뱉다 투)는 立(서서) 口(침)을 뱉는다고 보면 돼요. 누워서 침

을 뱉진 않으니까 立(서다 립)을 썼고요. 그런데 咅(부)를 발음으로 쓰는 글자들이 꽤 있어요. 우선, 賠(물어주다 배)는 貝(돈)으로 배상(賠償)한다는 의미에 咅(부)가 발음이에요. 培(북돋다 배)는 식물을 배양(培養)하는 土(흙)과 발음인 咅(부)를 합쳤고요.

部(거느리다, 무리, 구분 부)는 발음인 咅(부)와 阝(邑 고을 읍)으로 이루어졌는데, 임금이 거느린 행정구역이자 사람들이 무리지어 사는 阝(邑 고을 읍)에서 '거느리다', '무리'라는 뜻이 나왔어요.

예 部下(부하), 部隊(부대), 部首(부수), 部署(부서), 部分(부분), 外部(외부)

剖(가르다 부)는 刂(刀칼)로 가른다는 의미에, 咅(부)가 발음이에요.

예 解剖學(해부학), 剖檢(부검; 시체를 해부해 죽은 원인을 검사하는 일)

▸종합점수와 총계

糸(실)은 여러 가지를 모아 하나로 묶을 수 있어서 모은다는 뜻의 綜(종)과 總(총)에서도 의미 부분을 담당해요.

綜(綜모으다 종)의 발음인 宗(사당 종)은 그 자체로 모은다는 뜻을 가지고 있으므로(모두 모여 제사를 지내는 곳이기 때문이에요) 의미 부분이기도 해요.

總(总모두, 다, 모으다, 거느리다 **총**)은 糸(실)로 묶는다는 의미에, 悤(바쁘다 총)이 발음이에요. 綜合(종합)은 관련된 여러 가지를 한데 모아서 합하는 것이고, 總合(총합)은 모두를 모아 합(산)하는 것이에요.

예 綜合(종합) 청사, 綜合(종합) 병원, 綜合(종합) 점수

예 판매량 總合(총합), 總點(총점), 인원 總計(총계)

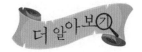

여러 가지를 한데 모아서 묶는 '總括(총괄)'의 括(묶다, 싸다, 감독하다 **괄**)은 扌(손)으로 추려 묶는다는 의미에, (괄)이 발음이에요. 소전의 (괄)이 예서에서 舌(설)로 바뀌었어요.

예 括弧(괄호), 一括(일괄; 개별적인 여러 가지를 한데 뭉뚱그림), 總括(총괄), 包括(포괄)

括 括 자루에 싸서 끈으로 묶는 그림을 떠올려보세요. ♂

28 색깔

▶색

色(색깔, 기색, 색 색)은 ⺈ → ⺈(감싸다 포)의 변형과 巴 → 꿇어 앉은 사람으로 이뤄졌어요. 옛 자형은 이성을 뒤에서 껴안은 모습이었어요. 뒤에서 포옹하는 것보다 동물들이 짝짓기 할 때의 모습에 더 가깝다고 하네요. 흥분하여 顔色(안색)이 변하는 데서 '색'으로 의미가 넓어졌고, 好色(호색)처럼 성(sex)과 관련된 뜻도 나왔다고 해요.

예 색조(色調), 色彩(색채 빛깔), 색감(色感), 기색(氣色), 色情(색정)

참고로 色(색, 색기)가 豊(풍부하면) 艶(艳곱다 염)이에요. 妖艶(요염)할 때 써요.

> 妖(아리땁다 요)에 대해서는 女(여자 무당)이 夭(춤추는) 모습이라는 설명도 있고, 女(여자)는 夭(어려야) 예쁘다는 뜻이라고 설명하기도 해요. 妖艶(요염), 妖精(요정) 외에는 妖怪(요괴), 妖術(요술), 妖物(요물)처럼 妖妄(요망)하다는 뜻으로 많이 쓰여요.

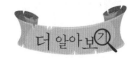

夭 (어리다 요)

夭(어리다 요)는 어린 여자무당이 나긋나긋 춤추는 모습 또는 머리를 한쪽으로 갸우뚱 기울인 어린아이를 그렸다고 해요. 젊은 나이에 일찍 죽는 '夭折(요절)' 외에는 별로 쓰이지 않아요. 夭(어리다 요) 위에 ⺮(대(나무) 죽)을 더하면 笑(웃다 소)예요. 어린아이가 대나무 아래에서 웃는 그림이 떠오르는데요, 대나무 숲에 바람이 불면 댓잎 부딪치는 소리가 웃음소리처럼 들려서 그렇다는 설도 있어요. ♂

*夭(요 → 소)가 발음. 예) 微笑(미소), 拍掌大笑(박장대소)

▶색깔

옛날엔 색깔을 표현할 때 주로 실(素, 糸, 玄)을 이용했어요. 염색하지 않은 흰 실부터 빨강, 초록, 보라 등 색색으로 물들인 실들, 그리고 오래되어 검게 변한 실까지 모두 色(색)을 나타내는 데 쓰였어요.

염료의 빛깔로 해당 색을 나타내기도 했어요. 검은 옻나무 수액이 흘러내리는 모양은 칠흑같이 검은 빛을 가리키는 漆(검다 칠)이 되었고, 대야에 담긴 쪽물을 내려다보는 모습은 藍(쪽(빛), 남색 남)이 되었어요. 특정한 빛깔을 가진 광물로도 색깔을 나타냈어요.

井(우물 정)의 변형. 갱도)에서 채취한 丶(붉은 주사)로 丹(井붉다 단)을, 푸른 옥돌로 碧(푸르다 벽)을, 몸에 두른 옥 장신구로 黃(누르다 황)을 만들었어요. 그럼 각각의 글자로 넘어갈게요.

하양_ 白(백), 素(소)

옛날 사람들은 '흰색' 하면 햇빛과 더불어 생사의 하얀 빛깔을 떠올렸던 걸까요?

白(흰색, 희다 백)에 대해서는 ☀ 해(日)에서 방사되어 나오는 햇빛(/)을 본떴다, 엄지손톱을 그렸다 등의 설명이 있어요.

素(흰색, 희다 소)는 ⳾(생사 여러 가닥)을 꼬아서 (한 가닥의)굵은 糸(실)로 만드는 모양이에요. 아직 염색하기 전이라 원래 바탕색인 흰 빛깔을 띠고 있으므로 '흰색'을 뜻하게 되었어요.

일하다 묻은
황토 사이로
보이는 하얀 손톱

검정_ 黑(흑), 玄(현), 漆(칠)

黑(검다 흑)은 灬(불)을 땠을 때 里(아궁이)에 시커멓게 里``(검댕)이 들러붙던 것으로 검은색을 표현했어요. 또는 불 앞에 앉아 있는 사람의 얼굴에 검댕이 묻은 모습이나, 🔥얼굴에 墨刑(묵형)을 당한 모습이라는 설도 있어요.

물건이 시커멓게 더러워졌든, 죄를 지어 묵형을 당했든 黑(흑)은 '나쁘다'는 이미지를 가지게 되었어요. 黑心(흑심)은 욕심이 많고 부정한 마음을 비유하고, 겉으로 드러나지 않은 음흉한 내막은 黑幕(흑막), 컴퓨터 해커(hacker)는 黑客(흑객)으로 불려요.

*黑(검다 흑)이 의미, 尙(상→당)이 발음.

黨(党무리 당)은 처음에 엉겨 붙은 검댕처럼 나쁜 것들이 모인 것을 가리켰는데, 점차 일반적인 다수의 '무리'를 뜻하게 되었어요.

예 與黨(여당), 野黨(야당)

*발음인 占(점복) 점에 '차지하다', '점유하다' 라는 뜻이 있어요.

點(点점 점)은 黑(검은색)으로 占(자리를 차지한) '점'을 뜻해요.

玄(검다 현)은 오래 十(매달아둬) 색깔이 검게 변한 幺(실타래)를 본떴어요. 천자문의 첫 구절 天地玄黃(천지현황; 하늘은 검고 땅은 누렇다)에서는 밤하늘처럼 깊고 아득한 검은 빛을 의미하지요.

漆漆漆漆(옻(나무의 검은칠) 칠)은 옻나무 껍질을 벗겨 진액을
채취하는(桼) 모양이에요. 氺(흘러내리는) 검은 수액(氵)으로 '검은색'을
표현했어요. 예 漆黑(칠흑)

*참고로 絃(악기줄 현)
과 弦(활시위 현)을 보
면, 악기줄과 활줄 모두
매어져 있는 것이라서
실타래를 '매달아' 놓은
모양의 玄(검다 현)으로
발음을 나타냈어요.

빨강_ 紅(홍), 赤(적), 丹(단), 朱(주)

붉은 태양이 떠오르면 어둠이 사라지듯, 붉은 색에는 나쁜 기운을
막는 힘이 있다고 여겼어요(그래서 부적의 글씨도 붉은색이지요).

紅(紅붉다 홍)은 糸(붉게 염색한 실)에, 工(공 → 홍)이 발음이에요.

赤(붉다 적)은 土(사람)이 火(모닥불) 불빛에 붉게 물들어 '붉다'는 뜻이
됐어요. 그 밖에 사람을 태워 제물로 바치던 화제(火祭)를 적나라(赤
裸裸)하게 그렸다는 설도 있고, 大(큰) 火(불길)을 나타냈다는 설도 있
어요.

丹(붉다 단)은 우물처럼 깊숙이 판 땅과 그 속에 묻힌 丶
(주사)를 의미해요. 丹은 井(우물 정)의 변형이에요.

朱(붉다 주)는 소나무, 잣나무, 가시나무, 주
목 등 속이 붉은 나무의 가지가 부러져 그
속의 붉은 색이 드러나던 데서 나왔어요.

*주사는 丹沙(단사), 辰
砂(진사) 수은으로 이루
어진 진한 붉은색 광물)
로 불리며 붉은 염료나
단약을 만드는 재료로
쓰였어요.

파랑_ 靑(청), 碧(벽), 蒼(창)

靑(靑푸르다, 젊다 청)은 본래 井(우물)가에 난 生(파
룻파릇한 풀)을 가리켰어요. 후에 井(정)을 丹(단)으
로 바꿔서, 生(풀)과 丹(丹 刀갱도에서 캐낸 丶푸른 광물)로 '푸르다'는
뜻을 나타냈어요. 生이 龶으로 변했고요.

*靜(고요하다 정)은 초
목이 靑(푸름)을 爭(다
툰다는) 의미라고 해요.
하지만 소리도, 움직임
도 없이 고요하게 다퉈
서 '고요하다' 예요. 소
란이나 감정 등을 가라
앉히는 鎭靜(진정), 동
맥에 비해 고요히 뛰는
靜脈(정맥) 등에 써요.

碧(푸르다 벽)은 푸른빛이 도는 ⺩(🔵玉옥)에, 白(희다 백)으로 백 → 벽 발음을 나타냈어요. 밑에 石(돌 석)을 쓴 건 옥도 돌이기 때문이고요. 蒼(쑵푸르다 창)은 푸른 ⺿(풀)에, 倉(창고 창)으로 발음을 나타냈어요.

예 蒼海(창해; 푸른 바다), 蒼空(창공; 푸른 하늘)

노랑 _ 黃(황)

黃(누르다 황)은 한 사람이 노란 빛깔의 장신구를 두른 모습인데 '노란 색'으로 가차됐어요. '성씨 황'으로도 쓰여요. 속자는 黄이에요.

초록 _ 綠(록)

綠(綠초록 록)은 糹(🔵초록빛으로 염색한 실)에, 彔(나무깎다 록)이 발음 이에요. 彔(록)은 나무에 ⺕(홈집)을 내어 ⺢(수액)이 흘러내리는 모양이 에요. 刂(칼 도)를 더하면 (나무)껍질을 벗기는 데서 나온 剝(剥벗기다 박)이에요. 벗겨서 빼앗는 剝奪(박탈), 가죽을 벗겨 원래 모양대로 만 드는 剝製(박제) 등에 써요.

彔(록)은 염색 재료가 들어간 주머니(⺕)를 짰을 때, 즙이 뚝뚝 떨어지 는(⺢) 모양으로 보기도 해요.

보라 _ 紫(자)

紫(보라, 자주 자)는 糹(🔵보랏빛으로 염색한 실)에, 此(이것 차)로 차 → 자 발음을 나타냈어요.

발음인 此(이(것) 차)는 　　　　　　此 止(발)을 匕(다른 사람) 의 바로 옆에 그려 가까이 있음을 나타낸 것이에요. 가까운 사물, 사람, 시간, 장소(지점) 등에 써요.

예 彼此(피차: 저것과 이것, 서로), 此後(차후: 이다음)

남색 _ 藍(람)

藍(藍쪽(빛), 진청 람)은 사람이 ⁺⁺(쪽풀)로 만든 염료 그릇을 監(🔵 내려다보는 모습이에요. 監(🔵 보다 감)으로 감 → 람 발음이에요.

쪽(풀)에서 뽑아낸 푸른 물감이 쪽보다 더 푸르다는 뜻의 青出於藍(청출어람)은 스승보다 나은 제자를 비유해요. 於(어조사 어)는 본래 烏(까마귀 오)의 이체자였다고 해요. 가차되어 '에(서)', '~보다', '~을(를)'이란 뜻으로 쓰여요.

青(청)	取(취)	之(지)	於(어)	藍(람)	而(이)	青(청)	於(어)	藍(람)
		그것을	~에서		그러나		~보다	

기타 _ 灰(회), 粉紅(분홍) 등

灰(재 회)를 쓰는 灰色(회색), 붉은색에서 나누어 나온 粉紅色(분홍색), 棕色(종려나무색 즉, 갈색), 金色(금색), 銀色(은색) 등이 있어요.

한중일 공용(共用)한자 808자(字)란?

'한국, 중국, 일본에서 공통적으로 많이 사용하는 한자 808자(字)'의 줄임말이에요. 그런데 한국은 정자(正字), 중국은 간체자, 일본은 약자(略字)를 쓰기 때문에 글자 모양이 조금씩 다른 것도 있어요. 아래 표를 참고해주세요.

한	중	일	의미 , 발음
戶	户	戸	문, 집 호
冊	册	冊	책 책
見	见	見	보다 견
決	决	決	터지다 결
車	车	車	수레 차/거
每	每	毎	항상 매
佛	佛	仏	부처 불
壯	壮	壮	장하다 장
貝	贝	貝	조개, 돈 패
姉	姉	姉	손윗누이 자
來	来	来	오다 래
長	长	長	길다, 어른 장
兩	两	両	둘, 짝 량/양
兒	儿	児	아이 아
門	门	門	문 문

한	중	일	의미 , 발음
東	东	東	동녘 동
爭	争	争	다투다 쟁
協	协	協	힘합하다 협
卷	卷	巻	책, 문서 권
舍	舍	舎	집 사
後	后	後	뒤 후
軍	军	軍	군사 군
計	计	計	세다, 꾀 계
則	则	則	법칙 칙
風	风	風	바람 풍
約	约	約	약속하다 약
飛	飞	飛	날다 비
紅	红	紅	붉은빛 홍
個	个	個	낱 개
時	时	時	때 시
氣	气	気	기운, 공기 기
華	华	華	화려하다 화
書	书	書	(글)쓰다 서
馬	马	馬	말 마
記	记	記	기록하다 기
連	连	連	이어지다 연
師	师	師	스승 사
財	财	財	재물 재

한	중	일	의미 , 발음
紙	纸	紙	종이 **지**
殺	杀	殺	죽이다 **살**
針	针	針	바늘 **침**
訓	训	訓	가르치다 **훈**
孫	孙	孫	자손 **손**
島	岛	島	섬 **도**
純	纯	純	순수하다 **순**
乘	乘	乘	타다 **승**
國	国	国	나라 **국**
動	动	動	움직이다 **동**
進	进	進	나아가다 **진**
問	问	問	묻다 **문**
從	从	従	따르다 **종**
現	现	現	나타나다 **현**
將	将	将	장수, 앞으로 **장**
設	设	設	세우다 **설**
許	许	許	허락하다 **허**
務	务	務	일, 힘쓰다 **무**
處	处	処	살다, 곳 **처**
習	习	習	익히다 **습**
細	细	細	가늘다 **세**
魚	鱼	魚	고기 **어**
婦	妇	婦	아내, 며느리 **부**

한	중	일	의미 , 발음
黃	黄	黄	노랗다 **황**
視	视	視	보다 **시**
責	责	責	꾸짖다, 책임 **책**
貨	货	貨	재화 **화**
終	终	終	끝나다 **종**
頂	顶	頂	정수리, 꼭대기 **정**
假	假	仮	거짓 **가**
訪	访	訪	찾다 **방**
麥	麦	麦	보리 **맥**
異	异	異	다르다 **이**
執	执	執	잡다 **집**
貧	贫	貧	가난하다 **빈**
敗	败	敗	부수다 **패**
鳥	鸟	鳥	새 **조**
陸	陆	陸	육지 **육/륙**
陰	阴	陰	그늘 **음**
閉	闭	閉	닫다 **폐**
淨	净	浄	깨끗하다 **정**
淺	浅	浅	얕다 **천**
虛	虚	虚	비다 **허**
晝	昼	昼	낮 **주**
發	发	発	쏘다 **발**
過	过	過	지나다 **과**

한	중	일	의미, 발음
無	无	無	없다 무
間	间	間	사이 간
結	结	結	맺다, 묶다 결
給	给	給	주다 급
萬	万	万	일만 만
報	报	報	갚다, 알리다 보
運	运	運	돌다 운
極	极	極	다하다 극
統	统	統	큰줄기 통
勞	劳	労	일하다 노/로
場	场	場	마당 장
達	达	達	이르다 달
單	单	単	홀, 하나 단
須	须	須	모름지기 수
備	备	備	갖추다 비
勝	胜	勝	이기다 승
遊	游	遊	놀다 유
黑	黑	黒	검다 흑
買	买	買	사다 매
堅	坚	堅	단단하다 견
陽	阳	陽	볕, 양지 양
揚	扬	揚	오르다 양
葉	叶	葉	잎 엽

한	중	일	의미, 발음
雲	云	雲	구름 운
圓	圆	円	둥글다 원
畫	画	画	그리다 화
減	减	減	덜다, 줄다 감
飯	饭	飯	밥, 먹다 반
惡	恶	悪	악하다 악 미워하다 오
貴	贵	貴	귀하다 귀
偉	伟	偉	위대하다 위
順	顺	順	순하다 순
筆	笔	筆	붓, 쓰다 필
賀	贺	賀	하례하다 하
喪	丧	喪	죽다 상
閑	闲	閑	한가하다 한
貯	贮	貯	쌓다 저
會	会	会	모이다 회
經	经	経	날실 경
電	电	電	번개 전
業	业	業	일, 직업 업
當	当	当	마땅하다 당
義	义	義	옳다 의
話	话	話	말하다 화
與	与	与	주다 여

한	중	일	의미 , 발음
農	农	農	농사 **농**
愛	爱	愛	사랑하다 **애**
號	号	号	부르다 **호**
節	节	節	마디 **절**
傳	传	伝	전하다 **전**
勢	势	勢	기세 **세**
遠	远	遠	멀다 **원**
溫	温	温	따뜻하다 **온**
試	试	試	시험하다 **시**
滿	满	満	(가득)차다 **만**
歲	岁	歳	해 **세**
煙	烟	煙	연기 **연**
傷	伤	傷	상처 **상**
漢	汉	漢	한나라 **한**
園	园	園	정원 **원**
詩	诗	詩	시 **시**
聖	圣	聖	성스럽다 **성**
誠	诚	誠	정성 **성**
說	说	説	말하다 **설**
對	对	対	대하다 **대**
種	种	種	씨앗 **종**
實	实	実	열매 **실**
領	领	領	옷깃, 거느리다 **령**

한	중	일	의미 , 발음
認	认	認	알다 **인**
圖	图	図	그림, 꾀하다 **도**
廣	广	広	넓다 **광**
銀	银	銀	은, 돈 **은**
盡	尽	尽	다하다 **진**
輕	轻	軽	가볍다 **경**
適	适	適	적당하다 **적**
聞	闻	聞	듣다 **문**
語	语	語	말(하다) **어**
練	练	練	단련하다 **연**
誤	误	誤	잘못하다 **오**
綠	绿	緑	초록빛 **녹/록**
榮	荣	栄	영화 **영**
穀	谷	穀	곡식 **곡**
鳴	鸣	鳴	울다 **명**
漁	渔	漁	고기잡다 **어**
壽	寿	寿	목숨 **수**
論	论	論	말하다 **논/론**
數	数	数	세다 **수**
線	线	線	줄 **선**
質	质	質	바탕, 묻다 **질**
熱	热	熱	덥다 **열**
增	增	増	불다, 늘다 **증**

한	중	일	의미 , 발음
調	调	調	고르다 **조**
請	请	請	청하다 **청**
德	德	德	덕 **덕**
談	谈	談	말(하다) **담**
選	选	選	가려뽑다 **선**
價	价	価	값 **가**
養	养	養	기르다 **양**
樂	乐	楽	음악 **악** 즐겁다 **락** 좋아하다 **요**
敵	敌	敵	적, 맞서다 **적**
誰	谁	誰	누구 **수**
賣	卖	売	팔다 **매**
諸	诸	諸	모두 **제**
課	课	課	부과하다 **과**
億	亿	億	억 **억**
齒	齿	歯	이 **치**
慶	庆	慶	경사 **경**
潔	洁	潔	깨끗하다 **결**
遺	遗	遺	남기다, 잃다 **유**
賞	赏	賞	상(주다) **상**
憂	忧	憂	근심하다 **우**
學	学	学	배우다 **학**
頭	头	頭	머리 **두**

한	중	일	의미 , 발음
戰	战	戰	싸우다 **전**
親	亲	親	친하다 **친**
樹	树	樹	나무 **수**
錢	钱	錢	돈 **전**
興	兴	興	일(어나)다 **흥**
餘	余	余	남다 **여**
獨	独	独	홀로 **독**
橋	桥	橋	다리 **교**
燈	灯	灯	등 **등**
靜	静	静	고요하다 **정**
憶	忆	憶	생각하다 **억**
應	应	応	응하다 **응**
聲	声	声	소리 **성**
講	讲	講	익히다 **강**
舊	旧	旧	옛(날) **구**
鮮	鲜	鮮	깨끗하다 **선**
謝	谢	謝	사례하다 **사**
關	关	関	빗장, 기관, 관여하다 **관**
題	题	題	제목, 문제 **제**
難	难	難	어렵다 **난**
醫	医	医	의원 **의**
藝	艺	芸	심다, 재주 **예**
歸	归	帰	돌아가다 **귀**

한	중	일	의미 , 발음
蟲	虫	虫	벌레 **충**
藥	药	薬	약 **약**
禮	礼	礼	예절 **예**
豐	丰	豊	풍성하다 **풍**
識	识	識	알다 **식** 표하다 **지**
證	证	証	증명하다 **증**
願	愿	願	원하다 **원**
勸	劝	勧	권(장)하다 **권**
議	议	議	의논하다 **의**
嚴	严	厳	엄하다 **엄**
鐘	钟	鐘	종 **종**
競	竞	競	겨루다 **경**
權	权	権	권세 **권**
鐵	铁	鉄	쇠 **철**
續	续	続	이어지다 **속**
歡	欢	歓	기뻐하다 **환**
聽	听	聴	듣다 **청**
讀	读	読	읽다 **독**
驚	惊	驚	놀라다 **경**
體	体	体	몸 **체**
變	变	変	변하다 **변**
觀	观	観	보다 **관**
讓	让	譲	사양하다 **양**

한	중	일	의미 , 발음
强	强	強	강하다 **강**
開	开	開	열다 **개**
擧	举	挙	들다 **거**
敎	教	効	가르치다 **교**
産	产	産	낳다 **산**
歷	历	歴	지내다 **력/역**
飮	饮	飲	마시다 **음**
絶	绝	絶	끊다 **절**
製	制	製	짓다 **제**
衆	众	衆	무리 **중**
眞	真	真	참 **진**
窓	窗	窓	창문 **창**
韓	韩	韓	나라이름 **한**
鄕	乡	郷	시골 **향**
賢	贤	賢	어질다 **현**
區	区	区	구역, 나누다 **구**
團	团	団	모이다 **단**
寫	写	写	베끼다 **사**
點	点	点	점 **점**

| 찾아보기 | *

* 연두색/하늘색 – 두 번 이상 나오는 한자.

| 참고 자료 |

『갑골문 이야기』, 김경일 지음, 바다출판사, 1999.

『갑골문 해독』, 양동숙 지음, 서예문인화, 2005.

『고대 중국인 이야기』, 하야시 미나오 지음, 솔, 1998.

『그림으로 보는 중국의 과학과 문명』, 로버트 템플 지음, 과학세대 옮김, 까치글방, 2009.

『김경일 교수의 제대로 배우는 한자 교실』, 김경일 지음, 바다출판사, 2003.

『내 몸에 한자가 숨었어요: 양동숙 교수님이 들려주는 한자 이야기』, 양동숙 지음, 푸른숲, 2003.

『문화로 읽는 한자』, 하영삼 지음, 동방미디어, 1997.

『뿌리를 찾는 한자 2350』, 전광진 지음, 조선일보사, 2002.

『살아있는 한자 교과서』, 정민·박수밀·박동욱·강민경 지음, 휴머니스트, 2011.

『생각이 뛰어노는 한자』, 이어령 지음, 푸른숲, 2009.

『연상한자』, 하영삼 지음, 예담차이나, 2004.

『욕망하는 천자문: 문자 속에 숨은 권력, 천자문 다시 읽기』, 김근 지음, 삼인, 2003.

『인물과 사건으로 보는 중국상하오천년사』 1, 2, 풍국초 지음, 이원길 옮김, 신원문화사, 2005.

『중국고대사회』, 허진웅 지음, 동문선, 1991.

『한자 백 가지 이야기: 갑골문 금문학의 대가 시라카와 선생의 한자 이야기』, 시라카와 시즈카 지음, 심경호 옮김, 황소자리, 2005.

『한자 속 과학 이야기』, 다이우쌴 지음, 천수현 옮김, 이지북, 2007.

『한자 오디세이』, 정춘수 지음, 부키, 2003.

『한자를 알면 세계가 좁다: 현직 한문 선생님이 들려주는』, 김미화 지음, 중앙생활사, 2008.

『한자에 도전한 중국: 갑골문에서 간체자까지 한자 형성 공간의 탐색』, 오시마 쇼지 지음, 장원철 옮김, 산처럼, 2003.

『한자에 세상이 담겼어요: 양동숙 교수님이 들려주는 한자 이야기』, 양동숙 지음, 푸른숲, 2003.

『한자의 뿌리』 1~2, 김언종 지음, 문학동네, 2001.

『한자의 역설: 한자는 중국을 어떻게 지배했는가』, 김근 지음, 삼인, 2009.

『한자정해』 1~4, 이락의 지음, 비봉출판사, 1996.

『한자학강의: 갑골문에서 현대중국어까지』, 최영애 지음, 통나무, 1997.

『허신의 고뇌, 창힐의 문자』, 김태완 지음, 전남대출판부, 2007.

『CHINA 차이나: 중국의 70가지 경이』, 조너선 펜비 편, 남경태 옮김, 역사의아침, 2009.

『文字故事一本通』, 幼福編輯部, 大众国际书局股份有限公司, 2008.

사진 출처

책에 삽입된 사진은 위키피디아공용(www.wikipedia.org), 셔터스톡에서 제공하는 자유 저작권 이미지를 사용했습니다.